개정판

최신 ISO·KS 기반

통계적 품질관리

Statistical Quality Control

유춘번 · 정수일 · 이명주 · 전영호 · 김태규 · 나명환 · 성시일 · 김성준

민영사

초판 머리말

'SPC-SQC'를 절판하고 신판으로 출간하는 이 교재는 품질관련 전공자뿐만 아니라 산업체 및 연구기관에 종사하는 분들, 그리고 기술사 및 기사 자격 취득을 준비하는 이들에게 도움을 줄 수 있는 통계적 품질관리의 방법을 담고자 노력하였다. 또한 계속 제정, 개정, 보완되고 있는 ISO, IEC, KS 등의 최신판에서의 통계적 품질관리와 공정관리의 요체를 수용하였고, 예제 및 연습문제의 내용도 가능한 한 현장실무를 염두에 두고 작성하였으며, 향후 국제표준의 변화에 따라 개정을 통하여 꾸준히 그 의도를 보완, 달성하여 나갈 것이다.

신규 국제표준의 제정에는 ISO의 경우 PWI(Preliminary Work Item)- NWI(New Work Item)-WD(Working Draft)-CD(Committee Draft)-DIS(Draft International Standards)-FDIS(Final Draft International Standards)-IS(International Standards) 순으로 승인, 배포되는 과정에서 최대 84 개월(7 년)이 소요되고, 개정에서도 PWI, NWI가 생략될 뿐 거의 동일한 과정을 밟고 있어, 표준을 필요로 하는 현장의 요구에 시의 적절하게 대응하지 못하고 있다. 이에 더하여 국제표준을 국가표준으로 채택하는 과정에서도 입법예고 등의 절차 때문에 국제표준이 KS로 발행되기까지는 1 년~3 년이 추가로 소요되고 있다.

이 교재에서는 KS 및 KS화된 국제표준에 더하여, 위의 현실을 감안하여, 현재 제·개정이 진행되고 있는 국제표준에 대한 정보도 포함시키려고 시도하였으며, 자주 출제되는 품질경영기사, 품질경영기술사 등의 시험문제도 연습문제에 싣도록 노력하였다.

※ **일러두기 1**. 상술한 바와 같이 이 교재는 대학과정의 품질 및 표준화 관련 강좌만을 염두에 두지 않고, 산업체 및 연구기관에 종사하는 분들과 산업기사, 기사, 기능장, 기술사 자격시험에 대비하는 분들, 그리고 대학원 과정을 이수하고 있는 분들까지도 고려하여 집필한 관계로, 대학 과정의 한 학기용 교재로 활용하기에는 내용의 분량이 너무 많고 수준 높은 내용도 포함되어 있다는 점과, 대부분의 학부학생들이 실무경험이 없다는 점 등을 감안하여, 대학 과정의 한 학기용 교재로 활용하는 경우에는 * 표시된 장

또는 절의 일부 내용을 생략하고, 아울러 강의 순서를 조정하는 것이 요망된다.

※ **일러두기 2**. 이 교재에서는, 수치와 단위 사이를 띄어 쓰고, 자릿수가 많은 수치의 경우 소숫점 위(아래) 3 자리마다 컴마(,) 대신 빈칸을 사용하는 등 ISO, IEC, KS 표준 및 이공계 문서에서의 국제관례에 따랐는바, 그 상세한 내용에 대해서는 2. 1. 2의 (2)를 참조하기 바란다. 그러나 이를 따르지 않은 자료를 복사하여 인용한 경우(주로 그림 등)에는 이 관례를 지키지 못하였음을 밝혀둔다.

※ **일러두기 3**. 용어 사이의 / 표시는 두 용어를 병용하여 사용할 수 있다는 의미이다. 그리고 계량, 계측, 측정 등의 용어를 같은 의미로 혼용하였음을 밝혀 둔다. 그리고 수식 등에 사용되는 기호와 문자의 직립체/기울임체의 표기 및 대문자/소문자 표기는 해당 국제 표준의 표기에 따랐으며 기타의 표기는 관례에 준하여 표기하는 것을 원칙으로 하였다.

끝으로 이 책을 쓰는 데 많은 정보를 제공해 준 국가기술표준원, 한국계량측정협회 등의 관계자 여러분에게 고마움을 전하고 또한 민영사의 임직원들에게 감사의 뜻을 전하고 싶다. 그들의 커다란 노고가 없었다면 이 책의 출판이 어려웠을 것이다.

저자일동

개정판 머리말

우선 초판에 대한 독자들의 큰 성원에 감사드립니다. 4차 산업혁명의 흐름에 따라 통계적품질관리의 접근법도 빅데이터 인공지능의 활용 등 다소 변화를 보이고 있다. 그러나 기본적인 통계적품질관리의 기법은 이들의 변화에도 불구하고 중추적 기능을 담당하고 있을 뿐만 아니라 아직도 우리 산업사회에서 꾸준히 사용되고 있으며 국제표준도 빠르게 진화하고 있다. 이에 따라 이번 개정판은 다음과 같은 이유로 새롭게 편집 발간하게 되었다.

첫째로 샘플링검사 표준과 관련된 ISO의 표준의 표준번호의 일부가 전면적으로 개정되어 이를 반영하였으며, 이 교재의 초판이 발간된 이후 ISO 2859-2, ISO 2859-4 및 ISO 3951-4가 개정되어 이에 따라 수정 보완하였다.

둘째로 산업계 및 독자들의 요구에 따라 일부내용을 보완하였다.

셋째로 초판 내용의 일부 축소 및 조정과 오탈자를 수정하였다.

이 교재의 활용과 표현 구성에 대해서는 초판의 머리말 내용을 참조하기 바라며, 끝으로 이 책을 쓰는 데 많은 정보를 제공해 준 관계자 여러분과 민영사의 임직원들에게 감사의 뜻을 전한다.

저자일동

차례

6 계량형 샘플링검사

7 관능검사

공정능력분석 및 공정개선

13 측정시스템 분석

STATISTICAL QUALITY CONTROL

1 개요
Introduction

1.1 품질관리의 역사

품질에 관한 논의는 새삼스러운 개념이 아니라, 어느 시대 어느 문화에서도 생각되고 요구되었다. 이러한 품질의 요구 적합성, 고객만족 또는 보증을 위해서 고대에도 표준의 설정, 검사, 감사 또는 제3자 인증 제도가 부분적으로 있었다.

이집트 시대에는 왕족들의 장례식 절차, 부장품 등이 "Book of the dead"라는 기록으로 문서화되어 있어 저승 생활의 보장(이승 사람의 생각?)이란 요구사항을 충족시키려고 시도한 기록이 있다. 고대 중국에서는, 진시황제의 무덤에 사용하기 위한 물품에 대해서 품질표시를 하고, 전문가로 하여금 검사와 표시를 하게 하여 결함이 발견되면 처벌하도록 하였는데, 이는 일종의 제3자 인증제도의 방법이라고 할 수 있다. 로마시대에는 은(silver)의 거래에 있어서 argenterri라는 은 전문 감사자의 인증서가 요구된 기록도 있다.

이 밖에도 중세 유럽식의 석조 건물에 사용된 돌의 품질인증 표시제도나 금 · 은제품의 품질인증 표시제도(hallmark system) 등이 있어 품질에 대한 인식을 하고 있었고, 세계 제 1, 2차 대전 이후 산업 및 과학 기술의 발달에 따라 제품의 제조 공정이 복잡화되고 제품에 대한 요구 조건도 까다롭게 되면서 생산, 검사, 재작업 등의 효율성 및 품질 의식이 높아지게 되었다.

본격적인 의미의 품질관리 활동이 이루어진 시기인 20세기를 중심으로 품질관리의 발전과정을 살펴보기로 한다. 대량생산체제로 바뀌면서 품질관리 활동도 획기적으로 발전하게 되는데 그 과정을 보면 검사위주의 품질검사시대, 통계적 기법을 활용한

품질관리시대, 보증위주의 품질관리시대, 경영전략적 관점의 품질경영시대 등으로 크게 구분할 수 있다.

1.1.1 품질개념의 진화와 발달

(1) 품질의 정의

품질 관련 당사자로서 생산자와 소비자/사용자를 꼽을 수 있으나 최근에 품질의 사회적 영향력이 증대되면서 공익적 관점에서 품질을 이해하는 필요성도 높아지고 있다. 품질에 관한 정의가 많은 학자나 기관에 의해 다양하게 제시되었지만 중요한 몇 가지만 제시하기로 한다.

① **크로스비**(P.B. Crosby) : 요구사항에 대한 충족성(conformance to requirement)으로 품질을 정의한다. 품질의 문제는 요구사항을 명확히 정의하고 제조활동이 해당 요구사항에 일치하는 지의 여부를 계속적으로 추구하여 불일치 즉, 부적합을 없애는 것으로 보고 있다.

② **세게찌**(H.D. Seghezzi) : 시방/규격에 대한 일치성(conformance with specification)으로 품질을 표현하여 명실 공히 생산자의 입장에서 정의하고 있다.

③ **쥬란**(J.M. Juran) : 사용에 대한 적합성(fitness for use)을 품질로 정의하고 있다. 이는 제품의 필수적 요구사항은 그 제품을 사용하는 사람들의 니즈를 충족시키는 것이므로 사용에 대한 적합성 개념을 모든 제품과 서비스에 보편적으로 적용할 수 있다고 하였다.

④ **ISO 9000:2005** : 품질을 '고유특성의 집합이 요구사항을 충족시키는 정도'라고 정의한다. 여기서 요구사항이란 조직, 고객 및 기타 이해관계자의 요구사항이며 명시적인 요구 또는 기대이고, 일반적으로 묵시적이거나 의무적인 요구 및 기대를 의미한다.

⑤ **슈하트**(W.A. Shewhart) : 객관적인 물리적 성질과 주관적인 물품의 양호성을 품질로 정의하며, 객관적인 물리적 성질에 한정된 품질의 정의를 실현하기 위하여 통계적 품질관리의 연구를 수행하였다.

⑥ **다구찌**(Taguchi) : 품질을 소비자와 생산자의 손실의 합을 최소화하는 것으로 정의하고 있다. 즉 제품이 출하된 이후 성능 특성치의 변동과 부작용 등으로 인

하여 사회에 끼치는 손실을 적게 하는 것에 품질을 맞추어야 한다는 것이다. 다구찌의 정의는 설계된 목표특성에 일치시켜야 한다는 관점에서는 제품관점의 품질정의와 유사한 면이 있으며, 좋은 품질이란 특성이 목표치에 가까워야 한다는 측면에서 산포를 최소화하는 것도 포함한다.

(2) 품질의 특성

제품은 사용자들이 품질이라고 생각하는 여러 가지 요소로 구성되어 있다. 이것을 품질특성(quality characteristics)이라 한다. 품질특성이란 다음의 몇 가지 종류로 분류할 수 있다. 이러한 특성을 측정하여 수량으로 표시한 것을 품질특성치라고 한다.

물리적 특성 : 크기, 길이, 넓이, 무게, 인장강도 등과 같이 물리적으로 측정될 수 있는 특성을 말한다.

감각적 특성 : 맛, 외관, 색, 냄새 등과 같이 우리의 감각기관에 의해 지각되는 특성을 말한다.

시간적 특성 : 신뢰성, 내구성, 유용성 등과 같이 시간과 관련된 특성을 가리킨다.

여기서는 제품과 서비스 각각에 대해 품질특성을 비교적 잘 도출하여 제시한 내용을 소개한다.

1) 제품 품질의 특성

가빈(D.A. Garvin)은 품질을 아래와 같이 8가지 영역으로 논의하였는데 이것은 품질의 여러 가지 다른 측면을 포괄적으로 잘 제시한 것이다.

① **성능**(performance) : 프로세스가 의도된 대로 기능을 발휘하는가에 관계되는 특성이다. 잠재적인 고객은 보통 제품이 가지고 있는 기능을 발휘하고 있는지 그리고 얼마나 그 기능을 잘 발휘하는지에 따라 제품을 평가한다.

② **신뢰성**(reliability) : 제품이 얼마나 자주 고장이 발생하는가와 관련된 특성이다. 어떤 시스템이나 자동차 같은 복합품은 일반적으로 그 제품의 수명기간동안 고장이 발생되고, 고장이 나면 수리를 해야 하는데 너무 자주 고장이 발생하면 제품을 신뢰할 수 없을 것이다.

③ **내구성**(durability) : 제품의 수명이 얼마나 긴가와 관계되는 특성이다. 내구성은 제품의 수명기간을 말한다. 고객은 오랜 기간 동안 제품을 사용하기를 원한다.

④ **서비스성**(serviceability) : 제품을 수리하는 데 얼마나 많은 시간이 소요되는가와 관계되는 특성이다. 자동차나 휴대폰이 고장이 나서 수리를 맡기는 데 너무 수리 기일이 오래 걸리면 고객이 불만을 가질 것이다.

⑤ **심미성**(aesthetics) : 제품의 외관과 관련된 특성이다. 비슷한 품질 수준을 가지는 제품들 중에서 스타일이나 색깔, 모양, 촉감 등이 좋다면 고객들은 선호할 것이다.

⑥ **특색**(feature) : 제품의 특징이 어떠한가와 관계되는 특성이다. 고객은 다른 동급의 제품에 비해 어떤 좋은 기능이 추가되어 있다면 품질이 좋은 것으로 생각한다.

⑦ **평판**(perceived quality) : 회사나 제품에 대한 고객의 인지도에 관계되는 특징이다. 고객은 한 제품의 품질을 그 회사의 과거 평판이나 서비스를 바탕으로 판단하기도 한다.

⑧ **표준 적합성**(conformance to standards) : 제품이 얼마나 표준대로 잘 만들어졌는가와 관계되는 특징이다. 고객은 보통 제품이 표준에 잘 부합되도록 만들어졌는가를 품질이라 판단한다. 예를 들면, 호환성도 하나의 요소로 생각할 수 있다.

2) 서비스 품질의 특성

서비스 품질의 특성을 측정하는 방법으로 잘 알려진 모형은 SERVQUAL이 있다. 이는 파라슈라만(A. Parasuraman), 자이타믈(V.A. Zeithaml), 베리(L. Berry) 등이 제시한 것으로 서비스 품질의 특성을 이해하는 확고한 기반을 마련한 것이라고 할 수 있다. 이들은 경영진 및 고객과의 면접조사를 통하여 10가지의 서비스품질 특징을 도출하였으나 후에 5가지로 압축하여 재분류하였다.

① **신뢰성**(reliability) : 약속한 서비스를 믿을 수 있고 정확하게 수행하는 능력을 의미하는 것으로 업무수행의 일치성, 확실성 및 정확성을 뜻한다.

② **대응성**(responsiveness) : 서비스를 기꺼이 제공하고자 하는 종업원의 자발적인 의지와 준비태세를 의미한다.

③ **적격성**(competence) : 종업원의 자격요건으로서 서비스를 수행하는 데 필요한 자질과 식견을 갖추고 있는가를 뜻한다.

④ **유형성**(tangibles) : 물리적 시설, 장비, 도구, 종업원의 복장 등 서비스 제공에 필요한 물적요소를 의미한다.

⑤ **신빙성**(credibility) : 서비스 제공자의 진실성, 정직성, 신뢰감 등으로서 광고와 서비스 내용이 일치하는지와 같은 것이다.

⑥ **접근성**(access) : 고객의 접촉 가능성과 접촉 용이성으로서 필요할 때 언제라도 서비스 제공자와 쉽게 연결될 수 있는 것을 말한다.

⑦ **보안성**(security) : 서비스를 제공받을 때 위험이 없고, 의심이 가지 않는 것을 말한다.

⑧ **의사소통**(communication) : 고객들이 이해하기 쉬운 고객언어로 대응하고, 고객의 말에 귀를 기울이는 것을 의미한다.

⑨ **예절**(courtesy) : 고객 접점에 있는 종업원들이 친절하고 공손하며 배려하고 예의바른 태도로 대응하는가를 의미한다.

⑩ **고객이해**(understanding the Customer) : 고객의 욕구를 이해하려고 노력하는 것을 말한다.

5가지로 압축된 결과는 **신뢰성**(reliability), **대응성**(responsiveness), **보증성**(assurance), **유형성**(tangibles), **공감성**(empathy)으로서 너무 단순화되어 본질적인 특성이 제대로 파악되지 못할 우려가 있다.

(3) 고품질의 시대

전통적인 품질의 개념은 요구사항에 대한 충족성, 용도에 대한 적합성 또는 제품 특성의 양호성 등으로 인식되어 물품의 사용목적을 달성하기 위해서 갖추어야 할 여러 가지 성질·형상·상태 및 조건 즉, 물품의 유용성을 결정하는 제반 물품의 구성요소이다.

[그림 1-1]에서 보는 바와 같이 품질의 전통적인 개념은 당연히 지켜져야 할 요소로서 기술적으로 첨예화되고 사회적으로 복합화된 오늘날의 현실적 품질요구를 충분히 수용할 수 없으며 보다 포괄적이고 체계화된 새로운 품질개념 정립에 따라 이를 합리적으로 접근 관리하는 수단체계가 필요해진 것이다. 보다 다원화되고 개방화된 사회에 대응하여 품질을 산업의 실질적 경쟁수단으로 삼기 위해서는 품질의 개념을 보다 종합적으로 보아야 한다.

일반적으로 품질이라고 하면 제품에 관련된 것으로 이해하고 있는 경우가 많다. 그러나 원래 품질에서 '품'의 의미는 제품(물질)에 관련된 것뿐만 아니고 좋은 특성과

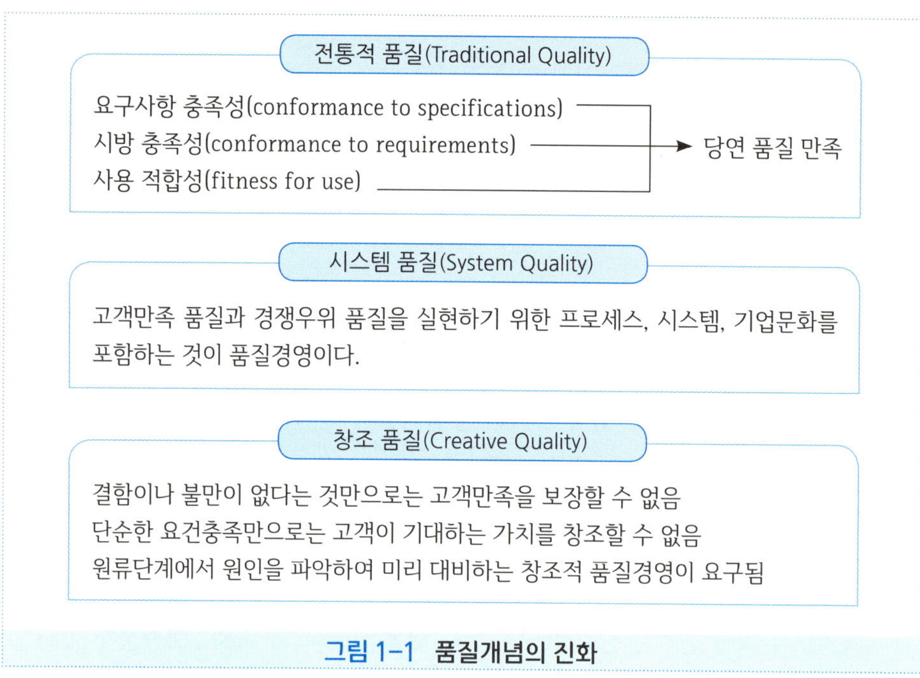

그림 1-1 품질개념의 진화

도 관련되어 있다. 예를 들면 품격, 품성, 품위 등을 들 수 있다. 영어로 표현하는 경우에도 마찬가지이다. 품질(quality)을 우수한 정도나 우수한 것으로 해석하기도 한다. 예를 들면 Quality Education은 품질교육이 아니라 양질의 교육을 의미한다. 이와 같이 품질은 우수한 것, 뛰어난 것 등을 의미한다. 품질을 제대로 확보한다는 것은 전통적 품질을 뛰어넘어 초우량(창의적인 것)의 제품과 서비스를 선도적으로 제공한다는 것이다.

[그림 1-2]에서 보는 바와 같이 고객경험의 증대와 시간의 경과에 따라 고객의 입맛은 변화하게 된다. 특히 경쟁적 시장에서는 시간의 변화에 따라 품질수준이 급격하게 높아지고 있는 것을 볼 수 있다. 고객의 입맛은 경험과 시간에 따라 우수한 것을 추구하는 쪽으로 변한다. 즉, 고객의 입맛이 낮은 쪽(열악한 품질)으로 바뀌는 것은 흔하지 않다. 따라서 조직은 끊임없이 높은 수준의 품질을 창조하여 고객의 입맛 변화를 선도하지 않으면 안 될 것이다.

조직이 오랫동안 살아남고 경쟁우위를 확보하기 위해서는 고품질의 제품과 서비스를 지속적으로 제공하여야 한다. 그러나 기본적인 고객 니즈도 제대로 충족시키지 못하면서 고품질을 선도하는 것은 위험할 수도 있다. 당연히 준수해야 할 품질요구사

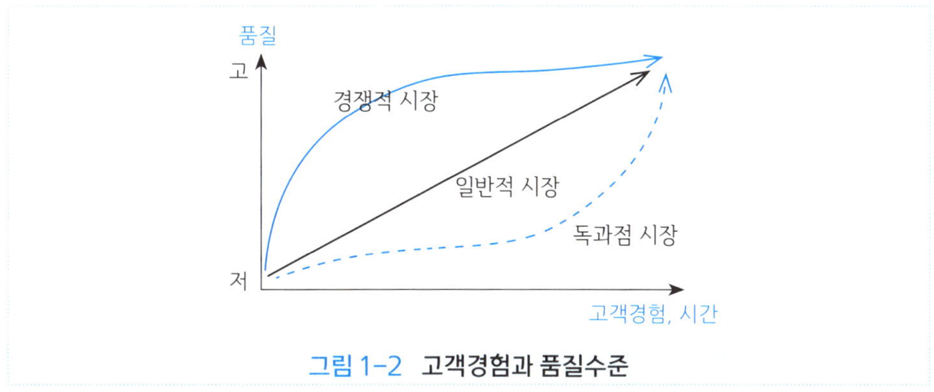

그림 1-2 고객경험과 품질수준

항을 충족시키면서 고객니즈를 발굴해나가는 것이 창조품질을 확보하는 것이며 경쟁우위를 확실히 하는 길이다.

선진국의 특징을 보면 고품질(high quality) 산업 국가이다. 제품 및 서비스의 품질, 사회적 품질과 제도적 품질의 모든 부문이 전반적으로 높은 수준을 나타내는 국가이다. 고품질이란 결함이 없는 것을 말하기도 하지만, 매우 우수하며 독창적인 것을 뜻한다. 물론 예술 작품에 비교할 수는 없으나 문제는 마인드인 것이다. 지극한 열정과 철저함이야말로 고품질 창출의 기본인 것이다. 이와 같은 정성이 모아지고 다져져서 사회 문화를 만들고 이 문화는 자연스럽게 고품질의 기반이 되고 전통이 되어, 국가브랜드가 되어야 할 것이다.

1.1.2 품질관리의 발전단계

(1) 개요

산업화 초기에 자동차 공업의 대두 등 생산시스템과 제품이 점차 복잡성을 띠고 작업이 전문화되어 감에 따라서 감독자가 수많은 작업자들을 다루기가 벅차게 되었다. 따라서 감독자에 의한 품질관리 대신 제품검사를 전담하는 검사원에 의한 품질관리가 대두되었다. 이러한 검사위주의 품질관리에서는 부적합한 제품을 가려내고, 분류하며, 등급을 매겨서 재가공, 수리, 폐기처리 등의 결정을 내린다. 모든 검사시스템에서 제품이 이러한 주기를 한번 이상 거쳐 가기 마련이다. 물론 검사시스템은 부적합한 제품이 고객에게 인도되는 것을 방지해 주지만 그것이 만들어지는 것을 막지는 못한다. 이것이 바로 검사에 의한 품질관리의 한계라고 할 수 있다. 이러한 검사에 의한 품질관리는 1930년대에 미국에서 샘플링검사법이 개발되면서 크게 발전을 하게 되었다.

1920년대에 들어서면서 통계적 원리와 기법을 이용하는 이른바 통계적 품질관리(Statistical Quality Control：SQC)시대가 전개되었다. 당시 벨 전화 연구소(Bell Telephone Lab.)에 근무하던 통계학자인 슈하트(Shewhart)는 공정관리를 위한 관리도(control chart)를 창안하였고, 역시 벨 연구소에 근무하던 닷지(Dodge)와 로믹(Romig)과 같은 통계학자들은 샘플링검사법을 개발함으로서 본격적인 통계적 품질관리의 시대가 열리게 되었다.

제2차 세계대전이 발발하여 군수품의 생산이 대량생산체제로 접어들자 관리도와 샘플링검사는 군수물자의 생산과 조달에 효과적으로 적용되어 품질향상에 크게 기여하였으며, 전후 일반 산업계에 널리 보급되기 시작하였다. 특히 미국 국방성에서는 1950년 군품질규격을 제정하여 계속 발전시켜왔는데 그 중 계수형/계수치 샘플링검사를 위한 MIL-STD-105D와 계량형/계량치 샘플링검사를 위한 MIL-STD-414는 오늘날에도 품질관리현장에서 사용되고 있다.

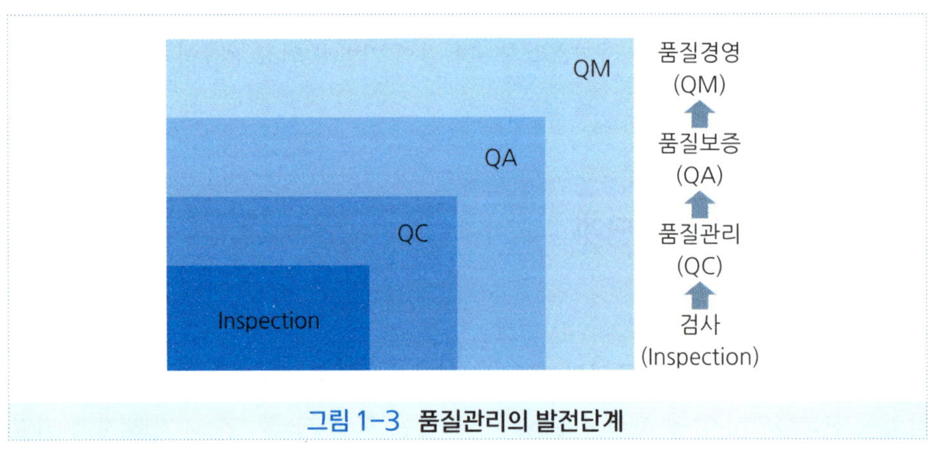

그림 1-3 **품질관리의 발전단계**

품질보증(Quality Assurance：QA)이란 제품이나 서비스가 주어진 요구조건을 만족시킬 것이라고 하는 확신을 심어주는 데 필요한 일련의 체계적인 활동이다. 그것은 곧 소비자가 구입한 품질의 사용 결과가 안도감과 만족감을 줄 수 있도록 하는 것이다. 이와 같은 품질보증에 초점을 맞춘 이른바 품질의 보증시대는 통계적품질관리가 제조부문을 벗어나 경영전반으로 확대되면서 시작되었다. 따라서 품질보증의 시대에서는 불량품질의 사후조처보다도 사전예방에 역점을 두면서 설계, 제조부문으로부터 구매, 마케팅부문으로까지 기능적 연계를 꾀하는 시스템적 접근이 이루어졌다. 물론 품질관리 도구도 통계적 수단에서 벗어나 신뢰성공학, 품질비용, ZD프로그램, QC서클, 전사적 품질관리(Total Quality Control : TQC) 등이 등장하였고, 이들이 품질보증시대를 탄생시키고 발전시키는 데 중요한 역할을 하였다.

산업의 발전에 따라 기업들이 치열한 경쟁을 벌이면서 품질을 통한 경쟁우위의 확보에 역점을 두면서부터 품질의 경영전략적 의미가 대두되기 시작하였다. 품질의 개념이 달라지기 시작한 것이다. 품질의 통계적 관리시대나 품질의 보증시대에서와 같이 좋은 품질은 결함만 없으면 된다는 논리가 더 이상 통하지 않게 되었다. 품질을 받아들일 만한가 아닌가를 결정하는 것은 회사 내의 어떤 부서가 정할 수 있는 것이 아니라 고객만이 할 수 있다는 것이다. 즉 품질은 회사가 정한 사내규격, 사내표준 및 조직외부의 각종 표준에만 적합하도록 제조되어서는 안 된다는 것이다. 그것은 고객의 요구, 기대 및 필요조건에 부응하도록 제조되어야 한다는 것을 의미한다. 고객의 기대나 요구를 소홀히 하여 제대로 파악하지 못한다면 품질이 아무리 우수하고 공정이 효율적이어도 기업에 이득을 주지는 못할 것이다.

이와 같이 품질의 개념이 내부지향적인 것으로부터 벗어나 고객지향적인 것으로 바뀌면서 품질에 전략적 의미가 부여되었다. 이러한 전략적 품질을 관리하기 위해서는 전통적인 통계적 품질관리나 품질보증과 같은 기계적인 관리의 차원을 벗어나야 했다. 즉, 고객에게는 아무런 의미가 없는 품질 그 자체나 표준에 대한 적합성 달성에만 관심을 두는 방어적인 관리로부터 탈피하여 고객이 진정으로 원하는 품질을 제조하여 수익성을 창조하는 전략적인 경영체제로 변화되어야만 하였다. 이렇게 하여 오늘날 고객만족경영이라고 하는 기업경영의 대명제를 안고 품질경영(Quality Management : QM)이 대두된 것이다.

(2) 품질관리의 발전역사

품질관리는 산업의 발전에 따라 또는 산업발전을 선도하면서 진화, 발전을 해오고 있다. 산업화 초기인 1900년에서 1950년대까지는 미국을 중심으로 발전되었으며, 그 이후는 오히려 미국의 도움을 받은 일본에 의해서 크게 발전되고 성과를 거두었다. 한국은 1970년대부터 품질관리활동을 본격적으로 전개하기 시작하였다. 한편 1990년대에 이르러서는 미국의 활발한 품질관련활동과 유럽 및 국제표준화기구 등에서 품질문제를 적극적으로 다루기 시작하였다. 이 같은 전체적인 흐름 하에서의 개별적인 중요 방법이나 사안을 다음과 같이 요약해본다.

1900-1930	헨리 포드(Henry Ford) : 생산성 및 품질 개선을 위한 작업방법을 더욱 정교하게 구축하였다. 포드는 실수방지 조립개념, 자율 점검 및 공정내 검사 등의 방법을 개발하였다.
1907-1908	AT&T는 제품 및 소재에 대한 체계적인 검사 및 시험방법을 개발하였다.
1924	슈하트가 벨 연구소에서 관리도 개념을 개발하였다.
1928	닷지와 로믹이 벨 연구소에서 샘플링검사 방법을 개발하였다.
1932-1933	영국의 섬유 및 목재 산업과 독일의 화학 산업에서 제품/공정 개발에 실험계획법을 사용하기 시작하였다.
1940-1943	벨 연구소에서 미군을 위한 군사 표준 샘플링 계획서를 개발하였다.
1946	다수의 학회를 통합하여 미국품질관리학회(ASQC)가 창립되었다. 데밍이 전후 일본 경제의 재건을 돕기 위해 일본에 파견되었다. 일본과학기술연맹(JUSE)이 창립되었다.
1948	다구찌(Taguchi)가 실험계획법의 응용에 대한 연구를 시작하였다.
1950	데밍이 일본 산업체 관리자들에게 통계적 품질관리 기법에 대한 교육을 실시하였다. 이시까와(Ishikawa) 교수가 특성요인도를 개발하였다.
1951	JUSE가 일본 산업체에서 품질관리에 탁월한 업적을 낸 업체에게 수여하는 '데밍상'제도를 도입하였다.
1954	쥬란(Juran)이 품질관리 및 개선을 위한 강사로 일본에 초청되었다. 영국의 통계학자 페이지(Page)가 누적합(CUSUM) 관리도를 창안하였다.
1961	한국이 공업표준화법을 제정하였다. 영국에 NCQP(National Council for Quality and Productivity)가 설립되었다.
1963	한국공업규격(KS) 표시허가제도가 시작되었다.
1965	한국품질관리학회가 창립되었으며 1993년 한국품질경영학회로

명칭이 변경되었다.

1969 'Quality Progress'와 'Journal of Quality Technology'가 창간되었다.

1973 한국의 공업진흥청이 발족되고 표준화와 품질관리 사업이 본격적으로 전개되었다.

1975 한국이 품질관리 실천본부를 설치하고 범산업적으로 품질관리활동을 전개하였으며, 국가품질관리대상을 제정하였다.

1987 국제표준화기구(ISO)에서 '품질경영과 품질보증에 관한 국제표준(ISO 9000~9004)을 제정하였다.

1988 미국국가품질상(MBNQA) 제도가 미국 의회에 의하여 창설되었다.

1989 'Journal of Quality Engineering'이 창간되었다. 모토롤라에서 6 시그마 프로그램을 시작하였다.

1993 국제품질보증시스템(ISO 9000)의 한국 내 인증이 시작되었다.

1997 6 시그마 접근방법이 GE 등에 의해 많은 산업계에 확산 보급되었다.

2000 ISO는 1994년 판 9001~9003을 통합하여 ISO 9001:2000 표준을 발표하였다.

2015 ISO 9001:2015 개정되어 제5판이 발간되었다.

1.2 통계적 품질관리의 개요

이 교재는 품질개선에 유용한 통계적 및 공학적 방법을 중점적으로 설명하고 있다. 특히 데이터의 정리방법, 샘플링검사, 통계적 공정(프로세스)관리 및 측정시스템분석에 초점을 두고 있다. 물론 이와 같은 기법을 포함하여 다른 많은 통계적 도구가 품질문제를 분석하고 생산프로세스 성과(performance)를 개선하는 데 사용된다. 생산 프로세스의 효율적인 개선을 위해서 전통적으로 PDCA 사이클의 개념 및 수행이 자주 활용된다. 슈하트 사이클 또는 데밍 사이클이라고도 부르는 PDCA 사이클은 지속적 개선의 핵심적인 방법론으로 품질경영의 모든 프로세스에 적용할 수 있다. '계획한다(Plan)'는 시스템과 그 구성 프로세스의 목표를 설정하고, 고객 요구사항과 조직의 방침에 부응하는 결과를 얻는 데 필요한 계획을 수립하고 자원을 준비하는 것이다. '실행한다(Do)'는 계획된 것을 이행하는 것이다. '검토한다(Check)'는 방침, 목표 및 요구사

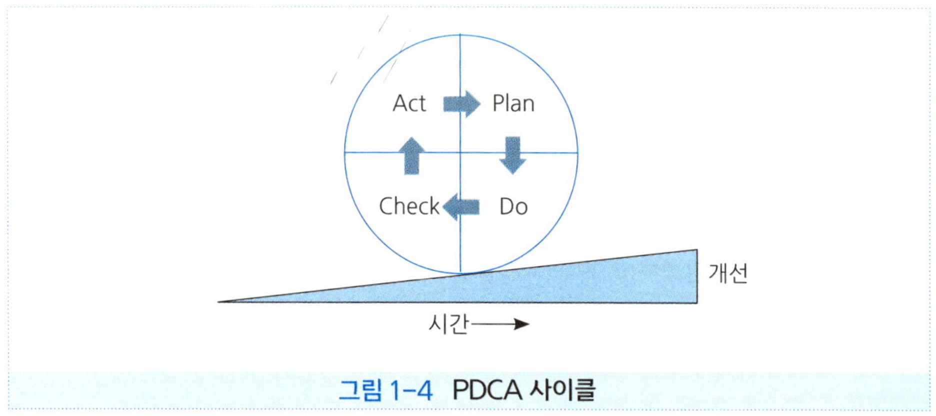

그림 1-4 PDCA 사이클

항에 대한 프로세스와 그 결과물인 제품 및 서비스를 모니터링하고 측정하여 계획과 비교 분석하는 것이다. '조치한다(Act)'는 프로세스의 성과를 개선하도록 행동을 취하는 것이다. [그림 1-4]에 제시된 바와 같이 PDCA 사이클이란 '계획⇨실행⇨검토⇨조치'의 사이클을 계속하여 수행함으로써 지속적인 개선을 시도하는 것이다. 통계적 품질관리에서도 PDCA 사이클을 효과적으로 사용하여야 안정되고 수준이 높은 프로세스의 확보가 가능할 것이다.

실행중인 프로세스의 개선을 위해서는 CAPDCA(검토→조치→계획→실행→검토→조치)의 사이클을 회전시키는 것이 요구된다.

1.2.1 샘플링검사

샘플링검사는 주로 구입 원자재, 제품 출하 등에 대해 로트(lot) 단위로 수행된다. 로트로부터 샘플을 추출하고 검사 단위당 특정 품질특성들이 조사된다. 일반적으로 조사 후의 의사결정은 로트의 수용 여부에 대한 것이다. 샘플링검사는 제품의 검사 및 시험에 밀접하게 관련되어 있다. 제품의 검사는 품질개선을 위한 통계적방법이 개발되기 훨씬 전인 품질관리 초기의 주요 활동이었다. 검사는 공정의 여러 곳에서 수행될 수 있다.

몇 가지 샘플링검사의 형태가 [그림 1-5]에 제시되어 있다. [그림 1-5](a)는 검사 업무가 생산직후 제품이 고객에게 배달되기 전에 이루어지는 경우이다. 이를 일반적으로 출하(반출)검사(outgoing inspection)라 한다. [그림 1-5](b)는 수입(구입)검사(in-

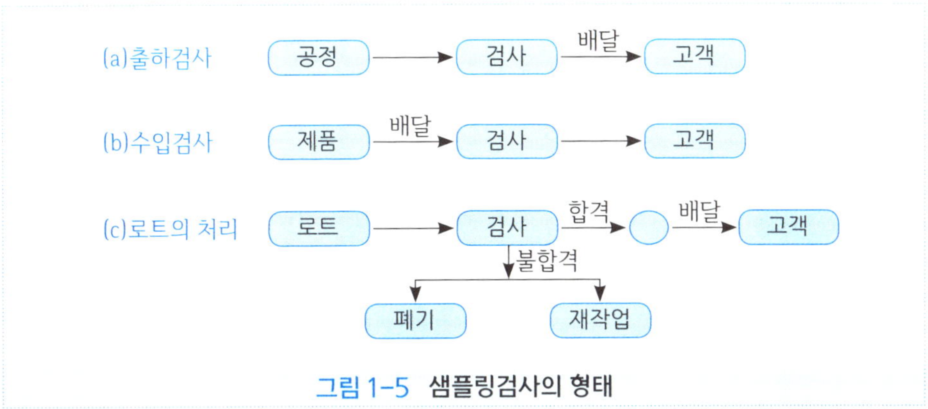

그림 1-5 샘플링검사의 형태

coming inspection)를 보여주고 있다. 이는 공급자(supplier)로부터 제품을 받아들일 때 제품의 로트에서 샘플을 취하여 검사를 하는 것이다. 로트의 여러 가지 처리 결정에 대한 내용이 [그림 1-5](c)에 소개되어 있다. 샘플 검사가 실시된 로트는 합격 또는 불합격된다. 불합격 로트의 품목들은 일반적으로 폐기 또는 재생되거나, 재작업 또는 양품과 교체될 수 있다.

1.2.2 관리도

관리도(control chart)는 통계적 공정관리(SPC)의 주요 기법 중의 하나이다. [그림 1-6]은 관리도의 전형적인 모습이다. 이 관리도는 공정으로부터 추출한 샘플에서 품질특성치의 측정값 평균을 시간(샘플의 수) 변화에 따라 표기한 것이다.

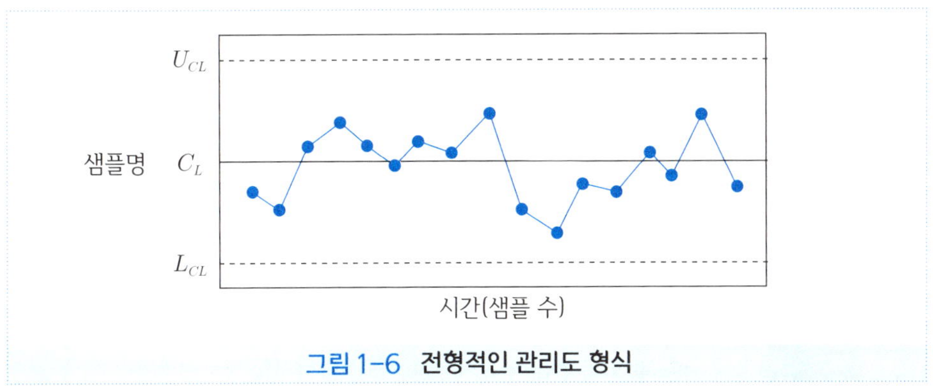

그림 1-6 전형적인 관리도 형식

관리도는 중심선(CL : center line)과 관리 상·하한(UCL, LCL : upper control limit, lower control limit)을 갖고 있다. 중심선은 변동(variability)을 가진 특별한 원인이 없을 경우 공정 특성치의 평균치가 표기되는 곳을 나타낸다. 관리한계는 몇 가지 통계적인 면이 고려되어 정해지는데 관리도편에서 소개된다. 전통적으로는 관리도가 시스템의 출력변수에 대해 적용되나, 어떤 경우에는 입력변수에 대해 유용하게 사용될 수도 있다.

관리도는 매우 유용한 공정 모니터링(monitoring) 기법이다. 즉 변동에 특별한 원인이 있을 경우는 샘플의 평균이 관리한계 밖에 표기될 것이다. 이것은 공정에 대한 조사 및 변동을 야기한 특별한 원인을 제거하기 위한 시정조치를 취해야 한다는 신호인 것이다. 관리도의 체계적인 사용은 변동을 줄이는 데 탁월한 방법이 된다.

1.2.3 식스 시그마(6 sigma) 품질경영

많은 부품으로 구성된 고 기술(high-technology) 제품은 일반적으로 고장이나 결함이 발생할 기회가 증대된다. 모토롤라(Motorola)는 이와 같은 제품의 요구에 대응할 수 있도록 1980년대에 식스 시그마 프로그램을 개발하였다. 식스 시그마의 초점은 고장이나 결함이 거의 일어나지 않는 수준까지 제품의 핵심품질특성의 변동을 줄이는 데 있다.

[그림 1-7]에서 만일 규격이 ±3로 설정이 되어 있다면 이 규격을 만족시키는 제품을 생산할 확률은 0.997 3이 된다. 이는 2 700 ppm(parts per million) 수준의 결함을

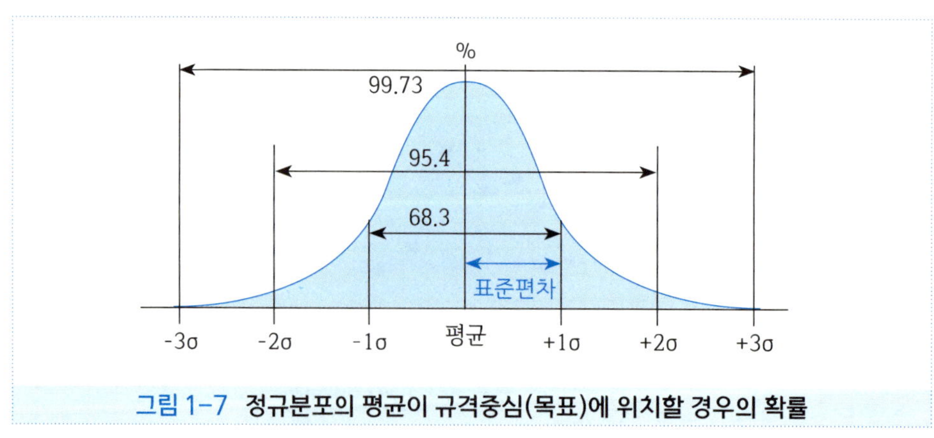

그림 1-7 정규분포의 평균이 규격중심(목표)에 위치할 경우의 확률

갖는 것을 의미한다. 이것이 3σ품질 성과를 내고 있는 것으로서 괜찮은 수준인 것처럼 보인다. 그러나 100개의 부품으로 조립된 제품이 있다고 가정하고 각 부품별 3σ수준이라면 100개 부품 전부에 불량이 없어야 그 제품이 제대로 기능을 완전히 충족시킬 것이다. 따라서 특정 제품이 양품이 될 확률은 다음과 같다.

$$0.9973 \times 0.9973 \times \cdots \times 0.9973 = (0.9973)^{100} = 0.7631$$

즉, 3σ품질 수준에서 생산된 제품의 23.7 %가 불량품이 될 것이라는 의미이다. 이것은 물론 받아들일 수 있는 상황이 아니다. 특히 많은 고기술 제품은 수천 개 이상의 구성품으로 만들어지기 때문이다. 자동차는 약 20만개의 부품으로 구성되어 있으며 비행기의 경우는 수백만 개가 넘는 부품으로 구성되어 있다.

모토롤라의 식스 시그마 개념은 규격한계가 평균으로부터 6σ에 위치하도록 공정에서 변동을 줄이는 것이다. [그림 1-8]에서 볼 수 있는 바와 같이 6σ품질 수준에서는 제품 불량의 확률이 0.999 999 8 또는 0.2ppm이 될 것이다.

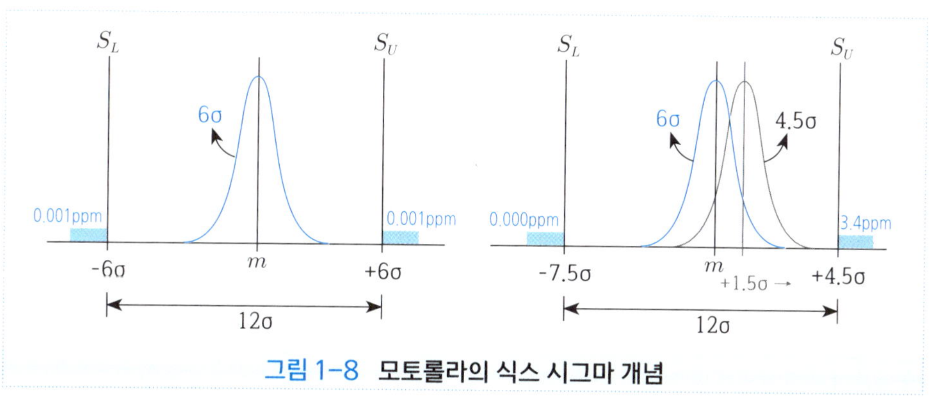

그림 1-8 모토롤라의 식스 시그마 개념

식스 시그마 개념이 처음 개발되었을 때, 공정이 6σ품질수준에 도달한 경우라도 공정평균이 목표 값에서 1.5σ정도 이동(shift)될 수 있다는 가정을 하였다. 물론 이는 현장공정변동의 데이터를 활용하여 정한 것이었다. 이 같은 상황에서 보면 [그림 1-8]에 나타난 바와 같이 6σ프로세스가 약 3.4ppm의 결함을 발생시킬 수 있다. 그러나 1.5σ만큼의 공정평균의 이동에 대해서 여러 가지 불합리한 점이 있을 수 있는데 이에 대해서는 공정능력 및 식스 시그마를 소개하는 후속 장에서 논의될 것이다.

모토롤라는 식스 시그마를 회사의 목표로 설정하고, 공정 및 제품의 품질개선의 초점으로도 설정하였다. 최근 식스 시그마 프로그램은 국내외의 많은 기업에서 경영혁신의 수단으로 채택하여 운용되고 있다. 또한, 식스 시그마 프로그램은 품질 향상과 원가절감을 통하여 기업의 경영성과를 개선하는 수단으로도 활용되고 있다. 품질개선활동의 주요 성공요소는 적절한 통계적 및 공학적 도구를 적재적소에 활용하는 것이다. 이러한 관점에서 식스 시그마 프로그램은 체계적이고 조직적인 접근방법(DMAIC 단계 등), 팀워에 의한 프로젝트 추진, 통계적 기법의 활용 및 교육훈련 등의 수단을 사용하여 그 효과를 크게 하기 때문에 기업에서 적극 채택하고 있는 것으로 판단된다.

1.3 품질비용

1.3.1 품질비용의 개념

(1) 품질비용의 정의

품질비용(quality cost)에 관한 정의는 미국의 ASQ(American Society for Quality)를 비롯하여 많은 연구자에 의해 제시되고 있다. ASQ에 따르면 품질비용은 품질의 확보 또는 비 확보와 관련된 비용으로, 이상적으로 일체의 낭비요소 없이 품질구현을 위해 소요된 비용과 현실 비용과의 차이로 정의된다.

쥬란은 품질비용을 '불량품과 관련되어 발생되는 비용으로서 불량품의 생산비용, 불량품 발견비용, 개선대책비용 등 품질과 관련된 비용 중 양품의 생산비용을 제외한 비용'이라고 정의하였다. 크로스비는 품질비용은 '처음부터 올바르게 업무를 수행하지 못함에 의해 야기되는 비용으로서 내·외부 고객의 요구를 충족시키지 못함에 의해 발생되는 손실액'이라고 정의하였다. 또한 그루콕(Groocock)은 '실제로 제품을 생산하고 판매하는 데에서 발생되는 비용과 이상적인 비용간의 차이'라고 정의하였다.

이와 같이 품질비용은 1950년대 초부터 품질개선의 중요한 도구로 활용되어 왔지만 고객 요구사항이나 생산시스템 및 품질경영시스템이 지난 수년간 계속 변화되어 오면서 품질비용 측정방법도 유사하게 변화하였다고 볼 수 있다.

3M사에서는 실제 사용된 비용과 품질에 결함이 없는 제품의 비용 차이를 품질비용으로 산출하고 품질 부적합이 존재하거나 예상되기 때문에 발생하는 비용으로 품질비용을 정의하고 있으며, 고객요구에 미치지 못하는 비용 또는 잘못으로 인해 발생하

는 비용이라고 규정하고 있다.

지금까지의 내용을 좀 더 세부적으로 고찰해 보면 품질비용의 정의는 좋은 품질을 만들기 위해 발생하는 예방차원의 비용과 부적합품질로 인해 발생하는 결과적 비용의 두 가지 큰 요소로 구성되어 있음을 알 수 있다.

1.3.2 품질비용의 분류

(1) ASQ의 분류

ASQ는 품질비용을 다음과 같이 분류하고 있다.

① 예방비용(prevention cost) : 경제적 차원에서 품질요건의 적합을 보장하여 줄 수 있는 품질시스템을 계획하고 유지하는 데 발생하는 비용(마케팅 및 고객·사용자, 제품/서비스의 설계 및 개발, 구매, 생산운영, 영업, 품질관리, 품질경영)

② 평가비용(appraisal cost) : 품질요건에 대한 적합 정도를 결정하는 데 소요되는 비용(구매 활동 평가비용, 운영 평가비용, 외부 평가비용, 시험 및 검사 데이터의 검토, 기타의 평가비용)

③ 내부 실패비용(internal failure cost) : 제품이나 구성품, 원료 등이 고객에게 소유권이 이전되기 전에 품질요건을 충족시키지 못한 경우 발생하는 비용(제품설계의 실패비용, 구매 관련 실패비용, 운영관련 실패비용, 기타의 내부 실패비용)

④ 외부 실패비용(external failure cost) : 제품이 고객에게 소유권이 넘어간 후 품질요건과 일치되지 않을 때 발생하는 비용(고객 불만조사, 응대, 처리비용, 반품으로 인한 손실, 배상 및 보증비용, 제조물 책임비용, 벌과금, 영업권 손실비용, 판매기회 손실비용, 기타의 외부 실패비용)

(2) 피겐바움(Feigenbaum)의 분류

피겐바움은 품질비용을 크게 사용자 품질비용과 생산자 품질비용으로 나누고 생산자 품질비용을 자본, 운영 및 공급자 품질비용으로 분류하고 있다. 그리고 운영품질비용을 관리비용(cost of control)과 관리실패비용(cost of failure of control)으로 나누고, 관리비용은 다시 예방 및 평가비용으로, 관리실패비용은 내부 및 외부 실패비용으로 세분하고 있다.

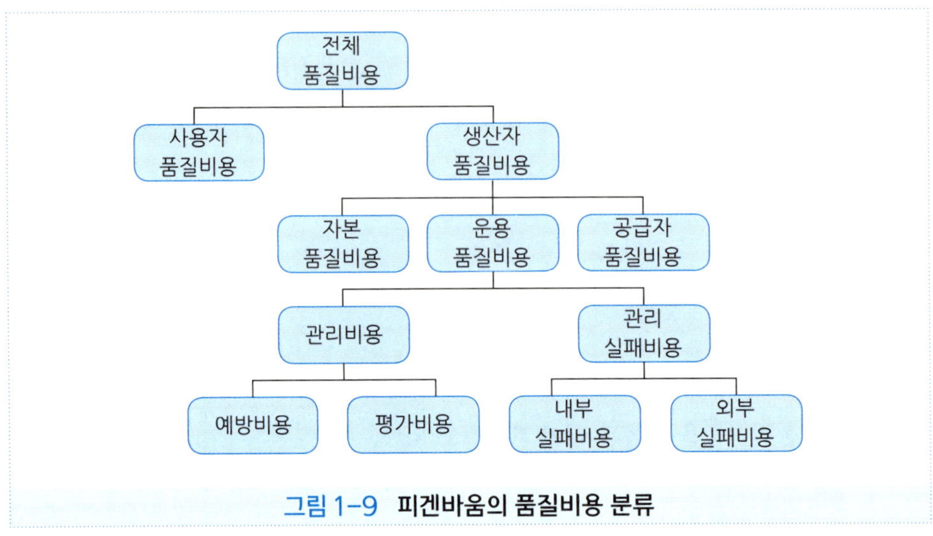

그림 1-9 피겐바움의 품질비용 분류

표 1-1 쥬란과 그리나의 품질비용 분류

구분	분류 항목 내용
예방비용	① 품질기획을 위한 비용 ② 신제품 소개에 따른 품질활동 비용 ③ 품질 성능 개선을 위한 교육비용 ④ 공정관리비용 ⑤ 품질정보 수집 및 분석비용 ⑥ 획기적인 품질개선을 위한 프로젝트 비용
평가비용	① 원재료 수입검사 ② 공정중의 품질검사 및 완제품 품질검사 ③ 측정 장비 정밀도 유지를 위한 검 · 교정 및 수리비용 ④ 검사에 소요되는 제반 비용
내부 실패비용	① 부적합품 폐기비용 ② 재작업 비용 ③ 재작업 검사비용 ④ 품질로 인한 라인중단 비용 ⑤ 공정의 불안정으로 인한 생산성 저하 손실비용 ⑥ 부적합품 사용여부, 조치를 결정하는 데 소요되는 시간 손실 비용
외부 실패비용	① 공급된 부적합품에 대한 조사, 불만처리 및 조치비용 ② 공급된 부적합품 회수 및 교체비용 ③ 품질보증 비용 ④ 낮은 품질로 인한 판매가격 하락에 의한 손실 비용 등

(3) 쥬란과 그리냐의 분류

일반적으로 품질비용을 ASQ의 분류와 같이 4가지로 분류하였다. 즉 예방비용과 평가비용, 내부 실패비용, 외부 실패비용으로 구분하였다. 예방비용은 제품 또는 서비스의 부적합이나 실패를 예방하기 위한 비용으로 품질시스템 기획, 공정관리, 교육훈련, 신제품 평가, 품질자료 수집 및 분석 등의 비용이 이에 속한다. 평가비용은 제품, 원재료, 서비스 등의 품질이 품질표준에 적합한지를 측정, 평가 또는 분석하는 비용으로서 원재료의 수입검사나 시험, 공정 중의 품질검사, 완제품검사 및 기타 품질관리 비용 등이 포함된다. 내부 실패비용은 선적, 출하 전에 발견된 부적합품으로 인한 비용으로 생산과정에서 발견된 모든 손실비용을 의미하고 부적합품의 폐기 처리비용, 재작업 비용, 재작업 제품의 품질검사, 품질관련 작업 중단 비용 등이 포함된다. 외부 실패비용은 제품이 고객에게 인도된 후 부적합이 발견되어 조치하는 데 발생한 비용으로서 고객 불만처리 비용, 부적합품 운송비용, 품질보증비용, 클레임의 원인 탐구 비용, 기업에 손실을 입힌 비용 등이 포함된다.

1.3.3 품질비용 모형

전통적인 품질비용모형은 [그림 1-10]에서 볼 수 있는 바와 같이 예방비용과 평가

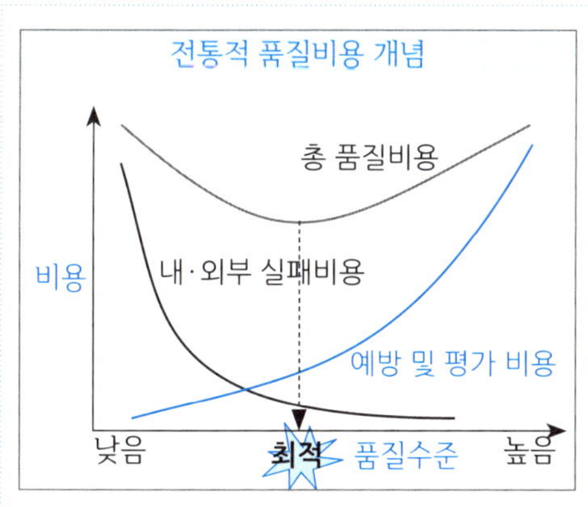

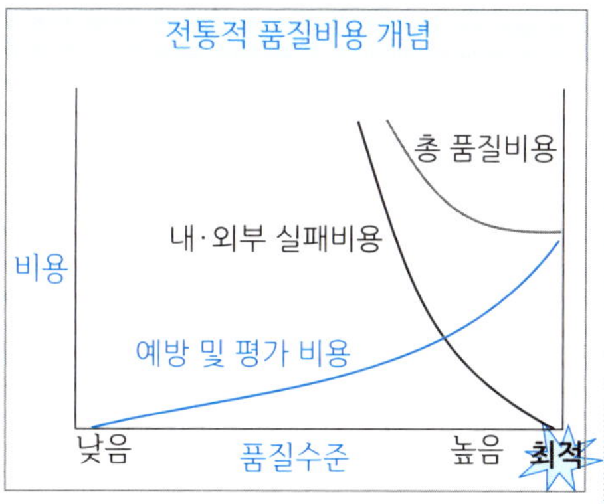

- 검사에 의존하여 출하품질 보증
- 고 품질을 확보하기 위해 검사, 재작업, 폐기 등의 Loss 발생

- 불량을 만들지 않는 Process 구축
- 검사, 재작업, 폐기 등의 Loss를 발생시키지 않는 개념

그림 1-10 **품질비용 모형의 변천**

비용에 대한 투자가 증가함에 따라 실패비용은 감소한다. 그러나 총 품질비용은 품질수준에 대하여 곡선의 형태로 나타나 품질수준이 높아짐에 따라 어떤 시점까지는 서서히 감소하나 그 이후에는 완만히 증가하고 있다. 따라서 품질비용을 최소화하려면 어느 정도의 부적합품은 감수하여야 한다는 것이다.

현재의 기술수준이나 외부환경 변화 등의 조건이 안정적이고 변화가 없다면 예방 및 평가비용, 실패비용 간에는 역의 상관성이 보인다.

설계품질에 적합하도록 품질을 관리하려면 제조 공정의 관리를 포함한 적합품질관리가 필요하며 적합품질은 다음과 같은 활동이 중심이 된다.

① 적절한 표준인 공정과 절차를 정하는 활동(예방활동)
② 정해진 표준과 실적이나 상태를 검토하는 활동(평가활동)
③ 표준에 벗어났을 경우 바로 수정하는 활동(수정활동)

이며, 최적 품질비용을 달성할 수 있는 적합품질의 적정 수준이 정해진다고 하였다. 그러나, 새로운 품질비용개념은 부적합이 없는 완벽한 품질수준에서 최소의 품질비용이 달성된다고 보고 있다.

참 고 문 헌

1 김영휘, “품질관리”, 청문각, 1991.

2 박우동, “품질경영”, 법문사, 1996.

3 박성현, 박영현, “통계적 품질관리”, 민영사, 1995.

4 배도선, “최신 통계적 품질관리”, 영지문화사, 1992.

5 유춘번, “품질개념의 진화와 발달”, 국방품질경영, 제18호, 2011.

6 유춘번, “서비스품질 문헌연구”, 한국품질경영학회지, 제36권 제3호, 한국품질경영학회, 2008.

7 이순룡, 품질경영론, 법문사, 2004.

8 이창훈, 전영호, 홍정식, “품질관리”, 박영사, 1994.

9 품질경영 및 품질보증전문위원회, “ISO 9000:2000 해설서”, KAB, 2001.

10 황의철, “최신 품질관리”, 박영사, 1981.

11 Garbin, D.A., Managing Quality, Free Press, 1988.

12 Grant, E.L. and R.S.Leavenworth, "Statistical Quality Control", 7th ed., McGraw-Hill Co. Inc., 1996.

13 Gryna, F.M. & etal., Quality Planning and Analysis, 5th ed., McGraw-Hill, 2007.

14 ISO, ISO 9000:2000 Quality Management Systems-Fundamentals and Vocabulary, 2000.

15 Montgomery, D.C., "Introduction to Statistical Quality Control", 4th ed., John Wiley & Sons, Inc., 2001.

16 Juran, J.M. and F.M.Gryna,"Quality Planning and Analysis", 3rd ed., McGraw-Hill Inc., 1993.

17 Feigenbaum, A.V., "Total Quality Control", 3rd ed., McGraw-Hill Inc., 1986.

18 Ryan, T.P., "Statistical Methods for Quality Improvement", 2nd ed., John Wiley & Sons, Inc., 2000.

19 Wadsworth, H.M. and etal., "Modern Methods for Quality Control and Improvement", 2nd ed., John Wiley & Sons, Inc., 2002.

20 Smith, G., "Statistical Process Control and Quality Improvement", 2nd ed., Prentice Hall, Inc., 1995.

연습문제 STATISTICAL QUALITY CONTROL

1. 최근의 경영환경변화 요인과 경향을 설명하라.

2. 기업의 경쟁력에 영향을 주는 요인에 대해 설명하라.

3. 제품과 서비스의 차이점에 대해서 설명하라.

4. 가빈(Garvin)의 품질 8대 속성을 설명하라.

5. 서비스 품질이 평가되는 과정에 대해 설명하라.

6. 서비스 품질의 5대 요소를 설명하라.

7. QC와 QM의 차이점을 설명하라.

8. 식스 시그마 품질전략의 개념을 설명하라.

9. 품질과 생산성의 관계를 설명하라.

10. 품질비용에는 어떤 것이 있는지 구체적으로 설명하라.

11. 품질관리에 많은 영향을 미친 다음 인물들의 업적을 알아보라.

    (1) Walter A. Shewhart
    (2) Harold F. Dodge and Harry G. Romig
    (3) Edwards W. Deming
    (4) Joseph M. Juran
    (5) Armand V. Feigenbaum
    (6) Philip B. Crosby
    (7) Eugene Grant
    (8) Genichi Taguchi
    (9) Kaoru Ishikawa
    (10) Mikel Harry

2

데이터의 정리방법

Data Collection and Analysis

2.1 데이터 형태와 측정

2.1.1 데이터 형태

(1) 데이터의 관측 개수에 따른 종류

① 일변량 데이터(univariate data)

관측 또는 실험대상이 되는 각 개체(experimental unit 또는 case) 별로 한 개의 변수(자료개체의 측정항목)가 관측 및 수집된 경우의 데이터를 말한다.

② 이변량 데이터(bivariate data)

관측 또는 실험대상이 되는 각 개체 별로 두 개의 변수가 관측 및 수집된 경우의 데이터를 말한다.

③ 다변량 데이터(multivariate data)

관측 또는 실험대상이 되는 각 개체 별로 세 개 이상의 변수가 관측 및 수집된 경우의 데이터를 말한다.

(2) 데이터의 속성에 따른 형태

① 이산형 데이터(discrete data)

셀 수 있는 값을 가지는 데이터를 말하며, 계수치(attribute data)라고도 한다. 즉, 인접한 두 개의 이산형 변수 값 사이에는 다른 변수 값이 존재하지 않는다. 가구당 자동차 대수는 1, 2, 3 등의 정수 값만이 있을 뿐이며 1.5 혹은 2.15 대 등의 값이 있을 수 없다. 예로는 부적합품수(불량갯수), 부적합수(결점수), 1급품수, 2급품수, 생산개수, 공해건수 등을 들 수 있다.

② 연속형 데이터(continuous data)

주어진 구간 안에서 임의의 값을 가질 수 있는 데이터를 말하며, 계량치(variable data)라고도 한다. 즉, 시간 등이 그 예이다. 30 분에서 60 분 사이의 어떤 값이라고 한다면 42.6 분도 될 수 있으며 또한 42.675 5 분도 될 수 있다. 마찬가지로 사람의 키는 172.5 센티미터도 되고 172.567 89 센티미터도 될 수 있다. 길이, 무게, 시간, 온도, 순도, 강도, 저항 등과 같이 측정해서 연속적인 값으로 파악되는 것은 모두 여기에 해당한다고 할 수 있다.

(3) 데이터의 척도에 따른 형태

측정을 한다는 것은 측정대상의 어떤 속성에 대하여 수치를 부여하는 것이라 할 수 있다. 이 때 부여된 수치는 측정된 속성들을 잘 반영하고 있어야 한다. 이와 같이 측정 속성에 부여된 수치들이 속성간의 관계에 어떠한 의미를 부여해 주느냐에 따라 네 가지의 형태로 구분된다.

① 명목척도(nominal scale)

측정대상의 속성을 분류, 확인할 목적으로 숫자를 부여하는 것으로 측정대상을 상호배타적인 집단으로 구분하는데 이용된다. 명목척도에 의해서 얻어진 데이터는 네 가지 척도 형태 중에서 가장 적은 양의 정보를 제공한다. 예를 들면 남성-여성, 사용자-비사용자, 직업, 종교, 상표의 인지여부, 지역구분 등을 들 수 있다.

② 서열척도(ordinal scale)

측정대상의 속성을 평가하기 위하여 측정 대상간의 대소나 높고 낮음 등의 순위를 부여해 주는 척도이다. 어떤 속성에 따라 순위를 부여한 것으로 상대적인 서열만을 나타내는 것이지 그 정도는 알 수 없다. 이 척도는 주로 정확하게 정량화하기 어려운 소비자의 태도, 상표선호 순위, 사회계급, 상품품질등급 등의 측정에 이용된다.

③ 등간척도(interval scale)

측정대상의 속성에 수치를 부여하되 대상물이 갖고 있는 속성이 어느 정도 차

표 2-1 **척도의 속성 비교**

구분/특성	상호배타성	순서비교 가능성	표준측정단위 존재	'0'의 의미존재
명목척도	○	×	×	×
서열척도	○	○	×	×
등간척도	○	○	○	×
비율척도	○	○	○	○

이가 있는가를 비교하는 척도이다. 이 척도에 의해서 얻어진 데이터는 측정대상이 갖는 해당속성의 양적인 정도의 차이를 나타내 주나 해당속성이 전혀 없는 상태인 절대적인 원점은 존재하지 않는다. 다만 임의적인 원점은 존재한다. 등간척도는 온도, 학점, IQ지수, 물가지수, 상표선호도지수, 광고인지도지수, 주가지수 등의 측정에 주로 이용된다.

④ 비율척도(ratio scale)

등간척도가 갖는 특성에 추가적으로 비율계산이 가능한 절대 0점이 존재하는 척도이다. 절대 0점의 위치에 대해서는 누구나 보편적으로 인정하고 있다. 비율척도로부터 측정된 데이터는 어떠한 통계적 분석기법의 적용도 가능한 것으로 매출액, 구매확률, 구매자수, 무게, 나이, 소득금액 등을 예로 들 수 있다.

데이터의 형태가 갖는 중요성은 그 형태에 따라 측정으로부터 얻어진 데이터의 통계적 분석기법이 다르기 때문이다. 지금까지 소개한 데이터의 형태의 관계를 일부 요약하면 [그림 2-1]과 같이 표현할 수 있다. 그림에서 볼 수 있듯이 데이터는 크게 정량

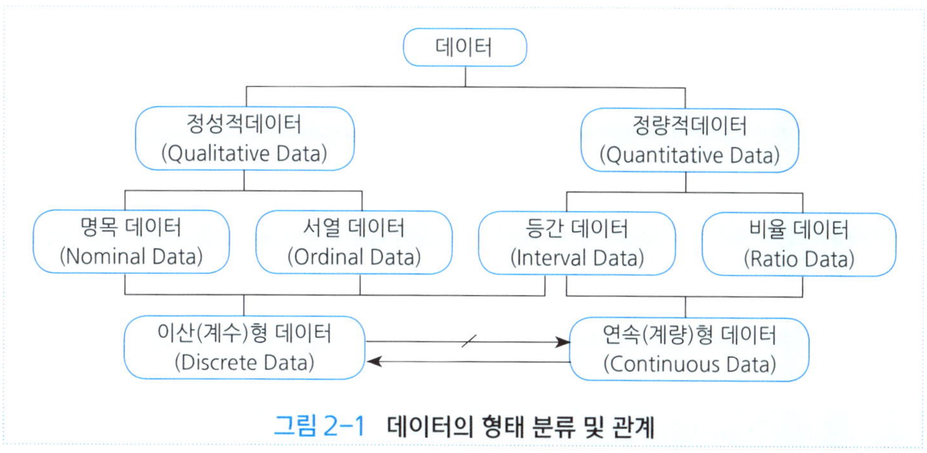

그림 2-1 **데이터의 형태 분류 및 관계**

적 데이터와 정성적 데이터로 나눌 수 있으며, 한편 계량치는 필요에 따라 계수치로 변환 가능하지만 그 역은 성립되지 않는다는 것을 알 수 있다. 그러나 계수치 데이터의 값이 큰 경우에는 계량치처럼 취급하여 근사적인 방법으로 해석할 수는 있다.

2.1.2 측정과 수치데이터

여기에서는 개별 계측기(계량은 과학계량, 산업계량 및 법정계량으로 분류되나, 과학 및 산업 계량에서는 계량 대신 측정이라는 용어를 주로 사용하기도 하며, 계량 및 측정을 줄여 계측이라고 함)의 실무적인 사용방법에 대해서는 다루지 않고, 계측기/측정기 읽는 방법 등의 일반적이고 공통적인 사항에 한정하여 검토해 본다.

(1) 불확도의 개념과 활용

종래에는 '측정값－참값=오차'라는 관점에서 '오차'를 '우연오차'와 '계통오차'로 분류하여 다루어 왔고, 아직도 법정계량에서는 오차라는 용어를 사용하고 있으나, 측정에서는 오차라는 용어를 사용하지 않게 되었다. 이는 '참값'을 알 수 없기 때문에 오차의 값도 알 수 없다는 데에서 연유한 것이다.

동일한 측정대상물을, 동일한 계측기로, 동일한 측정자가 여러 번 측정한다면 그 측정값은 매번 같겠는가, 다르겠는가?

이에 대한 답은 '매번 다르다'이다.

이는 중력 때문에 지구상에서 '완벽하게 둥근 구슬(眞球)'을 제조할 수 없다는 점과 시간경과에 따라 분해되는 성질을 가진 피측정물은 측정 중에도 분해되고 있다는 점을 생각하면 단시간 내의 여러 번 측정에서, 그리고 시간간격이 있는 측정의 경우에는 측정환경의 변화, 측정기기 성능의 노후화 등을 고려하면 어렵지 않게 이해될 수 있을 것이다. 만일 거의 매번 같은 결과 값이 된다면 측정기의 정밀도가 나쁘기 때문일 것이다.

이와 같은 논리에서 모든 측정에서는 그 결과 값이 매번 다르게 되는 변동성을 갖는데, 그 변동성의 정도를 "uncertainty"라고 한다. 그런데 그 번역용어를 "불확실도(不確實度)"라고 하자는 의견과 "불확정도(不確定度)"라고 하자는 전문가들의 의견이 상충, 통일되지 못하여 국내에서는 잠정적으로 "불확도(不確度)"라고 번역하여 왔으나 이제는 공식적인 용어로 굳어졌다.

불확도는 '측정결과와 관련하여, 측정량을 합리적으로 추정한 값의 산포 특성을 나타내는 파라미터(척도)'라고 정의하여 왔으나, 최근에는 '사용된 정보를 바탕으로, 측정량에 대한 측정량의 산포 특성을 나타내는, 음이 아닌 파라미터'라고 정의하고 있다. 불확도의 산출방법은 길이, 질량, 시간 등의 분야에 따라, 계측기의 종류에 따라, 그리고 전문기구에 따라 차이가 있으나 여기에서는 국내의 공인 교정 기관에서 사용하고 있는 방법에 대해 간단히 기술하기로 한다. 불확도는 계측기에 대한 전문지식을 갖추었다고 인정된 측정실무자가 산출하여 평가사 등의 자격을 가진 사람이 검토한 후 국제공인교정기관장 등이 발행한 교정 성적서에 기재한 값만이 유효하다는 점을 강조하여 둔다.

불확도는 요인별 관계모델의 설정, 요인별 측정값과 표준불확도의 계산, 합성 표준불확도의 계산, 확장불확도의 계산 등의 단계를 거쳐 산출된다. 국내에서는 한국시험검사기관인정기구(KOLAS)에서 시험검사기관의 공인 및 사후관리에서 측정/분석의 불확도 산출을 의무화하고 있다.

불확도는 참값을 알 수 없으므로 협정참값(최근에는 기준값)을 갖는 피측정대상물을 측정하여 구한다. 불확도는 보통 4~5회 정도의 측정결과값을 토대로 하여 '통계적인 방법'에 의해 구하는 A형불확도와 '비통계적 또는 계측기기에 대한 전문지식'에 의해 구하는 B형불확도로 나뉘며 그에 해당하는 표준편차값을 각각 'A형표준불확도' u_A 및 'B형표준불확도' u_B라고 하고, 이들을 합성한 것을 '합성표준불확도' u_C 또는 줄여서 '표준불확도' u라고 한다. 그리고 측정값의 평균값과 협정참값(기준값)의 차이를 '보정값'이라고 한다.

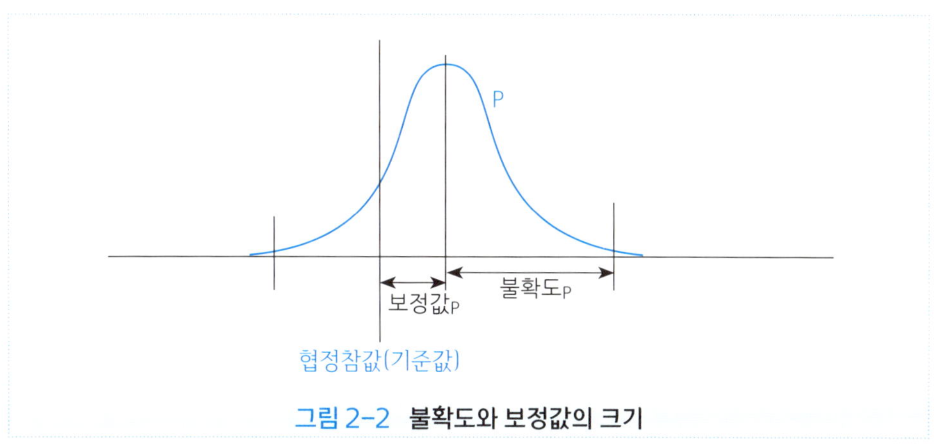

그림 2-2 불확도와 보정값의 크기

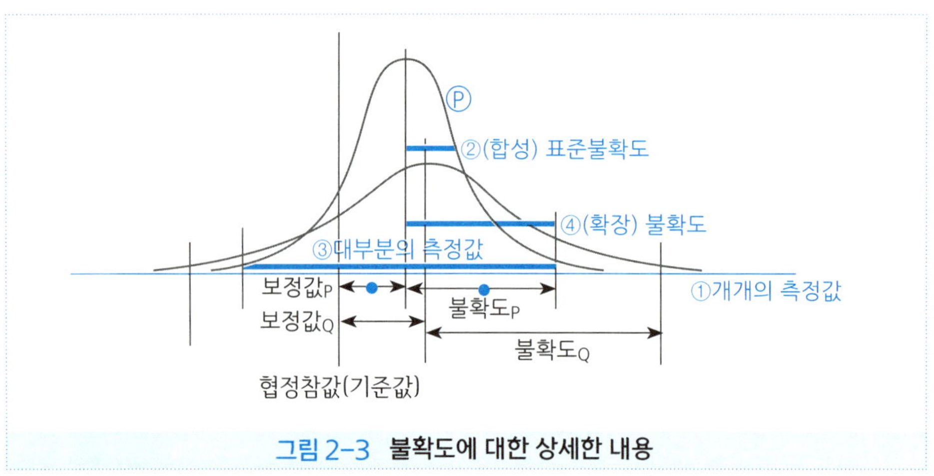

그림 2-3 **불확도에 대한 상세한 내용**

불확도의 크기는 이 표준불확도(합성표준불확도)를 제시해 주면 충분할 것이나, 일반인들이 표준편차의 개념을 이해하기 힘들어 하므로, 측정값의 거의 대부분인 95 %(신뢰수준 95 %)가 포함되는 (확장)불확도 $U=ku_C$의 값을 교정 성적서에 표기하여 준다. 개략적인 결과를 [그림 2-2]에 나타내었다(정규분포를 하는 것으로 가정함).

이를 좀더 상세하게 나타낸 것이 [그림 2-3]이다(역시 정규분포를 하는 것으로 가정함).

[그림 2-3]에서 P는 불확도(정밀도)가 좋은 측정기기, Q는 불확도가 P 보다 나쁜 측정기기에 대한 결과이다. 또는 동일한 측정기기에 대해 교정능력이 좋은 교정기관 P에서 발행한 교정성적서, P 보다 교정능력이 떨어지는 교정기관 Q에서 발행한 교정성적서의 결과라고 보아도 된다. P에 대해 자세히 설명하면 다음과 같다.

①은 협정참값을 무한회수 측정한 결과 값들이다. 이 결과 값들에 대해 (합성)표준불확도를 구하여 그 크기를 나타낸 것이 ②이다. 측정값들 중 대부분(95 % 정도)이 ③이 되며, 이의 반너비가 (확장)불확도 ④이다.

교정성적서 을지(보통 두 번째 페이지)에는 보정값과 불확도 외에 포함인자 k가 표기되어 있는데 대부분의 경우, 불확도의 값은 매우 작기 때문에 무시하여도 좋으나, 정밀측정이 요구되는 경우에는 그 크기를 고려하여야 한다. 이 때 불확도 U를 포함인자 k로 나눈 값 $u=U \div k$ 즉, 표준불확도 u를 구하여 사용하여야 하는데, 이는 측정결과값의 변동성을 표준편차로 나타낸 값이다. 불확도와는 달리 보정값은 그 크기를 무시할 수 없는 경우가 많으므로 반드시 검토하여 측정결과값의 크기에서 이를 고려하여야 한다. 측정기기를 사용하는 조직에서는 전문공인기관에서 시행하는 불확도 관련

교육을 이수한 요원을 확보, 활용하여야 한다. 교정은 교정기관의 측정기의 분류에 해당하는 인정범위에 등재되어 있는 BMC(Best Measurement Capability ; 최고측정능력) 또는 CMC(Calibration and Measurement)의 값을 검색하여 그 값이 좋은(작은) 교정기관에 의뢰하는 것이 바람직하다.

여기에서 설명한 내용보다 더욱 상세한 측정관련 사항에 대해서는 제13장 측정시스템분석에서 소개될 것이다.

(2) 측정의 소급성 및 교정제도의 변혁

측정에서는 측정기가 올바르게(정확하게) 작동하는지를 점검하는 것이 가장 기본적인 사항이며 이는 측정기를 사용하는 사람이 최우선적으로 지켜야 할 의무이다. 각종 측정기는 일정기간 사용하면 주위환경, 사용빈도, 내구성 등 여러 요인의 영향을 받아 부정확하게 변화되는데 이 부정확한 정도와 기준기와의 정합성을 확인하기 위해 수행하는 것이 교정(較正, calibration)이다.

소급성(遡及性, traceability, SQC에서는 추적성으로 번역함)이란 '계측기의 정확정밀도를 더 높은 정확정밀도를 가진 다른 계측기기 그리고 궁극적으로는 1차 표준(primary standard)으로 연결시키는 문서화된 비교 고리(미국 NIST 핸드북 150)' 또는 '모든 불확도(uncertainty)가 명확히 기술되고 끊어지지 않는 비교의 연결고리를 통하여, 명확한 기준(국가 또는 국제 표준)에 연관시킬 수 있는 표준값이나 측정결과의 특성(측정에 대한 국제 기본용어집 ; International Vocabulary of Basic and General Terms in Metrology)'이라고 정의되고 있으며, 교정이란 이 소급성을 확보하기 위한 수단이다.

과거에는 계측기의 정확정밀도를 오차의 개념에 의해 1등급-국제표준 및 국가현시표준, 2등급-유지용 국가표준, 3등급-교정용 표준기, 4등급-검교정용 기준기, 5등급-공장용 기준기, 6등급-정밀 계측기기, 7등급-일반 계측기기, 8등급-하급 계측기기로 분류하여 표준기, 기준기, 정밀계기, 일반계기 별로 의무교정주기를 정하여 교정검사를 받도록 하고 자율교정을 인정하였으나 2000년부터는 국내에서도 국제기준에 따라 3등급~8등급의 등급(제도) 및 자율교정제도를 폐지하고, 국제공인교정기관만이 앞 절에서 설명한 보정값, 불확도 및 포함인자가 표기된 교정성적서를 교부하는 제도로 변경되었다.

측정기를 보유 또는 사용하는 사람은 주기적으로 해당 측정기를 교정하여야 한다. 이를 위하여 합리적이고 적정한 주기로 교정이 수행될 수 있도록 교정 대상 및 적용범위를 자체규정으로 정하여 운용하여야 하며 이 때 측정기의 정확정밀도, 안정성, 사용목적, 환경 및 사용빈도 등을 감안하여 과학적이고 합리적으로 그 기준을 설정하는 것으로 규정하였다. 단, 자체적인 교정주기를 과학적이고 합리적으로 정할 수 없는 경우에는 국가기술표준원장이 고시(2년마다 검토하여 재고시할 수 있음)하는 교정주기를 준용하는 것으로 하였는데, 교정주기의 올바른 설정을 위해서도 반드시 전문지식을 갖춘 측정전문가의 확보가 필요하다.

(3) 측정결과의 표기방법과 SI단위

측정결과는 수치와 단위(단위가 없는 경우도 있음)를 사용하여 표현하며, 그 표현방법에 대한 국제기준이 마련되어 있는데 이들을 요약하면 다음과 같다.

- 수치는 아라비아숫자로 표기한다.
- 수치는 직립체로 표기한다.
- 소수점은 쉼표(,) 또는 마침표(.)로 표기한다.
  국제표준과 불어권에서는 쉼표를 사용하고 영어권에서는 마침표를 사용한다. 국내에서는 원칙적으로 마침표를 사용하나 쉼표의 사용도 허용한다. 단, 동일한 문서에서는 별도 설명이 없으면, 한 가지만 사용하여야 한다.
- 수치는 가독성을 높이기 위하여 소수점 위아래에서 3 자리마다 빈칸(반 칸이 권장됨)을 둔다. 단, 4 자리 수치인 경우에는 빈칸을 두지 않아도 된다. 천, 백만 단위 등에 찍던 쉼표를 사용해서는 안 된다.

  (보기) 12 345, 3 450

- 양(quantity)은 경사체로, 단위(unit)는 직립체로 표기한다,
  m, l, g는 각각 mass(질량), length(길이), gravity(중력가속도)이고 m, l, g는 metre(미터), litre(리터), gram(그램)이다. 단위의 명칭은 미국식영어가 아니라 영국식영어로 표기한다. 단, 그램은 미국식영어로 표기한다.
  ※ μ는 모평균 '뮤(mu)'이고 μ는 접두어 '마이크로(micro)'이다.

  (보기) 양 : m(질량), t(시간) 등
  단위 : kg, s, K, Pa, kHz 등
  단위명칭(영어) : metre, second, mole 및 newton, pascal, volt 등 kg 이며, Kg 이 아님(비록 문장의 시작이라도) 5 s 이며, 5 sec 나 5 sec 또

는 5 secs 가 아님

- 백분율(%)이 SI 단위는 아니지만 단위 기호로 사용할 때는 수치와 한 칸 띄어야 한다. 또한 이것을 사용할 때는 반드시 기호(%)를 사용해야 하며, 명칭 “pecent” (또는 “퍼센트”, “프로”)를 사용하면 안 된다.

(보기) 25 %이며, 25% 또는 25 percent가 아님

- 수치와 단위 사이에는 빈칸(반 칸이 권장됨)을 둔다. 단, °(도), ′(분), ″(초)는 빈칸을 두지 않고 수치에 붙여 쓴다.

(보기) 35 mm이며, 35mm가 아님
32 ℃이며, 32℃가 아님
2. 37 lm 이며 2. 37lm (2. 37 lumens)가 아님
25°, 25°23′, 25°23′27″ 등은 옳음
※ ‘100ml’는 ‘백밀리리터’로 읽게 되나, ‘100l’는 ‘백리터’인지 또는 ‘천일’인지 구분하기가 어려우므로 ‘100 l’로 적는 것이 요구된다.

- 단위는, 허용된 경우 이외에는, SI단위를 사용하여야 한다.

SI란 불어의 Le Systéme International d’Unitès(The International System of Units; 국제단위계)의 약어이다(SI, 국제단위계, SI단위, 국제단위계단위라는 용어는 사용 가능하나 SI단위계, 국제단위라는 용어를 사용해서는 안 됨).

SI단위는 1875년 미터협약에 의해 국제적으루 공식하된 후 1960년 국제도량형총회에서 채택된 단위체계로써

- 각 속성(또는 물리량)에 대하여 한 가지 단위만을 사용함
- 모든 활동분야에 적용됨
- 일관성 있는 체계임
- 배우고 사용하기 쉬움

등의 특징 및 장점을 갖고 있고, 이를 사용하지 않을 경우 국제교역에서 불이익을 당하게 된다.

SI단위는 [표 2-2]에 나타낸 기본단위와 [표 2-3]에 예를 보인 유도단위, 그리고 [표 2-4]에 나타낸 접두어로 구성된다. 유도단위는 기본단위들을 곱하기와 나누기의

표 2-2 SI기본단위-명칭과 기호

기본량	SI 기본 단위	
	명칭	기호
길이	미터	m
질량	킬로그램	kg
시간, 지속시간	초	s
전류	암페어	A
열역학적 온도	켈빈	K
물질량	몰	mol
광도	칸델라	cd

표 2-3 기본단위로 표시된 일관성있는 SI단위의 예

유도량	SI 유도 단위	
	명칭	기호
넓이	제곱미터	m^2
부피	세제곱미터	m^3
속력, 속도	미터 매 초	m/s
가속도	미터 매 제곱초	m/s^2
파동수	역 미터	m^{-1}
밀도, 질량밀도	킬로그램 매 세제곱미터	kg/m^3
표면밀도	킬로그램 매 제곱미터	kg/m^2
비(比)부피	세제곱미터 매 킬로그램	m^3/kg
전류밀도	암페어 매 제곱미터	A/m^2
자기장의 세기	암페어 매 미터	A/m
물질량농도, 농도	몰 매 세제곱미터	mol/m^3
광휘도	칸델라 매 제곱미터	cd/m^2
굴절률	일(숫자)	1
상대투자율	일(숫자)	1

수학적 기호로 연결하여 표현하는 단위이며, 어떤 유도단위에는 특별한 명칭과 기호가 주어져 있고 이들은 기본단위나 다른 유도단위와 조합되어 다른 양의 단위를 표시하는 데에 사용되기도 한다. 이들 이외에 SI와 함께 사용되는 것이 허용된 비SI단위, SI단위로 나타내려면 실험적으로 얻은 값이 필요한 비SI단위, 그 밖의 비SI단위, CGS계 또는 CGS가우스계(Gauss system)와 연관된 비SI단위 등도 사용이 허용되어 있다. 더욱 상세한 SI단위에 대한 내용은 참고문헌을 참조하기 바란다.

표 2-4 SI접두어

인자	접두어	기호	인자	접두어	기호
10^{24}	요 타	Y	10^{-1}	데시	d
10^{21}	제 타	Z	10^{-2}	센티	c
10^{18}	엑 사	E	10^{-3}	밀리	m
10^{15}	페 타	P	10^{-6}	마이크로	μ
10^{12}	테 라	T	10^{-9}	나노	n
10^{9}	기가	G	10^{-12}	피코	p
10^{6}	메가	M	10^{-15}	펨토	f
10^{3}	킬로	k	10^{-18}	아토	a
10^{2}	헥토	h	10^{-21}	젭토	z
10^{1}	데카	da	10^{-24}	욕토	y

(4) 유효숫자의 개념 및 계산방법

막대의 길이를 재고 있는 경우를 나타낸 [그림 2-4](단위는 생략)에서, 막대의 길이는 얼마라고 읽어야 하겠는가?

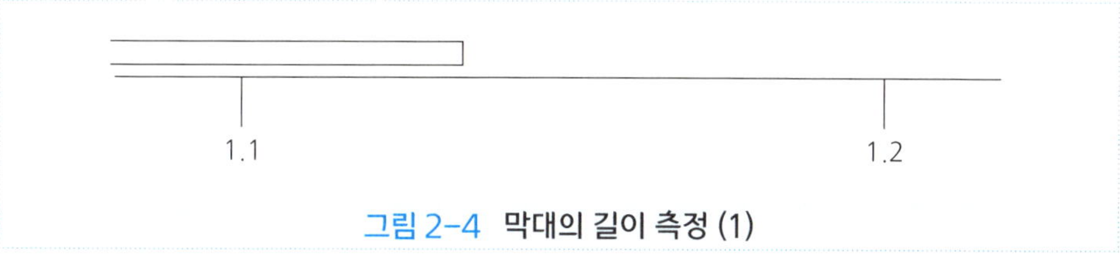

그림 2-4 막대의 길이 측정 (1)

이 경우 막대의 길이를 (가장) 가까운 눈금인 1.1로 읽되, 1.100 000 000 …이 아니며, 1.05 보다는 길고 1.15 보다는 짧다고 해석하고 처리하는 것이 제일 쉽고 또한 바람직할 것이다.

막대의 길이가 1.1 보다는 길기 때문에 한 자리 더 자세히 읽는다면 얼마라고 해야 하겠는가? 1.13 또는 1.14 중에서 어느 것이 맞겠는가?

1990년대에 30 명 이상이 모인, 그것도 거의 모두 산업체에 종사하는 사람들이 모인 자리들에서 [그림 2-4]를 보여주면서 80여 차례 조사한 결과는, 1.14라고 읽는 사람이 2/3~3/4이고, 1.13이라고 읽는 사람이 1/4~1/3으로 나타났었다.

이 경우 한 자리 더 상세하게 읽는다면 정답은 1.13이다. 이는 [그림 2-4]가 포함되어 있는 [그림 2-5]의 셋째 그림을 보면 명확해진다.

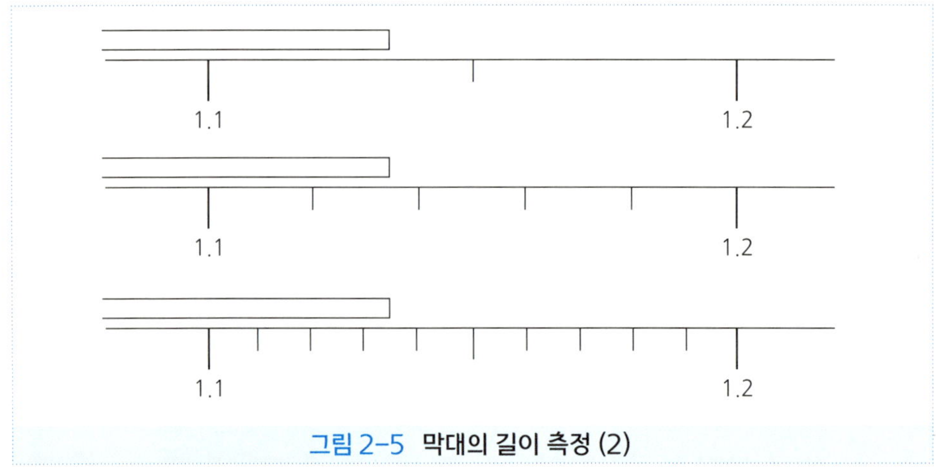

그림 2-5 **막대의 길이 측정 (2)**

막대의 길이를 가장 가까운 눈금까지 읽어

[그림 2-4]에서는 1.1로 읽되, 그것을 1.05와 1.15 사이의 값으로

[그림 2-5]의 첫째 그림에서는 1.15로 읽되, 그것을 1.125와 1.175 사이의 값으로

[그림 2-5]의 둘째 그림에서는 1.14로 읽되, 그것을 1.13과 1.15 사이의 값으로

[그림 2-5]의 셋째 그림에서는 1.13으로 읽되, 그것을 1.125와 1.135 사이의 값으로 읽고 해석하고 이를 토대로 하여 처리하면 어려움이 없고 틀리지 않으나, 눈금사이를 끊어 한 자리 더 상세히 읽으려고 하면 읽기도 힘들거니와 자칫하면 틀리게 읽게 된다.

[그림 2-4]에서 가장 가까운 눈금까지 읽어 1.1로 기록하고 이를 1.05와 1.15 사이의 값(1.13이 포함됨)으로 해석하고 처리하면 오류가 없으나, 한자리 더 상세하게 읽되 많은 경우 틀리게 읽어 1.14로 기록하고 이를 1.135와 1.145 사이의 값(1.13이 포함되지 않음)으로 해석하고 처리하면 오류가 생기게 된다. 측정에서 최소눈금 사이를 10등분하여 읽을 것을 권유하기도 하나, 제대로 읽어내는 경우가 그리 많지 않으므로 최소눈금까지만 읽는 것이 바람직하며, 더욱 상세하게 눈금이 매겨진 측정기를 마련하여 사용하는 것이 올바른 방법이다. 이는 앞에서 설명한 교정성적서의 보정값 특히, 불확도를 고려한다는 관점에서도 권장된다.

비록 [그림 2-4]에서 한 자리 더 상세하게 읽되 틀리지 않게 1.13이라고 읽더라도, 그것은 1.130 000 000 …이 아니고 1.125와 1.135 사이의 값이라는 점을 유의하여야 한다.

위에서와 마찬가지로 디지털 체중계로 측정한 체중이 62.4 kg인 경우에도 체중은 62.400 000 000 …(이하 단위 생략)이 아니라, 62.35와 62.45 사이의 값이다.

이와 같이 측정의 결과 값은 명확한 수치가 아니라 어떤 범위 사이의 값이 되기 마련이며, 이로부터 유의(有意)숫자의 개념이 생기게 된다. 10진법의 경우 최하위자리의 숫자는 불명확한 값이라고 보아야 하며,

유효숫자의 자릿수 = 명확한 숫자들의 자릿수 + 불명확한 숫자(1개)의 자릿수

로 정의한다.

이에 따라 [그림 2-4]의 막대 길이를 1.1이라고 읽어낸 경우, 1 자리의 1은 명확한 숫자이나, 소수점 아래 첫 자리의 1은 불명확한 숫자이므로 1.1은 유효숫자 2자리의 수치이고, 체중 62.4의 경우, 10자리의 6 및 1 자리의 2는 명확한 숫자이나, 소수점 아래 첫 자리의 4는 불명확한 숫자이므로 62.4는 유효숫자 3자리의 수치이다.

만일 두 지점 사이의 거리를 측정한 결과가 42 300 m가 되었다면, 42 300이라는 수치는 유효숫자 몇 자리의 숫자이겠는가?

이는 측정단위에 따라 차이가 나기 마련이다. 즉,

- 100 m 길이인 자(또는 100 m 마다 눈금이 매겨진 자, 측정단위가 100 m인 자)로 재어, 100 m의 422.5 배 보다는 길고 423.5 배 보다는 짧다면(정확히 423.000 000 … 배가 될 확률은 0임), 42300이라는 수치는 유효숫자 3 자리의 숫자
- 10 m 길이인 자(또는 10 m 마다 눈금이 매겨진 자, 측정단위가 10 m인 자)로 재어, 10 m의 4229.5 배 보다는 길고 4230.5 배 보다는 짧다면(정확히 4 230.000 000 … 배가 될 확률은 0임), 42 300이라는 수치는 유효숫자 4 자리의 숫자가,
- 1 m 길이인 자(또는 1 m 마다 눈금이 매겨진 자, 측정단위가 1 m인 자)로 재어, 1 m의 42299.5 배 보다는 길고 42300.5 배 보다는 짧다면(정확히 42 300.000 000 … 배가 될 확률은 0임), 42300이라는 수치는 유효숫자 5 자리의 숫자가 된다. 그러나 만일 두 지점 사이의 거리를 측정한 결과가 42 300.0 m가 되었다면, 42 300.0이라는 수치는 유효숫자 6 자리의 숫자가 될 것이다.

유효숫자는 측정에서 연유되는 것이고 그 자릿수는 측정단위에 의해 결정된다. 12.3은 유효숫자 3 자리의 숫자이고, 12.30은 유효숫자 4 자리의 숫자이며, 두 숫자는 분명히 다른 숫자이다. 0.012 30은 .012 30이라고 쓰기도 하며, 이들은 유효숫자 4 자

리의 숫자이다. 이상의 내용을 종합하여

'유효숫자의 자릿수 : 소숫점의 위치를 나타내기 위한 0(영)을 제외한 숫자들의 수'

라고 정의할 수도 있다.

유효숫자 개념으로부터 12.34라는 숫자에서 1, 2 및 3은 명확한 숫자이나 4는 불명확한 숫자라고 하였는데 이를 설명의 편의상 12.3*4*라고 표기하기로 하자. 즉, 명확한 숫자는 직립체로, 불명확한 숫자는 경사체로 표기하자.

그리고 12.34는 12.335 보다는 크고 12.345 보다는 작은 숫자들 중의 하나의 숫자 즉, 12.335 000 … 001~12.344 444 … 449의 범위 내에 있는 하나의 숫자이나 설명의 편의상 12.335와 같거나 크고 12.345와 같거나 작은 숫자들 중의 하나의 숫자 즉, 12.335~12.345의 범위 내에 있는 하나의 숫자로 생각하자. 바꾸어 말하면 (12.335, 12.345)라는 개(open, 開)구간내의 숫자 대신 [12.335, 12.345]라는 폐(close, 閉)구간내의 숫자로 생각하자.

1.23 m에서의 1.23은 유효숫자 3 자리, 2.3 m에서의 2.3은 유효숫자 2 자리, 3 456 m에서의 3 456은 유효숫자 4 자리인데 이들을 더하면 어떻게 되겠는가? 즉 1.23 + 2.3 + 3 456 = 3 459.53에서의 3 459.53은 유효숫자 몇 자리 숫자가 되겠는가?

명확한 숫자(직립체)에 불명확한 숫자(경사체)를 더하면 불명확한 숫자(경사체)가 될 것이라는 점과

```
       1.23
       2.3
 +) 3 456
 ----------
    3 459.53
```

과 같은 덧셈방법을 생각하면 3 459.53이라는 숫자는 3 460(수치 맺음하여)으로 나타내어야 하고, 유효숫자 4 자리라고 하여야 할 것이다.

이를 염두에 두면,

'가감산(+ 또는 − 의 계산)**의 경우에는 통상적으로 가감산을 한 후에, 가감산하는 숫자들 중 유효숫자의 마지막 숫자가 가장 왼쪽에 있는**(유효숫자의 꼬리가 가장 짧은) **위치까지로 유효숫자를 구한다'** 라고 정리할 수 있을 것이다.

그렇다면 5.74 m와 3.8 m를 곱하면 몇 m^2가 되겠는가? 승산(곱하기 계산)의 경우

에는 다양한 논리 및 설명방법이 있겠으나, 여기에서는 실용적 개략법만 소개한다.

실용적인 개략법(현실적으로 사용되고 있는 방법)은 5.74×3.8의 계산에서, 5.74의 유효숫자 자릿수는 3 자리이고, 3.8의 유효숫자 자릿수는 2 자리이다. 이들 중 유효숫자 자릿수가 적은 2 자리로 계산을 마무리하는 방법으로, 가장 합리적/과학적 방법인 방법 ①과 거의 같은 결과를 낳게 된다. 여러 개의 숫자를 곱하는 경우에도 유사하게 처리하면 되고, 곱하는 숫자의 갯수가 증가하더라도 쉽게 처리할 수 있는 매우 실용적인 방법이다.

이를 요약하면,

'승제산(× 또는 ÷, 멱승계산 포함)의 경우에는 통상적으로 승제산을 한 후에, 승제산하는 숫자들 중 유효숫자의 자릿수가 가장 적은 숫자의 자릿수로 유효숫자를 구한다'라고 정리할 수 있다.

위의 곱셈에 대한 처리방법은 나눗셈이나 제곱근의 계산 및 멱산(지수계산)에서도 적용할 수 있다. 그러나 샘플크기(sample size), 금액(크기) 및 정확한 환산인자의 유효숫자 자릿수는 무한 자리(자릿수를 고려하지 않음)라는 점을 유의하여야 한다.

예제 2-1 11 kg의 쇠고기 덩어리를 셋으로 나누면 각각 몇 kg이 되겠는가? 그리고 11.0 kg 및 11.00 kg의 덩어리인 경우에는 어떻게 되겠는가?

풀이 11÷3=3.666 666 …이다. 11은 유효숫자 2 자리의 숫자이고, 3은 유효숫자의 자릿수가 무한 개수 즉, 고려할 필요가 없는 숫자이다. 따라서 11÷3=3.7이므로 11 kg의 쇠고기 덩어리를 셋으로 나누면 각각 3.7 kg, 3.7 kg, 3.6 kg이라고 할 수 있을 것이다.

그러나 이는 유효숫자의 개념의 활용이라는 관리기술 측면에서의 결론이다. 11 kg이라는 무게는 측정단위(최소눈금)가 1 kg인 저울로 측정한 결과이기 때문에 동일한 저울을 사용하여 셋으로 나눈다면 그 결과는 각각 4 kg, 4 kg, 3 kg이 된다고 하는 것이 더 좋은 결론일 것이다.

이와 같은 논리에서 11.0 kg 및 11.00 kg의 덩어리인 경우, 관리기술 측면에서의 결론은 각각 3.67 kg, 3.67 kg, 3.66 kg 및 3.667 kg, 3.667 kg, 3.666 kg이 되겠으나, 고유기술 또는 전문지식 관점에서의 결론은 각각 3.7 kg, 3.7 kg, 3.6 kg 및 3.67 kg, 3.67 kg, 3.66 kg이 된다고 할 수 있을 것이다.

예제 2-2 324.5g의 약품을 한 번에 0.75g씩 사용하면 몇 번 사용할 수 있는가? 만일 0.01g씩 사용한다면?

풀이 324.5g의 약품을 한 번에 0.75g씩 사용하면 324.5÷0.75=432.666 666 … 이므로 432 번 사용하고도 남는 것이 아니라 324.5÷0.75=430(유효숫자 2자리)이므로, 430 번 정도(425 번~435 번) 사용한다는 것이 옳다. 이는 극단적인 경우 324.45÷0.755=430 및 324.55÷0.745=436이 될 수도 있다는 것을 생각하면 어렵지 않게 이해될 것이다.

만일 0.01g씩 사용한다면 324.5÷0.01=32 450.000 000 …이므로 32 450 번 사용하는 것이 아니라 324.5÷0.01=30 000이므로, 30 000 번 정도(25 000 번~35 000 번) 사용한다는 것이 옳다.

(5) 수치 맺음법(짝수로 맺음법)

12.345와 12.567을 소숫점 아래 첫째 자리로 수치맺음(반올림)하면 12.3과 12.6이 되고, 종래에는 사사오입(4捨5入 ; n 번째 자리로 수치 맺음하는 경우, n+1 번째 자리의 숫자가 4 이하인 경우에는 잘라버리고, 5 이상인 경우에는 잘라 올리는 수치맺음-이 경우 버리는 것은 4가지 경우이고 올리는 것은 5가지 경우이므로 비합리적임)방법에 의해 12.45인 경우에도 통상적으로 12.5라고 수치 맺음 하여 왔다. 그러나 12.45는 12.4와 12.5 중 어느 쪽에 더 가까운가?

12.45는 12.4와 12.5의 정 가운데에 위치하고 있으므로 어느 한 쪽으로 수치 맺음하는 것은 비합리적이며 12.45 뿐만이 아니라 12.450, 12.450 0, 12.450 000 등의 경우에도 마찬가지이다. 만일 12.45, 12.450, 12.450 000 등이 잘라올려진 수치라는 정보가 있으면 이들은 12.4로 수치맺음하고, 잘라버려진 수치라는 정보가 있으면 이들은 12.5로 수치맺음 하여야 할 것이다.

어떤 자리로 수치맺음을 하여야 할 경우 그 아랫자리의 수가, 잘라올려졌는지 잘라버려졌는지를 모르는 상태에서, 5, 50, 500 등인 경우에는 수치맺음을 하여야 자리의 숫자가 1, 3, 5, 7, 9 등의 홀수인 경우에는 1만큼 올리고, 0, 2, 4, 6, 8 등의 짝수인 경우에는 올리지 않는 수치 맺음법(짝수인 확률 및 홀수인 확률이 같으므로 공평하다)이 '짝수로 (수치)맺음법'이다.

'짝수로 수치 맺음법'에 의하여 소숫점 아래 첫째 자리로 수치맺음하면 12.35는 12.4로, 12.750은 12.8로, 12.450 00은 12.4로, 12.85는 12.8로 맺음된다.

'짝수로 맺음법'은 ASTM E-29(1940년 제정)에 규정되어 있는 것을 JIS를 거쳐 국내에서는 "KS A 0021 수치의 맺음법"으로 채택, 활용하여 왔으며, 현재 "KS Q 5002"에 수록되어 있어 산업계에서는 반드시 준수하여야 할 방법이다. 그리고 이는 KS A ISO 80000-1:2012에도 수용되어 있어, 국제적으로도 활용되는 수치 맺음법임을 강조해 둔다.

(6) 평균과 표준편차의 자릿수

거의 모든 계산을 필산(손계산)이나 계산척(slide rule)에 의존하던 과거에는 유효숫자의 개념이 비교적 잘 준수되었으나 최근 각종 계산기, 컴퓨터 등의 보급률이 높아지면서 유효숫자에 대한 개념은 점차 미약해지고 특히 유효숫자의 자릿수는 거의 무시되고 있다. 이는 SQC/SPC 분야에서도 나타나고 있는 현상으로 통계적기법의 활용에서 적지 않은 부작용을 낳고 있다.

기초통계량 중 가장 사용빈도가 높은 평균값 및 표준편차값의 자릿수에 대한 "KS Q 5002"의 내용을 다음에 옮겨 실으며, 이는 산업계에서 반드시 지켜야 한다는 점을 부기해 둔다.

- 평균값-표의 자릿수까지 낸다.
- 표준편차-유효숫자를 최대 3 자리까지 낸다.

표 2-5 평균값의 자릿수

측정값의 단위	측정값의 개수		
0.1, 1, 10 등의 단위 0.2, 2, 20 등의 단위 0.5, 5, 50 등의 단위	— 4 미만 10 미만	2~20 4~40 10~100	21~200 41~400 101~1 000
평균값의 자릿수	측정값의 자릿수와 같게	측정값 보다 1 자리 많게	측정값 보다 2 자리 많게

예제 2-3 샘플크기 $=7$의 샘플을 측정한 결과 다음과 같은 7 개의 수치(단위는 생략)가 얻어졌다. KS Q 5002에 따른다면 평균값 및 표준편차는 얼마라고 하여야 하겠는가?

1.89 1.93 1.95 1.87 1.92 1.89 1.90

풀이 수치를 계산기에 입력하여 평균값 및 표준편차를 구하면

$$\bar{X} = 1.907\ 142\ 857 \cdots \quad \text{및} \quad s = 0.027\ 516\ 231 \cdots$$

이 얻어지며 [표 2-5]에 의해 평균값은 $\bar{X} = 1.907$로 구하고, 표준편차를 유효숫자 3 자리로 구하면 $s = 0.027\ 5$가 될 것이다.

그런데 원래의 수치에서 1.90을 빼면(수치변환하면) 원데이터는

-0.01 0.03 0.05 -0.03 0.02 -0.01 0.00

로 변하고, 이들의 계산기에 의한 표준편차는 역시 $s = 0.027\ 516\ 231 \cdots$이 되고, 다시 소숫점을 없애기 위해 100을 곱하면(이 역시 수치변환임) 데이터는

-1 3 5 -3 2 -1 0

로 변하며, 이들의 계산기에 의한 표준편차는 $s = 2.751\ 623\ 1 \cdots$이 되나 이에 100을 곱하면 $s = 0.027\ 516\ 231 \cdots$이 된다.

이와 같이 데이터를 수치변환하여 유효숫자 1 자리의 숫자가 되는 경우에는 표준편차를 유효숫자 2 자리로 구하는 것이 바람직할 것이다.

KS Q 5002에서 표준편차를 최대 3 자리까지 구한다는 것은

- 데이터를 수치변환하여 간략한 수치로 바꾸어도 유효숫자 2 자리 이상의 숫자가 되는 경우에는 표준편차를 유효숫자 3 자리로
- 데이터를 수치변환하여 간략한 수치로 바꾸면 유효숫자 1 자리 숫자가 되는 경우에는 표준편차를 유효숫자 2 자리로 구하는 것으로 해석하면 좋을 것이다.

평균과 표준편차의 자릿수를 구하는 기준을 표준으로 제정한 이유는 실무적으로 별 의미가 없는 많은 자릿수를 구하여 일을 번거롭고 복잡하게 하지 않기 위함이다. 만일 표준에 제시된 자릿수보다 많은 자릿수를 구할 타당성이 있는 경우 그 근거를 제시하고 자릿수를 늘려갈 수는 있을 것이다.

2.2 품질관리 기본 7가지 도구

품질관리 기본 7가지 도구(QC 7 Tools, 7 Tools, 7T)는 품질분임조 등 소집단의 개선활동에 도움을 주고자 1960년대에 이시까와(石川) 등에 의해 선정 · 소개된 수법으로 서구에서는 '이시까와의 7가지 도구'라고도 일컬어지고 있다.

7T는 간단하고 용이하다는 매우 강력한 특장점을 갖고 있으나 간단, 용이한 수법의 활용효과가 별것이겠는가 하는 의구심을 유발하고 있다. 그러나 7T는 90 % 이상의 품질 문제점들에 대해 해결 방안 내지 실마리를 제공할 뿐만 아니라 고급기법의 보조수단으로서도 매우 유용하게 사용할 수 있다. 7T는 저자에 따라 명칭, 순서, 설명에 차이를 보이고 있으나, 여기에서는 가장 기본적인 관점에서 요약하여 서술한다.

2.2.1 특성요인도

다음 [그림 2-6]은 과거 전국품질분임조경진대회에서 발표되어 금상을 받은 품질

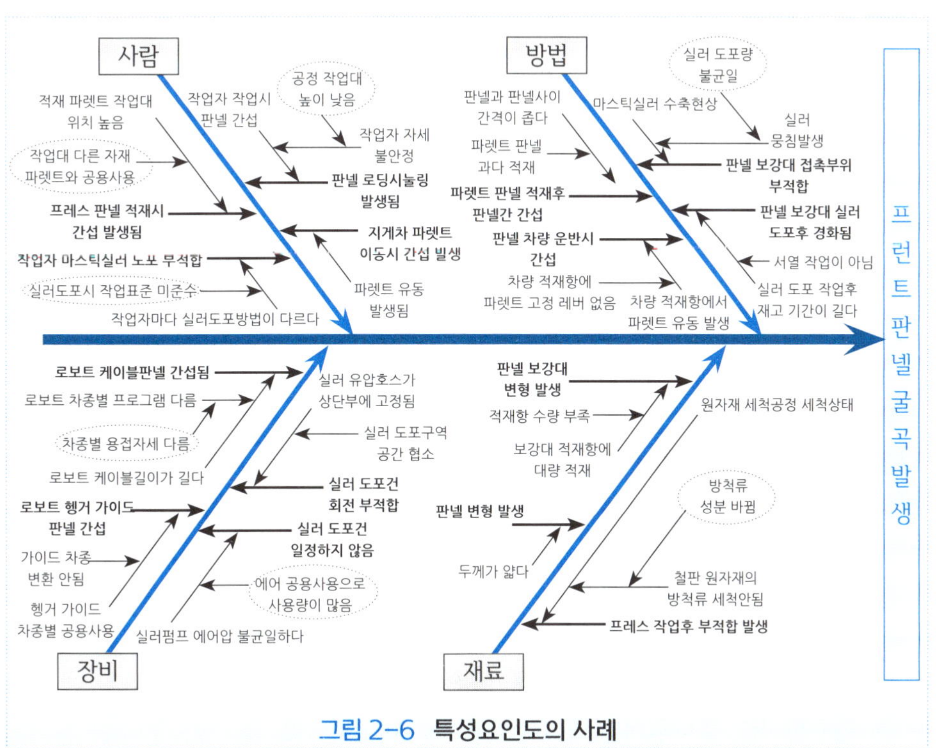

그림 2-6 특성요인도의 사례

분임조의 보문집에 실린 특성요인도의 한 사례이다.

(1) 특성요인도의 정의, 용도 및 종류

특성요인도(cause-and-effect diagram)는 '나쁜 또는 좋은 결과(특성)에 영향을 미치는 중요한 원인(요인)을 찾는 그림(도)'이며, 주로 문제점을 정리하거나 개선하려고 할 때 자주 사용되고 많은 사람들의 다양한 의견을 한 장의 그림에 정리 · 표현하며, 원인 분석용과 대책수립용으로 구분된다.

(2) 특성요인도의 작성방법

기업의 품질분임조에서 특성요인도를 작성하는 일반적인 방법을 보면 다음과 같다. 작성팀은 리더 1명, 기록자 1명, 자부문관계자 약 5명, 타부문초빙자 약 5명으로 구성하여 사전에 테마를 통보하여 테마에 관련된 아이디어를 생각할 수 있는 시간적 여유를 준 후 작성팀 모두가 모여 처음에는 모양에 구애받지 않고 작성한다. 어느 정도 작성되면 이를 정리, 보고, 수정하고 개정, 보완하여, 가능한 한 3개월 내지 1년 동안 이를 계속하여 활용한다.

작성순서는 일반적으로 다음에 따르는 것이 좋다.

① 품질특성(결과;명사형)을 정하여 오른쪽에 (세로로) 쓰고 사각형으로 둘러싼 후, 왼쪽으로부터 굵은 화살표를 긋는다.
② 큰 가지에 요인을 (가로로) 쓰고 사각형으로 둘러싼다.
③ 작은 가지(아들 가지)에 작은 요인, 더 작은 가지(손자 가지)에 더 작은 요인, …을 (조처를 취할 수 있는 요인까지) 적어나간다.
④ 작성 목적, 일시, 작성자 등을 기입한다.

(3) 특성요인도 작성시의 유의 및 참고 사항

특성요인도를 작성할 때 유의하여야 할 사항은 다음과 같다.

① 요인은 명사형으로 표현한다.
② 절대로 특성수준도가 되지 않도록 하여야 한다.
③ 말단의 요인은 조처가 가능한 것이어야 한다.
④ 단순한 원인의 나열식인 생선뼈(잔뼈가 없음)가 되지 않도록 한다.

⑤ 양이 질을 낳는다는 것을 유념한다.

⑥ 토론 후 반드시 요인(중요원인)을 표시하여야 한다.

⑦ 멋있게, 잘 그리자는 것이 아니라 참 원인(眞因)을 찾자는 것이다.

⑧ 선 긋는 법을 유의하여야 한다.

⑨ 가능한 한 층별해 보아야 한다.

가능한 한 많은 원인을 도출하기 위해서는 여러 가지 아이디어 발상법, 예를 들어 브레인 스토밍법, 특성열거법, 결점열거법, 희망점열거법, 기능개선법, 문제치환법(Gorden법), 설문법(Ozbone 자문법) 등의 활용이 도움이 될 것이다.

예제 2-4 위에서 거론한 내용을 염두에 두고 [그림 2-6]의 특성요인도에 대해 잘된 점과 잘못된 점을 검토하라.

풀이 [그림 2-6]의 특성요인도에 대해 검토해 보면 다음과 같은 점들을 지적할 수 있을 것이다.

이 특성요인도는 원인분석용 특성요인도(나쁜 결과)로서, 잘된 점은

* 특성이 맞게 선정되었음
* 원인의 수가 거의 80 개로서 많은 의견이 제출되었음
* 원인이 거의 명사형으로 간결하게 표현되었음
* 요인이 선정되고, 점선타원으로 표시되었음
* 큰 가지, 아들 가지, 손자 가지 등의 각도/방향이 알맞음

등이나

* 줄기의 모양이 쓸데없이 복잡함
* 아들가지, 손자가지 등의 화살촉은 작성시에 표기하기 힘들고, 보기에도 산만하므로 없애는 것이 좋겠음

등 개선의 여지가 지적될 수 있을 것이다.

2.2.2 파레토도

다음 [그림 2-7]은 전국품질분임조경진대회에서 발표되어 수상한 품질분임조의 보문집에 실린 파레토도(그림)의 사례이다.

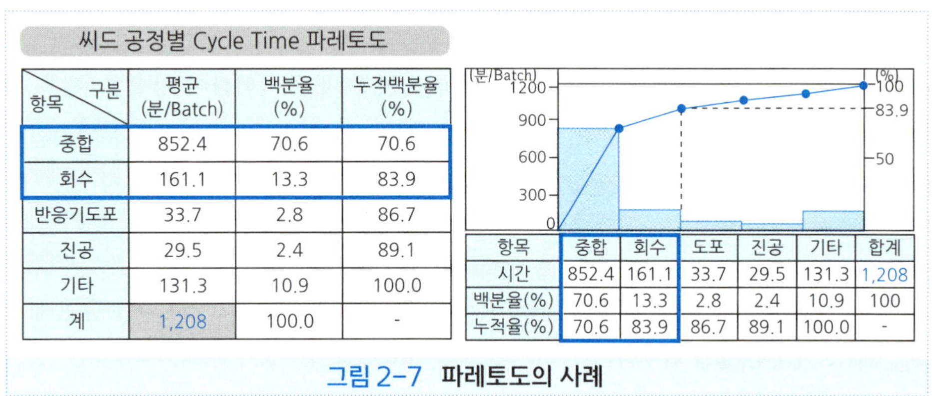

씨드 공정별 Cycle Time 파레토도

구분 / 항목	평균 (분/Batch)	백분율 (%)	누적백분율 (%)
중합	852.4	70.6	70.6
회수	161.1	13.3	83.9
반응기도포	33.7	2.8	86.7
진공	29.5	2.4	89.1
기타	131.3	10.9	100.0
계	1,208	100.0	-

항목	중합	회수	도포	진공	기타	합계
시간	852.4	161.1	33.7	29.5	131.3	1,208
백분율(%)	70.6	13.3	2.8	2.4	10.9	100
누적율(%)	70.6	83.9	86.7	89.1	100.0	-

그림 2-7 파레토도의 사례

(1) 파레토도의 정의 및 용도

파레토도/그림(Pareto diagram)는 데이터를 항목별로 분류해서 크기순의 막대그래프로 나타내어 각 항목 및 누적의 비중을 강조하는 그림이며, 불량, 결점, 고장 등에 있어서 어느 항목이 주로 문제인가, 또한 그 영향은 어느 정도인가 등을 파악하거나 납득시키는 데에 사용한다. 불량, 결점, 고장 등을 분류하면 큰 비중을 차지하는, 수는 적으나 중요한 항목(vital few)과 별로 비중이 크지 않은, 다수의 사소한 항목(trivial many)으로 나누게 되는데, 이 중 중점관리를 해야 할 중요항목을 파악하거나 납득시키는 수단으로 매우 유용한 수법이다.

(2) 파레토도의 작성방법

파레토도의 작성은 다음의 순서를 따르는 것이 일반적이다.

① 분류항목의 결정

결과별 분류보다는 원인별 분류가 바람직함

② 기간을 정해 데이터를 수집

③ 분류항목별로 데이터를 정리

데이터의 크기순으로 항목순서를 바꾸어 놓은 후 비율, 누적수, 누적비율을 구함

④ (그래프용지에) 가로축, 세로축을 기입

가로축에 항목, 데이터(누적수), 비율(누적비율)[합계, 비고 등]을

좌측 세로축에 데이터수 및 단위를

우측 세로축에 누적비율을 기입

⑤ 데이터의 크기순으로 막대그래프를 그림

⑥ 누적수의 꺽은선 그래프를 작도

⑦ 조처, 재조사, 재분류 등의 항목을 빗금침

⑧ 우축 세로축을 정리

⑨ 조건(조사갯수, 기간, …), 기록자, 용도 등을 기입

(3) 파레토도 작성시의 유의 및 참고 사항

파레토도를 작성할 때 다음과 같은 사항을 유의하여야 한다.

① 분류는 조처가 가능한 항목으로 분류하고, 결과별 보다는 원인별로 분류하며 급경사의 누적(꺽임)곡선이 되도록 분류함

② 나열순서는 반드시 크기순으로 나열하되, 기타는 항상 끝에 배열해야 하며 개선 전·후의 나열순서는 달라도 됨

③ 중요한 것만 빗금침

④ 누적곡선을 정확하게 작도하여야 함(위로 볼록해야 함. 단, 기타는 예외인 경우가 많음)

⑤ 가능하면 금액으로도 분석해야 함

⑥ 가능한 한 재분석, 재재분석하여 급경사(급속감소)가 되어야 함

예제 2-5 다음의 [그림 2-8]은 분임조의 발표 사례인데 파레토도에 대해 잘된 점과 잘못된 점을 검토하라.

풀이 [그림 2-8]의 개선전후 비교 파레토도에는 얼핏 보기에는 크게 잘못된 점이 없는 것 같으나, 급 감속 되도록 항목을 분류시킨 점만 제대로 되었을 뿐 다음과 같이 많은 잘못된 점들을 내포하고 있다.

* 개선후의 '정상마모'는 '비정상마모'의 오기(誤記)임
* 개선전과 후의 데이터 수집 기간이 각각 1개월로서 너무 장기간임

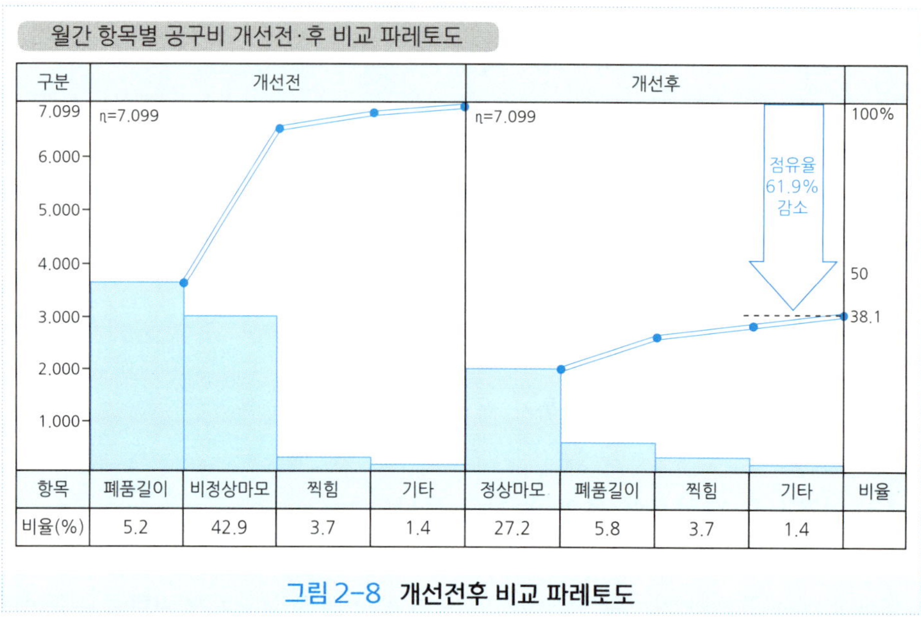

그림 2-8 **개선전후 비교 파레토도**

* 개선전과 후의 데이터의 수(크기)가 꼭 같이 7 099인 것은 너무나도 우연한 결과임
* 개선전과 후의 '찍힘' 및 '기타'의 비율이 역시 꼭 같이 3.7 및 1.4(%)인 우연은 확률상 거의 불가능하므로, 관측된 데이터에 의거하지 않고 조작한 결과라고 판단됨(이 파레토도를 발표한 분임조는 좋은 상을 받지 못했음)
* 중요한 항목만 빗금(이 경우에는 색칠하였음)쳐야 하는데도 불구하고 모든 항목을 빗금을 하였음
* 개선 전과 후에서의 '기타'에 대응하는 누적경사선의 기울기가 잘못되었음(작도 잘못임)
* 누적(꺾임)곡선에서의 핵심은 점(그 높이)인데도 불구하고 점 사이를 잇는 직선이 이중선으로 되어 있어 점보다도 강조되고 있음
* '비정상마모', '찍힘' 및 '기타'의 비율(%)을 소수점 이하 한 자리까지 구했으면, 개선전의 '폐품 길이' 및 오른쪽 세로축의 척도비율도 '52.0', '100.0' 및 '50.0'이 되어야 함

2.2.3 히스토그램

다음 [그림 2-9]는 $n = 100$의 데이터에 대해 작성한 히스토그램의 모양을 나타낸 것이다.

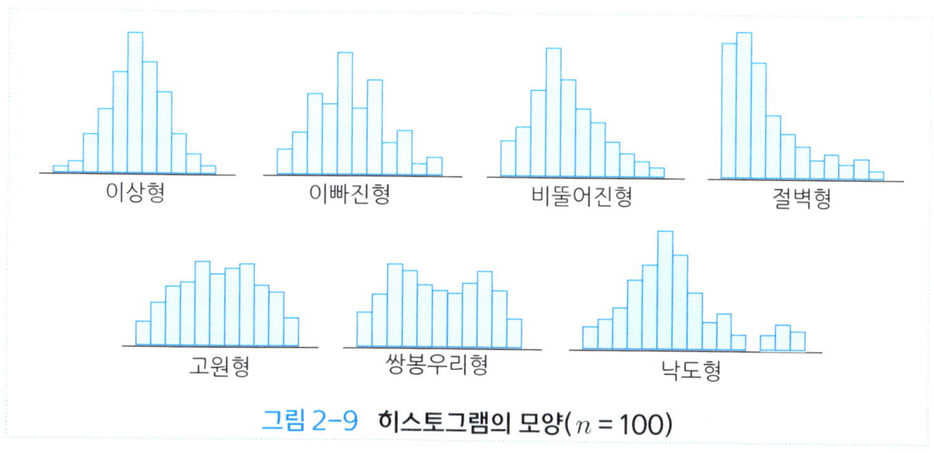

그림 2-9 **히스토그램의 모양($n = 100$)**

(1) 히스토그램의 정의 및 용도

히스토그램(histogram)은 '데이터의 존재범위를 균일한 간격의 구간으로 나누어 각 구간에 들어가는 데이터의 출현도수를 서로 맞닿은 기둥형태로 나타낸 그림'이며, 데이터나 통계량만으로는 알기 어려운 전체의 분포모양을 파악할 수 있고, 또한 대략적인 평균이나 산포의 크기도 알 수 있게 해준다.

데이터의 분포모양을 표현하는 방법은 표로 나타내는 도수(분포)표, 그림으로 나타내는 히스토그램, 수치로 나타내는 통계량 등이 있다.

(2) 히스토그램 관련 용어

히스토그램 또는 도수(분포)에 관련되는 중요 용어는 다음과 같다.

- 계급(계급구간, 급구간, 구간)-히스토그램의 각 기둥
- 계급의 폭-기둥의 굵기
- 경계치-기둥과 기둥이 접해 있는 곳의 값, 각 계급에는 2개의 경계치가 있음
- 중심치-각 계급의 중앙치
- 도수-각 계급에 속하는 데이터의 수

(3) 히스토그램의 작성방법(순서)

히스토그램을 작성하는 방법/순서를 요약하면 다음과 같다.

① 기간을 정해 데이터를 수집함(데이터의 수는 사전에 정해놓든가 사후에 센다). 데이터의 수는 가능한 한 100개 이상이 바람직하며, 적어도 50개 이상이 되어야 함

② 데이터 중의 최대치 L과 최소치 S를 구함. 이들은 각 행(또는 열)들의 최대치 중의 최대치 및 각 행(또는 열)들의 최소치 중의 최소치임

③ 범위 $R(=L-S)$을 구함

④ 범위 R을 측정단위의 정수배(1, 2, 4, 5, 8, 10, 15, 20, 25, 40, 50, 75, 80, … 배)로 나누어 알맞은 계급의 수와 계급의 폭를 구함

※ k를 구하는 방법

가. A 방법

$k=\sqrt{n}$: (너무 큼) $\rightarrow \sqrt{n} \pm 3$ 으로 조정

또는

$$h \fallingdotseq \frac{R}{10}$$

나. B 방법

$$n = 2^{(k-1)}$$

$$k = 1 + \frac{\log n}{\log 2}$$: (너무 작음)

다. C 방법 : (가장 좋음)

n	k
50~100	6~10
100~250	7~12
250~	10~20

⑤ 계급경계를 측정단위의 반(1/2)을 가감하여 정함

[최소계급의 하한~데이터의 최소치]의 폭과

[데이터의 최대치~최대계급의 상한]의 폭이 거의 같게

⑥ 도수표(계급번호, 계급경계, 중심치, 체크마크, 도수 f, 도수합계)를 작성함

⑦ 그래프용지의 아래쪽 가로축에 계급경계 눈금을 잡고 도수를 높이로 하여 히스

토그램을 작성함(전체적으로 대략 정사각형 모양이 되도록 함)

⑧ 규격선, 이력{데이터의 수, 조사기간, 조사자, 측정단위 등), 통계량(평균치, 표준편차, 공정능력지수 등), …을 부기함

※ 히스토그램 작성을 위하여 [그림 2-10] 같이 양식을 개발 및 활용하면 좋다.

예제 2-6 [그림 2-9]에서의 히스토그램들은 각각 어떤 경우에 나타나겠는가?

풀이 [그림 2-9]에서의 히스토그램들은 각각, 주로 다음과 같은 경우에 작성될 것이다.

* 이상형

안정된 공정에서 제조된 양쪽규격을 갖는 공산품의 계량치 데이터는 정규분포를 하게 되는데, 그와 같은 경우에 나타나는 모양이며, 거의 모든 데이터가 규격을 만족하는 이상적인 경우(ideal case)라고 할 수 있다. 일반형이라고 서술하고 있는 문헌도 많으나, 대부분의 경우에 공정이 안정되어 있지 못하여 일반적으로 정규분포가 되지 못하므로, 이는 잘못된 표현이다.

* 이빠진형

측정기기의 눈금 읽는 방법에 잘못이 있는 경우, 구간의 폭을 눈금의 정수배로 잡지 않은 경우 등에 나타나는 모양이다.

* 비뚤어진형

한쪽에 무엇인가 제한조건(예를 들면 규격한계)이 있는 경우에 나타나는 모양이다.

* 절벽형

규격 밖의 것을 모두 선별하여 제거한 경우와 같은 경우에 나타난다. 측정에서의 속임수, 측정 오류, 검사 미스 등이 원인일 수 있다.

* 고원형

평균치가 다른 복수개의 분포가 섞여 있을 때 나타난다. 층별하여 복수개의 히스토그램을 작성해볼 것을 권장한다.

* 쌍봉우리형

평균치가 다른 2 개의 분포가 섞여 있을 때 나타난다. 층별하여 2 개의 히스토그램을 작성해보면 그 차이가 명확해질 것이다.

(   ) 히 스 토 그 램

조 사 갯 수 : (   )
조 사 기 간 : (   )
조 사 자 : ____________
특 기 사 항 : ______________________________

※ 히스토그램을 위한 도수표 작성

*계급의 수

n	k
50~100	6~10
100~250	7~12
250~	10~20

*유의사항

- 계급의 폭 h는 최소눈금치의 정수배가 되어야 함
- 계급의 경계는 최소눈금치의 반(1/2)을 더하거나 빼어서 정해야 함
  [예] 데이터가 2.87, 2.64, 2.75, …일 때 계급의 경계는 최소 눈금치의 반(1/2) 즉, 0.01/2 = 0.005를 더하거나 빼어서 2.645~2.685 또는 2.635~2.675 식으로 정해야 함
- (최소계급하한~최소데이터)와 (최대데이터~최대계급상한)은 같거나 비슷해야 함

도 수 표

계급번호	계급경계	마크	도수
1	~		
2	~		
3	~		
4	~		
5	~		
6	~		
7	~		
8	~		
9	~		
10	~		
11	~		
12	~		
합계			

(계속)

그림 2-10 **히스토그램작성을 위한 양식**

* 낙도형

다른 분포를 하는 이질적인 데이터가 혼입되어 있을 때 나타나는 모양이다. 데이터의 이력을 조사해 보아야 한다.

2.2.4 산점도

다음 [그림 2-11]은 산점도의 여러 가지 경우 및 모양을 나타낸 것이다.

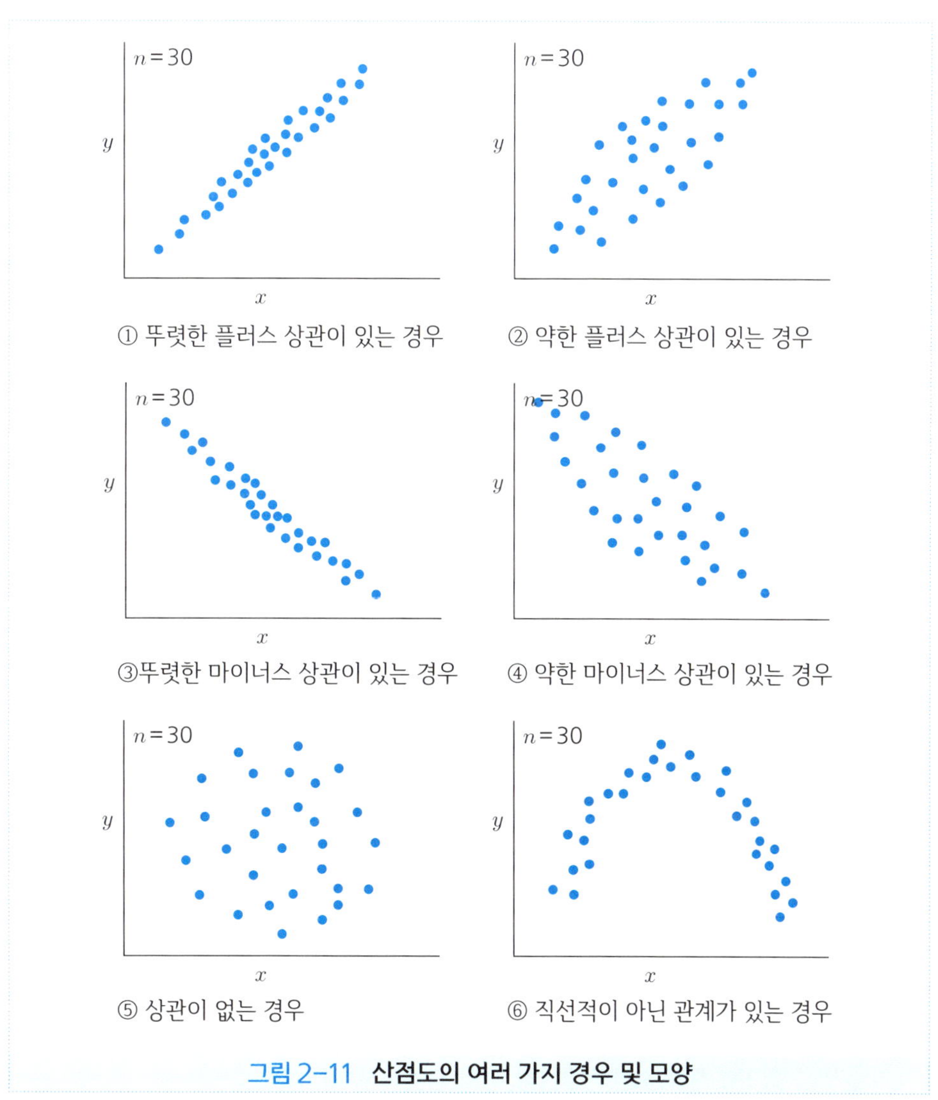

그림 2-11 **산점도의 여러 가지 경우 및 모양**

(1) 산점도의 정의 및 용도

산점도(散點圖, scatter diagram, 일부 문헌에서는 산포도라고도 일컫고 있으나 이는 '흩어진 정도'를 가리키는 '散布度'와 혼동될 수 있어 바람직하지 않은 용어이다)는 '짝을 이룬 2조의 데이터를 직교좌표계에 타점하여 상관관계 및/또는 회귀관계를 조사하는 그림'이며, 산점도에 의해 짝이 되고 있는 데이터간의 관계를 파악하는 데에 사용할 수 있다.

(2) 산점도의 작성방법(순서) 및 유의사항

산점도를 작성하는 방법/순서를 요약하면 다음과 같다.

① 기간을 정해 데이터를 모음
　단, 데이터의 수는 50조 이상(적어도 30조 이상)이 좋음

② 데이터의 최소치 및 최대치를 고려하여 그래프용지에 가로축 및 세로축의 눈금을 잡음(x 및 y의 최소치가 두 축의 교점보다 조금 우상측에, x 및 y의 최대치가 두축의 위쪽 끝보다 조금 좌하측에 위치하도록 하고 두 축의 길이는 거의 같게 함)
　단, 오른쪽 및 위쪽으로 갈수록 큰 값이 되게 하고, 요인(원인)을 가로축에 잡음

③ 데이터의 값을 점으로 찍음
　단, 같은 값을 갖는 데이터는 ◎, ⊚ 등으로 표시함
　(◎, ⊚ 등의 크기가 크면 점이 많이 집중되어 있는 것으로 오해를 초래할 수 있으므로, 점들을 가깝게 타점하는 것이 더 바람직함)

④ 데이터의 이력(데이터의 수, 조사기간, 조사자, 측정단위 등), 상관계수 r(상관관계가 있을 때에 한함)의 값을 부기함

⑤ 기여율이 클 때(90 % 이상)에는 직선회귀식을 구해 산점도에 추가하고 이를 추정에 이용함

산점도를 작성할 때에는 가로 및 세로축의 척도에 유의하여야 하며, 가능한 한 층별하여 작성하는 노력도 필요하다.

(3) 산점도의 경우(모양) 및 단상관계수의 의미

[그림 2-12]는 산점도의 여러 가지 경우 및 모양을 나타내고 있다.

2 가지 데이터 간에는 다음의 3 가지 관계가 가능하다.

• 원인과 원인(요인과 요인)－데이터 간의 관계는 무의미함

- 원인과 결과(요인과 특성)－회귀관계임
- 결과와 결과(특성과 특성)－상관관계임

위의 3 가지 관계 중 상관관계인 경우에는 단(單)상관계수를, 회귀관계인 경우에는 회귀식을 구하여야 한다. [그림 2-12]의 ⑥과 같은 경우에 단상관계수를 구하는 것은 의미가 없으며 곡선회귀식(2차식)을 구하는 것이 바람직하다. 이와 같은 점들을 감안할 때 2조의 데이터에 대해서는 먼저 산점도를 작성하여 2가지 데이터 간의 관계를 규명한 후 더 상세한 분석을 수행하여야 한다.

2 가지 데이터 (x_i, y_i)의 $_x$와 $_y$ 간에 상관관계가 있는 경우에 한해 단상관계수를 구해야 하며, 이 때 단상관계수 r_{xy}(또는 곱의 합/공변동)는 다음과 같은 의미를 갖는다.

- $r_{xy} > 0$인 경우
  x가 (평균적으로) 증가하면 y도 (평균적으로) 증가하고, x가 (평균적으로) 감소하면 y도 (평균적으로) 감소하며, x와 y 간에는 양(陽)상관, 순(順)상관, 정(正)상관 또는 플러스(+)상관관계가 있다고 한다.
- $r_{xy} = 0$인 경우
  x가 (평균적으로) 증가하든 x가 (평균적으로) 감소하든 y는 (평균적으로) 변하지 않으며, x와 y 간에는 무(無)상관관계가 있다고 한다(서로 독립이면 무상관관계가 되나, 무상관관계라고 해서 서로 독립이 되지는 않음).
- $r_{xy} < 0$인 경우
  x가 (평균적으로) 증가하면 y는 (평균적으로) 감소하고, x가 (평균적으로) 감수하면 y는 (평균적으로) 증가하며, x와 y 간에는 음(陰)상관, 역(逆)상관, 부(負)상관 또는 마이너스(−)상관관계가 있다고 한다.

예제 2-7 2 개의 2 조의 데이터 (s_i, t_i) 및 (u_i, v_i)에 대해 산점도를 작성하지 않고 단상관계계수 $r_{st} = 0.70$ 및 $r_{uv} = 0.50$을 구한 후 다음과 같은 결론을 내렸다면 무엇이 잘못되었는가?

① s와 t 간의 상관관계가 u와 v 간의 상관관계보다 강하다.

② s의 변화량에 대한 t의 변화량이 u의 변화량에 대한 v의 변화량 보다 크다.

③ s와 t 간에는 0.70 즉 70 %의 관계가 있다.

풀이 ① 단상관계수는 데이터의 수가 충분(가능한 한 50 이상, 적어도 30 이상)한 경우에 구하여야 한다. 데이터의 수가 2 쌍인 경우 즉, 산점도의 점의 수가 2 개인 경우에는, 무상관인데도 불구하고, 상관계수의 값은 +1 또는 −1이 되어 ③에서 서술하는 기여율이 100 %가 된다. 단상관계수의 값은 데이터의 수가 명시되고 충분한 경우에만 의미를 갖는 것이다. 따라서 데이터 수가 충분하지 못하다면, s와 t 간의 상관관계가 u와 v 간의 상관관계보다 강하다고 할 수는 없다.

② 단상관계수의 값은 그 절대치가 직선적인 경향의 강약(±1인 경우에는 직선적인 경향이 100 %, 0인 경우에는 직선적인 경향이 0 %임)을 나타내는 것이지 한 쪽의 변화량에 대한 다른 쪽의 변화량을 나타내는 것이 아니다. 상대적인 변화량은 ③에서 서술하는 기여율이 90 % 이상인 경우에 구하는 직선회귀식 $y=a+bx$에서의 기울기 b에 의해 결정되는 것이다. 기여율이 90 % 이상이 되지 못하고, 데이터의 수가 명시되지 않았으므로 s의 변화량에 대한 t의 변화량이 u의 변화량에 대한 v의 변화량보다 크다는 표현은 설득력이 매우 부족하다.

③ 산점도가 거의 직선 모양으로 나타날 때에는 기여율 r_{xy}^2(또는 $100r_{xy}^2$ %)을 구하게 되는데, 이 기여율은 x의 변화량이, x와 y 간의 직선관계에 의해, y의 변화 때문에 기인하는 비율을 의미한다(나머지 $1-r_{xy}^2$은 x와 y 간의 비직선관계에 의해 초래됨). 기여율이 0.90 즉, 90 % 이상인 경우에는 직선회귀식 $y=a+bx$를 구하여 y값을 추정하는 데에 사용할 수 있다. 따라서 r_{st}^2이 0.90이 되지 못하므로 기여율이 큰 의미를 갖지 못하나, 굳이 s와 t 간의 관계를 거론한다면 $r_{st}^2=0.49$ 즉, 49 %의 직선관계가 있다고 할 수 있을 것이다.

2.2.5 그래프와 관리도

(1) 그래프

1) 그래프의 정의 및 효과

그래프(graph)는 '데이터(수치)의 (통계)해석결과를 한 눈에 알 수 있도록 그린 도표'이며, 인간 시각이 다른 감각기관에 비해 사물을 '보다 빨리', '보다 많이', 그리고 '누락 없이' 감지하거나 감지시킨다는 특수성 내지는 우수성을 이용한 수법이다. 좀 더

상세하게 그래프의 효과를 검토해 보면

① 숫자의 대소를 시각화할 수 있음
② 감각적으로 전체의 모습을 파악할 수 있음
③ 읽는 수고를 덜어 줌
④ 흥미를 갖고 보게 함
⑤ 내용을 쉽게 이해시켜 줌
⑥ 객관적으로 파악할 수 있음
⑦ 간단히 만들 수 있음
⑧ 대비시켜 나타낼 수 있음
⑨ 만국공통어임
⑩ 내용을 강하게 부각시킬 수 있음

등이며, 그래프는 이와 같은 점을 살리는 기법으로, '눈에 보이는 관리(visual management)'의 강력한 수단으로 사용할 수 있으며, [그림 2-12]가 한 예가 될 수 있다.

그림 2-12 **눈에 보이는 관리의 한 예**

2) 그래프의 종류

그래프의 종류는 매우 다양하며, 다음과 같이 분류할 수 있다.

가. 용도별

· 설명용
· 해석용
· 관리용
· 계획용

· 계산용

나. 표현내용별

· 계통도표-공장조직도

· 예정도표-활동계획표

· 기록도표-온도기록지

· 계산도표-이항확률지

· 통계도표-막대그래프

다. 표현형식별

· 막대그래프

· 면적그래프

· 그림그래프

· 지도그래프

· 꺾은선그래프

· Z그래프

· 원그래프

· 띠그래프

· 레이더차트

· 삼각그래프

· 바차트(간트차트)

· 애로우 다이어그램

3) 그래프작성시의 유의사항

그래프를 작성할 때 유의하여야 할 사항은 다음과 같다.

· 척도(스케일링)에 유의하여 작도

· 전체적인 모양-정사각형 또는 직사각형

· 막대그래프의 막대 굵기 및 간격

· 원그래프

기준선은 12시 방향이 되고 구성 비율이 큰 항목부터 순서대로 시계방향으로 배열하되 기타항목은 끝에 배치

· 가능한 한 층별하여 작성해 볼 것

예제 2-8 Z그래프, 삼각그래프 및 띠그래프의 예를 한 개씩 조사하여 제시하라.

풀이

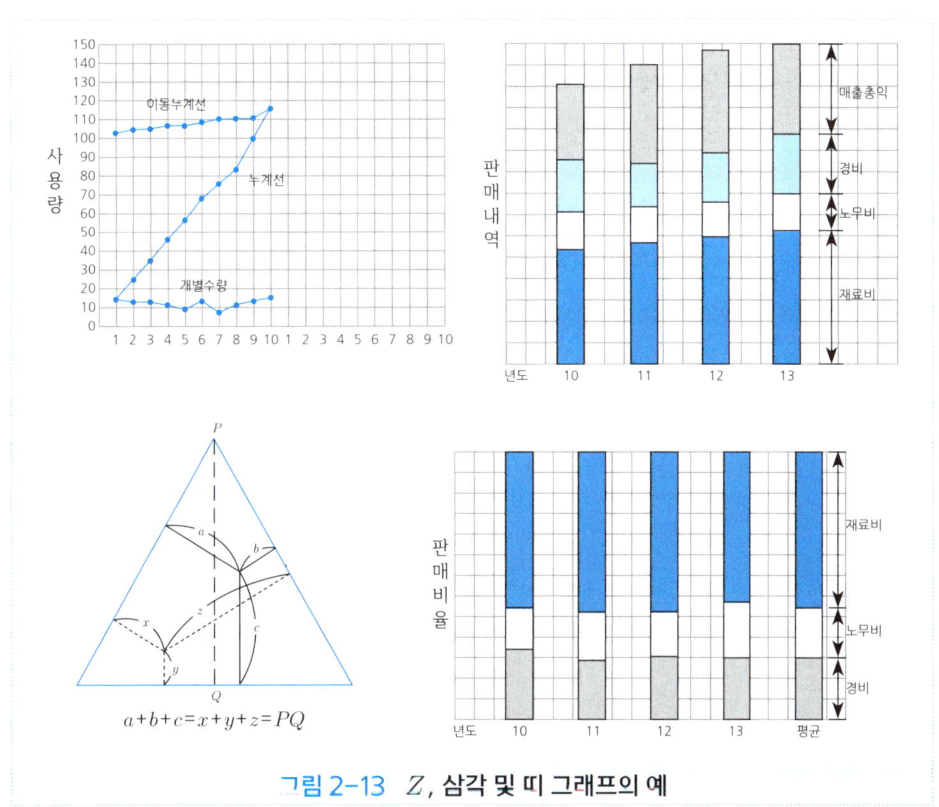

그림 2-13 Z, 삼각 및 띠 그래프의 예

(2) 관리도

1) 관리도의 정의 및 효과

관리도(control chart)는 '관리하고자 하는 항목이 관리상태(안정상태)에 있는가의 여부를 판단하기 위해 합리적(과학적/객관적)인 관리한계를 가미한 꺾은선그래프'이며, 양부의 판단, 합격여부의 판단이 아니라 안정여부의 판단을 위한 수법이다.

'품질관리(QC)는 관리도로 시작해서 관리도로 끝난다'는 격언이 있을 만큼 특히 SQC, SPC에서의 관리도의 활용효과는 매우 크다고 할 수 있다. 그러나 이 격언이 'SQC활동이 관리도와 함께 시작해서 관리도의 활용이 정착되면 SQC활동도 정착된다'라고 긍정적인 해석으로 귀결된다면 좋겠으나 많은 경우 'SQC활동이 관리도와 함께 시작했으나 관리도의 작성 및 활용이 지지부진하여 관리도가 사라지면 SQC활동도 사라진다'라고 부정적인 해석으로 마무리되는 경우가 적지 않다.

흔히 생산현장 분임조 수준의 개선에서 활용되는 7T 중의 관리도에 대한 내용은, 슈하트 관리도에 한정해서 그 작성 및 해석 정도에 그치고 있다. 이 책에서는 다른 부분에서 관리도에 대해 상세히 다루고 있으므로 여기에서는 그에 대한 부연설명을 생략한다.

2) 관리도 작성 및 활용에서의 유의사항

관리도의 작성, 활용에서는 다음과 같은 점을 유의하여야 한다.

- 관리도는 샘플링해서 작성하는 것이 원칙이며, 전수검사결과나 전체생산량에 대해 관리도를 작성하는 것은 바람직하지 않다. 데이터를 검사용 데이터, 해석용 데이터, 관리용 데이터로 구분한다면 관리도는 관리용 데이터의 활용도구이다.
- 온도나 압력과 같은 조절가능한 특성(조절인자)에 대해서는 관리도 대신 관리그래프를 작성하여야 한다.
- 관리선(중심선, 관리상한 및 관리하한)의 값은 원데이터의 유효숫자보다 한 자리만 더 구하는 것이 바람직하다.
- 망소항목의 경우에도 관리하한을 생략해서는 안 된다. 관리도는 양부의 판단, 합격여부의 판단이 아니라 안정여부의 판단을 위한 수법이다.
- 관리상한 및 관리하한의 값을 중심선의 값에 ±해서 구하는 경우, ±할 값을 먼저 반올림한 후에 중심선의 값에 ±하여야 한다. ±한 후에 반올림하면 관리상한과 중심선의 폭이 관리하한과 중심선의 폭과 달라질 수 있다.
- 일시(日時) 기록, 데이터 기록, 타점의 순으로 기입하는 것이 좋다.

이들 이외에도

- 데이터가 쉽게 얻어지는 것을 그릴 것
- 데이터가 얻어지는 현장에서 업무담당자 본인이 직접 그릴 것
- 데이터를 가공해서 그리는 방법을 연구할 것
- 가능하면 층별해서 그릴 것

등도 고려하여야 한다.

2.2.6 체크시트

[그림 2-14]는 체크시트의 사례이다.

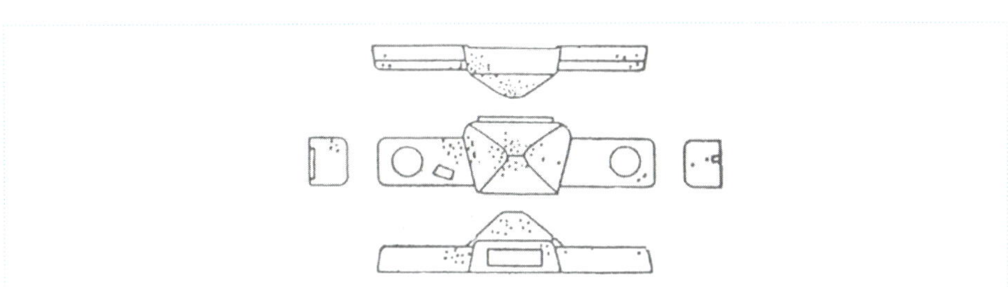

배전반의 체크표

지구	장소	전동기 용량 제조 번호	점검 년원일	날씨	온도	점검자 성명

시설과

지구	장소	날씨	온도

구분	점검개소	No	점검내용	체크	비고
배전판	노우 퓨우즈 브레이커 철상자 개폐기	1	개폐기구의 상태		
		2	단자가 물려있지 않은가		
		3	날과 날받이의 접촉상태		
		4	퓨우즈는 적정한가		
		5	핸들의 전열물의 유무		
	셀렉터 스위치 스냅 스위치	1	손잡이가 지시하고 있는가		
		2	동작시험 상태		
		3	록너트가 물려있지 않은가		
		4	접점의 접촉상태		
	계기	1	전류계의 상태		
		2	전류는 몇 A인가	A	
		3	전압은 몇 V인가	V	
		4	파이럿램프의 파손 단선		
	버저 릴레이 마그넷 스위치 계기	1	버저가 우는가		
		2	플로우팅없이 스위치 동작하나		
		3	이상한 소리나 냄새는 없는가		
		4	3E결상에서 동작하는가 60%	초	
		5	3E결상에서 동작하는가 80%	초	
		6	3E결상에서 동작하는가 100%	초	
		7	마그넷이 어긋나있지 않은가		
		8	접점의 접촉상태		

그림 2-14 **체크시트의 예**

(1) 체크시트의 정의, 역할 및 종류

체크시트(check sheet)는 '데이터를 간단히 기록·정리할 수 있고 또한 점검·확인 항목을 빠짐없이 체크할 수 있도록 만들어진 도표'이며, 기록·정리 및 점검·확인시 시간 절약 및 누락방지를 도와주며, 아울러 기록된 데이터의 분포모양 등을 한눈에 알 수 있게 해서 문제점의 파악, 대책의 수립 등도 쉽게 해 준다. 체크시트는 기록용과 점검용으로 구분되며, 관리용 체크시트란 애매한 것이다.

(2) 체크시트 작성시 유의사항

기록용 체크시트는 쉽게 기록, 집계, 층별, 계산 및 취급될 수 있게 구성되고 기록시의 참고사항 표시란을 확보하여야 한다. 그리고 점검용 체크시트는 점검기준을 명확하게 하고, 중점점검항목 및 주기를 반드시 표시하는 것이 필요하다.

특히, 실용성, 효용성이 없거나 부족한 장식용/전시용 체크시트는 과감히 폐기하여야 한다.

예제 2-9 설비점검표(점검용 체크시트)에 '온도는 알맞은가?'라는 표현과 이에 대해 점검결과를 'O, △, X' 기록하도록 하고 있다면 이를 어떻게 개선/수정해야 하겠는가?

풀이 '온도는 알맞은가?'라는 표현은 온도의 기준이 불명확하므로, 예를 들어, '온도는 190 ℃~210 ℃인가?'라고 명확하게 표시하여야 할 것이다. 그리고 이는 '온도는 200 ℃±10 ℃인가?'(200 ℃가 최적이라는 점을 암시하고 있음)라고 표시하는 것이 더 좋을 것이다. 또한 'O, △, X'로 기록하도록 하는 것 보다는 '198, 203, 199, …'라고 구체적으로 기록하도록 하고, 적정 기간의 기록결과가 '194~205'였다면, '온도는 200 ℃±6 ℃인가?'로 점검기준을 향상시키는 것이 바람직할 것이다.

2.2.7 층별

(1) 층별의 정의 및 목적

층별(stratification)은 '집단을 구성하고 있는 많은 것들을 특징에 따라 몇 개의 그룹으로 구분하는 것'이며, 결과에 영향을 미치는 중요한 원인 및 그 영향의 크기를 밝히고 결과를 구성하는 중요한 요소 및 요소의 크기를 파악하는 데에 그 목적이 있다.

층별은 SQC의 핵심사항으로, 통계적수법의 사용목적 및 통계적기법의 사용비결은 층별을 잘 하는 데에 있다고도 할 수 있다.

(2) 층별의 지표

층별은 결과별로 층별하기보다는 원인별로 층별하는 것이 바람직하며, 층간의 차이는 평균치보다는 산포에 대해서 파악하는 것이 좋다. 흔히 결과별 층별에 의해서는 임시미봉책이 얻어지나 원인별 층별에 의해 재발방지책이 수립될 수 있다.

중요 층별지표로서는

- 사람별-숙련도, 남녀, 연령, 작업자, 교대, …
- 설비별-기종, 형식, 신구, 구조, 치공구, …
- 원부자재별-공급자, 성분, 로트, 납품일, …
- 작업조건 · 방법별-온도, 압력, 속도, …의 작업조건, 작업방법
- 시간 또는 공간별-시간, 날자, 주, 월, 계절, 밤낮, …
- 측정 또는 검사별-시험기, 계측기, 측정자, 검사원, …

등이 있다.

7T는 모두 다 간단, 용이하면서도 활용효과가 매우 큰 기법들이나 그 중에서도 그래프와 층별의 효용이 제일 크다고 할 수 있다.

예를 들어 분산분석결과 교호작용이 유의하게 나왔다 하더라도 그 의미를 이해하

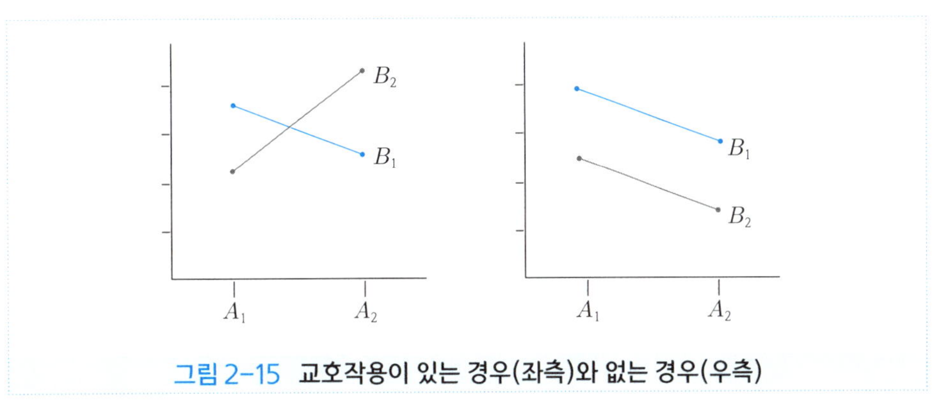

그림 2-15 교호작용이 있는 경우(좌측)와 없는 경우(우측)

기가 쉽지 않으나 [그림 2-15]와 같이 그래프화해 보면 그 의미가 쉽게 이해될 수 있다.

그리고 검·추정, 관리도, 샘플링검사, 분산분석 등은 모두 다 층별이라는 점을 이해한다면 층별의 중요성을 납득할 수 있을 것이다.

2.3 신 품질관리 7가지 도구

신 품질관리 7가지 도구(신 QC 7 Tools, New 7 Tools, N7T)는 새로 개발된 기법이 아니라 종래에 사용되던 것을 QC에 적용하면서 붙여진 명칭이다. 앞 절에서 소개한 7T가 대부분 수치데이터를 사용하여 주로 생산, 공무부서 등의 소위 직접부서에서 사용하는 기법인데 반해 N7T는 대부분 언어데이터를 사용하여 영업, 연구부서 등의 간접부서에서 사용한다.

N7T는 일본과학기술연맹 내에 1972년에 발족된 'QC수법개발부회(나야타니 요시노부(納谷嘉信), 미즈노 시게루(水野滋), 콘도 요시오(近藤良夫) 등)'에서 선정하고 명칭을 붙여 1977년에 발표, 이후 그 활용방법을 위한 각종 도서발행에 의해 보급된, 7T에 대응되는 기법이다. 7T는 주로 생산현장 분임조 수준의 개선활동에서 활용되나 N7T는 관리자 위주의 TFT활동에서 사용된다.

N7T는 다음의 표와 같이 요약/설명될 수 있다.

표 2-6 N7T의 명칭과 약술

N7T의 명칭	요약된 설명
연관도법	요인들이 복잡하게 얽힌 문제의 인과관계를 명확하게 하는 데에 도움을 주는 수법
친화도법	미래 미경험의 분명치 않은 문제점을 찾아내기 위한 수법
계통도법	목표를 실현하기 위한 최적수단을 체계적으로 추구해 나가는 수법
매트릭스도법	행과 열, 두 가지로 요소를 분해해서 문제해결의 실마리를 찾는 수법
매트릭스 데이터 해석법	매트릭스에 배열된 많은 데이터를 알아보기 쉽게 정리하는 수법
PDPC법	계획의 실시과정에서 예상하지 못했던 트러블을 예방하기 위해 사전에 예상되는 모든 결과를 예측하여 프로세스의 진행을 가장 바람직한 방향으로 이끌어 가는 수법
애로우 다이어그램법	가장 적합한 일정계획을 세워 그것을 효율적으로 관리하는 수법

여기에서는 N7T 중 연관도법, 친화도법, 계통도법 및 매트릭스도법에 대해서 간단하게 설명하고, PDPC법, 애로우 다이어그램법 및 매트릭스 데이터 해석법의 예를 소개한다. 애로우 다이어그램은 OR에서의 네트워크이론이나 PERT/CPM 부분에서 상세하게 다루고 있으므로 이를 참고하기 바란다.

2.3.1 연관도법

연관도(relations diagram)법은 원인－결과, 목적－수단 등의 관계가 복잡하게 얽혀 있는 문제에 대하여

① 관계된다고 생각되는 모든 요인을 추출하여
② 이를 자유롭고 간단명료하게 표현한 후
③ 그들의 인과관계를 화살표로 관련시켜(연관도)
④ 전체적인 모습을 파악하고
⑤ 다시 중점항목을 간추려 넣음

으로써 문제해결을 도모하는 기법이다.

이 수법을 적용할 때는 다수의 인원이 여러 번 그림을 고쳐 그리는 것이 권장되며 그 과정에서 관계자들에게 문제를 명확히 인식시켜 콘센서스를 얻든가 발상의 전환을 촉구하여 문제의 핵심을 파악하여 해결하게 된다.

연관도법의 특징은

- 요인이 복잡하게 관계된 문제점을 정리함
- 계획단계에서부터 넓은 관점으로 문제를 다룰 수 있음
- 중점항목이 명확하게 파악됨
- 관련자들의 콘센서스를 얻기가 용이함
- 형식에 구애되지 않고 자유롭게 표현할 수 있으므로 문제점과 요인이 잘 결부됨
- 틀에 구애받지 않으므로 발상의 전환이나 전개에 기여함
- 선입관을 타파함

등이다. 모조지전지, 카드, 필기도구, 풀, 자 등을 준비한 후

① 테마를 한가운데에 놓음

② '명사+동사'로 표현된 원인을 카드에 적음

③ 원인카드를 늘어 놓음

④ 원인과 결과 관계를 파악하여 대략적 위치를 잡음

⑤ 원인에서 결과로 화살표를 그려 넣음(연필로)

⑥ 인과관계 등을 재검토하고 새로운 원인을 추가함

⑦ 알아보기 쉽게 이를 수정함

⑧ 카드를 풀로 붙이고 테마, 일시, 장소, 참여자 등을 기록함

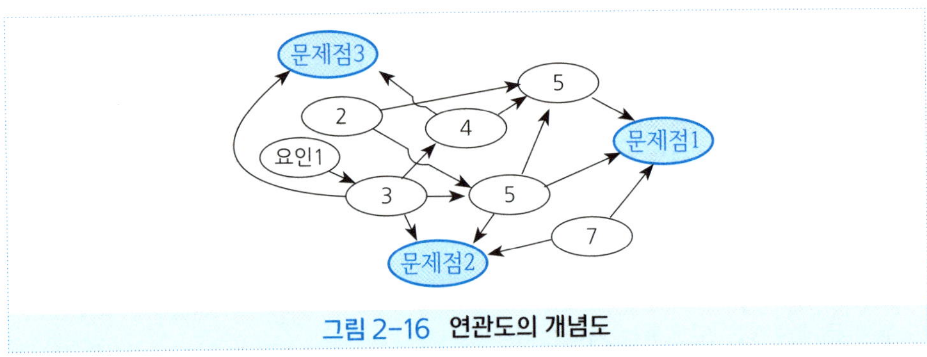

그림 2-16 **연관도의 개념도**

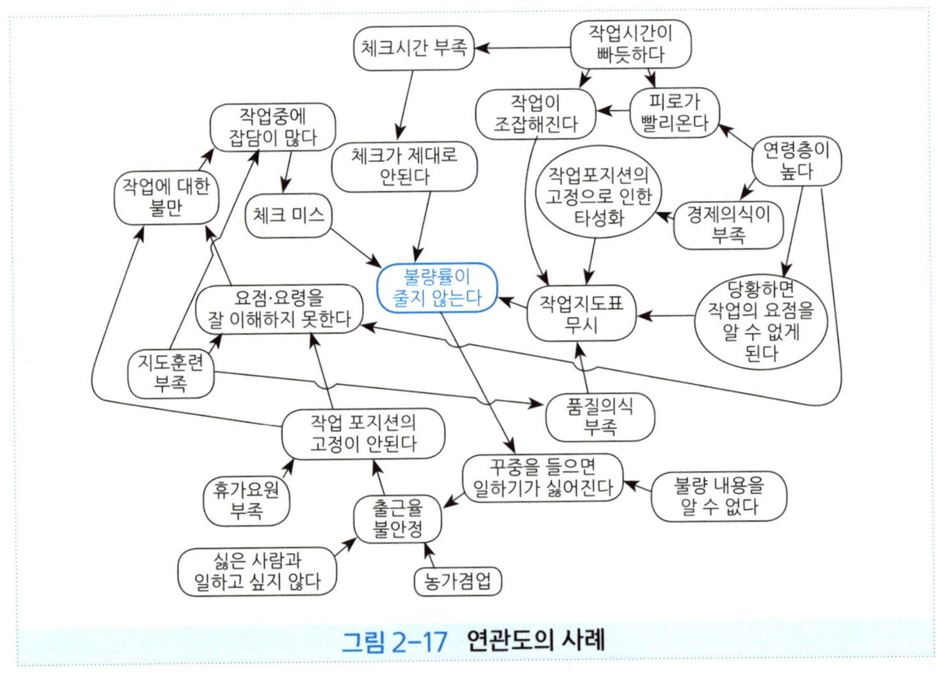

그림 2-17 **연관도의 사례**

⑨ 중요요인을 표시함

⑩ 결론을 항목별로 정리함

의 순서에 따라 작성하되, 화살표는 원인에서 결과방향으로 겹치지 않게 그린다.

연관도의 장점은

- 자유롭게 사실대로 발언할 수 있음
- 참여자의 친밀도가 증대됨
- 알기 쉬움
- 문제의 전체를 알 수 있음
- 복잡하게 얽혀 있는 요인을 정리할 수 있음
- 그 결과, 인과관계나 상호간의 관련성이 명확해짐
- 참여자가 의견을 발표하기 쉬움

등이 있는 효용이 큰 기법이다.

[그림 2-16]은 연관도의 개념도이며, [그림 2-17]은 K사 조립라인의 만성불량원인에 대한 연관도의 사례이다.

2.3.2 친화도법

친화도(affinity diagram)법은 창안자인 카와키타 지로(川喜田二郞)의 이름 머리글자를 따서 KJ법이라고도 한다. 미래 또는 미경험의 분명하지 않은 문제점을 찾아내기 위한 수법 또는 혼돈된 상태에서 수집한 언어데이터를 상호간의 친화성에 의해 통합하여 해결하여야 할 문제를 명확히 하는 기법이기도 한 친화도는

- 사실이 혼돈되어 있어 파악하기가 힘들 때 이를 체계적으로 파악하고 싶은 경우
- 사상이 혼돈되고 정리되어 있지 않을 때 이를 정리하고 싶은 경우
- 기존개념의 속박을 타개하여 새로운 사고방식을 정립하고 싶은 경우
- 기존의 사상체계, 이론체계를 근본적으로 분쇄하여 새로운 체계로 정리하고 싶은 경우
- 이질적이 구성원이 섞여 있어 통일감이 없을 때 서로 이해시켜 팀웍을 다지고 싶은 경우

• 관리자로서 수하직원의 의견을 청취하면서 자신의 이념, 방침을 주지시키고 싶은 경우

등에서 사용할 수 있는 유용한 수법이다.

작성방법은

① 테마의 결정
② 언어데이터의 수집
③ 언어데이터의 카드화
④ 카드 모음
⑤ 표찰카드 작성
⑥ 작도
⑦ 구두발표
⑧ 보고서 작성

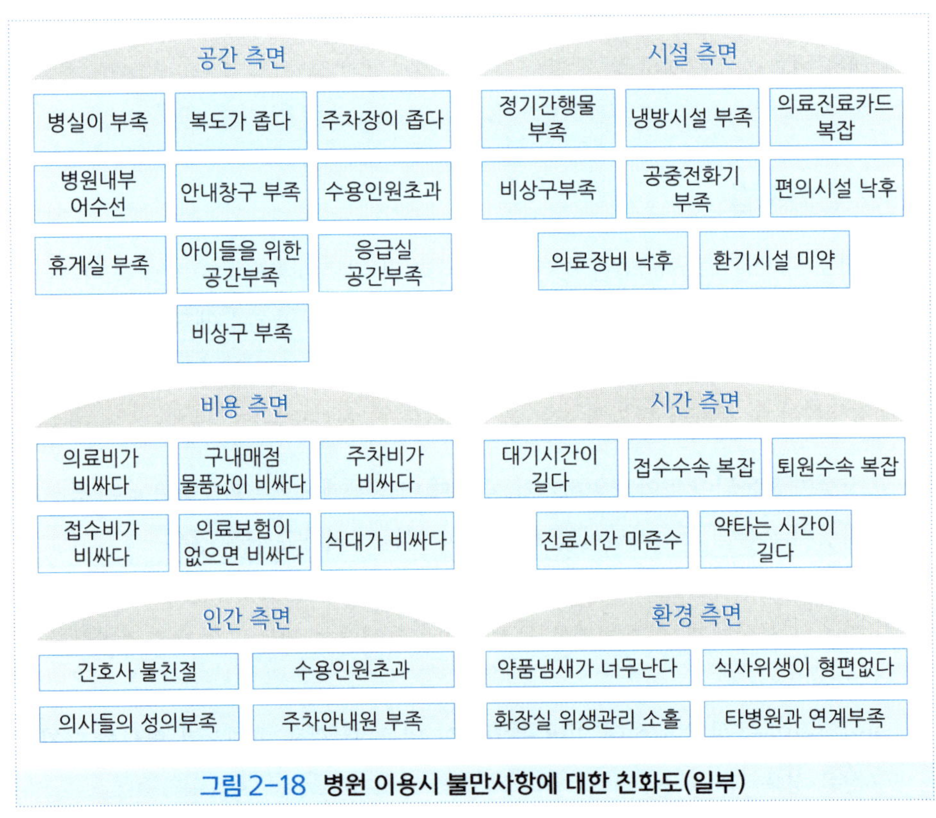

그림 2-18 **병원 이용시 불만사항에 대한 친화도(일부)**

의 순서를 따른다. 친화도는 같은 테마, 같은 카드에 대해서도 참여자가 달라지면 모양이 달라진다는 점을 유의하여야 한다.

친화도의 이점은 1) 문제를 효율적으로 정리할 수 있음, 2) 새로운 발상을 얻을 수 있음, 3) 많은 사람의 의견을 받아들일 수 있다는 등이다.

[그림 2-18]은 병원 이용시의 불만사항에 대한 친화도의 사례이다.

2.3.3 계통도법

목적을 달성하기 위해 수단이 선택되고, 그 수단을 강구하기 위해 하위 수준의 수단을 필요로 하는 경우, 다음 그림에서 보는 바와 같이, 상위 수준의 수단은 하위 수준에 있어서는 목표가 된다. 계통도(tree diagram 또는 dendrogram)법은 이 개념을 사용하여 목적·목표를 달성하기 위한 수단·방책을 계통적으로 전개함으로써 문제의 전체 모양을 일목요연하게 하여 문제의 중점을 명확하게 하거나 목적·목표를 달성하기 위한 최적의 수단·방책을 추구하는 기법이다.

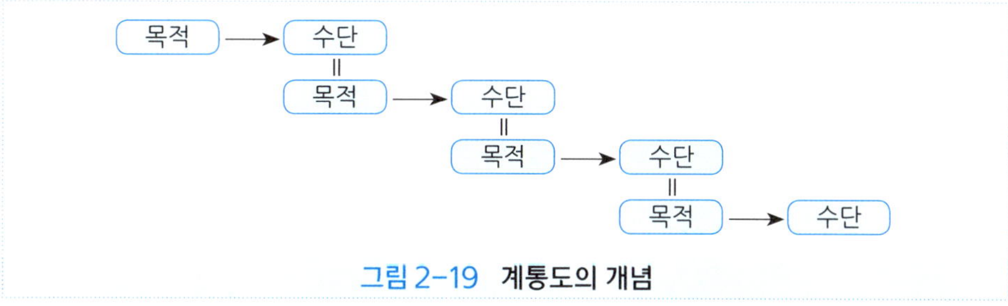

그림 2-19 **계통도의 개념**

계통도는 대상을 구성하고 있는 요소를 목적-수단의 관계로 전개하는 '구성요소 전개형'과, 문제의 해결이나 목적·목표를 달성하기 위한 수단·방책을 전개하는 '방책 전개형'으로 대별된다.

방책전개형 계통도의 작성 및 실행은

① 기본 목적의 설정
② 1차수단의 전개-BS법, 오즈본자문법, 희망점열거법, 결점열거법
③ 2차수단의 전개
④ 실시가능한 수단까지 3차, 4차, …의 전개

⑤ 목적과 수단과의 관계확인

수단의 확인-목적달성을 위해 그 수단은 효과있는가?

목적의 확인-수단실행에 의해 그 목적은 달성되는가?

아이디어 추가

⑥ 선으로 연결

테마, 일시, 장소, 참여자 등 기록

⑦ 실시계획 작성

평가, 실시내용, 담당, 일정 기록

의 순서를 따른다.

계통도는

- 중지를 모으기 쉽다.
- 이해하기 쉽다.
- 누락의 유무를 알 수 있다.

목적 제1레벨	목적 제2레벨	수단 제1레벨	수단 제2레벨	수단 제3레벨	수단 제4레벨	평가	실시사항
찢김불량으로 인한 손실을 최소화한다	찢김불량이 발생하지 않도록 한다	소재를 튼튼히 한다	로프를 튼튼히 한다		재질을 바꾼다	×	
					굵게 한다	○	로프를 두겹으로 한다
			도포를 튼튼히 한다		재질을 바꾼다	×	
				가선을 튼튼히 한다	재질을 바꾼다	×	
					두껍게 한다	○	가선을 두겹으로 한다
				낡은 도포의 사용기준을 명확히 한다		○	도포를 정기적으로 점검한다
			천을 튼튼히 한다	씨실이 풀어지지 않도록 한다		○	재료시방에 명기한다
				솔기를 튼튼히 한다	야무지게 재봉한다	○	재봉일의 작업지시서를 개정
					솔기를 없앤다	×	
				가선 천을 없앤다		△	
				천이 약해지지 않도록 한다	표백공정에서 천이 약해지지 않도록 한다	○	건조방법을 표준화 (외주처의 지도)

그림 2-20 **계통도의 예**

- 전체를 한눈에 알 수 있다.
- 논리적인 사고력이 향상된다.
- 목적-수단의 관계로 전개하므로 누락을 방지할 수 있다.
- 수단의 관계를 한눈에 알 수 있어 관계자들을 쉽게 설득할 수 있다.
- 참여자의 의사통일을 도모하기 쉽다.

등의 장점을 갖고 있다.

계통도의 내용은 '위에서 아래로, 아래에서 위로'의 반복적인 검토에 의해 보완하는 것이 요망된다.

[그림 2-20]은 찢어짐불량에 의한 손실 최소화를 위한 계통도의 사례이다.

2.3.4 매트릭스도법

매트릭스도(matrix diagram)는 문제가 되는 사상 중 짝이 되는 원소군(元素群)을 행과 열에 배치하여 그 교점에 각 원소의 관계를 나타낸 그림이다. 이 교점에 관련의 유무 또는 관련의 정도를 ●, ○, △ 등으로 표시하여 이를 검토함으로써 문제의 소재 또는 형태를 탐색하거나 문제해결의 착상을 얻는 등 문제해결을 효과적으로 진행시키는 방법이 매트릭스도법이다.

매트릭스도에는 다음 그림과 같이 L형, T형, Y형, X형 및 C형 등의 여러 가지 패턴이 있다.

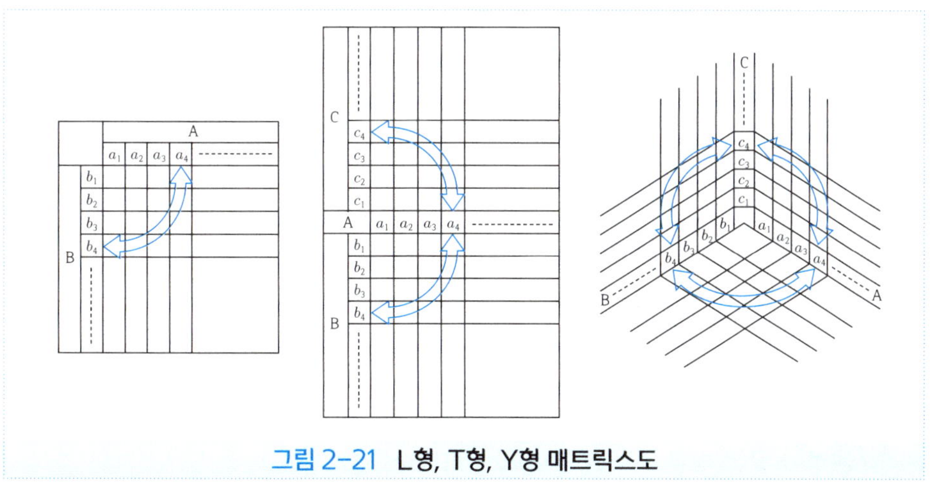

그림 2-21 **L형, T형, Y형 매트릭스도**

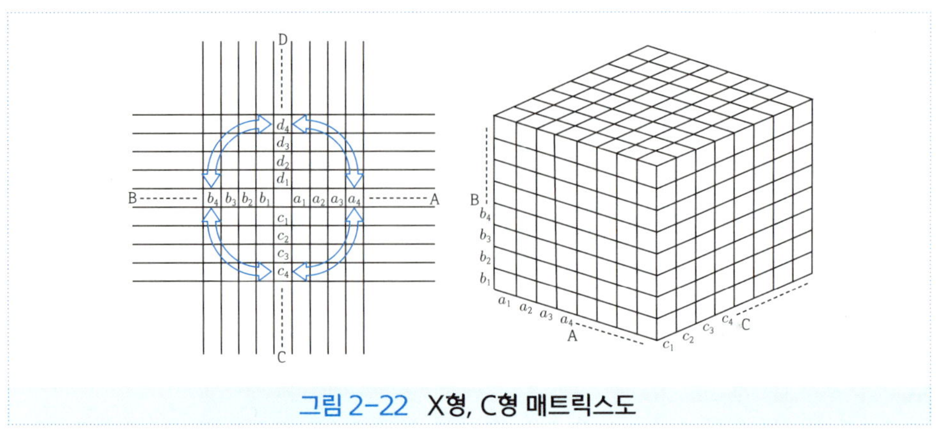

그림 2-22 X형, C형 매트릭스도

매트릭스도법은

- 유용한 데이터를 단시간에 얻을 수 있음
- 문제해결의 아이디어를 내기 쉬움
- 요소들 간의 관계가 명확해져 전체를 한눈에 파악할 수 있음
- 착상의 포인트를 누락 없이 설정할 수 있음
- 복수의 표가 하나로 종합되어 문제의 소재를 명확하게 할 수 있음
- 요소 간의 관계가 명확해짐
- 따라서, 전체의 구성을 한눈에 파악할 수 있음
- 여러 종류의 표를 하나로 정리할 수 있으므로 문제의 소재가 명확해짐

등의 장점을 갖고 있다.

[그림 2-23]은 가정용 폴리에스텔 물통 설계를 위한 매트릭스도를 예시한 것인데 이것은 두 개의 비교 요소에 대해서 표시한 L형 매트릭도이다. 매트릭스도법에서 사용한 기호에 가중치를 적용하여 사용할 수 있고, 가중치를 직접 사용할 수 있다.

2.3.5 매트릭스 데이터 해석법

매트릭스도는 요소 조합들 간의 관련 유무나 정도를 언어정보에 의한 기호로 표시하였다. 즉 서로 대응이 되는 요소간의 관련성이 깊은 것은 ◎, 관련이 중간정도인 것은 ○, 관련이 낮은 것은 △등과 같이 표시하였다. 관련성은 대부분 분석자의 지식과

기호	관계(환산점수)
◎	강한관계(=5)
○	중간관계(=3)
×	약한관계(=1)

가정용 폴리에스텔 물통의 매트릭스도

고객 요구 품질 \ 대용특성		겉모양		성질			합계
		색상	형상	무게	재질	내밀성	
사용하기 쉽다	들고 다니기 좋다		○	◎			8
	물을 담기 좋다		○				3
	걸레를 빨기 좋다		○				3
	물을 꽃밭에 주기 좋다		○				3
디자인이 좋다	여성이 좋아하는 형체	○	◎				8
	빛깔이 현대적 이다	○			△		4
튼튼하다	끓는 물에도 변형치 않는다				○	◎	8
	발로차도 부서지지 않는다		△		○		4
합 계		6	18	5	7	5	

그림 2-23 가정용 폴리에스텔 물통 설계를 위한 매트릭스도

경험 등에 의한 언어 정보로 정리되고 평가되는 것이 일반적이다.

그러나 이러한 언어정보 대신 이 관련성을 수치화시키기가 쉬운 것은 가능한 한 수치 데이터로 집계하고 분석하는 것이 문제점의 파악이나 해결에 훨씬 도움이 되는 경우가 많다. 이같이 여러 개의 변수(요소)로 이루어진 다변량 데이터에 대해서는 다변량분석방법인 주성분분석, 요인분석, 군집분석, 판별분석, 정준상관분석 등 다양한 기법을 사용하여 변수관계를 구명하기 쉽도록 하고 있다. 여기서는 이들 다변량분석에 대해서는 자세한 설명을 생략하므로 관련 문헌을 참고하여야 할 것이다.

매트릭스 데이터 해석법은 신 QC 7가지 도구 중 유일한 수치 데이터 해석법으로, 다변량해석법인 주성분 분석법을 사용하며 그 결과를 그림으로 나타내어 정리한다.

[표 2-7]의 데이터에 대해

- 평균치와 표준편차를 계산
- 데이터를 표준화시킴
- 평가항목간의 상관계수를 구함
- 고유치를 계산

표 2-7 기업의 평가

기업	재무력	상품 개발력	기업 이미지	마켓의 성장성	인재	판매력	독자적 경영노선
1	3.0	5.0	5.0	2.0	5.0	4.0	3.0
2	4.0	4.0	2.0	2.0	3.0	2.0	3.0
3	3.0	4.0	1.0	5.0	5.0	4.0	5.0
4	3.0	2.0	2.0	10.	30.	5.0	4.0
5	1.0	3.0	5.0	3.0	4.0	3.0	3.0
6	4.0	3.0	4.0	2.0	3.0	2.0	2.0
7	2.0	2.0	3.0	2.0	3.0	2.0	2.0
8	2.0	2.0	4.0	2.0	2.0	1.0	1.0
9	4.0	3.0	4.0	3.0	2.0	2.0	2.0
10	3.0	1.0	2.0	1.0	1.0	3.0	1.0
11	5.0	2.0	2.0	2.0	2.0	3.0	2.0
12	2.0	2.0	3.0	2.0	2.0	1.0	3.0
13	3.0	1.0	2.0	5.0	1.0	2.0	3.0
14	2.0	1.0	1.0	1.0	1.0	4.0	5.0

표 2-8 주성분 득점

기업	제1주성분	제2주성분	제3주성분	제4주성분	제5주성분	제6주성분	제7주성분
1	2.71	-1.40	-0.16	-1.21	-0.23	0.23	-0.20
2	0.55	-0.17	1.26	-0.20	1.19	-0.08	-0.27
3	3.13	1.53	0.53	1.51	0.10	-0.59	-0.01
4	0.66	1.84	-0.37	-1.48	-0.39	0.01	0.21
5	1.28	-1.18	-1.95	0.37	-0.54	0.11	0.02
6	-0.04	-1.28	0.87	-0.44	0.07	0.26	0.34
7	-0.56	-0.59	-0.81	0.09	0.17	-0.65	0.21
8	-1.53	-1.70	-0.75	0.28	0.13	-0.30	-0.09
9	-0.31	-1.15	1.05	0.28	-0.29	0.63	-0.18
10	-2.19	0.41	0.09	-0.94	-0.51	-0.66	-0.32
11	-0.81	0.45	1.90	-0.63	-0.35	-0.08	0.24
12	-1.00	-1.41	-0.86	0.61	0.96	0.23	0.18
13	-1.14	0.81	0.41	2.32	-0.69	0.31	-0.04
14	-0.76	2.86	-1.21	-0.55	0.40	0.57	-0.12

- 고유벡터를 계산
- 인자부하량을 계산
- 주성분득점을 계산

하여 [표 2-8]을 얻은 후 주성분 득점의 산포상태를 그래프화하여 [그림 2-24]를 얻어 이를 검토, 해석하여 우수기업 1 및 3의 특징을 밝히는 것이 그 한 예이다.

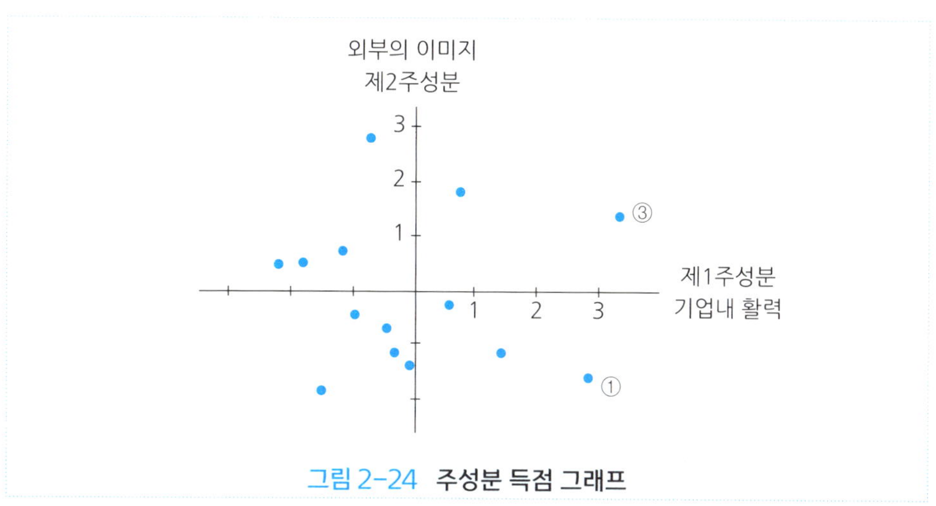

그림 2-24 **주성분 득점 그래프**

2.3.6 PDPC법

연구개발의 목표 달성을 위한 계획이나 시스템을 설계할 때 사전에 생각할 수 있는 부적합한 사태나 결과를 예측하여 프로세스의 특성을 가능한 한 바람직한 방향으로 이끄는 기법이다.

이 기법은 또 프로세스의 진행과정에서 예측하지 않았던 문제가 생겼을 때, 그 시점에서 될수록 빨리 목표를 향해서 궤도를 수정하는 경우에도 유용하게 사용된다. PDPC(precess decision program chart)에는 따로 정해진 규칙은 없으나 다음의 두 가지 형태를 생각할 수 있다.

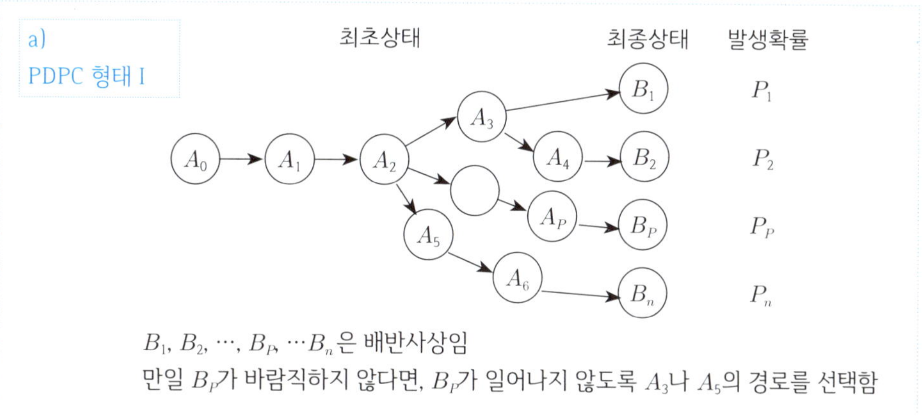

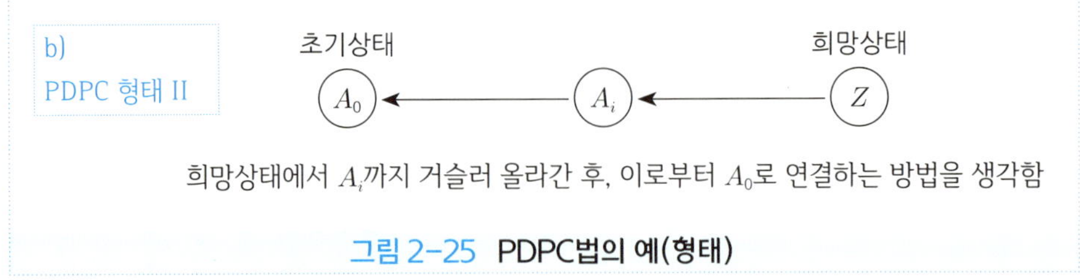

그림 2-25 PDPC법의 예(형태)

PDPC를 작성하고 활용하는 방법을 요약하면 다음과 같다.

① 팀은 예전에 완성된 자료모음과 분석을 참조한다.
② PDPC 차트를 그린다.
③ 먼저 프로젝트의 목표를 나열하고, 그 하위수준의 중요한 세부 활동들을 나열한다.
④ 각각의 활동에 대해서 what-if 질문을 한다.
⑤ 모든 what-if에 대해서 가능한 대응책을 고려한다. 차트를 완성하기 위해서 what-if와 가능한 대응책을 연결한다. 만일 대응책이 실현 가능하다면 ○표를 하고, 실현 불가능하다면 ×표를 한다.
⑥ 차트를 검토하고, 필요하다면 수정한다.

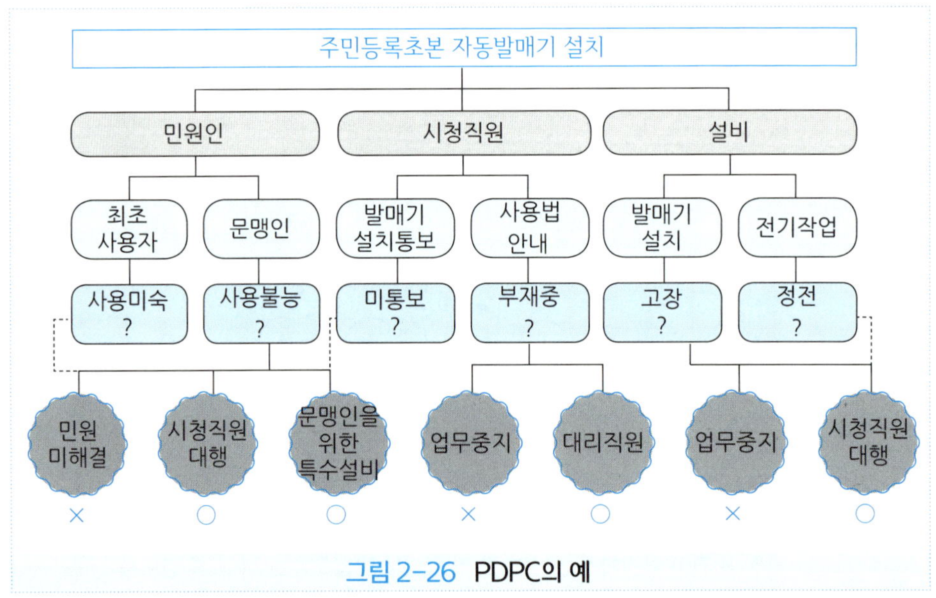

그림 2-26 PDPC의 예

주민등록등본 자동발매기를 설치한다고 하는 경우의 예를 보자. 자동발매기를 설치할 경우 민원인, 직원, 설비 등에 변화가 일어난다. 민원인의 경우 처음으로 자동발매기를 사용하는 사람도 있고, 문맹인의 경우도 생길 수 있다.

- 문맹인의 경우 사용이 불가능하다면 어떤 해결책이 있을까?

문맹인(민원인)은 민원을 해결하지 못하는 것은 실행이 불가능하고, 직원이 대행하는 것은 실행이 가능하다. 또한 문맹 인을 위한 특수설비를 배치하는 것도 실행이 가능하다.

- 시청직원의 경우 사용법을 안내해주는 사람이 있어야 하는데, 그 사람이 부재중이라면 어떤 해결책이 있을까?

업무를 중지하는 것은 실현이 불가능하고, 대리직원이 사용법을 안내하는 것은 실현이 가능하다.

- 자동발매기가 고장 난다면 어떤 해결책이 가능한가?

업무를 중지하는 것은 실현이 불가능하고, 직원이 업무를 대행하는 것은 실현이 가능하다.

이 수법은 생각할 수 있는 모든 사건과 문제 작성 표에서 가능한 해결책으로 옮겨갈 때 일어날 수 있는 뜻밖의 사고를 자세히 보여주기 위한 것이며, PDPC는 나무형 그림의 각 가지를 선택해 있을 수 있는 문제점을 기대해보고 편차 발생을 예방하거나 만약 편차가 발생할 경우 필요한 조치를 취하게 한다.

2.3.7 애로우 다이어그램법

품질관리 활동을 추진함에 있어서 일정의 계획과 통제는 여러 가지 국면에서 요구된다. 지금까지의 품질관리 신 7가지 도구에서는 원인과 결과를 분석하고 이에 따른 수단을 수립하거나, 요인들 간의 관계를 구명하여 문제점을 명확히 한다든가 또는 상황의 변화에 따른 대책을 세운다든가 하는 것이었다. 이에 반해 애로우 다이어그램(arrow diagram)은 업무를 추진함에 있어 어떤 순서와 일정으로 진행시키는 것이 좋은가에 관한 문제해결 기법이다.

① 애로우 다이어그램

애로우 다이어그램은 여러 가지 복잡한 순서를 목적이 달성될 때까지의 작업 순서와 시간배정을 나타낸 것이다. 이러한 순서와 서로의 관계가 하나의 화살표로 표시되어 있다. 실제 현장에서 애로우 다이어그램을 작성하는 데는 PERT/CPM 또는 컴퓨터 패키지 등을 사용하는 것이 좋다.

② 목적

일정 계획과 관리 수법으로 간트 차트가 흔히 사용되며, 이는 개략적인 계획이나 간단한 작업지시에는 뛰어난 방법이나, 각 작업의 종속관계가 표시되지 않는다. 애로우 다이어그램은 간트 차트의 약점을 보완하여 문제를 해결하는데 걸리는 시간과 작업순서의 관계를 동시에 보여준다.

③ 사용시기

– 매일 매일의 프로젝트, 생산계획에 사용된다.

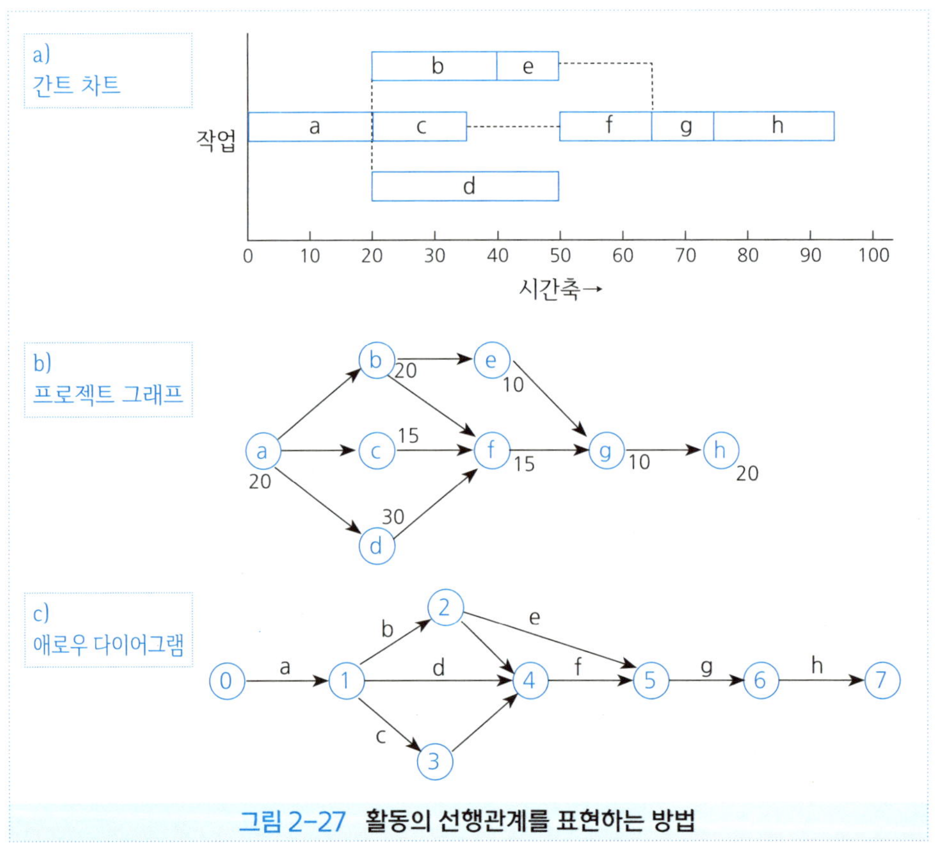

그림 2-27 활동의 선행관계를 표현하는 방법

- 프로젝트의 과정이나 최적의 스케줄을 보여 주는 주경로(critical path)를 볼 때 사용된다.

[그림 2-28]은 K사의 프레스 공정의 작업과정의 개선 전 · 후 애로우 다이어그램을 예시한 것이다.

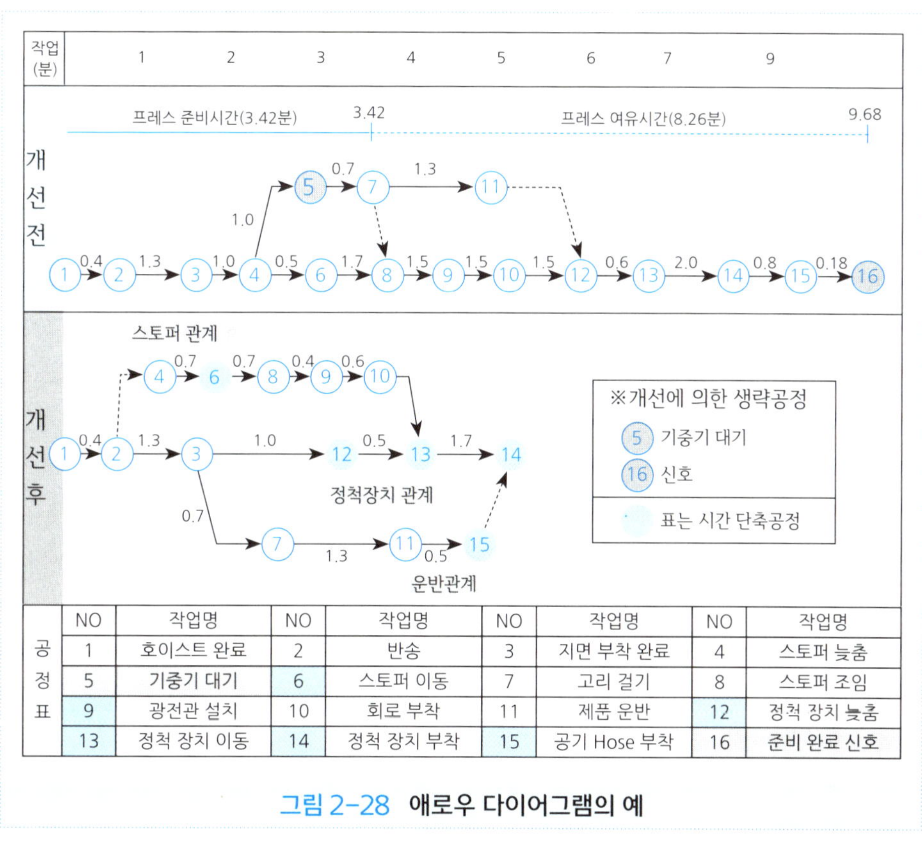

공정표	NO	작업명	NO	작업명	NO	작업명	NO	작업명
	1	호이스트 완료	2	반송	3	지면 부착 완료	4	스토퍼 늦춤
	5	기중기 대기	6	스토퍼 이동	7	고리 걸기	8	스토퍼 조임
	9	광전관 설치	10	회로 부착	11	제품 운반	12	정척 장치 늦춤
	13	정척 장치 이동	14	정척 장치 부착	15	공기 Hose 부착	16	준비 완료 신호

그림 2-28 애로우 다이어그램의 예

참고문헌

1 강병서, 조철호, "연구조사방법론", 무역경영사, 2005.

2 기술표준원, 국제 측정불확도 표현 및 이해, 2002.

3 기술표준원, 측정불확도 추정사례집, 2004.

4 정수일, 측정경재력이 기술경쟁력, 기술경쟁력이 곧 국가경쟁력, 기술표준 Vol.20, 2003.

5 정수일, 시험 및 검사와 불확도 및 환경조건, 기술표준 Vol.40, 2005.

6 정수일, 단위, 수치, 수식 등의 표기방법에 때한 제안, 기술표준 Vol. 57, 2006.

7 정수일, 유효숫자의 개념, 기술표준 Vol.73, 2008.

8 정수일, 유효숫자의 개념 및 수치 맺음법, 기술표준 Vol.74, 2008.

9 한국계량측정협회, 산업체용 측정시스템 관리실무 지침서 개발연구, 2006.

10 한국표준과학연구원 역, 측정학(Metrology), 2008.

11 한국표준과학연구원 역, 국제단위계(The International System of Units), 2006.

12 한국품질경영연구원, 신QC 7 가지 도구, 1987.

13 한국표준협회, 건설업의 TQC, 2001.

14 한국표준협회, 데이터의 정리방법과 활용 I, 2001.

15 한국표준협회, 데이터의 정리방법과 활용 II, 2001.

16 한국표준협회, 신 QC 7 가지 도구, 1982.

17 한국표준협회, 알기 쉬운 QC 7 가지 도구, 1981.

18 한국표준협회, 품질관리수법, 1986.

19 KS A 0001:2008, 표준서의 서식 및 작성방법.

20 KS A 31-1:2010, 양 및 단위-제0부: 일반 원칙.

21 KS A 1000:2010, 국제단위계(SI) 및 그 사용법.

22 KS Q 5002:2014, 데이터의 통계적 해석방법.

23 KS A ISO 80000-1:2012, 양 및 단위-일반사항.

연습문제 STATISTICAL QUALITY CONTROL

1. 다음에서 잘못 표기된 곳은?
   - 입수금지! 수심 4M임
   - 서울과 부산 간의 거리는 약 428Km이다.
   - 한 근은 600gr이다.
   - 1ℓ는 1000cc이다.
   - 123M, 23M, 345M를 더하면 369.63M이다.

2. 동경 131° 52′ 08″ 및 $\mu = 1.23\mu$m라는 표기에서 잘못된 점은?

3. 유효숫자(의 자릿수)를 고려하여 다음 수식의 계산 결과를 적으시오.

   ① $1.353\,5 + 2.468 \times 3.141\,592 - (37.000\,0 \div 8.000 - 1.00)$

   ② $\dfrac{1.875 - 1.750\,5}{1.23/\sqrt{3}} \times 1.005$

4. 다음 특성요인도의 잘된 점과 잘못된 점을 지적하라.

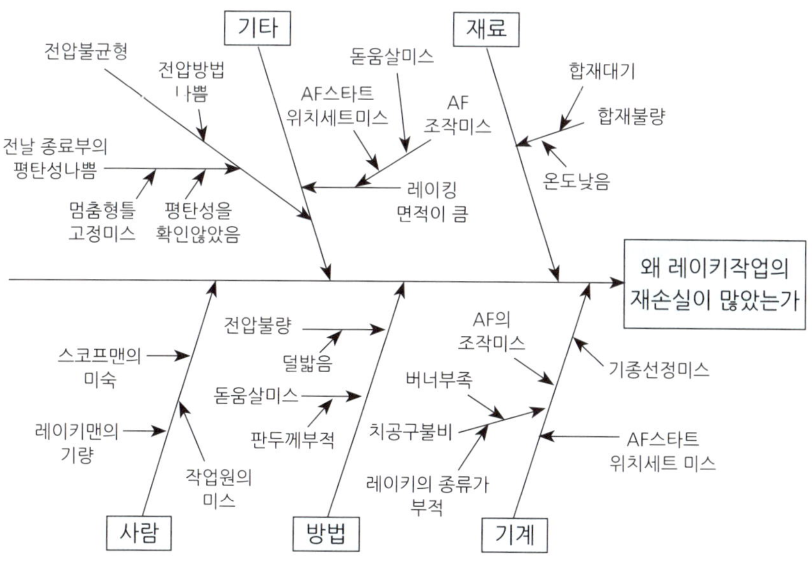

5. 다음의 데이터에 대한 평균치 및 표준편차를 구하라.

52.15　52.22　52.11　52.18　52.09　52.16　52.24　52.17　52.13

6. 철판 100 매의 두께를 측정한 결과 다음과 같은 데이터를 얻었다. 이에 대해 도수표, 히스토그램을 작성하고 평균치, 표준편차를 구하라.

(단위 : mm)

8.4	8.8	7.5	8.3	8.4	7.5	8.5	9.4	8.1	9.0
8.5	8.3	9.7	9.2	8.1	7.9	8.3	8.3	7.8	9.2
9.0	8.4	9.1	8.4	8.4	8.6	8.1	8.4	7.4	8.6
8.7	8.5	9.4	8.6	9.8	9.1	8.3	8.9	8.5	9.4
9.4	9.3	8.4	8.2	9.5	9.2	7.7	8.5	8.0	8.9
8.9	8.1	8.8	7.9	8.6	8.7	7.9	8.5	7.8	8.3
8.7	8.7	7.2	8.0	8.5	8.7	8.6	8.3	9.2	8.8
8.5	8.3	9.6	8.1	8.6	9.3	8.1	8.4	8.3	8.0
8.6	8.9	9.2	7.9	8.7	9.0	8.3	7.7	7.5	7.9

7. 학점(평점)을 올리기 위한 특성요인도를 작성하라.

8. 학점을 올리기 위한 연관도를 작성하라.

9. 위에서 작성한 특성요인도와 연관도를 비교하여 2가지 수법의 장점·단점을 기술하라.

10. 다음은 "네커(Necker)의 정육면체"이다. 꼭지점 A는 다른 꼭지점들보다 멀리 있는가, 가까이 있는가(앞쪽에 있는가, 뒷쪽에 있는가)?

A

11. 다음 체크시트의 잘못된 점을 지적하라.

13. 사후관리							
13. 1 LAP 작업준비에 대한 점검용 체크시트 (기간:14.1.1~3.31. 담당:정순범) (범례:양호 ○, 불량 ×)							
구분	점검내용	91.1월			3월		
		1주	2주			3주	4주
튜브	핸들 부착상태는 이상없는가	○	○			○	○
	사용에 불편은 없는가	○	○			○	○
	아답터 부착상태는 이상없는가	○	○			○	○
	작업준비는 편리한가	○	○			○	○
시이징 다이	사용에 불편은 없는가	○	○			○	○
	규격별 정리는 잘되어 있는가	○	○			○	○
	1개 사용은 지키는가	○	○			○	○
	품질에 문제는 없는가	○	○			○	○
	작업준비는 편리한가	○	○			○	○
다이 니즐	높이 규격은 일치하는가	○	○			○	○
	가열은 사전에 시키는가	○	○			○	○
	라쳇팅 자동스파너 작동유무	○	○			○	○

12. 금속 가공품을 제조하는 공장에서 품질분임조의 개선활동과 관련하여, 반년 전 1 로트당 불량갯수/부적합갯수와 이번 달 가공분의 1 로트당 불량갯수 및 이로 인한 손실금액을 조사한 결과가 다음과 같다. 분임조 개선활동의 개선성과를 손실금액에 대한 파레토도를 작성하여 분석하라.

불량항목	불량갯수 (반년 전)	불량갯수 (이 달)	1개당 손싱금액(원)
재료	24	23	700
치수	35	33	1500
거칠음	115	54	100
형상	56	7	300
기타	10	12	200

13. 어떤 자동차 제조공장에서 6 가지 차종에 대한 금년 2월의 생산결과는 다음과 같다.

구분 \ 차종		A	B	C	D	E	F	합계
생산대수		3935	2696	1357	911	577	312	9788
명세	국내용	2280	1606	1001	722	–	–	5609
	수출용	1655	1090	356	189	577	312	4179

① 총생산대수 중에서 6 가지 차종의 각 대수 및 전체에서 차지하는 비율을 나타내는 원그래프를 작성하라.

② 동일한 원그래프를 사용, 국내용과 수출용으로 구분하여, 각 차종이 차지하는 비율을 나타내는 원그래프를 작성하라.

14. 특성요인도 등의 작성시에 유용한 오즈본의 4원칙이 무엇인지 기술하라.

15. 특성요인도 등의 작성시에 유용한 아이디어 발상법에 대해 조사하여, 기술하라.

STATISTICAL QUALITY CONTROL

3 샘플링 방법

Sampling Method

3.1 모집단과 샘플

선거 투표율, 청년 실업률, 로트 부적합률, 프로세스 수율, 광물 매장량 등에 관심이 있을 때, 관심의 대상이 되는 전체 집합을 모집단(population)이라 한다. 선거 투표율, 청년 실업률이나 로트 부적합률과 같이 그 관심대상이 구체적이고 유한개인 경우는 그 모집단을 유한모집단이라고 한다. 예를 들면, 청년실업률 계산의 대상자는 20세 이상 30세 미만의 경제활동인구이다. 한편, 프로세스 수율 또는 부적합률 조사 등의 경우에는, 프로세스의 산출물 전체가 모집단이 되는데, 프로세스의 산출물은 어느 한 시점의 것만 고려하는 것이 아니라, 장래에도 계속하여 산출된다는 입장에서 구체적이지 않고 가상적으로 설정한다. 즉, 프로세스의 산출물은 구성 개체가 무한히 많다고 생각한다. 이러한 모집단을 무한 모집단이라 한다.

관심의 대상이 되는 모집단 전체를 조사하는 방법을 전수조사(survey)라고 한다. 그러나 무한모집단인 경우에는 모집단 전체를 조사한다는 것이 불가능하다. 또한 유한모집단인 경우에도 모집단의 크기가 너무 크다든지, 비용과 시간적인 측면에서 굳이 전수조사를 할 필요가 없을 경우도 많다. 이러한 경우에 모집단의 일부분을 골고루 추출한 샘플/표본(sample)을 조사하는 방법이 있는데 이 방법을 표본조사 또는 샘플링 조사(sampling survey)라고 한다. 샘플로부터 시험 및 분석을 위해서 준비된 것을 시험샘플(test sample) 또는 시료라고도 한다.

모집단으로부터 샘플을 추출하는 방법을 샘플링(sampling)이라 한다. 샘플링은 전수조사가 불가능하거나 비용과 시간 등을 고려하여 샘플만 추출하여도 정보를 얻기 위해 충분한 경우 사용한다. 좋은 샘플링 방법은 샘플링한 데이터의 정보로 모집단 전체의 정보를 정확하게 알아내면서 샘플링 비용을 적게 하는 것이다. 하지만, 전체를 전수조사를 하지 않고서는 모집단의 정보를 정확하게 알 수 없다. 또한 전수조사를 하더라도 여러 가지의 오류 등으로 모집단의 정보를 정확히 파악하기는 불가능한 경우가 대부분이다. 유한모집단의 경우에도 모집단 전체를 조사하는 전수조사에 비해 샘플링 조사는 모집단의 일부분을 조사하기 때문에 시간과 비용을 절감할 뿐 아니라, 방대한 조사에서 생길 수 있는 오류를 방지할 수 있다.

모집단의 일부인 샘플을 조사하여 모집단에 대한 추론을 하는 것이 목적이므로, 샘플은 모집단의 특성을 대표하는 것으로 추출할 필요가 있다. 이 때 학문적 이론, 또는 경험적 지식에 의해 모집단에 대하여 잘 알고 있으면, 주관적인 판단에 의하여 모집단의 일부를 샘플로 택할 수 있다. 이러한 샘플 추출방법을 유의샘플링(purposive selection)이라 한다. 이러한 유의샘플링은 조사자의 주관적 판단에 기초를 두고 있으므로, 그 판단이 그릇되면 일부를 추출하는 데에서 발생되는 샘플링오차가 커질 수 있다. 또한 샘플링오차에 대한 객관적 평가가 불가능하고 샘플크기를 크게 하여도 반드시 대표성이 높아지지 않는다는 결점이 있다.

반면에 모집단에 대한 지식이 없다면 전체를 대표하게 하기 위해서는 모집단에서 '골고루' 일부를 추출하여 샘플로 취할 필요가 있다. 이와 같이 골고루 샘플을 추출한다는 것은 모집단의 각 구성 요소가 샘플에 포함될 확률을 동일하게 한다는 것을 뜻한다. 이러한 샘플 추출 방법을 랜덤샘플링(random sampling)이라 한다.

이러한 방법으로 샘플을 추출할 경우에는 일부를 추출하는 데에서 발생하는 샘플링오차를 미리 정하여진 추출 확률에 의해 객관적으로 평가할 수 있다. 또한 샘플크기를 크게 하면 그 대표성이 높아지는 장점이 있다.

이러한 확률샘플 추출 방법은 '샘플링'의 기본이 되며 현대통계학의 통계적 추론의 근간이 되고 있는 것이다.

샘플 추출을 위해서는 추출되는 모집단 개체의 최소 단위를 정해야 한다. 예를 들어, 1 000 m의 전선에서 결점수를 조사할 때 2 m를 최소 단위로 할 것인지, 또는 1 000 톤의 철광석에서 철의 함유율을 알기 위해 1톤을 최소단위로 할 것인지를 정해야 한다.

이와 같이 샘플로서 취하여지는 최소 단위를 추출단위 또는 샘플링단위(sampling unit)라고 한다. 이러한 샘플링단위는 모집단의 형태에 따라 결정된다. 샘플링의 대상물은 병, 합성수지 성형품, 비료 포대, 볼트, 전구 등과 같이 하나 둘 낱개로 셀 수 있는 경우와 광석, 액체, 두루마리, 솜뭉치 등과 같이 낱개로 셀 수 없는 경우가 있다. 전자와 같은 경우를 단위체(unit materials)라고 하고, 후자를 집합체(bulk materials)라고 한다. 단위체의 경우 한 개, 한 포대 등의 단위로 하여 샘플링하면 이것이 샘플링단위가 되어 문제가 없으나 집합체의 경우는 무엇을 샘플링단위로 할 것인가가 문제가 될 수 있다. 예를 들어 1 kg의 샘플을 취하는 경우 100 g 삽으로 10 회 담아서 1 kg을 채취하는 경우와 1 kg의 삽으로 단번에 채취하였을 경우는 전혀 다른 샘플링 방법을 거친 것이고 오차 또한 전혀 다를 수 있다. 이런 경우 샘플링 하는 단위 분량을 합리적으로 결정하지 않으면 안 된다.

한 번에 떠내는 샘플링의 단위 분량을 샘플링 단위라고 하고 이 분량을 샘플링 단위의 크기라고 한다. 집합체에서는 이 샘플링 단위의 크기를 정하지 않으면 안 된다. 보통 이 샘플링 단위를 인크리먼트(increment ; 단위시험샘플)라고 하고 이 분량을 인크리먼트의 크기(size of increment)라고 한다. 실, 종이와 같은 물품일 경우는 시장(sample length)이라고 하고 합성수지판에서 10 cm2의 샘플을 채취할 경우는 이것을 시편(sample piece)이라고도 한다.

일반적으로 샘플링 단위 사이의 산포는 그 샘플링 단위의 크기, 예컨대 삽의 크기, 실의 길이 등에 따라 [그림 3-1]과 같이 변화한다. 따라서 인크리먼트의 크기가 작을 때에는 이것을 조금만 크게 하면 산포는 매우 작아지나, 어느 정도 이상이 되면 산포는 거의 작아지지 않는다. 지나치게 인크리먼트의 크기가 커지는 경우 즉, [그림 3-1]에서 곡선이 수평 가까운 부분에 해당하는 크기의 샘플은 불필요하다는 것이다.

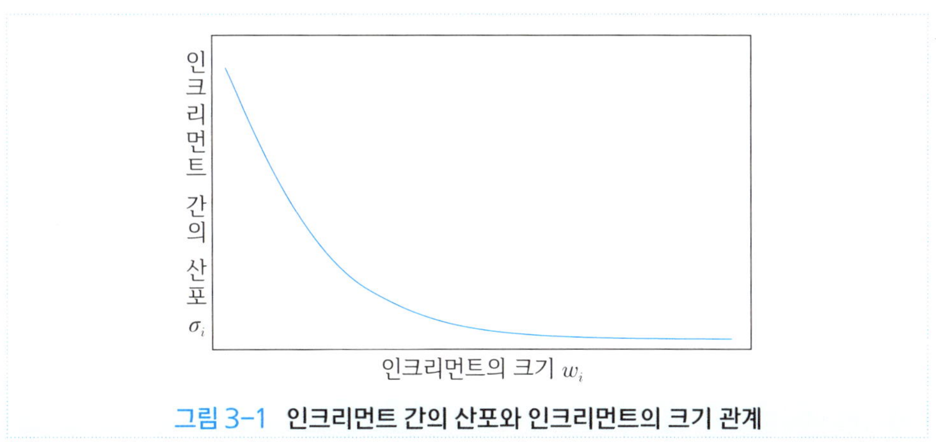

그림 3-1 **인크리먼트 간의 산포와 인크리먼트의 크기 관계**

3.1.1 랜덤샘플링

현실에서 샘플은 곧 비용으로 인식해야 한다. 제약회사에서 신약을 만들면 우리나라에서는 식약청의 심사를 거쳐야 한다. 식약청 심사는 신약에 대한 화학적 검증과 신약이 앞으로 부작용이 없을 뿐 아니라 기존의 약보다 효과가 있다는 것을 검증하기 위해서 임상실험을 통한 통계적 검정을 거치는 것이다. 제약회사에서는 약품에 대한 약의 성능에 관한 심사는 충분히 준비했기 때문에 별 문제가 없으나 임상에 대한 통계적 검정을 거치기 위해선 샘플크기가 충분해야 한다.

좋은 예로, 만약 신약이 심장병에 사용하는 약인 경우엔 임상실험을 하기 위해서 몇 년이 소비되고 한 명의 환자에게 실험하는 비용도 적지 않게 든다. 만약 샘플크기를 줄이는 확실한 근거만 있으면 제약회사 입장에서는 임상실험 비용 뿐 아니라 개발기간 단축으로 큰 효과를 본다. 대부분 제약회사에 통계전문가가 있거나 신약 개발 시에 통계전문가에게 충분한 자문을 받는 이유는 샘플크기가 곧 비용이기 때문이다.

모집단 전체를 조사하지 않는 샘플링은 반드시 오차가 발생한다. 오차는 목적하는 (모집단의) 참값과 측정치와의 차이이다. 오차에는 샘플 전체의 오차뿐 아니라 샘플을 채취하는 방법에서도 오차가 발생한다. 아무런 생각 없이 연속으로 2 개 이상 샘플링하면 심각한 샘플링오차가 포함된다. 처음 뽑은 샘플과 두 번째 뽑은 샘플에는 뽑는 조건이 똑같지 않기 때문에 생기는 오차가 포함되어 있다. 처음 샘플링하는 조건(마음 자세를 포함하여)과 두 번째 샘플링하는 조건이 다르면 샘플 오차가 포함된 것이다. 샘플링오차를 제거하기 위해서 매번 샘플링할 때 조건을 똑같이 만들기 위한 방법이 랜덤(random) 샘플링 방법이다.

랜덤샘플링과 관련된 흥미로운 예가 있다. 몇 년 전 국내 P사 전산부 직원이 납품업체로부터 수년간 도합 5억 원을 뇌물로 받아 구속되었다는 신문보도가 된 적이 있었다. 잘 납득되지 않는 것이 납품업체로 부터 부정한 돈을 검사실무자가 받으면 이해되는데 실제 검사와 관계없는 전산 직원이 받은 것이 의아했다. P사는 납품업체로부터 트럭단위로 납품 받을 때 랜덤하게 10 개를 샘플링하여 샘플이 A급 제품이면 트럭전체를 A에 해당되는 납품가를 지불받는다. 납품 제품은 크게 A, B, C급인 3 단계로 나누어 납품받게 된다. 철저한 랜덤샘플링을 위하여 검사 담당자는 납품 차량이 들어오고 나서야 전산부에서 만든 난수(random number)로 샘플을 채취할 위치를 지시받아 샘플을 조사하게 된다. 즉 전산 직원이 샘플을 채취할 위치를 미리 납품업체에 알려주어 납품업체는 실제 C급 제품을 A급으로 판정받게 되어 부정한 이익을 챙기게 되고 그 일부를 전산 직원에게 주었던 것이다.

랜덤샘플링의 핵심은 샘플링하는 사람의 개인적인 습관, 편견이 들어가서는 안 되는 것이다. 샘플링하는 사람의 고의적 또는 비고의적인 편견을 없애기 위해서 반드시 난수를 이용하여 샘플링하여야 한다.

랜덤샘플링을 하기 위한 원칙	① 샘플 채취 관계자에게 샘플링 목적과 중요성을 인식시킨다. ② 샘플링은 책임 있는 사람의 입회하에 실시한다. ③ 제품의 생산에 종사하는 사람에게 샘플링을 맡겨서는 안 된다. ④ 샘플링은 대상물의 이동 중에 실시한다.

샘플 채취는 의사결정의 첫 단계로 주의할 사항이 많다. 이들 중 몇 가지만 소개하면 다음과 같다.

① 샘플수집 장소 : 프로세스 내 어디에서 산출물(output)에 영향을 미치는 변수를 찾을 수 있을지를 추정한다. 가능한 한 실제적이고 논리적으로 추리해 나간다.
② 샘플수집의 빈도:상황이 변화될 경우 이를 반영할 수 있을 만큼 자주한다. 일정한 시간 동안 여러 차례 작은 규모의 샘플을 취하는 것이 한 번에 큰 샘플을 취하는 것 보다 좋다. 프로세스의 안정성을 확신할 수 없을 때에 더 자주 한다.
③ 소그룹 나누기:소그룹 내의 이상원인 기회를 최소화한다. 무엇이, 언제, 어디에서, 누구인가에 대해서 계속 추적한다.
④ 소그룹 또는 산포의 원인에 대해서, 각 변수의 범주에서 적어도 5 개 이상의 데이터가 필요하다.

3.1.2 난수발생 방법

랜덤샘플링을 하기 위해선 난수를 만들어야 한다. 난수를 만드는 가장 간단한 방법은 컴퓨터를 이용하여 난수를 얻는 것이다. 컴퓨터 프로그램 엑셀(Excel)이나 미니탭 등 통계 패키지에서 난수 발생을 하면 쉽게 얻을 수 있다. 또는 KS Q 1003: 2014 랜덤샘플링 방법이나 여러 가지 통계 관련 책에 수록된 난수표를 이용한다. 만약 난수 발생시키는 장치가 없으면 난수 주사위(예 : 정20면체의 주사위에 1~20 까지 숫자를 적은 것)를 던져 나오는 수를 난수로 간주하거나, 샘플링카드(카드에 숫자를 적어)를 주머니에 넣어 임의로 카드를 뽑아 숫자를 적고 다시 주머니에 복원시켜 필요한 난수만큼 만든다. 엑셀 등에서 난수를 얻으면 0~1 사이의 소수가 발생한다. 그때 모집단의 크기가 200 개라면, 엑셀에서 발생한 난수에 1 000을 곱하여 정수로 바꾼 다음 200으로 나눈 나머지(200의 정수배를 뺀 나머지)를 난수로 이용한다. 같은 것이 나오면 버리고 다시 보충한다.

여기에서는 KS Q 1003 : 2014 랜덤샘플링 방법을 이용하여 난수를 만드는 방법에 대하여 설명한다. KS Q 1003 표준에는 부표 1부터 부표 40까지 40개의 부표가 실려져 있으며 각 부표는 25개의 행과 10개의 열로 이루어져 있다. 본 교재에서는 편집상 부표 21과 22만 [표 3-1]에 수록하였다. 난수를 만드는 방법은 다음과 같다.

1) 출발점을 임의로 정한다.

난수표의 아무 페이지나 펴서, 눈을 감고 연필을 세워 떨어뜨려 연필이 맞은 점에 가장 가까운 숫자를 첫 글자로 한 연속 3개의 숫자를 읽어, 이것으로 행(가로줄)의 번호를 삼는다(이 경우 000은 1 000으로 간주한다). 다음에 다시 한 번 더 연필을 떨어뜨려, 연필이 맞은 점에 가장 가까운 숫자로 열(세로줄)의 번호를 정한다(하나의 행에 4개씩의 숫자로 이루어진 열이 10개가 들어 있으므로 이것을 왼쪽으로부터 차례로 1~9와 0번으로 한다). 정해진 번호의 열의 왼쪽의 수를 출발점으로 삼는다.

(보기) 난수표를 펴 보았더니 난수표 21이 나왔다. 이 위에 눈을 감고 연필을 떨어뜨렸더니 가장 가까운 숫자가 5이고 그것을 첫머리로 한 연속 3 개의 숫자는 515이었다. 따라서 제 515행으로 결정하였다. 다음에 다시 한 번 더 연필을 떨어뜨렸더니 9에 맞았으므로 제9열을 택하였다. 다시 말해서 난수표 21의 제515행 제 9열 91 69의 왼쪽 끝을 출발점으로 삼았다.

2) 난수를 읽어나간다.

한 자리수의 난수 또는 2 자리수의 난수가 필요한 경우에는, 오른쪽으로 읽어나간다. 오른쪽 끝에 이르면, 다음 행의 왼쪽 끝으로 옮긴다. 3 자리수 이상의 난수가 필요한 경우에는, 그 열의 아래쪽으로 읽어 나간다. 아래쪽 끝에 이르면 같은 면 중의 다음 열로 옮긴다. 3 자리수의 경우 한 쌍 4개의 숫자 중 최후의 1개를 버린다. 그 페이지의

표 3-1 KS Q 1003의 부표 중 21과 22

부표 21

501	54 80	54 97	54 47	04 84	44 01	00 43	89 67	63 93	71 74	56 04
502	23 44	53 00	09 42	68 13	58 20	22 94	35 38	25 24	93 03	16 27
503	85 07	73 68	48 39	48 37	29 80	50 82	72 68	95 22	72 49	20 07
504	10 94	37 26	10 96	92 65	57 70	21 47	54 45	04 86	51 22	63 69
505	53 89	65 31	99 75	26 14	61 18	53 32	48 56	49 32	00 88	61 59
506	97 68	07 53	83 37	23 65	77 70	28 60	88 84	99 60	75 46	33 13
507	25 22	25 15	17 28	54 64	97 02	20 48	86 96	68 98	77 71	78 26
508	95 41	60 43	34 85	18 26	09 46	32 88	42 12	38 07	33 73	86 68
509	78 05	13 10	11 37	07 97	25 94	48 64	30 41	33 34	30 68	69 59
510	51 48	65 96	96 69	08 51	02 87	19 74	05 25	39 89	63 76	10 78
511	33 03	50 97	75 32	39 46	48 35	69 69	71 46	24 88	61 49	28 12
512	35 99	19 66	30 77	24 63	36 73	72 87	92 16	35 42	25 49	79 33
513	33 28	62 84	79 39	00 47	71 97	97 77	54 87	71 23	67 29	13 59
514	27 87	21 48	69 74	89 25	33 78	90 03	75 49	79 89	57 97	79 36
515	10 09	04 90	64 74	66 64	13 25	64 93	12 29	26 59	91 69	45 61
516	51 21	55 92	83 29	34 77	41 94	80 79	66 52	35 73	71 05	08 04
517	86 59	19 41	67 09	12 04	27 15	12 47	37 31	18 24	22 93	62 80
518	32 53	51 58	21 24	23 73	99 88	27 23	05 43	05 41	30 81	12 52
519	30 79	16 78	44 28	72 73	14 05	12 67	64 85	71 65	15 79	57 03
520	11 77	06 46	49 84	46 95	67 09	57 15	65 97	57 13	56 81	60 07
521	99 88	20 41	80 78	64 45	70 14	78 10	80 88	91 38	77 76	25 82
522	35 64	43 53	64 41	09 90	25 91	34 56	60 66	45 28	24 53	88 03
523	36 52	71 19	40 64	10 69	87 09	64 67	18 82	27 13	90 23	29 01
524	45 03	49 34	88 16	16 19	58 10	29 86	94 46	86 47	95 51	12 61
525	84 39	85 08	21 28	32 12	87 85	05 97	76 36	44 58	13 16	89 02

부표 22

526	41 10	50 81	22 94	80 77	10 68	23 58	20 21	88 71	29 54	42 84
527	13 49	57 94	72 78	92 78	78 04	17 00	92 85	09 52	78 15	96 97
528	33 87	89 24	77 65	37 12	38 63	76 49	69 52	36 11	03 58	23 39
529	15 91	02 97	10 37	14 47	47 79	81 63	34 22	84 89	77 54	40 37
530	37 94	89 58	24 29	22 39	42 66	95 14	63 40	46 93	99 89	97 80
531	48 06	32 83	07 06	19 13	11 04	45 95	73 13	19 11	39 24	24 95
532	92 32	65 69	32 05	63 75	78 57	26 10	31 31	33 77	83 07	31 14
533	49 66	49 80	78 34	30 47	61 73	44 31	65 38	69 86	46 83	54 40
534	23 50	07 82	24 34	88 84	90 39	20 46	32 85	66 22	13 24	41 02
535	47 02	38 85	81 59	77 45	17 55	54 59	00 99	03 16	34 25	39 50
536	39 65	34 38	46 26	95 15	80 07	40 03	89 76	54 89	61 27	75 65
537	90 36	99 74	53 71	05 53	69 01	49 59	53 03	18 52	03 18	40 26
538	46 60	38 92	08 09	16 06	33 02	13 60	78 83	82 07	16 30	55 71
539	62 67	74 04	84 75	68 64	11 42	22 83	64 73	77 28	54 94	71 69
540	21 17	44 02	71 21	59 79	73 18	42 74	77 48	02 32	62 21	14 53
541	26 28	51 07	60 06	70 82	54 15	47 32	03 27	57 25	93 34	46 17
542	42 52	33 74	19 92	15 69	44 50	18 71	98 10	65 85	25 63	55 29
543	01 75	61 32	64 82	26 67	52 58	20 62	50 46	31 25	96 08	42 07
544	40 43	01 08	73 95	03 72	60 57	11 01	09 16	29 01	43 35	12 89
545	27 45	34 33	89 67	15 09	44 52	97 29	56 42	65 85	53 36	40 06
546	70 14	67 62	53 35	13 44	94 15	40 73	62 93	59 85	82 75	98 57
547	08 19	27 74	15 08	70 74	65 24	48 86	89 31	26 93	37 34	82 89
548	53 49	10 30	07 77	96 85	15 91	44 39	40 04	22 43	98 84	41 37
549	52 15	45 85	55 73	68 49	91 91	93 09	46 39	60 04	61 98	28 27
550	47 08	84 16	05 08	28 75	64 30	96 01	45 66	88 19	99 94	90 85

오른쪽 아래 끝에 다다르면 다음 페이지의 왼쪽 위 끝으로 옮긴다. 최후 페이지인 경우에는 최초의 페이지로 옮긴다.

(보기) 두 자리수의 난수를 얻고 싶을 경우 단계 (1)의 **[보기]**에 따라 제515행, 제9열의 왼쪽 끝에서부터 출발하면 91, 69, 45, 61, (다음 행으로 옮겨서) 51, 21, 55, 92, 83, 29, 34, 77, 41, 94, 80, 79, 66, 52, … 로 나아간다.

(보기) 세 자리수의 난수를 얻고 싶을 경우에는, 마찬가지로 제515행 제9열의 왼쪽 끝에서부터 출발하여 916, 710, 229, 308, 157, 568, 777, 245, 902, 955, 131, (다음 열로 옮겨서) 560, 162, … 로 나아간다.

3) 지정된 난수의 수가 일 때, 의 값에 따라 다음과 같이 난수 번호를 선택한다.

① $N \leqq 10$인 경우 : 한 자리의 난수를 취하여 N을 초과하는 것은 제외한다. 0은 10으로 간주한다.

② $11 \leqq N \leqq 20$인 경우 : 두 자리의 난수를 취하여 20으로 나눈 나머지(20의 정수배를 뺀 나머지)로 바꾸어 놓고 을 초과하는 것은 버린다. 00은 20으로 간주한다.

③ $21 \leqq N \leqq 60$인 경우 : 두 자리의 난수를 취하여 50으로 나눈 나머지로 바꾸어 놓고 N을 초과하는 것은 버린다. 00은 50으로 간주한다.

④ $51 \leqq N \leqq 100$인 경우 : 두 자리의 난수를 취하여 을 초과하는 것은 버린다. 00은 100으로 간주한다.

⑤ 모집단의 크기 N이 100을 초과하는 경우에도 이러한 방법에 준하여 난수를 지정된 범위로 바꿀 수 있다. 이를테면 $101 \leqq N \leqq 200$이면 세 자리의 난수를 취하여 200으로 나눈 나머지로 바꾸고, $201 \leqq N \leqq 500$이면 세 자리의 난수를 취하여 500으로 나눈 나머지로 바꾸고 N을 초과하는 것은 버린다.

주) 같은 난수가 2개 이상 필요하지 않을 때는 최초의 것만을 남긴다.

(보기) $N=30$인 난수를 만들어 보자. 단계 2)의 **[보기]**에서 두 자리수의 난수 51, 21 55, 92, 83, 29, 34, 77, 41, 94, 80, 79, 66, 52, …를 얻어 이것을 50으로 나눈 나머지로 바꾸어 놓은 수는 1, 21, 5, 42, 33, 29, 34, 27, 41, 44, 30, 29, 16, 2, … 중에서 30을 넘는 것을 버리고 1,

21, 5, 29, 27, 30, 29, 16, 2, ⋯ 로 읽어 나간다. 이와 같이 하여 난수 1, 21, 5, 29, 27, 30, 29, 16, 2, ⋯ 가 얻어진다. 만일 중복된 난수가 있으면 버린다.

(보기) $N=155$인 난수를 만든다고 하면, 단계 2)의 **[보기]**에서 3 자리수 난수 916, 710, 229, 308, 157, 568, 777, 245, 902, 955, 131, 560, 162, ⋯ 을 얻어, 이것을 200으로 나눈 나머지로 바꾸어 놓은 수 116, 110, 29, 108, 157, 168, 177, 45, 102, 155, 131, 160, 162, ⋯ 중에서 155를 넘는 것을 버리고 116, 110, 29, 108, 45, 102, 131, ⋯ 로 읽어나간다. 이와 같이 하여 난수 116, 110, 29, 108, 45, 102, 131, ⋯ 이 얻어진다.

3.2 샘플링 방법의 종류

3.2.1 단순 랜덤샘플링(Simple Random Sampling)

우리가 흔히 모집단에서 샘플을 '랜덤하게' 추출한다고 할 때, 그 의미는 '골고루' 뽑는 것을 뜻한다. 이와 같이 모집단의 어느 부분이나 샘플로서 동일한 확률로 취하여지는 샘플링 방법을 단순 랜덤샘플링이라 한다. 예를 들어, $\{a, b, c, d\}$와 같이 네 개의 원소를 가진 모집단에서 $n=2$인 샘플을 단순 랜덤샘플링하는 경우를 생각해 보자. 예를 들면, [표 3-2]와 같이 $\binom{4}{2}=6$가지의 가능한 샘플의 종류가 모두 동일한 확률 $\frac{1}{6}$로 실제 샘플이 될 수 있음을 뜻한다.

표 3-2 **단순 랜덤샘플링**($N=4$, $n=2$)

가능한 샘플	$\{a, b\}$	$\{a, c\}$	$\{a, d\}$	$\{b, c\}$	$\{b, d\}$	$\{c, d\}$
샘플이 될 확률	$\frac{1}{6}$	$\frac{1}{6}$	$\frac{1}{6}$	$\frac{1}{6}$	$\frac{1}{6}$	$\frac{1}{6}$

일반적으로 N 개의 모집단에서 n 개의 샘플을 단순 랜덤샘플링하는 것은 가능한 $\binom{N}{n}$ 개의 샘플 종류의 각각이 같은 확률로 샘플을 뽑는 것을 뜻한다.

단순 랜덤샘플링을 실제로 수행하는 데에는 난수표, 난수 주사위, 샘플링 카드 등이 사용된다. 난수표는 0부터 9까지의 숫자들이 각각 $\frac{1}{10}$의 확률을 가지면서 랜덤하게 나열되어 있는 표이다. 크기 N인 로트에서 크기 n인 샘플을 뽑는 방법은 다음과 같다.

① 모집단의 각 구성 개체에 1번부터 N번까지 번호를 부여한다.
② **3.1.2**의 난수발생방법에 의하여 1부터 N까지의 난수를 만들고, 중복된 것은 버리고 처음 n 개의 난수를 뽑는다.
③ 뽑힌 수에 해당하는 번호의 아이템을 추출한다.

(보기) $N=30$개의 아이템 중에서 크기 $n=6$인 샘플을 뽑는다고 하면, **3.1.2**의 3)의 보기에서와 같이 1, 21, 5, 29, 27, 30 난수가 나왔다면, 1번, 21번, 5번, 29번, 27번, 30번에 해당하는 아이템을 샘플링한다.

단순 랜덤샘플링의 정밀도(분산)는 다음과 같다.

$$V(\overline{X}) = \begin{cases} \dfrac{N-n}{N-1} \cdot \dfrac{\sigma^2}{n} & : \text{유한모집단의 경우} \\ \dfrac{\sigma^2}{n} & : \text{무한모집단의 경우} \end{cases}$$

3.2.2 계통 샘플링(Systematic Sampling)

N 개의 물품이 일련의 배열로 되어있을 때, 처음의 k 개의 샘플링 단위 중 랜덤하게 1개를 뽑고, 그로부터 매 번째를 선택하여 개의 샘플을 추출하는 샘플링 방법이다. 이는 연속생산 방식에서 제품이 계속 흘러간다고 생각될 때, 일정한 시간이나 일정 개수 간격으로 샘플을 선택하는 방식이다. 여기서 는 모집단의 크기를 샘플수로 나눈 개념으로서 다음과 같다.

$$k = \frac{N}{n}$$

예를 들어, 100 개의 모집단에서 25 개의 샘플을 취하는 계통 샘플링을 실시하고 싶다면 k=100/25 이므로 $k=4$가 된다. 이는 처음 1번부터 4번 사이에서 랜덤하게 1

개를 취한 후, 그것이 4번이었다면 그 다음부터 4씩 더하여 8번, 12번, 16번 … 등으로 간격을 두고 샘플을 채취하는 샘플링 방법이다.

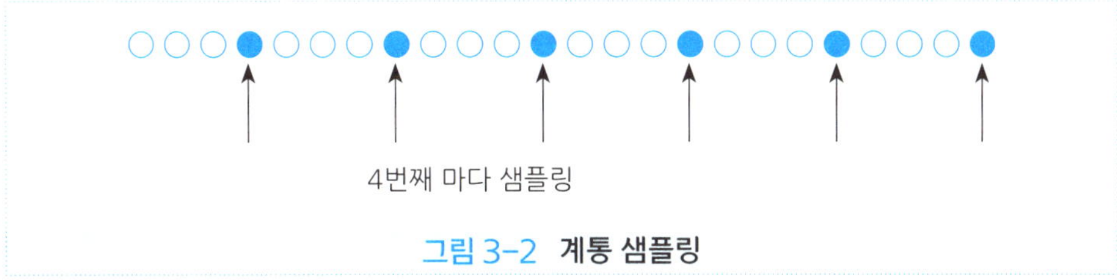

그림 3-2 **계통 샘플링**

이러한 계통 샘플링의 특징은 대략적으로 다음과 같다.

① 시간적, 공간적으로 층별 샘플링의 효과가 있다.
② 층간변동(σ_b^2)은 샘플링 정밀도에 거의 영향을 주지 않는다.
③ 샘플크기가 같으면 단순 랜덤샘플링보다 정밀도가 높은 경우가 있다.
④ 제품생산에 주기성이 있으면 치우침이 발생하여 샘플링의 정밀도가 나빠진다.
⑤ 단순 랜덤샘플링보다 샘플 채취의 용이성이 있다.

3.2.3 2단계 샘플링(Two-Stage Sampling)

크기 N 의 로트가 각각 N_i 개씩의 제품이 포함되는 M 상자(이를 부로트(sub lot)라고 한다)로 나누이져 있을 때, M 상자 중에서 랜덤하게 m 개(단, $m < M$) 상자를 취하고 각 상자로부터 n_i(단, $n_i < N_i$)개의 제품을 랜덤하게 샘플링하는 경우 이를 2단계 샘플링이라고 한다. 그런데 일반적으로 공산품 생산에서는 N_i, n_i 들이 일정한 경우가 많으므로 $N_i = \overline{N}$, $n_i = \overline{n}$ 로 놓으면 $\overline{N}$개씩의 제품이 들어있는 M 상자에서 랜덤하게 m 개 상자를 취하고 각각의 상자로부터 $\overline{n}$ 개의 제품을 랜덤하게 채취하는 샘플링 방법이 되며 단순 랜덤샘플링보다 샘플링 실시에 용이성을 갖추게 된다.

[그림 3-3]에서와 같이 M 개의 군(상자)으로 나눈 모집단에서 m 개의 군을 단순 랜덤샘플링하고, 뽑혀진 각 군에서 $\overline{n}$ 개의 소샘플을 단순 랜덤샘플링하여 총 $n = m\overline{n}$ 개의 샘플을 추출하게 된다.

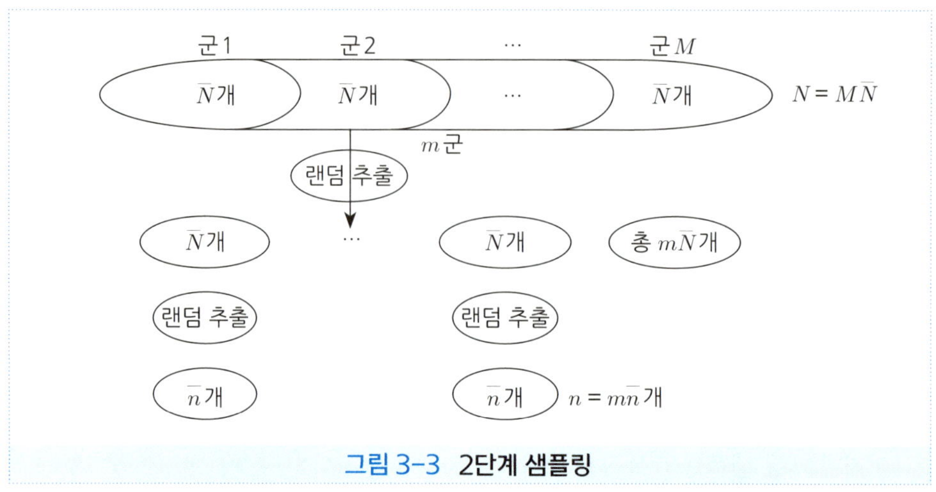

그림 3-3 **2단계 샘플링**

2단계 샘플링의 정밀도(분산)는 다음과 같다. 2단계 샘플링 중 1단계 샘플링에서 발생하는 오차를 층간분산(between variation, σ_b^2)이라 한다. 1단계 샘플링에서 모든 로트를 선택하면 σ_b^2은 0이 된다. 2단계 샘플링은 1단계에서 뽑혀진 로트에서 몇 개를 선택하게 되는데 이 때 발생하는 오차를 층내분산(within variation, σ_w^2)이라 한다.

① 무한모집단인 경우($\bar{N} \geq 10\bar{n}$, $M \geq 10m$인 경우)

$$V(\bar{X}) = \frac{\sigma_b^2}{m} + \frac{\sigma_w^2}{m\bar{n}} \qquad (\text{단, } \sigma_b^2 = \frac{1}{M}\sum(\mu_i - \mu)^2,\ \sigma_w^2 = \frac{1}{N}\sum_i\sum_j(x_{ij} - \mu_i)^2 \text{이다})$$

② 유한모집단인 경우($\bar{N} < 10\bar{n}$, $M < 10m$)

$$V(\bar{X}) = \frac{M-m}{M-1} \cdot \frac{\sigma_b^2}{m} + \frac{\bar{N}-\bar{n}}{\bar{N}-1} \cdot \frac{\sigma_w^2}{m\bar{n}}$$

예제 3-1 같은 부품이 50 개씩 들어 있는 100 개의 상자가 있다. 이 로트에서 각 부품들의 평균 무게 μ에 대한 $\sigma_w = 0.5$ kg이라고 하자. 이때 5 상자를 랜덤하게 뽑고, 그 가운데서 4개의 부품을 랜덤하게 샘플링하여 모두 20 개의 부품이 샘플링되었다(단, $\sigma_b = 0.8$ kg이다). 각 부품의 무게를 1번씩 측정할 때 측정오차를 무시할 수 있다면, $\bar{X}$의 분산은?

풀이 샘플링은 2단계 샘플링으로 실시되었으며, 샘플크기가 각각 $\overline{N} \geq 10\overline{n}$, $M \geq 10m$에 해당되므로 유한수정계수는 근사적으로 1로 본다.

$$V(\overline{X}) = \frac{\sigma_b^{\ 2}}{m} + \frac{\sigma_w^{\ 2}}{m\overline{n}} = \frac{0.8^2}{5} + \frac{0.5^2}{5\times4} = 0.140\ 5(\text{kg})$$

(1) 단순 랜덤샘플링과 정밀도 비교

앞에서 설명한 단순 랜덤샘플링과 2단계 샘플링의 정밀도를 비교해 보자. 랜덤샘플링의 정밀도를 $V_R(\overline{X})$, 2단계 샘플링의 정밀도를 $V_T(\overline{X})$라고 할 때, 이들 양자의 정밀도를 다음과 같이 비교할 수 있다.

$$\alpha = \frac{V_T(\overline{X})}{V_R(\overline{X})} = \frac{\left(\dfrac{\sigma_w^{\ 2}}{m\overline{n}} + \dfrac{\sigma_b^{\ 2}}{m}\right)}{\dfrac{\sigma^2}{n}}$$

여기서 양자의 샘플크기가 같은 경우는 $n = m\overline{n}$가 되므로, 이를 정리하면 $\alpha = \dfrac{\sigma_w^{\ 2} + \overline{n}\sigma_b^{\ 2}}{\sigma^2}$가 된다. $\sigma_x^{\ 2} = \sigma_w^{\ 2} + \sigma_b^{\ 2}$이므로 $\overline{n} = 1$일 때 $\alpha = 1$로 양자의 추정 정밀도가 동일하게 되나, $\overline{n} \geq 2$일 때는 $\alpha > 1$로 2단계 샘플링의 추정 정밀도가 랜덤샘플링보다 떨어지게 된다.

(2) 2단계 샘플링의 특징

① 일반적으로 랜덤샘플링보다 추정 정밀도가 나쁘다.

② 샘플링 조작이 용이하다.

③ 샘플링 비용이 저렴하다.

④ 샘플링오차분산이 층내산포와 층간산포의 합성으로 이루어진다.

(3) 최적샘플크기의 결정

일반적으로 정밀도 $V(\overline{X})$가 주어질 때에는 비용이 최소가 되는 m, $\overline{n}$를 택하고, 또 비용이 주어질 때에는 정밀도 $V(\overline{X})$가 최소가 되는 m, $\overline{n}$를 택한다. 총비용은 다음과 같이 정의된다.

$$T = k_O + k_1 m + k_2 m\overline{n}$$

단, k_O : 샘플크기와 관계없이 발생하는 비용, k_1 : 1차 단위 샘플링 비용, k_2 : 2차 단위 샘플링 비용이다. 이를 몇 가지의 경우로 생각하여 최적샘플을 구하면 다음과 같다.

1) T가 주어질 때 $V(\overline{X})$를 최소로 하는 경우

$m=\dfrac{T-k_0}{k_1+k_2\overline{\overline{n}}}$을 $V(\overline{X})=\dfrac{\sigma_b^2}{m}+\dfrac{\sigma_w^2}{m\overline{\overline{n}}}$에 대입하여 $\overline{n}$에 대하여 미분하여 이를 '0'으로 놓고 풀면 다음과 같이 구해진다.

① $\overline{n}=\sqrt{\dfrac{k_1}{k_2}}\cdot\dfrac{\sigma_w}{\sigma_b}$

② $m=\dfrac{T-k_O}{k_1+k_2\overline{\overline{n}}}$

2) $V(\overline{X})$가 주어질 때 T를 최소로 하는 경우

$m=\dfrac{1}{V(\overline{X})}\left(\sigma_b^2+\dfrac{\sigma_w^2}{\overline{\overline{n}}}\right)$을 T에 대입하여 $\overline{n}$에 대하여 미분하여 이를 '0'으로 놓고 풀면 다음과 같이 구해진다.

① $\overline{n}=\sqrt{\dfrac{k_1}{k_2}}\cdot\dfrac{\sigma_w}{\sigma_b}$

② $m=\dfrac{\sigma_b^2+\sigma_b\sigma_w\sqrt{k_2/k_1}}{V(\overline{X})}$

3) 샘플링 비용이 2차 단위의 수에 의해서만 결정되는 경우

1차 단위 샘플링에서는 거의 비용이 안 들고 대부분의 비용이 2차 단위에서 얻는 샘플에만 관계가 있는 경우, 그 비용 함수는 $T=k_O+k_2m\overline{n}$가 된다.

① T를 일정하게 하고 $V(\overline{X})$를 최소로 하는 경우

$m\overline{n}=\dfrac{T-k_O}{k_2}$이므로 $\overline{n}$을 최소로 하여주는 m을 정하여 주면된다. 이 때 m이 커져서 m=M이 되면 층별샘플링이 된다.

② $V(\overline{X})$를 일정하게 하고 T를 최소로 하는 경우

$V(\overline{X})=\dfrac{\sigma_b^2}{m}+\dfrac{\sigma_w^2}{m\overline{\overline{n}}}$에서 $m\overline{n}=\dfrac{\overline{n}\sigma_b^2+\sigma_w^2}{V(\overline{X})}$를 구해 T에 대입하면 다음과 같다.

$$T = k_O + k_2\left[\frac{\sigma_b^2}{V(\bar{X})}\cdot\bar{n} + \frac{\sigma_w^2}{V(\bar{X})}\right]$$

T를 최소로 하기 위해서는 $\bar{n}=1$로 하면 되며 m이 최대가 된다.

예제 3-2 10 개씩 포장된 부품이 500 상자 있다. 상자를 1차로 샘플링하고, 2차로 상자 안에서 부품을 샘플링한다. 샘플된 상자를 꺼내어 운반하는데 운반비용은 200이라 하자. $k_0=300$, $k_1=200$, $k_2=10$, $\sigma_b=\sigma_w=2$라면, 총비용은 1 000으로 주어질 때 m, $\bar{n}$을 구하라.

풀이

$$\bar{n}=\sqrt{\frac{k_1}{k_2}}\cdot\frac{\sigma_w}{\sigma_b}=\sqrt{\frac{200}{10}}\cdot\frac{2}{2}=\sqrt{20}\fallingdotseq 4$$

$$m=\frac{T-k_O}{k_1+k_2\bar{n}}=\frac{1\,000-300}{200+10\times 4}\fallingdotseq 3$$

3.2.4 층별 샘플링(Stratified Sampling)

모집단을 몇 개의 층으로 나누어 각 층에서 샘플을 랜덤하게 추출하는 샘플링 방법으로, 층간의 차는 가능한 한 크게 하고 층내는 균일하게 층별함을 원칙으로 한다. 층의 크기가 같은 경우 층별 샘플링을 2단계 샘플링과 비교하면 2차 샘플 $m=M$인 형태로, 2단계 샘플링에서 2차 샘플이 없이 M 개의 각 층에서 샘블을 $n_i(n_i=n)$개 씩 취해 $\sum n_i = m\bar{n}$개를 최종 샘플로 구한 상태가 된다. 따라서 샘플링오차분산($\sigma_{\bar{X}}^2$)이 층내분산(σ_w^2)에 의해 결정되는 샘플링 검사이다. 이 샘플링 방법은 층별이 이루어져 층간

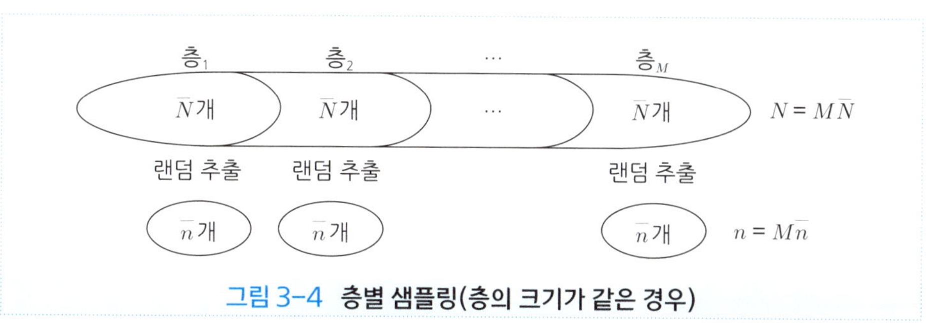

그림 3-4 **층별 샘플링(층의 크기가 같은 경우)**

분산이 커질수록 층내분산은 랜덤샘플링의 분산(σ_x^2)보다 작은 값을 취하게 되므로, 어떠한 경우라도 랜덤샘플링보다는 샘플링의 정밀도가 좋아진다.

[그림 3-4]와 같이 각 층에서 $\bar{n}$ 개씩의 샘플을 단순 랜덤샘플링하여 얻어지는 샘플을 모두 합하여 대량 샘플로 사용하는 방법을 층별 샘플링이라 한다.

층별 샘플링의 정밀도는 다음과 같다.

① 무한모집단인 경우($\bar{N} \geq 10\bar{n}$)

$$V(\bar{X}) = \frac{\sigma_w^2}{m\bar{n}}$$

② 유한모집단인 경우

$$V(\bar{X}) = \frac{\bar{N}-\bar{n}}{\bar{N}-1} \cdot \frac{\sigma_w^2}{m\bar{n}}$$

예제 3-3 부선(barge)으로 석탄이 입하되었다. 부선은 5 척이고 각각 500, 700, 1500, 1800, 1000 톤씩 싣고 있다. 각 부선으로부터 석탄을 하역할 때 100 톤 간격으로 1 인크리먼트를 떠서 이것을 대량샘플로 혼합한 경우 샘플링의 정밀도는 얼마가 되는가? (단, 석탄 로트에 대한 100 톤 간격으로 채취한 인크리먼트의 산포 $\sigma_w = 0.8\%$, 인크리먼트 간의 산포 $\sigma_b = 0.2\%$로 알려져 있다.)

풀이 서브 로트별로 로트크기에 비례하여 샘플을 채취하였으므로 층별 샘플링이다. 층별 샘플링은 샘플링오차 분산이 군내변동에 의해 결정된다.

$$\sigma_{\bar{X}}^2 = \frac{\sigma_w^2}{m\bar{n}} = \frac{0.8^2}{(5+7+15+18+10)} = 0.011\ 64\ \%$$

(1) 단순 랜덤샘플링과의 정밀도 비교

단순 랜덤샘플링의 정밀도를 $V_R(\bar{X})$이라고 하고, 층별 샘플링의 정밀도를 $V_S(\bar{X})$라고 할 때, 이들 양자의 정밀도를 비교하면 다음과 같다.

$$\alpha = \frac{V_S(\bar{X})}{V_R(\bar{X})} = \frac{\dfrac{\sigma_w^2}{m\bar{n}}}{\dfrac{\sigma^2}{n}}$$

여기서 양자의 샘플크기가 같은 경우는 $n = m\bar{n}$ 가 되므로, 이를 정리하면

$$\alpha = \frac{{\sigma_w}^2}{\sigma^2} \leq 1$$

따라서 $\sigma^2 = {\sigma_w}^2 + {\sigma_b}^2$ 로 $\alpha \leq 1$이므로 층별 샘플링의 정밀도가 랜덤샘플링보다 좋다.

(2) 층별 샘플링의 특징

① 랜덤샘플링과 샘플크기가 같아도 상대적으로 높은 정밀도를 얻을 수 있다.

② 층내는 균일하게, 층간 ${\sigma_b}^2$을 크게 하여 층별할수록 정밀도가 좋아진다.

③ 정밀도가 좋고 샘플링 조작이 용이한 샘플링 방법이다.

④ 샘플링오차 분산(${\sigma_{\bar{X}}}^2$)이 층내산포(${\sigma_w}^2$)에 의해 결정된다.

(3) 층별 샘플링의 종류

① 층별 비례샘플링

각 층의 크기가 일정하지 않을 때 층의 크기에 비례하여 샘플을 취하는 방법이다. 각 층의 크기 N_i에 비례하여 샘플크기 n_i를 결정하는 경우로 층별 비례샘플링이라고 하며, 샘플크기의 할당을 비례 할당(proportional allocation)라고 하는데 각 층에 대한 샘플크기 비율은 다음과 같이 정해진다.

$$n_i = n\left(\frac{N_i}{\sum_{i=1} N_i}\right) \quad (\text{단, } i = 1, \cdots, m \text{이다})$$

② 네이만(Neyman) 샘플링

각 층의 크기와 표준편차에 비례하여 샘플링하는 방법이다. 비례 할당은 각 층의 편차를 고려하지 않았기 때문에 층의 편차가 큰 경우에는 동일한 샘플크기를 할당하여도 상대적으로 층의 정보를 제대로 반영했다고 할 수 없다. 이런 경우 각 층의 샘플크기를 정할 때 층의 크기와 편차를 고려하여, 층의 크기와 층의 편차가 클수록 샘플크기가 커지도록 고안한 방식으로 층별 비례 샘플링의 단점을 보완하고 있다.

$$n_i = n \cdot \frac{N_i \sigma_i}{\sum_{i=1}^{m} N_i \sigma_i} \quad (\text{단, } i = 1, \cdots, m \text{이다})$$

③ 데밍(Deming) 샘플링

각 층으로부터 샘플링하는 비용까지도 고려하여 샘플링하는 방법이다. 각 층의 샘플크기를 정할 때 층의 크기와 편차뿐만 아니라 각 층으로부터 1개의 샘플을 취할 때의 비용 c_i를 고려하여, 각 층의 샘플크기를 층의 크기와 편차에 비례하고, 각 층으로부터의 단위당 비용에 반비례하도록 고려하여 샘플의 크기를 결정하도록 고안한 방식이다. 이때의 샘플크기 할당을 최적 할당(optimal allocation)이라고 한다.

$$n_i = n \cdot \frac{N_i\sigma_i/\sqrt{c_i}}{\sum_{i=1}^{m} N_i\sigma_i/\sqrt{c_i}} \quad (\text{단, } i = 1, \cdots, m \text{ 이다})$$

예제 3-4 인구가 각각 $N_1 = 40$만, $N_2 = 20$만, $N_3 = 30$만인 세 도시에 $n = 400$명의 샘플을 층별 샘플링하여 이 세 도시에 살고 있는 주민들의 평균값을 알고자 한다. 다음 물음에 답하라.

1) $n = 400$일 경우의 층별 비례 샘플링을 이용한 각 도시의 샘플의 크기는?
2) $n = 400$에서 표준편차가 $\sigma_1{}^2 = 20^2$, $\sigma_2{}^2 = 12^2$, $\sigma_3{}^2 = 14^2$인 경우에 네이만 샘플링을 이용한 각 도시의 샘플의 크기는?
3) $n = 400$에서 표준편차가 $\sigma_1{}^2 = 20^2$, $\sigma_2{}^2 = 12^2$, $\sigma_3{}^2 = 14^2$이고, $c_1 = 100$, $c_1 = 200$, $c_1 = 300$인 경우에 데밍 샘플링을 이용한 각 도시의 샘플의 크기는?

풀이 1) 층별 비례 샘플링은 서브로트의 크기 N_i를 고려한다.

N_1의 경우 :

$$n_1 = n \times \frac{N_1}{\Sigma N_i} = 400 \times \frac{40\text{만}}{40\text{만} + 20\text{만} + 30\text{만}}$$

$$= 400 \times \frac{40\text{만}}{90\text{만}} = 177.78 \rightarrow 178(\text{명})$$

N_2의 경우 :

$$n_2 = n \times \frac{N_2}{\Sigma N_i} = 400 \times \frac{20\text{만}}{90\text{만}} = 88.89 \rightarrow 89(\text{명})$$

N_3의 경우 :

$$n_3 = n \times \frac{N_3}{\Sigma N_i} = 400 \times \frac{30\text{만}}{90\text{만}} = 133.33 \rightarrow 133(\text{명})$$

2) 네이만 샘플링은 서브로트의 크기와 표준편차 $N_i \sigma_i$의 크기를 고려한다.

N_1의 경우 :

$$n_1 = n \times \frac{N_1 \sigma_1}{\Sigma N_i \sigma_i} = 400 \times \frac{40\text{만} \times 20}{40\text{만} \times 20 + 20\text{만} \times 12 + 30\text{만} \times 14}$$

$$= 400 \times \frac{800}{1\ 460} = 219.18 \rightarrow 219(\text{명})$$

N_2의 경우 :

$$n_2 = n \times \frac{N_2 \sigma_2}{\Sigma N_i \sigma_i} = 400 \times \frac{20\text{만} \times 12}{1\ 460\text{만}} = 65.75 \rightarrow 66(\text{명})$$

N_3의 경우 :

$$n_3 = n \times \frac{N_3 \sigma_3}{\Sigma N_i \sigma_i} = 400 \times \frac{30\text{만} \times 14}{1\ 460\text{만}} = 115.07 \rightarrow 115(\text{명})$$

3) 데밍 샘플링은 서브로트의 크기와 표준편차 $N_i \sigma_i$의 크기 및 단위당 비용 c_i를 고려한다.

N_1의 경우 :

$$n_1 = n \times \frac{N_1 \sigma_1 / \sqrt{c_1}}{\Sigma N_i \sigma_i / \sqrt{c_i}}$$

$$= 400 \times \frac{40\text{만} \times 20 / \sqrt{100}}{40\text{만} \times 20 / \sqrt{100} + 20\text{만} \times 12 / \sqrt{200} + 30\text{만} \times 14 / \sqrt{100}}$$

$$= 400 \times \frac{800\ 000}{1\ 212\ 193} = 263.8 \rightarrow 264(\text{명})$$

N_2의 경우 :

$$n_2 = n \times \frac{N_2 \sigma_2 / \sqrt{c_2}}{\Sigma N_i \sigma_i / \sqrt{c_i}} = 400 \times \frac{169\ 705.6}{1\ 212\ 193} = 55.99 \rightarrow 56(\text{명})$$

N_3의 경우 :

$$n_3 = n \times \frac{N_3 \sigma_3 / \sqrt{c_3}}{\Sigma N_i \sigma_i / \sqrt{c_i}} = 400 \times \frac{242\ 487.1}{1\ 212\ 193} = 80.1 \rightarrow 80(\text{명})$$

3.2.5 집락 샘플링(Cluster Sampling)

모집단을 몇 개의 층으로 나누어 그 층 중에서 샘플(n)수에 알맞게 몇 개의 층을 랜덤샘플링하여, 그것을 취한 층 안의 모든 것을 측정 조사하는 방법이다. 집락 샘플링은 2단계 샘플링에서 $n_i = N_i$ 인 경우로, 층별 샘플링 방법과는 반대의 샘플링 방법으로 생각할 수 있다. 그런데 공산품 생산에서는 N_i가 같은 경우가 많으므로, $N_i = \overline{N}$인 경우만 생각해 보도록 한다. [그림 3-5]와 같이 M 개의 군으로 나눈 모집단에서 m 개의 군을 단순 랜덤 추출하여 추출된 군은 모두 샘플로 하는 방법을 집락 또는 취락 샘플링이라 한다. 이러한 샘플링 방법이 효율적이려면 층끼리 유사하여 적은 수의 층을 택해서도 전체를 잘 대표해야 하고, 동시에 층 내에서는 다양한 원소가 있어야 할 것이다. 이러한 이유에서 각 층이 마을과 같은 구조 즉, 취락 구조일 때 적합하다고 하여 집락 샘플링이라 하고 각 군을 집락이라 부른다.

즉, 집락 샘플링은 집락간 분산은 적고 집락 내 분산이 클 때, 유용한 방법이다.

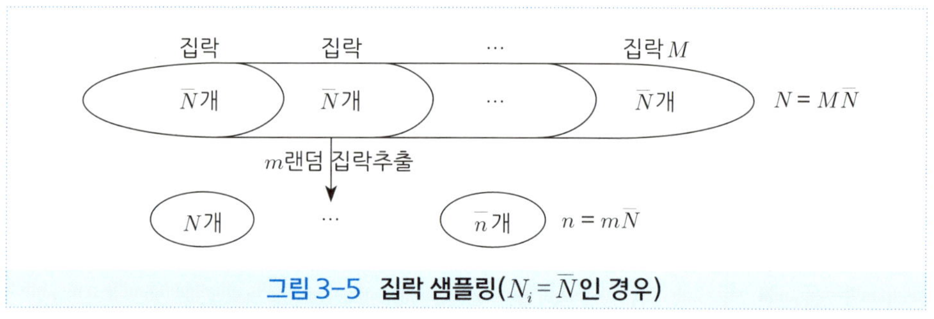

그림 3-5 **집락 샘플링($N_i = \overline{N}$인 경우)**

집락 샘플링의 정밀도는 다음과 같다. 집락샘플링은 2단계샘플링에서 $\overline{n} = \overline{N}$인 상태이므로 유한수정계수 $\frac{\overline{N}-\overline{n}}{\overline{N}-1} = 1 - \frac{\overline{n}}{\overline{N}} = 0$이 된다. 따라서 2단계 샘플링의 정밀도 $V(\overline{X}) = \frac{M-m}{M-1} \cdot \frac{\sigma_b^2}{m} + \frac{\overline{N}-\overline{n}}{\overline{N}-1} \cdot \frac{\sigma_w^2}{m\overline{n}}$에서 유한 수정계수 $\frac{\overline{N}-\overline{n}}{\overline{N}-1} = 0$이 되는 경우로 집락 샘플링의 정밀도에는 층내산포가 영향을 미치지 않는다.

① 유한모집단인 경우

$$V(\overline{X}) = \frac{\overline{N}-\overline{n}}{\overline{N}-1} \cdot \frac{\sigma_b^2}{m}$$

② 무한모집단인 경우

$$V(\overline{X}) = \frac{{\sigma_b}^2}{m}$$

(1) 단순 랜덤샘플링과의 정밀도 비교

단순 랜덤샘플링의 정밀도를 $V_R(\overline{X})$이라고 하고, 층별 샘플링의 정밀도를 $V_C(\overline{X})$라고 할 때, 이들 양자의 정밀도 비교는 다음과 같다.

$$\alpha = \frac{V_C(\overline{X})}{V_R(\overline{X})} = \frac{{\sigma_b}^2/m}{\sigma^2/n} = \frac{{\sigma_b}^2/m}{\sigma^2/m\overline{n}} = \frac{\overline{n}{\sigma_b}^2}{\sigma^2} = \frac{\overline{n}{\sigma_b}^2}{{\sigma_w}^2 + {\sigma_b}^2}$$

(단, $\sigma^2 = {\sigma_w}^2 + {\sigma_b}^2$이고, $\overline{n} = \overline{N}$이다)

만약 ${\sigma_b}^2 > \frac{\sigma^2}{\overline{N}}$ 이면 $\alpha > 1$

${\sigma_b}^2 = \frac{\sigma^2}{\overline{N}}$ 이면 $\alpha = 1$

${\sigma_b}^2 < \frac{\sigma^2}{\overline{N}}$ 이면 $\alpha < 1$ 이므로

집락을 잘 만들어서 층간산포가 상당히 작아질 수 있다면 $\alpha < 1$로 집락 샘플링의 정밀도가 좋아지나, 집락을 만드는 것이 서툴러서 층간산포가 커지게 되어 오히려 랜덤샘플링보다 정밀도가 나빠지게 된다. 그러나 샘플링의 수고나 비용을 고려한다면 집락샘플링 쪽이 유리한 경우가 있다.

(2) 집락 샘플링의 특징

① 층간이 균일하게 취락군을 형성한다.

② 층간분산 ${\sigma_b}^2$이 적어질수록 샘플링 정밀도가 좋아진다.

③ 샘플링오차 분산(${\sigma_{\overline{X}}}^2$)이 층간산포(${\sigma_b}^2$)에 의해 결정된다.

3.3 샘플링오차, 측정오차 및 축분오차

3.3.1 오차의 개념

오차(error)란 데이터들이 갖는 우연적 차이로서, 일반적으로 모집단이 갖는 참값과 그것을 추측하기 위하여 얻어지는 측정치와의 차이라고 할 수 있다. 통계적품질관리에서 관심이 있는 오차는 샘플링오차(sampling error), 축분오차(reduction error) 및 측정오차(measurement error)인데, 샘플링오차란 샘플을 랜덤하게 채취하지 못하는 데서 발생하는 오차이며, 축분오차는 주로 집합체의 샘플 조제 과정에서 발생하는 오차이고, 측정오차란 측정자의 기술부족이나 측정기기의 부정확성에 의해 발생하는 오차라고 할 수 있다.

오차란 상황에 따라 정의되는 확률변수로 오차의 분포는 일반적으로 정규분포를 따르고 있다. 오차가 정규분포를 따르지 않고 치우침이 큰 분포나 좌우비대칭의 분포나 쌍봉형 분포 등이 발생하면 데이터의 신뢰성이 부족한 경우로 오차도 상대적으로 커지게 된다. 이러한 오차는 구체적으로 신뢰성, 정밀성, 정확성으로 나누어 생각할 수 있으며, 오차가 크다는 것은 정확도나 정밀도가 나빠진다는 것이고, 오차가 작다는 것은 정확도나 정밀도가 좋다는 것을 뜻한다.

따라서 오차를 검토하는 경우 신뢰성의 확보가 우선이며, 신뢰성이 없는 상태에서 정밀성이나 정확성을 논한다는 것은 아무런 의미가 없게 된다. 신뢰성이 확보된 상태에서 두 번째로 확보되어야 하는 것이 정밀도인데, 정밀도는 정확성에 우선한다. 정밀도가 나쁘다는 것은 분포의 폭이 커진다는 것을 의미하므로, 정밀도가 나쁜 경우에는 정확성을 의미하는 치우침/편의도 상대적으로 커져서 정확성이 나빠지기 때문이다.

3.3.2 샘플 조제의 오차

샘플을 시료/시험샘플로 변환하기 위해 필요한 일련의 물질에 대한 작업을 샘플 조제(sample preparation)라고 한다. 샘플조제에는 샘플건조(sample drying), 샘플축분(sample reduction), 샘플분할(sample division) 등 여러 가지가 있을 수 있으나 샘플링과 관련된 오차가 상대적으로 큰 샘플축분에 대해서만 보다 자세히 살펴보기로 한다.

로트 또는 제조 공정으로부터 뽑은 샘플에 대해서 시험 및 분석에 사용하는 시험

샘플(이하 시험샘플을 시료라고 표기)은 1 g 이하로 적은 경우가 많으므로 입자를 파쇄, 제분하여 적은 양으로 축소시키는데 이것을 축분(reduction)이라고 한다. 점도가 높은 액체, 분체, 결정체, 연료 관계의 광석류 등과 같은 분괴 혼합물, 슬러리 또는 솜 모양의 섬유 등에서는 이 축분을 잘하지 못하면 오차가 상당히 커진다. 또 금속판과 같은 것의 성분 분석을 할 때에는 시료를 채취하기 위해 보링을 한다든지 해서 쇳밥을 모으는데, 이러한 경우는 물론, 종이나 천과 같은 두루마리 또는 전선, 실과 같은 선상체를 분석할 때에도 이 축분의 문제가 생긴다.

시료의 조제 시 축분오차는 통계적으로 검토되지 않으면 안 된다. 축분이 잘 못되어 데이터의 오차를 크게하여 문제가 된 예가 흔하다.

(보기) 황화광의 유황성분이 매우 산포가 커서 통계적으로 샘플링, 축분, 측정의 정밀도를 조사하였더니 e_s(샘플링) = 0.40 %, e_r(축분) = 1.81 %, e_m(분석) = 0.11 % 이었다.

2회 분석한 평균치의 산포는 $\sigma = \sqrt{e_s^2 + e_r^2 + e_m^2} = 1.86$ %로 되어서 대부분이 축분오차이었음이 밝혀졌다. 자세히 조사하여 보니 화차 위에서 샘플을 떠서는 철판 위에서 간단히 2 등분하고 있었기 때문에 정밀도가 나빠지고 있었다.

(보기) 흡습성이 매우 심한 결정을 A, B 두 회사에서 분석하였더니, 항상 B사 쪽이 성분이 낮게 나와 말썽이 되었다. 조사 결과 B사는 축분의 경우 충분히 혼합하여 4분법으로 열심히 축분하고 있었기에 그 사이에 습기를 빨아들여 수분이 증가하여 성분에 치우침이 생겼음을 알아내었다.

이상의 예에서와 같이 축분 조작이나 마지막 분석에 제공하기 위한 1 g의 시료를 채취하는 방법에 문제가 있어서 대단히 큰 오차를 나나내는 경우가 많다. 축분오차는 대상물에 따라서 다른 경우가 있으므로 이를 고려한 축분의 주의사항을 제시하면 다음과 같다.

1) 분괴 혼합물, 특히 광석류 등에서는 반드시 축분 전에 대량 샘플 전량을 아주 작은 입도로 분쇄한 후에 축분하는 것이 좋다.
2) 축분의 정밀도는 축분을 합리적으로 하면 대량 시료의 양에 거의 영향을 받지 않고 축분 후의 시료의 양과 그때의 최대 입도에 따라서 대체로 결정된다.

3) 인크리멘트 축분 등 적절한 기계적 축분기를 사용하는 것이 좋다. 인크리멘트 축분이란 예를 들면 시료를 철판위에 충분히 혼합하여 얇게 펴서 이것을 20등분 이상의 구획으로 나누어 각 구획을 인크리멘트용 삽으로 랜덤하게 1인크리멘트씩 샘플링하여 축분하는 것이다.

4) 수분, 휘발성 물질 등은 측정할 시료의 축분은 될 수 있는 한 별도로 하는 것이 좋다. 이러한 시료는 너무 정밀하게 축분하다 보면 비산, 휘발 등으로 치우침이 생기기 쉽기 때문이다.

5) 금속 샘플과 같이 가루와 쇳밥이 섞여 있을 때에는 양자를 따로 따로 층별하여 축분하고, 따로 따로 중량비로 공시 시료를 채취하는 것이 좋다.

3.3.3 오차의 관계

(1) 단위체의 경우(축분, 혼합이 행해지지 않는 경우)

프로세스에서 생산된 제품이 하나의 단위체로 이루어져 있는 생산 단위를 로트라고 하는데, 개개의 데이터 x는 공정의의 평균(모평균)을 기준으로 할 때 오차를 갖고 있다. 이 때 공정은 안정되어 있다고 가정한다.

만약 단위체 $n=1$개를 취하여 1회 측정할 때의 데이터 구조식은 오차가 샘플링오차와 측정오차로 나눠지므로

$$\begin{aligned} x &= \mu + e \\ &= \mu + e_s + e_m \end{aligned}$$

로 된다. 여기서 $E(e_s)=0$, $E(e_m)=0$, $V(e_s)={\sigma_s}^2$, $V(e_m)={\sigma_m}^2$이며, 양변에 기대치와 분산을 취하면 다음과 같이 정의된다.

$$E(x)=\mu$$
$$V(x)={\sigma_s}^2+{\sigma_m}^2 \quad (\text{단, } {\sigma_s}^2 : \text{샘플링오차}, {\sigma_m}^2 : \text{측정오차})$$

또한 n개를 취하여 1번씩 측정하는 경우의 평균 $\overline{X}$의 데이터 구조식은 오차도 평균값으로 정의되므로, 샘플링오차와 측정오차도 평균값으로 정의되게 된다. 따라서

$$\begin{aligned} \overline{x} &= \mu + \overline{e} \\ &= \mu + \overline{e}_s + \overline{e}_m \end{aligned}$$

가 되므로, 양변에 분산을 취하면 다음과 같다.

$$\begin{aligned}V(\bar{X}) &= V(\mu + \bar{e}_s + \bar{e}_m) \\ &= V(\bar{e}_s) + V(\bar{e}_m) \\ &= V\left(\frac{e_{s_1} + e_{s_2} + \cdots + e_{s_n}}{n}\right) + V\left(\frac{e_{m_1} + e_{m_2} + \cdots + e_{m_n}}{n}\right) \\ &= \frac{1}{n^2}\left[\sigma_s^2 + \sigma_s^2 + \cdots + \sigma_s^2\right] + \frac{1}{n^2}\left[\sigma_m^2 + \sigma_m^2 + \cdots + \sigma_m^2\right] \\ &= \frac{\sigma_s^2}{n} + \frac{\sigma_m^2}{n}\end{aligned}$$

이를 각 경우에 따라 살펴보면 다음과 같다.

① 크기 n의 샘플을 취해 각 1회씩 측정하여 평균하는 경우

$$V(\bar{X}) = \frac{1}{n}(\sigma_s^2 + \sigma_m^2)$$

② 크기 n의 샘플을 취해 각 샘플을 k회 측정하여 평균하는 경우

$$V(\bar{X}) = \frac{1}{n}\left(\sigma_s^2 + \frac{\sigma_m^2}{k}\right)$$

(2) 집합체인 경우(축분, 혼합이 행하여지는 경우)

생산 단위가 단위체가 아니고 분말이나 액체와 같은 생산 단위의 로트를 배취(batch)라고 하는데, 이때의 채취한 샘플을 단위 분량(인크리먼트)이라고 한다. 단위 분량을 1개를 취하여 이것을 축분하여 1회 측정했을 때의 데이터 구조식은

$$\begin{aligned}x &= \mu + e \\ &= \mu + e_s + e_m + e_r\end{aligned}$$

로 된다. 여기서

$$E(e_s) = 0,\ \ E(e_m) = 0,\ \ E(e_r) = 0,\ \ V(e_s) = \sigma_s^2,\ \ V(e_m) = \sigma_m^2,\ \ V(e_r) = \sigma_r^2$$

이며, 양변에 기대치와 분산을 취하면 다음과 같이 정의된다.

$$E(x) = \mu$$

$$V(x) = \sigma_s^2 + \sigma_r^2 + \sigma_m^2 \quad \text{(단, } \sigma_s^2 \text{ : 샘플링오차, } \sigma_m^2 \text{ : 측정오차, } \sigma_r^2 \text{ : 축분오차이다)}$$

또한 크기 n의 샘플을 취해 각 1 회씩 축분하여, 1 번씩 측정하는 경우의 샘플평균의 데이터 구조식은 다음과 같다.

$$\begin{aligned}\bar{x} &= \mu + \bar{e} \\ &= \mu + \bar{e}_s + \bar{e}_m + \bar{e}_r\end{aligned}$$

따라서 앞에서와 마찬가지로 양변에 분산을 취하면, 다음과 같이 정의된다.

$$\begin{aligned}V(\bar{X}) &= V(\mu + \bar{e}_s + \bar{e}_m + \bar{e}_r) \\ &= V(\bar{e}_s) + V(\bar{e}_m) + V(\bar{e}_r) \\ &= \frac{{\sigma_s}^2}{n} + \frac{{\sigma_m}^2}{n} + \frac{{\sigma_r}^2}{n}\end{aligned}$$

이를 각 경우에 따라 적용하면 다음과 같다.

① 크기 n의 샘플을 취해 각 1회씩 축분, 분석하여 평균하는 경우

$$V(\bar{X}) = \frac{1}{n}({\sigma_s}^2 + {\sigma_r}^2 + {\sigma_m}^2)$$

② 크기 n의 샘플을 취하여 각 1회씩 축분하고 각각 k회 분석하여 평균하는 경우

$$V(\bar{X}) = \frac{1}{n}\left({\sigma_s}^2 + {\sigma_r}^2 + \frac{{\sigma_m}^2}{k}\right)$$

③ 크기 n의 샘플을 취하여 각 샘플로부터 l 개의 분석용 샘플을 조제하여 각 샘플을 1회씩 분석하는 경우

$$V(\bar{X}) = \frac{1}{n}\left[{\sigma_s}^2 + \frac{1}{l}({\sigma_r}^2 + {\sigma_m}^2)\right]$$

④ ③에서 각 분석용 샘플을 k회씩 분석하여 평균하는 경우

$$V(\bar{X}) = \frac{1}{n}\left[{\sigma_s}^2 + \frac{1}{l}\left({\sigma_r}^2 + \frac{{\sigma_m}^2}{k}\right)\right]$$

⑤ 크기 n의 샘플을 취하여 전부를 혼합하여 혼합샘플을 만들고, 그것을 축분한 후 k회 분석하는 경우

$$V(\bar{X}) = \frac{1}{n}{\sigma_s}^2 + {\sigma_r}^2 + \frac{{\sigma_m}^2}{k}$$

예제 3-5 어떤 로트에서 랜덤하게 5 개의 제품을 샘플링하여 각 4 회씩 측정하였을 때 이 데이터의 정밀도 $\sigma_{\overline{X}}^2$를 구하라. (단, $\sigma_s^2 = 0.15$, $\sigma_m^2 = 0.2$이다.)

풀이 데이터의 정밀도는 샘플링오차(σ_s^2), 축분오차(σ_r^2), 측정오차(σ_m^2)의 합으로 나타나며 샘플크기가 $10n < N$이면 샘플링오차에 유한수정계수가 나타날 수 있으나, 여기서는 $10n > N$이고 축분오차(σ_r^2)가 없는 경우이다.

$$\sigma_{\overline{X}}^2 = \frac{1}{n}\sigma_s^2 + \frac{1}{nk}\sigma_m^2$$

$$= \frac{1}{5} \times 0.15 + \frac{1}{5 \times 4} \times 0.2 = 0.04$$

예제 3-6 같은 부품이 50 개씩 들어 있는 100 개의 상자가 있다. 이 로트에서 각 부품들의 평균 무게 μ에 대해 $\sigma_b = 0.8$ kg, $\sigma_w = 0.5$ kg이라고 하자. 이때 5 상자를 랜덤하게 뽑고, 그 가운데서 4 개의 부품을 랜덤하게 샘플링하여 모두 20 개의 부품을 각각 1 번씩 측정할 때 $\sigma_m = 0.4$ kg이라면 $\overline{X}$의 분산은?

풀이 샘플링은 2단계 샘플링으로 실시되었으며, 샘플크기가 각각 $\overline{N} \geq 10\overline{n}$, $M \geq 10m$에 해당되므로 유한수정계수는 근사적으로 1로 본다.

$$V(\overline{X}) = \frac{\sigma_b^2}{m} + \frac{\sigma_w^2}{m\overline{n}} + \frac{\sigma_m^2}{m\overline{n}}$$

$$= \frac{0.8^2}{5} + \frac{0.5^2}{5 \times 4} + \frac{0.4^2}{5 \times 4} = 0.148\ 5 \text{ kg}$$

예제 3-7 10 kg들이의 화학약품 100 상자가 있다. 5 상자를 랜덤하게 뽑고, 그 가운데서 10 인크리먼트(10 g)씩을 랜덤하게 샘플링하고, 이것을 혼합샘플로 하여 축분해서 3 회 분석하면 로트의 모평균의 추정의 정밀도 $V(\overline{X})$는?

(단, 상자간의 산포 $\sigma_b = 0.5$ %, 상자 내의 인크리먼트간의 산포 $\sigma_w = 0.3$ %, 축분정밀도 $\sigma_r = 0.2$ %, 측정정밀도 $\sigma_m = 0.1$ %이다.)

풀이 샘플링은 2단계 샘플링으로 실시되었으며, 샘플크기가 각각 $\overline{N} \geq 10\overline{n}$,

$M \geq 10m$에 해당되므로 유한수정계수는 근사적으로 1 로 본다.

$$V(\overline{X}) = \frac{{\sigma_b}^2}{m} + \frac{{\sigma_w}^2}{mn} + {\sigma_r}^2 + \frac{{\sigma_m}^2}{k}$$
$$= \frac{0.5^2}{5} + \frac{0.3^2}{5 \times 10} + 0.2^2 + \frac{0.1^2}{3} = 0.095\ 1\ \%$$

참고문헌

1 박성현, 박영현 "통계적 품질관리", 민영사 1995.

2 박성현, "현대실험계획법", 민영사, 1982.

3 박홍래, "통계조사론", 영지문화사, 1990.

4 배도선, "최신 통계적 품질관리", 영지문화사, 1992.

5 이시까와 외 2명, 한국표준협회 역, "통계적 방법", KSA, 2000.

6 KS Q 1003 : 2014, 랜덤샘플링 방법.

7 KS Q ISO 3534-2 : 2014, 통계-용어 및 기호-제2부 : 응용통계.

연습문제 STATISTICAL QUALITY CONTROL

1. 1번부터 100번까지 번호가 매겨진 100 개의 제품 중에서 크기 10인 샘플을 난수표를 이용하여 단순 랜덤샘플링하라.

2. 2 다스들이 병 상자로부터 3병을 난수표를 이용하여 샘플링하는 방법을 제시하라.

3. 8회의 실험의 순서를 랜덤하게 하는 방법을 제시하라.

4. 스틸파이프가 100 개씩 들어있는 1 000 개의 상자가 있다. 이 로트에서 각 스틸파이프의 평균 무게 μ에 대한 $\sigma_w = 2.5$ kg이라고 하자. 2단계 샘플링 방법으로 먼저 10 상자를 랜덤하게 선택하고, 그 10 개의 상자 각각에서 5 개의 스틸파이프를 샘플링하였다. 층간분산을 1.5 kg이라 할 때 샘플평균 $\overline{X}$의 분산은? (단, 측정오차는 고려하지 않는다.)

5. 10 kg 들이의 화학 약품 100 상자가 있다. 그 상자 간의 산포 $\sigma_b = 0.3\%$, 상자 내의 인크리먼트(10 g) 간의 산포 $\sigma_w = 0.5\%$일 때, 5상자를 랜덤하게 뽑고 그 가운데서 5 인크리먼트씩을 랜덤하게 샘플링하고, 이것을 혼합 시료로 하여 축분해서 2회 분석하면, 그 로트의 모평균 추정의 정밀도 $V(\overline{X})$가 얼마나 되는가? 단, 축분정밀도 $\sigma_R = 0.2\%$, 측정(분석)정밀도 $\sigma_M = 0.15\%$ 라고 한다.

6. 같은 부품이 50 개씩 들어 있는 80 개의 상자가 있다. 이 로트에서 각 부품들의 평균무게를 알고 싶다. 상가간의 무게의 산포를 $\sigma_b = 2.0$ kg, 상가 내의 부품간의 산포를 $\sigma_w = 0.8$ kg, 각 부품의 무게를 측정할 때 생기는 측정오차를 $\sigma_M = 0.3$ kg이라 가정한다. 이때 4 상자를 랜덤하게 추출하여, 그 가운데에서 2 개의 부품을 랜덤하게 샘플링하여 모두 8 개의 부품을 측정하였다. 8 개의 샘플의 평균무게의 분산을 구하라.

7. S기업에서는 3 개 공장에서 저항체를 생산하고 있다. 3 개의 공장에서 만들고 있는 저항체의 저항치가 어느 정도 되는지를 추정하고자 층별 비례샘플링을 이용하여 다음 표와 같은 정보를 얻었다. 다음 물음에 답하라.

	제1공장	제2공장	제3공장
층의 크기 샘플크기 샘플평균 샘플표준편차	10 000 100 102.5 kΩ 4.5 kΩ	20 000 200 101.8 kΩ 5.0 kΩ	15 000 150 102.2 kΩ 4.4 kΩ

(1) 저항체의 평균저항치의 추정값을 구하라.

(2) 위 추정치의 분산을 구하라.

8. 부선으로 광석이 입하되었다. 부선은 5척이고 각각 약 500, 700, 1 500, 1 800, 600 t씩 싣고 있다. 각 부선으로부터 하역할 때 100 t 간격으로 인크리먼트를 떠서 이것을 대량 시료로 혼합할 경우, 샘플링 정밀도는 얼마나 될까? 단 이 광석은 이제까지의 실험으로부터 100 t 내의 인크리먼트 간의 산포 $\sigma_w = 0.8\%$인 것을 알고 있다.

9. 어느 지역에서 고용노동자수를 추정하기 위하여 집락샘플링을 하였다. 집락은 서로 인접한 세 개의 공장을 얻었다. 단순랜덤샘플링에 대한 집락샘플링의 상대효율을 구하라.

	샘플크기	제곱합
집락간 집락내	800 1 600	6 811 3 012
계	2 400	9 823

10. 어느 집합체에서 크기 n의 시료를 취하여 각 1 회씩 축분, 각각 k 회 분석하여 평균하는 경우, $\overline{X}$의 분산의 식을 유도하라.

STATISTICAL QUALITY CONTROL

4

샘플링 검사법

Sampling Inspection Method

4.1 검사의 개요

4.1.1 검사의 정의

검사(inspection)란 개개의 물품을 측정하고 설정된 기준과 비교하여 물품이나 로트에 대하여 적합성 여부를 판단하는 것으로, 일반적으로 샘플을 통하여 로트 전체의 품질을 확률적으로 보증하는 샘플링검사와 개개의 물품을 모두 조사하여 품질을 완전히 보증하는 전수검사로 나눌 수 있다. 검사와 거의 같은 의미로 쓰이는 시험(test)이 있는데 관능검사(sensory tests)에서는 검사로 사용하고 있다. 그러나 일반적으로는 시험은 특정대상 또는 샘플에 대해 그 특성을 조사하여 데이터를 내는 것을 말한다. 다시 말하면 시험은 대상물을 측정해서 데이터를 얻는 것이지 검사와 같이 합격·불합격의 판정을 내리는 것은 아니다.

검사에 대한 몇 가지 정의를 살펴보면 다음과 같다.

① KS Q ISO 2859-1 : 2010

검사란 제품 또는 서비스의 하나 이상의 특성에 대해서 측정, 조사, 시험 또는 계측(gauging)을 하여 각 특성이 규정된 요구사항에 적합한가를 판정하는 활동이다.

② MIL-STD-105D

검사란 측정, 점검, 시험 또는 게이지에 맞추어 보는 것과 같이 제품의 단위를 요구조건과 비교하는 것이다.

③ KS Q ISO 9000:2000

측정, 시험 또는 계측을 적절히 활용한 관찰 및 판정에 의한 적합성 평가를 검사라고 한다.

4.1.2 검사의 목적

검사의 목적은 제조공정의 관리나 품질특성의 관리 및 조치 등을 위하여 중요한 것으로 다음과 같이 나누어 정리할 수 있다.

1) 다음 공정이나 고객에게 부적합품이 전달되는 것을 방지하기 위함

① 좋은 로트와 나쁜 로트 구분

② 적합품과 부적합품 구별

2) 품질에 대한 정보를 제공을 위함

① 공정의 관리 및 해석

② 공정의 변화여부 판단

③ 공정의 규격한계 일치 여부 파악

④ 제품의 부적합의 정도 파악

⑤ 검사원의 정확정밀도 평가

⑥ 측정기기의 정확정밀도 평가

⑦ 공정능력의 측정

⑧ 제품설계에 필요한 정보 획득

3) 생산자에게 품질의욕 자극 및 소비자에 품질에 대한 신뢰감을 주기 위함

4.1.3 검사의 분류

검사의 종류는 검사의 목적, 장소, 성질, 방법, 항목, 형태 등에 따라 분류할 수 있다.

(1) 검사의 공정에 의한 분류(또는 검사의 목적에 의한 분류)

① 반입검사(구입검사)

외부로부터 구입해온 물품은 제조공정에 유입시키기 전에, 요구 품질을 만족하고 있는 가를 확인할 필요가 있는데 이 때 이루어지는 검사를 수입검사 또는 구입검사라고 한다. 즉, 재료, 반제품, 제품을 받아들이는 경우 행하는 검사이다.

② 공정검사(중간검사)

앞의 제조공정이 끝나서 다음 제조 공정으로 이동하는 사이에 행하는 검사로서 부적합품이 다음 공정 또는 최종검사까지 흘러가는 것을 피하기 위해 하는 검사로서 공정간 검사방식이라고도 한다. 공정검사는 다음과 같은 특성이 있다.

- 다음 공정에 대해 품질의 보증을 할 수 있다.
- 그 공정에서 검사하지 않으면 그 다음에는 품질 보증을 할 수 없다든가, 또는 부적합품에 의한 손실이 클 경우에 유리하다.
- 공정검사에서 재빨리 공정의 변동 상황을 파악하여 그 정보를 관련부문에 제공하고 공정이나 제품에 대한 시정조처를 하는 것은 물품을 적합하게 유지하기 위해 필요하다.
- 각 공정의 품질책임을 명확히 할 수 있다.

③ 제품검사(최종검사, 완제품검사)

만들어진 물품이 제품으로서의 요구사항을 만족하고 있는 가를 판정하기 위해서 실시하는 검사이다. 이 검사는 제조공정의 최종단계에서 이루어지기 때문에 최종검사라고 하고, 완성된 제품에 대해서 하기 때문에 완제품검사라고도 한다. 제품검사에서 합격된 제품은 출하되어 고객의 손에 넘어간다. 따라서 제품검사는 공장에 있어서의 품질보증을 위한 최종의 기회이며, 또 고객이 요구한 품질이 여기서 확인되기 때문에 이 검사의 중요한 의의가 있다. 이 검사는 다음과 같은 역할을 갖고 있다.

- 소비자에 대한 품질보증이 된다.
- 총합품질을 파악한다.
- 고객의 요구품질을 만족시키고 있는 가를 확인할 수 있다.
- 품질기록을 품질개선의 자료로 유효하게 쓸 수 있다.

④ 출하검사(반출검사)

출하품질을 보증하기 위해 제품을 출하할 때 실시하는 검사로서 이것은 간단한 재 체크를 하는 것이기 때문에 제품검사와는 성질이 다르다.

(2) 검사의 장소에 의한 분류

① 정위치검사

검사장소를 일정한 위치에다 정하고 물품을 그곳에 모아서 하는 검사이다. 검사에 특별한 장치가 필요할 때에는 검사실 등의 특별한 장소에 물품을 운반하여 검사하는 검사방식도 이에 속한다.

② 순회검사

검사원이 적시에 현장을 순회하면서 검사하는 방식이다. 이 방식은 제품에 대한 검사뿐만 아니라 기계나 공구의 정상상태 여부라든가 또는 제조공정의 관리 상태를 체크하기 위해 실시한다. 순회검사는 바로 기계 옆에서 하기 때문에 조기에 제품의 부적합을 발견하여 부적합품 발생을 방지할 수 있는 방법이다.

③ 출장검사(입회검사)

검사원이 발주 선의 외주업체나 타공장에 출장가서 실시하는 검사이다. 보통 외주업체의 책임자의 입회하에 실시하기 때문에 입회검사라고도 부른다.

(3) 검사의 성질에 의한 분류

① 파괴검사

물품을 파괴하지 않고서는 검사의 목적을 달성할 수 없는 검사 즉, 시험을 하면 물품의 상품가치가 없어지는 검사이다. 반드시 샘플링검사를 실시하여야 한다. 예를 들면 전구 수명검사, 인장시험, 냉장고 수명시험 등이 있다.

② 비파괴검사

물품 조사 후에도 상품가치가 없어지지 않는 검사이다. X선이나 초음파 등에 의해 제품을 손상하지 않고 검사하는 경우도 이 검사에 속한다. 예를 들면 전구 점등시험, 에나멜 동선의 핀홀검사 등이 있다.

③ 관능검사

인간 자신이 측정기가 되어 그 감각에 의해서 하는 검사를 말하고, 예를 들면 미각, 시각, 청각, 촉각, 후각을 이용한 검사가 이에 속한다.

(4) 검사의 방법 의한 분류

① 전수검사

검사 로트의 전부를 검사하는 것으로 치명적인 부적합이나 중요품 등에 적용한다. 단 파괴검사를 요할 때는 사용할 수 없다.

② 로트별 샘플링검사

판정하려는 로트에서 추출한 샘플을 조사하여 로트의 합격·불합격을 판정하는 검사이다.

③ 관리 샘플링검사

제조공정관리, 공정검사의 조정, 검사의 체크를 목적으로 하여 실시하는 검사이고, 로트별 샘플링검사보다 적은 샘플수로 검사한다.

④ 무검사

제품의 품질을 간접적으로 보증해 주는 방법으로, 제조공정 상의 부적합품(또는 부적합)이 미미하여 제품의 품질이 검사할 필요가 없을 정도로 우수한 경우에 행한다.

⑤ 자주검사

자기가 만든 제품은 자기가 보증한다는 사고에 입각해서 자기가 만든 제품에 대해 스스로 그 품질을 확인하는 것이다. 이 방식은 작업원의 품질의식 향상에도 도움이 될 뿐만 아니라 이상상태의 조기발견, 신속한 시정조치, 그리고 재발방지의 조치에도 큰 효과를 올리고 있다. 그러나 자주검사를 하면 검사원이 필요하지 않다는 의미는 아니다.

(5) 검사의 항목에 의한 분류

① 수량검사

자기가 규정한 수량이 있는가 없는가를 체크하는 검사이다.

② 외관검사

외관이 한도견본 등의 기준에 합치하는가를 확인하는 검사이다.

③ 치수검사

길이의 단위로 표시할 수 있는 품질특성이 규정된 치수에 합치하는가를 확인하는 검사이다.

④ 중량검사

제품의 중량이 규정된 중량에 합치하는가를 확인하는 검사이다.

⑤ 성능검사(기능검사)

제품의 사용목적을 만족시키는 성능(기능)을 조사하는 검사로서 기계적, 전기적, 광학적, 물리적 성능 등이 있다.

(6) 검사의 형식(횟수)에 의한 분류

① 1회 샘플링검사

단 1회의 샘플 검사로서 합격판정을 내리는 검사방식으로 샘플링검사 가운데 가장 간단한 검사방식이라고 할 수 있다.

② 2회 샘플링검사

합격판정을 1회 또는 2회의 샘플을 통해서 내리는 검사방식이며, 1회 샘플링검사보다 검사량을 절감할 수 있다는 점과 2회에 걸쳐 로트를 판정한다는 심리적 효과를 기대할 수 있다.

③ 다회 샘플링검사

일반적으로 로트의 합격판정에 3회 이상의 샘플을 요구하는 검사이다.

④ 축차 샘플링검사

매회 샘플의 검사결과에 따라 로트의 합격, 불합격 또는 검사의 계속 여부를 결정하여 로트에 대한 판정절차를 단계적으로 실시한다는 면에서 다회 샘플링검사에 관한 개념을 최대한 활용한 검사방식이다.

(7) 검사의 형태에 의한 분류

① 규준형 검사

생산자 및 소비자가 요구하는 품질보호를 동시에 만족시키도록 지표화한 형태이다.

② 선별형 검사

샘플링검사에서 불합격이 된 로트는 전수 선별로 적합품을 받아들이는 형태이다.

③ 조정형 검사

연속적 로트에 대하여 품질수준에 따라 검사의 엄격도를 조절하여 공급자에게 품질향상을 독려하는 형태이다.

④ 연속생산형 검사

연속적으로 생산되는 제품에 대하여 연속적으로 검사하거나 일부만 검사하는 경우에 적용되는 형태이다.

⑤ 결합형 검사

여러 가지 검사 형태의 결합 또는 공정관리와 검사형태를 결합한 형태이다.

4.1.4 검사계획

어떤 물품을 출하할 때 검사를 하여 부적합품을 제거한 후 출하를 할 것인지 또는 검사를 행하지 않고 무검사로 출하할 것인지는, 이로 인하여 발생하는 비용과 밀접한 관계가 있다. 검사대상 물품이 결정되면 검사항목, 검사방법, 검사장소 및 일정 등 검사계획을 수립하여야 한다.

(1) 어떤 물품을 검사할 것인가?

검사의 경제성 검토는 손익분기점 분석에 의하여 결정할 수 있다. 공정의 부적합률이 큰 경우는 부적합품의 출하에 따른 손실비용이 증가하므로, 검사를 실시하여 부적합품이 출하되는 것을 사전에 방지하는 것이 경제적으로 유리하게 된다. 또한 부적합률이 작은 경우는 부적합품에 의한 손실비용보다는 검사비용이 상대적으로 커지므로, 검사를 하지 않는 것이 비용적 측면에서 유리한 경우가 많다. 전수검사와 무검사의 경제성 검토는 다음 [그림 4-1]로 설명할 수 있다.

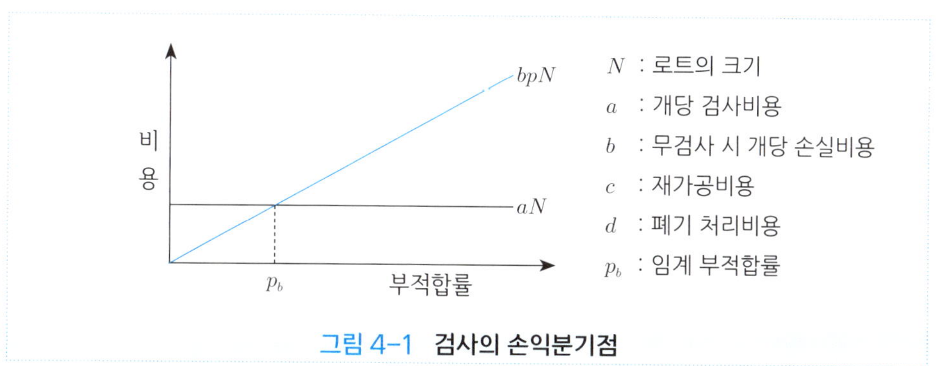

그림 4-1 검사의 손익분기점

이때, p_b는 $aN = bpN$에서 p에 대해 정리한 것이다. 즉, $p_b = \dfrac{aN}{bN} = \dfrac{a}{b}$이다.

또한 폐기처리비용이나 재가공비용을 고려하면 $aN + cpN = bpN$ 또는 $aN + dpN = bpN$에서 p에 대해 정리하면

$$p_b = \frac{a}{b-c} = \frac{a}{b-d}$$

따라서 $p > p_b$이면 전수검사가 이익이고, $p < p_b$이면 무검사가 이익이다.

(2) 어떤 점을 검사항목으로 할 것인가?

검사에서 취하고 있는 특성이 연속형(계량치)이냐 이산형(계수치)이냐에 따라 계량형 검사(inspection by variables)와 계수형 검사(inspection by attributes)로 나눠지게 되는데, 경제적 측면, 실시의 용이성 등을 고려하여 결정한다.

① 계량치 : 무게, 길이, 부피, 순도 등

② 계수치 : 부적합률, 부적합수 등

(3) 어떤 검사방법을 사용할 것인가?

① 전수검사를 할 것인가 또는 샘플링검사를 할 것인가를 결정한다.

② 샘플링검사 시는 어떠한 샘플링검사 방식을 적용할 것인가를 결정한다.

(4) 검사를 실시할 장소와 일시를 결정한다.

4.1.5 검사단위의 품질표시방법

검사의 목적을 위하여 선택된 단위체 또는 단위분량을 검사단위라고 하는데, 일반적으로 이러한 검사단위의 품질표시방법은 다음과 같은 것이 있다.

(1) 부적합품에 의한 표시방법

① 치명부적합품 : 인명에 위험을 주거나 설비를 파괴하는 부적합품

② 중부적합품 : 물품을 소기의 목적에 사용할 수 없게 하는 부적합품

③ 경부적합품 : 물품의 성능이나 수명을 감소시키는 부적합품

④ 미부적합품 : 물품의 가치를 저하시키지만 성능, 능률에는 영향을 주지 않는 부적합품

(2) 부적합의 정도에 의한 표시 방법

① 치명부적합 : 중대한 영향을 끼치는 것으로, 이를테면 인명에 위험을 준다든가, 다른 설비를 파괴할 우려가 있는 것 등이다. 브레이크가 잘 듣는가 안 듣는가, 고압 가스용기가 규정된 압력에 견디는가, 못 견디는가 등이다.

② 중부적합 : 물품을 소기의 목적에 사용할 수 없게 하는 것으로, 이를테면 퓨우즈의 용단시간, 진공관의 성능 등이다.

③ 경부적합 : 물품의 능률을 떨어뜨리거나 수명을 감축시키는 것으로, 이를테면 바지의 바느질이 규정보다 성긴 경우 등이다.

④ 미부적합 : 상품가치를 저하시키지만, 물품의 성능, 능률, 수명 등에 영향을 미치지는 않는 것으로, 이를테면 페인트 도장면의 경미한 얼룩, 흠, 마크, 각인의 더러워짐 등이다.

(3) 특성치에 의한 표시 방법

검사단위의 특성을 측정하여 그 측정값에 의해서 품질을 표시하는 방법으로 치수, 무게, 강도, 열량, 전기적 성질 등을 사용한다.

(4) 로트의 품질 표시 방법

① 로트의 부적합률로 표시

② 로트 내의 검사 단위당의 평균 부적합수로 표시

③ 로트의 평균값으로 표시

④ 로트의 표준편차로 표시

(5) 샘플의 품질표시방법

① 샘플 내의 부적합품수로 표시

② 샘플 내의 검사 단위당 평균 부적합수로 표시

③ 샘플의 평균값으로 표시

④ 샘플의 표준편차로 표시

⑤ 샘플의 범위로 표시

4.1.6 부적합

(1) 부적합(nonconformity)의 표현

제품 품질은 부적합률(percent nonconforming) 또는 100 아이템당 부적합수(number of nonconformity per 100 item)로 표현한다. 이 표현 방법은 서로 호환성은 없으며, 샘플링 방식은 이중 한 방식만 사용할 수 있다. 부적합률의 경우 일반적으로 부적합률이라는 표현을 사용하지만 %의 의미를 비율(소수로 표현)의 의미와 구분하는 경우는 부적합 퍼센트라고도 하며, 경우에 따라서 부적합률을 부적합품률로도 사용한다. 샘플링 검사에선 대부분 부적합률을 많이 사용하며, 부적합률은 다음식과 같다.

$$p(\%) = 100p = 100\frac{D}{N} \qquad D: \text{부적합품수},\ N = \text{로트크기}$$

아이템당 부적합수는 다음 식과 같다.

$$p(100\ \text{아이템당}) = 100\text{p} = 100\frac{d}{N} \qquad d: \text{부적합수},\ N = \text{로트크기}$$

두 식의 차이는 분자가 부적합품수와 부적합수라는 차만 존재한다.

예제 4-1 500 개의 부품을 검사하였더니, 480 개는 적합품으로 합격이고, 20 개는 부적합품이다. 그 부적합품 중 15 개는 각각 1개씩 부적합이 있고, 4 개는 각 2 개씩 부적합이 있으며, 나머지 1 개는 3 개의 부적합이 있다. 이때, 부적합률과 100 아이템당 부적합수를 구하라.

풀이 ① 부적합률

$$p(\%) = 100p = 100\frac{D}{N} = 100 \times \frac{20}{500} = 4\%$$

② 100 아이템당 부적합수

$$p(100\ \text{아이템당}) = 100\text{p} = 100\frac{d}{N} = 100\left(\frac{26}{500}\right) = 5.2$$

부적합률과 100 아이템당 부적합수 중 어느 것을 사용하는가는 각각의 특정한 경우를 개별적으로 고려하여 결정하며, 샘플을 검사하기 전에 반드시 합의해 두어야 한다. 부적합률과 100 아이템당 부적합수를 선택할 때 고려 사항은 다음과 같다.

① 부적합률 검사는 만일 어느 아이템이 하나 이상의 부적합이 포함되면 그 아이템은 부적합품이라고 가정한다. 부적합품 검사의 조건하에서는 각 아이템 중에 발견된 모든 부적합의 기록을 유지하여, 각 타입의 부적합에 대해서 시정조치를 취하도록 해 두는 것이 바람직하다. 부적합률은 이항분포를 따른다.

② 100 아이템당 부적합수 검사에서는 발견된 부적합수를 센다. 3 개의 부적합이 1 개의 아이템에서 발견되면 3으로 센다. 부적합이 아이템 중에 여러 가지 경우로 일어날 수 있는 특별한 경우는, 예로 표면의 흠이나 핀 홀은 부적합이 많이 일어날 수 있으므로, 부적합률 검사는 무의미한 경우가 있다. 이러한 경우에는 100 아이템당 부적합수 검사를 사용하는 것이 바람직하다. 100 아이템당 부적합수는 포아송(Poisson) 분포를 따른다.

③ 로트의 부적합률이 2.5 % 미만이면 부적합품과 부적합수의 확률분포는 대부분 동일하다. 2.5 %에서 10 %의 범위에서는 차이가 있지만, 100 아이템당 부적합수의 샘플링 방식 쪽이 등가의 부적합률의 샘플링 방식보다 엄격하다.(부적합률 검사에서는 합격된 로트가 동일 샘플링 방식의 100 아이템당 부적합수 검사에서는 불합격이 되는 경우가 있다.)

④ 하나의 검사장소에서는 하나의 방법만을 사용하는 것이 한쪽에서 다른 쪽으로 종종 바꾸는 것보다도 좋은 습관이라 할 것이다.

⑤ 품질 개선에 도움이 되는 기록을 유지한다는 입장에서는 100 아이템당 부적합수의 편이 바람직하다. 그렇게 하면 모든 부적합에 대한 정보가 자동적으로 기록에 포함되게 된다. 이에 반해서 부적합률을 사용하면 일정 부적합은 기록에서 누락되는 경우가 있다.

(2) 부적합의 등급 구분

대부분의 경우 부적합의 중요도에 따른 등급은 2 개의 그룹으로 나누는 것만으로도 충분하다. 최대의 관심이 있는 중부적합인 등급 A와 경부적합의 등급 B로 나누는데, 경우에 따라서는 등급 C 또는 서브 등급의 구분이 가능하다.

부적합의 등급 구분은 쌍방의 합의하에 정한다. 부적합의 등급 구분을 했을 경우에는 각 등급에 대하여 다른 AQL(**4.2절** 참조)을 적용한다. 등급 A의 부적합에 대해서는 등급 B의 부적합보다도 까다로운 검사를 해야 한다.

많은 합격판정 샘플링검사에서는 2 개 이상의 품질특성치를 평가하는 경우가 많고, 또 그들의 중요도가 품질 및/또는 경제적 효과의 관점에서 다른 경우가 있으므로 부적합의 타입을 합의한 등급으로 나누는 것이 바람직한 경우가 많다. 등급의 수, 각 등급에의 할당, 각 등급의 AQL의 선택에 있어서는 개개의 상황에 따른 품질요구사항에 적절히 대응시키는 것이 바람직하다.

부적합 항목은 그 중대함의 정도에 따라서 다음과 같이 등급을 나눌 수 있다.

등급 A : 최고의 관심을 가지게 하는 타입의 부적합. 합격판정 샘플링검사에서는 이 타입의 부적합에는 충분히 낮은 AQL의 값을 할당한다.

등급 B : 전자에 이은 정도의 관심을 가지게 하는 타입의 부적합. 따라서 이 타입의 부적합에 할당되는 AQL의 값은 등급 A 보다 크게 한다. 만일 제3이후의 등급이 존재할 때는 등급 C 보다 작게 한다.

특성의 수나 부적합의 등급수를 증가시키면 제품 합격의 종합 확률에 영향을 주는 경우가 많은 것에 유의할 필요가 있다. 등급수, 각 등급에의 할당, 각 등급의 AQL의 선택에 있어서는 개개의 상황에 따른 품질요구사항에 적절히 대응시킬 필요가 있다. 전체등급 중에서 가장 중요한 것은 치명적 부적합을 포함한 등급이다. 치명적 부적합이란 그 물건을 현실에 또는 잠재적으로 위험한 것으로 하거나, 또는 사용성에 중대한 악영향을 주는 부적합이다.

부적합의 등급구분은 적절하게 하는 것이 바람직하다. "지나치게 낮은 분류"(예를 들면 등급 A로 하는 편이 좋은 부적합을 등급 B로 분류한다)를 하지 않도록 주의할 필요가 있는 것은 명백하다. 문제의 특성에 대한 샘플링 방식이 이 등급의 부적합에 대해서 실제로 요구되는 것보다도 많은 허용치를 주는 것이 되기 때문이다. 그러나 "지나치게 높은 분류"를 하지 않도록 하는 것도 마찬가지로 대단히 중요하다.

부적합의 등급구분이라는 시스템을 채용한 경우에는 각 등급에 대하여 다른 AQL을 나누어 적용할 필요가 있다. 그것은 가장 중요한 등급 A의 부적합에 대해서는 등급 B의 부적합보다도 까다로운 검사를 하는 것을 보증하기 때문이다.

만일 하나의 물건에 2 개 이상의 부적합이 있고, 그 부적합이 다른 등급의 것인 경우에는 엄격한 편의 등급의 부적합품 1 개로 센다(그러나, 만일 부적합률 검사가 아니라 부적합수 검사의 경우에는 각 부적합은 각각 적절한 등급에 대해서 센다).

(3) 치명적 부적합

치명적 부적합은 현실에서 또는 잠재적으로 위험한 것으로 사용성에 중대한 악영향을 주는 부적합이다. 치명적 부적합은 특별한 범위를 구성한다. 치명적 부적합이 발견되면 로트 전체를 불합격 처리하고, 가능하면 생산 중지를 의미하는 것이 좋다. 생산을 중지하는 사이에 부적합이 왜 일어났는가를 검토하고, 재발 방지의 방법을 연구한다.

치명적 부적합이란 위험을 초래하거나 사용상 또는 안전상에 중대한 악영향을 주는 부적합이다. 이러한 치명적 부적합에 대해서는 어떤 부적합률의 값을 선택해도 "…이 부적합률은 허용할 수 있다"라는 것은 불가능하다.

비파괴검사를 할 수 있는 경우에는 일반적으로 채용되는 해결법은 그 치명적 특성에 대해서 샘플크기는 로트크기와 같고 합격판정개수는 0의 샘플링 방식을 사용하는 것이다. 이것은 전수검사이지만, 전통적인 전수선별과는 다른 것에 주의할 필요가 있다. 여기서는 물건을 적합품과 부적합품으로 선별한다는 것은 아니고, 부적합품이 없는 것을 체크하는 것이다. 만일 치명적 부적합이 발견된다면 단순히 그것을 다른 상자에 넣어서 검사를 속행한다는 것을 의미하는 것은 아니고, 로트 전체를 불합격으로 한다는 것을 의미하는 것이다. 가능한 경우 이때는 생산중지를 의미하는 편이 좋다. 중지하는 사이에 그 부적합이 왜 일어났는가를 검토하고, 재발방지의 방법을 연구하기 위한 것이다. 이 절차의 이유는 중대한 부적합을 가진 제품의 생산방지와, 부적합품이 다소 있어도 검사원이 선별하므로 큰 문제는 아니라는 인상을 생산자에게 주는 것을 막기 위해서이다. 최선의 검사원이라도 때로는 부적합을 누락하는 경우가 있으므로 소비자에게 치명적 부적합이 하나도 통과하지 않는 것을 보증하는 유일한 방법은 그 생산을 막는 것이다.

만일 어느 특정한 부적합에 대해서 이 절차가 보증할 수 없을 것이라고 생각하고, 그것을 중부적합으로 등급구분을 다시 할 때에는 심각한 고려를 하는 것이 바람직하다. 치명적 부적합은 실제로 치명적이어야 한다. 그 경우에는 어떠한 노력도 지나치지 않다.

치명적 부적합에 대한 유일하게 가능한 검사가 파괴검사인 경우에는 그러한 것을 전혀 만들지 않는 방법의 탐색이 보다 중요하다. 이 경우에는 로트의 전수를 샘플로 할 수 없으므로 샘플링 방법을 결정할 필요가 있다.

4.1.7 전수검사와 샘플링검사

샘플링검사란 로트로부터 표본을 발췌하여 시험한 후 그 결과를 판정기준과 비교하여, 그 로트의 합격, 불합격을 판정하는 검사이다. 엄격한 의미에서의 모든 제품을 하나하나 검사하여 그 품질을 완전히 보증하는 전수검사가 좋으나, 대량생산 시에는 검사에 소요되는 시간이나 비용, 노력 등을 감안한다면 반드시 전수검사가 바람직하다고 할 수는 없다. 따라서 검사하는 로트에 최소한의 부적합률(부적합)을 인정하고, 검사의 비용이나 시간을 단축시키는 샘플링검사를 사용하게 된다.

전수검사와 샘플링검사의 적용은 다음과 같은 상황을 고려하여 선택하는 것이 좋다.

(1) 전수검사가 필요한 경우

부적합품이 1개라도 혼입되면 경제적으로 치명적인 손해를 미칠 때에는 전수검사가 적용된다. 이러한 경우는 부적합품이 하나라도 발생하는 경우 인명에 손실을 준다든지, 안전에 중요한 영향을 미칠 때, 부적합품이 혼입되면 경제적으로 큰 손실이 발생하는 경우가 있다. 예를 들면, 고가의 보석, 브레이크 작동시험, 고압용기의 내압시험 등이 있다.

(2) 샘플링검사가 필요한 경우

집합체 또는 대량품인 경우나 검사하는 시간이나 비용이 커지기 때문에 현실적으로 전수검사를 적용할 수 없는 경우가 된다. 또한 파괴검사의 경우는 전수검사를 적용할 수가 없다. 이러한 경우 샘플링검사가 적용되게 되는데, 일반적으로 샘플링검사가 전수검사보다 유리한 경우는 다음과 같다.

① 다수, 다량의 것으로 어느 정도 부적합품이 섞여도 허용되는 경우
② 검사 항목이 많을 경우
③ 불완전한 전수검사에 비해 높은 신뢰성이 얻어질 때
④ 검사비용을 적게 하는 편이 이익이 되는 경우
⑤ 생산자에게 품질향상의 자극을 주고 싶을 때

(3) 샘플링검사의 실시 조건

① 제품이 로트로서 처리될 수 있어야 한다.

② 합격 로트 속에 어느 정도의 부적합품의 혼입이 인정되어야 한다.

③ 샘플링은 랜덤하게 실시될 수 있어야 한다.

④ 적합품과 부적합품을 구분할 수 있는 품질 기준이 명확하여야 한다.

⑤ 계량형 샘플링검사에서는 로트검사단위의 특성값에 대한 분포를 대략적으로 알고 있어야 한다.

(4) 샘플링 방법의 선택 조건

① 실시방법이 성문화되고, 누구에게나 이해될 수 있는 것

② 공정이나 대상물 변화에 따라 바꿀 수 있을 것

③ 샘플링을 실시하는 사람에 따라 차이가 없을 것

④ 목적에 알맞고, 경제적인 면을 고려할 것

⑤ 실시하기 쉽고, 관리하기 쉬울 것

4.2 샘플링검사의 확률이론

4.2.1 용어의 정의

다음은 KS Q ISO 2859-1에서 소개하고 있는 계수형 샘플링검사에 사용되는 용어와 여러 가지 샘플링검사의 스킴(scheme)에 대하여 설명한다.

(1) 아이템(Item : 제품의 단위)

계수형 샘플링검사를 사용할 때에는 '개별적으로 기술하고 고려할 수 있는 것으로' 로트의 크기, 샘플크기, 부적합품수 등을 다룬다. 이 경우에 세는 것은 제품단위의 개수이다. ISO에서는 부품들의 고유 단위(센티미터, 그램 등)가 혼용되어 사용되는 혼란을 없애기 위해 공통적으로 사용하는 제품의 단위에 대해서 "아이템"이라는 용어를 채용하였다. 이를 '검사 단위'라고 하기도 한다.

예를 들면 지름 20 mm, 길이 5 m의 철관 250 개를 로트로 보고, 이 로트에서 8 개

의 샘플을 추출하여 각각 강도, 모멘트, 불투과성을 측정하여 이 3 개의 특성치의 허용차에 미달한 철관이 1 개 이하일 때 로트를 합격시키는 샘플링검사에서 아이템은 개개의 철관이다.

모래와 시멘트의 혼합물 10 000 kg이 10 kg들이 봉투에 포장되어 봉투 1 000 개를 로트로 보았을 때, 로트에서 샘플로 봉투를 추출하여 모래와 시멘트의 최대입경, 모래에 대한 시멘트의 비율, 봉투의 무게가 규정 값에 만족하는 가를 검사할 때 이때의 아이템은 10 kg의 봉투이다.

1 대의 전자부품이 회로 중에 2 개의 트랜지스터를 가지고 있고, 이 2 개의 트랜지스터의 전자적 특성 값의 균형이 중요하다면, 이 경우 검사해야할 아이템은 2 개의 트랜지스터가 균형 잡힌 1 대의 전자부품이 된다. 즉, 균형이 잡힌 전자부품 500 대, 합계 1 000 개의 트랜지스터는 500 개의 아이템이 된다.

캔과 뚜껑으로 조합되어 만들어지는 조립 부품이 있다. 1 000 개의 캔과 1 000 개의 뚜껑이 매일 생산되어 조립되는 공장에서 중요한 체크포인트는 부품 조합의 적절성이라고 할 때 검사해야 할 아이템은 조립 부품 1 대 즉, 1 개의 캔과 1 개의 뚜껑으로 조립된 부품 1 대이다.

(2) AQL(Acceptance Quality Limit : **합격품질한계**)

소비자가 생산자의 프로세스 품질에 관심이 있는 경우 로트자체의 품질보다는 로트를 생산하고 있는 프로세스의 품질에 관심을 두게 되는데, 제출되는 로트가 연속로트인 상태에서 적용하는 바람직한 프로세스 평균의 상한을 의미한다.

AQL은 바람직한 로트의 부적합률 혹은 단위당 부적합수를 의미하는 것으로 생산자에게는 요구되는 품질의 지표이자, 소비자의 입장에서는 희망하는 품질일 수도 있다. 이것은 종종 소비자가 희망하는 품질과 구입할 수 있는 품질의 타협점이 될 수 있다. 또한 생산자에게는 생산되고 있는 제품의 허용 가능한 프로세스 평균품질의 한계값이 될 수도 있다.

현대의 많은 기업들은 글로벌 시장에서 생존하는 유일한 방법은 품질 수준의 개선을 위해 끊임없이 노력하는 것임을 깨닫기 시작했다. 무결점 이외 품질 수준이 합격 가능하리라는 생각은 경멸의 대상이 되기도 했다. 이러한 상황을 명확하게 하기 위해, 약어 AQL의 의미는 과거의 합격품질수준(Acceptable Quality Level)에서 합격품질한계(Acceptance Quality Limit)로 변경되었다. 이것이 그 기능을 더 정확하게 설명하고 있기 때문이다.

(3) LQ(Limiting Quality : 한계품질)

소비자가 생산자의 프로세스 품질에는 관심이 없고, 제출된 로트의 품질 자체에 관심이 있는 경우의 검사에 사용하는 품질지표로서, 사용하는 LQ는 로트가 고립상태에 있을 때, 부적합률(또는 100 아이템당 부적합수)로 표시한 품질수준이다.

샘플링검사 시 CRQ(Consumer's Risk Quality : 소비자위험품질)에 해당되는 것으로 바람직하지 못한 로트의 품질 수준을 의미하고 있으며, 이러한 로트의 합격 확률(소비자 위험)을 낮은 값(0.10 %~0.13 %)으로 유지하려 하는 것이다.

한계품질을 규정하는 것은 실제로는 바람직한 품질을 규정하는 것으로, 제출된 로트가 적절히 합격하기 위해서는 로트의 부적합률이 LQ보다 훨씬 작은(보통은 LQ의 1/4 이하로)상태가 되어야 한다.

(4) 로트(lot)

샘플링검사를 하기 위해 아이템은 단품이 아니라 그룹으로서 합격판정을 위해 제출된다. 아이템의 각 그룹을 로트라 부르며, 계수형 샘플링검사에서는 샘플 중에 발견된 부적합품수 또는 부적합수를 기초로 하여 각 로트를 합격 또는 불합격으로 구분하기 때문에 로트의 크기에 관계없이 로트를 하나의 독립된 단위로서 취급한다. 단, 분수합격판정개수(KS Q ISO 2859-1 참조) 경우에는 합격판정규칙은 선행 로트의 결과에 따라 다른 경우가 있다.

로트는 가능한 한 동일조건에서 동일시기에 제조된 아이템으로 구성하는 것이 바람직하다. 이것은 AQL이라는 개념이 채용되고, 일련의 로트가 출하되는 경우에는 특히 중요하다. 서로 다른 시기에 제조된 아이템으로 로트를 구성하면 로트의 품질산포가 상대적으로 커지기 때문에 검사에서 바람직한 결과를 기대하기가 어려워진다. 만약 2 개 이상의 공급원으로부터 공급물이 혼합되는 경우에는, 하나의 출처에서 다수의 부적합품이 있을 경우에 모든 공급원의 제품이 불합격 되는 경우도 있다.

(5) 로트크기(lot size)

소관권한자가 로트크기를 결정하는데 가능하면 생산자와 구매자 모두 편리한 수량을 결정하는 것이 좋다. 소관권한자가 로트크기를 결정할 때는 생산자의 의견을 들을 수 있고, 생산 프로세스의 지식이 없이는 하지 않는 편이 좋다.

확정적인 수량을 결정하는 것보다 경우에 따라서 변동이 허용되는 경우도 있으므로, 대부분의 경우 로트크기 상한 및 하한을 결정하는 것이 바람직하다.

샘플링검사 입장에서는 로트의 크기가 큰 경우가 경제적으로 유리하게 되는데, 로트가 커지면 샘플의 크기도 상대적으로 커지기 때문에 좋은 로트와 나쁜 로트에 대한 판별력이 좋아진다. 만일 작은 로트를 합쳐 큰 로트를 구성하는 경우에는 작은 로트의 품질이 비슷한 경우에 한해 큰 로트로 구성하는 것이 유리하다. 만일 작은 로트간 품질이 상당한 차이가 있다면 작은 로트 그대로 두는 것이 좋다. 이러한 이유로 로트는 동일 조건에서 생산된 아이템으로 구성하는 것이 바람직하다. 즉, 로트 중의 전체 아이템이 실질적으로 같은 조건하에서 생산된다면 로트는 큰 쪽이 좋고, 품질이 다르다고 생각되는 작은 로트는 큰 검사로트로 묶지 않는 편이 좋다.

(6) 연속 로트의 검사(로트별 검사)

로트별 검사란 일련의 연속 로트로서 제출된 제품의 검사이다. 제출된 로트는 제조와 같은 순서로 제출하고, 또 신속히 검사하는 것이 바람직하다.

만일 일련의 로트가 합격판정을 위해서 제출되어 있다면 선행 로트의 결과는 후속 로트를 검사하는 데 이 검사결과가 이용된다. 일련의 연속된 몇 개의 로트에서 얻어진 검사 정보에서 프로세스의 품질이 악화되어 있다면 보다 까다로운 샘플링검사 절차를 요구하는 전환절차를 실시하는데 사용할 수 있고, 품질이 합의된 수준보다 훨씬 좋다면 소비자는 소관권한자의 허가를 얻어 수월한 검사 또는 스킵 로트를 선택할 수 있다. 따라서 검사의 실시는 후속되는 생산의 품질에 유익한 영향을 미친다고 할 수 있다.

(7) 고립로트(isolated lot)의 검사

검사가 고립로트, 몇 개의 고립로트 또는 저장한 로트에 대해서 생산이 종료되었을 때에 한번 실시되는 경우가 있다. 이와 같은 조건하에서는 검사결과가 제출되는 제품의 품질에 영향을 미치는 기회는 불충분하다. 만일 단독의 로트가 제출된다면 그 로트가 다른 소비자에게도 출하되는 많은 유사로트의 하나인가 아닌가의 여부, 관리상태의 프로세스에서 생산된 아이템으로 구성되어 있는가의 여부, 또는 다른 프로세스 및 다른 시기의 아이템을 포함한 혼합 로트인가의 정보를 아는 것이 필요하다.

(8) 소관권한자(responsible authority)

소관권한자는 샘플링검사 시스템의 중립성을 유지하고, 샘플링검사 절차가 원활하게 운용할 수 있는 충분한 지식과 능력을 가지고 있는 것이 바람직하며, 사전에 미리 결정되어 있는 경우와 제1자(공급자의 품질부문), 제2자(구입자의 검사부문), 제3자(중립의 검사기관)에게 할당되어 있는 경우가 있다.

소관권한자를 검사 시작 전에 계약서에 규정하는 것이 바람직하다. 여러 가지의 경우가 있겠으나 로트의 출하 이전에 공급자의 공장에서 이루어지는 경우, 샘플링검사가 구입자의 검사 부문에서 파견된 검사원의 지휘 하에 실시된다면 파견된 검사원은 소관권한자의 대표자로서 일부 기능을 갖는다. 그러나 구입자의 공장에서 실시되었을 때에는 구입자의 검사부문이 소관권한자가 되는 것이 보통이며, 샘플링검사가 중립의 검사기관에서 실시된다면 소관권한자의 대부분의 기능은 검사기관에서 맡는다.

소관권한자의 기능분담 방법은 여러 가지가 있으나, 할당되는 중요한 기능은 다음과 같다.

1) 구입자에게 배분되는 기능

- AQL값의 결정(계약서에 규정되어 있지 않은 경우)
- 불합격 로트의 처리
- “치명적” 불합격에 대한 특별 유보의 적용 결정
- 최초의 검사를 까다로운 검사 또는 수월한 검사에서 개시한다는 결정
- 수월한 검사로 옮겨도 좋은가의 결정
- 보통 검사로 복귀한다는 판단
- 로트별 검사 대신에 스킵 로트 샘플링검사절차를 적용해도 좋은가의 결정
- 적절한 검사수준의 선정
- 한계품질보호와 같은 특별 절차를 사용하는가의 선정

2) 검사기관에 배분되는 기능

- 로트의 구성 및 제출방법의 지정 또는 승인
- 합격로트 중 부적합품의 재 제출방법의 승인
- 재 제출 로트의 검사방법의 결정
- 생산 진도가 안정되어 있는가의 판단
- Ac=0 샘플링 방식 대신에 대응하는 Ac=1 샘플링 방식 사용의 선정 또는 승인

• 2 회 또는 다회 샘플링 방식 사용의 선정 또는 승인
• 분수 합격판정개수의 샘플링 방식에 대한 사용의 선정 또는 승인

3) 공급자에게 배분되는 기능

• 로트가 2 개 이상인 서브 로트로 구성되었는가의 결정
• 다른 AQL 등급에 대해서 공통의 샘플크기를 사용하는가의 선정

(9) 부적합(nonconformity) 및 부적합품(nonconforming item)

목적에 규정된 특성치, 치수, 속성(계수치), 성능 등의 요구사항을 충족하지 못하는 것을 부적합이라 하고, 하나 이상의 부적합을 포함하는 경우 부적합품이라 한다. 하나의 제품(부품)에 몇 개의 부적합이 있어도 부적합품은 1 개가 있는 것이다.

"부적합"이라고 해서 의도된 목적에 사용할 수 없는 것이 아니다. 예로 어느 벽돌이 하나의 치수가 지정된 규정을 벗어나면 부적합이 되지만, 치수가 그다지 중요치 않은 구조물의 건축용으로는 사용할 수 있다. 부적합과 부적합품의 차이는 아이템에 부적합이 1 개만 있을 때는 중요하지 않지만, 아이템에 다수의 부적합이 발생하는 경우는 중요하다.

부적합이란 검사항목에 따라 1 개의 제품 당 여러 개가 발생할 수 있지만, 부적합품이란 제품의 전체적 관점에서 판단하므로 제품 1 개당 1 개 이상이 발생할 수는 없다. 따라서 종전의 표현인 "불량"은 부적합품이 되고 "결점"은 부적합으로 표현되고 있다.

(10) 프로세스/공정의 평균

연속적으로 제출된 일련의 로트 평균품질로서 생산이 안정되어 있다는 가정 아래 장기간에 나타나고 있는 생산된 제품의 평균 부적합률 혹은 100 단위당 평균부적합을 의미하고, 재 제출로트는 프로세스 평균의 산출 시 제외가 된다.

프로세스평균은 AQL, AOQL(4.3.3 참조), 또는 LQ와는 달리 선택할 수도 없고, 특정한 샘플링 방식의 특성도 아니다. 프로세스평균은 실제로 생산되고 있는 프로세스와 관계가 있고, 검사의 방법과는 무관계하다. 프로세스평균의 추정은 샘플링검사 스킴의 불가결한 요소는 아니나, 검사자와 생산자는 쌍방 모두 로트별 검사의 판정만이 아니라 생산 품질의 장기간의 이미지에도 관심이 있기 때문에 프로세스 자체의 정

당성을 위해서 중요하다.

추정 프로세스평균은 품질에 대한 유용한 지표를 줌과 동시에 장래 유사한 제품이 설계, 제조될 때에 어떠한 샘플링 방식을 적용하면 좋은가를 결정하는 사람들에게 대단히 중요한 정보를 제공하기 때문에 기록을 유지하는 것이 바람직하다.

샘플링검사형식이 2회 또는 다회 샘플링방식의 경우에는 제1차 샘플의 결과만을 프로세스평균의 추정에 사용하는 편이 좋고, 특성치가 2 개 이상인 경우 또는 AQL의 등급이 2 개 이상인 경우에는 프로세스 평균은 개별로 추정한다.

(11) 샘플링검사 방식(sampling plan)

로트를 검사하고 합격판정하기 위한 규칙의 세트이다. 즉, 샘플크기 n, 합격판정개수(acceptance number) Ac, 불합격판정개수(rejection number) Re를 결정하는 것이다. 1회 샘플링 방식의 보기를 들면 다음과 같다.

샘플크기	$n=125$(아이템)
합격판정개수	Ac = 5(부적합품)
불합격판정개수	Re = 6(부적합품)

(12) 샘플링검사 스킴(sampling scheme)

샘플링 방식과 전환 규칙의 조합으로 보통 검사(normal inspection), 까다로운 검사(tightened inspection) 및 수월한 검사(reduced inspection)의 전환규칙을 추가한 것이다. 1회 샘플링검사 스킴의 예는 보통 검사, 까다로운 검사 및 수월한 검사의 다음과 같은 조합에 KS Q ISO 2859-1에 주어진 전환규칙을 추가한 것이다.

	보통 검사	까다로운 검사	수월한 검사
샘플크기	n=125	n=125	n=50
합격판정개수	Ac=5	Ac=3	Ac=3
불합격판정개수	Re=6	Re=4	Re=4

(13) 샘플링검사 시스템(sampling system)

샘플링검사 방식 또는 샘플링검사 스킴을 모은 것으로, 적절한 샘플링검사 방식 또는 샘플링검사 스킴의 선택을 위한 기준을 포함한 샘플링검사 절차를 동반하는 것으로 KS Q ISO 2859-1, 2, 3, 4, 5 등이 있다.

(14) 스킵로트(skip lot) 샘플링검사

연속 시리즈의 로트에서 프로세스품질이 AQL보다 상당히 좋다고 입증되어 소정의 판정기준에 합치했을 때에는 스킵로트 샘플링검사를 시작할 수 있다. 스킵로트 샘플링검사의 절차에서는 제품이 스킵로트 샘플링검사의 자격을 만족하는가를 계통적으로 심사한다. 자격 기준을 만족했을 때에는 제출된 로트에서 자격상태에 따라 일정비율(즉 1/2, 1/3, 1/4 또는 1/5)로 로트를 스킵하고, 스킵한 로트에서 샘플을 취하여 합격과 불합격을 결정하게 된다. 건너 띈 로트는 합격으로 처리한다.

(15) 선별형 검사(rectifying inspection)

제출된 로트가 샘플링검사에서 불합격하였을 때에는 로트를 전수검사하여 부적합품을 적합품으로 교체하는 검사이다.

(16) 최초검사(original inspection)

전에 수입검사 시 불합격되어 시정된 후 다시 입고된 로트를 제외한 검사로서 해당 로트에 대해 처음으로 실시하는 검사이다.

(17) 검사 수준

상대적인 검사량을 결정하는 것이다. 일반적 용도로 일반검사 수준은 Ⅰ, Ⅱ, Ⅲ이다. 일반적으로 검사수준 Ⅱ로 하되 검출력을 좋게 하려면 Ⅲ으로 한다. 특별검사 수준으로 S-1, S-2, S-3, S-4가 정해져있으며 샘플수가 작아진다.

(18) 검사의 중지

샘플 아이템의 검사가 진행되면 취해야 할 조치는 확실해진다. 샘플 전체 아이템의 시험이 끝나면 샘플링 방식의 판정기준에 따라서 판정을 할 수 있지만, 샘플을 검사하는 도중에 적합품의 개수가 남은 아이템의 결과에 상관없이 합격의 판정을 확실하게 내릴 수 있거나, 부적합품의 수가 남은 아이템이 결과에 상관없이 불합격의 판정을 확실하게 내릴 수 있는 경우는 검사를 중지하고 판정을 내릴 수 있다. 이를 단축검사(curtailed inspection)라고도 한다. 이와 같은 중도 중지 샘플링검사의 경우는 검사의 중지에 의해 검사비용을 절감할 수 있는 이점을 가지고 있지만, 로트에 대한 정보를 얻을 수 없다는 단점도 가지고 있다.

(19) 불합격 로트의 처리

로트가 불합격되면 소비자는 상업적 결정에 기초하여 몇 가지의 조치를 선택할 수 있게 되는데, 불합격 로트는 전수검사에 따른 선별, 수정 또는 폐기 할 수 있으며, 수정된 로트를 다시 제출할 때에는 재 제출 로트인 것을 명시해야 한다. 그러나 불합격이 폐기를 의미하지는 않는다.

재 제출 로트의 검사 결과는 최초검사 결과 기록과는 별도로 기록하여 제품 품질의 어떠한 계산에도 사용하지 않도록 하여 혼란을 막도록 하는 것이 바람직하다. 재 제출 로트의 결과는 전환규칙 적용에 사용해서는 안 되며, 재 제출 로트에 대해서 모든 등급의 특성을 검사할 것인가 또는 최초 불합격이 된 특정 등급의 특성만을 검사할 것인가는 소관권한자가 결정한다.

4.2.2 로트 합격 확률

크기 N의 로트로부터 크기 n인 표본을 채취하여, 표본 중의 부적합품수가 Ac(단순히 c 로 표기하기도 함)개 이하이면 로트를 합격으로 하고, 부적합품수가 Ac+1개 이상이면 로트를 불합격으로 하는 샘플링검사 방식을 (N, n, Ac)검사방식이라고 한다. 이때 Ac를 합격판정개수라고 한다. 검사에 제출되는 로트의 부적합률이 p일 때, 로트가 합격하는 확률 $L(p)$은 확률의 분포이론에 의해 다음과 같이 계산할 수 있다.

(1) 초기하 분포를 사용하여 계산하는 경우

유한모집단일때는 초기하분포를 사용하는 것이 이론적으로는 정확한 계산 방법이다.

$$L(p) = \sum_{x=0}^{Ac} \frac{\binom{Np}{x}\binom{N-Np}{n-x}}{\binom{N}{n}}$$

(2) 이항 분포를 사용하여 계산하는 경우

로트가 합격하는 확률 $L(p)$는 로트의 크기 N이 표본의 크기 n에 비해서 충분히 큰 $\left(\frac{N}{n} > 10\right)$ 경우에는 이항 분포를 사용하여 계산해도 거의 값은 차이가 없다. 이 경우에는 다음의 식에 따른다.

$$L(p)=\sum_{x=0}^{Ac}\binom{n}{x}p^{x}(1-p)^{n-x}$$

(3) 포아송 분포를 사용하여 계산하는 경우

로트의 크기 N이 표본의 크기에 비해서 충분히 크고($N \geq 10n$), 또한 부적합률 p가 작은($p \leq 0.1$) 경우에는, 포아송 분포로 근사계산을 해서 $L(p)$를 구해도 좋다. 이 경우에는 다음의 식을 사용한다.

$$L(p)=\sum_{x=0}^{Ac}\frac{e^{-np}\cdot(np)^{x}}{x!}$$

예제 4-2 $N=1000$, $n=20$, $Ac=2$인 계수형 샘플링검사에서 $p=5\%$일 때 로트가 합격할 확률을 초기하분포, 이항분포, 포아송분포를 사용하여 구하라.

풀이 ① 초기하분포 이용

$$L(p)=P(x \leqq Ac)=P(x \leqq 2)$$
$$=\sum_{x=0}^{2}\frac{\binom{Np}{x}\binom{N-Np}{n-x}}{\binom{N}{n}}$$
$$=\sum_{x=0}^{2}\frac{\binom{50}{x}\binom{950}{20-x}}{\binom{1000}{20}}$$
$$=0.9264$$

② 이항분포 이용

$$L(p)=P(x \leqq Ac)=P(x \leqq 2)$$
$$=\sum_{x=0}^{2}\binom{n}{x}p^{x}(1-p)^{n-x}$$
$$=\sum_{x=0}^{2}\binom{20}{x}0.05^{x}(1-0.05)^{20-x}$$
$$=0.9245$$

③ 포아송분포 이용

$$L(p) = P(x \leqq Ac) = P(x \leqq 2)$$
$$= \sum_{x=0}^{2} \frac{e^{-np} np^x}{x!}$$
$$= \sum_{x=0}^{2} \frac{e^{-1} 1^x}{x!}$$
$$= 0.9197$$

4.2.3 검사특성곡선(operating characteristic curve, OC곡선)

앞에서 샘플링검사 방식을 (N, n, Ac)검사방식에서 부적합률이 p인 로트가 합격하는 확률 $L(p)$를 구하는 방법이 소개되었다. 이때 합격확률 $L(p)$는 부적합률 p의 함수로 생각할 수 있다. 예로, 전구에 적용되고 있는 한 샘플링검사방식은 (N=1 000, n=30, Ac=3)검사방식이다. 즉 크기 N=1 000의 로트로부터 크기가 n=30의 표본을 랜덤하게 추출하여 검사하고, 표본 중에 포함되는 부적합품수가 0, 1, 2, 3인 경우에는 로트를 합격으로 하고, 4개 이상인 경우에는 로트를 불합격으로 하는 샘플링검사 방식이다. 로트의 부적합률 p가 5 %, 10 %, 15 %, 20 %일 때, 표본 중에 포함된 부적합품의 수가 x개 나타날 확률을 계산하면 [표 4-1]과 같다.

이 샘플링검사 방식에서는 x=0, 1, 2, 3의 어느 경우에도 로트는 합격으로 되므로, 로트의 부적합률 p=5 %, 10 %, 15 % 및 20 %의 경우에 대해 로트가 합격할 확률 $L(p)$는 각각 [표 4-2]와 같다.

즉, 부적합률 p=5 %인 로트가 합격할 확률 $L(p)$는 [표 4-1]의 p=5 %의 열의 확률을 x=0부터 x=3까지 더함으로써 구한다.

표 4-1 **부적합이 나타날 확률(N=1 000, n=30)**

x	p=5 %	p=10 %	p=15 %	p=20 %
0	0.210	0.040	0.007	0.001
1	0.342	0.139	0.039	0.009
2	0.263	0.229	0.102	0.032
3	0.123	0.240	0.171	0.077
4	0.044	0.180	0.210	0.132
5	0.011	0.102	0.187	0.174

표 4-2 로트가 합격할 확률(N=1 000, n=30, Ac=3)

p(%)	5	10	15	20
$L(p)$	0.938	0.648	0.319	0.119

여기서 로트의 부적합률 p(%)를 가로축에, 로트가 합격할 확률 $L(p)$를 세로축에 잡아서 [표 4-2]의 점들을 찍어 보면 [그림 4-2]와 같다. 이 곡선을 OC곡선(Operating Characteristics Curve : 검사 특성 곡선)이라 한다.

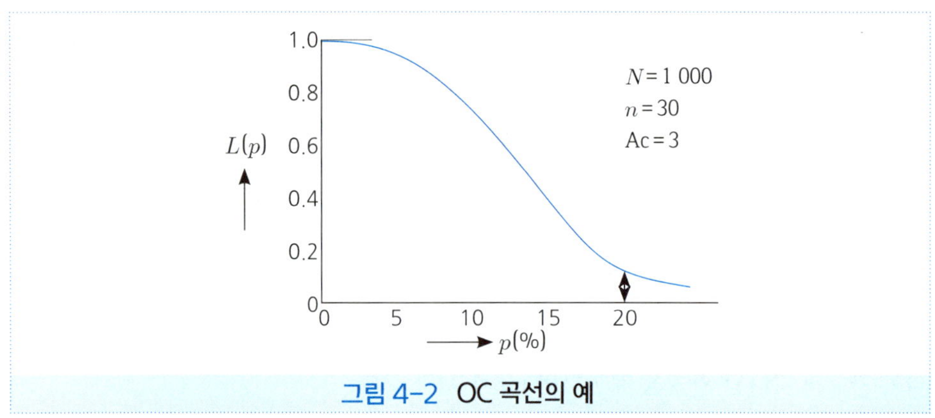

그림 4-2 OC 곡선의 예

하나의 샘플링검사방식이 정해지면 그에 대응하는 OC 곡선도 하나로 결정되며, OC곡선을 관찰함으로써 그 샘플링검사방식으로 어느 정도의 부적합률을 가진 로트가 어느 정도의 비율로 합격되는가와, 또 로트를 어느 정도의 비율로 합격시키기 위해서는 로트의 부적합률은 어느 정도로 허용되어야 할까 등을 알 수가 있다.

샘플링검사의 설계는 부적합률이 p_0보다 작은 '좋은 로트'는 합격을 시키고, 부적합률이 $p_1(p_0 < p_1)$보다 큰 '나쁜 로트'는 불합격시키고자 한다.

이때 좋은 로트라고 판단되는 기준 부적합률 p_0을 합격품질한계(AQL)라고 하고, 나쁜 로트라는 기준이 되는 부적합률 $p_1(p_0 < p_1)$을 한계품질(LQ : 과거에는 이를 로트허용부적합률[Lot Tolerance Percent Defective:LTPD 라고 하였음])라고 한다. 즉, '좋은 로트'란 부적합률이 합격품질한계 p_0이하인 로트를 말하며, '나쁜 로트'란 부적합률이 로트한계품질 p_1보다 큰 로트를 말한다.

일반적으로 샘플링검사방식의 OC곡선은 [그림 4-3]과 같으며, 부적합률이 합격품질한계 p_0보다 작은 경우에도 불합격 판정될 수도 있다. 이때 불합격 판정될 확률을 생산자위험(Producer's Risk : PR)이라고 하고 α로 표시한다. 또한 부적합률이 한계품질 p_1보다 큰 경우에도 합격 판정될 수 있는데 그 때의 확률을 소비자위험(Consumer's Risk : CR)이라고 하며 β로 표시한다.

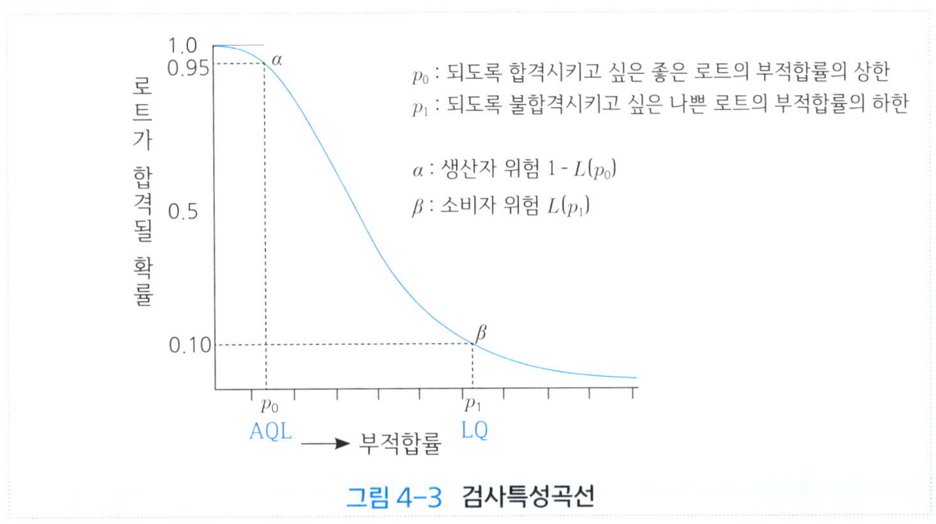

그림 4-3 검사특성곡선

따라서 OC곡선은 설정된 검사기준 하에서 제출된 로트의 부적합률의 변화에 따른 로트의 합격확률을 나타내고 있는 그림으로서, 로트의부적합률 p(%)를 가로축에 로트의 합격확률 $L(p)$을 세로축으로 작성하게 된다. OC곡선에서 로트가 합격할 확률 $L(p)$의 계산은 앞 설에서 설명하였다. 따라서 샘플링검사의 설계는 합격품질한계(AQL)이 p_0일 때 생산자위험을 α라 하고, 한계품질(LQ)이 p_1일 때 소비자위험을 β라 고 하면, OC곡선 중에서 두 점 $(p_0,\ 1-\alpha)$와 $(p_1,\ \beta)$을 지나게 하는 (n, Ac)를 구하는 문제이다. 이는 수치적으로 구하기가 매우 번거로우므로 표준에서는 생산자위험을 $\alpha=5$(%), 소비자위험을 $\beta=10$(%)로 고정하고, p_0와 p_1의 값에 따라 샘플링검사표를 제공하는 경우가 많다. 이 경우에는 해당란에서 (n, Ac)을 읽으면 된다.

국제표준에서는 OC곡선에 관한 여러 가지 표준용어 및 개념을 제시하고 있어서 참고로 이에 대한 내용을 [그림 4-4]를 통해서 제시한다.

우선 [그림 4-4]에서 소개되지 않은 기호에 대한 약어를 보면, PRP(Producers' Risk Point), CRP(Consumers' Risk Point), PRQ(Producers' Risk Quality) 및 CRQ(Consumers'

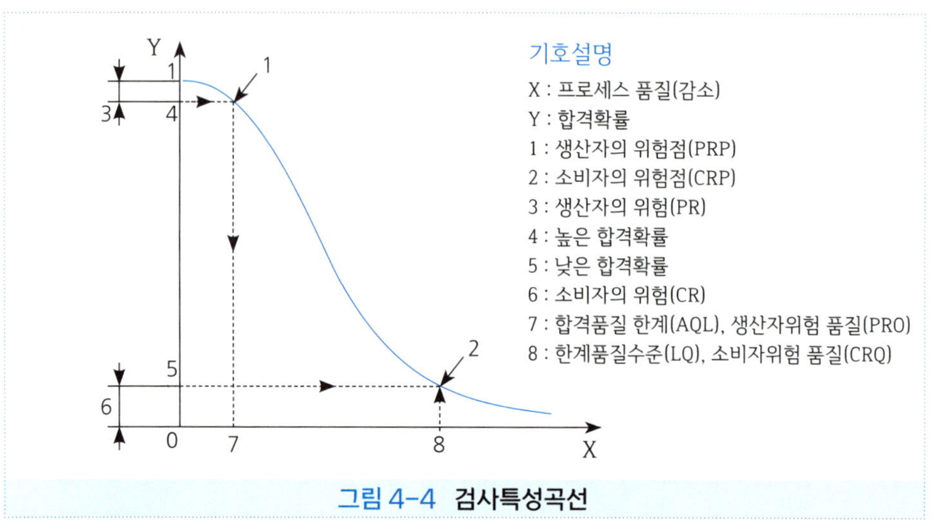

그림 4-4 **검사특성곡선**

Risk Quality)를 볼 수 있는데 그 의미는 OC곡선에서 충분히 이해될 수 있다. 그러나 AQL, PRQ, LQ 및 CRQ의 관계와 값의 선정에 관련하여 설명하고자 한다.

(1) AQL과 PRQ의 의미

샘플링검사의 목적상 AQL과 PRQ는 동의어로 간주할 수 있다. 이 둘은 샘플링검사의 목적상 어떤 품질을 허용할 수 있는가를 나타내는 지수이며, PRQ는 규정된 작은 PR과 관련이 있음에 반해 AQL은 규정되지 않은 PR이 작게 되는 품질 수준을 나타낸다는 차이가 있다.

(2) AQL의 설정

AQL을 설정할 때, AQL은 생산 중에 필요한 품질을 나타낸다는 것을 기억하여야 한다. 공급자는 AQL보다 좋은 평균 품질의 로트를 생산하도록 요청 받는다. 한편 이 품질은 합리적으로 달성 가능한 것이어야 하지만, 다른 한편으로는 고객의 입장에서 합리적인 품질의 것이어야 한다. 흔히 이것은 고객이 원하는 품질과 고객이 제공할 수 있는 품질 간의 타협을 의미하는데, 요구사항이 엄격할수록 생산 품질을 만족시키기가 더 어려워질 우려가 있고, 이를 충족하기 위해서는 검사 비용이 더 비싸질 우려가 있다.

주요 고려사항은 고객의 약정이 되어야 하지만, 고객이 현실적으로 실제 필요한 것보다 더 우수한 품질을 요구하지 않도록 할 필요가 있다. 또한 논의 중인 아이템을 어떻게 사용하여야 하는가와 고장의 결과를 고려할 필요가 있다. 아이템을 대량으로 이용할 수 있고 그 고장이 단순히 부적합품을 제거하고 다른 것을 대신 사용할 수 있을 정도의 조립 고장이라면 비교적 관대한 AQL이 허용될 수도 있다. 한편 부적합품을 교체할 수 없는 시간과 장소에서 값비싸고 중요한 장비의 기능을 고장에 이르게 하는 것이라면 더 엄격한 AQL이 필요할 것이다.

또한, 얼마나 많은 구성요소들이 최종 장비에 포함될 것인지를 고려할 필요가 있다. 예를 들어 3개의 서로 다르지만 동일하게 중요한 독립 구성요소를 포함한 장비 1대의 품질이 10 % 이하 부적합률이 되어야 한다면, 세 구성요소 각각은 3.45 % 부적합률이 될 수 있고 그 요구사항은 충족될 것이다. 그러나 이 기계류에 10개의 구성요소가 포함되었다면 이들은 평균적으로 1.04 %보다 나쁜 부적합률을 가져서는 안 될 것이다.

구성요소들이 독립적으로 부합하거나 부합하지 않는다면, 확률의 곱셈 법칙으로부터 전체 적합률은 다음과 같이 된다.

$$1 - \frac{X}{100} = \left(1 - \frac{x}{100}\right)^k$$

이로부터 전체 부적합률은 다음과 같이 된다.

$$\frac{X}{100} = 1 - \left(1 - \frac{x}{100}\right)^k$$

여기에서,

k = 조립품 구성요소의 개수
X = 조립품의 부적합률
x = 구성요소 각각의 부적합률

상기 식은 구성요소들이 동일할 때 모든 목적에 적용한다. 좀 더 일반적으로 말하면, k 구성요소의 부적합률이 각각 $x_1, x_2, \cdots, x_k$이면, 구성요소가 독립적으로 부합하거나 부합하지 않으면, 다음과 같이 된다.

$$\frac{X}{100} = 1 - \left(1 - \frac{x_1}{100}\right)\left(1 - \frac{x_2}{100}\right)\cdots\left(1 - \frac{x_k}{100}\right)$$

AQL을 설정하는 것에 대한 가장 일반적인 기준으로는 다음과 같은 사항을 고려하는 것이 좋다.

(a) 역사적 데이터(historical data) : 과거 데이터를 사용해 프로세스 평균을 추정하고, 그러고 나서 획득한 추정 값으로 혹은 이와 가깝게 AQL을 설정한다.

(b) 경험적 판단(empirical judgement) : 유사 아이템에 만족스러운 것으로 알려진 수준으로 AQL을 설정한다.

(c) 공학적 판단(engineering judgement) : AQL은 기능, 성능, 수명, 상호교환성 등의 '공학적' 추정 값에 기반을 둔다.

(d) 실험(experimental) : AQL을 잠정적으로 설정한 후 성과와 경험에 비추어 조정한다.

(e) 최소 총비용(minimum total cost) : AQL은 '품질 비용' 대 '품질을 확보하지 못한 비용'의 분석에 기반을 둔다.

(f) 제품 및 공급자의 지식(knowledge of the product and of the supplier) : AQL은 '경험'에 기반을 둔다. 이러한 기반들은 단독으로 또는 조합하여 사용하여도 된다.

(3) 표준 AQL(preferred AQL)

샘플링검사표에는 AQL에 대한 표준이 주어졌는데 주어진 AQL 값 중 하나를 사용하기로 선택하는 것이 바람직하다. 왜냐하면 이 검사표들은 다른 경우에는 적용할 수 없으며, 특별한 샘플링검사 방식이나 방안은 별도로 설계하여야 하기 때문이다. 표준 AQL 값들은 거의 등비수열을 이루므로, 이들 중 적합하지 않은 것을 찾는 것은 쉽지 않을 것이다.

(4) LQ와 CRQ

AQL과 PRQ에서 유추하여 볼 때 LQ와 CRQ는 샘플링검사 목적상 규정 값이 작은 합격 확률만을 갖는 "불합격 가능한" 품질 수준을 나타내는 지수로 간주할 수 있다.

이러한 품질 수준을 결정하는 과정은 AQL 과정과 유사하지만, 지금은 검사 문제, 추가 비용 등을 유발하게 되는 허용 불가능한 수준을 고려한다는 점이 다르다. 이 수준들은 선택된 소비자의 위험 수준과 관련이 있으므로 그에 따라 결정하여야 할 것이다.

그림 4-5 전수검사에 의한 OC곡선

(5) OC 곡선을 사용한 샘플링검사 방식의 비교

OC 곡선은 샘플링검사 방식들을 직접 비교하는 뛰어난 기준을 제공한다. 각각의 샘플링검사 방식은 자신의 OC 곡선을 갖기 때문이다. 다른 방법으로, OC 곡선으로부터 유도된 요소들, 예를 들면 AOQL, 판별비(DR : Discrimination Ratio) 또는 평균샘플크기(ASS)를 사용해 어느 정도 비교를 할 수 있다.

검사방법이 '로트를 판별할 능력이 좋다'는 의미는 품질이 좋은 로트는 합격시키고 품질이 나쁜 로트는 불합격시키는 능력이 높은 방법을 의미한다. 판별능력이 가장 좋은 이상적인 검사방법은 [그림 4-5]와 같은 OC곡선을 갖는 경우라고 할 수 있다.

이 경우는 p_0보다 작은 부적합률을 갖는 좋은 로트는 모두 합격시키고, p_1보다 큰 부적합률을 갖는 나쁜 로트는 모두 불합격시키는 검사방법으로, 전수검사에서나 가능한 형태이지 샘플링검사에서는 이러한 경우는 있을 수 없다.

(6) 판별비(DR)

완벽한 샘플링검사 방식은 합격품질한계와 동일한 부적합률에서 절대적인 판별을 제공할 것이다. OC 곡선은 AQL에서 수직한 직선이 될 것이다. AQL보다 부적합률이 더 낮은 품질에 대해서는 총 합격 영역이 있으며, AQL보다 부적합률이 더 높은 품질에 대해서는 총 불합격 영역이 있게 된다. [그림 4-5}는 이상적인 OC 곡선을 나타낸 것이다. 이 이상적인 곡선은 완벽한 전수 검사보다 훨씬 낮을 때는 얻을 수 없다.

일단 샘플링검사 방법을 도입하였다면 "합격 가능" 품질과 "합격 불가능" 품질을 절대적으로 판별할 수 있는 능력은 상실된다. 모든 아이템을 검사하지 않은 것에 대한 불이익은 OC 곡선의 기울기에 반영된다. 특히 PRP와 CRP 사이에 놓여 있는 곡선 중에서 해당 부분의 기울기의 절대값으로 반영되는데 이를 판별비라 한다. 이 기울기가 클수록 샘플링검사 방식의 판별은 더 커진다. 따라서 판별을 하는데 있어 OC 곡선 중에서 이 부분에 대한 기울기를 비교하면 샘플링검사 방식의 효과를 직접 비교할 수 있다.

OC 곡선이 다른 척도로 되어 있을 때는 이를 직접 비교하는 것은 쉽지 않은데, 이때는 다음의 수치법이 유용할 수 있다. 이 방법에서는 PRP와 CRP를 잇는 직선의 기울기를 활용한다. 직선은 OC 곡선 해당 부분을 만족스럽게 근사화한 것이다.

DR=(CRQ)/(PRQ)은 이 기울기를 판별비의 수치 지수로 계산한 것이다. 이 숫자가 클수록 샘플링검사 방식의 판별은 낮아진다. 이 지수는 방식 선정뿐 아니라 비교에, 또는 OC 곡선에 기반을 둔 다른 목적에 사용할 수 있다.

그러나 판별비가 동일한 샘플링검사 방식이 반드시 동등한 것은 아니다. 예를 들어 KS Q ISO 2859-1을 사용할 때 AQL이 1 %이고 코드 문자가 K인 방식에 대한 OC 곡선은 AQL이 4 %이고 코드 문자가 M인 방식에 대한 곡선과 유사한 판별비를 갖지만, CR과 PR 점들은 매우 다르다. 이 방법을 적용할 때 PR 점들 및 품질 수준이 유사한 곡선들은 부적합 품질에 대한 판별 정도, 즉 소비자의 위험 변동에 대해 비교된다.

4.2.4 OC곡선의 성질

샘플링검사방법의 능력으로 OC곡선으로 평가할 수 있는데 OC곡선에 영향을 미치는 요인은 로트의 크기 N과 표본 n과 합격판정개수 Ac가 되는데, $N \geq 10n$인 경우에는 N은 OC곡선에 거의 영향을 주지 못하므로 샘플링검사 방식을 결정한다는 것은 n과 Ac의 합리적인 조정이라고 할 수 있다. 로트의 크기 N과 표본 n과 합격판정개수 Ac의 변화에 따른 OC곡선의 변화를 다음과 같이 살펴볼 수 있다.

(1) 로트크기 N에 따른 OC곡선의 변화

로트의 크기 N이 여러 가지로 변화했을 때 표본의 크기 n과 합격판정개수 Ac가 일정한 값으로 된 경우의 OC 곡선의 변화를 고찰하여 보자. 표본의 크기 $n=20$, 합격판정개수 Ac=2라고 하는 샘플링검사 방식이 정해져 있고, 이 경우에 로트의 크기

N이 60, 80, 100, 200, 400, 600, 1 000, ∞로 변화했을 때, 로트가 합격하는 확률 $L(p)$가 어떻게 변하는가 하는 것을 나타낸 것이 [표 4-3]이다.

표 4-3 N의 변화에 의한 $L(p)$의 변화(n, Ac는 일정)

로트의 크기		60	80	100	200	400	600	1000	∞
$L(p)$	p=5%의 경우	0.966	0.954	0.947	0.935	0.929	0.928	0.927	0.925
	p=15%의 경우	0.362	0.375	0.378	0.394	0.400	0.401	0.402	0.405
	p=25%의 경우	0.053	0.063	0.069	0.080	0.086	0.088	0.089	0.091

[표 4-3]을 이용하여, 로트의 크기 N=60, 200, ∞의 3개 경우에 대한 OC 곡선을 표시한 것이 [그림 4-6]이다. 이 그림에서 분명히 알 수 있는 것처럼 로트의 크기는 OC 곡선의 모양에 별로 큰 영향을 미치지 않는다.

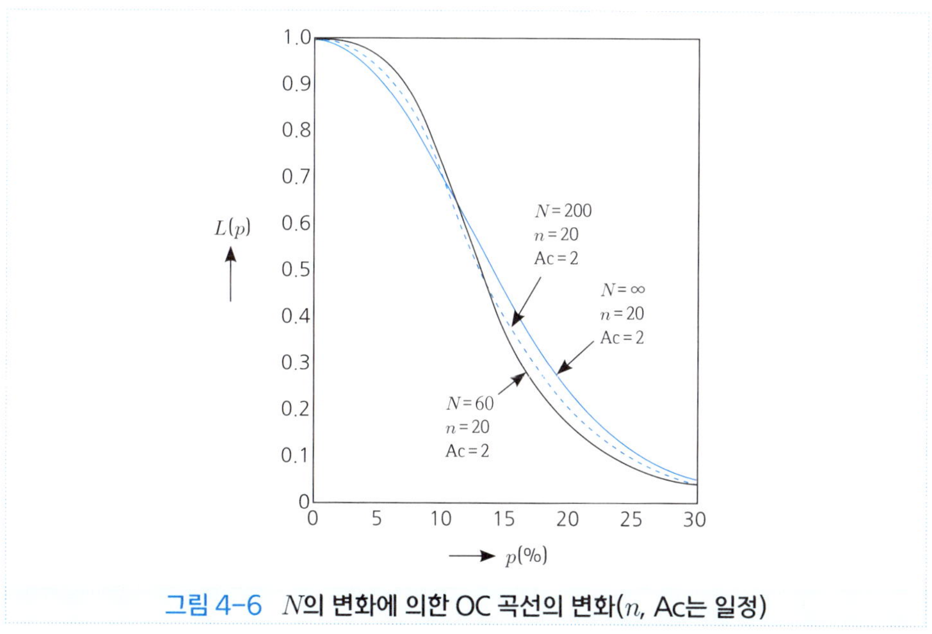

그림 4-6 N의 변화에 의한 OC 곡선의 변화(n, Ac는 일정)

일반적으로 로트크기가 채취하는 표본 크기의 10 배 이상인 경우에는 로트의 크기를 무한대라고 생각하여 로트의 크기와는 무관하게 샘플링검사를 설계할 수 있다. 따라서 이런 면으로만 생각하면 로트의 크기가 커도 샘플로 채취하여 조사하는 검사 개수는 그대로 해도 된다. 그러나 실제의 샘플링검사를 할 때 로트의 크기를 얼마든지 크게 하는 것이 반드시 좋지는 않다.

로트가 크면 하나의 로트가 불합격되었을 때의 손실이 생산자 쪽으로 보아서는 당연히 크게 된다. 따라서 로트가 클 때는, 로트가 작을 때보다도 다소 샘플의 크기를 크게 해서, 좋은 로트가 불합격되는 위험을 적게 하여 행하는 편이 경제적인 경우가 많다. 또 로트가 크면 채취한 샘플 1 개당의 검사 비용도 일반적으로 커진다.

이 밖에 쓸데없이 로트를 크게 하면 서로 다른 제조 조건에서 만들어진 제품이 혼입되는 위험이 커져 합리적인 검사 로트를 형성할 수 없게 되는 것도 주의해야 한다.

(2) 샘플 크기 N에 따른 OC 곡선의 변화

로트의 크기 N=1 000이고 합격 개수 Ac=1일 때 샘플의 크기 n을 5, 10, 20, 30, 50으로 변경했을 때 OC 곡선의 변화는 [그림 4-7]과 같다.

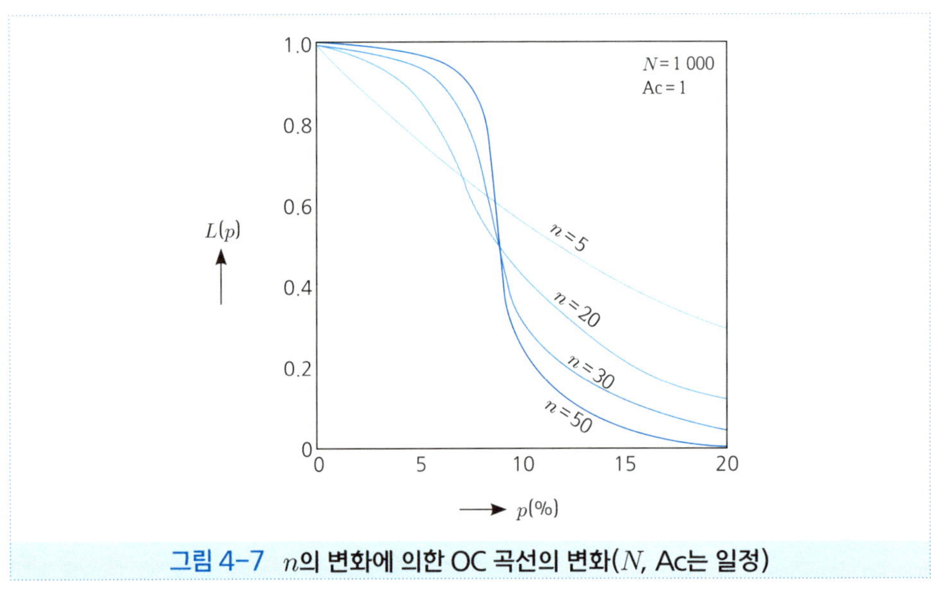

그림 4-7 n의 변화에 의한 OC 곡선의 변화(N, Ac는 일정)

일반적으로 N, Ac를 일정하게 하고 n을 증가시키면 OC 곡선은 작은 p값에 대하여는 점점 1에, 큰 p값에 대하여는 점점 0에 가까워지며 그 사이의 p값에서 기울기가 급격해진다. 따라서 샘플 크기 n을 증가시키면 생산자와 소비자 위험은 모두 감소된다.

(3) 합격판정개수 Ac에 따른 OC 곡선의 변화

로트의 크기 $N=1\ 000$이고 샘플의 크기 $n=20$일 때, 합격판정개수 Ac를 0, 1, 2, 3으로 변화시켜 가면 OC 곡선은 대체로 오른쪽으로 완만해짐을 [그림 4-8]로부터 알 수 있다. 또 합격할 확률이 0.95로 되는 부적합률의 근처에서는 Ac의 값이 0, 1등과 같이 작을 때는 OC 곡선의 경사가 급하기 때문에 로트의 부적합률 p의 아주 작은 변화에 대하여 합격할 확률 $L(p)$의 변화가 심하지만, Ac의 값이 커짐에 따라 경사가 완만하게 되므로 부적합률 p의 변화에 대해서 합격할 확률 $L(p)$의 변화가 작아지게 된다.

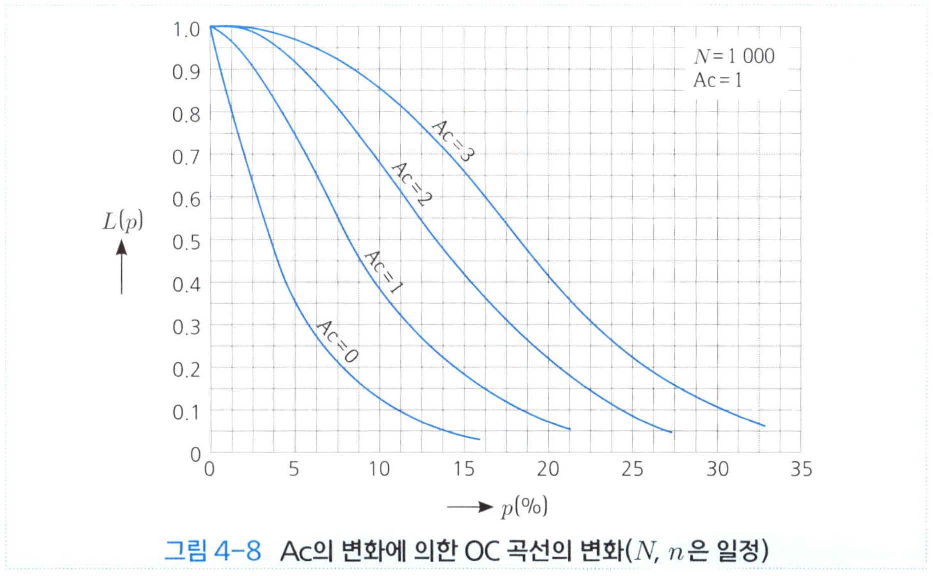

그림 4-8 Ac의 변화에 의한 OC 곡선의 변화(N, n은 일정)

4.3 샘플링검사의 분류

4.3.1 품질표시방법에 의한 분류

샘플링검사는 검사단위의 품질표시 방법에 따라 계수형 샘플링검사(inspection by attributes)와 계량형 샘플링검사(inspection by variables)로 나눌 수 있다. 계수형 샘플링검사란 검사단위의 품질특성을 이산형 즉, 계수치 데이터인 부적합품이나 부적합으로 표현하는 경우로 합격판정기준인 합격판정개수와 비교하여 로트의 합격과 불합격을 결정한다. 계량형 샘플링검사는 검사단위의 품질특성을 연속형 즉, 계량치 데이터로 측정하여 평균값과 설정된 판정기준과 비교하여 로트의 합격과 불합격을 결정하는 샘플링검사 방식이다.

이러한 계수형 샘플링검사와 계량형 샘플링검사의 특징을 비교하면 다음 [표 4-4]와 같다.

표 4-4 **계수형 샘플링검사와 계량형 샘플링검사의 비교**

구분 \ 내용	계수형 샘플링검사	계량형 샘플링검사
품질의 표시방법	부적합률 또는 부적합수로 표시	특성 값으로 표시
검사방법	1. 숙련을 요하지 않는다. 2. 소요시간이 짧다. 3. 설비가 간단하다. 4. 기록이 간단하다.	1. 숙련을 요한다. 2. 소요시간이 길다. 3. 설비가 복잡하다. 4. 기록이 복잡하다.
적용시 이론상의 제약	샘플링검사를 적용하는 조건이 쉽게 만족될 수 있다.	품질특성치가 정규분포를 하는 경우 혹은 특수한 경우로 제한된다.
판별능력과 검사개수	검사개수가 같은 경우 계량형보다 판별능력이 낮으므로 검사개수는 크다.	검사개수가 동등한 경우 계수형보다 판별능력이 커지므로 검사개수가 상대적으로 적다.
검사기록의 이용	다른 목적에 이용되는 정도가 낮다.	다른 목적에 이용되는 정도가 높다.
적용해서 유리한 경우	검사의 비용이 적은 것, 즉 검사의 시간, 설비, 인원을 많이 요하지 않는 것	검사비용이 많은 것, 즉 시간, 설비, 인원을 많이 요하는 것으로 파괴검사에 유리하다.

4.3.2 검사횟수에 의한 분류

(1) 1회 샘플링검사(Single sampling inspection)

로트에서 샘플을 단 1회 추출하여 판정기준과 비교하여, 로트의 합격, 불합격을 결정하는 샘플링 방식으로 샘플링 형식 중에서 가장 간편하나 검사개수가 상대적으로 큰 단점이 있다. 다음에 주어지는 1회 샘플링검사는 $N=2\ 000$에서 $n=100$을 추출하여 부적합품이 2 개 이내이면 로트합격, 3 개 이상이면 불합격시킨다.

n	합격판정개수(Ac)	불합격판정개수(Re)
100	2	3

이때 로트가 합격할 확률은 일반적으로 초기하분포를 사용하여 정확히 구할 수 있지만 N이 충분히 크고 로트의 부적합률이 작은 경우라면 로트의 합격확률은 포아송분포를 이용해서 구할 수도 있다.

(2) 2회 샘플링검사(Double sampling inspection)

제1차에서 지정된 샘플로 검사한 결과 합격과 불합격의 판정을 내리지 못할 때, 다시 제2차 샘플을 채취하고 제1차 샘플에서 나온 부적합품수와 제2차 샘플서 나온 부적합품수를 누계하여 합격판정기준과 비교, 로트의 합격과 불합격을 판정하는 방식이다. 이를 나타낸 것이 [그림 4-9]인데 여기서 n_1, n_2는 각각 제1차 샘플, 제2차 샘플이며, X_1, X_2는 각각 제1차 샘플링검사에서의 부적합품수, 제2차 샘플링검사에서의 부적합품수이며, Ac_1, Ac_2, Re_1, Re_2는 각각 제1차 샘플과 제2차 샘플별 합격판정개수 및 불합격판정개수이며, P_{a1}, P_{r1}는 각각 제1차 샘플링검사에서의 로트합격확률과 로트불합격확률이며, P_{a2}, P_{r2}는 각각 제2차 샘플링검사에서의 로트합격확률과 로트불합격확률이다.

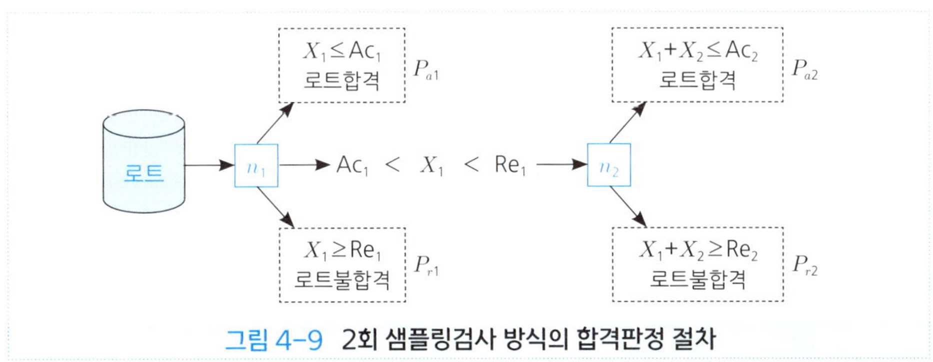

그림 4-9 2회 샘플링검사 방식의 합격판정 절차

2회 샘플링검사의 예를 들어 설명하면 아래와 같다.

	샘플의 크기(n)	누적샘플의 크기	합격판정개수(Ac)	불합격판정개수(Re)
제1차	80	80	1	3
제2차	80	160	4	5

이 의미는 만일 80개의 제1차 샘플 중에 발견된 부적합품의 개수가 0 또는 1이면 제2차 샘플을 검사하지 않고 로트는 합격으로 한다. 만일 3개 이상의 부적합품이 발견되면 제2차 샘플을 검사하지 않고 로트는 불합격으로 한다. 그러나 만일 80개의 제1차 샘플이 2개의 부적합품을 포함하고 있다면, 새로이 80개의 제2차 샘플을 뽑아 누계샘플중의 부적합품 개수의 합에 의해 합부를 판정한다. 즉, 4개 이하이면 로트는 합격으로 하고, 5개 이상이면 로트는 불합격으로 한다.

2회 샘플링검사의 OC곡선의 계산도 1회 샘플링검사와 같이 할 수 있으나 검사의 상황에 따라 로트의 합격확률의 계산이 다를 수 있다.

OC곡선 계산에 초기하분포를 사용할 경우의 P_{a1}, P_{r1}, P_{a2}, P_{r2}는 다음 식으로 주어진다.

$$P_{a1} = P(X_1 \le \mathrm{Ac}_1) = \sum_{x_1=0}^{\mathrm{Ac}_1} \frac{\binom{pN}{x_1}\binom{N-pN}{n_1-x_1}}{\binom{N}{n_1}} \tag{4-1}$$

$$P_{r1} = P(X_1 \ge \mathrm{Re}_1) = \sum_{x_1=0}^{\mathrm{Re}_1-1} \frac{\binom{pN}{x_1}\binom{N-pN}{n_1-x_1}}{\binom{N}{n_1}} \tag{4-2}$$

$$\begin{aligned} P_{a2} &= \sum_{x_1=\mathrm{Ac}_1+1}^{\mathrm{Ac}_2} \sum_{x_2=0}^{\mathrm{Ac}_2-x_1} P(X_1=x_1)\,P(X_2=x_2 \mid X_1=x_1) \\ &= \sum_{x_1=\mathrm{Ac}_1+1}^{\mathrm{Ac}_2} \sum_{x_2=0}^{\mathrm{Ac}_2-x_1} \frac{\binom{pN}{x_1}\binom{N-pN}{n_1-x_1}}{\binom{N}{n_1}} \cdot \frac{\binom{pN-x_1}{x_2}\binom{N-pN-n_1+x_1}{n_2-x_2}}{\binom{N-n_1}{n_2}} \end{aligned} \tag{4-3}$$

$$P_{r2} = 1 - (P_{a1} + P_{r1} + \mathrm{P}_{a2}) \tag{4-4}$$

OC곡선 계산에 포아송분포를 사용할 경우의 P_{a1}, P_{r1}, P_{a2}, P_{r2}는 다음 식으로 주어진다. 포아송분포를 사용하는 경우의 조건부 확률계산이 독립성에 의해 약간 다르다.

$$P_{a1} = P(X_1 \le \mathrm{Ac}_1) = \sum_{x_1=0}^{\mathrm{Ac}_1} e^{-n_1 p} \frac{(n_1 p)^{x_1}}{x_1!} \tag{4-5}$$

$$P_{r1} = P(X_1 \ge \mathrm{Re}_1) = \sum_{x_1=\mathrm{Re}_1}^{\infty} e^{-n_1 p} \frac{(n_1 p)^{x_1}}{x_1!} = 1 - \sum_{x_1=0}^{\mathrm{Re}_1-1} e^{-n_1 p} \frac{(n_1 p)^{x_1}}{x_1!} \tag{4-6}$$

$$P_{a2} = \sum_{x_1=\text{Ac}_1+1}^{\text{Ac}_2} \sum_{x_2=0}^{\text{Ac}_2-x_1} P(X_1=x_1)\,P(X_2=x_2 \mid X_1=x_1) \tag{4-7}$$

$$= \sum_{x_1=\text{Ac}_1+1}^{\text{Ac}_2} \sum_{x_2=0}^{\text{Ac}_2-x_1} P(X_1=x_1)P(X_2=x_2)$$

$$= \sum_{x_1=\text{Ac}_1+1}^{\text{Ac}_2} \sum_{x_2=0}^{\text{Ac}_2-x_1} e^{-n_1p}\frac{(n_1p)^{x_1}}{x_1!} \cdot e^{-n_2p}\frac{(n_2p)^{x_2}}{x_2!}$$

$$P_{r2} = 1-(P_{a1}+P_{r1}+P_{a2}) \tag{4-8}$$

예제 4-3 $n_1=50$, $n_2=50$, $\text{Ac}_1=0$, $\text{Re}_1=2$, $\text{Ac}_2=1$, $\text{Re}_2=2$인 2회 샘플링검사에서 부적합률 $p=0.001$일 때 로트가 합격 및 불합격 확률을 포아송분포를 이용하여 구하라.

풀이

$$n_1p = n_2p = (50)(0.001) = 0.05$$

$$P_{a1} = P(X_1 \le 0) = \sum_{x_1=0}^{\text{Ac}_1} e^{-0.05}\frac{(0.05)^0}{0_1!} = 0.951\ 2$$

$$P_{r1} = P(X_1 \ge 2) = 1 - \sum_{x_1=0}^{1} e^{-0.05}\frac{(0.05)^{x_1}}{x_1!}$$

$$= 1 - e^{-0.05}\frac{(0.05)^0}{0!} + e^{-0.05}\frac{(0.05)1}{1!}$$

$$= 1 - 0.951\ 2 + 0.047\ 6 = 0.001\ 2$$

$$P_{a2} = \sum_{x_1=1}^{1}\sum_{x_2=0}^{0} e^{-0.05}\frac{(0.05)^{x_1}}{x_1!} \cdot \frac{(0.05)^{x_2}}{x_2!}$$

$$= 0.045\ 2$$

$$P_{r2} = 1-(P_{a1}+P_{r1}+P_{a2}) = 0.002\ 4$$

1회 샘플링검사에서는 샘플크기 n이 항상 일정하지만 2회 샘플링검사에서는 검사가 제1차에서 끝나느냐 제2차로 넘어가느냐에 따라서 검사하는 샘플의 총 크기가 달라질 수 있다. 장기적으로 로트의 합격여부를 판정하는데 소요되는 샘플의 평균검사개수(Average Sample Size : ASS, 일부 교재에서는 Average Sample Number : ASN이라고도 함)는 로크의 부적합률 와 관련되어 있다. 2회 샘플링검사의 ASS의 일반식은 다음과 같다.

$$\text{ASS} = n_1 + n_2(1 - P_{a1} - P_{r1}) \tag{4-9}$$

그러나 제2차 샘플을 검사하는 도중에 부적합품이 누적되어 Ac_2 이상이 되면 로트의 합격여부 판정에는 더 이상의 검사가 필요 없으므로 검사를 그곳에서 중단할 수도 있다. 이러한 검사방식을 단축검사(curtailed inspection)라고 한다. 물론 이 경우의 ASS 계산 방법도 달라진다. 그런데 일반적으로 단축검사방식을 도입하지 않고 합격여부 판정과 관계없이 제2차 샘플을 다 검사하는 것은 로트에 관한 정보를 추가적으로 확보할 수 있기 때문이다.

(3) 다회 샘플링검사

2회 샘플링검사를 3회 이상의 샘플링검사의 형식으로 확장한 것이다. 이는 각 회의 샘플링을 조사한 결과를 일정기준과 비교하여 합격, 불합격, 검사 속행의 종으로 분류하면서 어느 일정 횟수까지는 합격, 불합격 판정을 결정하는 형식이다. 예를 들면 다음과 같다.

	샘플의 크기(n)	누적샘플의 크기	합격판정개수(Ac)	불합격판정개수(Re)
제1차	20	20	*	3
제2차	20	40	0	3
제3차	20	60	1	4
제4차	20	80	2	5
제5차	20	100	4	5

(4) 축차 샘플링검사

1개씩 혹은 일정 개수씩 샘플을 검사하면서 그 누계결과를 그 때마다 판정기준과 비교하여 합격, 불합격, 검사 속행의 판정을 하는 것으로, 1개씩 샘플을 채취하는 경우를 각개 축차 샘플링검사라고 하고, 일정 개수씩 샘플링 하는 경우를 군 축차 샘플링검사라고 한다. 본 교재에서는 각개 축차 샘플링검사만 소개하며 이를 축차 샘플링검사라 한다. 축차 샘플링검사는 가장 적은 수의 샘플로 검사를 행할 수 있는 샘플링검사 방식이다.

[그림 4-10]에 축차 샘플링검사의 순서를 나타냈다.

누계 부적합품수 D가 그 때까지의 누적검사개수 n_{cum}에 비추어 합격판정개수 Ac 이하이면 로트를 합격으로, Re이상이면 로트를 불합격으로 하며, Ac와 Re의 사이에 있으면 검사를 속행하여 합격·불합격이 결정될 때까지 검사를 계속한다.

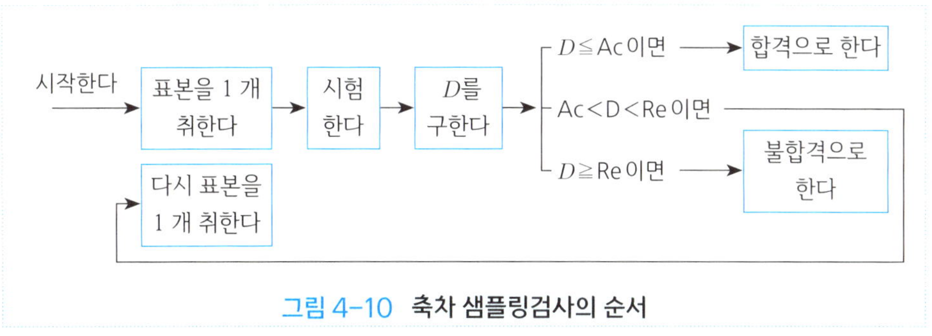

그림 4-10 **축차 샘플링검사의 순서**

(5) 1회, 2회, 다회, 축차 샘플링검사의 비교

만일 1회 샘플링 방식에서 합격판정개수가 0보다 큰 경우에는 1회 샘플링 방식의 OC곡선과 같은(이론적으로는 비슷한) OC곡선을 갖는 2회, 다회, 축차 샘플링 방식을 찾을 수 있다. 비슷한 OC곡선을 갖는 1회, 2회, 다회, 축차 샘플링 방식을 등가의 샘플링방식이라 한다. 아래의 [표 4-5]와 [그림 4-11]에 샘플문자 L 및 AQL=0.65 %에 대한 등가의 샘플링 방식과 OC곡선이 주어져 있다.

1회, 2회, 다회, 축차 샘플링검사를 선택할 때에는 샘플링검사의 간단함, 샘플링검사의 양의 불균형, 샘플링 용이성, 시험기간, 부적합 종류의 개수 등을 고려하여 결정한다. 이 고려사항 모두에서 어느 하나의 샘플링검사 형식이 다른 것보다 좋을 이유는 없고, 장점 및 단점을 비교하면 어느 하나가 다른 것보다 좋다는 것을 선택한다.

- 간단함:1회 샘플링 방식이 간단하고, 2회, 다회로 갈수록 복잡해진다.

표 4-5 **등가의 샘플링 방식**

샘플링검사 형식	샘플	샘플크기	누적샘플크기	Ac	Re
1회		200	200	3	4
2회	제1차 제2차	125 125	125 250	1 4	3 5
다회	제1차 제2차 제3차 제4차 제5차	50 50 50 50 50	50 100 150 200 250	# 0 1 2 4	3 3 4 5 5
축차	축차샘플링검사 (4) 참조				

주) #는 이 누적샘플크기에서는 합격판정은 불가능한 것을 의미한다.

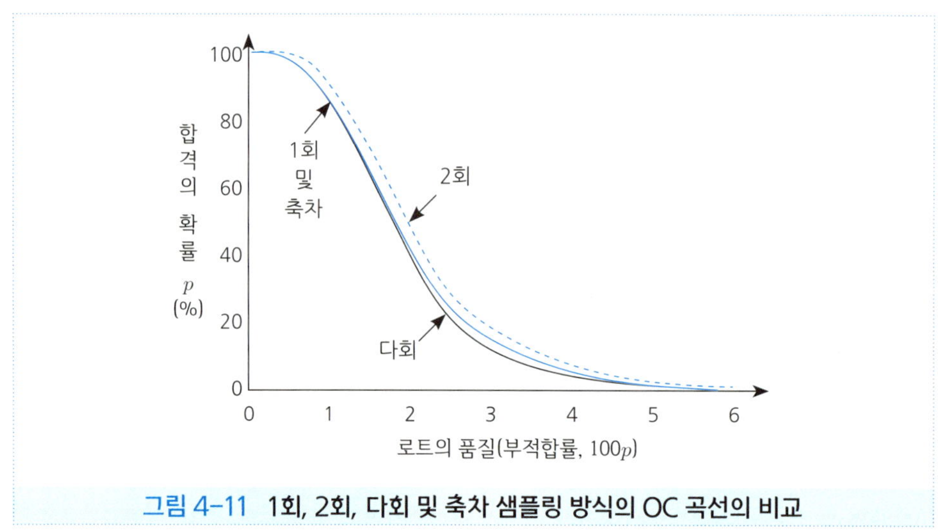

그림 4-11 1회, 2회, 다회 및 축차 샘플링 방식의 OC 곡선의 비교

- 샘플링검사량의 불균형:1회 샘플링 방식은 샘플의 크기가 고정적으로 판정에 필요한 검사의 수고를 사전에 알 수 있으나, 다른 형식의 샘플링검사에서는 평균검사개수를 계산하는 것은 가능하나 품질에 따라 이 값이 변하고, 불확실성이 많아 평균값 주위에 샘플링검사 개수의 불균형으로 검사에 필요한 검사자원의 수배에 어려움이 있어 자원의 이용이 효율적이지 못할 수 있다.
- 샘플링 용이성:샘플 아이템의 샘플링이 검사의 주요부분을 차지하거나, 샘플을 채취하는 것의 어려운 정도가 형식을 정하는 요인이 된다.
- 시험시간:시험에 소요되는 시간이나 동시에 처리할 수 있는 아이템의 수가 형식을 정하는 데에 고려되어야 한다. 예를 들면 통조림 고기의 품질유지를 보기 위해 다수의 캔을 3 주간 소정의 조건에서 시험하는 경우 1회 샘플링 방식은 시험 개시 후 3 주 만에 결과를 이용할 수 있으나, 다른 형식은 3주 만에 얻을 수도 있고, 6 주 또는 4 개월까지 소요될 수도 있다. 이러한 조건하에서는 시험시간을 고려하여 확실하게 1회 샘플링 방식을 선택할 것이다. 파괴검사의 경우는 시간과 평균 샘플의 크기의 절감이 중요하므로 1회 보다는 다른 형식을 선택하게 될 것이다.
- 부적합 종류의 개수:부적합종류의 개수나 부적합 등급수 등의 관점에서 제품이 복잡할수록 2회, 다회보다는 간단한 1회 샘플링 방식이 적합하다.

(6) 평균 샘플크기(ASS : Average Sample Size)

제품 평균 품질의 여러 가지 값에 대해서 장기간의 샘플링검사에서 필요로 하는 평균 샘플크기는 판정에 도달할 때까지 시험하는 아이템의 평균개수이다. 판정에 도달할 때까지 시험하는 아이템의 평균적 개수는 1회 샘플링 방식을 사용했을 때 최대가 된다. 2회, 다회 또는 축차 샘플링 방식을 사용했을 때에는 로트의 품질이 대단히 좋은 때 이거나 대단히 나쁜 때에 샘플크기의 절감량은 최대가 된다. [그림 4-12]에 등가의 샘플링 방식인 1회, 2회, 다회 및 축차 샘플링 방식의 평균 샘플크기의 비교했다. 그러나 품질이 좋은 때나 나쁜 때에는 검사의 평균적 절감량은 상당하나, 중간적 품질, 예를 들면 AQL의 2 배나 3 배인 경우에는 2회, 다회 또는 축차 샘플링 방식을 사용했을 때에는 특정한 로트에 대응하는 실제의 검사개수는 대응하는 1회 샘플링방식을 초과하는 경우가 있다. 따라서 시험기간이 길고, 전체아이템을 동시에 시험할 수 있을 때에는 1회 샘플링 방식이 바람직한 것은 이와 같은 이유 때문이다. 다른 한편으로는 1회에 1 개밖에 시험할 수 없거나 파괴시험이면 1회, 다회 또는 축차 샘플링 방식 쪽이 상당한 이점이 있다.

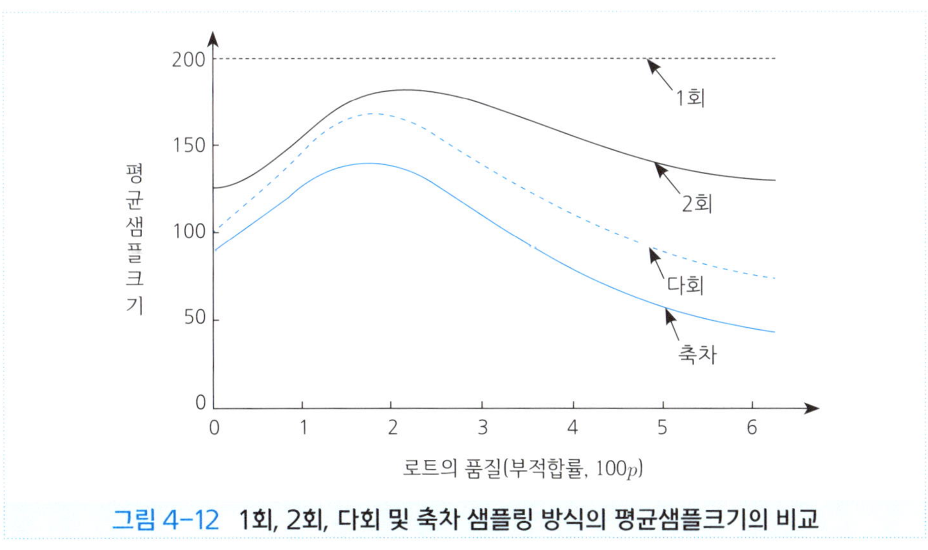

그림 4-12 **1회, 2회, 다회 및 축차 샘플링 방식의 평균샘플크기의 비교**

2회 및 다회 샘플링 방식에 대해서는 검사개수에 상한이 있다. 축차 샘플링 방식에서는 원리적으로는 이러한 상한은 없으나, 검사개수가 과대해지지 않도록 하기 위해서 중단 규칙을 만드는 것이 보통이다. 2회, 다회 및 축차 샘플링 방식은 샘플크기를 대폭으로 절감하는 기회를 주나, 감독을 위해서 상당한 수고가 따른다. 특히 파괴시험을 실시할 때에는 반자동 장치를 사용할 수 있을 경우에는 자동화한 축차 샘플링검사가 효율과 경제성의 향상 기회를 준다.

4.3.3 검사의 형태에 의한 분류

(1) 규준형 샘플링검사(Inspection by p_0 & p_1 index)

규준형 샘플링검사는 모든 샘플링검사 가운데서 기본이 되는 샘플링검사로서 샘플링검사 방식 (n, Ac)에 의해서 완전히 결정된다. 여기서 n은 샘플의 크기, Ac는 합격판정개수로서 표본 중에 부적합품이 Ac 개 이하 일 때 로트를 합격시킨다. 샘플의 크기 n과 합격판정개수 Ac를 결정하는 것이 샘플링검사 방식이다. 규준형 샘플링검사 방식은 현재 KS Q 0001:2012 로 통합 제정되어 있다.

샘플링검사방식은 사전에 결정된 생산자위험점와 소비자위험점이 주어지면 이 두 점을 지나는 OC곡선에 해당하는 검사방식을 결정하는 것이다. 수학적으로 OC곡선 상에 2개의 점이 주어지면 그에 해당하는 검사방식 (n, Ac)는 유일하게 존재한다.

4.2.2절의 로트 합격확률 이론에 의하여 이항분포 또는 포아송분포를 이용하여 생산자위험과 소비자위험을 동시에 만족시키는 샘플링검사방식 (n, Ac)는 다음 관계식을 만족시켜야 한다는 것을 알 수 있다. 즉,

이항분포를 이용하는 경우

$$\left.\begin{aligned} \sum_{x=0}^{\mathrm{Ac}} \binom{n}{x} p_0^{\,x}(1-p_0)^{n-x} &= 1-\alpha \\ \sum_{x=0}^{\mathrm{Ac}} \binom{n}{x} p_1^{\,x}(1-p_1)^{n-x} &= \beta \end{aligned}\right\} \qquad (4\text{-}10)$$

또는 포아송분포를 이용하여

$$\left.\begin{aligned} \sum_{x=0}^{\mathrm{Ac}} \frac{(np_0)^x}{x!} e^{-np_0} &= 1-\alpha \\ \sum_{x=0}^{\mathrm{Ac}} \frac{(np_1)^x}{x!} e^{-np_1} &= \beta \end{aligned}\right\} \qquad (4\text{-}11)$$

식 (4-6)과 (4-7)에서 p_1, p_2, α, β는 사전에 결정된 수치이므로 이 연립방정식에서

(n, Ac)의 유일한 해(unique solution)를 구할 수 있다. 그러나 위와 같은 방법은 기본적인 아이디어를 제공하는 것이고, 보다 쉽게 검사방식을 구하는 방법은 5장에 주어졌다.

(2) 선별형 샘플링검사(Rectifying Inspection)

규준형 샘플링검사는 부적합률이 높은 로트에 대한 합격확률을 낮게 함으로써 소비자를 보호하고 부적합률이 낮은 로트에 대한 합격확률을 높게 함으로써 생산자를 보호한다는 관점에서 로트의 합격여부를 판정할 수 있는 샘플링검사의 기본형이다. 그러나 이러한 샘플링검사방식을 적용한 결과로 로트가 합격될 경우에는 로트를 그대로 받아들이면 그만이지만 로트가 불합격될 경우에는 로트를 생산자에게 반환하느냐 또는 전수검사를 통해서 로트에 남아 있는 부적합품을 모두 소거한 다음 로트를 받아들이느냐에 따라 검사결과는 큰 영향을 받게 된다. 불합격된 로트에 대해서 전수검사를 적용하는 검사방식을 선별형검사(rectifying inspection)라 한다. 이 검사방식은 과거 KS A 3105로 제정 운용되었으나 폐지되고 지금은 국제표준의 제정에 따라 내용이 수정되어 KS Q ISO 28593로 제정되어 있다. 이 검사방식은 과거의 선별형검사 방식과는 다소 다른 개념을 적용하고 있는데 이에 대한 자세한 사항은 5.2절을 참고하는 것이 좋다.

선별형검사에서도 OC곡선은 그대로 적용된다. 그러나 불합격된 로트에 대해서는 전수검사를 실시하게 되므로 검사를 받고 난 로트 전체의 평균부적합률은 검사를 받기 이전의 부적합률보다 낮아지게 된다. 또 합격된 로트에 대해서는 샘플만을 검사하게 되고 불합격된 로트에 대해서는 전수검사를 실시하게 되므로 검사량도 평균검사개수와는 달라지게 된다. 검사후의 로트 전체의 평균부적합률, 즉 평균출검품질(average outgoing quality : AOQ)과 로트당의 평균검사량(average total inspection : ATI)은 선별형 샘플링검사를 평가하는 중요한 특성치이다.

선별형 샘플링검사에서 전수검사는 불합격된 로트에 한정되며 또 로트가 불합격될 확률은 대부분의 경우 낮으므로 일률적으로 전수검사를 적용하는 경우에 비해 검사량은 상당히 작아지게 된다. 결과적으로 불합격된 로트에 대해서 전수검사를 적용하는 검사방식은 전수검사비용을 생산자에게 부과하는 조치를 취함으로써 오히려 품질향상의 효과를 가져올 수 있는 것이다.

ATI곡선 : 공정부적합률이 p인 생산공정에서 형성되는 로트에 대해서 계수형 1회 샘플링검사방식을 적용하는 검사결과 불합격된 로트를 전수검사 할 경우 한 로트당 평균검사량 ATI는 다음 식으로 주어진다.

$$\mathrm{ATI} = n + (1 - P_a)(N - n) \tag{4-12}$$

단, 식(4-12)는 검사과정에서 발견되는 부적합품을 적합품으로 대체할 필요가 없는 경우에 적용된다. 만일 로트의 크기를 N으로 일정하게 유지할 필요가 있기 때문에 검사과정에서 발견되는 부적합품을 적합품으로 대체할 경우에는 다음식이 적용된다.

$$\mathrm{ATI} = \frac{n + (1 - P_a)(N - n)}{1 - p} \tag{4-13}$$

예제 4-4 크기 $N = 10\ 000$, $p = 0.05$인 로트에 대해서 $n = 100$, $\mathrm{Ac} = 2$인 샘플링방식을 적용할 경우의 평균검사량을 계산하라.

풀이 이 경우 $np = (100)(0.05) = 5.0$이므로 포아송분포에서 $P_a = 0.125$를 얻는다. 따라서

$$\mathrm{ATI} = 100 + (1 - 0.125)(10\ 000 - 100) = 8\ 762.5$$

만일 검사과정에서 발견되는 부적합품을 모두 적합품으로 대체한다면 다음과 같은 결과가 얻어진다.

$$\mathrm{ATI} = \frac{8\ 762.5}{1 - 0.05} = 9\ 223.7$$

AOQ 곡선 : 계수선별형 1회 샘플링검사방식을 공정부적합률이 p인 생산공정에서 형성되는 로트에 대해서 적용할 경우 평균출검품질 AOQ는 다음 식에서 구할 수 있다.

$$\mathrm{AOQ} = \frac{P_a p (N - n)}{N} \tag{4-14}$$

단, 식 (4-14)는 검사과정에서 발견되는 부적합품을 적합품으로 대체하여 로트의 크기를 N으로 일정하게 유지하는 경우에 적용된다. 만일 검사과정에서 발견되는 부

적합품을 대체하지 않을 경우에는 로트의 크기는 발견되는 평균불량개수 p(ATI) 만큼 작아지리라는 것이 기대된다. 따라서 이 경우의 AOQ는 다음 식으로 주어진다.

$$\mathrm{AOQ} = \frac{P_a p(N-n)}{N-p(\mathrm{ATI})} = \frac{P_a p(N-n)}{N-pn-(1-P_a)p(N-n)} \tag{4-15}$$

또 샘플의 크기 n에 비하여 로트의 크기 N이 아주 클 경우에는 AOQ의 근사식은 다음 식을 사용할 수 있다.

$$\mathrm{AOQ} = P_a \times p \tag{4-16}$$

어떠한 경우에나 AOQ는 수학적인 기대치로서 검사후의 로트 전체에 대한 장기적인 평균 부적합률로 생각해야 한다.

예제 4-5 [예제 4-4]의 문제에서 로트의 크기를 일정하게 할 경우, 검사과정에서 발견되는 부적합품을 대체하지 않는 경우, 근사식을 활용하여 AOQ를 계산하라.

풀이 로트의 크기를 일정하게 할 경우

$$\mathrm{AOQ} = \frac{(0.125)(0.05)(10\ 000-100)}{10\ 000} = 0.006\ 19$$

검사과정에서 발견되는 부적합품을 대체하지 않는다면

$$\mathrm{AOQ} = \frac{(0.125)(0.05)(10\ 000-100)}{10\ 000-(0.05)(8\ 762.5)} = 0.006\ 47$$

마지막으로 AOQ의 근사식을 계산하면 다음과 같다.

$$\mathrm{AOQ} = (0.125)(0.05) = 0.006\ 25$$

위에서 보는 바와 같이 AOQ와 부적합률 p는 함수관계에 있다. 부적합률 p와 AOQ와의 관계를 그래프로 나타낸 것이 AOQ곡선이다. 선별형 검사에서는 샘플링 검사방식이 주어지면 반드시 이에 대응하는 AOQ곡선이 존재한다. [그림 4-13]은 $n=100$, Ac=2인 계수형 1회 샘플링검사방식을 실시할 경우의 AOQ곡선을 그린 것이다.

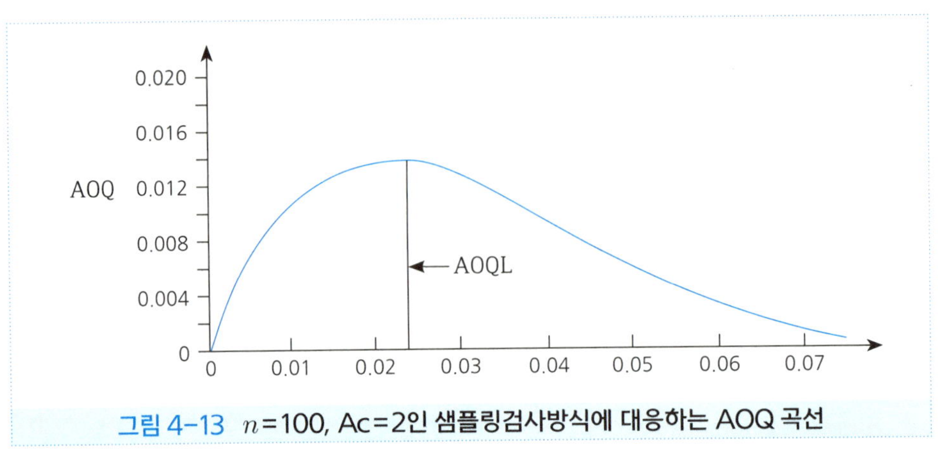

그림 4-13 n=100, Ac=2인 샘플링검사방식에 대응하는 AOQ 곡선

선별형 검사를 하게 되면 검사를 받게 되는 로트의 부적합률이 낮으면 합격하는 확률도 높지만 검사후의 부적합률 즉 AOQ도 낮다. 그러나 검사에 제출된 로트의 부적합률이 높게 되면 불합격확률이 높아지게 되므로 대부분의 로트는 전수검사를 받게 되어 결과적으로 AOQ는 낮아진다. 이와 반면에 로트의 부적합률이 아주 낮지도 또는 높지도 않을 경우에는 상당수의 로트가 샘플링검사에서 합격하게 되고 합격된 로트에 포함된 부적합품으로 인해 AOQ는 높아진다.

따라서 AOQ곡선은 [그림 4-13]에서 보는 바와 같이 언제나 산봉우리와 같은 모양을 하게 된다. AOQ곡선에서 AOQ의 최대치를 평균출검품질한계 즉, AOQL (average outgoing quality limit)이라 한다. 이러한 사실은 선별형 샘플링검사방식을 적용할 경우 검사에 제출되는 로트의 부적합률에 관계없이 검사 후 로트 전체의 부적합률의 장기적인 평균치는 AOQL을 초과할 수 없다는 것을 의미한다. 따라서 AOQL의 개념을 이용하면 로트 전체의 평균불량에 대한 품질보증을 할 수 있는 것이다. 부적합률이 높은 로트의 합격확률을 낮게 하여 품질을 보증하는 방식을 로트 품질보증(lot by lot quality protection)이라 하고 AOQL의 개념을 이용한 로트 전체의 평균부적합률을 억제하는 방식은 평균품질보증(average quality protection)이라고도 한다.

(3) 조정형 샘플링검사(Inspection by Severity)

조정형 샘플링검사는 규준형과 선별형의 장점을 이용한 방식으로 로트가 계속해서 제출되는 일련의 연속 로트인 경우 그 품질에 따라 검사의 엄격도를 조정하는 방식이다. 위와 같은 특징으로 인하여 주로 수입검사에 사용하는 표준으로 오랜 기간 이용되어 오고 있다.

이 표준은 MIL-STD-105으로 제정된 것을 모체로 하여 ISO 2859 시리즈 및 ISO 3951 시리즈로 제정되어 그 후 개정이 계속 이루어지고 있다. 이 표준은 샘플링검사의 중심을 이루는 표준이 되어 세계적으로 가장 많이 사용되는 표준이 되었으며, 수입검사에 한하지 않고 공정내 검사, 최종검사 등에서도 폭넓게 사용되고 있다.

이 샘플링검사는 계속해서 로트의 검사를 실시할 때 가능한 한 좋은 제품을 구입하고 나아가 구입할 때 들어가는 경비와 시간을 줄이는 것이 목적이다. 또 검사에 있어서는 품질이 좋은 물품이 제공되도록 품질 향상을 위한 자극을 주는 것이 특징이다.

이 샘플링검사는 품질이 양호한 제품의 공급자에 대해서는 관대한 검사를 적용하여 격려하고, 품질이 나쁜 제품을 제공하는 공급자에 대해서는 엄격한 검사를 적용하여 경고를 하는 동시에 나쁜 품질의 로트는 과감하게 불합격시키고 있다.

검사의 엄격도에 대한 조정을 실시함으로써 각 생산자의 품질수준을 파악하며, 양호한 품질의 제품을 공급하는 생산자와 나쁜 품질의 제품을 공급하는 생산자에 대한 등급을 부여할 수 있으며 그 등급을 기초로 주문을 발주하고, 각 생산자 사이에 품질에 대한 경쟁이 이루어져 품질 향상을 기대할 수 있다. 조정형 샘플링검사의 특징은 다음과 같다.

① 엄격도는 보통검사, 까다로운 검사, 수월한 검사로 조정할 수 있다.
② 장기적인 안목에서의 합격품질한계(AQL)를 보증한다.
③ 불합격된 로트는 생산자에게 반품 처리한다.
④ 검사수준은 일반검사 3수준(I, II, III)과, 특별검사 4수준(S-1, S-2, S-3, S-4)이 있으며, 수준이 높을수록 샘플의 크기가 크다.
⑤ 표준 품질수준과 샘플의 크기는 표준수 R5 즉, $10^{1/5}$=(대략)를 공비로 하는 등비수열을 이룬다.

(4) 연속생산형 샘플링검사(Sampling Plans for Continuous Production)

앞 절에서 본 샘플링검사방식은 개별적인 로트를 대상으로 적용할 수 있는 검사방식이었다면, 연속생산형 샘플링검사는 컨베어상에서 실시되는 조립작업과 같이 작업이 연속적인 흐름의 형태를 이루고 있는 경우의 연속적인 생산공정에서 샘플링검사방식이다.

이 검사방식은 과거 Dodge의 CSP를 기반으로 한 KS A 3106로 제정 운용되었으나 폐지되고 지금은 국제표준의 제정에 따라 내용이 수정되어 KS Q ISO 28594로 제정되어 있다. 이 검사방식은 과거의 연속생산형 샘플링검사 방식과는 기본적 개념은 같이하고 있으나 공정관리, 조정형 1회 샘플링검사 및 계수 연속생산형 샘플링검사를 선택할 수 있도록 다소 다른 개념을 적용하고 있는데 이에 대한 자세한 사항은 **5.9절**을 참고하는 것이 좋다.

연속생산을 하는 조건하에서 로트를 형성하는 방법으로는 생산현장의 적절한 장소에 제품을 쌓아 놓고 로트를 형성하는 작업을 하거나 또는 생산라인 상에서 이동하는 제품에 로트를 구분하는 표식을 하는 방법을 생각할 수가 있다. 그러나 첫 번째 방법은 생산공정 상 도처에 제품의 하치장을 설치해야 하므로 공장건물 내에 넓은 면적을 필요로 할 뿐만이 아니라 로트의 형성을 위해 제품을 쌓아 놓아야 하므로 재고량을 증가시키게 되며 또 특히 위험한 물질을 다루는 경우에는 안전관리상의 문제점을 초래하게 한다. 또 두 번째 방법은 로트를 구성하는 제품이 생산되기도 전에 불합격이 되거나 또는 로트가 불합격되어 전수검사를 실시해야 할 경우, 이미 다음 공정으로 넘어간 제품을 다시 회수해야 한다는 불합리한 문제점을 안게 된다.

연속생산을 하는 공정에서 로트의 구분을 하지 않고 적용할 수 있는 샘플링검사방식은 연속생산형 샘플링검사(sampling inspection for continuous production)이다. 따라서 생산 시점에서는 모든 아이템을 검사한다. 다음 조건 두 가지가 모두 충족될 경우, 빈도 f의 샘플링검사를 시작할 수 있다.

a) 제품의 모든 아이템이 같은 형상을 이루고 있으며 안정 상태에서 생산될 때

b) 적어도 연속 i개의 검사 아이템에 부적합이 없을 때

다음 조건 중 하나 이상의 상황이 발생하면 샘플링검사가 중지되고 100 % 검사가 재개되어야 한다.

- 생산 공정이 3일 이상 중단될 경우
- 제품의 모든 아이템이 같은 형상을 이루고 있으며 안정된 상태에서 생산되고 있어야 한다는 요구사항이 더 이상 충족되지 않을 때
- 샘플링검사 중 부적합을 포함하고 있는 아이템이 발견되었을 때

샘플링검사를 재개하기 위한 조건 a)와 b)가 만족될 때 샘플링검사가 재개된다.

연속생산형 샘플링검사에서 제품 아이템들은 개별적으로 합격 또는 불합격 처리

된다. 100 % 검사가 수행되면 각 아이템은 개별적으로 검사된 후 적합 또는 부적합으로 분류되며, 이에 따라 합격 또는 불합격 처리된다.

(5) 결합형 샘플링검사(Combined Sampling Plans)

지금까지의 샘플링검사 방식과 달리 KS Q ISO 28594에서는 샘플링검사 시스템과 프로세스관리를 결합한 검사 절차를 제시하고 있다.

샘플링검사 그 자체는 적합성을 입증하는데 있어서 비효율적인 산업관행이 될 수 있다. 샘플링검사 방식을 사용하면 고객과 공급자 모두에게 위험이 뒤따른다. 샘플링 수를 증가시키는 것이 이 위험을 줄이는 방식 중의 하나이지만, 이 경우는 비용이 증가한다. 공급자는 적절한 공정관리와 함께 효율적인 프로세스를 밟음으로써 위험을 줄일 수 있다. 이러한 방식이 적절하게 사용되고 또한 효과적인 정도에 따라 위험이 관리되고 결과적으로 검사와 시험은 줄어들 수 있다. 품질경영시스템 효과적으로 운영되는 경우 이를 근거로 하여 검사 없이 합격판정을 대체할 수 있는 방법을 제시하고 있다.

이 같이 공정관리가 잘되는 경우 이를 통해 합격판정을 대체도 할 수 있지만 이 샘플링검사 시스템의 표를 이용하여 합격판정 샘플링검사가 수행되면 공급자는 계수형 1회 샘플링검사(5.9 참조), 계량형 1회 샘플링검사(6.8 참조), 계수 연속생산형 샘플링검사(5.9 참조)의 세 종류 중 하나를 선택할 수 있다. 보통 검사, 까다로운 검사 및 수월한 검사 엄격도 간 이동이 허용되는 전환절차도 준비되어 있다. 즉, 공정관리와 몇 가지 검사방식을 필요에 따라 결합하여 사용할 수 있는 방식이라고 볼 수 있다.

참고문헌

1 김영휘, "품질관리", 제2판, 청문각, 1996.

2 박성현, 박영현, "통계적 품질관리", 민영사, 1995.

3 배도선, "최신 통계적 품질관리", 영지문화사, 1992.

4 KS Q 0001:2013, 계수 및 계량 규준형 1회 샘플링 검사.

5 KS Q ISO 8550-1:2011, 로트의 이산형 품목 검사를 위한 합격판정 샘플링 시스템의 선정 및 사용에 관한 지침-제1부:합격판정 샘플링검사.

6 KS Q ISO 2859-1:2010, 계수형 샘플링검사 절차-제1부:로트별 합격품질한계(AQL) 지표형 샘플링검사 방식.

7 KS Q ISO 28590:2017, 계수형 샘플링검사 절차-제10부:계수형 샘플링검사 KS Q ISO 2859 시리즈 표준의 개요.

8 KS Q ISO 9000:2000, ISO 9001 및 ISO 9004에 사용된 용어에 관한 지침.

9 KS Q ISO 28593:2017, 출검품질 통제를 위한 신용도 원리에 근거한 합격판정개수 0 샘플링검사 시스템.

10 KS Q ISO 28594:2017, 제품 합격판정을 위하여 합격판정개수 0 샘플링검사 시스템과 프로세스관리를 결합한 절차.

연습문제 STATISTICAL QUALITY CONTROL

1. 생산되는 제품 1개당 검사비용이 500 원, 재작업비용이 100 원이며, 임계 부적합률 (P_b)이 15.5 %일 때 무검사 시 손실금액은 얼마인가? 한 로트에 50개의 샘플을 검사할 경우 검사 단위별 인건비 45 000 원과 검사장비 및 샘플사용비 55 000 원 그리고 기타비용 2 000 원이라면 가장 효과적인 검사방법은 무엇인가?

2. 부적합률 1 %의 제품이 1 000 개 생산되었다. 이 제품을 전수검사 할 때 개당 검사비가 20 원이 소요된다. 무검사로 인하여 부적합품이 출하되어 발생하는 손실이 400 원이다. 이때의 임계 부적합률을 구하고, 검사에 대한 의견을 기술하라.

3. 로트크기 $N=1\ 000$, 로트의 부적합률 p가 5 %라고 할 경우 샘플크기 $n=10$, 30, 50, 100에 대하여 샘플 중 부적합품수 $x=$ 0, 1, 2, 3, ⋯ 8, 9일 확률을 구하라.

4. 로트크기 $N=1\ 000$, 샘플크기 $n=30$, 로트의 부적합률 p가 5 %, 10 %, 15 %, 20 %에 대하여 샘플 중 부적합품수 $x=$ 0, 1, 2, 3, 4, 5 일 확률을 구하라. 그리고 합격판정개수 Ac=3일 경우에 대한 검사특성곡선을 그려라.

5. 로트의 크기가 $N=1\ 000$인 로트에서 $n=10$, Ac=0, Re=1인 샘플링검사를 실시하여 로트의 합격여부를 판정하기로 하였다. 제품의 부적합률이 0.5 %일 때 로트가 합격될 확률을 이항분포를 사용하여 구하라.

6. 로트의 크기가 $N=1\ 000$인 로트에서 $n=10$, Ac=0, Re=1인 샘플링검사를 실시하여 로트의 합격여부를 판정하기로 하였다. 제품의 부적합률이 0.5 %일 때 로트가 합격될 확률을 포아송분포를 사용하여 구하라.

7. 로트크기가 $N=1\ 000$인 로트에서 $n_1=20$, $n_2=20$, $Ac_1=0$, $Re_1=2$, $Ac_2=1$, $Re_2=2$인 2회 샘플링검사를 실시하여 로트의 합격여부를 판정하기로 하였다. 제품의 부적합률이 0.5 %일 때 제1차 및 제2차 샘플에서 로트가 합격 및 불합격될 확률을 초기하분포를 이용하여 구하고 ASS를 계산하라.

8. 로트크기가 $N=1\,000$인 로트에서 $n_1=20$, $n_2=20$, $\text{Ac}_1=0$, $\text{Re}_1=2$, $\text{Ac}_2=1$, $\text{Re}_2=2$인 2회 샘플링검사를 실시하여 로트의 합격여부를 판정하기로 하였다. 제품의 부적합률이 0.5 %일 때 제1차 및 제2차 샘플에서 로트가 합격 및 불합격될 확률을 이항분포를 이용하여 구하고 ASS를 계산하라.

9. 5개 요소로 구성된 조립구성품의 각 요소의 부적합률이 각각 0.01, 0.02, 0.03, 0.04, 0.05일 경우 조립구성품의 부적합률을 추정하라. 단, 구성요소가 독립적으로 조립구성품의 부합성에 영향을 미친다.

10. 크기 $N=1\,000$, $p=0.01$인 로트에 대해서 $n=50$, $\text{Ac}=2$인 선별형 샘플링방식을 적용할 경우의 평균검사량을 계산하라. 만일 검사과정에서 발견되는 부적합품을 모두 적합품으로 대체하는 경우의 평균검사량도 계산하라.

11. 크기 $N=1\,000$, $p=0.01$인 로트에 대해서 $n=50$, $\text{Ac}=2$인 선별형 샘플링방식에서 (1) 로트의 크기를 일정하게 할 경우, (2) 검사과정에서 발견되는 부적합품을 대체하지 않는 경우, (3) 근사식을 활용하여 AOQ를 계산하라.

STATISTICAL QUALITY CONTROL

5

계수형 샘플링검사

Inspection by Attributes

계수형 샘플링검사에서는 하나의 아이템 또는 그 특성을 조사하여 "적합품"과 "부적합품"으로 나누어, 샘플 중에서 발견된 부적합품의 수 또는 부적합수를 세어 로트의 합격 또는 불합격을 판정하고, 계량형 샘플링검사에서는 몇 개의 샘플 아이템을 선택, 치수 또는 특성을 측정해서 측정한 치수 또는 특성의 실측치를 이용하여 로트의 합격 또는 불합격을 판정한다. 샘플링검사에서 소정의 정확도를 보증하는 데 있어서 계량형 샘플링검사는 계수형 샘플링검사보다 샘플크기가 적어도 된다는 이점이 있을 뿐 아니라 품질에 관한 정보 면에 있어서도 계수형 샘플링검사보다는 많은 정보를 제공하는 이점이 있다. 그러나 계수형 샘플링검사는 분포에 대한 가정을 필요로 하지 않고, 사용이 간단하다는 이점이 있어 비록 샘플크기가 커지더라도 적합한 경우가 많다.

국제표준화기구(ISO)에서는 여러 가지 샘플링검사 방식을 국제표준으로 제정하여 관리하고 있다. 우리나라는 국제표준의 도입을 활성화하기 위하여 KS의 국제부합화 정책을 수립하여 운영하고 있다. 따라서 과거 미국의 국방표준이나 일본의 국가표준을 도입하여 사용하던 관행이 많이 없어지고 ISO의 표준을 도입하여 KS화함으로써 표준의 국제화에 박차를 가하고 있다.

국제표준에서 설정된 대부분의 샘플링검사 방식은 다음과 같은 검사에 적용할 수 있으나, 이들에 한정되지 않는다.

① 최종 아이템

② 부품 및 원자재

③ 작업

④ 재공품

⑤ 저장품

⑥ 보전 작업

⑦ 데이터 또는 기록

⑧ 행정 절차

이 장에서는 대표적인 계수형 샘플링검사 방식이라고 할 수 있는 KS Q ISO 2859 시리즈를 중심으로 제시하고 규준형 샘플링검사 방식(KS Q 0001)을 포함하여 선별형 샘플링검사(KS Q ISO 28593), 계수 규준형 축차샘플링 검사 방식(KS Q ISO 28591), 연속생산형 샘플링검사와 조정형 샘플링검사를 공정관리와 결합한 결합형 샘플링검사 방식(KS Q ISO 28594)을 소개한다. 이 장에서 소개되는 계수형 샘플링검사 방식의 표준번호, 명칭과 형태를 정리하여 [표 5-1]에 수록하였다.

표 5-1 계수형 샘플링검사 방식

표준번호	명칭	형태
KS Q 0001	계수 및 계량 규준형 1회 샘플링검사	규준형
KS Q ISO 28593	계수형 샘플링검사 절차-출검품질 통제를 위한 신용도 원리에 근거한 합격판정개수 0 샘플링검사 시스템	선별형
KS Q ISO 2859 1	계수형 샘플링검사 절차-제1부:로트별 합격품질한계(AQL) 지표형 샘플링검사 방식	조정형
KS Q ISO 2859 2	계수형 샘플링검사 절차-제2부:고립로트 한계품질(LQ) 지표형 샘플링검사 방식	규준형
KS Q ISO 2859 3	계수형 샘플링검사 절차-제3부:스킵로트 샘플링검사 절차	조정형
KS Q ISO 2859 4	계수형 샘플링검사 절차-제4부:선언 품질 수준의 평가 절차	규준형
KS Q ISO 2859 5	계수형 샘플링검사 절차-제5부:로트별 합격품질한계(AQL) 지표형 축차 샘플링검사 방식의 시스템	조정형
KS Q ISO 28591	계수형 축차 샘플링검사 방식	규준형
KS Q ISO 28594	제품합격판정용 합격판정개수 0 샘플링검사 시스템과 프로세스 관리의 결합 절차	결합형

최근 ISO에서 샘플링검사와 관련된 표준의 번호를 일률적으로 정비하였다. 이 교재에 수록하지 못한 샘플링검사 표준을 포함하여 참고로 제시하면 [표 5-2]와 같다.

표 5-2 **계수형 샘플링검사 방식 관련 추가 목록**

구 표준 번호	신 표준 번호	제목
KS Q ISO 2859-10:2014	KS Q ISO 28590:2017	계수형 샘플링검사 절차 - 계수형 샘플링검사용 KS Q ISO 2859 시리즈 표준의 개요
KS Q ISO 8422:2006	KS Q ISO 28591:2017	계수형 축차 샘플링검사 방식
KS Q ISO 28801:2011	KS Q ISO 28592:2017	생산자위험품질(PRQ) 및 소비자위험품질(CRQ) 지표형 최소 샘플크기 계수형 2회 샘플링검사 방식
KS A ISO 18414:2006	KS Q ISO 28593:2017	계수형 합격판정 샘플링검사 절차 - 출검품질 통제를 위한 신용도 원리 기반 합격판정개수 0 샘플링검사 시스템
KS Q ISO 21247:2005	KS Q ISO 28594:2017	제품 합격 판정을 위하여 합격판정개수 0 샘플링검사 시스템과 프로세스관리를 결합한 절차
KS Q ISO 14560:2004	KS Q ISO 28597:2017	계수형 합격판정 샘플링검사 절차 - 백만개당 부적합품수로 지정된 품질수준
KS Q ISO 13448-1:2005	KS Q ISO 28598-1:2017	우선권할당원칙(APP)에 의한 합격판정 샘플링검사 절차 - 제1부 : APP 접근법의 가이드라인
KS Q ISO 13448-2:2004	KS Q ISO 28598-2:2017	우선권할당원칙(APP)에 의한 합격판정 샘플링검사 절차 - 제2부 : 계수형 조정된 1회 샘플링검사 방식

5.1 계수 규준형 1회 샘플링검사 : KS Q 0001

5.1.1 개요

이 샘플링검사 시스템은 'KS Q 0001:2013 계수 및 계량 규준형 1회 샘플링 검사'로 제정되어 있으며 로트별 검사를 위한 합격판정 샘플링검사 스킴에 관한 시스템을 규정한 p_0, p_1 지표형 샘플링검사 방식이다.

이 표준의 적용 범위와 특징은 로트에서 샘플을 뽑아, 그 중의 부적합품의 개수를 가지고, 로트 그 자체의 합격·불합격을 판정하는 샘플링 검사로서, 생산자와 소비자에 대한 보호를 규정하여, 생산자와 소비자 양쪽의 요구를 만족하도록 하는 것이 특징이다. 부적합품률 p_0와 같은 좋은 품질의 로트가 샘플링 검사에서 불합격이 되는 확률 α(생산자 위험)를 작은 값으로 정함으로써, 생산자에 대한 보호를 하고, 부적합품률 p_1과 같이 나쁜 품질의 로트가 합격이 되는 확률 β(소비자 위험)를 정하여, 소비자에 대한 보호를 한다.

규준형 1회 샘플링검사는 모든 샘플링검사 중에서 기본이 되는 샘플링검사로서 샘플링검사 방식 (n, Ac)에 의해서 완전히 결정된다. 여기서 n은 샘플크기, Ac(KS Q 0001에서는 c로 표시)는 합격판정개수로서 샘플 중에 부적합품이 Ac개 이하일 때 로트를 합격시킨다. 샘플크기 n과 합격판정개수 Ac를 결정하는 것이 샘픔링검사 방식이다. 샘플링검사의 검사특성은 OC곡선에 의해서 평가될 수 있다. 그러나 실제로는 앞으로 설명하게 될 다른 형태의 샘플링검사에서도 마찬가지이지만 검사특성을 OC 곡선상의 생산자 위험점과 소비자 위험점 위주로 평가하는 수가 많다.

샘플링검사를 실시하는 경우에는 항상 생산자와 소비자가 관계된다. 여기서 생산자와 소비자라 함은 물품을 판매하는 자와 구매하는 자를 지칭할 수 있고 또는 같은 기업체내에서 부품을 생산하는 부서와 이 부품을 조립하여 제품을 생산하는 부서관계를 지칭할 수도 있다. 어떤 경우에 있어서나 생산자는 자기들이 만들어 낸 부적합품률이 낮은 좋은 로트는 높은 확률로서 검사에 합격되기를 희망하며 또 소비자는 부적합품률이 높은 나쁜 로트는 검사에서 불합격될 확률이 높기를 희망한다.

5.1.2 검사 방식의 설계

계수 규준형 1회 샘플링검사는 다음 절차에 따라 한다.

1) 품질 기준을 정한다.
2) p_0, p_1의 값을 지정한다.
3) 로트를 형성한다.
4) 샘플크기와 합격판정개수를 구한다.
5) 샘플링을 한다.
6) 샘플을 조사한다.
7) 합격, 불합격의 판정을 내린다.
8) 로트를 처리한다.

계수 규준형 1회 샘플링검사 방식은 OC곡선 상에서 생산자 위험과 소비자 위험으로부터 정해진다. 생산자 위험이란 부적합품률이 p_0로 합격시키고 싶은 좋은 로트가 불합격될 확률 α로 표시되며, 소비자 위험이란 부적합품률이 p_1로 불합격시키고 싶은 나쁜 로트가 합격될 확률 β로 표시한다.

샘플링검사 방식 설계는 사전에 결정된 생산자 위험과 소비자 위험을 동시에 만족시키는 일이다. 이것은 샘플링검사 방식의 설계는 OC곡선 상에서 생산자 위험점 (p_0, $1-\alpha$)과 소비자 위험점 (p_1, β)을 통과하도록 해야 한다. 수학적으로 OC곡선 상에 2개의 점을 지정한다는 것은 하나의 특정한 샘플링검사 방식을 결정하는 데 필요한 조건을 제시하는 결과가 된다.

생산자 위험과 소비자위험을 동시에 만족시키는 샘플링검사 방식 (n, Ac)는 4장에서 제시한 관계식을 이용하여 구할 수 있다. 그러나 관계식에 대한 직접적인 해법은 다소 복잡하므로 KS Q 0001에서는 이를 [표 5-3]을 이용하여 구할 수 있도록 하였다. [표 5-3]에서는, 생산자 위험 $\alpha=0.05$와 소비자 위험 $\beta=0.10$은 고정되어 있다.

샘플링검사 방식의 샘플크기 n과 합격판정개수 Ac는 다음과 같이 구한다.

1) [표 5-3]에서 지정된 p_0가 있는 행과 지정된 p_1이 있는 열이 만나는 셀을 찾는다.
2) 셀 속의 왼쪽 값을 샘플크기 n으로 하고, 오른쪽 값을 합격판정개수 Ac로 한다. 단, 셀 속에 화살표가 있는 경우는 화살표의 방향으로 이동하여 숫자가 적혀 있는 셀에 도달하면 그 셀에서 샘플크기 n과 합격판정개수 Ac를 가져 오면 된다. 또한 셀 속에 *표가 있으면 [표 5-4]에서 샘플크기 n과 합격판정개수 Ac를 구한다.

예제 5-1 합격품질한계(AQL)이 $p_0=0.4$ %, 한계품질수준(LQ)이 $p_1=4$ %에서 생산자 위험 $\alpha=0.05$, 소비자 위험 $\beta=0.10$인 계수 규준형 1회 샘플링검사 방식을 구하라.

풀이 [표 5-3]에서 p_0가 0.356~0.450인 행과 p_1이 3.56~4.50인 열이 만나는 셀을 구하면 셀 속에 100과 1이 있다. 이 셀 속의 왼쪽 숫자가 샘플크기이고, 오른쪽의 숫자가 합격판정개수이므로 계수 규준형 1회 샘플링검사 방식은 (100, 1)이다. 즉 크기가 100인 샘플을 추출하여 검사한 후 부적합품의 수가 1 개 이하이면 로트는 합격이다.

표 5-3 계수 규준형 1회 샘플링 검사표

좌측 n 우측 Ac　　　　$\alpha \fallingdotseq 0.05$, $\beta \fallingdotseq 0.10$

p_1(%) / p_0(%)	0.71~0.90	0.91~1.12	1.13~1.40	1.41~1.80	1.81~2.24	2.25~2.80	2.81~3.55	3.56~4.50	4.51~5.60	5.61~7.10	7.11~9.00	9.01~11.2	11.3~14.0	14.1~18.0	18.1~22.4	22.5~28.0	28.1~35.5	p_1(%) / p_0(%)
0.900~0.112	*	400 1	↓	←	↓	→	60 0	50 0	←	↓	↓	←	↓	↓	↓	↓	↓	0.90 ~0.112
0.113~0.140	*	↓	300 1	↓	←	↓	→	↑	40 0	←	↓	↓	←	↓	↓	↓	↓	0.113~0.140
0.141~0.180	*	500 2	↓	250 1	↓	←	↓	→	↑	30 0	←	↓	↓	←	↓	↓	↓	0.141~0.180
0.181~0.224	*	*	400 2	↓	200 1	↓	←	↓	→	↑	25 0	←	↓	↓	←	↓	↓	0.181~0.224
0.225~0.280	*	*	500 3	300 2	↓	150 1	↓	←	↓	→	↑	20 0	←	↓	↓	←	↓	0.225~0.280
0.281~0.355	*	*	*	400 3	250 2	↓	120 1	↓	←	↓	→	↑	15 0	←	↓	↓	←	0.281~0.355
0.356~0.450	*	*	*	500 4	300 3	200 2	↓	100 1	↓	←	↓	→	↑	15 0	←	↓	↓	0.356~0.450
0.451~0.560	*	*	*	*	400 4	250 3	150 2	↓	80 1	↓	←	↓	→	↑	10 0	←	↓	0.451~0.560
0.561~0.710	*	*	*	*	500 6	300 4	200 3	120 2	↓	60 1	↓	←	↓	→	↑	7 0	←	0.561~0.710
0.711~0.900	*	*	*	*	*	400 6	250 4	150 3	100 2	↓	50 1	↓	←	↓	→	↑	5 0	0.711~0.900
0.901~1.12		*	*	*	*	*	300 6	200 4	120 3	80 2	↓	40 1	↓	←	↓	↑	↑	0.901~1.12
1.13 ~1.40		*	*	*	*	*	500 10	250 6	150 4	100 3	60 2	↓	30 1	↓	←	↓	↑	1.13 ~1.40
1.41 ~1.80				*	*	*	*	400 10	200 6	120 4	80 3	50 2	↓	25 1	↓	←	↓	1.41 ~1.80
1.81 ~2.24					*	*	*	*	300 10	150 6	100 4	60 3	40 2	↓	20 1	↓	←	1.81 ~2.24
2.25 ~2.80						*	*	*	*	250 10	120 6	70 4	50 3	30 2	↓	15 1	↓	2.25 ~2.80
2.81 ~3.55							*	*	*	*	200 10	100 6	60 4	40 3	25 2	↓	10 1	2.81 ~3.55
3.56 ~4.50								*	*	*	*	150 10	80 6	50 4	30 3	20 2	↓	3.56 ~4.50
4.51 ~5.60									*	*	*	*	120 10	60 6	40 4	25 3	15 2	4.51 ~5.60
5.61 ~7.10										*	*	*	*	100 10	50 6	30 4	20 3	5.61 ~7.10
7.11 ~9.00											*	*	*	*	70 10	40 6	25 4	7.11 ~9.00
9.01 ~11.2												*	*	*	*	60 10	30 6	9.01 ~11.2
p_0(%) / p_1(%)	0.71~0.90	0.91~1.12	1.13~1.40	1.41~1.80	1.81~2.24	2.25~2.80	2.81~3.55	3.56~4.50	4.51~5.60	5.61~7.10	7.11~9.00	9.01~11.2	11.3~14.0	14.1~18.0	18.1~22.4	22.5~28.0	28.1~35.5	p_1(%) / p_0(%)

예제 5-2 AQL이 $p_0 = 0.2$ %, LQ가 $p_1 = 15$ %에서 생산자 위험 $\alpha = 0.05$, 소비자 위험 $\beta = 0.10$인 계수 규준형 1회 샘플링검사 방식을 구하라.

풀이 [표 5-3]에서 가 0.181~0.224인 행과 이 14.1~18.0인 열이 만나는 셀을 구하면 셀 속에 화살표 ↓가 있다. 이 화살표를 따라서 아래 셀로 가면 다시 화살표 ↓가 있어 하나 더 아래의 셀로 가면 화살표 ←가 나온다. 다시 화살표에 의해 왼쪽 셀로 가면 그 셀에 15와 0이 적혀 있다 따라서 크기가 15인 샘플을 추출하여 검사한 후 부적합품의 수가 0개이면 로트는 합격이다.

예제 5-3 AQL이 $p_0 = 1$ %, LQ가 $p_1 = 2.5$ %에서 생산자 위험 $\alpha = 0.05$, 소비자 위험 $\beta = 0.10$인 계수 규준형 1회 샘플링검사 방식을 구하라.

풀이 [표 5-3]에서 p_0가 0.901~1.12인 행과 p_1이 2.25~2.80인 열이 만나는 셀을 구하면 셀 속에 화살표 *가 있다. 따라서 [표 5-4]를 사용하여야 한다. 먼저 p_0와 p_1의 비 p_1/p_0를 구하면 $p_1/p_0 = 2.50/1.0 = 2.5$이므로 [표 5-3]에서 2.5가 들어 있는 행(2.7~2.3)을 보면 Ac = 10이고 $n = 308/p_0 + 770/p_1$이므로 $p_0 = 1.0$ %과 $p_1 = 2.5$ %를 대입하면 $n = 308/p_0 + 770/p_1 = 308/1.0 + 770/2.5 \fallingdotseq 616$이다. 따라서 크기가 616인 샘플을 추출하여 검사한 후 부적합품의 수가 10 개 이하이면 로트는 합격이다.

표 5-4 샘플링검사 설계 보조표

p_1/p_0	Ac	n
17 이상	0	$2.56/p_0 + 115/p_1$
16 ~ 7.9	1	$17.8/p_0 + 194/p_1$
7.8 ~ 5.6	2	$40.9/p_0 + 266/p_1$
5.5 ~ 4.4	3	$68.3/p_0 + 334/p_1$
4.3 ~ 3.6	4	$98.5/p_0 + 400/p_1$
3.5 ~ 2.8	6	$164/p_0 + 527/p_1$
2.7 ~ 2.3	10	$308/p_0 + 770/p_1$
2.2 ~ 2.0	15	$502/p_0 + 1065/p_1$
1.99~ 1.86	20	$704/p_0 + 1350/p_1$

5.2 출검품질 통제를 위한 신용도 원리에 근거한 합격판정개수 0 샘플링검사 : KS Q ISO 28593

5.2.1 개요

이 샘플링검사 시스템은 'ISO 28593 : 2017 Acceptzero sampling system based on credit principle for controlling outgoing quality'의 내용을 기초로 작성된 것이다. 이 시스템은 한국산업표준(KS Q ISO 28593)으로 제정되어 있으며 로트별 검사를 위한 합격판정 샘플링검사 스킴에 관한 시스템을 규정한 선별형 검사 형태라고 할 수 있다.

시스템의 모든 샘플링검사 방식은 합격판정개수 0 즉, 추출된 샘플이 1개 이상의 부적합품을 갖고 있을 경우 불합격되는 검사이다. 이 스킴은 사용자가 선택하는 적절히 정의된 평균출검품질한계(AOQL)에 의존한다. AOQL 값이나 일련의 로트 중 추출하는 연속 로트크기 등에는 아무 제약이 없다. 이 방법은 소비자 또는 시장에 인도되는 전반적인 평균 품질이 결국에는 AOQL을 초과하지 않도록 보증하는 것이다.

이 시스템은 실행 가능한 가장 작은 크기의 샘플을 사용하여 소비자 또는 시장에 인도된 장기 부적합품률이 AOQL을 초과하지 않도록 보증하는 한편, 공급자로 하여금 로트 불합격과 이에 따른 누적 신용도 상실의 경제적, 심리적 압박을 통해 부적합이 없는 공정을 유지하도록 유도하고 있다. 이 목표는 좋은 품질이 유지되는 경우에는 샘플크기를 점차적으로 감소시킴으로써 이루어진다.

이 샘플링검사 시스템은 다음 조건 하에서 사용될 수 있도록 고안되었다.

① 동일한 것을 만들 의도로, 한 생산공정을 통해 한 생산자가 모두 공급하는 개별 아이템의 로트에 적용되는 검사 절차일 경우(만일 생산자 또는 생산 공정이 다른 경우에는 이 표준은 각각에 따로 따로 적용되어야 한다)

② 이러한 제품에서 하나 이상의 품질특성이 고려되고 있으며 모든 특성이 적합 또는 부적합으로 분류되는 경우

③ 제품의 품질특성 상태를 분류하는데 수반되는 오차가 무시할만한 경우

④ 비파괴 검사인 경우

이 시스템은 개별 공급자의 일련의 공급이 얼마나 길건 짧건 관계없이, 시장에 인도되는 아이템의 기대 품질의 통제가 가능한 한 최소의 샘플크기로 달성될 수

있도록 하며, 시장에서 실현된 품질 또는 실제 품질의 장기적 통제가 확실히 이루어질 수 있도록 하는 등 규제적 목적으로 사용하기에 적합하다. 이 시스템은 각 공급원으로부터, 각 형태의 합격제품에 대한 총체적 기대 품질의 통제를 하도록 공급자/생산자, 구매자/소비자 및 규제 기관에 의해 사용될 수 있다.

이 샘플링검사 시스템에서 사용되는 주요 용어를 정의하면 다음과 같다.

① 신용도(credit) : K

일련의 로트 중 한 로트가 불합격된 이후, 또는 이전에 검사된 모든 로트가 합격되었을 경우 검사의 시작 이후, 일련의 합격된 로트들에 포함된 아이템의 총 개수이다.

② 평균출검품질(average outgoing quality) : AOQ

검사에 투입된 제품 품질의 주어진 수준에 대한 검사 후 제품의 장기 평균품질 수준이다. 이 시스템에서 평균출검품질(AOQ)은 신용도 K가 0일 때 합격되지 않은 로트를 100 % 검사한 후에 발견된 적합품과 함께 모든 합격된 로트에 대해 계산된다.

③ 평균출검품질한계(average outgoing quality limit) : AOQL(%), a [소수(율)]

주어진 합격판정 샘플링검사 스킴에 투입되는 제품 품질수준의 모든 가능한 값에 대한 최대 AOQ이다. a표시는 소수 형식의 AOQL을 의미한다.

5.2.2 신용도 원리

이 샘플링검사 시스템의 신용도 원리는 다음과 같다.

① 품질저하에 대한 고객의 자동적 보호

부적합품이 발견될 때마다 누적 신용도가 완전히 소멸되고 상대적으로 큰 샘플크기로 복귀하며, 불합격된 첫 번째 로트 또는 불합격된 로트 바로 뒤에 오는 모든 불합격 로트는 100 % 검사함으로써 고객에 대한 자동적 보호를 제공한다.

② 샘플링검사 비용 절감

일관성 있게 좋은 품질이 실현되면(필요 샘플크기를 점진적으로 감소시킴으로써) 샘플링검사 비용을 줄여주는 인센티브를 제공한다.

이 시스템의 샘플링검사 스킴에 일관성 있게 내제되어 있는 개념은 신용도 원리이다. 여기서는 공급자가 연속 로트를 검사에 제출한다고 가정된다. 각 로트는 어떠한 크기이든 상관없다. 검사를 시작할 때, 신용도는 0으로 설정된다. 각 로트의 적절한 샘플크기는 AOQL, 로트크기 및 신용도를 포함하고 있는 공식으로부터 구할 수 있다. 이러한 크기의 랜덤 샘플이 추출되고 검사된다. 첫 번째 로트가 합격판정 기준을 충족시키지 못하면 신용도는 0에 머무른다. 그렇지 않으면 신용도가 로트크기만큼 증가된다. 이러한 절차가 연속된 로트에 대해 반복되는데 로트가 불합격될 때까지 합격된 로트크기만큼 신용도가 증가된다. 로트가 불합격되면 신용도가 다시 0으로 설정되고 새로운 절차가 다시 시작된다.

이러한 절차를 통해 요구되는 AOQL을 여전히 보장하는 한편 높은 품질의 로트를 일관성 있게 납품하는 공급자에게는 샘플크기를 줄여주고 그에 따라 검사 비용을 절감시켜 줌으로써 보상을 해준다. 여러 공급자에 의해 아이템이 공급되는 경우에는, 이 표준을 각 공급자로부터 공급된 로트에 따로 따로 적용하여야 한다. 따라서 공급자는 각기 자신만의 개별 신용도 기록을 갖게 된다.

5.2.3 샘플링검사 방식

요구되는 AOQL 값이 주어지면, 로트에 대한 샘플링검사 방식은 로트크기 N, 현재 신용도 점수 K에 의해 자동으로 결정된다. 표도 필요 없으며 적절한 샘플크기 n은 간단한 부등식으로부터 결정된다. 요구되는 샘플링검사 방식의 샘플크기는 n이고 합격판정 기준은 다음과 같이 된다.

$d = 0$이면 합격
$d \geq 1$이면 불합격

여기서 d는 샘플에 있는 부적합품의 개수이다.

샘플링검사를 실시하려면 신용도가 처음에는 0으로 설정되어야 한다. 신용도가 0을 초과하는 경우 불합격 로트에 대한 처리는 시작부터 공급자와 소비자가 동의하여야 한다. 로트는 더 이상의 샘플링검사 없이 반환될 수도 있다. 이 경우는 공급자와 소비자는 샘플에서 발견된 적합품과 부적합품에 대한 처리 방식에 대해서도 동의하고 있어야 한다. 로트가 100 % 검사될 수도 있다. 이 경우에는 공급자와 소비자는 로트에서 발견된 모든 적합품과 부적합품에 대한 처리 방식에 대해서도 동의하고 있어야 한다.

소관권한자의 판단에 의해 사용할 수 있는 신용도에 상한 K_{max}가 부과될 수 있다. 이는 우수한 품질이 오래 유지될 경우 일시적인 품질 저하를 탐지 못하는 상황 발생을 억제하는 효과가 있다.

5.2.4 샘플링검사 절차

이 계수형 샘플링검사 방식은 샘플크기 및 합격판정개수 0으로 구성되어 있다. 그 절차는 다음과 같다. 합격판정 절차의 흐름도는 [그림 5-1]에 제시되어 있다.

① 지정된 AOQL(a)에 대해서, 누적 신용도 K 및 로트크기 N에 대한 샘플크기는 다음 식에 의해 결정된다. 신용도 상한 K_{max}가 지정되어 있을 경우에는 K 대신 이를 사용한다.

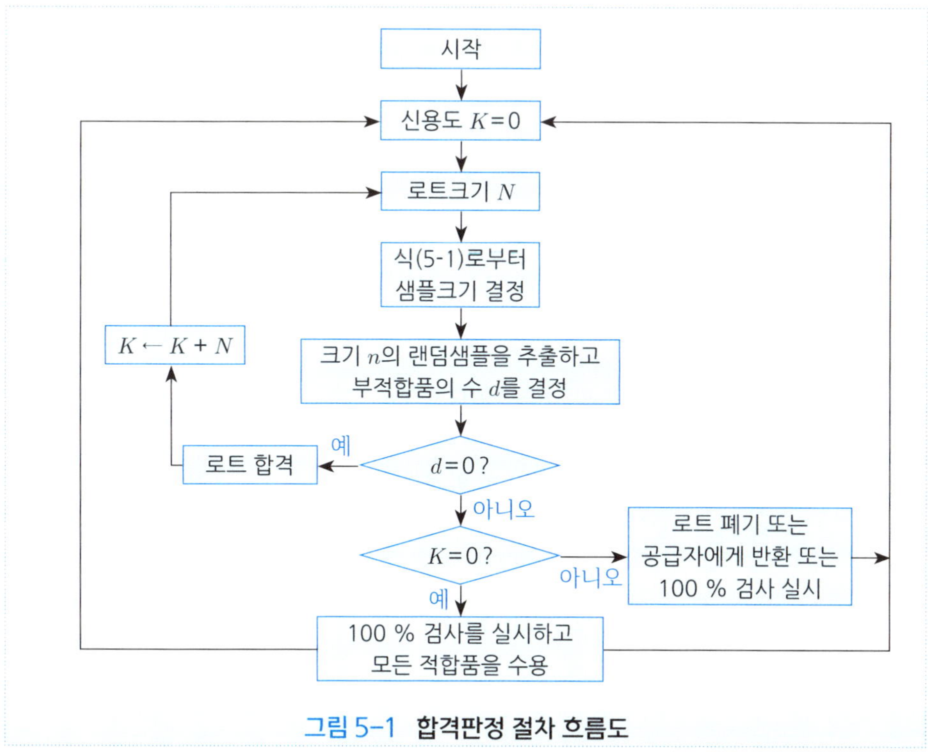

그림 5-1 합격판정 절차 흐름도

$$n = \frac{N}{(K+N)a+1}, \text{ 정수로 올림} \tag{5-1}$$

② 크기 n의 랜덤 샘플이 로트로부터 추출되고 샘플에 있는 각 아이템의 품질특성이 검사된다. 샘플에 있는 어떤 아이템도 규격을 벗어나지 않으면 로트는 합격되고 신용도는 N만큼 증가한다. 그렇지 않으면 로트가 불합격된다.

③ 로트 불합격의 경우

(i) 현재 신용도가 0이면 로트는 100 % 검사되고 모든 적합품이 합격된다. 그리고 신용도는 0으로 유지된다.

(ii) 현재 신용도가 0이 아니면, 공급자와 소비자의 동의에 의해 로트를 100 % 검사할 것인지, 폐기할 것인지, 또는 공급자에게 반환할 것인지를 결정한다. 그리고 신용도가 0으로 다시 설정된다. 샘플 또는 100 % 검사에서 발견된 적합품의 처리는 공급자와 소비자의 동의하에 결정되어야 한다.

④ 동일 공급자가 제출하는 유사한 아이템으로 구성된 후속적인 로트에 대해서는 ①의 절차를 반복한다.

예제 5-4 AOQL이 1.5 %이고 크기 N이 201인 일련의 로트에서 첫 번째 로트가 제출되어 비파괴 검사가 행해진다고 가정하자.

1) 적절한 샘플크기 n을 구하고 부적합품이 발견되지 않을 경우 신용도 K를 구하라.

2) 크기 192인 두 번째 로트가 제출되어 검사하였는데 부적합품이 발생된 경우와 아닌 경우 각각에 대하여 처리방법 및 신용도 K를 구하라.

풀이 1) $n = \frac{N}{(K+N)a+1} = \frac{201}{(0+201)\times 0.015+1} = 50.06$

올림하여 n은 51이다. 부적합품이 발견되지 않았으므로, 신용도가 $K = 0+201$로 증가한다.

2) $n = \frac{N}{(K+N)a+1} = \frac{192}{(201+192)\times 0.015+1} = 27.84$

올림하여 n은 28이다.

샘플에서 한 개 이상의 부적합품이 발견되면 이 로트는 불합격되고 신용도 K가 다시 0으로 설정된다. 처리방법은 공급자와 협의하여 정한다.

샘플에서 부적합품이 없었다면 이 로트는 합격되고 신용도가 $K=201$에서 $K=201+192=393$으로 증가한다.

5.3 로트별 AQL 지표형 샘플링검사 : KS Q ISO 2859-1

5.3.1 개요

이 샘플링검사 방식은 'ISO 2859-1 : 1999, Sampling procedures for inspection by attributes - Part 1 : Sampling schemes indexed by acceptance quality limit(AQL) for lotbylot inspection'의 내용을 기초로 작성된 것이다. 이 검사 방식은 한국산업표준(KS Q ISO 2859-1)으로 제정되어 있으며 로트별 검사를 위한 합격판정 샘플링검사 스킴에 관한 시스템을 규정한 조정형 샘플링검사 형태이다.

이 샘플링검사 시스템의 주목적은 제품의 품질을 AQL(Acceptance Quality Limit : 합격품질한계) 이상의 수준으로 관리하는 것이다. 제출되는 로트가 연속로트인 경우 구입자 쪽에서 합격으로 할 품질수준 한계를 정하고, 이 수준보다 좋은 품질의 로트를 제출하는 한 거의 다 로트를 합격시킬 것을 공급하는 쪽에 보증함과 동시에, 품질 높은 로트에 대하여는 샘플크기를 작게 하여 검사비용을 줄이려는 목적을 갖고 있는 샘플링검사이다. 어떤 기계나 프로세스 또는 생산 라인은 부적합품이 없도록 생산하는 것을 보증하는 것은 곤란하거나 비용이 지나치게 높은 경우가 있다. 실제로는 어느 정도의 부적합률이면 합격으로 해도 좋은 것이나, 이것은 반드시 부적합품을 전부 최종제품에 사용한다는 것을 의미하는 것은 아니다. 부적합품의 일부는 후에 검사단계에서 검출될 것이고, 다른 것은 조립이나 기능시험에서는 제거될 것이다. 따라서 합격 가능한 부적합률의 한계는 경제적 관점에서 결정되는 경우가 많다.

이 샘플링검사는 수월한 검사(reduced inspection), 보통 검사(normal inspection) 및 까다로운 검사(tightened inspection)의 엄격도 전환에 의하여 생산자의 품질향상에 자극을 주어 장기적으로 프로세스의 품질을 향상시키려는 목적도 갖고 있다.

5.3.2 로트별 AQL 지표형 샘플링검사의 특징

이 샘플링검사의 적용은 공급자로부터 연속적이고 대량으로 구입되는 경우나, 로트의 합격·불합격에 대한 공급자의 관심이 큰 경우 사용하며, 다음과 같은 특징을 갖고 있다.

- 검사의 엄격도 전환(점수법)에 의해 생산자의 품질 향상에 자극을 준다.
- 구입자가 공급자를 선택할 수 있는 경우 사용하는 샘플링검사이다.
- 연속적 거래의 로트 검사에 사용하며 장기적으로 품질을 보증한다.
- 불합격 로트의 처리 방법이 전수검사에 따른 폐기, 선별, 수리, 재평가로 소관권한자가 결정하도록 되어 있다.
- 로트크기와 샘플크기와의 관계가 분명히 정해져 있는 샘플링검사로 로트크기(N)가 증가하면 샘플크기(n)도 증가하는 비례샘플링이다.
- 로트크기에 따라 제1종 오류 α가 일정치 않은 샘플링검사로 로트크기(N)이 증가하면 α가 감소하게 되어 있다.
- 1회, 2회, 다회, 축차 샘플링검사의 4종류의 샘플링 형식이 정해져 있다.
- 일반 검사수준 3개, 특별 검사수준 4개로 검사수준이 여러 개가 있다.
- AQL과 샘플크기 사이에는 R5 등비수열이 채택되어 있다.
- 까다로운 검사는 보통 검사와 검사개수가 거의 동일하지만, 수월한 검사는 보통 검사보다 검사개수가 2/5 이하로 조정되어 있다.

5.3.3 샘플링검사 절차

로트별 AQL 지표형 샘플링검사의 절차에 대한 일반적인 기준은 없으나 편의상 검사 절차를 다음과 같이 정리할 수 있다.

순서 1 소관권한자를 지정한다.

순서 2 검사로트의 구성 및 크기를 결정한다.

순서 3 AQL을 설정한다.

순서 4 검사수준을 정한다.

순서 5 검사의 엄격도를 정한다.

순서 6 샘플링 형식을 결정한다.

순서 7 로트크기와 검사수준을 이용하여 샘플문자를 구한다.

순서 8 샘플문자, AQL, 샘플링 형식, 검사의 엄격도에 해당되는 표를 이용하여 샘플링검사 방식을 구한다.

순서 9 샘플을 취한다.

순서10 로트의 합격·불합격을 판정한다.

순서11 로트를 처리한다.

이 순서에 따라 각 절차를 설명하면 다음과 같다.

(1) 소관권한자를 지정한다.

검사의 중립성을 지키기 위한 개념으로 사전에 결정되어 있는 경우와 제1자(공급자의 품질 부문), 제2자(구입자 또는 조달기관) 및 제3자(독립적인 검증 또는 인증 기관)에게 할당되는 경우가 있다.

(2) 검사할 로트의 구성 및 크기를 결정한다.

로트는 가능한 동일 조건에서 동일시기에 제조된 아이템으로 구성하는 것이 바람직하다. 아이템이 같은 조건하에서 생산된다면 로트를 상대적으로 크게 하는 것이 좋으며, 품질이 서로 다르면 작은 크기의 로트로 정하는 것이 좋다. 각 로트는 가능한 한 균일한 조건에서 동시에 제조된 단일한 유형, 단일한 정도, 단일한 등급, 단일한 크기로 구성한다. 로트의 구성, 로트크기 및 공급자에 의한 로트의 제출과 식별법은 소관권한자에 의해 설정 또는 승인되고, 또는 소관권한자의 판단에 따른다.

검사의 목적중 하나는 불합격된 제품이 다시 생산되지 않도록 생산 프로세스를 개선하는 데 있다. 불합격된 로트의 제품들이 생산 라인이 복잡하여, 제품을 생산한 공정이 구분되지 않은 경우에는 로트를 서브로트로 나누어 로트를 구성한다. 층별 샘플링을 할 수 있다면, 샘플크기를 증가시키지 않고, 불합격 원인을 발견하는 데 도움이 된다.

(3) AQL을 설정한다.

샘플링검사에 사용하는 AQL은 계약서에 명시되어 있는 값을 사용하거나 소관권한자에 의하여 설정되며, AQL 설정 시 고려하여야 할 사항은 다음과 같다.

• 구매자의 요구 품질에 맞추어 설정한다.
• 불필요한 엄격한 품질을 피하여 설정한다.
• 공정 평균에 근거를 두고 설정한다.
• 공급자와 협의하여 타당한 품질을 설정한다.
• AQL값은 지속적인 검토를 하여 설정한다.

샘플링검사 시에 가능한 AQL의 값은 여러 가지 표에 제공되는 특수한 경우의 값들을 사용하는 것을 추천한다. 이러한 특수한 경우에 해당되는 AQL 값은 표준수를 사용하는데 그 표준수는 다음의 [표 5-5]와 같다. 즉, 부적합률의 샘플링검사인 경우는 0.010 %에서 10 %까지 16단계의 AQL이 있고, 100 아이템당 부적합수의 샘플링검사인 경우는 0.010 %에서 1 000 %까지 26 단계의 AQL이 주어진다.

표 5-5 AQL의 표준수(단위 %)

구분								
부적합률	0.010	0.015	0.025	0.040	0.065	0.10	0.15	0.25
	0.40	0.65	1.0	1.5	2.5	4.0	6.5	10
100 아이템당 부적합수	0.010	0.015	0.025	0.040	0.065	0.10	0.15	0.25
	0.40	0.65	1.0	1.5	2.5	4.0	6.5	10
	15	25	40	65	100	150	250	400
	650	1 000						

그러나 만일 지정한 AQL이 AQL의 표준수가 아니라면 KS Q ISO 2859-1에서 제공하는 표들을 사용할 수 없고 특별히 샘플링검사 방식을 설계해야만 한다. 26 단계의 AQL의 표준 수는 인접하는 값의 비율이 약 1.5 배가 되도록 설정되어 있다.(실제로 이 비율의 평균값은 R5 등비수열로 1.585이다) 이 경우에 샘플링검사 방식을 설계하는 것은 쉽고 1회, 2회 다회 샘플링검사 시스템과 맞는 결과를 얻을 수 있다.

(4) 검사수준을 정한다.

검사수준의 의미는 로트크기와 샘플크기와의 관계를 결정하는 것이다. 이 샘플링검사 시스템에서는 로트크기가 클 때에는 원칙적으로 로트크기가 작을 때 보다 샘플크기가 커지게 되도록 되어 있다. 그러나 로트크기에 비례하여 비율이 커진다는 것은 아니다. 오히려 로트크기가 큰 경우는 작은 경우보다 샘플크기의 비율은 작아지게 되어 있다.

로트별 AQL 지표형 샘플링검사에서는 검사수준을 일반 검사수준 Ⅰ, Ⅱ, Ⅲ과 특별 검사수준 S-1, S-2, S-3, S-4로 구분하고 있다. 일반 검사가 적용되는 경우 수준 Ⅰ, Ⅱ, Ⅲ 중에서 하나를 선택하나, 최초검사 시에는 검사수준 Ⅱ를 선택한다. 수준 Ⅰ은 샘플크기가 수준 Ⅱ의 1/2보다 작으며, 수준 Ⅲ은 샘플크기가 수준 Ⅱ의 약 1.5배의 정도이다.

특별 검사수준은 파괴검사와 같이 샘플링검사의 비용이 큰 경우 샘플크기를 작게 하여야 하는 상황에 맞게 설계되었다. 특별검사는 S-1, S-2, S-3, S-4 중에서 하나를 선택하며, S-1에서 S-4까지의 검사수준을 지정할 때에는 이들의 검사수준과 모순되는 AQL을 피하도록 주의하여야 한다.

(5) 검사의 엄격도를 정한다.

검사의 엄격도는 보통 검사, 까다로운 검사 및 수월한 검사가 있는데, 검사의 시작 시점에서는 원칙적으로 보통 검사를 적용하며, 검사의 결과에 따라 전환규칙을 사용하여 엄격도를 바꾸게 된다.

① 보통 검사(normal inspection)

보통 검사의 설계에서는 품질이 AQL보다 좋을 때에는 좋은 로트가 불합격이 되지 않도록 생산자를 보호해 주도록 하고 있다.

② 까다로운 검사(tightened inspection)

까다로운 검사의 샘플링검사 방식은 일반적으로 대응하는 보통 검사와 샘플크기가 같도록 되어 있으나, 합격판정개수는 보통 검사보다 작아진다. 그러나 보통 검사의 합격판정개수가 1개 이상인 경우에 해당되며, 만일 보통 검사의 합격판정개수가 0개이면 검사를 까다롭게 하기 위해서 합격판정개수는 보통 검사와 같게 하고 샘플크기를 크게 한다.

③ 수월한 검사(reduced inspection)

수월한 검사는 프로세스의 품질이 지정된 AQL보다 우수하다는 증거가 있는 경우에 적용하는 검사로, 안정적인 프로세스 품질이 지속될 것으로 판단되는 경우에 사용된다. 그런 경우에 샘플링검사는 좋은 로트와 나쁜 로트를 나눌 필요가 없어진다. 전부가 좋은 로트인 셈이기 때문이다. 그러나 생산 품질이 나빠졌을 때를 경계하는 의미도 있으므로 검사를 완전히 그만둘 수는 없는 경우 사용한다. 수월한 검사를 사용하면 검사크기의 대폭적인 절감이 가능하며, 수월한 검사의 샘플크기가 보통 검사의 2/5 정도가 되며, 수월한 검사의 도입에 관해서 강제적인 규정은 없다는 것에 유의할 필요가 있으며, 수월한 검사는 선택사항이므로 설령 수월한 검사로의 전환 조건을 만족한다고 해도 구매자가 그렇게 희망하거나 또는 계약에 규정된 경우를 제외하면 구매자는 수월한 검사를 도입할 필요가 없다. 그러나 전환규칙에서 필요한 때에 까다로운 검사를 사용하는 것은 이 샘플링검사 스킴에서는 꼭 지켜야 할 규정이다.

일반적인 엄격도 전환의 원칙은 AQL보다 월등하게 우수하며 일관되게 좋은 품질을 달성하면 수월한 검사를 택하게 되며, AQL보다 나쁜 품질이 검출되면 구매자에 대한 보호차원에서 까다로운 검사나 검사 중지로의 전환이 이루어진다.

계약 초기에도 소관권한자의 결정에 따라 까다로운 검사를 적용하는 경우가 있는데 다음과 같다.

㉠ 공급자가 그전 계약에서 규정된 AQL을 만족시키지 못했을 때
㉡ 공급자가 제조에 경험이 없을 때
㉢ 생산 전 공장 검사의 결과가 나쁠 때
㉣ 경험적으로 공급자가 제조 초기에 어려움이 있다고 인정될 때

(6) 샘플링검사 형식(횟수)을 결정한다.

동일한 AQL, 동일한 샘플문자, 동일한 엄격도가 지정되어 있는 경우에는 어느 샘플링 형식을 취하여도 OC곡선은 실제적으로 거의 같도록 되어 있다. 따라서 어떤 샘플링 형식을 선택할 것인가에 대해서는 OC곡선 이외의 사항을 고려하여 결정하면 된다.

① 1회 샘플링검사(Single Sampling Inspection)

로트로부터 단 한 번의 샘플을 추출해서 판정기준과 비교하여 로트의 합격 불합격을 결정하는 샘플링검사 방식이다.

② 2회 샘플링검사(Double Sampling Inspection)

제1차 샘플링에서 나타난 부적합품수가 제1차 합격판정개수보다 작으면 합격시키고 제2차 합격판정개수보다 크면 불합격시킨다. 또한 부적합품수가 합격과

불합격 사이면 제2차 샘플을 추출하여 제2차에서 나타난 부적합품수를 제1차에서 발생한 부적합품수와 합하여 이를 제2차 합격판정개수와 비교하게 되는데, 누적 부적합품수가 제2차 합격판정개수 이하이면 합격으로 하고 아니면 로트를 불합격 시킨다.

③ 다회 샘플링검사(Multiple Sampling Inspection)

앞의 2회 샘플링검사에서는 제1차 샘플의 결과에서 합격여부가 결정되지 않으면 제2차 샘플에서 결정하였다. 이러한 개념을 확대시켜 제3차 이상의 샘플을 추출하여 샘플결과에서 결정될 수 있는 샘플링검사를 다회 샘플링검사라고 부른다. 여기에서는 제5차 샘플링검사까지를 다룬다.

④ 축차 샘플링검사(Sequential Sampling Inspection)

축차 샘플링검사는 다회 샘플링검사의 개념을 확장하여 만들어진 것으로 평균 검사 개수를 적게 하고 싶을 때 사용하는 검사방식이다.

1회 샘플링검사와 2회 샘플링검사 이상의 샘플링검사를 비교하여 보면 다음과 같은 것을 알 수 있는데, [표 5-6]에 예시되어 있다.

① 2회 샘플링검사 방식의 평균샘플크기는 항상 1회 샘플링검사 방식보다 작고, 또 다회 샘플링검사 방식의 평균샘플크기는 항상 2회 샘플링검사 방식보다 작다.
② 만일 품질이 완벽하면 2회 샘플링검사 방식의 평균샘플크기는 1회 샘플링검사 방식의 약 2/3, 다회 샘플링검사 방식의 평균샘플크기는 1회 샘플링검사 방식의 약 1/4이다.

표 5-6 1회, 2회, 다회, 축차 샘플링검사의 비교

검사 형식	샘플	샘플크기	누적샘플크기	Ac	Re
1회		200	200	3	4
2회	제1차	125	250	1	3
	제2차	125		4	5
다회	제1차	50	50	#	3
	제2차	50	100	0	3
	제3차	50	150	1	4
	제4차	50	200	2	5
	제5차	50	250	4	5
축차		1개씩			

주) #은 누적 샘플크기에서 합격 판정은 불가능한 것을 의미한다.

(7) 로트크기와 검사수준을 교차시켜 샘플문자를 구한다.

[표 5-7]을 이용하여 샘플문자를 찾는다. 예를 들어 로트크기가 2 500개, 검사수준 Ⅱ에 대한 샘플문자는 [표 5-7]에서 K가 되고, 로트크기가 1 000개 검사수준 Ⅱ에 대한 샘플문자는 J가 된다.

(8) 샘플문자, AQL, 샘플링 형식 및 검사엄격도에 해당하는 표를 이용하여 샘플링검사 방식을 구한다.

샘플링검사 방식을 찾기 위해서는 AQL, 검사수준, 검사엄격도(보통 검사, 까다로운 검사 또는 수월한 검사), 샘플링검사 형식(1회, 2회, 다회, 축차)이 결정되어 있어야 샘플링검사 방식을 결정할 수 있다.

주어진 AQL과 샘플문자의 조합에 대한 샘플링검사 방식이 적절하지 않을 때 각 부표는 사용자에게 다른 샘플문자의 사용을 지시한다. 사용해야 할 샘플크기는 원래의 샘플문자에 대한 것이 아니고, 새로운 샘플문자에 대한 것이다. 만일 이 절차에 따라서 다른 부적합 또는 부적합품의 등급에 대해서 다른 샘플크기에 도달하였다면 소관권한자가 지정 또는 승인했을 때에는 도달한 최대의 샘플크기에 대한 샘플문자를, 부적합 또는 부적합품의 전 등급에 대해서 사용하여도 좋다. 또 소관권한자가 지정 또는 승인했을 때에는 합격판정개수가 0인 1회 샘플링검사 방식의 대신에 (만일 사용이 가능하다면) 지정된 AQL에 대해서는 샘플크기가 커지지만, 합격판정개수가 1인 샘플링검사 방식을 사용해도 좋다. 또, 소관권한자가 승인했을 때에는 5.3.6 절에서 소개되는 분수 합격판정개수라는 선택사항의 샘플링검사 방식을 사용해도 좋다.

(9) 샘플을 취한다.

샘플은 임의로 취하고 로트를 가능한 공급원으로 분류하여 공급원 별로 서브 로트를 구성하여 모든 로트에서 샘플을 취하는 층별 비례 샘플링검사 방식을 택하는 것이 좋다.

(10) 로트의 합격, 불합격을 판정한다.

샘플에서 나타난 부적합품수(부적합수)가 Ac와 같거나 작으면 해당 로트를 합격으로 하고, Re와 같거나 크면 해당 로트를 불합격 처리한다.

(11) 로트를 처리한다.

불합격이 된 로트의 처치는 소관권한자가 결정한다. 불합격 로트의 처치에는 폐기, 선별(부적합품은 제거 또는 교체한다), 수리, 재평가(추가 정보를 얻은 후에 특정한 사용성에 대한 판정 기준에 따라 처리한다) 등이 있다.

로트가 합격되더라도 검사 도중에 부적합품으로 판명된 아이템은 수리를 한 후, 소관권한자의 승인 하에 소관권한자가 지정한 방법으로 검사에 재 제출할 수 있다. 부적합 또는 부적합품을 2 개 이상의 등급으로 나누면 샘플링검사 방식의 조합을 사용하는 것이 필요해진다. 어떤 종류의 부적합은 치명적 중요도를 가지는 경우가 있다. 이런 종류의 특정한 부적합 항목에 대한 특별 조항을 규정할 수 있다.

소관권한자의 판단에 따라서 그러한 지정된 등급의 부적합에 대하여 무더기 중의 전 아이템을 검사하도록 요구될 수 있다. 만일 이 지정된 등급의 부적합이 하나라도 발견되면 제출된 전 아이템을 이 등급의 부적합에 대해서 검사하고 그 로트를 즉시 불합격으로 하는 권리를 갖는다. 또, 지정된 등급의 부적합에 대해서 공급자로부터 제출 받은 각 로트에서 샘플을 취하고, 그리고 그 등급의 부적합이 하나 이상 발견된 로트는 어떤 로트라도 불합격으로 하는 권리를 갖는다.

만일 로트가 불합격이 되면 각 당사자에게 신속히 통지한다. 불합격 로트는 전 아이템을 재점검 또는 재시험하고, 모든 부적합품이 제거되거나 적합품으로 교체되고, 또는 모든 부적합이 시정되었다고 공급자가 확신할 때까지 재검사를 위해서 재 제출해서는 안 된다.

재검사 시에 보통 검사와 까다로운 검사의 어느 쪽을 사용하는가, 또 재검사에 모든 타입 또는 등급의 부적합은 포함하는가, 또는 최초의 불합격의 원인이 된 특정한 타입이나 등급의 부적합만을 포함하는가에 대해서는 소관권한자가 결정한다.

5.3.4 AQL 지표형 1회, 2회, 다회 계수형 샘플링검사

로트크기와 검사수준에 해당하는 샘플문자를 [표 5-7]에서 구한다.

샘플링검사 방식을 찾기 위해서는 AQL, 샘플문자, 검사엄격도(보통 검사, 까다로운 검사 또는 수월한 검사), 샘플링검사 형식(1회, 2회, 다회, 축차)이 결정되어 있어야 하며 다음 표들을 이용하여 샘플링검사 방식을 결정할 수 있다.

보통 검사의 1회 샘플링검사인 경우는 [부표 A1]를 사용하여 샘플문자와 AQL을 교차시켜 샘플크기 과 합격판정개수 Ac, 불합격판정개수 Re를 구하여 샘플링검사 방식을 설계하게 된다. 이때 샘플문자와 AQL의 교차점에서 화살표가 있으면 화살표를 따라가서 처음 만나는 곳의 Ac와 Re를 구하고 이에 따라 샘플크기도 해당 검사방식에 대응되는 행의 n으로 변경된다는 점에 유의해야할 것이다. 까다로운 검사의 1회 샘플링검사 방식은 [부표 A2] 샘플링검사표를, 수월한 검사의 1회 샘플링검사 방식은 [부표 A3]을 사용한다.

표 5-7 **샘플문자**

로트크기	특별 검사수준				일반 검사수준		
	S - 1	S - 2	S - 3	S - 4	I	II	III
2 ~ 8	A	A	A	A	A	A	B
9 ~ 15	A	A	A	A	A	B	C
16 ~ 25	A	A	B	B	B	C	D
26 ~ 50	A	B	B	C	C	D	E
51 ~ 90	B	B	C	C	C	E	F
91 ~ 150	B	B	C	D	D	F	G
151 ~ 280	B	C	D	E	E	G	H
281 ~ 500	B	C	D	E	F	H	J
501 ~ 1 200	C	C	E	F	G	J	K
1 201 ~ 3 200	C	D	E	G	H	K	L
3 201 ~ 10 000	C	D	F	G	J	L	M
10 001 ~ 35 000	C	D	F	H	K	M	N
35 001 ~ 150 000	D	E	G	J	L	N	P
150 001 ~ 500 000	D	E	G	J	M	P	Q
500 001 이상	D	E	H	K	N	Q	R

주) 샘플문자가 A, B, C, D, E에 해당하는 축차 샘플링검사 방식은 없으므로 1회, 2회 또는 다회 샘플링검사 방식을 선택하여야 한다.

예제 5-5 로트크기가 2 000인 로트에서 AQL 1.0 %, 검사수준 II일 때 보통 검사, 까다로운 검사, 수월한 검사의 1회 샘플링검사 방식을 구하라.

풀이 로트크기 2 000과 검사수준 II인 샘플문자를 [표 5-7]에서 찾으면 샘플 문자는 K가 된다. 샘플문자 K와 AQL 1.0 %이면 [부표 A1], [부표 A2], [부표 A3]으로부터 보통 검사, 까다로운 검사, 수월한 검사 방식은 다음과 같다.

	샘플크기	합격판정개수(Ac)	불합격판정개수(Re)
보통 검사	125	3	4
까다로운 검사	125	2	3
수월한 검사	50	2	3

보통 검사의 2회 샘플링검사인 경우는 [부표 A4]를 사용하여 샘플문자와 AQL을 교차시켜 제1차 샘플크기 n과 합격판정개수 Ac, 불합격판정개수 Re와 제2차 샘플크기 n과 합격판정개수 Ac, 불합격판정개수 Re를 구하여 샘플링검사 방식을 설계하게 된다. 까다로운 검사의 2회 샘플링검사 방식은 [부표 A5] 샘플링검사표를, 수월한 검사의 2회 샘플링검사 방식은 [부표 A6]를 사용한다.

예제 5-6 로트크기가 2 000인 로트에서 AQL 1.0 %, 검사수준 II일 때 보통 검사, 까다로운 검사, 수월한 검사의 2회 샘플링검사 방식을 구하라.

풀이 로트크기가 2 000과 검사수준 II인 샘플문자를 [표 5-7]에서 찾으면 샘플 문자는 K가 된다. 샘플문자 K와 AQL 1.0 %이면 [부표 A4], [부표 A5], [부표 A6]으로부터 보통 검사, 까다로운 검사, 수월한 검사의 2회 샘플링검사 방식은 다음과 같다.

	샘플	샘플크기	누적 샘플크기	합격판정개수 (Ac)	불합격판정개수 (Re)
보통 검사	제1차	80	80	1	3
	제2차	80	160	4	5
까다로운 검사	제1차	80	80	0	3
	제2차	80	160	3	4
수월한 검사	제1차	32	32	0	3
	제2차	32	64	3	4

본 교재에서는 지면 관계상 다회 샘플링검사 방식의 소개는 생략한다. KS Q ISO 2859-1을 참조하기 바란다.

5.3.5 검사의 엄격도 전환규칙

검사의 엄격도에는 보통 검사, 까다로운 검사 및 수월한 검사가 있는데, 검사의 개시 시점에서는 원칙적으로 보통 검사를 실시하며, 검사의 결과에 따라 전환규칙을 적용하여 엄격도의 적용을 바꾸게 된다. 일반적인 엄격도 전환의 원칙은 AQL보다 월등하게 우수하며 일관되게 좋은 품질을 달성하면 소관권한자의 판단에 따라 수월한 검사를 택하게 되며, AQL보다 확실히 품질이 나빠 품질 저하가 검출되면 구매자에 대한 보호차원에서 까다로운 검사나 검사 중지로의 전환이 이루어진다.

AQL을 공정에서 복수로 결정하는 경우는 각각 독립적으로 검토하되, 최종 합격 판정은 모두 합격해야만 로트가 합격된 것으로 하며, 검사 항목이 많아도 이 법칙이 적용된다.

[그림 5-2]는 엄격도 전환의 규칙을 나타낸 흐름도이다. 개정된 ISO 2859-1의 전환규칙은 MIL-STD-105D의 규정과 폐지된 KS 3109 방식이 혼합되어 있으며, KS 3109 계수 조정형 샘플링검사 보다 전환규칙이 간편하면서도 품질보증이 정교한 샘플링검사 방식이라는 것을 알 수 있다.

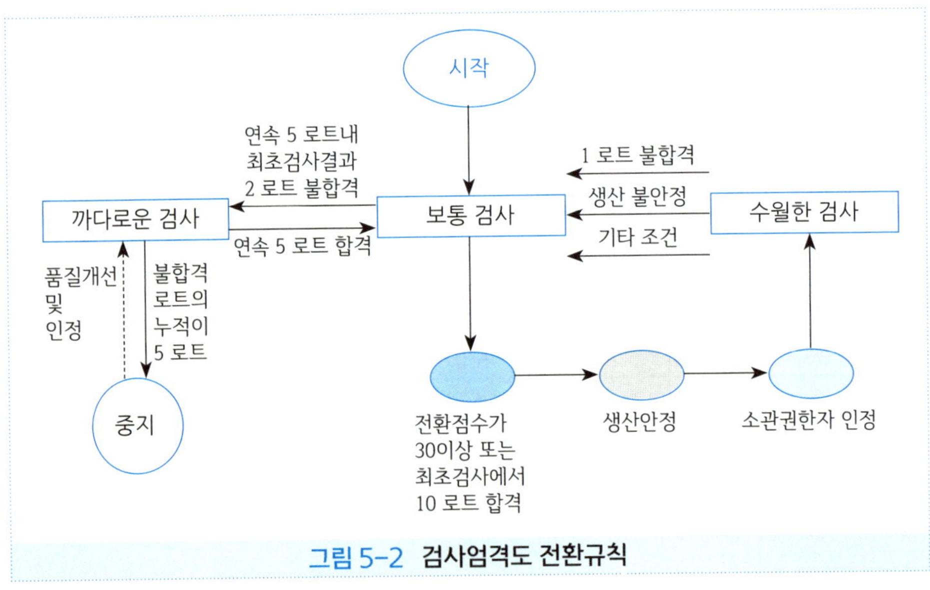

그림 5-2 검사엄격도 전환규칙

(1) 보통 검사에서 까다로운 검사로의 전환

보통 검사가 실시되고 있을 때, 연속 5로트 이내의 최초검사에서 2로트가 불합격이 된 경우는 까다로운 검사로 전환한다. 단, 재 제출된 로트는 이 절차에서는 무시한다.

(2) 까다로운 검사에서 보통 검사로의 전환

까다로운 검사가 실시되었을 때, 연속 5 로트가 최초검사에서 합격이 된 경우에는 보통 검사로 전환된다. [표 5-8]은 보통 검사에서 까다로운 검사로 전환되는 예를 설명하는 것이다. 여기서는 AQL 0.65 %, 검사수준 Ⅱ를 적용한 20 로트의 1회 샘플링 검사 결과를 나타내고 있으며, 생산개시 시에는 보통 검사를 사용하는 것이 보편적인 상황이므로 보통 검사를 적용하였다. 표를 보면 로트 번호 3 및 번호 5에서 불합격이

표 5-8 가상 검사공정에서 20로트의 샘플링검사 결과

로트 번호	로트 크기	샘플 크기	AQL=0.65 %, 부적합률				
			Ac	Re	부적합품	합격판정	다음 로트에 대한 조치
1	1 275	125	2	3	2	합	보통 검사로 속행
2	1 275	125	2	3	1	합	보통 검사로 속행
3	1 275	125	2	3	3	불	보통 검사로 속행
4	1 275	125	2	3	2	합	보통 검사로 속행
5	1 275	125	2	3	4	불	까다로운 검사로 전환
6	1 275	125	1	2	1	합	까다로운 검사로 속행
7	1 275	125	1	2	3	불	까다로운 검사로 속행
8	1 275	125	1	2	1	합	까다로운 검사로 속행
9	1 275	125	1	2	1	합	까다로운 검사로 속행
10	1 275	125	1	2	0	합	까다로운 검사로 속행
11	1 275	125	1	2	0	합	까다로운 검사로 속행
12	1 275	125	1	2	1	합	보통 검사로 전환
13	1 275	125	2	3	1	합	보통 검사로 속행
14	1 275	125	2	3	1	합	보통 검사로 속행
15	1 275	125	2	3	0	합	보통 검사로 속행
16	1 275	125	2	3	1	합	보통 검사로 속행
17	1 275	125	2	3	1	합	보통 검사로 속행
18	1 275	125	2	3	0	합	보통 검사로 속행
19	1 275	125	2	3	2	합	보통 검사로 속행
20	1 275	125	2	3	2	합	보통 검사로 속행

비고 : 합 = 합격, 불 = 불합격

발생하여 연속 5로트 중 2로트가 불합격되었으므로, 의무조항인 까다로운 검사로 검사를 전환을 하였다. 까다로운 검사는 보통 검사와 검사개수는 같으나 Ac가 1인 샘플링검사가 진행되는 것을 알 수 있다.

6번째 로트부터는 까다로운 검사가 적용되므로 연속 5 로트가 합격되어야 보통 검사로의 복귀가 가능하다. 로트 번호 8에서 로트 번호 12까지 연속 5 로트가 까다로운 검사에서 합격하였으므로, 보통 검사로 복귀되어 로트 번호 13에서 보통 검사가 적용된다. 이것은 앞의 보통 검사에서 나타난 로트 불합격이 우연적으로 발생한 상태라고 판단되어 프로세스의 품질에는 문제가 없다는 것이 까다로운 검사를 통해서 확인된 것을 의미한다.

(3) 보통 검사에서 수월한 검사로의 전환

현재의 방식은 보통 검사에서 다음의 3가지 조건이 모두 만족되는 경우에는 수월한 검사로 전환한다.

① 전환 점수(switching score)의 현재 값이 30 점 이상 또는 10 로트가 최초검사에서 합격인 경우
② 생산 진도가 안정되어 있는 경우
③ 수월한 검사가 바람직하다고 소관권한자가 인정하는 경우

전환 점수의 계산 방법은 다음과 같다. 전환 점수의 계산은 보통 검사에서 수월한 검사로의 전환 규정을 검토하는 것이므로 보통 검사에서만 적용되며, 각 샘플링검사의 형식에 따른 전환 점수의 가산은 다음과 같은 규칙을 따르게 된다.

① $Ac \geq 2$인 1회 샘플링검사에서 AQL이 1단계 엄격한 조건에서 로트 합격 시 전환 점수 3점을 가산한다. 그렇지 않으면 전환 점수는 0 점으로 복귀된다.
② $Ac \leq 1$인 1회 샘플링검사에서 합격이면 2 점을 가산하고, 그렇지 않으면 0 점으로 복귀된다.
③ 2회 샘플링검사에서 제1차 샘플에서 합격이면 3 점을 가산하고, 그렇지 않으면 0점으로 복귀된다.
④ 다회 샘플링검사에서 제3차 샘플까지 합격이면 3 점을 가산하고, 그렇지 않으면 0 점으로 복귀된다.

[표 5-9]는 AQL = 10 %, 검사수준 I 을 지정한 보통 검사에서 수월한 검사로 전환되는 예를 설명하고 있다. 처음은 보통 검사로 시작하였으며 2번째 로트에서 로트는 합격되었으나, 1단계 엄격한 AQL 6.5 %의 Ac = 10에서 합격하지 못한 상태이므로 전환 점수는 0 점이 된다. 또한 4번째 로트도 불합격되었으므로 당연히 1단계 엄격한 AQL에서 합격하지 못하는 상태가 되므로 전환 점수는 0 점이 된다.

로트 번호 5번부터는 합격판정개수 Ac ≥ 2인 1회 샘플링검사로 1단계 엄격한 AQL 6.5 %에서도 합격되고 있다. 따라서 검사 로트마다 전환 점수는 3 점이 주어지며 14번째 로트까지 연속 합격으로 전환 점수가 30 점이 되었다. 생산 진도는 안정되어 있고 수월한 검사로의 전환을 소관권한자가 인정하면, 16번째 로트부터는 수월한 검사가 적용될 수 있다.

표 5-9 가상 검사 공정에서 15 로트의 샘플링검사 결과

로트 번호	로트 크기	샘플 크기	Ac	Re	부적합품	합격판정	전환 점수	다음 로트에 대한 조치
1	4 000	80	14	15	7	합	3	보통 검사로 속행
2	4 000	80	14	15	11	합	0	보통 검사로 속행
3	4 000	80	14	15	7	합	3	보통 검사로 속행
4	4 000	80	14	15	15	불	0	보통 검사로 속행
5	4 000	80	14	15	9	합	3	보통 검사로 속행
6	4 000	80	14	15	7	합	6	보통 검사로 속행
7	4 000	80	14	15	9	합	9	보통 검사로 속행
8	4 000	80	14	15	8	합	12	보통 검사로 속행
9	4 000	80	14	15	6	합	15	보통 검사로 속행
10	4 000	80	14	15	5	합	18	보통 검사로 속행
11	4 000	80	14	15	8	합	21	보통 검사로 속행
12	4 000	80	14	15	4	합	24	보통 검사로 속행
13	4 000	80	14	15	3	합	27	보통 검사로 속행
14	4 000	80	14	15	1	합	30	수월한 검사로 전환
15	4 000	32	8	9	3	합	-	수월한 검사 속행

비고) AQL=10 %, 검사수준 I

(4) 수월한 검사에서 보통 검사로의 전환

수월한 검사가 실시되었을 때, 다음의 조건 중 하나라도 발생하는 경우에는 보통 검사로 복귀한다.

- 1 로트라도 불합격이 되는 경우
- 생산이 불규칙하게 되었거나 정체되는 경우
- 이 이외의 조건에서 보통 검사로 복귀할 필요가 생긴 경우

[표 5-10]은 샘플문자 J 와 AQL 10 % 에서 수월한 검사가 진행되고 있는 경우이다. 로트 번호 81까지 각 샘플 중의 부적합품 8 개 이하로 수월한 검사가 계속되고 있으나, 로트 번호 82에서 9 개의 부적합품이 발생하여 로트가 불합격되었다. 따라서 이 경우는 품질에 이상 징후가 생겼다고 판단되는 경우로, 83번째 로트부터는 보통 검사로 전환하게 되었다. 또한 83번째 로트부터 85번째 로트까지 2 로트(로트 번호 83 및 85)가 불합격이 되었으므로 86번째 로트부터는 까다로운 검사가 적용된다.

표 5-10 가상 검사 공정에서 10 로트의 샘플링검사 결과

로트 번호	로트 크기	샘플 크기	Ac	Re	부적합품	합격판정	다음 로트에 대한 조치
76	4 000	32	8	9	5	합	수월한 검사로 속행
77	4 000	32	8	9	6	합	수월한 검사로 속행
78	4 000	32	8	9	7	합	수월한 검사로 속행
79	4 000	32	8	9	3	합	수월한 검사로 속행
80	4 000	32	8	9	2	합	수월한 검사로 속행
81	4 000	32	8	9	6	합	수월한 검사로 속행
82	4 000	32	8	9	9	불	보통 검사로 전환
83	4 000	80	14	15	17	불	보통 검사로 속행
84	4 000	80	14	15	12	합	보통 검사로 속행
85	4 000	80	14	15	15	불	까다로운 검사로 전환

비고) AQL=10 %, 검사수준 I

(5) 검사의 중지

일련의 까다로운 검사가 진행되고 있을 때, 최초검사에서 불합격 로트의 누적이 5 로트에 도달하면 이 표준에 의한 합격판정 검사는 중지되고, 제출된 제품 또는 서비스의 품질을 개선하는 시정 조치가 공급자에게 요구되게 된다.

이 시정조치가 효과적일 것이라고 소관권한자가 동의할 때까지 합격판정 검사를 할 수 없으며, 소관권한자가 인정하여 검사가 재개되는 경우 까다로운 검사가 적용된다.

예제 5-7 A사는 어떤 부품의 수입검사에 있어 계수형 샘플링검사인 KS Q ISO 2859-1을 사용하고 있다. 검토 후 AQL＝1.5 %, 검사수준 Ⅱ로 1회 샘플링검사 방식을 채택하고 있으며 15 로트 검사 시 처음 로트는 보통 검사에서 시작하였다. KS Q ISO 2859-1의 주 샘플링검사표를 사용하여 표의 공란을 채우고 전환점수에 따른 로트의 엄격도 전환을 결정하라. 또한 16번째의 로트는 엄격도가 어떻게 적용되는가?

로트	N	n	Ac	Re	부적합품수	합격판정	전환 점수	엄격도적용
1	300				3			
2	500				0			
3	200				0			
4	800				3			
5	1,500				1			
6	500				1			
7	2,500				1			
8	2,000				0			
9	1,200				1			
10	1,500				2			
11	400				0			
12	2,500				0			
13	600				0			
14	800				3			
15	1,600				3			

풀이 ① 검사수준 Ⅱ와 N으로 각 로트의 샘플문자를 정한다.

② 샘플문자와 AQL＝1.5 %로 n, Ac, Re를 구하여 정리하여 표를 작성한다.

③ 전환 점수를 계산하여 누적이 30 점 이상이 되면 수월한 검사로 전환한다.

- 합격판정개수가 1 이하인 경우:합격 시 전환 점수 2 점 가산
- 합격판정개수가 2 이상인 경우:한 단계 엄격한 AQL 조건에서 합격 시 전환 점수 3 점 가산

④ 전환 점수를 0점으로 되돌리는 경우

- 로트가 불합격이 되는 경우
- 합격판정개수가 2 개 이상인 샘플링검사에서 한 단계 엄격한 AQL 조건으로 합격하지 못하는 경우

⑤ 여기서는 검사 로트 1번째는 로트 불합격이고, 검사 로트 4번째, 14번째는 한 단계 엄격한 AQL 조건으로 합격하지 못하는 경우이다. 따라서 전환 점수 가산조건을 만족하지 못하여 전환 점수가 0 점으로 복귀되므로, 15번째 로트의 전환 점수는 3 점이다. 16번째 로트는 보통 검사가 적용된다.

(1) 샘플링검사표 작성

로트	N	n	Ac	Re	부적합품수	합격판정	전환 점수	엄격도적용
1	300	50	2	3	3	불합격	0	보통 검사 속행
2	500	50	2	3	0	합격	3	보통 검사 속행
3	200	32	1	2	0	합격	5	보통 검사 속행
4	800	80	3	4	3	합격	0	보통 검사 속행
5	1 500	125	5	6	1	합격	3	보통 검사 속행
6	500	50	2	3	1	합격	6	보통 검사 속행
7	2 500	125	5	6	1	합격	9	보통 검사 속행
8	2 000	125	5	6	0	합격	12	보통 검사 속행
9	1 200	80	3	4	1	합격	15	보통 검사 속행
10	1 500	125	5	6	2	합격	18	보통 검사 속행
11	400	50	2	3	0	합격	21	보통 검사 속행
12	2 500	125	5	6	0	합격	24	보통 검사 속행
13	600	80	3	4	0	합격	27	보통 검사 속행
14	800	80	3	4	3	합격	0	보통 검사 속행
15	1 600	125	5	6	3	합격	3	보통 검사 속행

(2) 검사로트 1번째, 4번째, 14번째에서 전환 점수 가산조건을 만족하지 못하여 전환 점수가 0 점으로 돌아가므로, 16번째 로트는 보통 검사가 적용된다.

5.3.6 분수 합격판정개수 샘플링검사

분수 합격판정개수(fractional acceptance number) 샘플링검사는 소관권한자가 승인하는 경우 사용할 수 있는 샘플링검사의 방식으로, 샘플링검사표 [부표 A7], [부표 A8] 및 [부표 A9]를 사용하는 샘플링검사이다. 이들 부표를 살펴보면, 보통 검사 및 까다로운 검사에 대해서는 [부표 A1] 및 [부표 A2]에서의 합격판정개수 0과 1 사이의 화살표로 된 2 개의 난에 화살표 대신 1/3 및 1/2이라는 분수가 보인다. 수월한 검사에 대해서는 [부표 A3]에서의 합격판정개수 0과 1 사이의 화살표로 된 3개의 난에 화살표 대신 1/5, 1/3 및 1/2이라는 분수가 보인다.

분수 합격판정개수의 샘플링검사 방식을 사용했을 때는 AQL 및 샘플문자의 조합에서는 합격판정개수가 0과 1 사이에 오는 경우에라도 샘플문자의 변경과 그에 대응한 샘플크기의 변경은 불필요하다.

화살표에 따라 샘플문자가 변경되어 검사개수의 변화되는 주 샘플링검사표에 의한 샘플링검사는 상대적으로 작은 샘플수로 지정된 AQL을 보증하려는 경우, 최소한의 정확한 샘플크기를 명시할 수 없어 정확한 샘플링검사 방식을 기대하기가 어렵다. 그러나 분수 합격판정개수 샘플링검사를 적용하는 경우, AQL과 샘플문자의 조합에서 샘플문자가 화살표에 걸리더라도 검사개수에 변화가 없이 지정된 AQL을 보증할 수 있는 샘플링검사의 설계가 가능하게 되어 있다.

분수 합격판정개수 샘플링검사는 샘플링검사 방식이 일정한 경우와 일정하지 않은 경우로 나누어지게 된다.

(1) 샘플링검사 방식이 일정한 경우

검사가 진행되는 동안 각 로트마다 지정된 AQL과 샘플문자가 동일한 경우로 분수 합격판정개수의 샘플링검사 방식은 다음과 같다.

① 부적합품이 0 개인 경우에는 로트가 합격된다.
② 부적합품이 2 개 이상인 경우에는 로트가 불합격된다.
③ 부적합품이 1 개인 경우에 검사 로트가 합격되는 경우는 다음과 같다.
　㉠ 합격판정개수 1/2:직전 1 개 로트에 부적합품이 없다.
　㉡ 합격판정개수 1/3:직전 2 개 로트에 부적합품이 없다.
　㉢ 합격판정개수 1/5:직전 4 개 로트에 부적합품이 없다.

(2) 샘플링검사 방식이 일정하지 않은 경우

로트크기의 변동 및 엄격도 전환에 따라서 샘플링검사가 계속되는 각 로트에 대해서는 합격판정 점수(acceptance score)를 사용하여 검사를 진행한다. 샘플링검사를 진행할 때 샘플링검사표에서 분수 값으로 나타나는 합격판정개수(1/2, 1/3, 1/5 인 경우)가 지정되는 경우, 이러한 분수 합격판정개수는 0 개 또는 1 개로 변환할 필요가 있다.

① 검사의 시작 시점에서는 합격판정 점수로 0으로 재설정한다.
② 주어진 합격판정개수에 따라 합격판정 점수는 다음과 같이 계산한다.
　㉠ Ac=0의 검사인 경우 합격판정 점수 변하지 않는다.

ⓛ Ac = 1/5의 검사인 경우 합격판정 점수에 2 점을 가산한다.

ⓒ Ac = 1/3의 검사인 경우 합격판정 점수에 3 점을 가산한다.

ⓔ Ac = 1/2의 검사인 경우 합격판정 점수에 5 점을 가산한다.

ⓜ Ac ≧ 1의 검사인 경우 합격판정 점수에 7 점을 가산한다.

③ 분수 합격판정개수의 샘플링검사 방식에 대해서 앞선 검사에서 갱신된 합격판정 점수가 8 이하인 경우, 그 샘플에서 부적합품이 없으면 그 로트는 합격으로 간주될 수 있다(즉 Ac = 0 적용). 앞선 검사에서 갱신된 합격판정 점수가 9 이상인 경우, 그 샘플에서 하나 이하의 부적합품이 있으면 그 로트는 합격으로 간주될 수 있다(즉 Ac = 1 적용). 주어진 합격판정개수가 정수(integer)인 경우, 이 합격판정개수를 합격판정에 사용한다(**5.3.5**에 따름).

④ 만일 샘플 중에 1 개 이상의 부적합품이 발견된 경우에는, (로트의 합격판정 후에) 합격판정 점수를 0으로 재설정한다.

합격판정 점수의 갱신(가산)은 샘플링검사 방식을 정한 후 합격판정(검사) 전에 하여야 한다. 합격판정 점수는 합격판정 후에 재설정하여야 한다. 대조적으로 전환 점수는 합격판정 후에 가산 또는 재설정하여야 한다.

(3) 전환규칙

엄격도 전환규칙은 보통 검사에서 수월한 검사로의 전환점수의 갱신규칙만 **5.3.5 절**과 다르고 나머지는 동일하다. 분수 합격판정개수의 1회 샘플링검사 방식을 사용할 때 보통 검사에서 수월한 검사로의 전환점수 갱신 규칙은 다음과 같다.

① 주어진 합격판정개수가 1/3 또는 1/2일 때, 로트가 합격이면 전환 점수에 2를 더하고, 그렇지 않으면 전환 점수를 0으로 재설정한다.

② 합격판정개수가 0일 때, 샘플에 부적합품이 없으면 전환 점수에 2를 더하고, 그렇지 않으면 전환 점수를 0으로 재설정한다.

[표 5-11]은 로트크기가 변하는 경우 분수 합격판정개수의 샘플링검사 방식을 선택 사용했을 때, 이 샘플링검사 시스템의 적용방법을 설명하기 위한 것이다. 로트 번호 1번은 주어진 Ac가 1/2이므로 합격판정 점수를 5 점을 주게 되는데, 검사 전 합격판정 점수가 8 점 이하이므로 적용하는 Ac = 0이 적용된다. 검사 중 부적합품이 없으므로 검

표 5-11 **가상 검사 공정에서 분수 합격판정개수 적용 예**

AQL=1.0 %

로트 번호	로트 크기	샘플 문자	샘플 크기	주어진 Ac	합격판정 점수 (검사전)	적용 가능 Ac	부적 합품 d	합격 판정	합격판정 점수 (검사후)	전환 점수	검사엄격도
1	180	G	32	1/2	5	0	0	합격	5	2	보통 검사로 속행
2	200	G	32	1/2	10	1	1	합격	0	4	보통 검사로 속행
3	250	G	32	1/2	5	0	1	불합격	0	0	보통 검사로 속행
4	450	H	50	1	7	1	1	합격	0	2	보통 검사로 속행
5	300	H	50	1	7	1	1	합격	0	4	보통 검사로 속행
6	80	E	13	0	0	0	1	불합격	0	0	까다로운 검사로 전환
7	800	J	80	1	7	1	1	합격	0	-	까다로운 검사로 속행
8	300	H	50	1/2	5	0	0	합격	5	-	까다로운 검사로 속행
9	100	F	20	0	5	0	0	합격	5	-	까다로운 검사로 속행
10	600	J	80	1	12	1	0	합격	12	-	까다로운 검사로 속행
11	200	G	32	1/3	15	1	0	합격	0*	-	보통 검사로 전환
12	250	G	32	1/2	5	0	0	합격	5	2	보통 검사로 속행
13	600	J	80	2	12	2	1	합격	0	5	보통 검사로 속행
14	80	E	13	0	0	0	0	합격	0	7	보통 검사로 속행
15	200	G	32	1/2	5	0	0	합격	5	9	보통 검사로 속행
16	500	H	50	1	12	1	0	합격	12	11	보통 검사로 속행
17	100	F	20	1/3	15	1	0	합격	15	13	보통 검사로 속행
18	120	F	20	1/3	18	1	0	합격	18	15	보통 검사로 속행
19	85	E	13	0	18	0	0	합격	18	17	보통 검사로 속행
20	300	H	50	1	25	1	1	합격	0	19	보통 검사로 속행
21	500	H	50	1	7	1	0	합격	7	21	보통 검사로 속행
22	700	J	80	2	14	2	1	합격	0	24	보통 검사로 속행
23	600	J	80	2	7	2	0	합격	7	27	보통 검사로 속행
24	330	J	80	2	14	2	0	합격	0*	30	수월한 검사로 전환
25	400	H	20	1/2	5	0	0	합격	5	-	수월한 검사로 속행

주) * 는 엄격도 전환 후의 합격판정 점수이다.

사 후 합격판정 점수는 5 점이 적용되며, 전환 점수는 합격했으므로 Ac=1 이하인 경우로 2 점을 가산한다.

로트 2번의 누적된 검사 전 합격판정 점수는 로트 1번의 검사 후 합격판정 점수 5 점과 당초 Ac가 1/2일 때 합격판정 점수 5 점을 누적하여 10 점으로 계산된다. 따라서 검사 전 합격판정 점수가 9 점 이상이므로 적용하는 Ac는 1이 된다. 그러나 2번째 로트는 합격이 되었어도 부적합품이 발생하고 있으므로 검사 후 합격판정 점수는 0 점으로 처리하며, 전환 점수는 합격했으므로 2 점을 가산한 4 점이 된다. 로트 3번의 검사

전 합격판정 점수의 계산은 마찬가지로 로트 2번의 검사 후 합격판정 점수 0 점에 당초 Ac가 1/2인 경우 합격판정 점수 5 점을 합하여 5 점이 된다. 따라서 검사 전 합격판정 점수가 8 점 이하이므로 적용하는 Ac는 0이다. 로트 검사 후 부적합품이 있으므로 검사 후 합격판정 점수는 0 점으로 한다. 전환 점수는 불합격이 되었으므로 0으로 처리된다.

이 [표 5-11]에서 6번째 로트까지 연속 5 로트 중 2 로트가 불합격되었으므로 7번째 로트부터는 까다로운 검사가 적용되며, 까다로운 검사가 적용된 7번째 로트부터 11번째 로트까지 연속 합격되었으므로 12번째 로트부터는 다시 보통 검사가 적용된다. 까다로운 검사가 진행되는 동안 전환 점수를 적을 필요가 없기 때문에 하이픈으로 표시한다.

예제 5-8 KS Q ISO 2859-1에서 AQL = 1.0 %, 보통 검사수준 Ⅱ에 해당하는 분수 합격판정개수 1회 샘플링검사를 적용하고 있다. 25 개의 로트가 검사에 제출되었고, 로트크기가 매회 변하고 있다. 23번째 로트에서 검사 전 합격판정 점수가 7이다. 24번째 로트크기는 550일 때 합격판정 점수를 구하고, 절차를 기록하라.

풀이 [표 5-7]과 [부표 A7]에서 24번째 로트는 샘플링 문자가 J, $n = 80$, Ac = 2, Re = 3이 된다. 샘플링검사 방식이 일정하지 않을 경우이며, 합격판정개수가 1 이상이면 합격판정 점수에 7을 가산하므로, 24번째 로트의 검사 전 합격판정 점수는 14가 된다. 단 23번째 로트에서 부적합품이 발생하지 않았다는 전제조건하에서 성립한다. 만약 23번째 로트에서 부적합품이 발생되는 경우는 검사 후 합격판정 점수가 0 점이 되므로, 24번째 검사 전 합격판정 점수는 7 점이 된다.

5.4 고립로트 LQ 지표형 샘플링검사 : KS Q ISO 2859-2

이 샘플링검사 방식은 'ISO 2859-2:2020, Sampling procedures for inspection by attributes - Part 2 : Sampling plans indexed by limiting quality(LQ) for isolated lot inspection'의 내용을 기초로 작성된 것이다. 이 시스템은 한국산업표준(KS Q ISO

2859-2:1985)으로 제정되어 현재 개정 중에 있으며 고립로트 LQ 지표형 합격판정 샘플링검사 스킴에 관한 시스템을 규정한 일종의 규준형 샘플링검사 형태이다.

LQ 지표형 샘플링검사는 로트가 단 하나로 고립되어 있다고 생각되는 경우에 적용되는 검사방식이다. 로트별 AQL 지표형의 전환규칙을 사용할 수 없는 경우에 사용하는 샘플링검사 방식이다. 합격시키고 싶지 않은 로트의 품질 수준인 LQ 지표형 샘플링검사이다.

한계품질(LQ)이란 제출된 한 개의 로트의 품질에만 관심이 있는 경우에 사용하는 품질지표로서, 합격으로 판정하고 싶지 않은 로트의 부적합품률 또는 100 아이템당 부적합수를 말한다. 즉, 로트가 고립상태에 있을 때, 부적합품률(또는 100 아이템당 부적합수)로 표시한 품질수준이며 보통 p_R로 표기하였다. 과거에는 한계품질을 로트허용불량률(LTPD : lot tolerance percent defective)이라고 불렀다. 로트의 부적합품률이 한계품질보다 큰 경우에도 비록 적은 확률이지만 로트가 합격될 수 있는데 이런 확률을 소비자 위험(consumer's risk)이라고 부르고 보통 β로 나타낸다.

샘플링검사 시 CRQ(소비자 위험품질)에 해당되는 것으로 바람직하지 못한 로트의 품질 수준을 의미하고 있으며, 이러한 로트의 합격 확률(소비자 위험)을 낮은 값(0.10)으로 유지하려 하는 것이다.

한계품질을 규정하는 것은 실제로는 바람직한 품질을 규정하는 것으로, 제출된 로트가 적절히 합격하기 위해서는 로트의 부적합품률이 LQ보다 훨씬 작은(보통은 LQ의 1/4 이하로) 상태가 되어야 한다.

5.4.1 샘플링검사의 특징

이 샘플링검사는 KS Q ISO 2859-1의 전환규칙을 적용할 수 없는 경우 사용하며, 다음과 같은 특징을 갖고 있다.

- 한계품질(LQ)을 지표로 하고 AQL은 직접 지표로서는 사용하지 않는다.
- LQ를 지표로 하는 샘플링검사 방식은 AQL을 지표로 하는 KS Q ISO 2859-1의 기존의 샘플링검사 방식과 쉽게 통합할 수 있도록 한다.
- LQ의 지표에는 AQL의 표준수와 혼란되지 않도록 다른 시리즈의 표준수를 사용한다.

- 부적합품 검사와 100 아이템당 부적합수 검사를 위한 것이며, 부적합 발생간 상관관계가 있는 경우와 없는 경우로 검사상황을 구분한다.
- LQ 지표형 샘플링 검사는 "소비자 위험"을 일부 경우를 제외하고 일반적으로 0.1(10%) 미만으로 유지한다.
- 이 검사는 공급자와 소비자 양쪽 모두가 로트를 고립상태로 판단하는 경우에 사용한다.
- 로트가 합격이 된 경우에도 검사 도중에 발견된 부적합품 혹은 부적합으로 발견된 아이템은 합격을 유보한다.

전환규칙이 적용되지 않는 상황은 예를 들면 다음과 같다.

- 생산이 간헐적인 경우(연속적이지 않은 경우)
- 특정한 부품이나 제품이 단일성으로 생산되는 작업 로트(job lot)인 경우
- 로트가 고립되어 있는 경우
- 로트가 검사 후 재제출되는 경우
- 로트가 전환규칙을 적용하기에 너무 짧은 연속적으로 구성되는 경우

5.4.3 샘플링검사 절차

LQ를 지표로 하는 샘플링검사의 진행 절차는 로트크기와 한계품질 LQ를 결정하고, 검사상황에 따라 [부표 B1 ~ B4]에서 샘플크기 및 합격판정개수를 구한다. 이 때, 검사방식의 선택과 판정에 대한 세부내용은 아래 항목을 참고하여 결정한다.

(1) 한계품질(LQ)의 결정

이 검사의 목적은 불만족스러운 품질을 방지하는 것이고, 한계품질(LQ)은 소비자위험(CR)이 약 10 %가 되도록 설계되어 있다. 이 때, 이 검사의 사용자가 설정한 LQ값(이하 '사용자 LQ')이 본 검사의 한계품질(LQ) 표준수와 일치하지 않아 사용자 LQ보다 높은 LQ 표준수를 사용하는 경우, 소비자위험이 10%를 초과할 수 있기 때문에 아래 표에 제공된 구간의 하한값을 LQ값을 선택한다.

표 5-12 LQ 표준수 범위

구분	부적합퍼센트 또는 100 아이템당 평균 부적합수에 대한 표준LQ							
하한	0.00	0.05	0.08	0.125	0.2	0.315	0.5	0.8
상한	0.05	0.08	0.125	0.2	0.315	0.5	0,8	1.25

구분	부적합퍼센트 또는 100 아이템당 평균 부적합수에 대한 표준LQ							
하한	1.25	2	3.15	5	8	12.5	20	31.5
상한	2	3.15	5	8	12.5	20	31.5	50

구분	부적합퍼센트 또는 100 아이템당 평균 부적합수에 대한 표준LQ								
하한	50	80	125	200	315	500	800	1 250	2 000
상한	80	125	200	315	500	800	1 250	2 000	3 150

예제 5-9 어떤 제품의 한계품질(LQ)로 부적합률 3.5%가 설정되었다. 이 값은 검사 LQ 표준수에 존재하지 않는다. 적절한 값을 결정하라.

풀이 [표 5-12]에서 3.5는 3.15 < LQ < 5사이에 있기 때문에, 이에 대응하는 표준수의 하한값인 3.15를 선택한다.

예제 5-10 어떤 제품의 한계품질(LQ)이 100 아이템당 12개의 부적합으로 설정되었다. 이 값은 검사 LQ표준수에 존재하지 않는다. 적절한 값을 결정하라.

풀이 [표 5-12]에서 12는 8 < LQ < 12.5사이에 있기 때문에, 이에 대응하는 표준수의 하한값인 8을 선택한다.

(2) 샘플링검사 방식의 결정

이 샘플링 검사는 부적합품과 100 아이템당 부적합수를 동시에 고려하고 있다. 부적합품을 대상으로 샘플링검사를 실시하는 경우 [부표 B1~2]를 참고하여 샘플크기와 합격판정개수를 결정한다. 만일, 부적합수를 대상으로 샘플링검사를 실시하는 경우, 부적합 발생간 상관관계의 존재유무를 파악하여 한계품질(LQ) 표준수에 따라 [부표 B1 ~ B4]를 참고하여 샘플크기와 합격판정개수를 결정한다.

이 때, 부적합의 발생간 상관관계의 유무는 아래 내용을 참고하여 판단한다.

① 부적합의 발생간 상관관계가 존재하는 경우

- 부적합이 특정 아이템에 군집하는 경향이 있어서 하나의 아이템에서 부적합이 발생하면 추가적인 부적합이 발생할 가능성이 높다.
- 로트 내 총 부적합수가 로트간에 고르지 않게 분포한다.

② 부적합의 발생간 상관관계가 존재하지 않는 경우

- 부적합이 특정 아이템에 군집하지 않으며, 로트의 아이템당 부적합 평균수가 p일 때 로트 내 아이템에 대한 부적합수의 분산은 p이하이다.
- 로트 내 총 부적합수는 로트 간에 고르게 분포하고 있다.

부적합품 샘플링검사 방법과 달리 상기의 경우처럼 부적합수의 상관관계 유무에 따라 샘플링검사를 위한 분포모델이 달라지게 되는데, 상관관계를 고려하지 않은 경우 샘플크기가 더 작고 합격판정개수가 더 큰 경향이 있다. 따라서 부적합 발생에 상관관계가 없음을 충분히 입증할 수 없다면 상관관계가 존재하는 경우를 고려하는 것이 바람직하다.

예제 5-11 (부적합품 샘플링 검사) 어떤 소비자가 조립식 책장의 키트에 포함시킬 10개 단위로 포장되는 나사팩 세트구입을 희망하고 있다. 한계품질(LQ)은 3.15%로 합의되었고, 팩당 정확히 10개의 나사가 들어있어야 양품으로 판정한다.

(1) 세트의 생산계획은 5 000팩으로 각 로트의 크기는 1 250팩일 때, 샘플링 검사방식을 결정하라.

(2) 5 000팩 단일 로트로 공급할 때의 샘플링 검사방식을 결정하라.

1) 이 경우는 부적합품에 대한 검사이므로, **[부표 B1]**의 로트크기 '1 201~3 200' 이고 부적합품률이 3.15% 일 때의 선택된 샘플링 검사방식은 n=125, $Ac=1$이다.

2) 로트 크기가 5 000개로 변경되었으므로, 같은 표의 로트크기 '3 201~10 000' 일 때의 샘플링 검사방식은 $n=200$, $Ac=3$ 이다.

예제 5-12 (상관관계를 고려한 로트에 대한 부적합 샘플링 검사) 어떤 감사관이 철강제품 소매업체의 거래내역을 감사한다. 이 소매업체에 제품을 공급하는 업체는 125

곳이며, 각 공급업체의 거래계정에는 많은 거래내역이 존재한다. 감사관은 거래기록의 평균 부적합수에서 허용 가능한 한 계정당 부적합수를 0.05로 결정하였다. 즉, 100 아이템당 부적합수를 기준으로 한계품질은 5이다.

(1) 이전 감사 경험으로부터 감사관은 피감사인 회계 시스템에서 발견되는 부적합의 발생은 상관관계가 존재함을 알고 있다. 이 때, 샘플링 검사방식을 결정하시오.

(2) 피감사인 회계 시스템에서 발견되는 부적합의 발생에 상관관계가 없음을 알고 있는 경우, 샘플링 검사방식을 결정하시오.

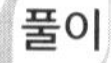
풀이 1) 로트 크기 $N=125$의 경우, [부표 B2]에 따라 샘플크기 $n=38$ 및 합격판정개수 $Ac=0$인 방식으로 샘플링 검사를 진행한다.

2) 앞서와 마찬가지로 로트 크기 $N=125$의 경우, [부표 B2]에 따라 샘플크기 $n=38$ 및 합격판정개수 $Ac=0$인 방식으로 샘플링 검사를 진행한다. 본 예제에서는 두 경우 모두 동일한 샘플링 검사를 실시하도록 결정되었다. 이처럼 한계품질로 100 아이템당 평균 부적합수가 31.5개까지 결정되는 경우는 같은 샘플링 검사결과를 제공한다. 하지만 100 아이템당 평균 부적합수가 50개 이상으로 한계품질이 결정되는 경우 [부표 B3](상관관계가 없는 경우)와 [부표 B4](상관관계가 있는 경우)에 따라서 샘플링 검사방식을 결정함에 유의하라.

(3) 샘플 구성과 로트 판정

샘플로 선정되는 아이템은 로트에서 단순 랜덤샘플링으로 선정되어야 한다. 로트가 합리적 기준에 따라서 식별되는 하위로트 또는 층(strata)로 구성되어 있는 경우, 아이템은 하위 로트 또는 층별에서 아이템의 수에 비례하여 로트에서 선정되는 층별샘플링을 적용한다.

샘플이 구성되면, 모든 아이템을 검사하고 부적합품수 또는 총 부적합수를 계산한다. 선정된 샘플링검사 방식에 따라 로트의 합격여부를 결정한다. 즉, 샘플(n)에서 발견된 부적합품수 또는 총 부적합수가 합격판정개수(Ac) 이하면 로트는 합격이고, 초과하면 불합격 처리한다.

(4) 로트의 처리

부적합품 또는 부적합이 있는 상태에서 로트가 합격된 경우, 샘플링검사 중에 발견된 부적합품 또는 부적합이 발견된 아이템은 합격을 유보한다.

로트가 불합격된 경우, 로트의 처분은 모든 이해관계자의 사전 합의에 따르며, 다음의 경우에는 재검사를 위해 로트를 재제출한다.

① 재작업을 통해 부적합품수 또는 총 부적합수가 충분히 적다는 것을 구매자가 받아들인 경우
② 모든 이해당사자가 상도 동의한 경우

소관권한자는 재제출 로트의 검사방법(LQ 및 소비자위험)과 전수검사 여부, 부적합이 있는 아이템의 검사, 또는 불합격 원인만 검사하는가에 대해서 결정한다.

5.5 스킵로트 샘플링검사 : KS Q ISO 2859-3

이 샘플링검사 방식은 'ISO 2859 - 3 : 2005, Sampling procedures for inspection by attributes-Part 3 : Skip-lot sampling procedures'의 내용을 기초로 작성된 것이다. 이 시스템은 한국산업표준(KS Q ISO 2859-3)으로 제정되어 있으며 스킵로트 샘플링검사 스킴에 관한 시스템을 규정한 검사빈도를 조정하는 조정형 샘플링검사 형태라고 할 수 있다.

스킵로트(skip-lot) 샘플링검사는 연속하여 제출된 로트 중 일부 로트를 검사 없이 합격으로 하는 합격판정 샘플링검사 방식으로 직전 로트의 샘플링검사 결과가 정해진 기준을 만족할 때 적용된다. 스킵로트 검사는 검사 성적이 우수한 경우에 공급자와 구매자 모두에게 이익을 주자는 취지로서, 검사에 제출된 제품의 품질이 AQL보다 상당히 좋다고 인정되어 소정의 판단기준과 합치했을 때에는 소관권한자의 승인 하에 스킵로트 샘플링검사를 사용할 수 있다. 이 절차는 연속적 시리즈의 로트 및 배취(batch)에 사용하도록 의도한 것으로 고립로트에서는 사용할 수 없다.

5.5.1 샘플링검사의 특징

- 스킵로트 검사는 공급자와 제품이 모두 자격인정(qualification)을 갖춘 경우에만 사용할 수 있다. 자격인정에는 공급자 자격인정(supplier qualification) 및 제품 자격인정(product qualification)이 있다.
- 이 표준은 KS Q ISO 2859-1 샘플링검사 시스템을 보완하는 것이 목적이므로 KS Q ISO 2859-1과 함께 사용할 수 있다. 이 표준에서 달리 규정하지 않는 한 KS Q ISO 2859-1의 보통 검사의 샘플링검사표를 적용하여야 한다.
- 이 표준에 규정된 스킵로트 샘플링검사 절차는 연속 시리즈의 로트에만 적용할 수 있으므로 고립로트에 사용하여서는 안 된다. 해당 시리즈에 있는 모든 로트는 품질이 유사할 것으로 예상되므로 검사되지 않은 로트가 검사된 로트와 품질이 동일하다고 믿을 만한 이유가 있는 것이 좋다.
- 비용 면에서 더 효율적이라면 수월한 검사 대신에 스킵로트 샘플링을 사용하여도 된다. 하지만 그 적용 및 전환규칙은 KS Q ISO 2859-1에 규정된 수월한 검사와는 다르다.
- 둘 이상 등급의 부적합품이나 부적합에 서로 다른 합격품질한계(AQL) 값이 규정되어 있을 때는 표준을 정확히 적용하도록 각별히 주의하는 것이 좋다.
- 모든 제품은 고유의 환경과 특성을 갖고 있기 때문에 공급자와 소관권한자가 제품과 그 환경의 구체적 특성을 충족하는 적합한 선택사항을 선정할 수 있도록 여러 선택사항이 제공된다. 이 조정의 결과로 이루어진 모든 선정은 문서로 규정하는 것이 좋다.
- 이 표준은 로트검사와 자격인정심사가 모두 독립적인 제3자인 검사기관에 의해 수행된다고 가정한다. 하지만 구매자 역시 로트검사와 자격인정심사를 모두 수행할 수 있다.

5.5.2 스킵로트 검사와 수월한 검사

스킵로트 검사(KS Q ISO 2859-3)와 수월한 검사(KS Q ISO 2859-1)의 선정에 사용되는 요소는 다음과 같다.

1) 스킵로트 검사와 수월한 검사의 선정에 사용하는 주 요인은 다음의 3가지이다.

① 공급자와 구매자와의 관계

② 검사의 고정비와 변동비와의 관계

③ 적용 가능한 샘플링검사 방식의 합격판정개수

2) 공급자와 구매자와의 관계는 스킵로트 절차를 선정할 때에는 스킵로트 샘플링 검사에 대한 완전한 이해와 당사자 간의 상호신뢰가 필요한 것을 의미한다. 몇 개의 로트는 검사 없이 출하되는 것이므로 이것은 매우 중요하다. 만일 공급자가 무책임한 행동을 취하면 양자가 부담하는 비용은 커질 수 있다.

3) 검사의 고정비와 개개의 아이템의 검사비용과의 관계라는 것은 경제적 요소이다. 고정비에는 시험설비의 준비비용, 검사원의 여비, 로트의 저장비용 및 로트의 보험비용이 포함된다. 만일 이 고정비가 검사하는 아이템수가 감소한 아이템에 의한 비용절감액 보다도 크면 스킵로트 절차 쪽이 바람직하다.

4) 상태 2와 3(스킵로트 적격 기간) 중에 사용된 샘플링검사 방식의 합격판정개수라는 요소이다. 이 경우에는 Ac=0인 샘플링검사 방식은 사용하지 않는 것이 바람직하며, 이 사실은 샘플크기를 증가시켜 비용에 영향을 미칠 수도 있다.

5) 만일 이상의 권고에 따르는 중 상태 2 및 3에서 합격판정개수가 1이상의 샘플링검사 방식보다도 수월한 검사가 스킵로트 검사보다 유리할지도 모른다. 이 결정에서 합격판정개수가 0 이외의 샘플링검사 방식의 샘플크기와, 수월한 검사의 샘플링검사 방식의 샘플크기의 비교를 포함하는 것도 좋을 것이다.

5.5.3 공급자 및 제품 자격인정

(1) 공급자의 자격인정

공급자는 다음의 각 항을 만족하여야 한다.

① 제품 품질과 설계 변경을 관리하기 위한 문서화된 시스템을 갖추고 유지하여야 한다. 이 시스템에는 공급자에 따른 각 생산 로트의 검사와 검사 결과의 기록이 포함되어 있는 것을 전제로 한다.

② 품질수준의 변화를 검출 수정하고, 또 품질의 저하를 초래하는 프로세스의 변화를 감시할 능력이 있는 시스템을 설치하여야 한다. 이 시스템 적용에 책임이 있는 공급자 요원은 적용되는 규격, 시스템 및 준수하여야 할 절차에 대해 명확

한 이해를 하여야 한다.

③ 품질의 저하를 초래할 우려가 있는 조직 변경이 없어야 한다.

(2) 제품의 자격인정

1) 제품 자격인정에 대한 일반 요구사항

① 제품은 설계가 안정된 것이어야 한다.

② 제품은 중대한 등급의 부적합품 또는 부적합을 가져서는 안 된다.

③ 규정된 AQL은 적어도 0.025 %이어야 한다. 규정된 검사수준은 일반 검사수준 Ⅰ, Ⅱ, 또는 Ⅲ이어야 한다(KS Q ISO 2859-1 샘플링 검사표 참조).

④ 제품은 자격인정 기간 동안 보통 검사 또는 수월한 검사, 또는 보통 검사와 수월한 검사의 조합(KS Q ISO 2859-1 참조)을 받았어야 한다. 자격인정 기간 동안 언제든 까다로운 검사를 받은 제품은 스킵로트 검사를 받을 자격이 없다.

⑤ 제품은 실질적으로 규정된 생산 빈도로 규정된 생산기간 동안 연속적으로 생산된 것이어야 한다. 최소 생산기간이 규정되어 있지 않다면 최소 생산기간은 6 개월로 하여야 한다. 최소 생산 빈도가 규정되어 있지 않다면 최소 생산 빈도는 매월 1회이거나, 적어도 1개의 로트를 매월 제출하여야 한다.

⑥ 제품 품질은 공급자와 책임기관이 상호 합의한 안정 기간 동안 AQL 이상으로 유지되었어야 한다(KS Q ISO 2859-1 참조). 기간이 규정되어 있지 않다면 그 기간은 6 개월로 하여야 한다.

2) 제품 자격인정에 대한 특정 요구사항

① 이전에 연속 10 회 이상 로트가 최초검사에서 합격되었다. “최초검사에서”라는 말은 재 제출된 로트의 결과는 포함되어서는 안 된다는 것을 의미한다.

② 자격인정 점수(qualification score)가 연속 20 로트 이내에 50 점 이상이다. 자격인정 기간이 20 로트를 초과한다면 최근 20 로트에 대해 재계산된 자격인정 점수를 사용한다.

③ 분수 합격판정개수 샘플링검사 방식(KS Q ISO 2859-1)을 사용하여서는 안 된다.

(3) 자격인정 점수

1) 보통 검사 1회 샘플링검사 방식

① $Ac \geq 3$인 샘플링검사 방식

- AQL이 두 단계 더 엄격하였다면 로트가 합격되었을 경우에는 5점을 더한다.
- AQL이 한 단계 더 엄격하였다면 로트가 합격되었을 것이지만 두 단계 더 엄격하였다면 합격되지 않았을 경우에는 3점을 더한다.
- 그 밖의 경우에는 0으로 재설정한다.

② $Ac = 2$인 샘플링검사 방식

- 샘플에 부적합품이 없는 상태에서 로트가 합격되었다면 5를 더한다.
- 샘플에 부적합품이 1개 있는 상태에서 로트가 합격되었다면 3을 더한다.
- 그 밖의 경우에는 0으로 재설정한다.

③ $Ac=1$인 샘플링검사 방식

- 샘플에 부적합품이 없는 상태에서 로트가 합격되었다면 5를 더한다.
- 샘플에 부적합품이 1개 있는 상태에서 로트가 합격되었다면 1을 더한다.
- 그 밖의 경우에는 자격인정 점수를 0으로 재설정한다.

④ $Ac=0$인 샘플링검사 방식

- 로트가 합격되었다면 3을 더한다.
- 그 밖의 경우에는 0으로 재설정한다.

2) 보통 검사 2회 샘플링검사 방식

① $Ac_1 \geq 1$ 이상인 샘플링검사 방식

여기서 Ac1은 제1차 샘플의 합격판정계수이다.

- AQL이 한 단계 더 엄격하였다면 제1차 샘플 후에 로트가 합격되었을 경우에는 5를 더한다.
- 제1차 샘플 후에 로트가 합격되었지만 AQL이 한 단계 더 엄격하였다면 합격되지 않았을 경우에는 3을 더한다.
- 그 밖의 경우에는 0으로 재설정한다.

② $Ac_1 = 0$, $Ac_2 = 1$ 또는 3[$Ac_0 = 1$ 또는 2]인 샘플링검사 방식

여기서 Ac_2는 제2차 샘플의 합격판정계수이고 Ac_0은 1회 샘플링검사의 합격판정계수이다.

- 샘플에 부적합품이 없는 상태에서 로트가 합격되었다면 5를 더한다.
- 누적 샘플에 부적합품이 1 개 있는 상태에서 로트가 합격되었다면 1을 더한다.
- 그 밖의 경우에는 자격인정 점수를 0으로 재설정한다.

3) 보통 검사 다회 샘플링검사 방식

- 제1차 샘플 후 로트가 합격되었다면 5를 더한다.
- 제2차 또는 제3차 샘플 후 로트가 합격되었다면 3을 더한다.
- 그 밖의 경우에는 자격인정 점수를 0으로 재설정한다. 다회 샘플링검사 방식은 Ac1≥0인 경우에만 허용된다.

4) 수월한 검사 샘플링검사 방식

수월한 검사를 위한 1회, 2회 및 다회 샘플링검사 방식 모두에 대하여 그에 해당하는 보통 검사 규칙을 적용하여야 한다. 다만 자격인정 점수에 더해야 할 값은 다음과 같이 다르다.

- 보통 검사에서의 5는 수월한 검사에서 3으로 대체하여야 한다.
- 보통 검사에서의 3은 수월한 검사에서 1로 대체하여야 한다.

5) 자격인정 점수의 재설정

다음 중 어느 하나라도 발생하면 자격인정 점수를 0으로 재설정한다.

- 보통 검사에서 수월한 검사로 전환한 것을 제외한 모든 전환
- 어떤 상태 변화(자격인정, 자격인정재심사, 또는 자격인정상실)
- 모든 검사 빈도 이동

(보기) 제품 자격인정 기간 동안 KS Q ISO 2859-1의 보통 검사 또는 수월한 검사, 또는 보통 검사와 수월한 검사의 조합을 적용한다. 자격 있는 제조자가 제품의 일반 요구사항을 충족하는 커패시터를 생산한다고 가정한다. 또한 다음을 가정한다.

- 실질적으로 연속생산에 대한 요구사항이 충족되었다.
- 규정된 AQL이 0.65 %이다.
- 합의된 안정 기간이 4 개월이다.

- 이전의 연속 14 개 로트가 지난 7개월 이내에 최초 보통 검사 시 합격되었다.
- 이와 같은 로트에 대한 검사 결과는 다음과 같다.

로트 번호	n	Ac	d 부적합품수	합격여부	자격인정 점수	
					추가	결과
1	80	1	1	합격	(+1)	1
2	80	1	0	합격	(+5)	6
3	125	2	2	합격	(재설정)	0
4	125	2	1	합격	(+3)	3
5	125	2	0	합격	(+5)	8
6	80	1	0	합격	(+5)	13
7	125	2	0	합격	(+5)	18
8	125	2	0	합격	(+5)	23
9	200	3	1	합격	(+5)	28
10	200	3	1	합격	(+5)	33
11	200	3	0	합격	(+5)	38
12	200	3	2	합격	(+3)	41
13	200	3	0	합격	(+5)	46
14	200	3	0	합격	(+5)	51

자격인정 점수는 20 개 로트 이내에 50을 초과한다. 따라서 제품은 자격인정의 특정 요구사항을 충족한다. 제품에 대한 일반 요구사항은 동시에 충족된다. 왜냐하면 생산기간 7 개월은 필수조건인 안정 기간 4 개월을 초과하기 때문이다. 그렇기 때문에 제품은 소관권한자의 승인을 받은 후 스킵로트 검사에 대하여 자격인정을 획득하게 될 것이다.

5.5.4 스킵로트 샘플링검사의 절차

스킵로트 검사의 절차는 기본적으로 3 개의 기본적 상태가 존재하는데 다음과 같다.

상태 1 : 로트별 검사(lot-by-lot inspection state)

처음 검사의 절차는 로트별 검사에서 시작한다. 공급자와 제품이 스킵로트 검사의 자격인정을 취득했을 때 스킵로트 검사로 옮겨 간다. 스킵로트 검사가 일반적으로 중단되었을 때는 제품이 최초만큼 엄격하지 않은 조건에서 자격인정을 재취득하고, 다시 스킵로트 검사를 할 수 있다.

상태 2 : 스킵로트 검사(skip-lot inspection state)

자격인정을 받은 후 최초 검사빈도를 결정하고, 검사빈도에 따라 검사할 로트를 랜덤하게 결정하여 검사로트의 합격과 불합격을 판단한다. 검사하지 않는 로트는 합격으로 처리한다.

상태 3 : 스킵로트 중단(skip-lot interruption state)

스킵로트 검사 기간 중 자격인정을 유지하지 못하거나 자격인정 점수를 0으로 재설정한 경우 스킵로트 검사를 중단하고 로트별 검사를 해야 한다. 여기서 수월한 검사는 상태 1에서만 사용할 수 있고, 상태 2와 상태 3에서는 보통 검사만을 적용한다. 또한 자격인정 심사 기간 중 까다로운 검사를 적용받은 제품은 스킵로트 검사를 받을 자격이 없다. 스킵로트 검사 절차를 간단히 나타내면 [그림 5-3]과 같다.

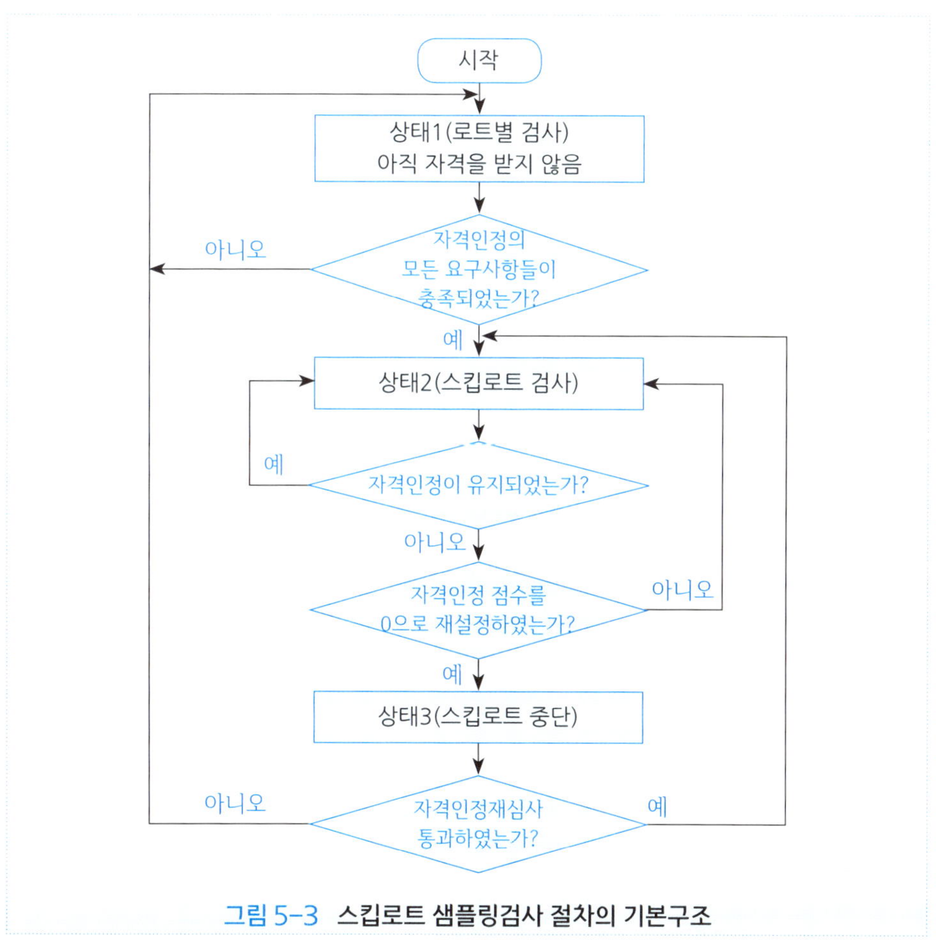

그림 5-3 스킵로트 샘플링검사 절차의 기본구조

(1) 최초 검사빈도 설정

① 스킵로트 검사에서 빈도

- 1/2 스킵로트 검사 : 제출된 2로트 중에서 1로트 검사한다.
- 1/3 스킵로트 검사 : 제출된 3 로트 중에서 1로트 검사한다.
- 1/4 스킵로트 검사 : 제출된 4로트 중에서 1로트 검사한다.

② 최초 검사빈도의 결정

[그림 5-4]는 스킵로트 최초 검사빈도의 결정 규칙을 요약한 것이다. 최초 검사빈도를 결정할 때는 자격인정에 필요한 로트 수를 사용하여야 한다. 자격인정에는 최근 20 개 이하의 로트에서 얻은 데이터를 사용하여야 한다.

- 자격인정에 로트가 10~11개 필요하였다면 1/4의 최초 검사빈도로 한다.

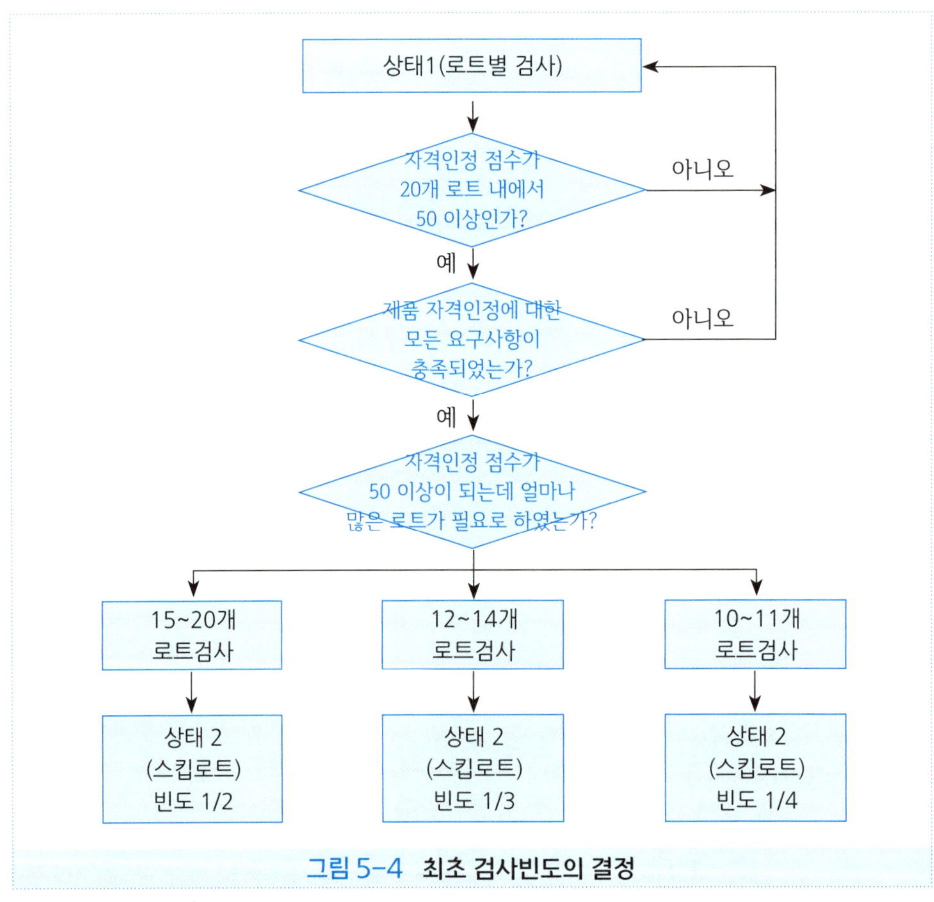

그림 5-4 최초 검사빈도의 결정

• 자격인정에 로트가 12~14개 필요하였다면 1/3의 최초 검사빈도로 한다.
• 자격인정에 로트가 15~20개 필요하였다면 1/2의 최초 검사빈도로 한다.

(2) 검사빈도 및 빈도이동

1) 검사빈도

상태 2(스킵로트 검사 상태)에 대하여 공인된 검사빈도는 다음과 같다.

• 1/2 스킵로트 검사 : 제출된 2로트 중에서 1로트 검사한다.
• 1/3 스킵로트 검사 : 제출된 3로트 중에서 1로트 검사한다.
• 1/4 스킵로트 검사 : 제출된 4로트 중에서 1로트 검사한다.
• 1/5 스킵로트 검사 : 제출된 5로트 중에서 1로트 검사한다.

2) 낮은 검사빈도로의 이동

상태 2(스킵로트 검사 상태) 중에 아래 기준이 모두 충족되면, 현재의 검사빈도가 1/5일 때를 제외하고 검사빈도를 그 다음 더 낮은 검사빈도로(예를 들면 1/3에서 1/4로) 이동하여야 한다.

① 최근 자격인정, 빈도 이동 또는 자격인정재심사 이후 현재 상태 2(스킵로트 검사 상태) 중에 연속 10 회 이상 검사된 로트가 합격되었다.
② 자격인정 점수가 연속 20 회 검사된 로트 내에서 50 이상이다.
③ 소관권한자가 빈도 이동을 승인하였다.

상태 2 중에 자격인정 점수는 검사된 로트에 대해서만 증가되거나 재설정되어야 한다. 2 개 이상 등급의 부적합품이나 부적합에 대하여 서로 다른 AQL 값이 규정되었다면 모든 등급에서 상기 기준을 충족하여야 한다.

3) 높은 검사빈도로의 이동

상태 2(스킵로트 검사 상태) 중에 자격인정 점수가 최근 자격인정에서 연속 20 개 검사된 로트 내에서 50에 도달하지 않으면, 현재의 검사빈도가 1/2일 때를 제외하고 검사빈도를 그 다음 더 높은 검사빈도로(예를 들면 1/4에서 1/3로) 이동하여야 한다((4) 참조).

(보기) 이 보기는 **5.5.3**의 보기에서 연속된 것이다. 스킵로트 검사 기간에는

KS Q ISO 2859-1에 따른 보통검사만을 적용한다. 최초 검사빈도는 1/3이다. 14개 로트가 검사되었고 아래 표에 제시된 결과로 합격되었다고 가정한다.

로트 번호	n	Ac	d 부적합품수	합격 여부	자격인정 점수	
					추가	결과
15	125	2	0	합격	(+5)	5
16	125	2	0	합격	(+5)	10
17	200	3	0	합격	(+5)	15
18	200	3	1	합격	(+5)	20
19	200	3	0	합격	(+5)	25
20	200	3	2	합격	(+3)	28
21	315	5	0	합격	(+5)	33
22	315	5	3	합격	(+3)	36
23	315	5	1	합격	(+5)	41
24	315	5	2	합격	(+5)	46
25	315	5	0	합격	(+3)	51

자격인정 점수가 검사된 20 개 로트 내에 50을 초과하므로 **2)**의 기준은 아무런 중단 없이 충족된다. 따라서 검사빈도는 소관권한자의 승인을 받은 후 1/4로 이동되는 것이 좋다.

[그림 5-5]는 빈도 이동 및 스킵로트 중단 절차를 나타낸 흐름도이다.

(3) 스킵로트 중단

상태 2(스킵로트 검사 상태) 중에 다음 중 어느 하나가 최초검사시에 발생하면 상태 3(스킵로트 중단 상태)이 시작되어야 하며, 로트별 보통 검사가 일시적으로 적용되어야 한다.

① 검사된 최근 로트가 합격되지 않았다(그리고 자격인정 점수를 0으로 재설정).

② 검사된 최근 로트가 합격되었지만 자격인정 점수를 0으로 재설정되었다.

2개 이상 등급의 부적합품이나 부적합에 대하여 서로 다른 AQL 값이 규정되었고 상기 중 어느 하나가 하나 이상의 등급에서 발생한다면 모든 등급에 대하여 상태 3이 시작되어야 한다.

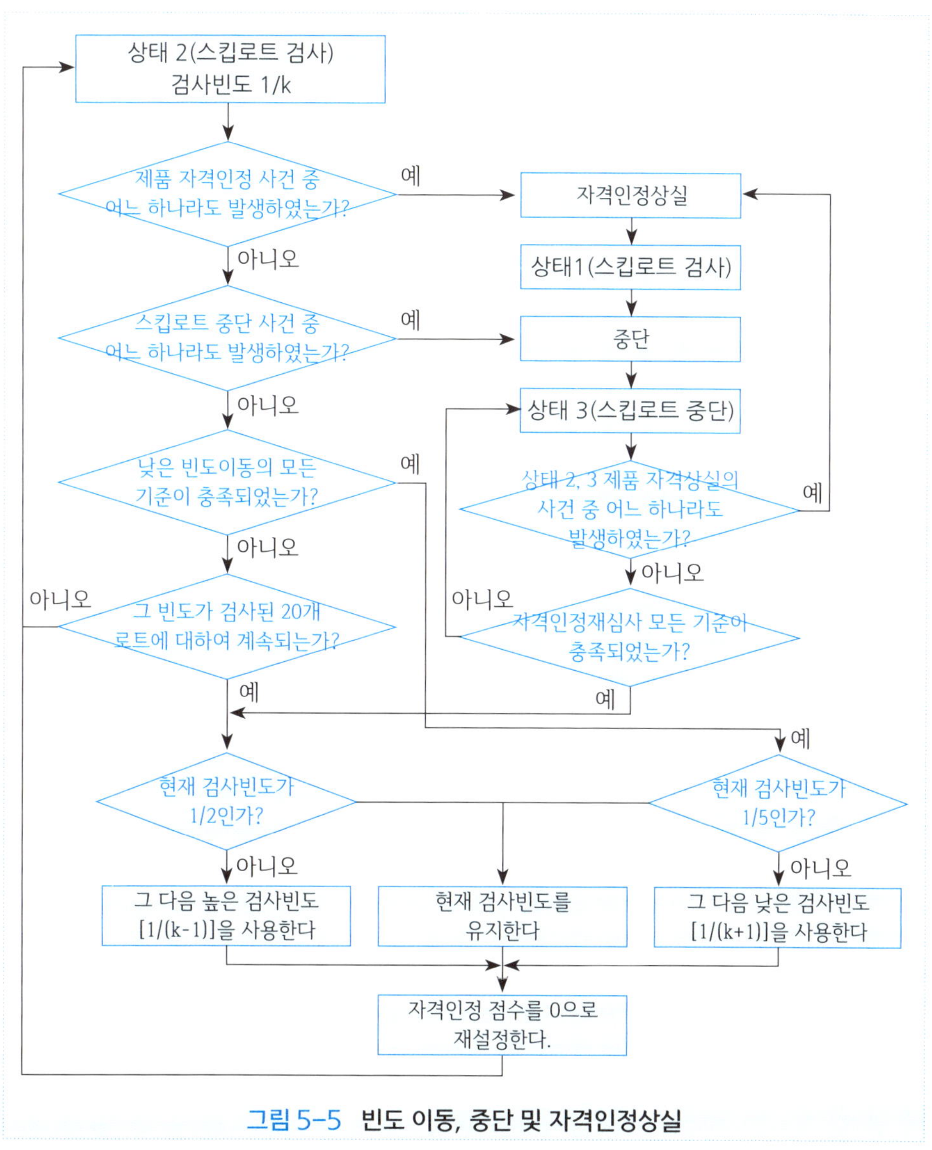

그림 5-5 빈도 이동, 중단 및 자격인정상실

(4) 자격인정재심사

상태 3(스킵로트 중단 상태) 중에 다음 기준이 모두 충족되면 제품은 자격인정재심사(requalification)를 받을 수 있고, 상태 2(스킵로트 검사 상태)가 재개될 수 있다. 자격인정재심사 기간에는 보통 검사 방식만을 적용한다.

① 연속 4~6 개 로트가 상태 3 중에 최초검사 시 합격되었다.

② 자격인정 점수가 6 개 로트 내에서 18 이상이다.

2 개 이상 등급의 부적합품이나 부적합에 대하여 서로 다른 AQL 값이 규정되었다면 제품은 모든 등급에서 상기 기준을 충족하여야 한다. 중단 이전의 검사빈도가 1/2이었을 때를 제외하고 검사빈도를 그 다음 더 높은 검사빈도로(예를 들면 1/4서 1/3) 이동하여야 한다.

(5) 제품 자격인정상실

다음의 **1)** 또는 **2)**에 주어진 사건들 중 어느 하나라도 상태 2(스킵로트 검사 상태) 또는 상태 3(스킵로트 중단 상태)에 발생하면 제품은 스킵로트 검사에 대한 자격인정상실(disqualification)이 되어야 하며, 상태 1(로트별 검사 상태)을 재개하여야 한다.

1) 상태 3 중에 제품 자격인정상실

다음 사건들 중 하나라도 상태 3 중에 최초검사시 발생하면 제품은 스킵로트 검사에 대한 자격을 상실하여야 한다.

① 로트가 상태 3 중에 합격되지 않았다(그리고 자격인정 점수를 0으로 재설정).
② 로트가 합격되었지만 자격인정 점수를 0으로 재설정되었다.
③ 자격인정재심사가 6개 로트 내에 이루어지지 않았다.

2 개 이상 등급의 부적합품이나 부적합에 대하여 서로 다른 AQL 값이 규정되었고 상기 중 어느 하나가 하나 이상의 등급에서 발생한다면 제품은 자격인정을 상실하여야 하며, 상태 1을 재개하여야 한다.

2) 상태 2 또는 상태 3 중에 제품 자격인정상실

다음 사건들 중 하나라도 상태 2 또는 상태 3 중에 발생하면 제품은 스킵로트 검사에 대한 자격을 상실하여야 한다.

① 공급자와 소관권한자가 상호 합의한 기간 중에 생산 활동이 없다. 기간이 규정되어 있지 않다면 그 기간은 2 개월로 하여야 한다.
② 공급자가 서면 승인된 품질관리절차를 크게 벗어났거나, 공급자 자격인정의 기타 요구사항을 위반하였다.
③ 소관권한자가 로트별 검사를 재개하기를 원한다(예를 들면 고객 불만이 접수되

어 제품의 품질에 심각한 영향을 미치는 것으로 확인 및 결정되었거나, 절차가 상태 2에서 상태 3으로 단기간 동안 2 회 이상 이동되었다).

(6) 공급자 자격인정상실

제품이 제품 자격인정을 상실하면 공급자 자격인정은 효과적인 시정조치가 이루어질 때까지 보류하는 것이 좋다. 효과적인 시정조치가 합리적인 기간 내에 이루어지지 않으면 공급자는 스킵로트 검사에 대한 자격을 상실한다.

최초 공급자 자격인정이 KS Q ISO 9001에 따른 인증에 기초하였지만 공급자가 그 인증을 유지하지 못했다면 공급자와 제품은 스킵로트 검사에 대한 자격을 상실하여야 하며, 상태 1(로트별 검사 상태)을 재개하여야 한다.

예제 5-13 다음은 스킵로트 검사에서 발생되는 사례를 기술한 것이다. 내용에 적합한 스킵로트의 적용 빈도 또는 스킵로트 검사의 적용여부 및 상태를 결정하라. (단, AQL = 0.65 % 적용)

(1) 최초의 10 로트 검사에서 상태 2로 갈 수 있는 자격을 취득하였다. 로트크기는 늘 1 250~9 500 사이에 있었으므로 샘플크기는 125 또는 200이었으며, 로트별 검사 시 부적합품수는 최대 1 개였다.

(2) 샘플크기 125인 최초의 연속 13 로트에서 부적합품수가 1 개인 로트가 두 번 발생하고 자격인정 점수가 50 점을 넘어섰다.

(3) 연속 21 로트가 신행되면서 스킵 로트로 가기 위한 자격인정 점수 50 점을 넘어섰다.

(4) 빈도 1/4인 상태에서 상태 3으로 전환되었다. 상태 3에서 연속 5 로트가 합격되고, 최근 2 로트의 샘플크기는 각각 125 개이며 샘플 중의 부적합품수는 1 개씩이었다.

(5) 현행의 빈도 1/3인 스킵로트 검사상태에서 연속 20 로트가 스킵로트 검사를 받아 합격하고, 자격인정 점수가 45 점을 취득하였다.

풀이 (1) 20 로트 이내에 자격을 취득하고 자격인정 점수가 50점이 넘고 10 개의 로트가 소요되어서 최초 검사빈도는 1/4 스킵검사가 적용된다.

여기서는 AQL = 0.65 % 이고 $n = 125$ 일 때 합격판정개수 Ac = 2, AQL = 0.65 % 이

고 n=200일 때 합격판정개수 Ac=3 이다.

(2) 11 로트에서 51점을 획득하였다고 볼 수 있으므로 최초 검사빈도는 1/4 스킵로트 검사를 적용한다.

(3) 최근 20 로트에 대해서 자격인정 점수를 계산하여 판정하여야 한다.

(4) 연속 합격된 5 로트의 마지막 2 로트가 n=125에서 부적합품수가 1 개로 자격인정재심사에서 점수가 21 점을 획득하였으므로 1/3 스킵로트 검사를 적용한다.

(5) 스킵로트검사에서 최근 20 로트에서 자격인정 점수가 50 점에 도달하지 못하였으므로 한 단계 높은 빈도인 1/2 스킵로트 검사가 적용된다.

5.6 선언품질수준의 평가 절차 : KS Q ISO 2859-4

5.6.1 개요

이 샘플링검사 절차는 'ISO 2859-4 : 2020, Sampling procedures for inspection by attributes – Part 4 : Procedures for assessment of declared quality levels'의 내용을 기초로 작성된 것이다. 이 절차는 한국산업표준(KS Q ISO 2859-4:2002)으로 채택되어 현재 개정 중에 있으며 선언품질수준의 적합성을 평가하는 방식을 규정한 일종의 규준형 검사 형태라고 할 수 있을 것이다.

이 표준은 조사 대상(로트, 프로세스 등)의 품질수준이 선언된 수치에 적합한지의 여부를 평가하는 데 사용될 수 있는 샘플링검사 방식과 절차에 대하여 규정한다. 이 샘플링검사 방식은 올바른 선언품질수준을 부정(否定)하는 위험이 5 % 미만이 되도록 고안되었다. 한계품질비율과 관련된 틀린 선언품질수준을 부정하지 못하는 위험이 10 %이다. 이 샘플링검사 방식은 네 가지 수준의 판별력에 따라 제공된다.

KS Q ISO 2859의 다른 표준에 있는 절차들과는 대조적으로 이 표준에 있는 절차들은 로트의 합격판정 평가에는 적합하지 못하다. 일반적으로, 합격판정 샘플링검사 절차에서의 위험의 균형(balancing)과는 다른 제1종 오류를 관리하는데 주로 중점을 두고 있다.

이 표준은 선언품질수준에 대한 객관적인 적합성 증거가 샘플의 검사를 통하여 제공되는 상황에서의 다양한 형태의 품질 검사에 사용될 수 있다. 절차들은 대상으로부터 개별 아이템을 추출하는 랜덤 샘플이 가능한 로트, 프로세스 출력 등의 대상에 적합하다. 이 표준에서 제공하는 샘플링검사 방식은 최종 아이템, 부품 및 원자재, 작업, 재공품, 저장품, 보전 작업, 데이터 또는 기록, 행정 절차 등 여러 가지 제품의 검사뿐만 아니라 이에 국한하지 않고 적용 가능하다.

이 표준의 절차는 검사된 아이템이 적합 또는 부적합으로 분류되어 관련 양이 부적합품의 수 또는 부적합품률인 경우 주로 사용하도록 고안되었다. 이 절차들을 조금 수정하면 관련 양이 부적합수 또는 아이템당 부적합수의 경우에도 사용될 수 있을 것이다.

이 샘플링검사 절차에서 사용되는 주요 용어를 정의하면 다음과 같다.

① 기각불가판정개수/비기각판정개수(non-rejection number) : L

조사중인 모집단의 샘플에서 발견된 선언품질수준을 부정하지 않게 하는 부적합품(또는 부적합)의 최대수

② 품질비율(quality ratio)

조사 대상의 선언품질수준에 대한 실제품질수준의 비율

③ 한계품질비율(limiting quality ratio) : LQR

틀린 선언품질수준을 부정하지 못하는 위험이 작도록(이 표준에서는 10 %) 제한하는 품질비율의 값

④ 선언품질수준(declared quality level) : DQL

조사 대상의 로트 또는 프로세스의 품질이 특정의 수준이라고 명시적으로 제시한 것으로서 확실한 기준이 있어야 하며, DQL을 고의로 과다하게 책정하거나 또는 축소해서는 안 됨

5.6.2 판정의 원리

샘플링검사에 근거한 판정 절차에는 샘플링의 변동 가능성으로 인한 본질적인 불확실성이 존재할 것이다. 이 표준에 있는 절차는 실제품질수준이 선언품질수준보다 나쁘다는 결론을 뒷받침하는 충분한 증거가 존재할 때만 선언품질수준을 부정하도록 고안되었다.

이 절차는 LQR 수준 I, II 및 III에 대해 실제품질수준이 선언품질수준과 동일하거

나 더 우수할 때 선언된 값을 부정하는 위험이 5 % 미만이 되도록 고안되었으며 LQR 수준 0에 대해서는 20 % 미만이 되도록 고안되었다. 결과적으로, 실제품질수준이 선언품질수준보다 나쁠 경우, 틀린 선언품질수준을 부정하지 못할 위험이 있다.

이러한 위험은, 실제품질수준과 선언품질수준 사이의 비율 즉, 품질비율의 값에 의존한다. 한계품질비율(LQR)은 허용되는 가장 큰 품질비율을 표시하도록 도입되었다. 실제품질수준이 선언품질수준보다 LQR의 몇 배보다 나쁠 경우, 이 표준에 있는 절차는 선언품질수준을 부정하지 못하는 위험을 10 % 가지고 있다(이는 틀린 선언품질수준을 부정할 확률이 90 %).

이 표준에서 제공하는 샘플링검사 방식은 한계품질비율(LQR) 수준과 표준수의 선언품질수준(DQL)에 의하여 지표화되어 있고 [표 5-13]과 같다.

표 5-13 샘플링검사 방식의 주 표

DQL 부적합품률(%)	LQR 수준 0		LQR 수준 I		LQR 수준 II		LQR 수준 III	
	n	c	n	c	n	c	n	c
0,010	1 866	0	3 153	1	b ←		b ←	
0,015	1 185	0	2 001	1	b ←		b ←	
0,025	743	0	1 255	1	3 154	2	b ←	
0,040	476	0	804	1	2 001	2	3 152	3
0,065	298	0	503	1	1 253	2	2 004	3
0,100	188	0	317	1	802	2	1 252	3
0,150	119	0	202	1	502	2	803	3
0,250	75	0	127	1	317	2	503	3
0,400	49	0	82	1	202	2	317	3
0,65	31	0	52	1	127	2	202	3
1,0	20	0	34	1	82	2	127	3
1,5	13	0	22	1	52	2	82	3
2,5	9	0	15	1	34	2	52	3
4,0	a →		10	1	22	2	34	3
6,5	a →		7	1	15	2	22	3
10,0	a →		5	1	10	2	16	3

이 방식은 부적합 제품의 선언품질수준(DQL) 및 한계품질비율(LQR) 수준에 의해 지표화되어 있다.

a → 현 수준의 한계품질비율에 대한 샘플링검사 방식이 존재하지 않으므로 더 작은 한계품질비율에 해당하는 오른쪽의 샘플링검사 방식 사용

b ← 현 수준의 한계품질비율에 대한 샘플링검사 방식이 존재하지 않으므로 더 큰 한계품질비율에 해당하는 왼쪽의 샘플링검사 방식 사용

5.6.3 샘플링검사 방식

(1) LQR(한계품질비율) 수준

이 표준에서는 네 개의 LQR 수준 0, I, II, III이 고려되는데 수준 0은 옳은 선언품질수준을 잘못하여 부정할 확률이 큰 경우가 허용되는 때에 사용될 수 있으며, 수준 I은 수준 II와 III에 비해 적은 샘플크기가 바람직한 경우에 사용될 수 있으며, 수준 II는 다른 수준을 사용해야 하는 특정한 조건이 없다면 사용하여야 하는 표준 수준이고, 수준 III은 큰 샘플크기로 작은 LQR을 희망하는 상황에 대한 것이다. 여기서는 수준 II에 대해서만 소개한다. 수준 II 샘플링검사 방식의 경우, 한계품질비율의 수치는 [표 5-14]에서 볼 수 있는 바와 같이 5.32에서 7.07의 범위를 갖는다.

표 5-14 한계품질비율(LQR) 및 옳은 선언품질수준(DQL)을 잘못하여 부정할 확률 – LQR 수준 II 계획

DQL 부적합품률(%)	n	c	LQR	옳은 DQL을 잘못하여 부정할 확률 %
0,025	3 154	2	6.75	4.6
0,040	2 001	2	6.65	4.7
0,065	1 253	2	6.53	5.0
0,10	802	2	6.64	4.8
0,15	502	2	7.07	4.1
0,25	317	2	6.72	4.6
0,40	202	2	6.59	4.9
0,65	127	2	6.45	5.1
1,0	82	2	6.49	5.0
1,5	52	2	6.82	4.5
2,5	34	2	6.26	5.5
4,0	22	2	6.05	6.0
6,5	15	2	5.46	7.6
10,0	10	2	5.32	8.0

(보기) 부적합품률 0.1 %의 선언품질수준(DQL)에 해당하는 $n=802$, $c=2$인 방식을 사용한다고 가정하자. 이 방식에서, 실제품질수준이 선언품질수준보다 6.64(LQR) 배 나쁜 즉, 실제품질수준이 부적합품률 0.664 %일 경우, 이 DQL을 부정하지 못하는 위험이 10 % 존재한다. 반대로, 만약 실제품질수준이 DQL인

즉, 실제품질수준이 부적합품률 0.1 %일 경우, 옳은 DQL을 잘못하여 부정할 위험이 4.8 % 존재한다.

(2) 샘플링검사 방식의 선정

선택된 DQL과 LQR 수준이 주어지면 [표 5-13]을 사용하여 1회 샘플링검사 방식을 선정한다. 만약 선언품질수준이 표에 있는 값이 아닌 경우에는 표에 있는 그 다음으로 큰 DQL 값이 방식을 선정하기 위해서 사용되어야 한다.

(3) 선언품질수준을 부정하는 규칙

검사한 샘플 아이템의 개수는 방식에 의하여 주어진 샘플크기와 같아야 한다.

1) 만약 샘플에서 발견된 부적합품의 총 수 d가 기각불가판정개수(c)보다 작거나 같다면 의사결정은 기각불가이며, 선언품질수준은 부정되어서는 안 된다.
2) 만약 d가 c보다 크다면 기각이며, 선언품질수준은 부정되어야 한다.

5.6.4 추가적 정보

(1) 선언품질수준을 부정하는 확률을 나타내는 곡선

[그림 5-6]의 곡선은 샘플 결과가 선언품질수준을 부정하도록 하는 개략적 확률을 나타내고 있다. 이 곡선은 부정하는 개략적 확률을 품질비율의 함수로 나타낸다. [그림 5-6]의 곡선은 선언품질수준이 표준수 중 하나인 상황을 다루고 있으며, 비표준 DQL 값의 경우, [그림 5-6]의 정보는 적용되지 않는다.

(2) 판별력을 나타내는 표

[표 5-15]은 여러 품질비율 값에 대하여 틀린 선언품질수준을 부정하는 확률에 관한 추가적 정보를 제공하고 있다.

개별 샘플링검사 방식을 위하여 [표 5-14]는 선언품질수준을 부정하지 못하는 위험 10 %에 대응하는 한계품질비율(LQR)의 값을 보여 주고 있다. 이 LQR은 [표 5-15]에 나타난 정보와 함께 각 샘플링검사 방식의 판별력을 평가하기 위하여 사용될 수도 있다. 또한 [표 5-14]는 샘플 결과가 실제품질수준이 선언품질수준(DQL)과 동일할 때 DQL을 잘못하여 부정하는 확률도 보여 주고 있다.

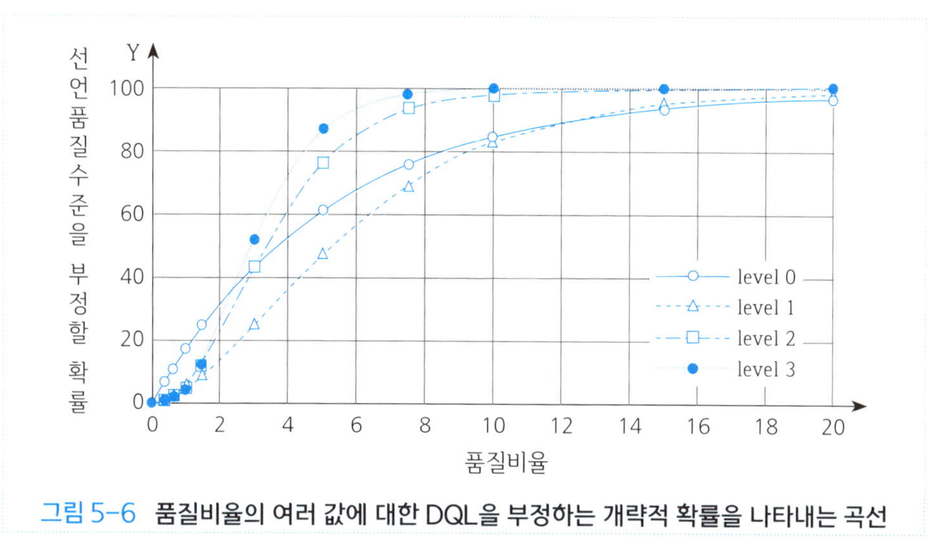

그림 5-6 품질비율의 여러 값에 대한 DQL을 부정하는 개략적 확률을 나타내는 곡선

[표 5-14] 및 [표 5-15]의 수치들은 샘플크기가 조사 대상의 작은 일부분의 경우라는 가정하에서 결정되었다. 이들 표의 수치들은 샘플크기가 조사 대상의 1/10 이하일 경우에 유효하다. 샘플크기가 조사 대상의 대부분을 차지할 경우에 실제적 판별력은 [표 5-14] 및 [표 5-15]에 나타난 수치들보다 우수할 것이다. 특별히, 실제 한계품질비율은 [표 5-14]에서 나타난 수치들보다 작을 것이며 옳은 DQL을 잘못하여 부정하는 실제 확률도 [표 5-14]에서 나타난 수치들보다 작을 것이다.

[표 5-14] 및 [표 5-15]의 수치들은 사용된 DQL이 표준 DQL 중 하나일 경우를 언급하고 있다. 만약 사용된 DQL이 표준 DQL 중 하나가 아닐 경우에는 그 다음으로 큰 표준 DQL이 샘플링검사 방식을 선정하는 데 사용되어야 한다. 이는 위험의 조정에 변화를 일으킨다. 한편, 옳은 DQL을 잘못하여 부정하는 위험은 [표 5-14]에서 주어진 수치들보다 작아질 것이다. 반면에 실제 LQR은 표준 DQL에 대한 LQR 표의 값보다 커지게 될 것이다.

실제 LQR_a은 다음의 공식으로 계산된다.

$$LQR_a = LQR \times \frac{DQR}{DQR_a}$$

여기에서 LQR : 표준 한계품질비율

DQL : 표준 선언품질수준

DQL_a : 실제적인, 비표준 선언품질수준

실제(즉, 비표준) DQL을 부정하지 못하는 10 % 위험에 대한 품질수준은 샘플링검사 방식에 의하여 주어지게 되며, 표준 DQL과 이에 따른 LQR 표의 값의 곱으로 결정된다. [표 5-15]은 실제품질수준이 [표 5-14]에 주어진 품질비율과 사용된 표준 DQL의 곱이라는 것의 이해 하에 비표준 DQL에 적용되어야 한다.

(보기) 부적합품률 0, 125 %의 DQL이 LQR 수준 II에서 평가된다고 가정하자. 이 수치는 비표준 DQL이고 그 다음으로 큰 표준 DQL은 0, 15 %이기 때문에 [표 5-13]은 $n=502$, $c=2$인 샘플링검사 방식의 사용을 지시하고 있다. [표 5-14]에서는 부적합품률 0, 125 %으로 (비표준) DQL을 잘못하여 부정하는 위험이 4, 1 %보다 작을 수 있다고 결론 내리고 있다. 더욱이, 실제품질수준이 0, 15 %의 7, 07배인 1, 06 %일 경우 비표준 DQL을 부정하지 못하는 위험이 10 %가 된다. 비표준 DQL에 대한 실제 LQR은 7. 07 × (0. 15/0. 125) = 8. 48 이 된다. 다시 말하면, 실제품질수준이 8. 48 배 높을 때(8. 48 × 0. 125 % = 1. 06 %) 비표준 DQL을 부정하지 못하는 위험이 10 %가 된다는 의미이다.

[표 5-15]에서 5.0의 품질비율과 0.15 %의 표준 DQL(실제품질수준은 5.0×0.15 % = 0.75 %)일 경우 0.15 %의 비표준 DQL을 부정하는 확률은 72.5 %가 된다. [표 5-15]은 유사한 방법으로 또 다른 9가지 품질비율의 경우에 해당하는 비표준 DQL을 부정하는 확률을 찾는 데 사용될 수 있다.

표 5-15 품질비율의 여러 가지 값에 대하여 DQL을 부정할 확률(%)-LQR 수준 II 계획

품질비율	선언품질수준(DQL) 부적합품률(%)												
	0.01	0.015	0.025	0.040	0.065	0.10	0.15	0.25	0.40	0.65	1.0	1.5	2.5
0.4	0.7	0.7	0.4	0.4	0.5	0.4	0.4	0.4	0.4	0.5	0.4	0.4	0.5
0.6	1.6	1.4	1.2	1.3	1.4	1.3	1.1	1.3	1.3	1.4	1.3	1.2	1.4
1.0	4	3.7	4.6	4.7	4.9	4.8	4.1	4.6	4.8	5.1	4.9	4.3	5.3
1.5	8.2	7.5	11.7	12.1	12.5	12.1	10.5	11.8	12.3	12.8	12.6	11.2	13.4
3.0	24.4	22.8	42.1	43.1	44.2	43.2	39.3	42.4	43.7	45	44.6	41.5	46.9
5.0	46.7	44.2	75.3	76.2	77.2	76.3	72.5	75.6	76.8	78	77.6	74.7	79.6
7.5	68.4	65.8	93.4	93.8	94.3	93.9	92	93.5	94.1	94.6	94.4	93.1	95.3
10.0	82.3	80.1	98.5	98.6	98.8	98.6	98	98.5	98.7	98.9	98.8	98.4	99.1
15.0	94.9	93.9	99.9	99.9	100.0	99.9	99.9	99.9	100.0	100.0	100.0	99.9	100.0
20.0	98.7	98.3	100.0	100.0	100.0	100.0	100.0	100.0	100.0	100.0	100.0	100.0	100.0

5.7 로트별 AQL 지표형 축차 샘플링검사 : KS Q ISO 2859-5

5.7.1 축차 샘플링검사의 필요성

이 샘플링검사 방식은 'ISO 2859-5: 2005, Sampling procedures for inspection by attributes-Part 5 : System of sequential sampling plans indexed by acceptance quality limit(AQL) for lot-by-lot inspection'의 내용을 기초로 작성된 것이다. 이 시스템은 한국산업표준(KS Q ISO 2859-5)으로 제정되어 있으며 축차 샘플링검사 스킴에 관한 시스템을 규정한 조정형 샘플링검사 형태이다.

현대의 생산 공정/프로세스에서 만들어지는 아이템의 품질수준은 ppm단위로 표현할 정도로 좋아지고 있는 상황에서 1회, 2회 및 다회 샘플링검사 방식은 상대적으로 큰 샘플크기를 필요로 하게 된다. 이러한 문제를 극복하기 위해서는, 가능한 한 검사개수를 최소화하는 통계기법을 활용하는 것이 좋다. 이러한 경우에 사용가능한 검사방식이 축차 샘플링검사이다. 축차 샘플링검사는 유사한 통계특성을 가진 샘플링검사 방식 중에서 평균검사개수가 최소화된다고 통계적으로 증명이 되었다. 따라서 이절에서는 일반 샘플링검사 방식과 통계적으로 동일하나 평균검사개수는 적은 축차 샘플링검사 방식을 소개한다.

축차 샘플링검사의 주된 장점은 평균검사개수를 줄인다는 데 있다. 평균검사개수란 주어진 로트 또는 프로세스 품질 수준에 대한 검사를 수행하는 데 발생할 수 있는 모든 검사 개수의 평균이다. 2회, 다회 샘플링검사 방식과 마찬가지로 축자 샘플링검사도 1회 검사와 동일한 검사 특성을 유지하면서도 평균검사개수는 감소시킨다. 그리고 2회, 다회 샘플링검사 방식을 사용할 때보다 축차 샘플링검사 방식을 사용할 때 평균검사개수가 더 크게 감소한다. 상당히 좋은 품질의 로트인 경우에 축차 샘플링검사 방식으로 인한 절감분이 85 %까지 이를 수 있다. 이는 2회 샘플링검사의 37 %, 다회 샘플링검사의 75 %에 비해 더 높은 수치이다.

한편, 축차 샘플링검사 방식을 사용하면 어느 특정한 로트에 대한 실제 검사 개수는 1회 샘플링검사 개수(n_0)를 초과할 경우도 있다. 2회, 다회 샘플링검사 방식의 검사 개수 상한은 실제 검사 개수는 $1.25n_0$ 배이다. 과거의 축차 샘플링검사 방식은 그러한 한계가 없었으며, 검사 개수를 상당히 초과하는 경우도 있었다. 이 절에서 설명하는 축차 샘플링검사 방식에서는 검사 개수 상한을 실제 검사 개수의 $1.5n_0$ 배로 제한하는 등 검사 개수를 제한하는 방식이 소개되고 있다. 참고로 축차 샘플링검사 방식을 사용할 때에는 KS Q ISO 2859-3에 해당하는 스킵로트 샘플링검사 방식은 적용되지 않는다.

5.7.2 축차 샘플링검사의 개요

계수형 축차 샘플링검사에서는 로트에서 아이템을 1 개씩 랜덤으로 추출하여 검사하고, 누적 샘플크기(n_{cum})와 누적 카운트(D, 부적합품의 누적개수)를 기록한다. 로트의 합격 또는 불합격의 판정 방식에는 수치적 방법(numerical method)과 도식적 방법(graphical method)이 있다. 수치적 방법은 부표를 이용하여 파라미터를 찾고 이를 이용하여 합격판정개수 Ac와 불합격판정개수 Re를 구한다. 이 값을 누적 카운트 D와 비교하여 판정한다. 도식적 방법은 먼저 [그림 5-7]과 같이 좌표평면에 합격판정선($d_A = -h_A + gn$)과 불합격판정선($d_R = h_R + gn$)을 그려 넣어 좌표평면을 세 개의 구역 합격구역(acceptance zone), 불합격구역(rejection zone), 검사속행구역(indecision zone)으로 분리한다. 이때 합격판정선과 불합격판정선의 기울기는 같다. 합격판정선과 합격판정선을 결정하는 파라미터는 h_A, h_R와 g이다. 이 파라미터는 계수치와 계량치, 규준형과 AQL 지표형에 따라 구하는 방법이 다르지만 원리는 같다. 이 교재에서는 모든 축차 샘플링검사 방식을 다 수록하였으며, 그 내용은 다음과 같은 표준을 포함한다.

구 분	조정형	규준형
계수치	KS Q ISO 2859-5	KS Q ISO 28591
계량치	KS Q ISO 3951-5	KS Q ISO 39511

각 축차 샘플링검사 방식은 1회 및 2회 샘플링검사 방식 및 다회 샘플링검사 방식과 대응된다. 또한 판정이 되지 않고 샘플링검사가 무한하게 이어질 가능성이 작지만 이를 피하기 위해서 중지규칙이 도입되어 있다. 샘플링검사는 이 중지규칙에 의해 규정된 샘플크기(n_t) 즉, 중지값에서 종료된다.

계수형 축차 샘플링검사는 좌표평면에 아이템의 검사를 진행하면서 얻어진 (n_{cum}, D)을 타점하여 그 점이 합격구역이나 불합격구역에 들어갈 때까지 계속하여 검사를 진행한다. [그림 5-7]은 축차 샘플링검사 방식의 이해를 돕기 위해 제시한 것이다.

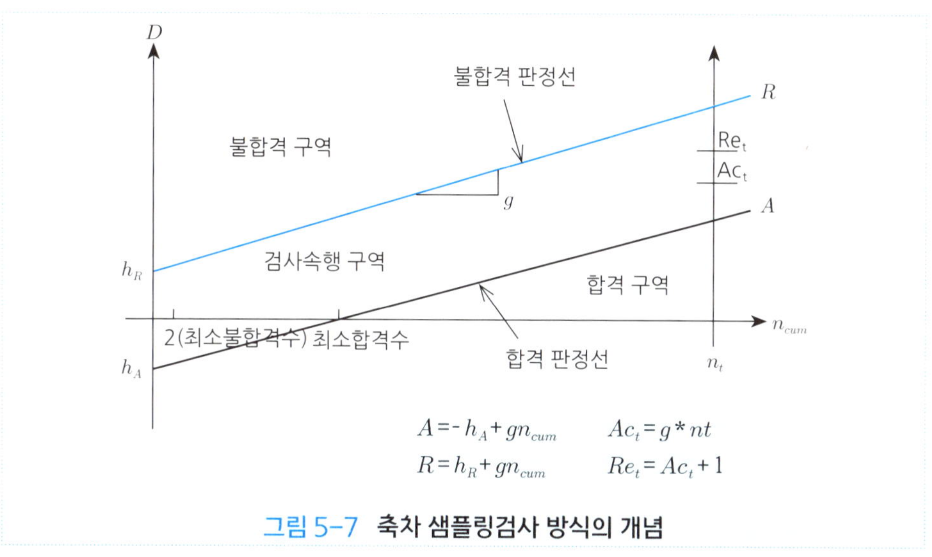

그림 5-7 **축차 샘플링검사 방식의 개념**

5.7.3 샘플링검사 방식의 선정

(1) 검사엄격도 조정

축차 샘플링검사의 검사 엄격도 조정은 기본적으로 KS Q ISO 2859-1과 보통 검사에서 수월한 검사로 전환되는 조건의 일부만 제외하고 동일하다. 보통 검사에서 다음의 3가지 조건이 모두 만족되는 경우에는 수월한 검사로 전환한다.

① 전환 점수(switching score)의 현재 값이 30 점 이상인 경우
② 생산 진도가 안정되어 있는 경우
③ 수월한 검사가 바람직하다고 소관권한자가 인정하는 경우

전환 점수의 계산 방식의 기준이 다소 다른데 이의 계산 방법은 다음과 같다.

소관권한자가 따로 지정하기 전에는 전환 점수의 계산은 보통 검사의 개시 시점에서 시작하여야 한다. 전환 점수는 0 점에서 시작하고 보통 검사로 후속 로트를 검사하면서 갱신된다.

① 누적샘플수 n_{cum}이 중지값의 반 이하이면서($0.5n_t$를 초과하지 않음) 로트가 합격되면 3 점을 추가한다.
② 그렇지 않으면 전환 점수를 다시 0 점으로 되돌린다.

(2) 검사종료 개수

특정한 로트를 검사하는 데 축차 샘플링검사 방식은 1회 샘플링검사 방식에 비해 평균적으로 상당히 경제적이지만 누적 부적합품의 수가 상당히 오랫동안 합격과 불합격판정개수 사이에 존재할 가능성이 있기 때문에(이는 그래픽 방식을 사용할 경우 임의로 진행하는 계단식 곡선이 판정 불가 구역에 머무르는 것에 해당한다) 합격 또는 불합격 판정을 상당히 늦게 결정될 수도 있다. 특히, 이는 로트 또는 프로세스 품질수준(부적합품률 또는 100 아이템당 부적합수로 표현됨)이 $100g$ (%)에 근접할 때 발생할 가능성이 높다. 여기에서 g는 합격선과 불합격선의 기울기를 나타낸다.

이러한 상황을 개선하기 위해서 검사 종료 개수가 검사 개시 이전에 설정된다. 누적검사개수가 로트의 합격 판정 이전에 검사 중지값 n_t에 도달한다면 검사가 종료되고 로트의 합격 혹은 불합격 여부는 합격 또는 불합격의 중지값을 사용하여 결정한다.

일반적인 축차 샘플링검사 방식에서 절삭이 이루어졌다는 것은 축차 샘플링검사 방식의 본래 용도를 벗어나 검사 특성이 왜곡될 수 있음을 뜻한다. 그러나 이 표준에서는 절삭도 고려하여 축차 샘플링검사 방식의 검사 특성이 결정되었기 때문에 절삭도 축차 샘플링검사 방식의 한 요소라고 볼 수 있다.

(3) 검사수준의 결정

검사수준이란 상대적인 검사의 양을 의미한다. 일반적으로 사용되는 검사의 세 가지 수준 I, II, III가 [표 5-16]에 나와 있다. 특별히 언급되기 전에는 수준 II가 사용된다. 작은 판별력이 요구될 때에는 수준 I이 사용되고, 큰 판별력이 요구될 때에는 수준 III가 사용된다. 두 가지 추가적인 수준 S-3와 S-4가 표 1에 나와 있는데 이들은 상대적으로 적은 수의 샘플이 필요한 경우 그리고 더 큰 샘플링검사 위험을 허용할 수 있는 경우에 사용된다.

특정한 상황에 어떤 수준의 검사를 실시할 것인가는 소관권한자가 정해야 한다. 소관권한자가 어떤 용도에서는 큰 판별력을 또 어떤 용도에는 적은 판별력을 가진 검사를 그리고 어떤 용도에서는 까다로운 검사를 또 어떤 용도에서는 수월한 검사를 선

표 5-16 샘플문자

로트크기	특별 검사수준		일반 검사수준		
	S - 3	S - 4	I	II	III
51 ~ 90	*	*	*	*	F
91 ~ 150	*	*	*	F	G
151 ~ 280	*	*	*	G	H
281 ~ 500	*	*	F	H	J
501 ~ 1 200	*	F	G	J	K
1 201 ~ 3 200	*	G	H	K	L
3 201 ~ 10 000	F	G	J	L	M
10 001 ~ 35 000	F	H	K	M	N
35 001 ~ 150 000	G	J	L	N	P
150 001 ~ 500 000	G	J	M	P	Q
500 001 이상	H	K	N	Q	R

* KS Q ISO 2859 - 1에서 제시하는 다회 샘플링검사 방식 사용

별해서 선택하도록 하고 있는 것이다. 그러므로 지정된 검사수준은 보통 검사, 까다로운 검사 및 수월한 검사 간에 전환이 있더라도 그대로 유지된다.

S - 3와 S - 4 검사수준이 지정되면 이러한 검사수준과 합치하지 않는 AQL 값이 선정되지 않도록 주의해야 한다. 예를 들어, S - 3에서의 샘플문자는 최저 AQL이 1.0 %인 샘플문자는 H 너머로 가지 않는다는 것을 알 수 있다. 따라서 AQL이 0.65 % 이하일 때에는 S - 3 수준을 지정하는 것은 아무런 의미가 없다.

로트로부터 추출된 샘플로부터 획득한 정보의 양은 샘플의 크기가 조사되고 있는 로트크기에 비해 작다면 샘플의 절대적인 크기에 의존하는 것이지 로트크기에 대한 샘플의 상대적인 크기에 의존하는 것이 아니다. 그럼에도 불구하고 로트크기에 따라 샘플크기를 변화시키게 되는 다음 두 가지 이유가 있다.

① 잘못된 판단으로 인한 손실이 클 때, 올바른 판단을 내리는 것이 더욱 중요하다.
② 로트에 비해 지나치게 작은 크기의 샘플을 취할 때는 진정한 랜덤 표본이 상대적으로 더 어려울 수 있다.

(4) 샘플링검사 방식의 결정

샘플크기는 샘플문자에 의해 정해진다. 특정한 로트크기와 특정한 검사수준에 대

한 샘플문자를 찾을 때 [표 5-16]이 이용된다.

AQL과 샘플문자를 이용해 [부표 C1], [부표 C2] 및 [부표 C3]으로부터 샘플링검사 방식을 결정한다. 특정한 AQL과 로트크기가 정해지면 보통 검사, 까다로운 검사 및 수월한 검사에 관계없이 같은 값의 AQL과 로트크기를 이용하여 샘플링검사 방식을 결정한다.

주어진 AQL과 샘플문자에 대한 샘플링검사 방식이 존재하지 않을 때에는 화살표를 따라 이동하여 그곳에 있는 다른 문자를 사용하게 된다. 따라서 원래 샘플문자가 아닌 새로운 샘플문자에 의해 샘플링검사 방식이 결정된다. 만일 이러한 절차에 의해 다른 등급의 부적합 또는 부적합품에 대한 중지값이 달라진다면, 소관권한자가 정하고 승인하는 경우에는 유도된 가장 큰 중지값에 해당하는 샘플문자가 모든 등급의 부적합 또는 부적합품에 대해 사용될 수 있다.

AQL과 샘플문자의 조합에 대해 * 표시가 있으면 이는 1회 샘플링검사 방식에서 합격판정개수가 0 개라는 것을 뜻한다. 이 경우 축차 샘플링검사 방식은 중지값을 사용한 1회 샘플링검사 방식과 효과면에서 동일하다. 따라서 더 복잡한 축차 샘플링검사 방식보다는 간단한 1회 샘플링검사 방식이 사용되도록 권장된다. 이러한 경우 단축 규정에 따라 한 개의 부적합품이 발생하면 검사가 종료되고 로트는 불합격 처리된다.

5.7.4 축차 샘플링검사 방식의 운영

(1) 수치적 방법

수치적 방법은 아이템을 하나씩 뽑는 각 단계에서 로트의 합격과 불합격을 판정하고자 하는 파라미터 h_A, h_R 및 g를 [부표 C1], [부표 C1] 및 [부표 C3]을 이용하여 구한다.

누적 샘플크기의 중지값보다 작은 누적 샘플크기, n_{cum}에 대한 합격판정치 A는 다음 식으로 구한다.

$$A = gn_{cum} - h_A \tag{5-2}$$

그리고 합격판정개수 Ac는 A를 가장 근접한 정수로 내림함으로서 구한다. A가 음수일 경우에 더 많은 누적샘플크기가 필요함을 의미한다.

모든 n_{cum}에 대해 불합격판정치 R은

$$R = gn_{cum} + h_R \tag{5-3}$$

로 주어지며 불합격판정개수 Re는 R을 가장 근접한 정수로 올림 함으로써 구한다.

불합격판정개수 Re가 중지값 Re_t보다 클 때에는 누적 카운트 D가 중지값 Re_t를 초과할 경우 합격할 가능성이 없기 때문에 불합격판정개수 Re 대신 중지값 Re_t로 대체된다. 식 (5-2), (5-3)에 주어진 A와 R의 값은 g와 소수점 이하 자리수가 같게 된다.

로트를 합격시킬 수 있는 최소 누적 샘플 수는 h_A/g를 근접한 정수로 반올림함으로써 구해진다. 부적합품률 검사 시 로트를 불합격시킬 수 있는 최소 누적 샘플크기는 $h_R/(1-g)$를 정수로 반올림함으로써 구해진다. 마지막으로 필요한 자료를 기입하여 합격판정표를 구성한다.

각 아이템을 검사한 후 준비된 합격판정표에 카운트와 누적 카운트를 기입한다.

① 누적 카운트 D가 누적 샘플크기, n_{cum}에 대한 합격판정개수 Ac 이하이면 로트를 합격처리하고 검사가 종료된다.

② 누적 카운트 D가 누적 샘플크기, n_{cum}에 대한 불합격판정개수 Re 이상이면 로트를 불합격처리하고 검사가 종료된다.

③ ① 도 ②도 아닌 경우 샘플 하나를 더 추출해 검사한다.

누적샘플수가 중지값 n_t에 이르면 ①과 ②의 규칙은 합격판정개수의 중지값 Ac_t와 불합격판정개수의 중지값 Re_t(Ac_t+1과 같음)를 이용하여 합격과 불합격을 결정한다.

(2) 도식적 방법

도식적 방법을 사용할 때에는 다음의 절차에 의해 합격판정차트를 준비한다. 누적 샘플크기, n_{cum}를 가로축으로 하고, 누적 카운트 D를 세로축으로 하는 그래프를 준비한다. 식 (5-2), (5-3)에서 구한 합격판정치 A와 불합격판정치 R에 해당하는 기울기 g로 2개의 직선을 긋는다. 절편이 $-h_A$인 아래선은 합격판정선이고 절편이 h_R인 윗선은 불합격판정선이다. $n_{cum}=n_t$에 중지선(curtailment line)을 수직으로 긋는다. $D=\text{Re}_t$에 절단선(truncation line)이 수평으로 추가된다. 이 선들이 평면을 세 구역으로 나누게 된다. 합격구역은 합격판정선 또는 그 아래 구역과 중지선상의 점 (n_t, Ac_t)와 그 아랫부분이 된다. 불합격구역은 불합격판정선 또는 그 위 구역과 중지선상의 점 (n_t, Re_t)와 그 윗부분이 된다. 검사속행구역은 합격판정선과 불합격판정선 사이 띠 모양의 구역으로 중지선 왼쪽 부분이 된다.

절단선이 추가되었을 경우 불합격판정선, 중지선과 절단선으로 구성되는 삼각형 모양의 검사속행구역은 불합격 판정구역으로 취급된다.

각 아이템을 검사한 후 작성된 합격판정차트에 (n_{cum}, D)를 타점한다.

① 점이 합격구역에 들어가면 로트를 합격 처리하고 그 로트에 대한 검사를 종료한다.

② 점이 불합격구역에 들어가면 로트를 불합격 처리하고 그 로트에 대한 검사를 종료한다.

③ 점이 검사속행구역에 들어가면 로트로부터 아이템 하나를 더 추출하여 검사한다.

합격판정차트에 연속적으로 타점되는 점은 계단식 선으로 연결되어 검사결과의 경향을 보여준다.

이 표준에서는 누적 카운트를 나타내는 점들은 합격 또는 불합격판정선상에 절대로 위치하지 않게 되어 있다. [예제 5-13]에 대한 그래프가 [그림 5-8]에 예시되어 있다.

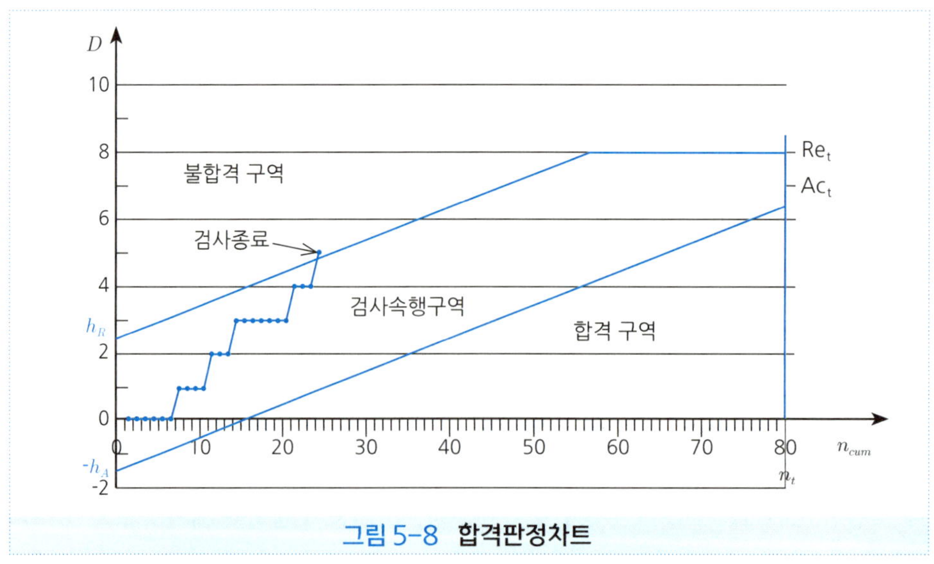

그림 5-8 **합격판정차트**

예제 5-14 어떤 상품의 검사를 위해 ISO 2859-1 샘플링검사 방식이 이용된다. AQL의 부적합품률 4.0 %로 지정되었다. 검사수준 I이 사용된다. 소수의 로트에 대해 보통 검사를 위한 1회 샘플링검사 방식이 채택되었다. 각 로트크기(N)은 1 500이다. 로트별 AQL 지표형 샘플링검사 방식을 사용할 때 샘플문자를 찾고, 축차 샘플링검사의 파라미터(h_A, h_R 및 g)값과 중지값(n_t 및 Ac_t)을 찾아라. 또 만약 로트에서 연속적으로 아이템을 무작위 추출하여 검사한다고 가정하자. 검사의 결과는 아래와 같다.

n_{cum}	D
7	1
11	2
14	3
21	4
24	5

누적 샘플크기 $n_{cum}=24$에 대해 누적 카운트 $D=5$가 관측되었다면, 로트를 합격 또는 불합격시켜야 하는지, 아니면 검사를 계속해야 하는지를 결정하라.

풀이 [표 5-16]에서 검사수준 I과 로트크기 1500에 해당하는 샘플문자를 찾으면 H이다. [부표 C1]에서 구한 파라미터 값은 $h_A=1.426$, $h_R=2.449$ 그리고 $g=0.097$이다. 중지값은 $n_t=80$, $Ac_t=7$이다. 그러므로 불합격판정치와 합격판정치 R과 A는 다음 식에 의해 구해진다.

$$R = gn_{cum} + h_R = 0.097\,n_{cum} + 2.449$$

그리고

$$A = gn_{cum} - h_A = 0.097\,n_{cum} - 1.426$$

수치적 방식이 사용될 경우 불합격판정치와 합격판정치 R과 A는 $n_{cum}=1$에서 n_t-1(즉, 79)의 범위에 걸쳐 계산될 수 있고 이는 반올림 되어 합격판정개수와 불합격판정개수 Ac와 Re가 각각 구해진다. 불합격판정개수(Re)가 중지값[Re_t, 즉 8]보다 크면 각 Re는 8로 대체된다.

n_{cum}	D	A	R
7	1		
11	2		
14	3		
21	4		
24	5	0.902	4.777

누적 샘플크기 $n_{cum}=24$일 때 누적카운트 $D=5$로서, 이 값은 계산된 불합격판정치 보다 크다. 따라서 검사가 종료되고 검사된 로트는 불합격 된다.

예제 5-15 A등급 품질 특성에 대한 AQL은 0.65 %이고, B등급 품질 특성에 대한 AQL은 4 %란 점 외에는 다른 상황은 **[예제 5-14]**의 경우와 같다. 로트를 합격 또는 불합격시켜야 하는지, 아니면 검사를 계속해야 하는지를 결정하라. 참고로, 축차 샘플링검사에서는 서로 다른 등급의 품질 특성에 대해, 다른 샘플크기 문자가 적용된다고 하더라도 전혀 문제가 없다.

풀이 **[부표 C1]**를 보면 A등급 품질 특성에 대해서는 화살표가 나와 있고 그를 따라 가면 문자 H 대신 문자 J를 사용하도록 유도하고 있다. 축차 샘플링검사 방식의 파라미터(h_A, h_R 및 g)값과 중지값(n_t 및 Ac_t)은 $h_A=0.854$, $h_R=0.932$, $g=0.0167$, $n_t=125$, $\mathrm{Ac}_t=2$이다. 따라서 불합격판정치와 합격판정치(R과 A)은 아래 식과 같다.

$$R=gn_{cum}+h_R=0.0167n_{cum}+0.932$$
$$A=gn_{cum}-h_A=0.0167n_{cum}-0.854$$

수치적 방법이 사용될 때에는 합격판정치와 불합격판정치(A과 R)는 $n_{cum}=1$부터 $n_t-1(=124)$에 걸쳐 계산될 수 있으며, 이들은 각각 반올림되어 합격판정개수와 불합격판정개수(Ac와 Re)가 구해진다. 불합격판정개수(Re)와 중지값($\mathrm{Re}_t=3$)보다 큰 경우에는 모든 Re는 3으로 대체된다.
B등급의 품질 특성에 대한 결과는 **[예제 5-14]**의 결과와 같다.

5.8 계수 규준형 축차 샘플링검사 : KS Q ISO 28591

5.8.1 개요

이 샘플링검사 방식은 'ISO 28591:2017, Sequential sampling plans for inspection by attributes'의 내용을 기초로 작성된 것이다. 이 시스템은 한국산업표준(KS Q ISO 28591)으로 제정되어 있으며 축차 샘플링검사 스킴에 관한 시스템을 규정한 규준형 샘플링검사 형태이다.

계수형 축차 샘플링검사 방식은 두 가지가 주어져 있다. 하나는 KS Q ISO 2859-1에 대응하는 AQL 및 샘플문자를 지표로 하는 로트별 AQL 지표형 축차 샘플링검사 방식(KS Q ISO 2859-5)이다. 이 축차 샘플링검사 방식은 KS Q ISO 2859-1의 샘플링검사 방식과 유사한 OC곡선을 갖는다. 또 다른 하나는 이 절에서 설명하는 KS Q ISO 28591에 해당하는 방법으로 축차 샘플링검사 방식에 대한 요구사항이 그 방식의 OC 곡선상의 두 점에서 규정된 규준형 샘플링검사 방식이다. 높은 쪽의 합격의 확률에 대응하는 점으로 생산자 위험점을 지정한다. 또한 한쪽 점으로 소비자 위험점을 지정한다. 이와 같은 값이 사전에 정해져 있지 않은 경우는 축차 샘플링검사 방식의 첫 번째 단계는 이 두 점을 선택하는 것이다. 이에 대하여 생산자 위험 $\alpha=0.05$과 소비자 위험 $\beta=0.10$이 주로 사용된다.

우리가 사용하는 축차 샘플링검사는 왈드[Wald(1947)]의 아이템별 축차 샘플링검사 방식으로 축차확률비(sequential probability ratio, SPR)검정에 통계적 이론을 두고 있다. 축차확률비는 다음과 같이 정의된다.

$$SPR=\frac{p_R{}^D(1-p_R)^{n_{cum}-D}}{p_A{}^D(1-p_A)^{n_{cum}-D}} \qquad (5\text{-}4)$$

단, n_{cum}은 누적된 샘플크기이고, D는 누적된 부적합의 수이고, p_A는 생산자 위험에 대응하는 품질수준이며 p_R은 소비자 위험에 대응하는 품질수준이다. 식 (5-4)의 양변에 로그를 취하고 정리하면

$$\log SPR=D\log\frac{p_R(1-p_A)}{p_A(1-p_R)}+n_{cum}\log\frac{1-p_R}{1-p_A} \qquad (5\text{-}5)$$

이 된다. 식 (5-5)에서 SPR은 D가 증가하면 증가하고, n_{cum}이 증가하면 감소한다는

사실을 알 수 있다. 위의 사실을 이용하여 축차 샘플링검사의 개념을 정립할 수 있다. 누적된 n_{cum}의 샘플의 검사결과로부터 SPR을 계산하고 그 결과가 $SPR \le b$이면 로트를 합격시키고, $SPR \ge a$이면 로트를 불합격시키고, $b < SPR < a$이면 1 개의 아이템을 추가하는 것이다. 실제로는 매번 SPR를 계산할 수 없으므로 두 개의 직선 합격판정선($d_A = -h_A + gn$)과 불합격판정선($d_R = h_R + gn$)을 그려 좌표평면을 합격구역, 불합격구역, 검사속행구역으로 분리한다. 이때 합격판정선과 불합격판정선의 기울기와 절편은 다음과 같이 계산된다.

$$h_A = \log\frac{1-\alpha}{\beta} \Big/ \log\left[\frac{p_R(1-p_A)}{p_A(1-p_R)}\right]$$

$$h_R = \log\frac{1-\beta}{\alpha} \Big/ \log\left[\frac{p_R(1-p_A)}{p_A(1-p_R)}\right]$$

$$g = \frac{\dfrac{1-p_A}{1-p_R}}{\log\left[\dfrac{p_R(1-p_A)}{p_A(1-p_R)}\right]}$$

그러나 위의 공식을 일일이 계산하는 것은 힘든 일이므로 표준에서는 여러 가지 p_A(Q$_{PR}$)와 p_R(Q$_{CR}$)의 값에 따라 부속서로 표를 제공하고 있다.

5.8.2 검사 방식

여기서는 생산자 위험품질 $\alpha = 0.05$와 소비자 위험 $\beta = 0.10$에 대응하는 Q$_{PR}$와 Q$_{CR}$에 대한 축차 심플링검사를 위한 일부 파라미터 값을 [부표 D1]에서 구할 수 있다. Q$_{PR}$(생산자 위험품질)에 대하여 0.020 %에서 10.0 %까지 28 개의 표준수를 설정하고 있으며, Q$_{CR}$(소비자 위험품질)에 대하여 0.200 %에서 31.5 %까지 23 개의 표준수를 설정하고 있다. 기타의 검사 방식의 운영은 KS Q ISO 2859-5와 유사하여 설명을 생략하므로 ISO 28591:2017의 표준을 참고하면 쉽게 활용할 수 있을 것이다.

5.9 제품합격판정용 합격판정개수 0 샘플링검사 시스템과 프로세스관리의 결합 절차: KS Q ISO 28594

5.9.1 개요

이 샘플링검사 방식은 'ISO 28594:2017, Combined accept-zero sampling systems and process control procedures for product acceptance'의 내용을 기초로 작성된 것이다. 이 시스템은 한국산업표준(KS Q ISO 28594)로 제정되어 있으며, 프로세스/공정 관리와 조정형 및 연속생산형 샘플링검사가 결합된 일종의 결합형 샘플링검사 형태라고 할 수 있다.

이 시스템은 공급자로 하여금 자신들의 내부관리를 위하여 공정관리 및 통계적 관리 절차를 사용하도록 장려하고 효과적인 공정관리 절차를 고객에게 보여주고 승인받게 함으로써 합격판정 샘플링검사의 필요성을 줄이거나 심지어는 없애기까지 하고 있다.

샘플링검사 그 자체는 적합성을 입증하는 데 있어서 비효율적인 산업관행이 될 수 있다. 샘플링검사 방식을 사용하면 고객과 공급자 모두에게 위험이 뒤따른다. 샘플크기를 증가시키는 것이 이 위험을 줄이는 방식 중의 하나이지만, 비용이 증가한다. 공급자는 적절한 공정관리와 함께 효율적인 프로세스를 밟음으로써 위험을 줄일 수 있다. 이러한 방식이 적절하게 사용되고 효과가 있는 정도에 따라 위험이 관리되고 결과적으로 검사와 시험은 줄어들 수 있다.

이 샘플링검사 시스템의 표를 이용하여 합격판정 샘플링섬사가 수행되면 공급자는 계수형 1회 샘플링검사, 계량형 1회 샘플링검사(6장에 소개), 계수 연속생산형 샘플링검사의 세 종류 중 하나를 선택할 수 있다. 보통 검사, 까다로운 검사 및 수월한 검사의 엄격도 간 이동이 허용되는 전환절차도 준비되어 있다.

이 시스템은 품질을 평가하여 명시된 요구사항에 부합하는 지의 여부를 판정하기 위한 검사를 기획하고 수행하는 일련의 합격판정개수 0 샘플링검사 시스템과 절차를 제시한다. 게다가 이 샘플링검사 시스템은 공급자에 의해 제안되는 합격판정 대체 방법에 대한 요구사항을 제시하고 있다. 이러한 대체 방법은 모든 제품이 계약에 의한 요구사항과 관련된 규격 및 표준에 적합하다는 것을 보장하는 수단으로서 예방 목적의 품질경영시스템을 구축 및 이행하고 있다는 점에 기초하고 있다.

이 시스템에서 제공하는 샘플링검사 방식은 최종 아이템, 부품 및 원자재, 작업, 재공품, 저장품, 보전 작업, 데이터 또는 기록, 행정 절차 등 여러 가지 제품의 검사뿐만 아니라 제한 없이 적용 가능하다.

이 샘플링검사 시스템에서 사용되는 주요 용어를 정의하면 다음과 같다.

① 생산구간(production interval)

실질적으로 같은 수준의 품질이 유지된다고 가정되어 연속생산형 샘플링검사 하에 있는 생산 기간

주) 생산구간은 보통 단일 근무교대이다. 근무교대 변경이 제품의 품질에 영향을 미치지 않는다는 상당한 확신이 있으면 생산구간은 하루가 될 수도 있다. 그러나 하루보다 길어서는 안 된다.

② 각개검사/100 % 검사(screen inspection)

부적합이 발견된 모든 아이템 또는 부분의 불합격에 대한 전수검사

③ 검증수준(verification level) : VL

사용자에 대한 특성의 중요성 또는 유용성의 수준

④ 적합품 연속개수(clearance number) : i

연속생산형 샘플링검사에서 검사의 양을 줄이기 위한 조치가 취해지기 전에 각개검사(전수검사)의 단계 동안에 샘플링검사로 되기 위해 필요한 계속적으로 검사되는 적합품의 요구되는 개수

5.9.2 일반 요구사항

(1) 합격판정개수 0 샘플링검사 필요성

샘플에 부적합이 없다는 것이 모집단에 부적합이 없다는 것을 의미하는 것이 아니며, 제품의 모집단 전체에 부적합이 없기를 기대하는 것은 합리적이 아닐 수 있다. 그리고 합격판정개수 0 샘플링검사 방식은 합격판정개수가 0보다 큰 방식과 구별되는 방식이 아닐 수 있다. 그럼에도 불구하고 다음 이유들 때문에 합격판정개수 0 샘플링검사 방식을 사용하는 것이 바람직할 수 있다.

– 고객들은 일반적으로 작은 퍼센트라 하더라도 부적합이 있는 제품이 합격된다거나 허용될 수 있다는 인식을 주는 것을 좋아하지 않는다.

– 사용자가 거의 완벽에 가까운(예를 들어 백만 개당 0에서 20 개의 부적합) 품질수준의 제품을 원한다면 샘플크기 $n = 50$이나 $n = 100$인 샘플에서 한두 개의 부적합을 허용한다는 것은 사용자의 원하는 바에 맞지 않을 것이다.

– 합격판정개수가 0보다 큰 검사 방식을 사용하는 것은 공급자들의 지속적 개선 부분을 조장하지 못하는 경향이 있다. 공급자가 일정 수준의 부적합이 합격될 수 있다는 것을 안다면 지속적인 개선에의 동기 부여가 될 수 없다.

공정관리는 공정을 안정시키고, 모니터링 하고, 개선시키는 데 필요하다. 공정관리가 정말로 효과를 발휘하고 있는지 검증하거나 불시점검(spot check)하기 위해서는 공정관리가 합격판정개수 0 샘플링검사 방식과 병행되어야 한다. 이 시스템에서 합격판정개수 0 샘플링검사 방식은 공정관리가 아직 자리 잡지 못하고 있거나 성숙한 단계에 도달하지 못한 경우에도 필요하다. 이 시스템의 주제는 공정관리가 제일 중요한 것이고, 샘플링검사는 이차적인 것이라는 점이다.

(2) 표준 검사 시스템과 로트의 구성

1) 표준 샘플링검사 시스템

이 절에서는 합격판정을 위해 고객에게 제출된 제품의 샘플링검사와 조화를 이루는 2가지 유형의 샘플링검사 시스템을 제시하고 있다. 이 시스템들은 로트로부터 샘플을 취해 행하는 계수형 샘플링검사와 계수 연속생산형 샘플링검사에 대한 방식을 제시하고 있다. 2가지 유형의 샘플링검사 시스템들은 7등급의 검증수준(VL)과 5개의 샘플문자(SL)에 의해 지표화되어 있나. 동일한 샘플눈자와 검증수준을 사용하면 2가지 유형은 모두 대략 비슷한 보호 수준이 된다. 공급자는 동일한 검증수준 중 생산공정에 가장 잘 부합하는 샘플링검사 시스템을 활용할 선택권이 있다.

2) 로트의 구성 및 식별

제품은 식별할 수 있는 로트 또는 부차 로트나 규정된 다른 형태로서 구성된다. 각 로트는 실행 가능하다면 실질적으로 동일한 조건, 동일한 시기에 제조된 단일 형태, 계층, 등급, 크기, 구성의 제품 아이템으로 이루어진다. 로트는 공급자에 의해 식별되어 적합하고 적절한 저장 공간에 손상되지 않게 보관된다. 연속생산형 샘플링검사 방식을 선정하는 데 로트크기가 사용되지는 않지만 로트구성은 동질성, 출하 편리성 및 납입 용이성 때문에 바람직하게 유지할 수 있다.

3) 부적합 제품

로트를 구성하는 모든 아이템이 다 모인 후에 샘플이 추출될 수도 있고 로트를 구성하는 중에 샘플이 추출될 수도 있다. 후자의 경우에는 샘플이 추출되기 전에 로트크기가 미리 결정되어야 한다.

로트 또는 로트를 구성하는 중 샘플을 추출하고 그 샘플에서 부적합품이 발견되면 공급자는 그 로트 또는 완성된 로트의 일부분의 합격판정을 보류하고 시정조치의 개시와 검증 이전에는 모든 추가적인 생산을 중단하여야 한다. 공급자는 알려진 부적합 제품을 고객에게 제출되지 않도록 하는 조치를 시작하여야 한다. 고객은 부적합품이 샘플에서 나왔건 아니건 간에 그리고 로트 전체가 합격되었건 아니건 간에 어떠한 부적합품도 받아들이지 않을 권리가 있다.

4) 부적합 로트의 처리

합격판정이 보류된 로트에 대해 공급자는 다음의 모든 조치를 취하여야 한다.

① 로트를 각개검사(전수검사)하고 모든 부적합품을 제거한다.
② 고객에게 알려진 어떠한 부적합품도 제출되지 않도록 하는 조치를 취한다.
③ 부적합의 원인을 찾아내고 적절한 공정의 변경 및 시정조치를 행한다.
④ 전환 요구사항을 따른다.
⑤ 계약조항에서 허용이 된다면 부적합품을 재작업 또는 수리한다. 공급자는 고객 대리인에게 조치가 취해지고 있음을 통지하여야 한다. 수리된 제품은 관련된 계약 조항에 따라 처리되며 문서화하여 규격완화(deviation), 면제(waiver) 또는 특채(concession)에 대하여 요청에 따라 고객에게 통보하여야 한다.
⑥ 합격판정을 위하여 고객에게 제출하기 전에 공급자의 품질 계획 또는 문서화된 절차에 따라 시정된 제품을 검사한다.

연속생산형 샘플링검사가 진행 중일 때, 샘플링검사 단계에서 부적합품이 발생하면 그 아이템의 합격판정을 보류하고 각개검사를 위해 되돌려 보내지며 시정 조치를 개시하게 된다. 각개검사 단계에서 부적합품이 발견되면 그 아이템에 대한 합격판정이 보류되고 요구사항이 충족될 때까지 각개검사가 계속된다.

(3) 공급자 제안에 의한 합격판정

1) 일반사항

이 샘플링검사 시스템을 계약 또는 제품 규격에 사용할 때에는 공급자는 표준검사표 및 제품 규격에 따라 샘플링검사를 수행하여야 한다. 그러나 샘플링검사만으로는 품질을 관리 또는 개선할 수 없다. 제품 품질은 적절한 제품 및 공정의 설계와 공정관리 활동을 통해서 성취된다. 이러한 활동이 효과적으로 진행 중일 때에는 샘플링검사는 과도한 노력이고 불필요한 비용만 초래한다. 품질경영시스템을 보유하고 있고 지정 공정에 대한 공정관리수준이 증명된 공급자는 하나 이상의 계약상 지정된 특성에 대해 합격판정 대체 방법(alternative acceptance methods)을 제안하도록 권장된다. 게다가, 성공적인 품질경영시스템을 보유하고 있고 이 계약에서 구매하려는 제품 또는 서비스에 관련된 성공적인 공정관리 이력을 보유하고 있는 공급자는 모든 계약상의 샘플링검사 요구사항에 대하여 조직의 합격판정 대체 방법을 제시하도록 권장된다.

이러한 제안은 합격판정 대체 방법, 교체될 샘플링검사 조항 및 교체될 검사 요구사항과 비교하여 대체 방법에 의해 제공되는 보호수준의 평가 등을 기술하여야 한다. 합격판정 대체 방법은 생산 중의 공정관리 및 공정능력에 관한 증거를 보여 주어야 하며 또한 공정관리의 유지 상태를 판단할 수 있는 기준, 그리고 이를 측정 및 평가할 수 있는 절차 등을 포함하여야 한다. 합격판정 대체 방법의 채택여부는 품질경영시스템의 존재 여부, 프로세스/공정 중시의 실증, 효과성에 대한 객관적 증거의 유·무 등에 의존한다.

2) 요구사항 및 절차

예를 들어 KS Q ISO 9001과 같은 품질경영시스템을 현재 운용하고 있는 공급자는 고객 대표자/대리인을 만족시키고 있을 것으로 판단된다. 이들은 프로세스 중시의 실증과 효과성에 대한 객관적 증거가 존재한다면 합격판정 대체 방법을 고려할 자격이 있다.

공급자는 합격판정 대체 방법의 승인 요청서에 공정안정성, 공정능력을 주기적으로 검증할 평가 계획과, 합격판정 대체 방법이 개발된 기타 조건들을 포함하여야 한다. 현재로서는 제안된 공정능력지수(C_{pk})의 최소치로서 치명특성에 대해서는 C_{pk}값은 2.00, 중특성에 대해서는 C_{pk}값은 1.33, 경특성에 대해서는 C_{pk}값은 1.00이다. 이러한 값들은 시간의 흐름에 따라 변화하는 값들이다. 계약상의 최소 또는 목표 능력 수준은 철저히 검토되는 것이 좋고 이에 대한 공급자와 고객 간의 동의가 이루어지는 것이 좋다. 이러한 평가 계획의 합격판정 기준이 충족되는 한 표준검사표에 따른 검증 샘플링검사는 축소되거나 검사가 생략될 수도 있다. 치명특성의 경우, 자동 각개검사 또는 실수방지(mistake-proof) 공정은 계속 수행될 것이며, VL(Verification Level) - 7 샘플링검사만이 축소 또는 생략될 것이다.

3) 합격판정 대체 방법의 제시 및 수용

합격판정 대체 방법을 제시하는 데는 다음의 두 가지 방식이 있다.

① 계약상 명시된 하나 이상의 샘플링검사 요구사항에 대한 개별적인 합격판정 대체 방법을 고객 또는 고객 대리인에게 계약에 명시된 대로 계약 이행시기 중 임의시점에 승인 요청을 위해 제시한다.

② 조직의 합격판정 대체 방법을 고객 또는 고객 대리인에게 계약에 명시된 대로 계약체결 이전 또는 이후에 제시한다. 계약 체결 전에 승인을 받으면 공급자는 합격판정 대체 방법을 계약 기간 내내 채택할 수 있다.

모든 승인된 합격판정 대체 방법은 공급자의 제조 및 품질 프로그램 또는 계약 대리인이 받아들일 수 있는 전달 수단에 포함되어야 한다. 고객은 합격판정 대체 방법이 이 샘플링검사 시스템의 샘플링검사 스킴보다 보호 수준이 더 낮을 때 또는 시간경과에 따라 공정안정성 및 공정능력을 유지할 수 없음이 명백해질 때 승인을 철회할 권리가 있다.

4) 치명특성

계약 또는 제품 규격에 달리 명시하지 않는 한, 공급자는 각 치명특성에 대해 다음 사항을 준수하는 것이 요구된다.

① 자동 각개검사 수행 또는 치명적 부적합품의 발생을 방지하는 공정(실수방지 공정으로도 알려져 있음) 이행

② 모든 로트에 대한 각개검사 또는 실수방지 공정의 수행을 검증하기 위한 VL - 7의 적용

합격판정 대체 방법의 승인은 단지 VL - 7 검사를 생략 또는 축소할 뿐이지 100 % 각개검사나 실수방지 공정을 생략 또는 축소하는 것은 아니다. 계약 또는 규격에 의

해 육안 각개검사가 허용되는 경우에도 VL-7은 여전히 요구된다. 사실, 각개검사가 수행된다 하더라도 계약 또는 규격에 따로 명시되지 않는 한 VL-7은 검증을 위해 요구된다.

치명적 부적합은 어느 단계에서 발생하든 다음의 조치가 즉각 취해져야 한다.

a) 치명적 부적합품이 고객에게 인도되는 것을 방지한다.
b) 고객에게 통보한다.
c) 원인을 파악하여, 시정조치를 취하고 이 조치의 효과를 검증한다.
d) 의심되는 아이템이 동일한 치명적 부적합을 포함하고 있다면 의심되는 모든 가용한 아이템을 각개검사한다.

5.9.3 계수형 로트 샘플링검사 방식

(1) 표준 방식과 합격판정 기준

이 샘플링검사 방식은 조정형과 공정관리가 결합된 형식을 취하고 있으며, 로트크기와 검증수준에 따라 샘플문자를 [표 5-17]에서 찾을 수 있다. 또한 [표 5-18]를 참조하여 검증수준과 샘플문자에 따라 샘플링검사 방식을 찾을 수 있다.

보통, 까다로운 및 수월한 검사에 대한 표준 계수형 로트 샘플링검사 방식이 [표

표 5-17 **샘플링검사표에 사용하는 샘플문자(SLs)**

로트 또는 생산구간 크기	검증수준(보통 검사)						
	7	6	5	4	3	2	1
2 ~ 170	A	A	A	A	A	A	A
171 ~ 288	A	A	A	A	A	A	B
289 ~ 544	A	A	A	A	A	B	C
545 ~ 960	A	A	A	A	B	C	D
961 ~ 1 700	A	A	A	B	C	D	E
1 701 ~ 3 072	A	A	B	C	D	E	E
3 073 ~ 5 482	A	B	C	D	E	E	E
5 483 ~ 9 720	B	C	D	E	E	E	E
9 721 ~ 17 408	C	D	E	E	E	E	E
17 409 ~ 30 960	D	E	E	E	E	E	E
30 961이상	E	E	E	E	E	E	E

5-18]에 기술되어 있다. 샘플링검사 방식에서 모든 아이템이 검사되기 전에 부적합품이 발견된다 하더라도 검사되는 샘플단위의 수는 방식에 의해 결정되는 샘플크기와 같아야 한다.

[표 5-18]에 있는 크기의 랜덤샘플을 검사한 경우, 부적합품이 하나도 발견되지 않을 경우에만 로트가 합격 처리 가능한 것으로 간주되어야 한다.

표 5-18 계수형 샘플링검사 방식

샘플문자	T	검증수준(VL)							R
		7	6	5	4	3	2	1	
	샘플크기(n_a)								
A	3 250	1 290	512	200	80	32	12	5	3
B	4 096	1 625	645	256	100	40	16	6	3
C	5 160	2 048	810	320	128	50	20	8	3
D	6 500	2 580	1 024	400	160	64	25	10	4
E	8 192	3 250	1 290	512	200	80	32	12	5

주 1) 로트크기가 샘플크기 이하일 때에는 100 % 검사가 요구된다.

주 2) 지정된 보통 검사 VL의 하나 왼쪽 또는 오른쪽 검증수준(VL)은 각각 까다로운 검사 또는 수월한 검사 방식을 나타낸다. VL - 7의 까다로운 검사는 T이고 VL - 1의 수월한 검사는 R이다.

(2) 검증수준의 선정과 샘플링검사 절차

검증수준(VLs)은 계약 또는 규격에 명시된다. VL은 특성 집단 중 어느 하나에 대해 규정될 수도 있고 특성 집단 내 하부 집단에 대한 개별 특성에 대해 규정될 수도 있다.

치명특성에 대해서는 VL - 7이 항상 사용되어야 한다. 이 검사는 치명특성에 따라 수행되는 자동 각개검사 또는 실수방지 공정을 검증한다. 중특성에 대해서는 전형적으로 VL - 3에서 VL - 6까지를 사용하는 것이 좋다. 경특성에 대해서는 전형적으로 VL - 1에서 VL - 3까지를 사용하는 것이 좋다. 특성이 중요해질수록 높은 수준의 VL 값이 사용된다. 상대적으로 작은 크기의 샘플이 필요한 경우와 예를 들어 검사 비용이 비싸서 큰 위험을 허용할 수 있거나 허용되어야 하는 경우에는 작은 값의 VL이 사용된다. VL값이 지정되지 않으면 중특성에는 VL - 4, 경특성에는 VL - 2를 사용하는 것이 좋다.

샘플링검사는 세 가지 엄격도 즉, 보통 검사, 까다로운 검사 및 수월한 검사 중 한

가지 방식에 의해 수행된다. 특별히 달리 규정하기 전에는 계약에 규정되는 VL은 보통 검사의 수준을 뜻하고 처음에는 보통 검사로 시작한다. 까다로운 검사와 수월한 검사는 [표 5-17] 또는 [표 5-18]의 최초 엄격도의 바로 왼쪽과 오른쪽에 있는 VL값이 사용된다. 샘플링검사의 엄격도는 정해진 전환규칙이 적용되기 전에는 변화 없이 사용된다. 전환규칙은 특성들이 전체 집단 모두에 적용되는 하나의 VL값을 갖는 집단 속에 속한다고 규정하기 전에는 개별 특성에 대해 따로따로 적용되어야 한다.

(3) 검사 엄격도 전환 규칙 및 절차

보통 검사, 까다로운 검사 및 수월한 검사 간의 전환 절차는 [표 5-18]의 주 2에 나와 있다. 전환 절차는 샘플 중 부적합이 발생하고 따라서 합격이 보류됨으로 인해 실시된 각개검사, 추가 샘플링검사 등과 같은 수정 조치의 결과와 무관하게 이루어진다.

자세한 전환 절차가 [그림 5-9]에 제시되어 있다.

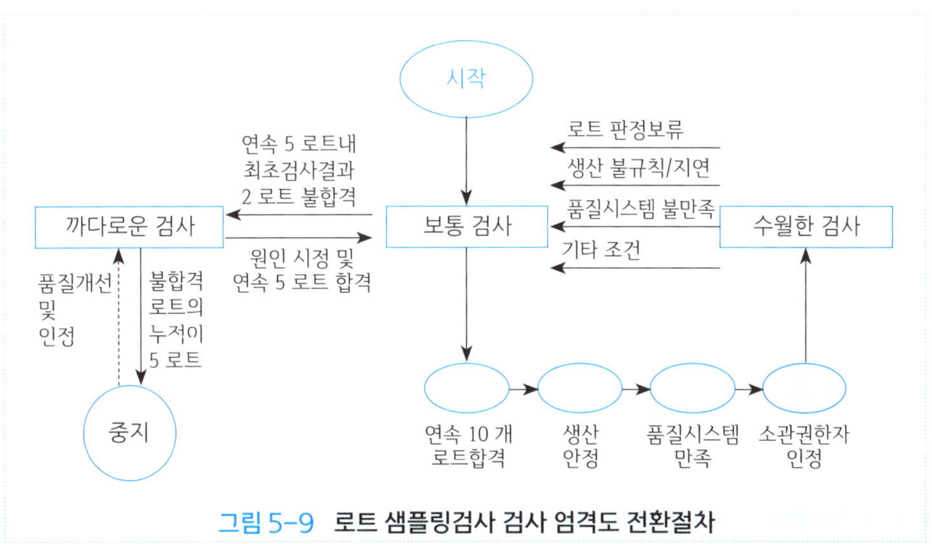

그림 5-9 로트 샘플링검사 검사 엄격도 전환절차

(보기) 계수형 로트 샘플링검사

나사산(thread) 결함에 대해 집게나사를 검사한다. 검증수준 4(VL-4)가 지정되었다. 생산자는 [표 5-18]의 계수형 샘플링검사 방식을 사용하기로 하였다. 로트 크기는 생산에 관한 결정에 따라 변할 수 있다. 계수형 로트 샘플링검사 기록의 한 부분을 다음 표로 작성하였다.

로트 번호	로트 크기	샘플 문자	샘플 크기	부적 합수	로트 처리	엄격도	조치
1	5 000	D	160	2	합격 보류	N	보통 검사, VL - 4로 시작한다.
2	900	A	80	0	합격	N	
3	3 000	C	128	1	합격 보류	N	5개 또는 그 이하 로트 중 2 개가 불합격. 까다로운 검사 VL - 4로 전환한다. 공정을 체크한다.
4	1 000	B	256	0	합격	T	
5	1 000	B	256	0	합격	T	
6	900	A	200	0	합격	T	
7	2 000	C	320	0	합격	T	
8	2 500	C	320	0	합격	T	공정이 시정되고 연속 5 개 로트가 합격. 보통 검사 VL - 4로 전환한다.
9	3 000	C	128	0	합격	N	
10	5 000	D	160	0	합격	N	

(4) 공급자 제안에 의한 합격판정

1) 일반사항

합격판정 대체 방법이 고려되기 위해서는 공급자는 내부적인 예방기반(prevention - based) 품질경영시스템을 구축하고 이행함으로써 모든 제품이 계약, 관련 규격 및 표준의 요구사항을 충족시킨다는 것을 보장하여야 한다. 합격판정 대체 방법의 하나로서 품질경영시스템을 받아들일 지는 업계에서 인정하는 품질경영 모델에 부합하는 지, 프로세스 중시를 실증하고 있는 지와, 이 시스템의 이행 및 효과의 객관적 증거가 있는 지의 여부에 달려 있다.

2) 예방 기반의 품질경영시스템

품질경영시스템은 예방에 기초를 두고 있어야 한다. 이러한 철학을 반영하는 일반적인 품질경영시스템으로는 여러 산업별 품질경영 표준 및 절차뿐 아니라 KS Q ISO 9001과 KS Q ISO 9004에 기술된 것이 있다. 품질경영시스템은 이 샘플링검사 시스템의 요구사항에 따른 추가적 니즈도 반영하여야 한다. 어떤 모델이 선택되었건 품질경영시스템은 계약 이행 전반을 통해 다음 목표를 달성함으로써 예방에 기반하고 있음을 입증하여야 한다.

① 제품 또는 공정 품질에 영향을 미치는 모든 인원들은 품질경영시스템을 이해하고 실행하여야 한다.
② 제품과 서비스는 고객의 요구사항을 충족시키거나 능가하여야 한다.
③ 품질은 신중하고 경제적으로 관리되어야 한다.
④ 공정의 불일치와 제품의 부적합 방지에 중점을 두어야 한다.
⑤ 불일치와 부적합 발생은 쉽게 검출되어야 하며, 근본 원인 시정조치가 취해지고 검증되어야 한다.
⑥ 공정의 변동성을 지속적으로 감소시키고 이로 인해 공정능력과 제품 품질을 향상시키기 위해 논리적인 문제해결 방식과 통계적 방법이 사용되어야 한다.
⑦ 품질경영시스템의 이행과 관리 절차의 효과성을 나타내기 위해 기록이 유지되어야 한다.

3) 품질경영시스템의 프로세스 중시

프로세스 중시를 실증하기 위해, 공급자는 제조 공정 및 관련 공정들이 다음 사항들을 실현할 수 있다는 것을 보여주기 위해 연구하고 이해하고 관리하고 문서화하여야 한다.

① 적합품을 지속적으로 생산한다.
② 가능한 한 높은 수준의 관리를 한다.
③ 장비, 원자재와 기타 공정 투입요소의 변화에 민감하지 않고 양질의 제품을 생산한다.
④ 공정/제품의 변동성을 끊임없이 줄이려고 노력한다.
⑤ 목표치 주변에서 최소 변동성이 나타나도록 제조 장비가 사용되게 설계한다.
⑥ 지속적 개선을 위한 경영을 한다.
⑦ 결함방지와 공정개선을 위해 제조 업무와 통계적 방법을 조합하여 계획하고 관리한다.

4) 품질경영시스템의 이행 및 효과의 객관적 증거의 예

① 공정개선에 관한 증거의 예:공정흐름도, 공정개선 기법, 6시그마 기법, 공정능력지수, 품질비용, 실험계획법 결과 등
② 공정관리에 관한 증거의 예:SPC, 교육훈련과정, 공급자의 지원, 팀웍, 공정

추적성, 측정시스템 분석, 공정 파라미터 파악, 공정기술 등

③ 제품 적합성에 관한 증거의 예:관리도, 시정조치 기록, 공정능력 연구, 제품 이력 분석, 공정 내 통제 방법 등

5.9.4 계수 연속생산형 샘플링검사 방식

(1) 표준 방식

계수 연속생산형 샘플링검사 방식(continuous sampling by attributes inspection plan)은 조정형, 연속생산형 및 공정관리가 결합된 검사방식이다. 연속생산형 샘플링검사란, 검사 대상 아이템이 연속적으로 생산되는 경우에 평균품질이 지정된 평균품질한계내에 들어오도록 하려는 것이다. 따라서 처음에는 각개검사(100 % 검사)를 실시하다가 일정수준의 적합품이 계속되면 샘플링검사로 넘어가며 샘플링검사에서 품질이 나빠지면 다시 검사엄격도를 조정하거나 각개검사로 전환되는 방식을 취하고 있다. 이 연속생산형 방식에서는 검사엄격도를 적용하는데 보통, 까다로운 및 수월한 검사에 대한 표준 계수 연속생산형 샘플링검사 방식이 [표 5-19]에 기술되어 있다.

표 5-19 **연속생산형 샘플링검사 방식**

샘플 문자	T	검증수준							R
		7	6	5	4	3	2	1	
	각개검사 단계 : 적합품 연속개수(i)								
A	4 091	2 224	1 134	549	264	125	55	27	N/A
B	7 061	3 599	1 767	842	388	180	83	36	N/A
C	11 426	5 609	2 662	1 237	572	256	116	53	N/A
D	17 802	8 477	3 957	1 785	815	368	162	73	N/A
E	26 912	12 556	5 754	2 605	1 147	513	228	96	N/A
	샘플링검사 단계 : 빈도(f)								
A	1/3	4/17	1/6	2/17	1/12	1/17	1/24	1/34	1/48
B	4/17	1/6	2/17	1/12	1/17	1/24	1/34	1/48	1/68
C	1/6	2/17	1/12	1/17	1/24	1/34	1/48	1/68	1/96
D	2/17	1/12	1/17	1/24	1/34	1/48	1/68	1/96	1/136
E	1/12	1/17	1/24	1/34	1/48	1/68	1/96	1/136	1/192

주 1) 각개검사 단계에서 지정된 보통 검사 수준 VL의 하나 왼쪽 검증수준(VL)은 까다로운 검사 수준이다.

VL - 7의 까다로운 검사는 T이다. 각개검사 단계에서는 수월한 검사가 없다. 왜냐하면 각개검사 단계 중 훌륭한 결과에 대한 보상은 샘플링검사 단계로 돌아가는 것이고, 수월한 검사 중 받게 될 수 있는 불이익은 보통 검사로 돌아가는 것이기 때문이다. 샘플링검사 단계에서, 지정된 보통 검사 VL의 하나 왼쪽 또는 오른쪽 검증수준(VL)은 각각 까다로운 검사 또는 수월한 검사 방식을 나타낸다. VL - 7의 까다로운 검사는 T이고, VL - 1의 수월한 검사는 R이다.

주 2) 제품의 모든 아이템이 검사될 확률이 동일하게 유지될 수 있도록 확률 f에 따라 샘플 아이템이 선택된다. 이로 인해 샘플 아이템 간 구간이 일정치 않고 약간씩 변할 수 있다.

(보기) $f=1/6$이라고 가정하자. 최초 생산된 30 아이템에서 각 아이템이 검사에 선택될 확률이 1/6로 주어지면 다음과 같은 아이템들이 선정될 수 있다: 2, 10, 19, 22 및 29. 최초 6 개 생산된 아이템 중 1 개(즉, 2번 아이템)가 랜덤으로 선정되었음을 주목한다. 6 개 아이템의 2번째 집단에서 한 아이템(즉, 10번 아이템)이 선정되었다. 6 개 아이템의 3번째 집단(즉, 13번에서 18번까지)에서 우연히 한 아이템도 선정되지 않았다. 6 개 아이템의 4번째 집단에서 두 아이템(즉, 19, 22번 아이템)이 우연히 선정되었다. 6 개 아이템의 마지막 집단에서 한 아이템(즉, 29번 아이템)이 검사에 선정되었다.

(2) 연속생산형 샘플링검사 절차의 조건

이 절에 있는 계수 연속생산형 샘플링검사 절차를 검사에 사용하기 위해서는 우선 다음 조건들이 만족되어야 한다.

① 아이템들이 연속적으로 생산되어야 한다.
② 필요시에는 100 % 검사를 할 수 있도록 검사장 근처에 넓은 장소, 장비 및 인력이 확보되어 있어야 한다.
③ 안정적인 품질의 자재를 생산하고 있는 또는 생산할 수 있는 공정이 있어야 한다.

(3) 연속생산형 샘플링검사 절차

생산 시점에서는 모든 아이템을 검사한다. 다음 조건 두 가지가 모두 충족될 경우, 빈도 f의 샘플링검사를 시작할 수 있다.

① 제품의 모든 아이템이 같은 형상을 이루고 있으며 안정 상태에서 생산될 때
② 적어도 연속 i개의 검사 아이템에 부적합이 없을 때

다음 조건 중 하나 이상의 상황이 발생하면 샘플링검사가 중지되고 100 % 검사가

재개되어야 한다.

– 생산 공정이 3일 이상 중단될 경우
– 제품의 모든 아이템이 같은 형상을 이루고 있으며 안정된 상태에서 생산되고 있어야 한다는 요구사항이 더 이상 충족되지 않을 때
– 샘플링검사 중 부적합을 포함하고 있는 아이템이 발견되었을 때

샘플링검사를 재개하기 위한 조건 ①과 ②가 만족될 때 샘플링검사가 재개된다.

(4) 합격판정 기준

연속생산형 샘플링검사에서 제품 아이템들은 개별적으로 합격 또는 불합격 처리된다. 100 % 검사가 수행되면 각 아이템은 개별적으로 검사된 후 적합 또는 부적합으로 분류되며, 이에 따라 합격 또는 불합격 처리된다.

샘플링검사 방식에 의해 검사가 수행되는 동안 검사되는 각 아이템은 적합한 지 또는 부적합한 지에 따라 합격 또는 불합격으로 분류되고 그리고 검사되지 않은 아이템은 적합한 것으로 간주되고 따라서 합격 처리된다. 샘플링검사 중 치명 부적합품이 발견되면 마지막 발견된 부적합품 이후의 모든 제품이 검사된다.

(5) 검사 엄격도 전환 규칙 및 절차

보통 검사, 까다로운 검사 및 수월한 검사 간의 전환 절차는 [표 5-19]의 주 1에 나와 있다. 전환 절차는 샘플 중 부적합이 발생하고 따라서 합격이 보류됨으로 인해 실시된 각개검사, 추가 샘플링검사 등과 같은 수정 조치의 결과와 무관하게 이루어진다.

자세한 검사 엄격도 전환 절차가 [그림 5-10]에 제시되어 있다.

[표 5-19]의 일부 전환규칙은 대응하는 로트 샘플링검사 방식인 [표 5-18]의 값에 의존한다. 이 값들은 $n_a(N)$과 $n_a(T)$로 표기된다. $n_a(N)$은 [표 5-18]에서 VL과 SL(샘플문자)이 현재 사용되고 있는 보통 검사의 샘플크기를 나타낸다. 마찬가지로 $n_a(T)$는 까다로운 검사에서의 샘플크기를 나타낸다.

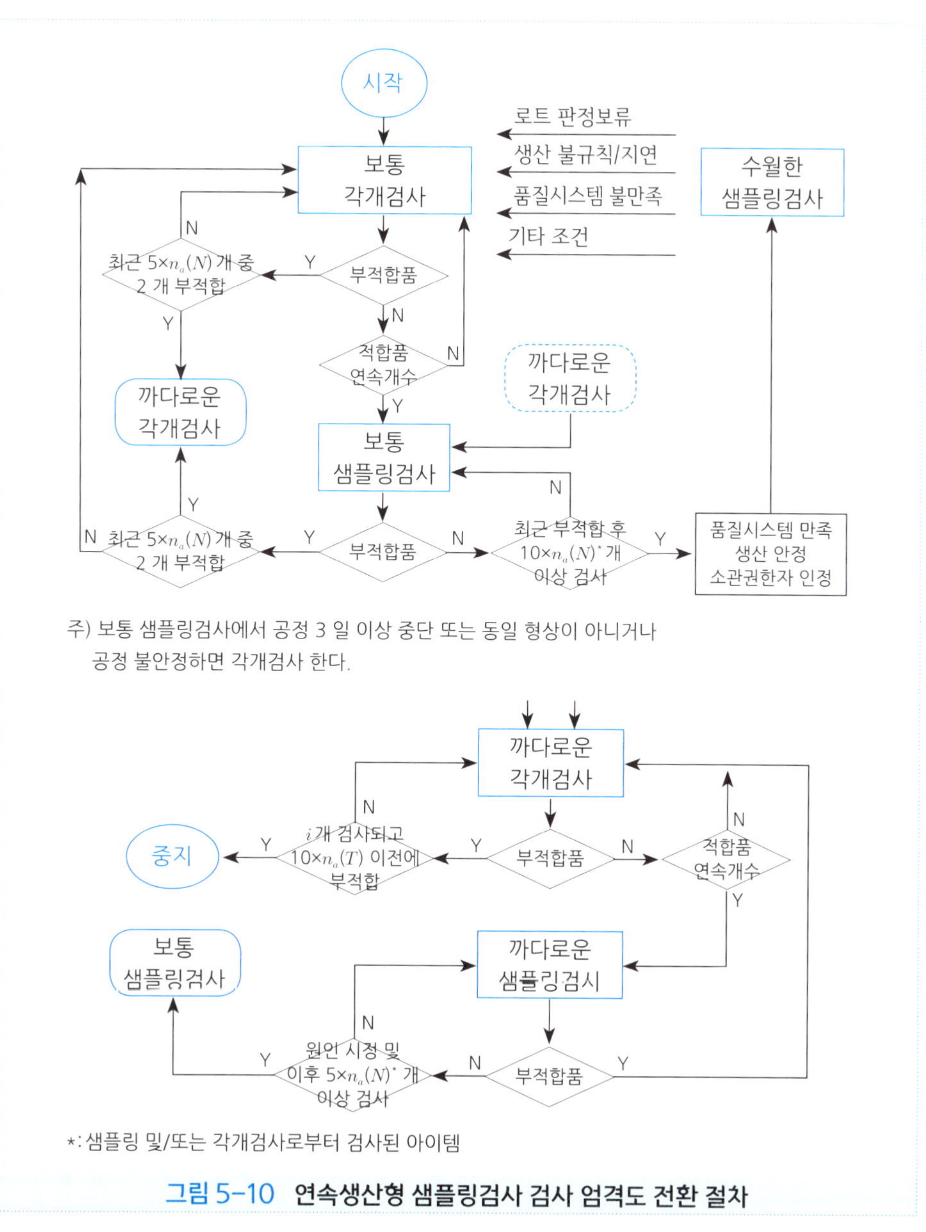

그림 5-10 연속생산형 샘플링검사 검사 엄격도 전환 절차

(보기) 연속생산형 샘플링검사

아이템이 스폿 용접 작업장을 거쳐 나오자마자 스폿 용접 점의 존재 유무에 대한 검사를 위해 스탬프 찍힌 금속 부품의 육안 검사가 행해진다. 검증수준 2(VL－2)가 지정되었다. 계수 연속생산형 샘플링검사를 위해 제품이 제출된다. 생산구간의 크기는 한 교대 조 근무시간인 8 시간이고, 처음에는 700에서 800개의 용접된 부품이 포함될 것이다. [표 5-17]에서 VL-2 수준과 샘플문자 C(SL-C)에 의해 i와 f의 값은 각각 [표 5-19] 116과 1/48이다. 연속생산형 샘플링검사 기록의 일부를 다음표로 작성하였다.

제품 아이템 번호	샘플 문자	빈도 또는 100 %	엄격도 T/N/R	상황/조치
1	C	100 %	N	생산 개시 : i=116의 값으로 각개검사 단계 시작
8	C	100 %	N	부적합품의 발견 : 검사개수 재설정
124	C	100 %	N	f=116개의 연속 아이템이 모두 적합품 : f=1/48로 샘플링
170	C	1/48	N	첫 번째 랜덤으로 추출한 아이템 선택 : 적합 확인
4 024	C	1/48	N	200개의 연속 아이템(116개 각개검사 +84개 샘플링)이 모두 적합품. 200은 [표 5-18]에서 SL - C와 VL - 2에 해당하는 샘플크기의 10 배에 해당하므로 f=1/68의 수월한 검사로 전환한다.
4 096	C	1/68	R	f=1/68에 따라 다음 번 아이템 랜덤 추출
8 309	C	1/68	R	생산구간의 크기가 세 배가 된다(700에서 800아이템이 되는 대신에 2 100에서 2 400아이템으로 된다). SL - C를 종료하고 SL - E 단계로 들어간다. VL - 2 및 수월한 검사를 시행하고 있기 때문에 f = 1/136이다.
8 448	E	1/136	R	새로운 f = 1/136에 따라 첫 번째 랜덤으로 추출한 아이템 선택 : 적합 확인. 랜덤샘플링 계속
10 617	E	1/136	R	부적합품의 발견 : 보통 검사로 전환. SL - E와 VL - 2가 실행 중이기 때문에 i =228로서 각개검사 단계를 개시한다.
10 845	E	100 %	N	i=228 개의 연속 아이템이 모두 적합품 : f=1/96로 샘플링

참고문헌

1 김영휘, "품질관리", 청문각, 1996.
2 박성현, 박영현, "통계적 품질관리", 민영사, 1995.
3 배도선, "최신 통계적 품질관리", 영지문화사, 1992.
4 KS Q ISO 10012 : 2004, 품질경영시스템 – 측정프로세스 및 측정장비에 대한 요구사항.
5 KS Q ISO 11462-1 : 2009, 통계적 프로세스관리(SPC) – 제1부 : SPC의 요소.
6 KS Q ISO 28593 : 2017, 계수형 합격판정 샘플링검사 절차 – 출검품질 통제를 위한 신용원리에 따른 합격판정개수 0인 샘플링검사 시스템.
7 KS Q ISO 28594 : 2017, 제품 합격판정을 위한 합격판정개수 0 샘플링검사 시스템과 프로세스관리를 결합한 절차.
8 KS Q ISO 2859-1 : 2014, 로트별 AQL 지표형 샘플링검사 방식.
9 ISO 2859-2 : 2020, 고립로트 LQ 지표형 샘플링검사 방식.
10 KS Q ISO 2859-3 : 2014, 스킵로트 샘플링검사 절차.
11 ISO 2859-4 : 2020, 선언품질수준 평가 절차.
12 KS Q ISO 2859-5 : 2014, 로트별 AQL 지표형 축차 샘플링검사 방식.
13 KS Q ISO 28590 : 2017, 2859 시리즈 개요.
14 KS Q ISO 5479 : 2009, 데이터의 통계적 해석 – 정규성 이탈 검정.
15 KS Q ISO 7873 : 2009, 경고 한계를 갖는 산술평균 관리도.
16 KS A ISO 8258 : 2008, 슈하트 관리도.
17 KS Q ISO 28591 : 계수형 축차 샘플링검사 방식.
18 ISO/TR 8550-1 : 로트에서 개별항목의 검사에 대한 합격판정샘플링 시스템의 선택과 사용 지침서 : 제1부 – 합격판정 샘플링검사.
19 ISO/TR 8550-2 : 로트에서 개별항목의 검사에 대한 합격판정샘플링 시스템의 선택과 사용 지침서 : 제2부 – 계수형 샘플링검사.
20 ISO/TR 8550-3 : 로트에서 개별항목의 검사에 대한 합격판정샘플링 시스템의 선택과 사용 지침서 : 제3부 – 계량치 샘플링검사.
21 KS Q ISO 9001 : 2015, 품질경영시스템 – 요구사항.
22 KS Q ISO 9004 : 2007, 품질경영시스템 – 성과개선 지침.

연습문제 STATISTICAL QUALITY CONTROL

1. KS Q ISO 28593 샘플링검사 시스템에서 주어진 AOQL에 대한 최대 요구 샘플크기는 방정식으로부터 구할 수 있다. 이 샘플크기가 필요하게 되는 최소 로트크기 역시 결정될 수 있다; 이는 신용도가 0일 때 발생한다; 즉, 검사가 시작되었을 때, 또는 불합격된 로트 바로 다음에 오는 로트에 대해 발생한다. AOQL 0.1, 0.2, 0.5, 1.0, 2.0, 5.0, 10.0에 대하여 최대 요구 샘플크기가 각각 1 000, 500, 200, 100, 50, 20, 10이다. 이에 대응하는 최소 로트크기를 구하라.

2. KS Q ISO 28593 샘플링검사 시스템에서 AOQL = 1 %인 경우, 크기가 각각 50, 500, 5 000, 50 000인 일련의 로트가 총 6차례에 걸쳐 검사에 투입되어 5번째 로트만 불합격되고 나머지 모두 합격하였을 경우의 신용도 K 및 샘플크기 n을 구하라.

3. 로트별 AQL 지표형 샘플링검사에서 AQL = 1.0 %(부적합품률), 검사수준 II, 로트 크기 2 500의 계수형 1회 샘플링검사 방식을 검사 엄격도 별로 설계를 하라.

4. 로트별 AQL 지표형 샘플링검사에서 AQL = 0.1 %(부적합품률), 검사수준 II, 로트 크기 500의 계수형 1회 샘플링검사 방식을 검사 엄격도 별로 설계를 하라.

5. 어떤 제품의 구입검사를 위하여 로트별 AQL 지표형 샘플링검사를 사용하기로 하였다. AQL = 1.0 %, 로트크기 N = 1 000, 검사수준 II에 대한 2회 샘플링검사의 보통 검사, 까다로운 검사 및 수월한 검사 샘플링검사 방식을 구하라.

6. 어떤 제품의 구입검사를 위하여 로트별 AQL 지표형 샘플링검사를 사용하기로 하였다. AQL = 0.4 %, 로트크기 N = 1 000, 검사수준 II에 대한 2회 샘플링검사의 보통 검사, 까다로운 검사 및 수월한 검사 샘플링검사 방식을 구하라.

7. 중결함에 대한 AQL은 0.40 %, 경결함에 대한 AQL은 1.0 %로 하는 어떤 제품의 검사에 로트별 AQL 지표형 샘플링검사(KS Q ISO 2859-1)를 처음으로 적용한다. 다음은 검사수준 II, 보통검사 1회 샘플링검사로 처음 10로트를 검사한 결과이다. 생산이 안정

되어 있다고 할 때, 다음 로트부터는 수월한 검사를 적용할 수 있는 지를 판단하라.

로트번호	로트크기	샘플크기	샘플에서 발견된 결함의 수	
			중결함	경결함
1	1 300	125	1	2
2	1 300	125	1	2
3	1 250	125	1	3
4	1 350	125	0	2
5	1 300	125	1	2
6	800	80	1	3
7	900	80	0	0
8	1 000	80	0	2
9	1 000	80	0	1
10	1 000	80	0	0

8. 어떤 제품에 대하여 AQL은 0.4 %, 검사수준 II, 보통 검사 1회 분수 합격판정개수 샘플링검사를 실시하고자 한다. 다음은 처음 15 로트를 검사한 결과이다. 이 결과를 가지고 합격판정, 합격판정 점수, 전환 점수 및 검사 엄격도 조정을 하라.

로트 번호	로트 크기	샘플 문자	샘플 크기	주어진 Ac	합격판정 점수 (검사전)	적용 가능 Ac	부적합품 d	합격 판정	합격판정 점수 (검사후)	전환 점수	엄격도 적용
1	400	H					0				
2	400	H					1				
3	600	J					0				
4	600	J					1				
5	400	H					0				
6	200	G					0				
7	800	J					1				
8	300	H					0				
9	200	G					0				
10	600	J					0				
11	200	G					0				
12	450	H					0				
13	600	J					1				
14	400	H					0				
15	600	J					0				

9. 어떤 부품을 납품하는데 로트크기는 3 000 개다. 이 부품은 5 % 이상의 결함이 발생하면 도저히 납품할 수 없다고 결론을 내렸다. 공급자는 이 로트에 대해 전문성을 가지고 있어 제조에 어느 정도 연속성을 가지고 있다고 생각하나 소비자는 1회의 거래로 한정하려 하고 있다.

(1) 이를 만족시킬 수 있는 샘플링 절차는 무엇인가?
(2) 검사수준 I로 하는 샘플링검사 방식을 설계하라.
(3) 이때 대응되는 AQL과 LQ 수준의 로트가 합격될 확률의 최대값을 표를 이용하여 추정하라.
(4) 검사수준을 Ⅲ으로 할 때의 샘플링검사 방식을 설계하고 이 때 90 %가 합격될 수 있는 수준의 공정부적합품률은 얼마인가?
(5) 이 검사절차와 비교되는 절차 A와의 샘플링검사 방식 설계에 대한 차이점은 무엇인가?

10. 스킵로트 샘플링검사에서 현재 상태는 보통 검사의 상태 2이고 현재 검사빈도는 1/3이다. AQL = 0.65 %이고 검사된 로트의 결과가 다음과 같다. 로트번호 3에 대한 조치결과를 설명하라.

로트 번호	n	Ac	d	합격여부	자격인정 점수	
					추가	결과
1	125	2	0	합격	(+5)	5
2	125	2	0	합격	(+5)	10
3	200	3	3			

11. 자격을 취득한 생산자가 AQL = 0.65 %, 검사수준 Ⅱ의 보통 검사로 실시된 스킵로트를 고려한 KS Q ISO 2859-3의 검사방식을 적용하기로 하였다. 적용된 샘플크기(n)와 검사결과 부적합품수(d)는 표와 같다.

로트	1	2	3	4	5	6	7	8	9	10	11	12
N	1 000	1 000	900	900	900	1 000	2 000	1 000	1 000	2 500	2 500	2 500
n	80	80	80	80	80	80	125	80	80	125	125	125
d	0	0	0	0	0	0	1	0	0	1	0	0

(1) 검사 결과를 토대로 스킵로트 자격을 취득할 수 있는 지 검토하라.

(2) 자격이 된다면 최초 적용되는 스킵로트의 최초 검사빈도는 결정하라.

12. 스킵로트 샘플링검사에서 현재 상태는 상태 3이고 중단 전 검사빈도는 1/3이다. AQL = 0.65 % 이고 검사된 로트의 결과가 다음과 같다. 표의 빈칸을 채워라. 그리고 후속조치를 제시하라.

<table>
<tr><th rowspan="2">로트
번호</th><th rowspan="2">n</th><th rowspan="2">Ac</th><th rowspan="2">d</th><th rowspan="2">합격여부</th><th colspan="2">자격인정 점수</th></tr>
<tr><th>추가</th><th>결과</th></tr>
<tr><td>18</td><td>200</td><td>3</td><td>2</td><td></td><td></td><td></td></tr>
<tr><td>19</td><td>200</td><td>3</td><td>0</td><td></td><td></td><td></td></tr>
<tr><td>20</td><td>315</td><td>5</td><td>3</td><td></td><td></td><td></td></tr>
<tr><td>21</td><td>200</td><td>3</td><td>0</td><td></td><td></td><td></td></tr>
<tr><td>22</td><td>315</td><td>5</td><td>1</td><td></td><td></td><td></td></tr>
</table>

13. 영업 부서의 감사 기간 동안 송장 작성 프로세스가 잠재적인 재정 손실의 원인이라는 사실이 밝혀졌다. 감사관들은 잘못(오류, 지연 등) 처리된 송장의 비율을 5 % 정도로 추정하였다. 경영진은 잘못 처리된 송장의 비율을 1 %까지 감축할 목적으로 특별 훈련 프로그램을 도입하기로 결정하였다. 프로그램이 완료된 이후 경영진은 프로그램의 효과를 평가하기로 결정하였다. 경영진은 특별 훈련 프로그램의 효과를 평가하기 위하여 이 시스템에서 1 %의 선언품질수준(DQL)을 선정하여 사용하기로 결정한다. 또한 경영진은 잘못 처리된 송장의 비율이 감축되지 못한 경우에는 훈련 프로그램이 긍정적으로 평가될 확률이 적게 되기를 희망하고 있다. 따라서 품질수준 1 %와 5 % 사이의 좋은 판별력을 보장하는 LQR 수준 Ⅱ가 선정되었다.

(1) 검사 방식을 설계하라.

(2) 옳은 선언품질수준을 부정하는 위험은 얼마인가?

(3) 검사 방식의 판별력을 구하라.

14. 품질경영시스템의 효율성을 증가시키기 위하여 생산 현장의 종업원들은 생산과 관련되어 품질에 부정적인 영향을 줄 수 있는 문제점들에 대하여 경영진에게 통보하도록 권유받고 있다. 폐쇄 루프 품질관리시스템은 종업원들에 의하여 지적된 모든 문제점들이 생산 현장의 품질 관리자들에 의하여 상세하게 조사되는 것을 보장하기 위하여 도입되어 사용되고 있다. 이 시스템은 이전에 지적된 문제점들 중에서 해결책이 없어 문제점이 방치되는 비율이 2.5 %를 넘지 않는 경우까지는 효과적이라 가정하고 있다. 일 년 후, 경영진은 공식적인 관점뿐만 아니라 종업원에 의하여 지적된 문제점의 복잡성까지도 고려하여 시스템의 효율성을 조사하기로 결정하였다. 이러한 요구 조건은 경영진으로 하여금 제한된 숫자의 경우만을 조사하도록 강요하게 되었고, 그 결과 선언품질수준(DQL)이 2.5 %의 문제점들이 해결되지 않은 상태로 남아 있는 상태의 시스템과 LQR 수준 Ⅱ의 선정이 결정되었다.

(1) 검사 방식을 설계하라.
(2) 옳은 선언품질수준을 부정하는 위험은 얼마인가?
(3) 검사 방식의 판별력을 구하라.

15. 어떤 상품의 검사를 위해 ISO 2859-1 샘플링검사 방식이 이용된다. AQL의 부적합품률 2.5 %로 지정되었다. 검사수준 Ⅱ가 사용된다. 소수의 로트에 대해 보통 검사를 위한 1회 샘플링검사 방식이 채택되었다. 각 로트크기(N)은 1 000이다. 로트별 AQL 지표형 샘플링검사 방식을 사용할 때 샘플문자코드를 찾고, 축차 샘플링검사의 파라미터(h_A, h_R 및 g)값과 중지값(n_t 및 Ac_t)을 찾아라. 또 만약 로트에서 연속적으로 아이템을 무작위 추출하여 검사한다고 가정하자. 검사의 결과는 아래와 같다.

n_{cum}	D
5	1
12	2
16	3
20	4

로트를 합격 또는 불합격시켜야 하는지, 아니면 검사를 계속해야 하는지를 결정하라.

16. 15 번 연습문제를 도식적 방법으로 해결하라.

17. (주)K모터스에서는 자동차 부품을 생산하여 H자동차회사에 공급하고 있는데, H자동차는 부품의 구입검사에서 합격판정개수 0 샘플링검사 시스템을 채택하고 있다. 검증수준은 2로 지정되어 있으며 제출된 로트는 다음과 같다. 검사 결과를 제시하라.

로트번호	1	2	3	4	5	6	7	8	9	10
로트크기	900	500	500	200	700	980	600	250	800	500
부적합수	0	1	0	1	0	0	0	0	1	0

18. 아이템이 생산공정을 거쳐 나오자마자 결함의 존재 유무에 대한 검사가 행해진다. 검증수준 4(VL－4)가 지정되었다. 계수 연속생산형 샘플링검사를 위해 제품이 제출된다. 생산구간의 크기는 8시간이고, 처음에는 1 000에서 1 200개의 부품이 포함될 것이다. 검사방식을 설계하라.

19. 계수 연속생산형 샘플링검사에서 검증수준 2(VL－2)가 지정되었으며, 생산구간중 생산량은 대략 500 개 정도이다.

(1) 검사방식을 설계하라.

이 방식으로 50 개 째 보통 각개검사에서 부적합품이 1 개 검출되었으나, 이후 적합품 연속개수가 개가 나와서 보통 샘플링검사를 10 회째 및 보통 각개검사 20 회째 실시하는 중 부적합품이 각 1 개씩 검출되었다.

(2) 후속적인 검사 방식을 설계하라.

부표 A1 보통검사의 1회 샘플링검사 방식(주 샘플링 표)

샘플 문자	샘플 크기	합격품질한계 AQL, 부적합품률 및 100 아이템당 부적합수																									
		0.010	0.015	0.025	0.040	0.065	0.10	0.15	0.25	0.40	0.65	1.0	1.5	2.5	4.0	6.5	10	15	25	40	65	100	150	250	400	650	1 000
		Ac Re	Ac Re	Ac Re	Ac Re	Ac Re	Ac Re	Ac Re	Ac Re	Ac Re	Ac Re	Ac Re	Ac Re	Ac Re	Ac Re	Ac Re	Ac Re	Ac Re	Ac Re	Ac Re	Ac Re	Ac Re	Ac Re	Ac Re	Ac Re	Ac Re	Ac Re
A	2	↓	↓	↓	↓	↓	↓	↓	↓	↓	↓	↓	↓	↓	↓	0 1	↓	↓	1 2	2 3	3 4	5 6	7 8	10 11	14 15	21 22	30 31
B	3	↓	↓	↓	↓	↓	↓	↓	↓	↓	↓	↓	↓	↓	0 1	↑	↓	1 2	2 3	3 4	5 6	7 8	10 11	14 15	21 22	30 31	44 45
C	5	↓	↓	↓	↓	↓	↓	↓	↓	↓	↓	↓	↓	0 1	↑	↓	1 2	2 3	3 4	5 6	7 8	10 11	14 15	21 22	30 31	44 45	↑
D	8	↓	↓	↓	↓	↓	↓	↓	↓	↓	↓	↓	0 1	↑	↓	1 2	2 3	3 4	5 6	7 8	10 11	14 15	21 22	30 31	44 45	↑	↑
E	13	↓	↓	↓	↓	↓	↓	↓	↓	↓	↓	0 1	↑	↓	1 2	2 3	3 4	5 6	7 8	10 11	14 15	21 22	30 31	44 45	↑	↑	↑
F	20	↓	↓	↓	↓	↓	↓	↓	↓	↓	0 1	↑	↓	1 2	2 3	3 4	5 6	7 8	10 11	14 15	21 22	↑	↑	↑	↑	↑	↑
G	32	↓	↓	↓	↓	↓	↓	↓	↓	0 1	↑	↓	1 2	2 3	3 4	5 6	7 8	10 11	14 15	21 22	↑	↑	↑	↑	↑	↑	↑
H	50	↓	↓	↓	↓	↓	↓	↓	0 1	↑	↓	1 2	2 3	3 4	5 6	7 8	10 11	14 15	21 22	↑	↑	↑	↑	↑	↑	↑	↑
J	80	↓	↓	↓	↓	↓	↓	0 1	↑	↓	1 2	2 3	3 4	5 6	7 8	10 11	14 15	21 22	↑	↑	↑	↑	↑	↑	↑	↑	↑
K	125	↓	↓	↓	↓	↓	0 1	↑	↓	1 2	2 3	3 4	5 6	7 8	10 11	14 15	21 22	↑	↑	↑	↑	↑	↑	↑	↑	↑	↑
L	200	↓	↓	↓	↓	0 1	↑	↓	1 2	2 3	3 4	5 6	7 8	10 11	14 15	21 22	↑	↑	↑	↑	↑	↑	↑	↑	↑	↑	↑
M	315	↓	↓	↓	0 1	↑	↓	1 2	2 3	3 4	5 6	7 8	10 11	14 15	21 22	↑	↑	↑	↑	↑	↑	↑	↑	↑	↑	↑	↑
N	500	↓	↓	0 1	↑	↓	1 2	2 3	3 4	5 6	7 8	10 11	14 15	21 22	↑	↑	↑	↑	↑	↑	↑	↑	↑	↑	↑	↑	↑
P	800	↓	0 1	↑	↓	1 2	2 3	3 4	5 6	7 8	10 11	14 15	21 22	↑	↑	↑	↑	↑	↑	↑	↑	↑	↑	↑	↑	↑	↑
Q	1250	0 1	↑	↓	1 2	2 3	3 4	5 6	7 8	10 11	14 15	21 22	↑	↑	↑	↑	↑	↑	↑	↑	↑	↑	↑	↑	↑	↑	↑
R	2000	↑	↑	1 2	2 3	3 4	5 6	7 8	10 11	14 15	21 22	↑	↑	↑	↑	↑	↑	↑	↑	↑	↑	↑	↑	↑	↑	↑	↑

비고 ↓ 화살표 아래의 최초의 샘플링검사 방식을 사용한다. 만약 샘플크기가 로트크기 이상이면 전수검사한다.

↑ 화살표 위의 최초의 샘플링검사 방식을 사용한다.

Ac 합격판정개수

Re 불합격판정개수

부표 A2 까다로운 검사의 1회 샘플링검사 방식(주 샘플링 표)

샘플 문자	샘플 크기	합격품질한계 AQL, 부적합품률 및 100 아이템당 부적합수																									
		0.010	0.015	0.025	0.040	0.065	0.10	0.15	0.25	0.40	0.65	1.0	1.5	2.5	4.0	6.5	10	15	25	40	65	100	150	250	400	650	1 000
		Ac Re	Ac Re	Ac Re	Ac Re	Ac Re	Ac Re	Ac Re	Ac Re	Ac Re	Ac Re	Ac Re	Ac Re	Ac Re	Ac Re	Ac Re	Ac Re	Ac Re	Ac Re	Ac Re	Ac Re	Ac Re	Ac Re	Ac Re	Ac Re	Ac Re	Ac Re
A	2															↓	0 1		↓	1 2	2 3	3 4	5 6	8 9	12 13	18 19	27 28
B	3														↓	0 1		↓	1 2	2 3	3 4	5 6	8 9	12 13	18 19	27 28	41 42
C	5													↓	0 1		↓	1 2	2 3	3 4	5 6	8 9	12 13	18 19	27 28	41 42	↑
D	8												↓	0 1		↓	1 2	2 3	3 4	5 6	8 9	12 13	18 19	27 28	41 42	↑	
E	13											↓	0 1		↓	1 2	2 3	3 4	5 6	8 9	12 13	18 19	27 28	41 42	↑		
F	20										↓	0 1		↓	1 2	2 3	3 4	5 6	8 9	12 13	18 19	↑	↑	↑			
G	32									↓	0 1		↓	1 2	2 3	3 4	5 6	8 9	12 13	18 19	↑						
H	50								↓	0 1		↓	1 2	2 3	3 4	5 6	8 9	12 13	18 19	↑							
J	80							↓	0 1		↓	1 2	2 3	3 4	5 6	8 9	12 13	18 19	↑								
K	125						↓	0 1		↓	1 2	2 3	3 4	5 6	8 9	12 13	18 19	↑									
L	200					↓	0 1		↓	1 2	2 3	3 4	5 6	8 9	12 13	18 19	↑										
M	315				↓	0 1		↓	1 2	2 3	3 4	5 6	8 9	12 13	18 19	↑											
N	500			↓	0 1		↓	1 2	2 3	3 4	5 6	8 9	12 13	18 19	↑												
P	800		↓	0 1		↓	1 2	2 3	3 4	5 6	8 9	12 13	18 19	↑													
Q	1250	↓	0 1		↓	1 2	2 3	3 4	5 6	8 9	12 13	18 19	↑														
R	2000	0 1	↑	↓	1 2	2 3	3 4	5 6	8 9	12 13	18 19	↑															
S	3150			1 2																							

비고 ↓ 화살표 아래의 최초의 샘플링검사 방식을 사용한다. 만약 샘플크기가 로트크기 이상이면 전수검사한다.

↑ 화살표 위의 최초의 샘플링검사 방식을 사용한다.

Ac 합격판정개수

Re 불합격판정개수

부표 A3 수월한 검사의 1회 샘플링검사 방식(주 샘플링 표)

샘플 문자	샘플 크기	합격품질한계 AQL, 부적합품률 및 100 아이템당 부적합수																									
		0.010	0.015	0.025	0.040	0.065	0.10	0.15	0.25	0.40	0.65	1.0	1.5	2.5	4.0	6.5	10	15	25	40	65	100	150	250	400	650	1 000
		Ac Re	Ac Re	Ac Re	Ac Re	Ac Re	Ac Re	Ac Re	Ac Re	Ac Re	Ac Re	Ac Re	Ac Re	Ac Re	Ac Re	Ac Re	Ac Re	Ac Re	Ac Re	Ac Re	Ac Re	Ac Re	Ac Re	Ac Re	Ac Re	Ac Re	Ac Re
A	2														↓	0 1			1 2	2 3	3 4	5 6	7 8	10 11	14 15	21 22	30 31
B	2													↓	0 1	↑		↓	1 2	2 3	3 4	5 6	7 8	10 11	14 15	21 22	30 31
C	2												↓	0 1	↑		↓	1 2	2 3	3 4	4 5	6 7	8 9	10 11	14 15	21 22	↑
D	3											↓	0 1	↑		↓	1 2	2 3	3 4	4 5	6 7	8 9	10 11	14 15	21 22	↑	
E	5										↓	0 1	↑		↓	1 2	2 3	3 4	4 5	6 7	8 9	10 11	14 15	21 22	↑		
F	8									↓	0 1	↑		↓	1 2	2 3	3 4	4 5	6 7	8 9	10 11	↑	↑	↑			
G	13								↓	0 1	↑		↓	1 2	2 3	3 4	4 5	6 7	8 9	10 11	↑						
H	20							↓	0 1	↑		↓	1 2	2 3	3 4	4 5	6 7	8 9	10 11	↑							
J	32						↓	0 1	↑		↓	1 2	2 3	3 4	4 5	6 7	8 9	10 11	↑								
K	50					↓	0 1	↑		↓	1 2	2 3	3 4	4 5	6 7	8 9	10 11	↑									
L	80				↓	0 1	↑		↓	1 2	2 3	3 4	4 5	6 7	8 9	10 11	↑										
M	125			↓	0 1	↑		↓	1 2	2 3	3 4	4 5	6 7	8 9	10 11	↑											
N	200		↓	0 1	↑		↓	1 2	2 3	3 4	4 5	6 7	8 9	10 11	↑												
P	315	↓	0 1	↑		↓	1 2	2 3	3 4	4 5	6 7	8 9	10 11	↑													
Q	500	0 1	↑		↓	1 2	2 3	3 4	4 5	6 7	8 9	10 11	↑														
R	800	↑			1 2	2 3	3 4	4 5	6 7	8 9	10 11	↑															

비고 ↓ 화살표 아래의 최초의 샘플링검사 방식을 사용한다. 만약 샘플크기가 로트크기 이상이면 전수검사한다.

↑ 화살표 위의 최초의 샘플링검사 방식을 사용한다.

Ac 합격판정개수

Re 불합격판정개수

부표 A4 보통검사의 2회 샘플링검사 방식(주 샘플링 표)

샘플 문자	샘플	샘플 크기	누적 샘플 크기	합격품질한계 AQL, 부적합품률 및 100 아이템당 부적합수																									
				0.010	0.015	0.025	0.040	0.065	0.10	0.15	0.25	0.40	0.65	1.0	1.5	2.5	4.0	6.5	10	15	25	40	65	100	150	250	400	650	1000
				Ac Re	Ac Re	Ac Re	Ac Re	Ac Re	Ac Re	Ac Re	Ac Re	Ac Re	Ac Re	Ac Re	Ac Re	Ac Re	Ac Re	Ac Re	Ac Re	Ac Re	Ac Re	Ac Re	Ac Re	Ac Re	Ac Re	Ac Re	Ac Re	Ac Re	Ac Re
A																	↓	*		↓	*	*	*	*	*	*	*	*	*
B	제1차 제2차	2 2	2 4													↓	*	↑	↓	0 2 1 2	0 3 3 4	1 3 4 5	2 5 6 7	3 6 9 10	5 9 12 13	7 11 18 19	11 16 26 27	17 22 37 38	25 31 56 57
C	제1차 제2차	3 3	3 6												↓	*	↑	↓	0 2 1 2	0 3 3 4	1 3 4 5	2 5 6 7	3 6 9 10	5 9 12 13	7 11 18 19	11 16 26 27	17 22 37 38	25 31 56 57	↑
D	제1차 제2차	5 5	5 10											↓	*	↑	↓	0 2 1 2	0 3 3 4	1 3 4 5	2 5 6 7	3 6 9 10	5 9 12 13	7 11 18 19	11 16 26 27	17 22 37 38	25 31 56 57	↑	
E	제1차 제2차	8 8	8 16										↓	*	↑	↓	0 2 1 2	0 3 3 4	1 3 4 5	2 5 6 7	3 6 9 10	5 9 12 13	7 11 18 19	11 16 26 27	17 22 37 38	25 31 56 57	↑		
F	제1차 제2차	13 13	13 26									↓	*	↑	↓	0 2 1 2	0 3 3 4	1 3 4 5	2 5 6 7	3 6 9 10	5 9 12 13	7 11 18 19	11 16 26 27	↑	↑	↑			
G	제1차 제2차	20 20	20 40								↓	*	↑	↓	0 2 1 2	0 3 3 4	1 3 4 5	2 5 6 7	3 6 9 10	5 9 12 13	7 11 18 19	11 16 26 27	↑						
H	제1차 제2차	32 32	32 64							↓	*	↑	↓	0 2 1 2	0 3 3 4	1 3 4 5	2 5 6 7	3 6 9 10	5 9 12 13	7 11 18 19	11 16 26 27	↑							
J	제1차 제2차	50 50	50 100						↓	*	↑	↓	0 2 1 2	0 3 3 4	1 3 4 5	2 5 6 7	3 6 9 10	5 9 12 13	7 11 18 19	11 16 26 27	↑								
K	제1차 제2차	80 80	80 160					↓	*	↑	↓	0 2 1 2	0 3 3 4	1 3 4 5	2 5 6 7	3 6 9 10	5 9 12 13	7 11 18 19	11 16 26 27	↑									
L	제1차 제2차	125 125	125 250				↓	*	↑	↓	0 2 1 2	0 3 3 4	1 3 4 5	2 5 6 7	3 6 9 10	5 9 12 13	7 11 18 19	11 16 26 27	↑										
M	제1차 제2차	200 200	200 400			↓	*	↑	↓	0 2 1 2	0 3 3 4	1 3 4 5	2 5 6 7	3 6 9 10	5 9 12 13	7 11 18 19	11 16 26 27	↑											
N	제1차 제2차	315 315	315 630		↓	*	↑	↓	0 2 1 2	0 3 3 4	1 3 4 5	2 5 6 7	3 6 9 10	5 9 12 13	7 11 18 19	11 16 26 27	↑												
P	제1차 제2차	500 500	500 1000	↓	*	↑	↓	0 2 1 2	0 3 3 4	1 3 4 5	2 5 6 7	3 6 9 10	5 9 12 13	7 11 18 19	11 16 26 27	↑													
Q	제1차 제2차	800 800	800 1600	*	↑	↓	0 2 1 2	0 3 3 4	1 3 4 5	2 5 6 7	3 6 9 10	5 9 12 13	7 11 18 19	11 16 26 27	↑														
R	제1차 제2차	1250 1250	1250 2500	↑		0 2 1 2	0 3 3 4	1 3 4 5	2 5 6 7	3 6 9 10	5 9 12 13	7 11 18 19	11 16 26 27	↑															

비고 ↓ 화살표 아래의 최초의 샘플링검사 방식을 사용한다. 만약 샘플크기가 로트크기 이상이면 전수검사한다.
↑ 화살표 위의 최초의 샘플링검사 방식을 사용한다.
Ac 합격판정개수
Re 불합격판정개수

부표 A5 까다로운 검사의 2회 샘플링검사 방식(주 샘플링 표)

샘플 문자	샘플	샘플 크기	누적 샘플 크기	합격품질한계 AQL, 부적합품률 및 100 아이템당 부적합수																									
				0.010	0.015	0.025	0.040	0.065	0.10	0.15	0.25	0.40	0.65	1.0	1.5	2.5	4.0	6.5	10	15	25	40	65	100	150	250	400	650	1000
				Ac Re	Ac Re	Ac Re	Ac Re	Ac Re	Ac Re	Ac Re	Ac Re	Ac Re	Ac Re	Ac Re	Ac Re	Ac Re	Ac Re	Ac Re	Ac Re	Ac Re	Ac Re	Ac Re	Ac Re	Ac Re	Ac Re	Ac Re	Ac Re	Ac Re	Ac Re
A																		↓			↓	*	*	*	*	*	*	*	*
B	제1차 제2차	2 2	2 4														↓	*		↓	0 2 1 2	0 3 3 4	1 3 4 5	2 5 6 7	4 7 10 11	6 10 15 16	9 14 23 24	15 20 34 35	23 29 52 53
C	제1차 제2차	3 3	3 6													↓	*		↓	0 2 1 2	0 3 3 4	1 3 4 5	2 5 6 7	4 7 10 11	6 10 15 16	9 14 23 24	15 20 34 35	23 29 52 53	↑
D	제1차 제2차	5 5	5 10												↓	*		↓	0 2 1 2	0 3 3 4	1 3 4 5	2 5 6 7	4 7 10 11	6 10 15 16	9 14 23 24	15 20 34 35	23 29 52 53	↑	
E	제1차 제2차	8 8	8 16											↓	*		↓	0 2 1 2	0 3 3 4	1 3 4 5	2 5 6 7	4 7 10 11	6 10 15 16	9 14 23 24	15 20 34 35	23 29 52 53	↑		
F	제1차 제2차	13 13	13 26										↓	*		↓	0 2 1 2	0 3 3 4	1 3 4 5	2 5 6 7	4 7 10 11	6 10 15 16	9 14 23 24	↑	↑	↑			
G	제1차 제2차	20 20	20 40									↓	*		↓	0 2 1 2	0 3 3 4	1 3 4 5	2 5 6 7	4 7 10 11	6 10 15 16	9 14 23 24	↑						
H	제1차 제2차	32 32	32 64								↓	*		↓	0 2 1 2	0 3 3 4	1 3 4 5	2 5 6 7	4 7 10 11	6 10 15 16	9 14 23 24	↑							
J	제1차 제2차	50 50	50 100							↓	*		↓	0 2 1 2	0 3 3 4	1 3 4 5	2 5 6 7	4 7 10 11	6 10 15 16	9 14 23 24	↑								
K	제1차 제2차	80 80	80 160						↓	*		↓	0 2 1 2	0 3 3 4	1 3 4 5	2 5 6 7	4 7 10 11	6 10 15 16	9 14 23 24	↑									
L	제1차 제2차	125 125	125 250					↓	*		↓	0 2 1 2	0 3 3 4	1 3 4 5	2 5 6 7	4 7 10 11	6 10 15 16	9 14 23 24	↑										
M	제1차 제2차	200 200	200 400				↓	*		↓	0 2 1 2	0 3 3 4	1 3 4 5	2 5 6 7	4 7 10 11	6 10 15 16	9 14 23 24	↑											
N	제1차 제2차	315 315	315 630			↓	*		↓	0 2 1 2	0 3 3 4	1 3 4 5	2 5 6 7	4 7 10 11	6 10 15 16	9 14 23 24	↑												
P	제1차 제2차	500 500	500 1000		↓	*		↓	0 2 1 2	0 3 3 4	1 3 4 5	2 5 6 7	4 7 10 11	6 10 15 16	9 14 23 24	↑													
Q	제1차 제2차	800 800	800 1600	↓	*		↓	0 2 1 2	0 3 3 4	1 3 4 5	2 5 6 7	4 7 10 11	6 10 15 16	9 14 23 24	↑														
R	제1차 제2차	1250 1250	1250 2500	*		↓	0 2 1 2	0 3 3 4	1 3 4 5	2 5 6 7	4 7 10 11	6 10 15 16	9 14 23 24	↑															
S	제1차 제2차	2000 2000	2000 4000			0 2 1 2																							

비고 ↓ 화살표 아래의 최초의 샘플링검사 방식을 사용한다. 만약 샘플크기가 로트크기 이상이면 전수검사한다.
↑ 화살표 위의 최초의 샘플링검사 방식을 사용한다.
Ac 합격판정개수
Re 불합격판정개수

부표 A6 수월한 검사의 2회 샘플링검사 방식(주 샘플링 표)

샘플문자	샘플	샘플크기	누적샘플크기	합격품질한계 AQL, 부적합품률 및 100 아이템당 부적합수																									
				0.010	0.015	0.025	0.040	0.065	0.10	0.15	0.25	0.40	0.65	1.0	1.5	2.5	4.0	6.5	10	15	25	40	65	100	150	250	400	650	1000
				Ac Re	Ac Re	Ac Re	Ac Re	Ac Re	Ac Re	Ac Re	Ac Re	Ac Re	Ac Re	Ac Re	Ac Re	Ac Re	Ac Re	Ac Re	Ac Re	Ac Re	Ac Re	Ac Re	Ac Re	Ac Re	Ac Re	Ac Re	Ac Re	Ac Re	Ac Re
A				↓	↓	↓	↓	↓	↓	↓	↓	↓	↓	↓	↓	↓	↓	*	↓	↓	↓	*	*	*	*	*	*	*	*
B				↓	↓	↓	↓	↓	↓	↓	↓	↓	↓	↓	↓	↓	*	↑	↓	↓	*	*	*	*	*	*	*	*	*
C				↓	↓	↓	↓	↓	↓	↓	↓	↓	↓	↓	↓	*	↑	↕	↓	*	*	*	*	*	*	*	*	*	↑
D	제1차 제2차	2 2	2 4	↓	↓	↓	↓	↓	↓	↓	↓	↓	↓	↓	*	↑	↕	↓	↓ 0 2 1 2	0 3 3 4	1 3 4 5	2 4 5 6	3 6 7 8	4 7 10 11	5 9 12 13	7 11 18 19	11 16 26 27	↑	↑
E	제1차 제2차	3 3	3 6	↓	↓	↓	↓	↓	↓	↓	↓	↓	↓	*	↑	↕	↓	0 2 1 2	0 3 3 4	1 3 4 5	2 4 5 6	3 6 7 8	4 7 10 11	5 9 12 13	7 11 18 19	11 16 26 27	↑	↑	↑
F	제1차 제2차	5 5	5 10	↓	↓	↓	↓	↓	↓	↓	↓	↓	*	↑	↕	↓	0 2 1 2	0 3 3 4	1 3 4 5	2 4 5 6	3 6 7 8	4 7 10 11	5 9 12 13	↑	↑	↑	↑	↑	↑
G	제1차 제2차	8 8	8 16	↓	↓	↓	↓	↓	↓	↓	↓	*	↑	↕	↓	0 2 1 2	0 3 3 4	1 3 4 5	2 4 5 6	3 6 7 8	4 7 10 11	5 9 12 13	↑	↑	↑	↑	↑	↑	↑
H	제1차 제2차	13 13	13 26	↓	↓	↓	↓	↓	↓	↓	*	↑	↕	↓	0 2 1 2	0 3 3 4	1 3 4 5	2 4 5 6	3 6 7 8	4 7 10 11	5 9 12 13	↑	↑	↑	↑	↑	↑	↑	↑
J	제1차 제2차	20 20	20 40	↓	↓	↓	↓	↓	↓	*	↑	↕	↓	0 2 1 2	0 3 3 4	1 3 4 5	2 4 5 6	3 6 7 8	4 7 10 11	5 9 12 13	↑	↑	↑	↑	↑	↑	↑	↑	↑
K	제1차 제2차	32 32	32 64	↓	↓	↓	↓	↓	*	↑	↕	↓	0 2 1 2	0 3 3 4	1 3 4 5	2 4 5 6	3 6 7 8	4 7 10 11	5 9 12 13	↑	↑	↑	↑	↑	↑	↑	↑	↑	↑
L	제1차 제2차	50 50	50 100	↓	↓	↓	↓	*	↑	↕	↓	0 2 1 2	0 3 3 4	1 3 4 5	2 4 5 6	3 6 7 8	4 7 10 11	5 9 12 13	↑	↑	↑	↑	↑	↑	↑	↑	↑	↑	↑
M	제1차 제2차	80 80	80 160	↓	↓	↓	*	↑	↕	↓	0 2 1 2	0 3 3 4	1 3 4 5	2 4 5 6	3 6 7 8	4 7 10 11	5 9 12 13	↑	↑	↑	↑	↑	↑	↑	↑	↑	↑	↑	↑
N	제1차 제2차	125 125	125 250	↓	↓	*	↑	↕	↓	0 2 1 2	0 3 3 4	1 3 4 5	2 4 5 6	3 6 7 8	4 7 10 11	5 9 12 13	↑	↑	↑	↑	↑	↑	↑	↑	↑	↑	↑	↑	↑
P	제1차 제2차	200 200	200 400	↓	*	↑	↕	↓	0 2 1 2	0 3 3 4	1 3 4 5	2 4 5 6	3 6 7 8	4 7 10 11	5 9 12 13	↑	↑	↑	↑	↑	↑	↑	↑	↑	↑	↑	↑	↑	↑
Q	제1차 제2차	315 315	315 630	*	↑	↑	↓	0 2 1 2	0 3 3 4	1 3 4 5	2 4 5 6	3 6 7 8	4 7 10 11	5 9 12 13	↑	↑	↑	↑	↑	↑	↑	↑	↑	↑	↑	↑	↑	↑	↑
R	제1차 제2차	500 500	500 1000	↑	↑	↑	0 2 1 2	0 3 3 4	1 3 4 5	2 4 5 6	3 6 7 8	4 7 10 11	5 9 12 13	↑	↑	↑	↑	↑	↑	↑	↑	↑	↑	↑	↑	↑	↑	↑	↑

비고 ↓ 화살표 아래의 최초의 샘플링검사 방식을 사용한다. 만약 샘플크기가 로트크기 이상이면 전수검사한다.
↑ 화살표 위의 최초의 샘플링검사 방식을 사용한다.
Ac 합격판정개수
Re 불합격판정개수
* 대응하는 1회 샘플링검사방식을 사용한다(또는 사용할 수 있다면 대신에 아래의 2회 샘플링검사 방식을 사용한다).

부표 A7 보통검사의 1회 샘플링검사 방식(주 샘플링 보조표)

샘플 문자	샘플 크기	합격품질한계 AQL, 부적합품률 및 100 아이템당 부적합수																									
		0.010	0.015	0.025	0.040	0.065	0.10	0.15	0.25	0.40	0.65	1.0	1.5	2.5	4.0	6.5	10	15	25	40	65	100	150	250	400	650	1 000
		Ac Re	Ac Re	Ac Re	Ac Re	Ac Re	Ac Re	Ac Re	Ac Re	Ac Re	Ac Re	Ac Re	Ac Re	Ac Re	Ac Re	Ac Re	Ac Re	Ac Re	Ac Re	Ac Re	Ac Re	Ac Re	Ac Re	Ac Re	Ac Re	Ac Re	Ac Re
A	2														↓	0 1	1/3	1/2	1 2	2 3	3 4	5 6	7 8	10 11	14 15	21 22	30 31
B	3													↓	0 1	1/3	1/2	1 2	2 3	3 4	5 6	7 8	10 11	14 15	21 22	30 31	44 45
C	5												↓	0 1	1/3	1/2	1 2	2 3	3 4	5 6	7 8	10 11	14 15	21 22	30 31	44 45	↑
D	8											↓	0 1	1/3	1/2	1 2	2 3	3 4	5 6	7 8	10 11	14 15	21 22	30 31	44 45	↑	
E	13										↓	0 1	1/3	1/2	1 2	2 3	3 4	5 6	7 8	10 11	14 15	21 22	30 31	44 45	↑		
F	20									↓	0 1	1/3	1/2	1 2	2 3	3 4	5 6	7 8	10 11	14 15	21 22	↑	↑	↑			
G	32								↓	0 1	1/3	1/2	1 2	2 3	3 4	5 6	7 8	10 11	14 15	21 22	↑						
H	50							↓	0 1	1/3	1/2	1 2	2 3	3 4	5 6	7 8	10 11	14 15	21 22	↑							
J	80						↓	0 1	1/3	1/2	1 2	2 3	3 4	5 6	7 8	10 11	14 15	21 22	↑								
K	125					↓	0 1	1/3	1/2	1 2	2 3	3 4	5 6	7 8	10 11	14 15	21 22	↑									
L	200				↓	0 1	1/3	1/2	1 2	2 3	3 4	5 6	7 8	10 11	14 15	21 22	↑										
M	315			↓	0 1	1/3	1/2	1 2	2 3	3 4	5 6	7 8	10 11	14 15	21 22	↑											
N	500		↓	0 1	1/3	1/2	1 2	2 3	3 4	5 6	7 8	10 11	14 15	21 22	↑												
P	800	↓	0 1	1/3	1/2	1 2	2 3	3 4	5 6	7 8	10 11	14 15	21 22	↑													
Q	1250	0 1	1/3	1/2	1 2	2 3	3 4	5 6	7 8	10 11	14 15	21 22	↑														
R	2000	1/3	1/2	1 2	2 3	3 4	5 6	7 8	10 11	14 15	21 22	↑															

비고 ↓ 화살표 아래의 최초의 샘플링검사 방식을 사용한다. 만약 샘플크기가 로트크기 이상이면 전수검사한다.

↑ 화살표 위의 최초의 샘플링검사 방식을 사용한다.

Ac 합격판정개수

Re 불합격판정개수

부표 A8 까다로운 검사의 1회 샘플링검사 방식(주 샘플링 보조표)

샘플 문자	샘플 크기	합격품질한계 AQL, 부적합품률 및 100 아이템당 부적합수																									
		0.010	0.015	0.025	0.040	0.065	0.10	0.15	0.25	0.40	0.65	1.0	1.5	2.5	4.0	6.5	10	15	25	40	65	100	150	250	400	650	1 000
		Ac Re	Ac Re	Ac Re	Ac Re	Ac Re	Ac Re	Ac Re	Ac Re	Ac Re	Ac Re	Ac Re	Ac Re	Ac Re	Ac Re	Ac Re	Ac Re	Ac Re	Ac Re	Ac Re	Ac Re	Ac Re	Ac Re	Ac Re	Ac Re	Ac Re	Ac Re
A	2	↓	↓	↓	↓	↓	↓	↓	↓	↓	↓	↓	↓	↓	↓	↓	0 1	1/3	1/2	1 2	2 3	3 4	5 6	8 9	12 13	18 19	27 28
B	3	↓	↓	↓	↓	↓	↓	↓	↓	↓	↓	↓	↓	↓	↓	0 1	1/3	1/2	1 2	2 3	3 4	5 6	8 9	12 13	18 19	27 28	41 42
C	5	↓	↓	↓	↓	↓	↓	↓	↓	↓	↓	↓	↓	↓	0 1	1/3	1/2	1 2	2 3	3 4	5 6	8 9	12 13	18 19	27 28	41 42	↑
D	8	↓	↓	↓	↓	↓	↓	↓	↓	↓	↓	↓	↓	0 1	1/3	1/2	1 2	2 3	3 4	5 6	8 9	12 13	18 19	27 28	41 42	↑	↑
E	13	↓	↓	↓	↓	↓	↓	↓	↓	↓	↓	↓	0 1	1/3	1/2	1 2	2 3	3 4	5 6	8 9	12 13	18 19	27 28	41 42	↑	↑	↑
F	20	↓	↓	↓	↓	↓	↓	↓	↓	↓	↓	0 1	1/3	1/2	1 2	2 3	3 4	5 6	8 9	12 13	18 19	↑	↑	↑	↑	↑	↑
G	32	↓	↓	↓	↓	↓	↓	↓	↓	↓	0 1	1/3	1/2	1 2	2 3	3 4	5 6	8 9	12 13	18 19	↑	↑	↑	↑	↑	↑	↑
H	50	↓	↓	↓	↓	↓	↓	↓	↓	0 1	1/3	1/2	1 2	2 3	3 4	5 6	8 9	12 13	18 19	↑	↑	↑	↑	↑	↑	↑	↑
J	80	↓	↓	↓	↓	↓	↓	↓	0 1	1/3	1/2	1 2	2 3	3 4	5 6	8 9	12 13	18 19	↑	↑	↑	↑	↑	↑	↑	↑	↑
K	125	↓	↓	↓	↓	↓	↓	0 1	1/3	1/2	1 2	2 3	3 4	5 6	8 9	12 13	18 19	↑	↑	↑	↑	↑	↑	↑	↑	↑	↑
L	200	↓	↓	↓	↓	↓	0 1	1/3	1/2	1 2	2 3	3 4	5 6	8 9	12 13	18 19	↑	↑	↑	↑	↑	↑	↑	↑	↑	↑	↑
M	315	↓	↓	↓	↓	0 1	1/3	1/2	1 2	2 3	3 4	5 6	8 9	12 13	18 19	↑	↑	↑	↑	↑	↑	↑	↑	↑	↑	↑	↑
N	500	↓	↓	↓	0 1	1/3	1/2	1 2	2 3	3 4	5 6	8 9	12 13	18 19	↑	↑	↑	↑	↑	↑	↑	↑	↑	↑	↑	↑	↑
P	800	↓	↓	0 1	1/3	1/2	1 2	2 3	3 4	5 6	8 9	12 13	18 19	↑	↑	↑	↑	↑	↑	↑	↑	↑	↑	↑	↑	↑	↑
Q	1250	↓	0 1	1/3	1/2	1 2	2 3	3 4	5 6	8 9	12 13	18 19	↑	↑	↑	↑	↑	↑	↑	↑	↑	↑	↑	↑	↑	↑	↑
R	2000	0 1	1/3	1/2	1 2	2 3	3 4	5 6	8 9	12 13	18 19	↑	↑	↑	↑	↑	↑	↑	↑	↑	↑	↑	↑	↑	↑	↑	↑

비고 ↓ 화살표 아래의 최초의 샘플링검사 방식을 사용한다. 만약 샘플크기가 로트크기 이상이면 전수검사한다.

↑ 화살표 위의 최초의 샘플링검사 방식을 사용한다.

Ac 합격판정개수

Re 불합격판정개수

부표 A9 수월한 검사의 1회 샘플링검사 방식(주 샘플링 보조표)

샘플 문자	샘플 크기	합격품질한계 AQL, 부적합품률 및 100 아이템당 부적합수																									
		0.010	0.015	0.025	0.040	0.065	0.10	0.15	0.25	0.40	0.65	1.0	1.5	2.5	4.0	6.5	10	15	25	40	65	100	150	250	400	650	1 000
		Ac Re	Ac Re	Ac Re	Ac Re	Ac Re	Ac Re	Ac Re	Ac Re	Ac Re	Ac Re	Ac Re	Ac Re	Ac Re	Ac Re	Ac Re	Ac Re	Ac Re	Ac Re	Ac Re	Ac Re	Ac Re	Ac Re	Ac Re	Ac Re	Ac Re	Ac Re
A	2	↓	↓	↓	↓	↓	↓	↓	↓	↓	↓	↓	↓	↓	↓	0 1	1/5	1/3	1 2	2 3	3 4	5 6	7 8	10 11	14 15	21 22	30 31
B	2	↓	↓	↓	↓	↓	↓	↓	↓	↓	↓	↓	↓	↓	0 1	1/5	1/3	1/2	1 2	2 3	3 4	5 6	7 8	10 11	14 15	21 22	30 31
C	2	↓	↓	↓	↓	↓	↓	↓	↓	↓	↓	↓	↓	0 1	1/5	1/3	1/2	1 2	2 3	3 4	4 5	6 7	8 9	10 11	14 15	21 22	↑
D	3	↓	↓	↓	↓	↓	↓	↓	↓	↓	↓	↓	0 1	1/5	1/3	1/2	1 2	2 3	3 4	4 5	6 7	8 9	10 11	14 15	21 22	↑	↑
E	5	↓	↓	↓	↓	↓	↓	↓	↓	↓	↓	0 1	1/5	1/3	1/2	1 2	2 3	3 4	4 5	6 7	8 9	10 11	14 15	21 22	↑	↑	↑
F	8	↓	↓	↓	↓	↓	↓	↓	↓	↓	0 1	1/5	1/3	1/2	1 2	2 3	3 4	4 5	6 7	8 9	10 11	↑	↑	↑	↑	↑	↑
G	13	↓	↓	↓	↓	↓	↓	↓	↓	0 1	1/5	1/3	1/2	1 2	2 3	3 4	4 5	6 7	8 9	10 11	↑	↑	↑	↑	↑	↑	↑
H	20	↓	↓	↓	↓	↓	↓	↓	0 1	1/5	1/3	1/2	1 2	2 3	3 4	4 5	6 7	8 9	10 11	↑	↑	↑	↑	↑	↑	↑	↑
J	32	↓	↓	↓	↓	↓	↓	0 1	1/5	1/3	1/2	1 2	2 3	3 4	4 5	6 7	8 9	10 11	↑	↑	↑	↑	↑	↑	↑	↑	↑
K	50	↓	↓	↓	↓	↓	0 1	1/5	1/3	1/2	1 2	2 3	3 4	4 5	6 7	8 9	10 11	↑	↑	↑	↑	↑	↑	↑	↑	↑	↑
L	80	↓	↓	↓	↓	0 1	1/5	1/3	1/2	1 2	2 3	3 4	4 5	6 7	8 9	10 11	↑	↑	↑	↑	↑	↑	↑	↑	↑	↑	↑
M	125	↓	↓	↓	0 1	1/5	1/3	1/2	1 2	2 3	3 4	4 5	6 7	8 9	10 11	↑	↑	↑	↑	↑	↑	↑	↑	↑	↑	↑	↑
N	200	↓	↓	0 1	1/5	1/3	1/2	1 2	2 3	3 4	4 5	6 7	8 9	10 11	↑	↑	↑	↑	↑	↑	↑	↑	↑	↑	↑	↑	↑
P	315	↓	0 1	1/5	1/3	1/2	1 2	2 3	3 4	4 5	6 7	8 9	10 11	↑	↑	↑	↑	↑	↑	↑	↑	↑	↑	↑	↑	↑	↑
Q	500	0 1	1/5	1/3	1/2	1 2	2 3	3 4	4 5	6 7	8 9	10 11	↑	↑	↑	↑	↑	↑	↑	↑	↑	↑	↑	↑	↑	↑	↑
R	800	1/5	1/3	1/2	1 2	2 3	3 4	4 5	6 7	8 9	10 11	↑	↑	↑	↑	↑	↑	↑	↑	↑	↑	↑	↑	↑	↑	↑	↑

비고 ↓ 화살표 아래의 최초의 샘플링검사 방식을 사용한다. 만약 샘플크기가 로트크기 이상이면 전수검사한다.
↑ 화살표 위의 최초의 샘플링검사 방식을 사용한다.
Ac 합격판정개수
Re 불합격판정개수

부표 B1 샘플링검사 방식 : 0.05에서 0.8까지의 LQ

로트 크기		부적합품률 또는 100아이템당 평균 부적합수의 한계품질 LQ						
		0.05	0.08	0.125	0.2	0.315	0.5	0.8
16 ~ 25	n, Ac	→	→	→	→	→	→	→
26 ~ 50	n, Ac	→	→	→	→	→	→	→
51 ~ 90	n, Ac	→	→	→	→	→	→	→
91 ~ 150	n, Ac	→	→	→	→	→	→	150, 0
151 ~ 280	n, Ac	→	→	→	252, 0	252, 0	200, 0	170, 0
281 ~ 500	n, Ac	→	→	450, 0	450, 0	287, 0	280, 0	220, 0
501 ~ 1 200	n, Ac	1 080, 0	1 080, 0	720, 0	684, 0	510, 0	380, 0	255, 0
1 201 ~ 3 200	n, Ac	1 080, 0	1 710, 0	1 400, 0	956, 0	653, 0	430, 0	280, 0
3 201 ~ 10 000	n, Ac	3 690, 0	2 501, 0	1 676, 0	1 087, 0	699, 0	450, 0	315, 0
10 001 ~ 35 000	n, Ac	4 306, 0	2 762, 0	1 793, 0	1 132, 0	717, 0	500, 0	500, 1
35 001 ~ 150 000	n, Ac	4 535, 0	2 850, 0	1 830, 0	1 146, 0	800, 0	800, 1	500, 1
150 001 ~ 500 000	n, Ac	4 583, 0	2 869, 0	1 838, 0	1 250, 0	1 250, 1	800, 1	800, 3
500 001 이상	n, Ac	4 601, 0	2 876, 0	2 000, 0	2 000, 1	1 250, 1	1 250, 3	1 250, 5

부표 B2 샘플링검사 방식 : 1.25에서 3.15까지 LQ

로트 크기		부적합품률 또는 100아이템당 평균 부적합수의 한계품질 LQ							
		1.25	2	3.15	5	8	12.5	20	31.5
16 ~ 25	n, Ac	→	→	→	25, 0	17, 0	13, 0	9, 0	6, 0
26 ~ 50	n, Ac	→	50, 0	50, 0	28, 0	22, 0	15, 0	10, 0	6, 0
51 ~ 90	n, Ac	90, 0	50, 0	44, 0	34, 0	24, 0	16, 0	10, 0	8, 0
91 ~ 150	n, Ac	90, 0	80, 0	55, 0	38, 0	26, 0	18, 0	13, 0	13, 1
151 ~ 280	n, Ac	130, 0	95, 0	65, 0	42, 0	28, 0	20, 0	20, 1	13, 1
281 ~ 500	n, Ac	155, 0	105, 0	80, 0	50, 0	32, 0	32, 1	20, 1	20, 3
501 ~ 1 200	n, Ac	170, 0	125, 0	125, 1	80, 1	50, 1	32, 1	32, 3	32, 5
1 201 ~ 3 200	n, Ac	200, 0	200, 1	125, 1	125, 3	80, 3	50, 3	50, 5	50, 10
3 201 ~ 10 000	n, Ac	315, 1	200, 1	200, 3	200, 5	125, 5	80, 5	80, 10	80, 18
10 001 ~ 35 000	n, Ac	315, 1	315, 3	315, 5	315, 10	200, 10	125, 10	125, 18	80, 18
35 001 ~ 150 000	n, Ac	500, 3	500, 5	500, 10	500, 18	315, 18	200, 18	125, 18	80, 18
150 001 ~ 500 000	n, Ac	800, 5	800, 10	800, 18	500, 18	315, 18	200, 18	125, 18	80, 18
500 001 이상	n, Ac	1 250, 5	1 250, 10	1 250, 18	800, 18	500, 18	315, 18	200, 18	125, 18

부표 B3 샘플링검사 방식 : 부적합 사이의 상관관계 없을 경우 50에서 3 150까지 LQ

로트 크기		부적합품률 또는 100아이템당 평균 부적합수의 한계품질 LQ(부적합 발생간 상관관계가 없는 모델)									
		50	80	125	200	315	500	800	1 250	2 000	3 150
16 ~ 25	n, Ac	4, 0	3, 0	3, 1	2, 1	2, 3	2, 5	2, 10	2, 17	2, 29	2, 50
26 ~ 50	n, Ac	5, 0	5, 1	3, 1	3, 3	3, 5	3, 10	3, 17	2, 18	2, 29	2, 50
51 ~ 90	n, Ac	8, 1	5, 1	5, 3	5, 5	5, 10	5, 18	3, 18	2, 18	2, 29	2, 50
91 ~ 150	n, Ac	8, 1	8, 3	8, 5	8, 10	8, 18	5, 18	3, 18	2, 18	2, 29	2, 50
151 ~ 280	n, Ac	13, 3	13, 5	13, 10	13, 18	8, 18	5, 18	3, 18	2, 18	2, 29	2, 50
281 ~ 500	n, Ac	20, 5	20, 10	20, 18	13, 18	8, 18	5, 18	3, 18	3, 29	3, 50	3, 82
501 ~ 1 200	n, Ac	32, 10	32, 18	20, 18	13, 18	8, 18	5, 18	5, 31	5, 51	5, 84	5, 141
1 201 ~ 3 200	n, Ac	50, 18	32, 18	20, 18	13, 18	8, 18	8, 31	8, 51	8, 84	8, 141	8, 229
3 201 ~ 10 000	n, Ac	50, 18	32, 18	20, 18	13, 18	13, 31	13, 51	13, 84	13, 141	13, 229	13, 374
10 001 ~ 35 000	n, Ac	50, 18	32, 18	20, 18	20, 31	20, 51	20, 84	20, 141	20, 229	20, 374	20, 593
35 001 ~ 150 000	n, Ac	50, 18	32, 18	32, 31	32, 51	32, 84	32, 242	32, 229	32, 374	32, 593	32, 959
150 001 ~ 500 000	n, Ac	50, 18	50, 31	50, 51	50, 84	50, 141	50, 229	50, 374	50, 593	50, 959	50, 1(524)
500 001 이상	n, Ac	80, 31	80, 51	80, 84	80, 143	80, 231	80, 374	80, 607	80, 959	80, 1(548)	80, 2(455)

부표 B4 샘플링검사 방식 : 부적합 사이의 상관관계 있을 경우 50에서 3 150까지 LQ

로트 크기		부적합품률 또는 100아이템당 평균 부적합수의 한계품질 LQ(부적합 발생간 상관관계가 있는 모델)									
		50	80	125	200	315	500	800	1 250	2 000	3 150
16~ 25	n, Ac	5, 0	4, 0	3, 0	2, 0	2, 1	2, 2	2, 3	2, 6	2, 10	2, 16
26~ 50	n, Ac	5, 0	5, 1	4, 1	3, 1	3, 2	3, 4	3, 8	3, 13	3, 18	2, 18
51~ 90	n, Ac	8, 1	6, 1	5, 2	5, 3	5, 6	5, 11	4, 13	3, 13	3, 18	2, 18
91~ 150	n, Ac	9, 1	8, 2	8, 4	8, 7	8, 13	6, 14	4, 14	3, 14	3, 18	2, 18
151~ 280	n, Ac	13, 3	13, 5	13, 9	13, 15	9, 15	6, 15	5, 17	4, 18	3, 18	2, 18
281~ 500	n, Ac	20, 5	20, 9	20, 15	13, 15	9, 15	7, 17	5, 18	4, 18	3, 21	3, 33
501~ 1 200	n, Ac	32, 10	32, 17	22, 17	14, 17	10, 17	7, 18	5, 18	5, 29	5, 47	5, 75
1 201~ 3 200	n, Ac	50, 17	32, 17	22, 17	15, 18	10, 18	8, 21	8, 35	8, 56	8, 91	8, 145
3 201~ 10 000	n, Ac	50, 18	34, 18	23, 18	15, 18	13, 25	13, 41	13, 67	13, 105	13, 170	13, 270
10 001~ 35 000	n, Ac	50, 18	34, 18	23, 18	20, 26	20, 43	20, 70	20, 113	20, 178	20, 287	20, 454
35 001~150 000	n, Ac	50, 18	34, 18	32, 28	32, 46	32, 75	32, 121	32, 196	32, 309	32, 496	32, 783
150 001~500 000	n, Ac	50, 18	50, 29	50, 47	50, 78	50, 125	50, 201	50, 325	50, 510	50, 819	50, 1(292)
500 001 이상	n, Ac	80, 30	80, 50	80, 81	80, 132	80, 211	80, 338	80, 544	80, 854	80, 1 369	80, 2(160)

부표 C1 부적합률에 대한 보통검사의 축차 샘플링검사 방식을 사용할 때 이용되는 파라미터와 중지값(주 표)

샘플 문자	n_0	n_t	파라미터	부적합률에 대한 합격품질한계 (AQL)(보통검사)															
				0.010	0.015	0.025	0.040	0.065	0.10	0.15	0.25	0.40	0.65	1.0	1.5	2.5	4.0	6.5	10.0
샘플문자 A부터 E까지는 KS Q ISO 2859-1의 샘플링검사 방식 사용																			
F	20	32	hA hR g Ac_t	↓	↓	↓	↓	↓	↓	↓	↓	↓	*	↑	↓	0.860 0.857 0.071 6 2	0.861 1.465 0.096 0 3	1.161 1.525 0.158 5	1.161 2.201 0.240 7
G	32	50	hA hR g Ac_t	↓	↓	↓	↓	↓	↓	↓	↓	*	↑	↓	0.916 0.906 0.045 6 2	0.917 1.471 0.061 2 3	1.329 1.472 0.104 5	1.423 2.157 0.158 7	1.581 2.496 0.215 10
H	50	80	hA hR g Ac_t	↓	↓	↓	↓	↓	↓	↓	*	↑	↓	0.783 0.925 0.025 1 2	0.965 1.454 0.041 8 3	1.331 1.540 0.065 3 5	1.426 2.449 0.097 0 7	1.657 2.777 0.136 10	1.905 3.057 0.192 15
J	80	125	hA hR g Ac_t	↓	↓	↓	↓	↓	↓	*	↑	↓	0.854 0.932 0.016 7 2	1.0074 1.420 0.026 4 3	1.391 1.547 0.040 9 5	1.514 2.388 0.061 3 7	1.679 2.826 0.083 5 10	2.127 2.999 0.122 15	2.432 3.466 0.171 21
K	125	200	hA hR g Ac_t	↓	↓	↓	↓	↓	*	↑	↓	0.949 0.910 0.011 6 2	0.953 1.505 0.016 0 3	1.400 1.549 0.026 4 5	1.533 2.485 0.039 3 7	1.802 2.868 0.054 6 10	2.103 3.218 0.077 1 15	2.457 3.813 0.108 21	2.732 5.373 0.159 31
L	200	315	hA hR g Ac_t	↓	↓	↓	↓	*	*	↓	0.852 0.935 0.006 5 2	1.088 1.401 0.011 1 3	1.383 1.582 0.016 1 5	1.484 2.555 0.023 7 7	1.775 2.922 0.033 4 10	2.175 3.208 0.048 1 15	2.605 3.741 0.068 0 21	3.021 4.933 0.101 31	↑

비고 n_0는 1회 샘플크기이다.
n_t와 Ac_t는 샘플크기와 합격판정개수의 중지값이다.
↓화살표 아래의 최초의 샘플링검사 방식을 사용한다.
↑화살표 위의 최초의 샘플링검사 방식을 사용한다. 해당되는 샘플링검사 방식이 없을 때는 KS Q ISO 2859-1의 다회 샘플링검사 방식을 사용한다.
* Ac=0으로 하는 KS Q ISO 2859-1의 대응하는 단축된 1회 샘플링검사 방식을 사용한다.

부표 C2 100 아이템당 부적합수에 대한 보통검사 방식을 사용할 때 이용되는 파라미터와 중지값(주 표)

샘플 문자	n_0	n_t	파라미터	부적합률에 대한 합격품질한계 (AQL)(보통검사)															
				0.010	0.015	0.025	0.040	0.065	0.10	0.15	0.25	0.40	0.65	1.0	1.5	2.5	4.0	6.5	10.0
샘플문자 A부터 E까지는 KS Q ISO 2859-1의 샘플링검사 방식 사용																			
F	20	32	hA hR g Ac$_t$	↓	↓	↓	↓	↓	↓	↓	↓	↓	*	↑	↓	0.752 0.936 0.062 6 2	0.955 1.365 0.106 0 3	1.339 1.498 0.167 5	1.340 2.574 0.233 7
G	32	50	hA hR g Ac$_t$	↓	↓	↓	↓	↓	↓	↓	↓	*	↑	↓	0.916 0.906 0.045 6 2	1.075 1.356 0.071 5 3	1.324 1.496 0.101 5	1.372 2.604 0.141 7	1.887 2.679 0.218 10
H	50	80	hA hR g Ac$_t$	↓	↓	↓	↓	↓	↓	↓	*	↑	↓	0.948 0.909 0.029 5 2	0.949 1.496 0.039 6 3	1.405 1.531 0.066 8 5	1.427 2.617 0.094 0 7	1.851 2.850 0.137 10	2.216 3.151 0.195 15
J	80	125	hA hR g Ac$_t$	↓	↓	↓	↓	↓	↓	*	↑	↓	0.885 0.916 0.0170 2	0.958 1.473 0.025 1 3	1.366 1.559 0.040 1 5	1.429 2.614 0.057 4 7	1.768 2.907 0.083 5 10	2.254 3.161 0.121 15	2.620 3.777 0.169 21
K	125	200	hA hR g Ac$_t$	↓	↓	↓	↓	↓	*	↑	↓	0.875 0.925 0.010 8 2	0.991 1.483 0.016 5 3	1.393 1.583 0.026 0 5	1.487 2.619 0.038 0 7	1.779 3.021 0.053 2 10	2.302 3.184 0.078 6 15	2.688 3.869 0.109 21	2.957 5.619 0.158 31
L	200	315	hA hR g Ac$_t$	↓	↓	↓	↓	*	*	↓	0.847 0.941 0.006 50 2	0.941 1.520 0.009 80 3	1.385 1.584 0.016 1 5	1.499 2.564 0.023 7 7	1.878 2.852 0.034 1 10	2.216 3.271 0.047 9 15	2.659 3.889 0.067 4 21	3.040 5.340 0.099 0 31	↑

비고 n_0는 1회 샘플크기이다.

n_t와 Ac$_t$는 샘플크기와 합격판정개수의 중지값이다.

↓ 화살표 아래의 최초의 샘플링검사 방식을 사용한다.

↑ 화살표 위의 최초의 샘플링검사 방식을 사용한다. 해당되는 샘플링검사 방식이 없을 때는 KS Q ISO 2859-1의 다회 샘플링검사 방식을 사용한다.

* Ac=0으로 하는 KS Q ISO 2859-1의 대응하는 단축된 1회 샘플링검사 방식을 사용한다.

부표 C3 부적합률과 100 아이템당 부적합수에 대한 보통검사의 축차 샘플링검사 방식을 사용할 때 이용되는 파라미터와 중지값(주 표)

샘플 문자	n_0	n_t	파라미터	부적합률에 대한 합격품질한계 (AQL)(보통검사)															
				0.010	0.015	0.025	0.040	0.065	0.10	0.15	0.25	0.40	0.65	1.0	1.5	2.5	4.0	6.5	10.0
샘플문자 A부터 E까지는 KS Q ISO 2859-1의 샘플링검사 방식 사용																			
M	315	500	hA hR g Ac_t	↓	↓	↓	*	↑	↓	0.819 0.946 0.004 01 2	0.902 1.556 0.006 01 3	1.391 1.579 0.010 3 5	1.495 2.581 0.015 1 7	1.777 2.983 0.021 1 10	2.138 3.328 0.030 1 15	2.495 4.011 0.042 1 21	2.832 5.574 0.062 1 31	↑	↑
N	500	800	hA hR g Ac_t	↓	↓	*	↑	↓	0.811 0.948 0.002 51 2	0.898 1.568 0.003 77 3	1.328 1.630 0.006 26 5	1.525 2.591 0.009 60 7	1.811 2.999 0.013 4 10	2.114 3.421 0.018 8 15	2.472 4.160 0.026 3 21	2.893 5.749 0.039 2 31	↑	↑	↑
P	800	1 250	hA hR g Ac_t	↓	*	↑	↓	0.843 0.943 0.001 61 2	0.931 1.533 0.002 41 3	1.392 1.593 0.004 01 5	1.451 2.608 0.005 78 7	1.744 3.009 0.008 14 10	2.280 3.204 0.012 1 15	2.685 3.834 0.016 9 212	3.084 5.157 0.024 9 31	↑	↑	↑	↑
Q	1 250	2 000	hA hR g Ac_t	*	↑	↓	0.816 0.948 0.001 01 2	0.900 1.568 0.001 51 3	1.331 1.629 0.002 51 5	1.514 2.610 0.003 82 7	1.812 3.018 0.005 34 10	2.123 3.443 0.007 51 15	2.541 4.111 0.010 6 21	2.947 5.750 0.015 7 31	↑	↑	↑	↑	↑
R	2 000	3 150	hA hR g Ac_t	↑	↑	0.826 0.946 0.000 635 2	0.923 1.542 0.000 960 2	1.368 1.608 0.001 59 5	1.471 2.615 0.002 33 7	1.768 3.019 0.003 28 10	2.211 3.309 0.004 77 15	2.603 3.981 0.006 67 21	3.050 5.360 0.009 90 31	↑	↑	↑	↑	↑	↑

비고 n_0는 1회 샘플크기이다.

n_t와 Ac_t는 샘플크기와 합격판정개수의 중지값이다.

↓ 화살표 아래의 최초의 샘플링검사 방식을 사용한다.

↑ 화살표 위의 최초의 샘플링검사 방식을 사용한다. 해당되는 샘플링검사 방식이 없을 때는 KS Q ISO 2859-1의 다회 샘플링검사 방식을 사용한다.

* Ac=0으로 하는 KS Q ISO 2859-1의 대응하는 단축된 1회 샘플링검사 방식을 사용한다.

위의 축차 샘플링검사 방식에 대한 파라미터는 부적합률과 100 아이템당 부적합수 모두에 적용된다.

부표 D1 부적합률에 대한 축차 샘플링검사 방식의 파라미터(주표 $\alpha \leq 0.05$ 및 $\beta \leq 0.10$)

QPR (%)	파라미터	Q_{CR} 부적합 퍼센트														
		0.200	0.250	0.315	0.400	0.500	0.630	0.800	1.00	1.25	1.6	2.00	2.50	3.15	4.00	5.00
0.0200	h_A h_R g nt Ac_t	1.014 0.944 0.000775 3054 2	0.878 0.991 0.000 899 2079 1	0.835 0.856 0.00107 1560 1	0.788 0.745 0.00126 1127 1	0.741 0.656 0.00148 853 1	0.694 0.564 000176 630 1	0.616 0.465 0.00210 503 1	* 230 0							
0.0250	h_A h_R g nt Ac_t	1.085 1.280 0.000837 3473 2	1.016 0.943 0.000971 2444 2	0.883 0.985 0.00114 1649 1	0.831 0.847 0.00135 1218 1	0.799 0.741 0.00159 892 1	0.741 0.651 0.00187 677 1	0.680 0.559 0.00222 507 1	0.616 0.464 0.00263 401 1	* 184 0						
0.0315	h_A h_R g nt Ac_t		1.091 1.302 0.00105 2764 2	1.014 0.944 0.00122 1936 2	0.884 0.980 0.00145 1297 1	0.829 0.852 0.00169 964 1	0.783 0.745 0.00198 719 1	0.734 0.649 0.00236 533 1	0.681 0.560 0.00279 408 1	0.616 0.468 0.00329 321 1	* 143 0					
0.0400	h_A h_R g nt Ac_t		1.244 1.410 0.00114 3282 3	1.086 1.355 0.00132 2217 2	1.013 0.943 0.00155 1525 2	0.888 0.990 0.00182 1038 1	0.823 0.856 0.00212 784 ˊ	0.784 0.743 0.00252 564 1	0.737 0.653 0.00297 429 1	0.683 0.567 0.00350 328 1	0.611 0.462 0.00421 255 1	* 114 0				
0.0500	h_A h_R g nt Ac_t			1.237 1.388 0.00143 2590 3	1.081 1.275 0.00167 1730 2	1.013 0.942 0.00195 1238 2	0.887 0.982 0.00229 819 1	0.830 0.845 0.00270 605 1	0.785 0.742 0.00315 448 1	0.743 0.652 0.00371 336 1	0.672 0.556 0.00445 257 1	0.511 0.464 0.00526 199 1	* 91 0			
0.0630	h_A h_R g nt Ac_t			1.412 1.884 0.00156 3110 4	1.233 1.365 0.00181 2024 3	1.081 1.312 0.00209 1390 2	1.02C 0.942 0.00246 968 2	0.876 0.980 0.00289 650 1	0.835 0.650 0.00340 392 1	0.797 0.745 0.00396 354 1	0.755 0.645 0.00477 254 1	0.700 0.560 0.00563 192 1	0.625 0.465 0.00646 154 1	* 72 0		
0.0800	h_A h_R g nt Ac_t				1.410 1.682 0.00198 2448 4	1.242 1.407 0.00228 1640 3	1.087 1.346 0.00265 1109 2	1.010 0.942 0.00310 762 2	0.879 0.986 0.00362 520 1	0.835 0.855 0.00427 392 1	0.795 0.740 0.00509 275 1	0.731 0.550 0.00594 213 1	0.673 0.567 0.00700 165 1	0.609 0.467 0.00634 126 1	* 57 0	
0.100	h_A h_R g nt Ac_t				1.642 1.879 0.00214 3035 6	1.406 1.682 0.00247 1954 4	1.246 1.376 0.00288 1293 3	1.078 1.270 0.00334 865 2	1.018 0.941 0.00391 609 2	0.885 0.985 0.00456 411 1	0.813 0.844 0.00538 309 1	0.764 0.742 0.00631 234 1	0.721 0.651 0.00743 174 1	0.663 0.559 0.00883 134 1	0.610 0.450 0.0107 94 1	* 45 0

부표 D1 계속

QPR (%)	파라미터	Q_{CR} 부적합 퍼센트																		
		0.500	0.630	0.800	1.00	1.25	1.60	2.00	2.50	3.15	4.00	5.00	6.30	8.00	10.00	12.5	16.0	20.0	25.0	31.5
0.125	h_A h_R g nt Ac_t	1.655 1.869 0.00269 2426 6	1.392 1.658 0.00309 1541 4	1.239 1.331 0.00364 1004 3	1.098 1.250 0.00425 692 2	1.013 0.939 0.00439 490 2	0.880 0.970 0.00580 320 1	0.830 0.840 0.00679 238 1	0.767 0.740 0.00790 184 1	0.711 0.645 0.00935 140 1	0.661 0.553 0.0112 102 1	0.617 0.451 0.0134 75 1	* 36 0							
0.160	h_A h_R g nt Ac_t	1.990 2.422 0.00296 3256 9	1.653 1.935 0.00340 1954 6	1.401 1.681 0.00395 1225 4	1.242 1.396 0.00458 820 3	1.095 1.355 0.00530 554 2	1.006 0.938 0.00621 381 2	0.881 0.936 0.00729 259 1	0.830 0.850 0.00855 192 1	0.771 0.741 0.0100 144 1	0.715 0.644 0.0119 107 1	0.690 0.550 0.0142 77 1	0.613 0.457 0.0170 59 1	* 28 0						
0.200	h_A h_R g nt Ac_t		1.987 2.361 0.00372 2555 9	1.650 1.865 0.00430 1513 6	1.400 1.678 0.00494 977 4	1.232 1.400 0.00569 653 3	1.078 1.243 0.00670 429 2	0.990 0.938 0.00777 313 2	0.880 0.980 0.00915 204 1	0.840 0.840 0.0106 150 1	0.750 0.734 0.0127 116 1	0.706 0641 0.0150 88 1	0.563 0.553 0.0179 63 1	0.511 0.434 0.0218 46 1	* 22 0					
0.250	h_A h_R g nt Ac_t		2.430 3.088 0.00407 3595 14	1.920 2.355 0.00469 2100 9	1.648 1.860 0.00538 1210 6	1.406 1.666 0.00620 780 4	1.240 1.320 0.00731 499 3	1.090 1.230 0.00850 343 2	0.993 0.941 0.00972 245 2	0.880 0.970 0.0115 160 1	0.797 0.840 0.0135 123 1	0.748 0.730 0.0159 93 1	0.719 0.641 0.0189 65 1	0.662 0.545 0.0228 48 1	0.597 0.431 0.0271 37 1	* 18 0				
0.315	h_A h_R g nt Ac_t			2.405 3.036 0.0051 62852 14	1.952 2.342 0.00588 1627 9	1.631 1.916 0.00674 1002 6	1.385 1.617 0.00785 600 4	1.245 1.330 0.00922 402 3	1.082 1.248 0.0106 273 2	1.020 0.930 0.0124 187 2	0.870 0.970 0.0146 127 1	0.800 0.831 0.0170 97 1	0.780 0.730 0.0202 68 1	0.740 0.620 0.0242 49 1	0.661 0.541 0.0287 38 1	0.587 0.414 0.0345 29 1	* 14 0			
0.400	h_A h_R g nt Ac_t				2.434 3.180 0.00649 2289 14	1.981 2.401 0.00740 1297 9	1.634 1.871 0.00666 780 6	1.405 1.646 0.00996 483 4	1.225 1.380 0.0114 323 3	1.075 1.300 0.0133 219 2	1.005 0.930 0.0157 147 2	0.870 0.970 0.0184 100 1	0.820 0.840 0.0217 76 1	0.743 0.719 0.0256 55 1	0.695 0.638 0.0302 41 1	0.660 0.550 0.0363 29 1	0.574 0.427 0.0441 23 1	* 11 0		
0.500	h_A h_R g nt Ac_t				3.197 4.372 0.00715 3836 25	2.431 3.166 0.00811 1827 14	1.899 2.359 0.00938 1062 9	1.647 1.839 0.0108 601 6	1.390 1.645 0.0124 387 4	1.245 1.330 0.0146 254 3	1.065 1.172 0.0169 167 2	0.961 0.923 0.0196 127 2	0.860 0.960 0.0232 78 1	0.820 0.820 0.0275 57 1	0.750 0.730 0.0324 43 1	0.686 0.620 0.0381 32 1	0.601 0.492 0.0462 24 1	0.559 0.441 0.0558 18 1	* 9 0	
0.630	h_A h_R g nt Ac_t					3.228 4.476 0.00896 2892 25	2.379 3.034 0.0103 1424 14	1.939 2.322 0.0118 818 9	1.605 1.934 0.0135 517 6	1.386 1.642 0.0156 307 4	1.221 1.305 0.0183 196 3	1.061 1.174 0.0212 183 2	0.952 0.926 0.0247 104 2	0.853 0.942 0.0294 63 1	0.796 0.828 0.0346 45 1	0.735 0.715 0.0408 34 1	0.638 0.609 0.0490 27 1	0.586 0.533 0.0585 20 1	0.600 0.400 0.0715 14 1	* 7 0

6 계량형 샘플링검사
Inspection by Variables

검사대상의 품질특성치가 길이, 인장강도, 무게 등과 같은 계량치(variable data)인 경우, 계량형 샘플링검사(sampling inspection by variables) 방식을 적용한다. 경우에 따라서는 계량치를 품질규격 등을 통하여 등급으로 분류하거나, 합격 · 불합격과 같이 계수치로 나타낼 수도 있다. 계수형 샘플링검사보다 계량형 샘플링검사를 택하는 것이 바람직한지를 판단하기 위해 고려해야 할 점은 다음과 같다.

① 계량형 샘플링검사는 품질특성치가 정규분포를 따르는 경우에 사용되며, 정규분포를 따르지 않는 경우에는 적절한 데이터 변환을 이용할 수 있다.
② 계량형 샘플링검사는 파괴 검사와 같이 검사 비용이 비싼 경우에 훨씬 유리하다.
③ 계량형 샘플링검사 방식이 필요로 하는 샘플크기는 일반적으로 계수치 샘플링 방법의 샘플크기보다 상당히 작으며 품질수준이 좋을수록 샘플크기는 더 작아진다.
④ 계량형 샘플링검사는 계량형 관리도와 연계하여 사용하기 편하다.
⑤ 더 많은 수의 아이템을 상대적으로 단순한 검사를 하는 계수형 샘플링검사 방식과 일반적으로 더 정교한 절차가 요구되어 아이템당 검사시간과 비용이 더 소요되는 계량형 샘플링검사 방식을 총비용과 효용성의 측면에서 비교해 볼 필요가 있다.
⑥ 계량형 샘플링검사에 의해 얻어지는 제품의 품질특성치에 대한 정보가 계수형 샘플링검사보다 더 많다.
⑦ 계량형 샘플링검사 방식은 일반적으로 표준을 적용하기가 계수형에 비해 복잡하고 여러 가지 고려해야 할 사항이 많다.

이 장에서는 대표적인 계량형 샘플링검사 방식이라고 할 수 있는 KS Q ISO 3951 시리즈를 중심으로 제시하고 계량 규준형 샘플링검사 방식(KS Q 0001)을 포함하여 표준편차가 알려진 경우의 계량 규준형 축차샘플링검사 방식(KS Q ISO 39511: 구 KS Q ISO 8423), 연속생산형 샘플링검사와 조정형 샘플링검사를 공정관리와 결합한 결합형 샘플링검사 방식(KS Q ISO 28594)을 소개한다. 이 장에서 소개되는 계량형 샘플링검사 방식의 표준번호, 명칭과 형태를 정리하여 [표 6-1]에 수록하였다.

표 6-1 계량형 샘플링검사 주요 표준

표준 번호	명 칭	비 고
KS Q 0001	계수 및 계량 규준형 1회 샘플링검사	규준형
KS Q ISO 3951 1	계량형 샘플링검사 절차-제1부: 단일 품질특성 및 단일 AQL에 대한 로트별 검사를 위한 합격품질한계(AQL) 지표형 1회 샘플링검사 규격	조정형
KS Q ISO 3951 2	계량형 샘플링검사 절차-제2부: 독립 품질특성의 로트별 검사를 위한 합격품질한계(AQL) 지표형 1회 샘플링검사 규격	조정형
KS Q ISO 3951 3	계량형 샘플링검사 절차-제3부: 로트별 검사를 위한 합격품질한계(AQL) 지표형 2회 샘플링검사 스킴	조정형
KS Q ISO 3951 4	계량형 샘플링검사 절차-제4부: 선언품질수준의 평가 절차	규준형
KS Q ISO 3951 5	계량형 샘플링검사 절차-제5부: 계량형 검사를 위한 합격품질한계(AQL) 지표형 축차 샘플링검사 방식(표준편차 기지)	조정형
KS Q ISO 39511	계량형 축차 샘플링검사 방식(표준편차 기지)	규준형
KS Q ISO 28594	제품합격판정용 합격판정개수 0 샘플링검사 시스템과 프로세스 관리의 결합 절차	결합형

6.1 계량 규준형 1회 샘플링검사:KS Q 0001

이 샘플링검사 표준은 'KS Q 0001:계수 및 계량 규준형 1회 샘플링검사'로 제정되어 있으며 로트별 검사를 위한 합격판정 샘플링검사 스킴에 관한 시스템을 규정한 , 지표형 샘플링검사 방식이다.

이 샘플링검사 방식은 다음과 같이 두 가지의 경우로 나누어서 사용되고 있다.

- 로트의 표준편차(σ)가 알려져 있는[기지(known)] 경우
  - 로트의 부적합품률을 보증하는 방식
  - 로트의 평균값을 보증하는 방식
- 로트의 표준편차(σ)가 알려져 있지 않는[미지(unknown)] 경우
  - 로트의 부적합품률을 보증하는 방식

KS Q 0001은 로트의 표준편차(σ)가 알려져 있는 경우에 대해서 로트의 부적합품률을 보증하는 방식과 로트의 평균값을 보증하는 방식이 있다. 로트의 부적합품률을 보증하는 방식은 검사 단위의 특성치에 대하여 규격(상한규격 · 하한규격)이 주어진 경우에는 로트의 품질을 부적합품률로 나타낼 수 있다. 부적합품률이 낮은 로트는 가능한 한 합격시키고, 부적합품률이 높은 로트는 가능한 한 불합격시키고 싶다는 요구를 만족시키고 싶은 경우에 사용한다. 또한 로트의 평균값을 보증하는 방식은 로트의 평균값이 바람직한 값이라면 가능한 한 합격시키고, 바람직하지 않은 값이면 가능한 한 불합격시킨다는 요구를 만족시키고 싶은 경우에 사용한다.

로트의 표준편차(σ)가 알려져 있는 경우의 검사의 순서는 [표 6-2]와 같다.

표 6-2 **계량형 샘플링검사 검사 순서**

순서	로트의 부적합품률을 보증하는 경우	로트의 평균값을 보증하는 경우
1	측정 방법을 정한다. S_U, S_L의 한쪽 또는 양쪽을 규정한다.	측정 방법을 정한다.
2	p_0, p_1을 지정한다.	m_0, m_1을 지정힌다.
3	로트를 형성한다.	로트를 형성한다.
4	로트의 표준편차 σ를 지정한다.	로트의 표준편차 σ를 지정한다.
5	샘플크기와 합격판정치를 구한다.	샘플크기와 합격판정치를 구한다.
6	샘플을 취한다.	샘플을 취한다.
7	샘플의 특성치 x를 측정하고, 평균값 $\bar{x}$를 계산한다.	샘플의 특성치 x를 측정하고, 평균값 $\bar{x}$를 계산한다.
8	합격 · 불합격의 판정을 내린다.	합격 · 불합격의 판정을 내린다.
9	로트를 처리한다.	로트를 처리한다.

6.1.1 표준편차 σ 기지(known)인 샘플링검사

(1) 로트의 부적합품률을 보증하는 방식

특성치의 분포가 정규분포를 따른다고 가정하자. 이때 σ를 안다는 의미는 생산이 안정되어 있고, 과거의 경험으로 공정표준편차를 추정하고 있을 경우와 [표 6-3]과 같은 데이터가 준비되어 σ를 손쉽게 추정할 수 있을 경우이다.

표 6-3 k개의 로트의 샘플 자료

로트(샘플) 번호	1	2	…	k
데이터	x_{11} x_{12} ⋮ x_{1n}	x_{21} x_{22} ⋮ x_{2n}	… … …	x_{k1} x_{k2} ⋮ x_{kn}
평 균 범 위	$\bar{x}_1$ R_1	$\bar{x}_2$ R_2	… …	$\bar{x}_k$ R_k

단, $\bar{R}=\dfrac{1}{k}\sum_{i=1}^{k}R_i$는 범위의 평균으로서 산포의 측도이고, $\hat{\sigma}=\dfrac{\bar{R}}{d_2}$는 σ의 불편추정치(unbiased estimate)이다. $\hat{\sigma}$를 이용하여 σ를 기지로 취급할 수 있는 경우는 관리도를 그렸을 때, 관리상태인 경우이다.

1) 규격상한이 주어진 경우

규격상한 S_U가 주어진 경우 로트의 부적합품률의 정의는 아래의 [그림 6-1]에서 보듯이 품질특성치가 규격상한을 넘어갈 확률이다.

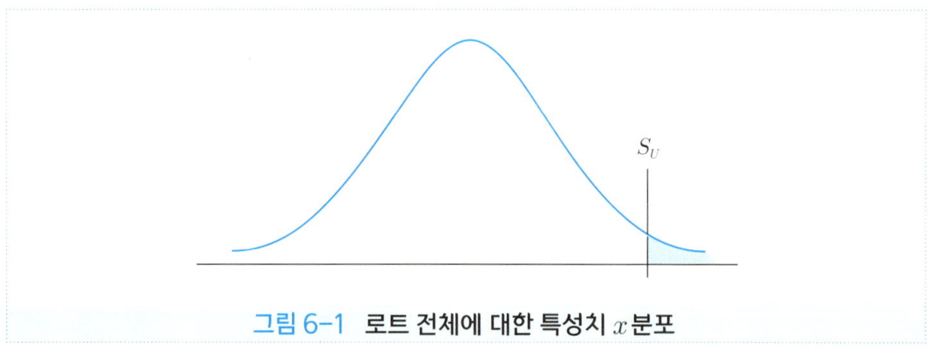

그림 6-1 로트 전체에 대한 특성치 x분포

로트의 품질특성치가 정규분포를 따른다고 할 때, 부적합품률 $p = \Pr(X \geq S_U)$은 특성치가 상한규격 S_U를 초과할 확률을 나타낸다.

[그림 6-2]에서 부적합품률이 p_0보다 작은(모평균이 m_0보다 작은) 로트는 합격시키고, 부적합품률이 p_1보다 큰(모평균이 m_1보다 큰) 로트는 불합격시키고 싶다고 하자.

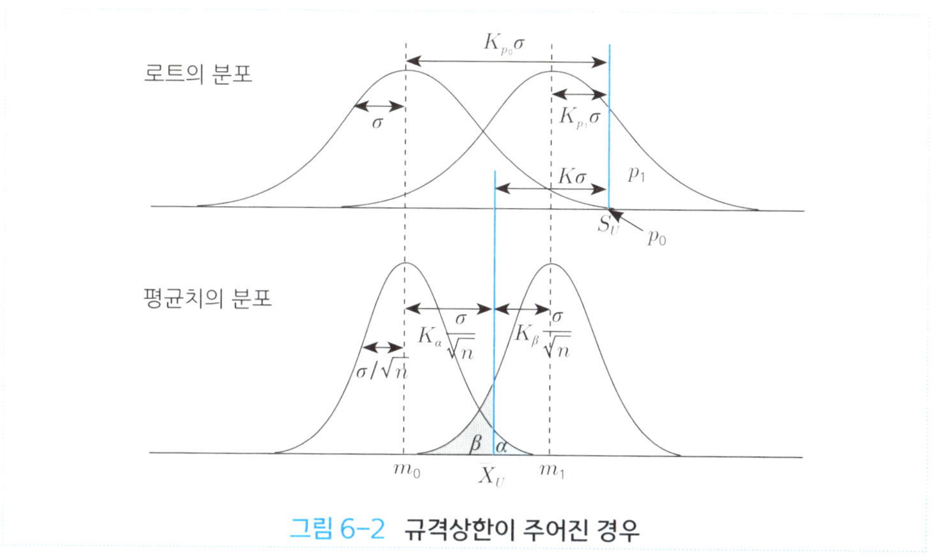

그림 6-2 **규격상한이 주어진 경우**

이 검사방식에서는 로트에서 크기 n인 샘플 $x_1, x_1, \cdots, x_n$을 추출, 표본평균 $\bar{x} = \sum_{i=1}^{n} x_i$를 계산하여 $\bar{x} \leq \bar{X}_U$이면 로트를 합격시키고, $\bar{x} > \bar{X}_U$이면 로트를 불합격시키는 기준이 되는 n과 합격판정치 $\bar{X}_U$를 결정하는 것이다.

먼저, p_0와 S_U의 관계로부터 $p_0 = \Pr(X \geq S_U)$에서

$$S_U = m_0 + K_{p_0}\sigma \tag{6-1}$$

$p_1 = \Pr(X \geq S_U)$에서

$$S_U = m_1 + K_{p_1}\sigma \tag{6-2}$$

이다. 단, K_p는 $Z \sim N(0, 1)$일 때, $P(Z > K_p) = p$를 만족하는 값이다. 즉, 표준정규분포의 $100p$ %백분위수이다.

좋은 로트가 불합격될 수 있고(생산자 위험 α), 나쁜 로트가 합격으로 판정될 수 있

는(소비자 위험 β) 샘플링검사에서 부적합품률이 p_0보다 작은(모평균이 m_0보다 작은) 로트가 불합격될 확률 즉, $\Pr(\bar{X} \geq \bar{X}_U) = \alpha$에서 다음식이 도출될 수 있다.

$$\bar{X}_U = m_0 + K_\alpha \frac{\sigma}{\sqrt{n}} \tag{6-3}$$

부적합품률이 p_R보다 큰(모평균이 m_1보다 큰) 로트가 합격 될 확률 즉, $\Pr(\bar{X} \leq \bar{X}_U) = \beta$에서는 다음식이 도출될 수 있다.

$$\bar{X}_U = m_1 - K_\beta \frac{\sigma}{\sqrt{n}} \tag{6-4}$$

위의 (6-1)과 (6-3), (6-2)와 (6-4)의 식을 연립하여 풀어서 (n, $\bar{X}_U$)를 구하면 다음과 같다. 식 (6-1)과 식 (6-3)에서 을 소거하면

$$S_U - \bar{X}_U = \left(K_{p_0} - \frac{K_\alpha}{\sqrt{n}}\right)\sigma \tag{6-5}$$

가 얻어지고 식 (6-2)과 식 (6-4)에서 m_1을 소거하면

$$S_U - \bar{X}_U = \left(K_{p_1} + \frac{K_\beta}{\sqrt{n}}\right)\sigma \tag{6-6}$$

가 얻어지므로 다음 식이 유도된다. 따라서 식 (6-5)와 식 (6-6)에서

$$\left(K_{p_0} - \frac{K_\alpha}{\sqrt{n}}\right) = \left(K_{p_1} + \frac{K_\beta}{\sqrt{n}}\right) \equiv k \tag{6-7}$$

로 놓을 수 있다. 이때, k를 합격판정계수(acceptance constant)라 한다. 이것으로부터 $K_{p_0} - K_{p_1} = (K_\alpha + K_\beta)\frac{1}{\sqrt{n}}$을 얻을 수 있다. 이를 n에 대하여 풀면

$$n = \left(\frac{K_\alpha + K_\beta}{K_{p_0} - K_{p_1}}\right)^2 \tag{6-8}$$

이 된다. 다음으로 상한합격판정치 $\bar{X}_U$는 식 (6-5)와 식 (6-7)에서 구하면 다음과 같다.

$$\bar{X}_U = S_U - \left(K_{p_0} - \frac{K_\alpha}{\sqrt{n}}\right)\sigma \tag{6-9}$$

이다. 여기서 식 (6-7)과 같이

$$k = \left(K_{p_0} - \frac{K_\alpha}{\sqrt{n}}\right) \tag{6-10}$$

로 놓으면

$$\bar{X}_U = S_U - k\sigma \tag{6-11}$$

가 된다. 식 (6-10)에 식 (6-8)을 대입하면 합격판정계수는 다음과 같이 된다.

$$k \equiv K_{p_0} - \frac{K_\alpha}{\sqrt{n}} = \frac{K_{p_0}K_\beta + K_{p_1}K_\alpha}{K_\alpha + K_\beta} \tag{6-12}$$

따라서 샘플링검사 방식은 $(n, \bar{X}_U)$ 또는 (n, k)를 결정하는 것이다.

예제 6-1 $p_0 = 1\,\%$, $p_1 = 10\,\%$, $\alpha = 0.05$, $\beta = 0.10$을 만족하는 로트의 부적합품률을 보증하는 계량형 샘플링검사 방식을 구하라. 상한규격치 $S_U = 50$이고, 공정표준편차 $\sigma = 5$이며, 품질특성치는 정규분포를 따른다.

풀이 $K_{0.01} = 2.33$, $K_{0.1} = 1.28$, $K_\alpha = K_{0.05} = 1.64$, $K_\beta = K_{0.1} = 1.28$이므로,

$$n = \left(\frac{K_\alpha + K_\beta}{K_{p_0} - K_{p_1}}\right)^2 = \left(\frac{1.64 + 1.28}{2.33 - 1.28}\right)^2 = 7.47 \approx 8\text{이다.}$$

그리고, $k = \dfrac{K_{p_0}K_\beta + K_{p_1}K_\alpha}{K_\alpha + K_\beta} = 1.74$이므로, 상한 합격판정치 $\bar{X}_U = S_U - K\sigma = 50 - 1.74 \times 5 = 41.3$이다. 따라서 크기 8인 샘플을 추출하여 표본평균 $\bar{x}$가 41.3보다 작거나 같으면 로트는 합격이고, $\bar{x}$가 41.3보다 크면 로트는 불합격이다.

위와 같이 수식을 이용하여 계산하기가 어려우므로 KS Q 0001에서는 표에 의하여 샘플크기 n과 합격판정치 $\bar{X}_U$를 구하는 데 필요한 값을 제시하였다. 지정된 p_0과 p_1을 기초로 하여 p_0을 포함하는 행과 p_1을 포함하는 열이 만나는 칸을 찾은 후 칸 안의 왼쪽 아래의 수치가 샘플크기 n, 오른쪽 위의 숫자가 합격판정계수 k를 나타낸다. 이 n과 k를 이용하여 합격판정치 $\bar{X}_U = S_U - K\sigma$를 계산한다.

앞의 [예제 6-1]을 [부표 A1]을 이용하여 구한다고 하면 $p_0 = 1\,\%$를 포함하는 행(0.901~1.12)와 $p_1 = 10\,\%$를 포함하는 열(9.01~11.2)이 만나는 칸을 찾으면 $n = 8$과 $k = 1.74$가 나온다. 따라서, $\alpha = 0.05$, $\beta = 0.10$을 만족하는 로트의 부적합품률을 보증하는 계량형 샘플링검사 방식은 $n = 8$과 합격판정치 $\bar{X}_U = S_U - K\sigma = 50 - 1.74 \times 541.3$이다. 따라서 크기 8인 샘플을 추출하여 표본평균 $\bar{x}$가 41.3보다 작거나 같으면 로트는 합격이고, $\bar{x}$가 41.3보다 크면 로트는 불합격이다.

2) 규격하한이 주어진 경우

로트의 품질특성치가 $X \sim N(m, \sigma^2)$임을 가정하면, 부적합률 $p = \Pr(X \leq S_L)$은 하한규격 S_L보다 작은 특성치는 부적합품이다. 부적합률이 p_0보다 작은(모평균이 m_0보다 큰) 로트는 합격, 부적합률이 p_1보다 큰(모평균이 m_1보다 작은) 로트는 불합격시키는 검사방식은 로트에서 크기 n인 샘플을 추출하여 표본평균 $\bar{x}$를 계산하여 판정기준을

$$\begin{cases} \bar{x} \geq \bar{X}_L \text{이면 로트 합격} \\ \bar{x} < \bar{X}_L \text{이면 로트 불합격} \end{cases}$$

이 되게 하는 n, $\bar{X}_L$를 결정하는 것이다.

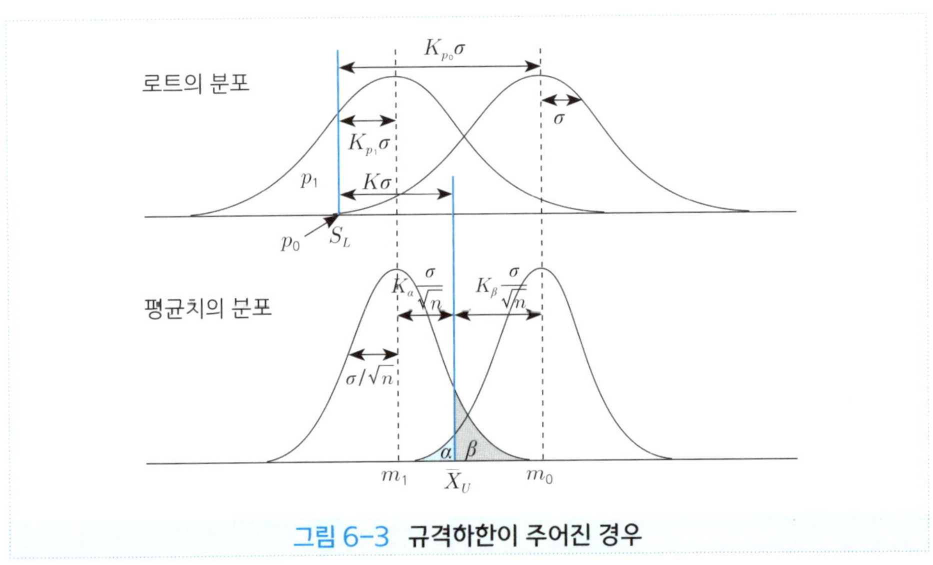

그림 6-3 **규격하한이 주어진 경우**

n, $\bar{X}_L$를 유도하는 공식은 규격상한이 주어진 경우와 같으므로 생략하기로 하나, 구한 결과는 다음과 같다.

$$n = \left(\frac{K_\alpha + K_\beta}{K_{p_0} - K_{p_1}}\right)^2, \quad \bar{X}_L = S_L + k\sigma$$

$$k \equiv K_{p_0} - \frac{K_\alpha}{\sqrt{n}} = \frac{K_{p_0}K_\beta + K_{p_1}K_\alpha}{K_\alpha + K_\beta}$$

규격하한이 주어진 경우에도 [부표 A1]를 그대로 이용하여 n과 k를 규격상한의 경우처럼 구하면 된다. 다만, 하한 합격판정치는 $\bar{X}_L = S_L + k\sigma$를 이용하여 구한다.

3) 로트의 부적합품률을 보증하는 OC곡선

(6-1)과 (6-3), (6-2)와 (6-4)의 식에서 m_0 및 m_1을 소거하면 다음과 같은 식이 유도된다.

$$S_U - \bar{X}_U = \left(K_{p_0} - \frac{K_\alpha}{\sqrt{n}}\right)\sigma \tag{6-13}$$

$$S_U - \bar{X}_U = \left(K_{p_1} + \frac{K_\beta}{\sqrt{n}}\right)\sigma \tag{6-14}$$

식 (6-13)과 (6-14)에서 $\left(K_{p_0} - \frac{K_\alpha}{\sqrt{n}}\right) = \left(K_{p_1} + \frac{K_\beta}{\sqrt{n}}\right) = k$로 놓을 수 있다[식 (6-7) 참조]. 여기에서 p_1을 일반적으로 p로 표시하면 β는 이에 따라 $L(p)$의 형으로 표시할 수 있다. 즉,

$$k = k_p + \frac{K_{L(p)}}{\sqrt{n}} \tag{6-15}$$

식 (6-15)에서 $K_{L(p)} = \sqrt{n}(k - K_p)$의 관계를 도출하여 p와 $L(p)$의 관계를 구할 수 있다. 이 두 요소의 관계를 그래프로 그리면 OC곡선이 구해진다.

예제 6-2 샘플링검사방식 $n = 13$, $k = 2.11$에 대한 OC곡선을 그려라.

풀이 $p = 0.5\ \%$, $p_1 = 4\ \%$ 등을 포함하여 몇 점을 지정하여 정규분표표를 이용해서 다음과 같은 표를 작성한다.

$p(\%)$	K_p	$k - K_p$	$(k - K_p)\sqrt{n} = K_{L(p)}$	$L(p)$
0.5	2.58	-0.47	-1.69	0.9545
1.0	2.33	-0.22	-0.79	0.7852
2.0	2.05	0.06	0.22	0.4129
4.0	1.75	0.36	1.30	0.0968
5.0	1.64	0.47	1.69	0.0455

이를 그래프로 표현하면 다음과 같은 OC곡선을 얻는다.

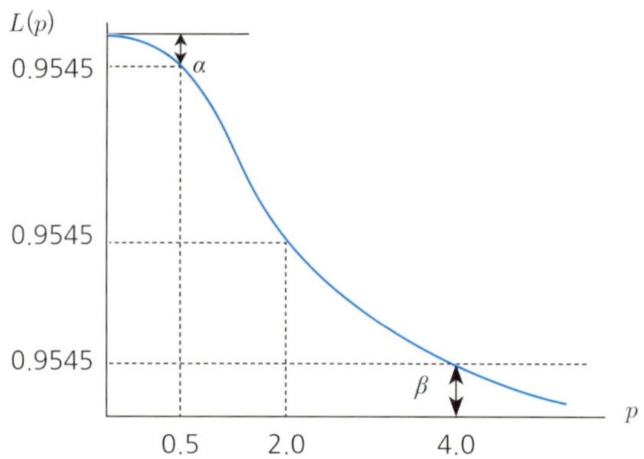

4) 양쪽규격이 주어진 경우

양쪽규격이 주어지는 경우의 샘플링검사는 상한규격과 하한규격 사이의 폭 $S_U - S_L$과 σ와의 관계에 따라 달라진다.

① $S_U - S_L \gg 5\sigma$인 경우

앞에서의 검사 방식은 상한, 하한에 각각 적용한다. 즉 샘플크기 n개를 측정하여 $\overline{X}_L \le \overline{x} \le \overline{X}_U$이면 해당 로트를 합격으로 처리하면 된다.

② $S_U - S_L \ll 5\sigma$인 경우

양쪽규격의 폭이 5σ에 비해 좁기 때문에 품질특성의 평균값이 양쪽규격의 중심과 일치하여 부적합률이 최소가 되더라도 그 부적합률이 p_0보다는 큰 경우이다. 샘플링검사를 할 필요 없이 $\left|\dfrac{S_U - S_L}{2\sigma}\right| \le K_{p_0}$인 경우에는 불합격이다.

③ $S_U - S_L \approx 5\sigma$인 경우

양쪽규격의 폭이 대략적으로 5σ 정도로 평균값이 양쪽규격의 중심과 일치할 때 그 부적합률이 p_0보다는 작은 경우이다. 이 경우는 양쪽규격에 대한 p_0가 주어진 경우이므로 규격의 상·하한을 벗어나는 확률을 각각 계산하여 이에 대응하는 한쪽규격만 가지는 경우를 각각 이용하여 샘플링검사 방식을 설계하여 처리하여야 할 것이다. 보다 자세한 사항은 참고문헌을 참조하기 바란다.

(2) 로트의 평균값을 보증하는 방식

1) 특성치가 낮을수록 좋은 경우

특성치가 낮을수록 좋은 경우는 보다 낮은 평균값을 갖는 로트는 합격시키고, $m_1(m_0 < m_1)$보다 높은 평균값을 갖는 로트는 불합격시키고 싶다. 이때 검사방식은 로트에서 크기 n인 샘플 $x_1,\ x_1,\ \cdots,\ x_n$를 추출하여 표본평균 $\bar{x} = \dfrac{1}{n}\sum_{i=1}^{n} x_i$을 계산하여 판정기준은

$$\begin{cases} \bar{x} \le \bar{X}_U \text{이면 로트 합격} \\ \bar{x} > \bar{X}_U \text{이면 로트 불합격} \end{cases}$$

이 되게 하는 $(n,\ \bar{X}_U)$을 결정하는 것이다. 이때, α를 좋은 로트(m_0보다 낮은 평균값을 갖는 로트)가 불합격되는 비율(생산자 위험)이라 하고, β를 나쁜 로트(m_1보다 높은 평균값을 갖는 로트)가 합격되는 비율(소비자 위험)이라고 하자.

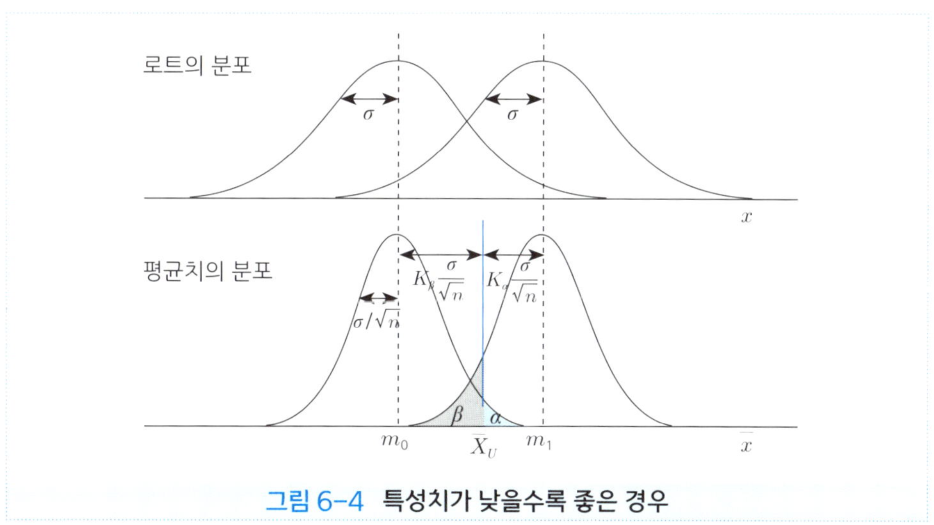

그림 6-4 **특성치가 낮을수록 좋은 경우**

모평균이 m_0보다 작은 로트가 불합격될 확률은 즉, $p = \Pr(X \ge \bar{X}_U) = \alpha$에서

$$\bar{X}_U = m_0 + K_\alpha \frac{\sigma}{\sqrt{n}} \tag{6-16}$$

이고, 모평균이 m_1보다 큰 로트가 합격 될 확률 즉, $p = \Pr(X \le \bar{X}_U) = \beta$에서

$$\bar{X}_U = m_1 - K_\beta \frac{\sigma}{\sqrt{n}} \tag{6-17}$$

이다. 위의 (6-16)과 (6-17)의 2개의 식을 연립하여 n에 대하여 정리하면

$$n = \left(\frac{K_\alpha + K_\beta}{m_1 - m_0}\right)^2 \sigma^2$$

이 되고, 결국

$$\bar{X}_U = \frac{m_0 K_\beta + m_1 K_\alpha}{K_\alpha + K_\beta}$$

를 얻을 수 있다.

위에서는 수식을 이용하는 경우를 살펴보았으며, 이제 KS Q 0001에서 제공하는 표를 이용하는 방법을 검토해 보자. 먼저 지정된 m_0와 m_1에서 샘플크기 n과 합격판정치 $\bar{X}_U$를 구하는 방법은 다음과 같다.

표 6-4 m_0, m_1을 기초로 n과 계수 G_0를 구하는 표($\alpha \fallingdotseq 0.05$, $\beta \fallingdotseq 0.10$)

$\frac{\lvert m_1 - m_0 \rvert}{\sigma}$		n	G_0
2.069	이상	2	1.163
1.690	~2.068	3	0.950
1.463	~1.689	4	0.822
1.309	~1.462	5	0.736
1.195	~1.308	6	0.672
1.106	~1.194	7	0.622
1.035	~1.105	8	0.582
0.975	~1.034	9	0.548
0.925	~0.974	10	0.520
0.882	~0.924	11	0.496
0.845	~0.881	12	0.475
0.812	~0.844	13	0.456
0.772	~0.811	14	0.440
0.756	~0.771	15	0.425
0.732	~0.755	16	0.411
0.710	~0.731	17	0.399
0.690	~0.709	18	0.383
0.671	~0.689	19	0.377
0.654	~0.670	20	0.368

0.585	~0.653	25	0.329
0.534	~0.584	30	0.300
0.495	~0.533	35	0.278
0.463	~0.494	40	0.260
0.436	~0.462	45	0.245
0.414	~0.435	50	0.233

① $\frac{m_1 - m_0}{\sigma}$를 계산하고 소수점 이하 셋째 자리에서 끝맺음한다.

② [표 6-4]을 사용하여 $\frac{|m_1 - m_0|}{\sigma}$의 열에서, ①에서 구한 $\frac{m_1 - m_0}{\sigma}$의 값을 포함하는 행을 찾는다.

③ 그 행에 해당하는 n 및 계수 G_0을 읽고, $\bar{X}_U = m_0 - G_0\sigma$를 계산한다.

④ ③에서 구한 n과 $\bar{X}_U$에 대하여 검사 비용 등을 검토한 결과 그 값이 적당하면 그대로 채택하고, 부적당하다고 인정되었을 때는 m_0과 m_1의 값을 수정하여 n과 $\bar{X}_U$를 다시 구하면 된다.

예제 6-3 드럼통 속의 고형 가성소다 중의 산화철분(Fe_2O_3)은 낮은 편이 바람직하다. 로트의 평균값이 0.004 % 이하이면 합격으로 하고, 그것이 0.005 % 이상이면 불합격으로 하는 n과 $\bar{X}_U$를 구한다. 이 경우, 로트의 표준 편차는 $\sigma = 0.000\,6$으로 한다. $\alpha = 0.05$, $\beta = 0.10$으로 하여 샘플링검사 방식을 구하라.

풀이 $m_0 = 0.004$ %이고 $m_1 = 0.005$ %, $\sigma = 0.000\,6$이므로

$$\frac{m_1 - m_0}{\sigma} = \frac{0.005\,0 - 0.004\,0}{0.000\,6} = 1.667$$

이다.

[표 6-4]에서 $\frac{|m_1 - m_0|}{\sigma}$의 열에서 1.667을 포함하는 행을 찾아보면, 위에서 3번째에 1.463~1.689의 행이 있다. 이 행에서 $n = 4$, $G_0 = 0.822$를 구할 수 있다. 따라서 샘플 크기는 $n = 4$이고 상한 합격판정치 $\bar{X}_U = m_0 + G_0\sigma = 0.004 + 0.822 \times 0.0006 = 0.0045$이다.

2) 특성치가 높을수록 좋은 경우

특성치가 높을수록 좋은 경우는 m_0보다 높은 평균값을 갖는 로트는 받아들이고, $m_1(m_0 > m_1)$보다 낮은 평균값을 갖는 로트는 받아들이고 싶지 않다. α를 좋은 로트 (m_0)가 잘못하여 불합격되는 비율(생산자 위험)이고, β를 나쁜 로트(m_1)가 잘못되어 합격되는 비율(소비자 위험)이라고 하면, 판정기준은

$$\begin{cases} \bar{x} \ge \bar{X}_L \text{이면 로트 합격} \\ \bar{x} < \bar{X}_L \text{이면 로트 불합격} \end{cases}$$

과 같이 되는 $(n, \bar{X}_L)$를 결정하는 것이다.

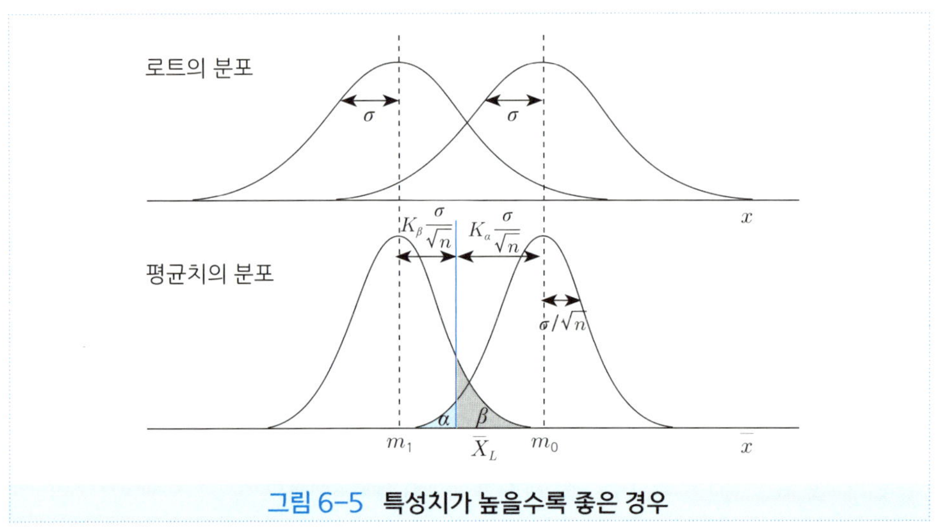

그림 6-5 특성치가 높을수록 좋은 경우

모평균이 m_0보다 큰 로트가 불합격 될 확률 즉, $\Pr(\bar{X} \le \bar{X}_U) = \alpha$에서

$$\bar{X}_L = m_0 - K_\alpha \frac{\sigma}{\sqrt{n}} \tag{6-18}$$

이 되고, 모평균이 m_1보다 작은 로트가 합격 될 확률, 즉, $\Pr(\bar{X} \ge \bar{X}_U) = \beta$에서

$$\bar{X}_L = m_1 - K_\beta \frac{\sigma}{\sqrt{n}} \tag{6-19}$$

이 된다. 위의 식 (6-18)와 (6-19)을 연립하여 풀면 $n = \left(\frac{K_\alpha + K_\beta}{m_0 - m_1}\right)^2 \sigma^2$와 $\bar{X}_L =$

$\dfrac{m_0K_\beta + m_1K_\alpha}{K_\alpha + K_\beta}$를 얻을 수 있다.

특성치가 클수록 좋은 경우도 [표 6-4]를 이용하여 구할 수 있다. 샘플크기 n과 합격판정치 $\bar{x}_L$을 구하는 방법은 다음과 같다.

① 먼저 지정된 m_0와 m_1에서 $\dfrac{m_0 - m_1}{\sigma}$를 소수점 이하 셋째 자리에서 끝맺음한다.

② [표 6-4]을 사용하여 $\dfrac{|m_1 - m_0|}{\sigma}$의 열에서, ①에서 구한 $\dfrac{m_0 - m_1}{\sigma}$의 값을 포함하는 행을 찾는다.

③ 그 행에 해당하는 n 및 계수 G_0를 읽고, $\bar{X}_L = m_0 - G_0\sigma$를 계산한다.

④ ③에서 구한 n과 $\bar{X}_L$에 대하여 검사 비용 등을 검토한 결과 그 값이 적당하면 그대로 채택하고, 부적당하다고 판단되었을 때는 m_0과 m_1의 값을 수정하여 n과 $\bar{X}_L$를 다시 구하면 된다.

6.1.2 표준편차 σ 미지(unknown)인 샘플링검사

(1) 규격상한치가 주어진 경우

6.1.1절에서 공정표준편차가 기지이고 규격상한치 S_U가 주어진 경우에 판정기준은

$$\begin{cases} \bar{x} \le \bar{X}_U = S_U - k\sigma \text{이면 로트 합격} \\ \bar{x} > \bar{X}_U = S_U - k\sigma \text{이면 로트 불합격} \end{cases}$$

이다. 이것을 달리 표현하면

$$\begin{cases} S_U \ge \bar{x} + k\sigma \text{이면 로트 합격} \\ S_U < \bar{x} + k\sigma \text{이면 로트 불합격} \end{cases}$$

이 된다. 그런데 σ가 미지이므로 σ대신에 σ의 불편추정량인 표본표준편차 s를 대입하면

$$\begin{cases} S_U \geq \bar{x} + k's \Rightarrow \text{로트 합격} \\ S_U < \bar{x} + k's \Rightarrow \text{로트 불합격} \end{cases}$$

과 같이 정리될 수 있다. 이제 통계이론을 바탕으로 합격판정계수 를 구하면 된다.

통계이론에 의하면 $n > 5$인 경우에 $\bar{x} + k's$는 다음과 같이 근사적으로 정규분포를 따른다.

$$\bar{x} + k's \sim N\left(m + k'\sigma,\ \frac{\sigma^2}{n} + \frac{k'^2\sigma^2}{2(n-1)}\right)$$

따라서 좋은 로트가 불합격될 수 있고(생산자 위험 α), 나쁜 로트가 합격으로 판정될 수 있는 위험(소비자 위험 β)에서 불량률이 p_0보다 작은(모평균이 m_0보다 큰) 로트가 불합격될 확률 즉, $\Pr(S_U < \bar{x} + k's) = \alpha$에서

$$S_U = (m_0 + k'\sigma) + K_\alpha \sigma \sqrt{\frac{1}{n} + \frac{k'^2}{2(n-1)}} \tag{6-20}$$

이 된다. 불량률이 p_1보다 큰(모평균이 m_1보다 작은) 로트가 합격될 확률 즉, $\Pr(S_U \geq \bar{x} + k's) = \beta$에서

$$S_U = (m_1 + k'\sigma) - K_\beta \sigma \sqrt{\frac{1}{n} + \frac{k'^2}{2(n-1)}} \tag{6-21}$$

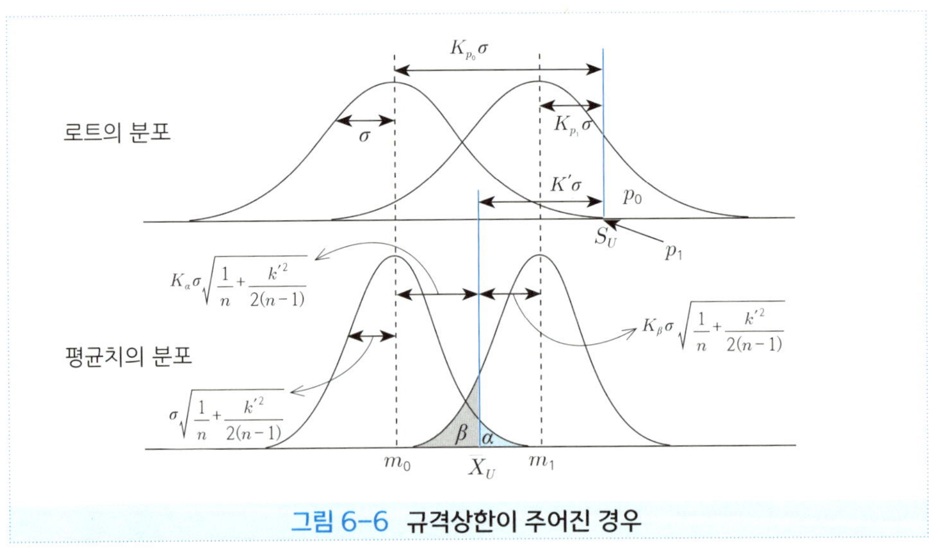

그림 6-6 규격상한이 주어진 경우

이 된다. 위 (6-20)과 (6-21) 식을 연립하여 풀면, 합격판정계수와 샘플크기를 다음과 같이 구할 수 있다.

$$k = k' = \frac{K_{p_0}K_\beta + K_{p_1}K_\alpha}{K_\alpha + K_\beta}, \qquad n = \left(\frac{K_\alpha + K_\beta}{K_{p_0} - K_{p_1}}\right)^2 \cdot \left(1 + \frac{k^2}{2}\right)$$

따라서 공정표준편차가 미지인 경우, 규격상한치가 주어진 경우의 판정기준은 다음과 같다.

$$\begin{cases} S_U \geq \bar{x} + k's \Rightarrow \text{로트 합격} \\ S_U < \bar{x} + k's \Rightarrow \text{로트 불합격} \end{cases}$$

(2) 규격하한치가 주어진 경우

규격하한치 S_L이 주어진 경우에, 규격상한에서 구한 것처럼 다음 식을 이용하여 판정기준을 구할 수 있다.

$$S_L = (m_0 - k'\sigma) - K_\alpha \sigma \sqrt{\frac{1}{n} + \frac{k'^2}{2(n-1)}} \qquad (6\text{-}22)$$

$$S_L = (m_1 - k'\sigma) - K_\beta \sigma \sqrt{\frac{1}{n} + \frac{k'^2}{2(n-1)}} \qquad (6\text{-}23)$$

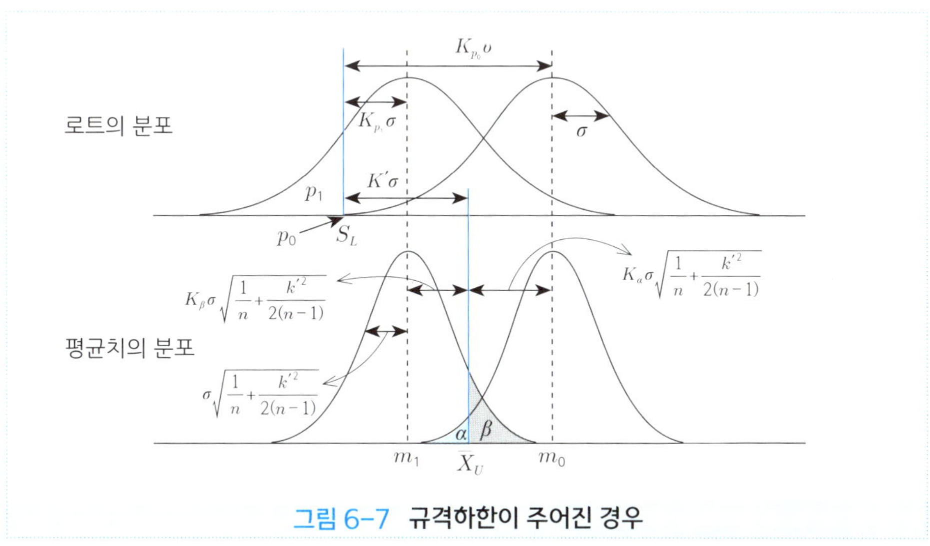

그림 6-7 규격하한이 주어진 경우

따라서 이 경우의 검사방식은 로트로부터 크기 n의 샘플을 채취하여 다음과 같이 판정을 내릴 수 있다.

$$\begin{cases} S_U \leq \bar{x} - k's \Rightarrow \text{로트 합격} \\ S_U > \bar{x} - k's \Rightarrow \text{로트 불합격} \end{cases}$$

이 때, 합격판정계수와 샘플크기는 다음과 같다.

$$k = k' = \frac{K_{p_0}K_\beta + K_{p_1}K_\alpha}{K_\alpha + K_\beta}, \quad n = \left(\frac{K_\alpha + K_\beta}{K_{p_0} - K_{p_1}}\right)^2 \cdot \left(1 + \frac{k^2}{2}\right)$$

6.2 단일 품질특성 및 단일 AQL에 대한 로트별 AQL 지표형 1회 샘플링검사 : KS Q ISO 3951-1

이 샘플링검사 방식은 'ISO 3951 - 1 : 2005, Sampling procedures for inspection by variables - Part 1 : Specification for single sampling plans indexed by acceptance quality limit(AQL) for lot-by-lot inspection for a single quality characteristics and a single AQL'의 내용을 기초로 작성된 것이다. 이 시스템은 한국산업표준(KS Q ISO 3951-1)으로 제정되어 있으며 단일 품질특성 및 단일 AQL에 대한 로트별 검사를 위한 합격판정 샘플링검사 방식을 규정한 계량 조정형 샘플링검사 형태이다.

이 검사방식은 로트의 합격이 로트로부터 추출한 랜덤 샘플에 근거하여 추정된 공정 부적합품률에 의해 결정되는 1회 계량형 합격판정 샘플링검사 방식에 대해 규정하고 있다. 이 방식은 다음 조건하에서 주로 적용될 수 있도록 고안되었다.

① 한 생산자가 한 생산공정을 통해 생산하는 제품의 연속적 로트검사에 적용되는 경우
② 연속적 척도로 측정되어야 하는 단일 품질특성 x만이 고려되는 경우
③ 측정 오차가 아주 작은 즉, 표준편차가 공정 표준편차의 10 %를 넘지 않는 경우
④ 공정이 (통계적으로)안정되고 품질특성 x가 정규분포 또는 정규분포와 근사한 분포를 따르는 경우
⑤ 계약 또는 표준에 의해 규격상한 U, 규격하한 L, 또는 둘 다 정의되어 있는 경

우로서 측정된 품질특성이 아래 부등식 중 적절한 한 항목을 만족시키는 때에만 아이템이 적합한 것으로 인정되는 경우

a) $x \geq L$(즉, 규격하한이 위반되지 않는다.)
b) $x \leq U$(즉, 규격상한이 위반되지 않는다.)
c) $x \geq L$ 및 $x \leq U$(즉, 규격하한과 상한 모두 위반되지 않는다.)

부등호 a) 및 b)는 한쪽규격의 경우, 그리고 부등호 c)는 양쪽규격의 경우에 적용한다.

만약에 양쪽규격이 적용되면, 이 방식에서는 양쪽규격한계를 준수하는 것이 제품의 본질에 똑같이 중요하다고 가정한다. 그런 경우에는 단일 AQL을 2개의 규격한계 밖으로 나가는 제품의 결합 퍼센티지에 적용하는 것이 적절하다. 이것은 결합관리(combined control)로 불린다.

6.2.1 샘플링검사 절차 및 운영 방식

(1) 검사 절차

로트별 AQL 지표형 1회 샘플링검사의 절차에 대한 일반적인 기준은 없으나 편의상 검사 절차를 다음과 같이 정리할 수 있다.

순서 1 소관권한자를 지정한다.
순서 2 검사로트의 구성 및 크기를 결정한다.
순서 3 AQL을 설정한다.
순서 4 검사수준(I, II, III, S-1, S-2, S-3, S-4)을 정한다.
순서 5 검사의 엄격도(보통검사, 까다로운 검사, 수월한 검사)를 정한다.
순서 6 샘플링 형식(1회, 2회, 축차)을 결정한다.
순서 7 한쪽규격인지, 양쪽규격인지를 파악하고, 양쪽규격인 경우, 결합관리인지, 분리관리인지를 파악한다.
순서 8 "s" 방법 또는 "σ" 방법을 결정한다.
순서 9 로트크기와 검사수준을 이용하여 샘플문자를 구한다.

순서 10 샘플문자, AQL, 샘플링 형식, 검사의 엄격도를 정하고, 각각에 해당되는 표를 이용하여 샘플링검사 방식을 구한다.

순서 11 샘플을 취한다.

순서 12 로트의 합격·불합격을 판정한다.

순서 13 로트를 처리한다.

이 순서에 따른 각 순서의 세부적인 절차들은 계수형 샘플링검사(KS Q ISO 2859-1)의 절차와 매우 유사하다. 다만, 계량형의 경우는 공정의 표준편차를 모르는 경우와 아는 경우로 나누어서 각각 "s" 방법 또는 "σ" 방법을 적용한다.

보통 처음에는 "s" 방법으로 시작한다. 그 후 품질이 만족스러운 상태로 유지되고 전환규칙에 의해 수월한 검사로 전환되고 더 작은 수의 샘플크기를 사용할 수 있게 될 것이다. "σ" 방법은 샘플크기의 관점에서 가장 경제적이다. 그러나 이 방법이 사용되기 전에 σ값이 설정되어야 한다. 그렇다면 문제는 만일 산포가 관리되고 있고 로트가 계속 합격되고 있을 경우 "σ" 방법으로 전환하는 것이 더 경제적인가 하는 것이다. "σ" 방법하에서는 샘플크기는 일반적으로 더 작을 것이고 합격 판단 기준은 더 단순할 것이다. 그러나 샘플 표준편차 를 기록, 계산해야 하고 관리도를 계속 새롭게 작성하여 한다.

(2) 주요 용어 및 AQL의 선택

1) 주요 용어

이 샘플링검사 시스템에서 사용되는 주요 용어를 정의하면 다음과 같다.

① 결합관리(combined control)

품질특성의 상한과 하한이 모두 지정되고 두 한계를 넘는 결합 부적합률에 적용되는 AQL이 주어졌을 경우 요구된다. 결합관리를 한다는 것은 어느 규격한계를 넘는다는 것이 제품의 본질 손상에 동일하게 또는 적어도 거의 동일하게 중요성을 갖는다는 믿음이 있음을 암시한다.

② 최대샘플표준편차(maximum sample standard deviation) : MSSD 또는 s_{max}

공정 산포가 알려져 있지 않은 경우, 양쪽규격한계를 결합관리하고 있을 때 합격 판단 기준을 만족시킬 가능성이 있도록 주어진 합격품질한계와 주어진 샘플문자에 대한 최대샘플표준편차

③ 최대공정표준편차(maximum process standard deviation) : MPSD 또는 σ_{max}

공정 산포가 알려져 있고 까다로운 검사가 진행 중일 경우, 양쪽규격한계를 결합관리하고 있을 때 합격 판단 기준을 만족시킬 가능성이 있도록 주어진 합격품질한계와 주어진 샘플문자에 대한 최대공정표준편차

2) AQL

AQL은 연속된 로트가 합격판정 샘플링검사에 투입되었을 경우 허용될 수 있는 가장 나쁜 공정 부적합률을 나타낸다. 합격품질한계만큼 나쁜 품질을 가진 개별 로트가 합격될 확률이 꽤 높을 수도 있지만, 합격품질한계의 지정은 이것이 바람직한 품질수준이라는 것을 의미하는 것은 아니다. 전환규칙과 샘플링검사의 중지 안을 포함하고 있는 이 방식의 샘플링 스킴은 공급자로 하여금 각 AQL보다 일관성 있게 우수한 공정 부적합률을 유지하도록 독려하기 위해 고안되었다. 그렇지 않으면, 검사의 엄격도가 까다로운 검사로 전환될 위험이 높으며, 이 기준에서는 로트의 합격이 더욱 힘들어진다. 까다로운 검사로 일단 바뀌면 공정을 개선하기 위한 조치가 취해지지 않는 이상 이러한 개선이 이루어질 때까지 샘플링검사의 중지를 요구하는 규칙이 발효될 가능성이 매우 높다.

① AQL 지정

AQL은 샘플문자와 함께, 이 방식에 있는 샘플링검사 방식을 나타내기 위해 사용된다. 사용될 AQL은 제품 규격, 계약 또는 소관권한자에 의해 지정된다. 규격상한과 하한이 모두 있을 경우, 이 방식은 두 한계를 넘는 결합 부적합률에 적용되는 총 AQL만을 중점적으로 다룬다. 이것은 "결합관리"로 알려져 있다.

② AQL 표준수

부적합률 0.01 %부터 10 %에 이르는 16 개의 AQL을 AQL 표준수라 칭한다. 어떤 제품이나 서비스에 대해 AQL 표준수 외의 다른 AQL이 지정되었다면 이 방식을 적용할 수 없다.

③ 주의사항

위 AQL의 정의로부터, 연속 로트가 검사에 제출되었을 때에만 요구되는 보호가 보장됨을 알 수 있다. 또한 AQL의 지정이 공급자가 부적합품을 알면서 공급할 권리가 있다는 것을 뜻하는 것은 아니다.

소관권한자는 샘플 추출이 시작되기 전에 정규성을 검정하여야 한다. 계량형 검사의 장점은 제품의 생산 수준에 대한 경향이 탐지될 수 있으며 합격할 수 없는 기준에 도달하기 전에 경고가 내려질 수 있다는 데 있다. 그러나 이는 적절한 기록이 유지될 때에만 가능하다. "s" 방법이나 "σ" 방법 어느 방법이 사용되든지 $\bar{x}$와 s값은 가급적 관리도의 형태로 추적되는 것이 바람직하다.

(3) 검사의 엄격도 전환과 예비 작업

1) 검사엄격도 전환규칙

이 방식의 전환규칙은 KS Q ISO 2859-1과 거의 같으며 다음 사항만 다소 다르다. 이를 정리하여 제시한 것이 [그림 6-8]이다.

수월한 검사는 연속 10 개의 로트가 합격되고 아래 조건을 만족시키면 실행된다.

① 이 로트는 1단계 더 엄격한 AQL에서도 합격될 수 있다. 더 엄격한 AQL에 대한 합격판정계수(acceptability constant) 값이 [부표 B1]("s" 방법) 또는 [부표 C1]("s" 방법)에 없으면 [부표 I1]을 참조한다.

② 생산은 통계적 관리상태에 있다.

③ 소관권한자에 의해 수월한 검사가 바람직하다고 여겨진다.

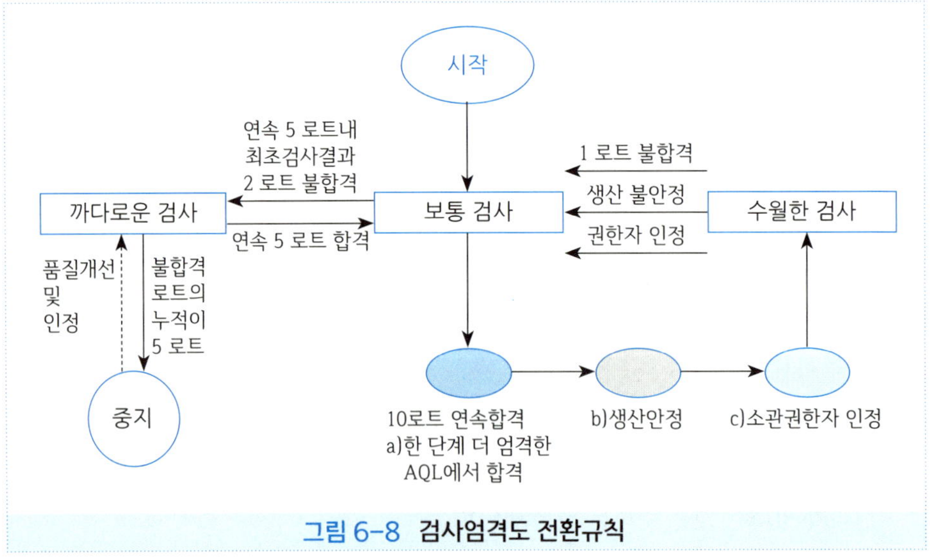

그림 6-8 검사엄격도 전환규칙

2) 예비 작업

계량형 샘플링검사를 시작하기 전에,

① 생산이 연속적이고 품질특성치가 정규분포를 따른다고 할 수 있는지 점검한다. 만일, 합격판정 샘플링검사 이전에 부적합품을 선별하는 작업을 행했다면 분포는 절삭된 분포가 될 것이고 이 경우는 이 방식을 적용할 수 없다.

② 처음에 "s" 방법을 사용할 것인지, 또는 표준편차가 안정되었고 알려져 있어서 "σ" 방법을 사용하는 것이 좋은지를 점검한다.

③ 사용할 검사수준이 정해졌는지 점검한다. 정해진 것이 없으면 검사수준 II가 사용되어야 한다.

④ 양쪽규격의 경우 각 한계를 넘는 부적합이 동일한 중요성을 갖는지 점검한다. 만일 그렇지 않다면 KS Q ISO 3951－2를 참조한다.

⑤ AQL이 지정되었는지, 그리고 그것이 이 방식에서 사용되는 표준 AQL인지 점검한다.

6.2.2 "s" 방법에 대한 검사 절차

(1) 한쪽규격만 주어진 경우

검사 방법을 정하고 실행하는 절차는 다음과 같다.

① 로트크기와 검사수준으로 [표 6-5]에서 샘플문자를 구한다.

② 검사의 엄격도(보통검사, 까다로운 검사, 수월한 검사)에 따라, 이 샘플문자와 AQL을 이용하여 [부표 B1], [부표 B2] 또는 [부표 B3]로부터 샘플크기 n과 합격판정계수 k를 구한다.

③ 크기 n인 샘플을 추출하여 각 아이템에서 특성치를 측정하여 표본평균 $\bar{x}$, 샘플 표준편차 s($=\sqrt{\sum(x_i-\bar{x})^2/(n-1)}$)를 계산한다. 만약 $\bar{x}$가 규격한계 밖에 있다면 로트는 s를 계산할 필요도 없이 불합격으로 판정된다. 그러나 기록 목적으로는 s를 계산할 필요가 있다.

④ 규격상한이 주어지면 품질통계량 $Q_U=\dfrac{U-\bar{x}}{s}$를 계산한다. 그리고 이 품질 통계량을 ②에서 구한 합격판정계수 k와 비교한다. 만일 품질통계량이 합격판정계수보다 크거나 같으면 즉, $Q_U \geq k$이면, 로트는 합격되고, 만일 작으면 즉,

표 6-5 샘플문자와 검사수준

로트 또는 배취 크기	특별 검사수준				일반 검사수준		
	S-1	S-2	S-3	S-4	I	II	III
2~8	B	B	B	B	B	B	B
9~15	B	B	B	B	B	B	C
16~25	B	B	B	B	B	C	D
26~50	B	B	B	C	C	D	E
51~90	B	B	C	C	C	E	F
91~150	B	B	C	D	D	F	G
151~280	B	C	D	E	F	G	H
281~500	B	C	D	E	F	H	J
501~1 200	C	C	E	F	G	J	K
1 201~3 200	C	D	E	G	H	K	L
3 201~10 000	C	D	F	G	J	L	M
10 001~35 000	C	D	F	H	K	M	N
35 001~150 000	D	E	G	J	L	N	P
150 001~500 000	D	E	G	J	M	P	Q
500 000 초과	D	E	H	K	N	Q	R

비고) 이 방식에 있는 샘플문자와 검사수준은 KS Q ISO 2859 - 1에 나와 있는 것과 대응된다.

$Q_U < k$이면, 로트는 합격될 수 없다.

규격하한이 주어지면 품질통계량 $Q_L = \dfrac{\bar{x} - L}{s}$를 계산한다. 그리고 이 품질통계량을 ②에서 구한 합격판정계수 k와 비교한다. 만일 $Q_L \geq k$이면 로트는 합격되고, $Q_L < k$이면 로트는 합격될 수 없다.

예제 6-4 규격상한이 주어진 경우, 200 개 아이템이 들어 있는 로트가 검사되는데, 아이템의 규격상한 $U = 70°C$이다. 검사수준 II, AQL = 1.5%의 보통 검사가 사용된다. **[표 6-5]**에서, 샘플문자는 G이다. **[부표 B1]**에서 샘플크기는 18이 요구되고 합격판정계수 는 1.622가 됨을 알 수 있다. 측정치가 다음과 같다고 가정하자.

69℃	64℃	66℃	60℃	65℃	64℃	68℃	68℃	59℃
67℃	63℃	67℃	66℃	60℃	64℃	64℃	60℃	62℃

합격판단기준을 마련하고 로트의 합격 또는 불합격을 결정하라.

풀이 합격여부를 판단하기 위해 다음과 같이 표를 만들어 정리하면 편하다.

필요 정보	구한 값
규격 한계(상한, U)	70°C
샘플크기(n)	18
합격판정계수 : k	1.622
샘플 평균($\bar{x}$)	64.222°C
샘플 표준편차(s)	3.078°C
품질 통계량(상한, $Q_U=(U-\bar{x})/s$)	1.877
합격 판단 기준($Q_U \geq k$인가?)	($Q_U=1.877$)$>k$(=1.622) 이므로 합격

따라서 로트는 합격 판단 기준에 부합하므로 로트는 합격될 수 있다.

(2) 양쪽규격의 결합관리인 경우

양쪽규격을 결합관리하고 "s" 방법인 경우, 즉 공정 중 규격 한계 밖을 벗어나는 아이템의 퍼센트에 대한 총 AQL로 검사하는 경우에는, 먼저 검사 방법을 정하고 로트 크기와 검사수준으로 [표 6-5]에서 샘플크기 문자를 구한다. 또한 [표 6-6]에서 샘플 크기를 구한다. 이후 샘플크기가 3인 경우, 4인 경우, 5 이상인 경우로 나누어 절차를 설명한다.

각 경우에 샘플의 산포가 클수록 요구조건을 충족시키기 어려워지게 된다. 만일 표본표준편차 s가 [부표 D1]에서 구한 최대샘플표준편차(MSSD)를 초과하면 이 로트는 합격될 수 없다고 즉각 판단되기 때문에 더 이상의 계산이나 참고 그래프는 필요 없게 된다. 참고로, 샘플크기가 3과 4인 경우는 양쪽규격 결합관리를 위해서는 수치방법이 사용되고, 샘플크기가 5 이상인 경우는 그래프 방법을 사용한다.

1) 샘플크기가 3 또는 4인 경우를 위한 절차

① 크기가 3 또는 4인 샘플을 채취하여 표본평균과 표본표준편차를 계산한다.

② 샘플문자와 AQL을 이용하여 [부표 D1]로부터 해당하는 계수 f_s의 적용 가능한 값을 찾는다.

③ ②에서 구한 계수 f_s를 이용하여 최대 표본표준편차(즉, 최대 허용 가능한 값)를 공식 $s_{\max}=(U-L)f_s$으로부터 구한다.

표 6-6 샘플문자와 검사방식에 대한 샘플크기

샘플 문자	"s" 방법		"σ" 방법		KS Q ISO 2859-1에서의 동등한 계수형 샘플크기	
	보통 및 까다로운 검사	수월한 검사	보통 및 까다로운 검사	수월한 검사	보통 및 까다로운 검사	수월한 검사
B	3	3	2	2	3	2
C	4	3	3	2	5	2
D	6	3	4	2	8	3
E	9	4	6	3	13	5
F	13	6	8	4	20	8
G	18	9	10	6	32	13
H	25	13	12	8	50	20
J	35	18	15	10	80	32
K	50	25	18	12	125	50
L	70	35	21	15	200	80
M	95	50	25	18	315	125
N	125	70	32	21	500	200
P	160	95	40	25	800	315
Q	200	125	50	32	1 250	500
R	250	160	65	40	2 000	800

주) 이 방식에 있는 샘플문자와 검사수준은 KS Q ISO 2859 - 1에 나와 있는 것과 대응된다.

④ s_{max}와 s를 비교하여 s가 s_{max}보다 크면 더 이상의 계산없이 로트를 불합격시킨다. 그렇지 않으면, $Q_U = (U - \bar{x})/s$와 $Q_L = (\bar{x} - L)/s$의 값을 구한다.

⑤ **샘플크기가 3인 경우**, Q_U와 Q_L에 $\sqrt{3}/2$(즉, 약 0.866)을 곱하고 [부표 F1~F3]를 이용하여 공정 중 규격상한과 하한을 초과하는 아이템 비율의 추정치 와 을 각각 결정한다.

샘플크기가 4인 경우, Q_U와 Q_L에 대하여 다음과 같이 $\hat{p}_U$와 $\hat{p}_L$를 계산한다.

$$\hat{p}_U = \begin{cases} 0 & \text{if } Q_U > 1.5 \\ 0.5 - Q_U/3 & \text{if } -1.5 \le Q_U \le 1.5 \\ 1 & \text{if } Q_U \le -1.5 \end{cases}$$

그리고

$$\hat{p}_L = \begin{cases} 0 & \text{if } Q_L > 1.5 \\ 0.5 - Q_L/3 & \text{if } -1.5 \le Q_L \le 1.5 \\ 1 & \text{if } Q_L \le -1.5 \end{cases}$$

⑥ ⑤에서 구한 $\hat{p}_U$와 $\hat{p}_L$을 이용하여 전체 공정부적합률 $\hat{p}=\hat{p}_U+\hat{p}_L$을 구한다. 만일 $\hat{p}$가 아래의 [표 6-7]에 있는 적용될 만한 최대 허용값, p^*를 초과하지 않는다면 이 로트는 합격될 수 있는 것으로 고려된다. 그렇지 않으면 이 로트는 합격될 수 없는 것으로 고려된다.

표 6-7 샘플크기 3과 4일 경우, 공정 부적합률 추정치의 최대 허용값, p^* : "s" 방법

검사 엄격도	샘플크기 n	합격품질한계 부적합률					
		1.0	1.5	2.5	4.0	6.5	10.0
		p^*	p^*	p^*	p^*	p^*	p^*
엄격한 검사	3					0.190 5	0.249 4
	4				0.112 3	0.151 3	0.215 7
보통 검사	3				0.190 5	0.249 4	0.349 5
	4			0.112 3	0.151 3	0.215 7	0.306 7
수월한 검사	3		0.190 5	0.212 4	0.249 4	0.349 5	0.493 7
	4	0.112 3	0.127 0	0.151 3	0.215 7	0.306 7	0.467 0

예제 6-5 한 배취에 100 개 들어 있는 어뢰의 적중 정확성을 수평면에서 검사하려 한다. 양각 또는 음각 오차 모두 받아들여질 수 없기 때문에 양쪽규격에 대한 결합관리를 적용한다. AQL 4 %이고, 1 km 거리에 있는 목표에 대해 양방향 10 m가 규격이다. 파괴시험이 필요하고 시험 비용이 아주 비싸기 때문에 생산자와 책임기관이 특별한 검사수준 S-2를 사용하기로 동의하였다. [표 6-5]에서 샘플문자는 B이다. [표 6-6]에서 크기 3의 샘플이 요구된다는 것을 알 수 있다. 어뢰 3 발이 시험 발사되었고 -5.0 m, 6.7 m, 8.8 m의 오차가 기록되었다. 보통 검사에서 합격 판단 기준을 설정하라.

풀이 합격여부를 판단하기 위해 다음과 같이 표를 만들어 정리하면 편하다.

필요 정보	구한 값
규격 한계(상한 U, 하한 L)	U = 1 010 m, L = 990 m
샘플크기(n)	3
MSSD(s_{max})에 대한 f_s의 값	0.474
샘플 평균($\bar{x}$)	3.5 m
샘플 표준편차(s)	7.436 m
$s_{max} = (U - L)f_s$	9.48
$s < s_{max}$ 이므로 합격될 수 있다. 따라서 계속 계산한다.	
$Q_U = (\bar{x} - L)s$	0.874 1
$Q_L = (\bar{x} - L)s$	1.815
$\sqrt{3}Q_U/2$	0.757
$\sqrt{3}Q_L/2$	1.572
$\hat{p}_U$의 값?	$\hat{p}_U$ = 0.226 7
$\hat{p}_L$의 값?	$\hat{p}_L$=0.000 0
$\hat{p} = \hat{p}_U + \hat{p}_L$	0.226 7
p^*	0.190 5
$\hat{p} > p^*$인가?	$\hat{p} > p^*$이므로 로트는 합격될 수 없다.

예제 6-6 로트크기 20인 아이템이 생산되고 있다. 그들의 지름에 대한 상한과 하한은 82 mm에서 84 mm이다. 너무 큰 지름을 가진 아이템은 너무 작은 지름을 가진 아이템과 동일하게 불만스럽게 처리되며 수준 II에서 AQL 2.5 %를 사용하여 전체 부적합률을 관리하기로 결정되었다. [표 6-5]에서 샘플문자는 C이다. [표 6-6]에서 크기 4의 샘플이 요구된다는 것을 알 수 있다. 첫 번째 로트에서 4 개 아이템의 지름이 측정되었으며, 그 결과는 82.4 mm, 82.2 mm, 83.1 mm, 82.3 mm이다. 보통 검사에서 합격 판단 기준을 설정하라.

풀이 합격여부를 판단하기 위해 다음과 같이 표를 만들어 정리하면 편하다.

필요 정보	구한 값
규격 한계(상한 U, 하한 L)	U = 84.0 mm, L = 82.0 mm
샘플크기(n)	4
MSSD(s_{max})에 대한 f_s의 값	0.376
샘플 평균($\bar{x}$)	82.50 mm
샘플 표준편차(s)	0.408 mm

$s_{max} = (U - L)f_s$	0.752 mm
$s < s_{max}$ 이므로 합격될 수 있다. 따라서 계속 계산한다.	
$Q_U = (\bar{x} - L)s$	3.674 7
$Q_L = (\bar{x} - L)s$	1.224 9
$\hat{p}_U$의 값?	$\hat{p}_U = 0.000\ 0$
$\hat{p}_L$의 값?	$\hat{p}_L = 0.091\ 7$
$\hat{p} = \hat{p}_U + \hat{p}_L$	0.091 7
p^*	0.112 3
$\hat{p} > p^*$인가?	$\hat{p} < p^*$이므로 로트는 합격될 수 있다.

2) 샘플크기가 5 이상인 경우의 절차

① 크기가 $n(\geq 5)$인 샘플을 채취하여 표본평균과 표본표준편차를 계산한다.

② 샘플문자와 AQL을 이용하여 [부표 D1]로부터 해당하는 계수 f_s의 적용 가능한 값을 찾는다.

③ ②에서 구한 계수 f_s를 이용하여 최대 표본표준편차(즉, 최대 허용 가능한 값)를 공식 $s_{max} = (U - L)f_s$로부터 구한다.

④ s_{max}와 s를 비교하여 s가 s_{max}보다 크면 더 이상의 계산 없이 로트를 불합격시킨다. 그렇지 않으면, KS Q ISO 3951-1에서 제공하는 [차트 s-D]부터 [차트 s-R] 중에서 적절한 샘플문자로 라벨이 붙은 차트를 선택한다. 본 교재에서는 부표로 [차트 s-F]만 실었다.

⑤ $s/(U - L)$과 $(\bar{x} - L)/(U - L)$의 값을 구하고, 그래프에 이 값을 타점한다. 점이 곡선 안쪽에 타점되는 경우에 로트는 합격이고, 밖에 타점되면 합격될 수 없다.

예제 6-7 어떤 장비의 최저 가동 온도는 60 °C이고, 최고 가동 온도는 70 °C이다. 96개 아이템의 로트를 검사한다. 검사수준 II, 보통 검사, AQL = 4.0 %가 사용된다. [표 6-5]에서 샘플문자는 F임을 알 수 있고, [표 6-6]에서 샘플크기는 13 개가 필요함을 알 수 있다. 그리고 [부표 D1]에서 보통 검사 시 MSSD에 대한 f_s의 값은 0.328임을 알 수 있다. 측정치가 아래와 같다고 가정하자.

65.5 ℃ 60.0 ℃ 65.2 ℃ 61.7 ℃ 69.0 ℃ 67.1 ℃ 60.0 ℃
66.4 ℃ 62.8 ℃ 68.0 ℃ 63.4 ℃ 60.7 ℃ 65.8 ℃

풀이 합격 판단 기준을 설정하라.

필요 정보	구한 값
규격 한계(상한 U, 하한 L)	U = 70 °C, L = 60 °C
샘플크기(n)	13
MSSD(s_{max})에 대한 f_s의 값 ([부표 D1]에서)	0.328
샘플 평균($\bar{x}$)	64.28 °C
샘플 표준편차(s)	2.86 °C
$s_{max} = (U - L)f_s$	3.28 °C

위의 표에서 f_s의 값과 MSSD가 각각 0.328과 3.28이므로 s는 MSSD보다는 작기 때문에, 로트의 합격 여부를 결정하기 위해서는 합격곡선을 이용하여야 한다. 샘플크기가 13이므로 부표의 [차트 s-F]를 이용하면 된다. 차트에 타점하기 위해서는 아래의 추가 계산이 필요하다.

표준화된 샘플 평균 : $(\bar{x}-L)(U-L) = (64.28-60)/(70-60) = 0.428$

표준화된 샘플 표준편차 : $s/(U-L) = 2.86/(70-60) = 0.286$

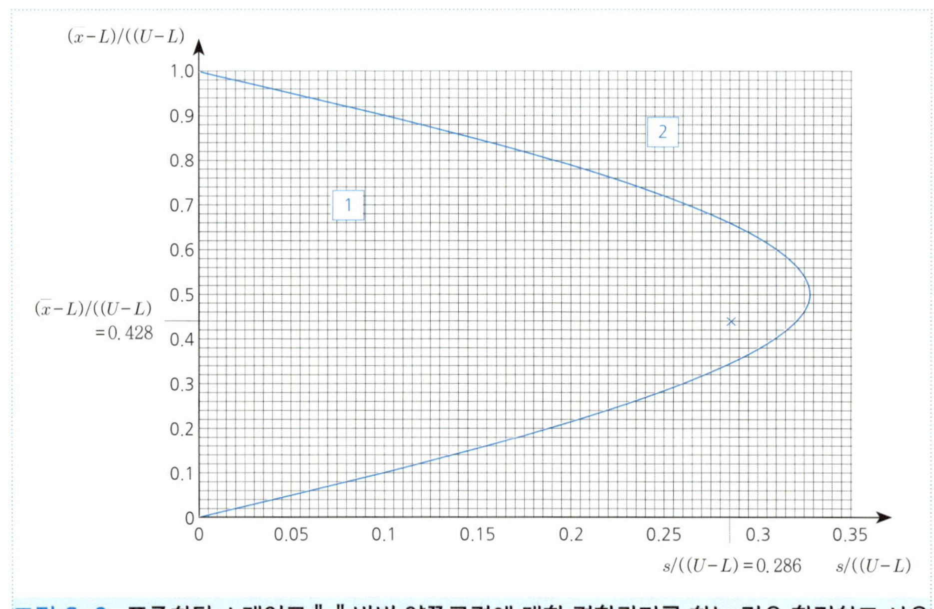

그림 6-9 표준화된 스케일로 "s" 방법 양쪽규격에 대한 결합관리를 하는 경우 합격차트 사용의 보기(1은 합격구역, 2는 불합격구역)

점 (0.286, 0.428)이 [그림 6-9]에서와 같이 타점되면, 이 점은 AQL = 4.0 %에 대한 합격 곡선 안쪽에 있기 때문에 로트는 합격된다.

6.2.3 "σ" 방법에 대한 검사 절차

(1) 한쪽규격만 주어진 경우

"σ" 방법은 공정의 표준편차가 알려져 있는 있는 경우에만 사용할 수 있다. 검사 방법을 정하고 실행하는 절차는 다음과 같다.

① 검사수준과 로트크기를 이용하여 보통검사, 엄격한 검사, 수월한 검사에 해당하는 [표 6-5]에서 샘플문자를 찾는다.

② 그 후에 검사의 엄격도에 따라 보통검사, 엄격한 검사, 수월한 검사에 해당하는 [부표 C1], [부표 C2] 또는 [부표 C3]을 사용하여 샘플문자와 지정된 AQL로 샘플크기 n과 합격판정계수 k를 찾는다.

③ 크기 n인 샘플을 추출하여 각 아이템에서 특성치 x를 측정하고 표본평균 $\bar{x}$, 샘플표준편차 s를 계산한다. (샘플표준편차 s도 역시 계산되어야 하는데, 이는 단지 공정 표준편차의 지속적인 안정상태를 확인하기 위한 목적일 뿐이다.)

④ 규격상한이 주어진 경우, 품질통계량 $Q_U\left(=\dfrac{U-\bar{x}}{\sigma}\right) \geq k$를 $\bar{x} \leq U - k\sigma$로 계산한다. 그리고 품질통계량(Q_U 또는 Q_L)을 ②에서 구한 합격판정계수 k와 비교한다. 만일 품질통계량이 합격판정계수보다 크거나 같으면 로트는 합격된다. 만일 작으면 로트는 합격될 수 없다. 즉, 규격상한 U만 주어졌을 때, $\bar{x} \leq \bar{x}_U[=U-k\sigma]$이면 로트는 합격되고, $\bar{x} > \bar{x}_U$이면 로트는 합격될 수 없다. 규격하한 L만 주어졌을 때, $\bar{x} \geq \bar{x}_U[=L-k\sigma]$이면 로트는 합격되고, $\bar{x} < \bar{x}_L$이면 로트는 합격될 수 없다.

예제 6-8 어떤 강철 주물에 대한 최소 항복점은 400 N/mm^{2}이다. 500 로트의 아이템이 들은 로트가 검사에 제출되었다. 검사수준 II의 보통 검사가 AQL = 1.5% 값과 함께 사용된다. 표준편차의 값은 21 N/mm^{2}로 간주된다. [표 6-5]에서 샘플문자는 H라는 것을 알 수 있다. 그러면 [부표 C1]으로부터 AQL 1.5 %에 대해서는 샘플크기 n이 12이고 합격판정계수 k는 1.613이라는 것을 알 수 있다. 샘플의 항복점이 다음과 같다고 가정하자.

431, 417, 469, 407, 450, 452, 427, 411, 429, 420, 400, 445

합격 판단기준을 설정하라.

풀이

필요 정보	구한 값
규격 한계(하한, L)	400 N/mm^2
표준편차(σ기지)	21 N/mm^2
합격값($\bar{x}_L = L + k\sigma$)	433.9 N/mm^2
샘플크기(n)	12
합격판정계수 : k	1.613
측정결과 총합	5 184 N/mm^2
샘플 평균($\bar{x}$)	429.8 N/mm^2
합격 판단 기준($\bar{x} \geq \bar{x}_L$ 인가?)	아니요

로트의 샘플 평균은 합격 기준에 부합되지 않는다. 따라서 로트는 합격될 수 없다.

(2) 양쪽규격의 결합관리인 경우

규격상한과 하한에 대한 결합관리의 경우 즉, 규격 밖의 공정 퍼센트에 대한 총 AQL이 있는 경우, 아래 절차가 추천된다.

① 샘플링하기 전에 인자 f_σ의 값을 결정하기 위해 단일 AQL을 [부표 E1](결합관리를 위해)에 적용한다.

② MPSD에 대한 $\sigma_{\max} = (U - L)f_\sigma$의 공식을 이용하여 공정 표준편차의 최대 허용값을 계산한다.

③ 공정표준편차 σ의 값을 $\sigma_{\max}$와 비교한다. σ가 $\sigma_{\max}$를 초과하는 경우에 공정은 합격될 수 없으며, 공정산포가 적절히 감소되었다고 입증되기 전까지는 샘플링 검사는 무의미하다.

④ 만일 $\sigma \leq \sigma_{\max}$이면 [표 6-5] 샘플문자를 결정하기 위해 로트크기와 주어진 검사수준을 사용하라.

⑤ 샘플문자와 검사 엄격도로부터(즉, 보통, 엄격한, 수월한 검사) [부표 C1], [부표 C2] 또는 [부표 C3]에서 샘플크기 n과 합격판정계수 k를 구한다.

⑥ 샘플 평균의 상한 $\overline{x}_U$를 공식 $\overline{x}_U = U - k\sigma$에 따라 구하고 하한 $\overline{x}_L$을 공식 $\overline{x}_L = L + k\sigma$에 따라 구한다.

⑦ 크기 n의 랜덤 샘플을 로트에서 추출하고 샘플 평균 $\overline{x}$를 구한다. 만일 $\overline{x}_L \le \overline{x} \le \overline{x}_U$이면 로트는 합격 가능하고, 만일 $\overline{x} \le \overline{x}_L$ 또는 $\overline{x} > \overline{x}_U$이면 로트는 합격될 수 없다.

예제 6-9 어떤 전자 제품의 전기 저항의 규격은 520 ± 50이다. 로트당 2 500 개 아이템의 비율로 생산되고 있다. 두 개의 규격 한계(470과 570)에 대해 단일 AQL 4 %가 지정되고, 검사수준 II, 보통 검사가 사용된다. σ는 21.0으로 알려져 있다. 로트크기와 검사수준을 [표 6-5]에 적용하여 샘플문자는 K라는 것을 알게 된다. [부표 A2]로부터 보통 검사에서는 샘플크기 18이 필요하다는 것을 알게 된다. 샘플 저항 값이 아래와 같다고 가정하라(단위 : Ω).

515, 491, 479, 507, 543, 521, 536, 483, 509,
514, 507, 484, 526, 552, 499, 530, 512, 492

풀이

필요 정보	구한 값
규격상한(U), 규격하한(L)	570 Ω, 470 Ω
f_σ의 값 : [부표 E1]	0.223
표준편차(σ 기지)	21.0 Ω
$\sigma_{\max} = (U - L) f_\sigma$	22.3 Ω
σ가 $\sigma_{\max}$보다 작기 때문에, 합격여부 결정을 위해 샘플을 계속 분석한다.	
샘플크기(n)	18
합격판정계수 : k	1.340
$\overline{x}$를 위한 상한($\overline{x}_U = U - k\sigma$)	541.9 Ω
$\overline{x}$를 위한 하한($\overline{x}_L = L + k\sigma$)	498.1 Ω
샘플 평균($\overline{x}$)	511.1 Ω
합격 판단 기준($\overline{x}_L \le \overline{x} \le \overline{x}_U$인가?)	예

511.1(Ω)은 의 합격 한계 498.14과 541.86 사이에 있기 때문에 로트는 합격 가능하다.

6.2.4 "s"와 "σ"방법 간의 전환

(1) "s" 방법에서 "σ" 방법으로 전환

이 전환규칙의 사용여부는 소관권한자의 판단에 따른다. 이 방식이 사용되는 동안은 "s" 방법이건 "σ" 방법이건 간에 s의 합동표준편차 즉, 평균제곱합의 가중제곱근이 공정표준편차의 추정치로서 주기적으로 즉, s의 추정값은 5개 로트 간격으로 재추정되어야 하고, 추정치는 이전 10개 로트에 근거한다. 단, 소관권한자는 공정표준편차를 추정하기 위한 로트의 간격과 이전 로트의 수를 따로 정할 수도 있다. 먼저 각 10개 로트에 대해 공정이 통계적 관리상태인지를 관리도를 이용하여 파악할 수 있을 것이다.

"s" 방법에서 공정이 관리상태에 있다고 간주되면 가장 최근의 추정값을 사용하여 "σ"방법으로 전환될 수 있다.

(2) "σ" 방법에서 "s" 방법으로 전환

"σ"방법 하에서도 계속적으로 관리도를 그리다가 한번이라도 공정이 관리상태 밖에 있다고 판단되면 "s" 방법으로 검사가 전환한다.

6.3 독립 품질특성 로트별 AQL 지표형 1회 샘플링검사 : KS Q ISO 3951-2

이 샘플링검사 방식은 'ISO 3951-2:2006, Sampling procedures for inspection by variables-Part 2 : General specification for single sampling plans indexed by acceptance quality limit(AQL) for lot-by-lot inspection of independent quality characteristics'의 내용을 기초로 작성된 것이다. 이 시스템은 한국산업표준(KS Q ISO 3951-2)으로 제정되어 있으며 독립 품질특성의 로트별 검사를 위한 합격판정 샘플링검사 방식을 규정한 계량 조정형 샘플링검사 형태이다.

이 샘플링검사 시스템의 적용 조건과 사용되는 주요 용어를 정의하면 다음과 같다.

(1) 적용 조건

① 한 생산자가 한 생산 공정을 통해 생산하는 제품(discrete product)의 연속적인

로트검사에 적용되는 경우. 만일 다른 생산자 또는 생산 공정이 있을 때는 이 방식을 각각의 경우에 따로따로 적용하여야 한다.

② 아이템의 품질특성이 연속적 척도로 측정되어야 하는 경우

③ 측정 오차가 아주 적은 즉, 표준편차가 공정 표준편차의 10 %를 넘지 않는 경우

④ 공정이 (통계적으로) 안정되고 품질특성 x가 정규분포 또는 정규분포와 근사한 분포를 따르는 경우

⑤ 다수 품질특성이 존재하는 경우에, 품질특성이 근사적으로라도 서로 독립인 경우

⑥ 계약 또는 기준에 의해 규격상한 U, 규격하한 L 또는 둘 다 각 품질특성에 대해 정의되어 있는 경우

(2) 주요 용어

① 결합관리(combined control) : 양쪽규격에 대해 단일 AQL을 적용하는 한 등급의 부적합에서 $(p_L + p_U)$를 관리하는 방법이다. 단, p_L은 규격하한을 넘는 공정 부적합률이며, p_U는 규격상한을 넘는 공정 부적합률이다.

② 분리관리(seperate control) : 양쪽규격에 대해 한 AQL을 적용하는 한 등급의 부적합에서 p_L을 관리하는 방법을 찾고 두 번째 AQL을 적용하는 다른 등급에서 p_U를 따로 관리하는 방법이다.

③ 복합관리(complex control) : 양쪽규격에 대해 단일 AQL을 적용하는 한 등급의 부적합에서 $(p_L + p_U)$를 관리하는 방법을 찾고 더 낮은 AQL을 적용하는 다른 등급에서 p_U 또는 p_L을 따로 관리하는 방법이다.

④ 일변량 품질특성(univariate quality characteristic) : 단 한 개의 품질특성만이 존재하는 경우

⑤ 다변량 품질특성(multivariate quality characteristics) : 한 등급 내에 둘 또는 그 이상의 품질특성이 있는 경우

(3) 샘플링검사 방식의 운영

이 시스템의 샘플문자, 샘플크기, 샘플링 형식, AQL 지정, 검사 엄격도 전환규칙, 예비 작업 등에 관한 운영 방식은 앞 절의 KS Q ISO 3951-1과 동일하므로 생략한다.

6.3.1 일변량 "s" 방법 표준 절차

앞 절의 KS Q ISO 3951-1에서는 양쪽규격의 결합관리인 경우 샘플크기가 3, 4인 경우는 품질특성치가 규격상한과 규격하한을 초과할 확률 $\hat{p}_U$와 $\hat{p}_L$을 구하여 그 합이 합격판정기준 p^*보다 작은 경우에 로트를 합격시켰고, 특히 샘플크기가 5인 경우는 차트를 이용하여 로트의 합격여부를 결정하였다. 이 절에서는 이를 통합하여 품질특성치가 규격상한과 규격하한을 초과할 확률 $\hat{p}_U$와 $\hat{p}_L$을 수식으로 계산하여 판정하는 방법을 제시하고 있다. 또한 양쪽규격을 따로 분리관리 하는 경우와 복합관리 하는 방법을 제시하고 있다.

검사 방식을 정하고 실행하는 절차는 다음과 같다.

① [표 6-5]에서 주어진 검사수준(일반 II) 및 로트크기에 해당하는 샘플문자를 구한다.

② 한쪽규격한계의 경우, 이 샘플문자와 AQL로 [부표 B1], [부표 B2], 또는 [부표 B3]을 적절히 이용하여 샘플크기 n과 k 형식 합격판정계수를 구한다. 양쪽규격에 대한 분리관리의 경우, 양쪽규격에 대해 이와 동일하게 적용한다. 양쪽규격에 대한 결합관리의 경우 [부표 G1], [부표 G2] 또는 [부표 G3]을 적절히 참고하여 샘플크기 n과 p^* 형식 합격판정계수를 구한다. 양쪽규격에 대한 복합관리의 경우 [부표 G1], [부표 G2] 또는 [부표 G3]을 적절히 두 번 적용하는데, 한 번은 규격의 결합관리에 또 한 번은 최대 관심이 있는 규격한계에 작은 AQL 값을 갖고 적용한다.

③ 크기 n인 임의의 샘플을 추출하여 각 아이템에서 특성치 x를 측정하고 샘플 평균 $\bar{x}$, 샘플 표준편차 s를 계산한다. 만일 $\bar{x}$가 규격한계 밖으로 벗어나면 s값을 계산할 필요 없이 로트는 불합격 처리된다. 그러나 기록의 목적으로 s를 계산할 필요는 있다.

(1) "s" 방법에 대한 k 형식 합격 기준

한쪽규격이 주어지거나 양쪽규격에 대한 분리관리를 해야 하는 경우에는 가장 명확한 절차는 아래와 같다. 품질통계량 $Q_U = \dfrac{U - \bar{x}}{s}$ 또는 $Q_L = \dfrac{\bar{x} - L}{s}$ 를 적절히 계산한다. 그리고는 품질통계량(Q_U 또는 Q_L)을 보통검사인지 까다로운 검사인지 또는 수월한 검사인지에 따라 각각 [부표 B1], [부표 B2] 또는 [부표 B3]으로부터 획득한 k 형식 합격판정계수와 비교한다. 만일 품질 통계량이 합격판정계수보다 크거나 같으면 로트는 합격된다. 만일 작으면 로트는 합격될 수 없다.

따라서 규격상한 U만 주어지면 $Q_U \ge k$이면, 로트는 합격되고, $Q_U < k$이면, 로트는 합격될 수 없다. 또 규격하한 L만 주어지면 $Q_L \ge k$이면 로트는 합격되고, $Q_L < k$이면 로트는 합격될 수 없다.

양쪽규격한계의 분리관리하에서 L과 U에서 k 형식 합격판정계수는 다를 수 있다. 각각 k_L과 k_U로 표시된다. 이 경우, 로트는 $Q_U \ge k_U$ 및 $Q_L \ge k_L$이면 합격되고 $Q_U < k_U$ 및/또는 $Q_L < k_L$이면 합격될 수 없다.

참고로 한쪽규격이 주어진 경우는 앞 6.2.1절의 (1)의 경우와 같다.

(2) "s" 방법에 대한 p^* 형식 합격 기준

이 방식에서는 로트의 합격 여부를 판단하기 위해 p^* 형식 방법을 제공하고 있다. k 형식은 한쪽규격 또는 분리하여 관리되어야 하는 양쪽규격이 있는 단일 품질특성에 대해서만 적용될 수 있는 반면에 p^* 형식은 한쪽 또는 양쪽규격한계를 갖는 단일 또는 다수 품질특성에 결합관리, 분리관리 또는 복합관리를 하는 경우에도 일반적으로 적용될 수 있다.

1) "s" 방법에 대한 결합관리

단일 "s" 방법의 경우, 규격상한 및 하한 모두에 결합관리 또는 복합관리가 요구된다면, 다시 말해 두 규격한계를 벗어나는 공정 부적합률에 대한 하나의 전체 AQL이 존재한다면, 첫째 절차는 로트의 합격이 불가능할 정도로 샘플 표준편차 s가 너무 크지는 않은지 점검하는 것이다. 만일 s의 값이 [부표 D1], [부표 D2] 또는 [부표 D3]에서 결정되는 최대샘플표준편차(MSSD)를 초과하면 더 이상의 계산이나 그래프 참조는 필요 없이 로트는 즉각 불합격 처리되어야 한다.

만일 s의 값이 MSSD를 초과하지 않으면 공정 부적합률 $\hat{p}$를 추정하여 p^* 형식 합격판정계수와 비교하여, 만일 $\hat{p} \le p^*$이면 합격이고, $\hat{p} > p^*$이면 합격될 수 없다. 단, 여기서

$$\hat{p} = \hat{p}_L + \hat{p}_U$$

이며

$$\hat{p}_L = B_{(n-2)/2}\left[\frac{1}{2}\left(1 - \frac{\bar{X}-L}{s}\frac{\sqrt{n}}{n-1}\right)\right]$$

$$\hat{p}_U = B_{(n-2)/2}\left[\frac{1}{2}\left(1 - \frac{\bar{U}-L}{s}\frac{\sqrt{n}}{n-1}\right)\right]$$

이다. 그리고 $B_{(n-2)/2}(.)$는 두 파라미터 값이 $(n-2)/2$인 좌우대칭 베타분포 함수이다.

공정 부적합률의 추정치가 필요 없는 경우에는 k 형식을 적용하는 것이 더 수월하기는 하지만, p^* 형식을 한쪽규격한계에도 적용할 수 있다. 만일 베타분포의 표가 없거나 대응하는 컴퓨터 소프트웨어가 없는 경우에는 샘플크기에 따라 다음 중 한 절차를 사용하여야 한다.

i) $n=3$ 또는 $n=4$인 경우 "s" 방법에 대한 결합관리

앞 절(KS Q ISO 3951-1) **6.2.2**의 **(2)**의 **1)** 경우와 같다.

ii) $n \geq 5$인 "s" 방법에 대한 결합관리

$n \geq 5$인 경우 **6.2.2절**에서는 그림을 이용하여 결정하였다. 여기서는 p^* 형식을 이용하는 검사방법이다. 샘플 평균 $\bar{x}$와 샘플 표준편차 s를 계산한 후에 [부표 D1], [부표 D2] 또는 [부표 D3]으로부터 계수 f_s의 적용 가능한 값을 찾는다. 최대샘플 표준편차(즉, 최대 허용 가능한 값)를 다음 공식으로 구한다.

$$\text{MSSD} = s_{\max} = (U-L)$$

그리고 $s_{\max}$와 s를 비교하여 s가 $s_{\max}$보다 크면 더 이상의 계산없이 이 로트는 불합격된다. 그렇지 않으면, 상한 및 하한 품질통계량 $Q_U=(U-\bar{X})/s$와 $Q_L=(\bar{X}-L)/s$를 계산한다. 만일 좌우 대칭 베타분포표나 소프트웨어가 없을 때에는 샘플크기 5 또는 그 이상일 경우 "s" 방법에 사용되는 $\hat{p}$에 대한 정교한 근사값을 구하기 위하여 아래 절차가 이용될 수 있다.

① $Q=(U-\bar{x})/s$ 및/또는 $Q=(\bar{x}-L)/s$를 계산한다.

② $x=\frac{1}{2}\left[1-Q\sqrt{n}/(n-1)\right]$을 계산한다.

③ $y=a_n\ln[x/(1-x)]$를 계산한다. 여기서 a_n은 아래 [표 6-8]에 주어졌다.

④ $w=\hat{y}^2-3$을 계산한다.

⑤ 만약 $w \geq 0$이면 $t = \dfrac{12(n-1)y}{12(n-1)+w}$로 하고, 그렇지 않으면 $t = \dfrac{12(n-2)y}{12(n-2)+w}$로 놓는다.

표준 정규분포표에서 $\hat{p} = \Phi(t)$를 찾는다.

표 6-8 a_n의 값

샘플크기 n	a_n	샘플크기 n	a_n	샘플크기 n	a_n
6	0.880 496	35	2.828 887	160	6.265 024
9	1.230 248	50	3.428 086	200	7.017 865
13	1.583 745	70	4.092 828	250	7.858 138
18	1.937 919	95	4.795 926		
25	2.346 014	125	5.522 742		

예제 6-10 어떤 장비의 최저 가동 온도는 60 °C이고 최고 가동 온도는 70 °C이다. 96 개 아이템의 로트를 검사한다. 검사수준 II, 보통 검사, AQL = 4.0 %가 사용된다. **[표 6-5]**에서 샘플문자는 F임을 알 수 있고, **[표 6-6]**에서 샘플크기는 13임을 알 수 있다. 그리고 **[부표 D1]**에서 보통 검사 시 MSSD에 대한 f_s의 값은 0.328 임을 알 수 있다. 측정치가 아래와 같다고 가정하자.

63.5 ℃, 62.0 ℃, 65.2 ℃, 61.7 ℃, 69.0 ℃, 67.1 ℃,
60.0 ℃, 66.4 ℃, 62.8 ℃, 68.0 ℃, 63.4 ℃, 60.7 ℃, 65.8 ℃,

합격 판단 기준을 설정하라.

풀이 AQL이 4.0 %인 경우에는 f_s의 값은 0.328이므로, s_{max}는 3.28 °C가 된다. 그렇다면 s는 s_{max}보다 작기 때문에, 이 단계에서 로트의 합격 여부를 결정하는 것은 가능하지 않고 추가 계산이 요구된다.

필요한 계산을 하는 두 가지 방법을 소개한다.

첫 번째 방법은 베타분포에 대한 표나 소프트웨어가 있을 때 적용하는 방법이다(KS Q ISO 3951-2 부속서 K.2.1 참조). 계산 중간에 소수점 아래 다섯째 자리까지 포함하고 있음에 주목해야 한다.

필요 정보	구한 값
$Q_U=(U-\bar{x})/s$	1.999 8
$x_U=\frac{1}{2}\left[1-Q_U\sqrt{n}/(n-1)\right]$	0.199 57
$\hat{p}_U=B_{(n-2)/2}(x_U)$	0.014 937
$Q_L=(\bar{x}-L)/s$	1.494 4
$x_L=\frac{1}{2}\left[1-Q_L\sqrt{n}/(n-1)\right]$	0.275 49
$\hat{p}_L=B_{(n-2)/2}(x_L)$	0.061 881
p^*(보통검사이므로 [부표 G1]에서)	0.115 4

따라서 전체 공정 부적합률은 아래와 같이 추정되는데

$$\hat{p}=\hat{p}_L+\hat{p}_U=0.061\,881+0.014\,937=0.076\,82$$

이는 합격판정계수 p^*보다 작다. 따라서 로트는 합격된다.

베타분포표 또는 소프트웨어가 없을 때에는 앞에 설명되어 있는 상당히 정교한 근사적 방법이 추천된다. 이를 아래와 같이 앞의 보기에 적용하여 입증해 본다.

필요 정보	구한 값
$Q_U=(U-\bar{x})/s$	1.999 8
$x_U=\frac{1}{2}[1-Q_U\sqrt{n}/(n-1)]$	0.199 57
a_n([표 6-8]로부터)	1.583 745
$y_U=a_n\ln[x_U/(1-x_U)]$	−2.199 8
$w_U={y_U}^2-3$	1.839 1
$w_U\geq 0,\ t_U=\dfrac{12(n-1)y_U}{12(n-1)+w_U}$	−2.172 1
$\hat{p}_U=\Phi(t_U)$	0.014 924
$Q_L=(\bar{x}-L)/s$	1.494 4
$x_L=\frac{1}{2}[1-Q_L\sqrt{n}/(n-1)]$	0.275 49
$y_L=a_n\ln[x_L/(1-x_L)]$	−1.531 4
$w_L={y_L}^2-3$	−0.654 81
$w_L\geq 0,\ t_L=\dfrac{12(n-1)y_L}{12(n-1)+w_L}$	−1.539 0
$\hat{p}_L=\Phi(t_L)$	0.061 902
p^*(보통검사이므로 [부표 G1]에서)	0.115 4

전체 공정 부적합률은 아래와 같이 추정되는데

$$\hat{p} = \hat{p}_L + \hat{p}_U = 0.061\,902 + 0.014\,924 = 0.076\,83$$

이는 합격판정계수 p^*보다 작다. 따라서 로트는 합격된다.

2) "s" 방법에 대한 분리관리

양쪽규격한계에 별개의 AQL이 적용될 때에는 [부표 G1], [부표 G2] 또는 [부표 G3]에 샘플문자와 상·하한에 대한 AQL 값들을 적용하여 $p_U{}^*$ 및 $p_L{}^*$을 구한다. 그리고 합격 기준은 $\hat{p}_U \le p_U{}^*$과 $\hat{p}_L \le p_L{}^*$이 된다.

3) "s" 방법에 대한 복합관리

복합관리는 양쪽규격에 대한 결합관리와 동시에 별개의 작은 AQL을 사용하여 이중 한 개의 한계에 대해 행하는 분리관리로 구성된다. 따라서 로트는 $\hat{p} \le p^*$이고, 관계에 따라 $\hat{p}_U \le p_U{}^*$ 또는 $\hat{p}_L \le p_L{}^*$일 때 합격된다.

6.3.2 다변량 "s" 방법 표준 절차

m개의 독립 품질 특성을 포함하는 하나의 등급을 다루는 일반적인 방법론은 다음과 같다. i번째 품질 특성에 대한 공정 부적합률의 추정치를 $\hat{p}_i$라 하면 그 등급에 대한 공정 부적합률 추정치는 다음과 같이 표현된다.

$$\hat{p} = 1 - (1 - \hat{p}_1)(1 - \hat{p}_2) \cdots (1 - \hat{p}_m)$$

만약, $\hat{p}_1$, $\hat{p}_2$, $\cdots$, $\hat{p}_m$이 모두 0.01보다 작거나 같은 경우에는, $\hat{p}$는 개별적인 추정치의 합으로 근사시킬 수 있다. 즉, $\hat{p} \approx \hat{p}_1 + \hat{p}_2 + \cdots + \hat{p}_m$이다.

등급 A처럼 단 하나의 등급만 존재한다면 그 등급에 대한 공정 부적합률의 추정치는 $\hat{p}_A$로 표기될 수 있다. 로트는 $\hat{p}_A \le p^*$이면 합격되고, 그렇지 않은 경우에는 합격되지 않는다. 여기서 p^*는 적용할 수 있는 샘플문자와 그 등급에 적용되는 AQL에 대한 [부표 G1], [부표 G2], [부표 G3]에 있는 p^* 형식의 합격판정계수다.

또한, 등급 A, 등급 B, $\cdots$ 처럼 둘 이상의 등급이 있으면 각 등급에 대한 합격판정계수 $p_A{}^*$, $p_B{}^*$, $\cdots$ 를 갖는 로트는 $\hat{p}_A \le p_A{}^*$이고 $\hat{p}_B \le p_B{}^*\cdots$이면 합격되고 부등식 중 하

나 또는 그 이상이 성립되지 않으면 합격되지 않는다. 부적합이 한 개의 등급보다 많으면 등급 A가 가장 심각한 수준의 부적합을 포함할 것이고 일반적으로 가장 작은 AQL, 따라서 가장 작은 p^* 형식 합격판정계수를 갖게 될 것이다. 등급 B는 A수준 다음으로 심각한 부적합을 포함할 것이고 더 큰 AQL 값과 p^* 형식의 값을 갖게 되고 이후 등급도 마찬가지이다. 서로 다른 등급의 부적합들을 서로 다른 심각성에 대해 동시에 검사하는 것도 가능하다.

예제 6-11 5 개의 독립 품질 특성 x_1, x_2, x_3, x_4 및 x_5가 있으며 이들의 공정 표준편차는 알려져 있지 않다. 샘플문자는 H이며 샘플크기는 보통 검사시 5 개 모든 특성에 대해 25이다. 요구조건과 결과가 [표 6-9]와 같다고 가정한다. 등급 A 부적합에 대한 AQL이 0.25 %이고 등급 B에 대한 AQL이 1.0 %라고 가정하고 이 로트의 합격판정을 하라.

표 6-9 공정 표준편차를 모르는 경우, 5 개 품질특성에 대한 요구사항 및 결과의 예

변수	한계	관리 방법	등급	샘플 평균	샘플 표준편차	품질 통계량 Q	$\frac{1-Q\sqrt{n}/(n-1)}{2}$	$\hat{p}$
x_1	$U_1=70.0$	단독	A	$\bar{x}_1=68.5$	$s_1=0.50$	3.000 0	0.187 5	0.000 418
x_2	$L_2=10.0$	단독	B	$\bar{x}_2=10.4$	$s_2=0.20$	2.000 0	0.291 7	0.019 134
x_3	$U_3=4.050$ $L_3=3.950$	결합	A	$\bar{x}_3=4.005$	$s_3=0.015$	3.000 0 3.666 7	0.187 5 0.118 1	0.000 418 0.000 004 0.000 422
x_4	$U_4=1.950$ $L_4=1.750$	분리	B A	$\bar{x}_4=1.862$	$s_4=0.032$	2.750 0 3.500 0	0.213 5 0.135 4	0.001 380 0.000 018
x_5	$U_5=214$ $L_5=206$	복합, 분리 + 결합	A B	$\bar{x}_5=210$	$s_5=1.25$	3.200 0 3.200 0	0.166 7 0.166 7	0.000 140 0.000 140 0.000 280

풀이 [부표 G1]로부터 대응하는 p^* 형식 합격판정계수는 $p_A^*=0.01012$이고 $p_B^*=0.03010$이다. 등급 A 부적합률은 아래와 같이 추정된다.

$$\hat{p}_A=1-(1-\hat{p}_1)(1-\hat{p}_3)(1-\hat{p}_{4,L})(1-\hat{p}_{5,U})$$
$$=1-(1-0.000\,418)(1-0,000\,422)(1-0.000\,018)(1-0.000\,140)$$

$$= 1 - 0.999\,582 \times 0.999\,578 \times 0.999\,982 \times 0.999\,860$$

$$= 1 - 0.999\,002$$

$$= 0.000\,998$$

등급 B 부적합률은 아래와 같이 추정된다.

$$\hat{p}_B = 1 - (1 - \hat{p}_2)(1 - \hat{p}_{4,U})(1 - \hat{p}_5)$$

$$= 1 - (1 - 0.019\,134)(1 - 0.001\,380)(1 - 0.000\,280)$$

$$= 1 - 0.980\,866 \times 0.998\,620 \times 0.999\,720$$

$$= 1 - 0.979\,238$$

$$= 0.020\,762$$

그리고 $\hat{p}_A < \hat{p}_A^*$이고 $\hat{p}_B < \hat{p}_B^*$이므로 로트는 합격된다.

참고로, 각 등급 공정 부적합률의 근사적 추정치는 부분 추정치를 단순히 더함으로써 구해진다.

$$\hat{p}_A \cong \hat{p}_1 + \hat{p}_3 + \hat{p}_{4,L} + \hat{p}_{5,U}$$

$$= 0.000\,418 + 0.000\,422 + 0.000\,018 + 0.000\,140$$

$$= 0.000\,998$$

그리고

$$\hat{p}_B \cong \hat{p}_2 + \hat{p}_{4,U} + \hat{p}_5$$

$$= 0.019\,134 + 0.001\,380 + 0.000\,280$$

$$= 0.020\,794$$

6.3.3 일변량 "σ" 방법 표준 절차

"σ" 방법은 공정의 표준편차 σ가 일정하고 알려져 있다는 명백한 증거가 있는 경우에만 사용할 수 있다. 절차는 [표 6-5]에서 샘플문자를 찾는다. 그 후에 검사의 엄격도에 따라 [부표 C1], [부표 C2] 또는 [부표 C3]을 사용하여 샘플문자와 지정된 AQL로 샘플크기 n과 합격판정계수 k를 찾는다. 이 크기의 랜덤 샘플을 추출하여 샘플의 모든 아이템에 대해 검사되고 있는 특성치 x를 측정하고 평균 $\bar{x}$를 계산한다.(샘플 표준편차 s도 역시 계산되어야 하는데, 이는 단지 공정 표준편차의 지속적인 안정상태를 확인하기 위한 목적일 뿐이다.)

(1) 한쪽규격 또는 양쪽규격 분리관리에 대한 합격 기준

합격판정기준은 "s" 방법에 대한 절차를 따라 다음과 같이 하여 구해진다. 개별 샘플로부터 구한 s를 알려져 있다고 가정된 공정 표준편차 σ로 대체한다. 계산된 Q의 값을 [부표 C1], [부표 C2] 또는 [부표 C3] 중 한 표에서 구한 합격판정계수 k 값과 비교한다. 예를 들어, 규격상한에 대한 합격 기준 $Q_U[=(U-\bar{x})/\sigma \geq k$는 $\bar{x} \leq U-k\sigma$로 쓰여질 수 있으며 U와 마찬가지로 k와 σ는 모두 미리 알려져 있고, 따라서 합격값 $\bar{x}_U = U-ks$는 검사가 시작되기 전에 결정되어야 한다. 그리고 규격상한이 있는 경우, 로트는 $\bar{x} \leq \bar{x}_U$이면 합격되고, $\bar{x} > \bar{x}_U$이면 합격될 수 없다. 마찬가지로 규격하한이 있는 경우, 로트는 $\bar{x} \geq \bar{x}_L$이면 합격되고, $\bar{x} < \bar{x}_L$이면 합격될 수 없다.

예제 6-12 어떤 강철 주물에 대한 최소 항복점은 400 N/mm^{2}이다. 500 아이템이 들어 있는 로트가 검사에 제출되었다. 검사수준 II의 보통 검사가 AQL = 1.5 % 값과 함께 사용된다. s의 값은 21 N/mm^{2}로 간주된다. **[표 6-5]**에서 샘플문자는 H라는 것을 알 수 있다. 그러면 **[부표 C1]**로부터 AQL = 1.5 %에 대해서는 샘플크기 n이 12이고 합격판정계수 k는 1.613이라는 것을 알 수 있다. 샘플의 항복점이 다음과 같다고 가정하자.

431, 417, 469, 407, 450, 452, 427, 411, 429, 420, 400, 445

합격 판단기준을 설정하라.

풀이 필요정보를 아래에 정리하여 보면 다음과 같다.

필요 정보	구한 값
규격 한계(하한, L)	400 N/mm^2
표준편차(σ기지)	21 N/mm^2
합격값($\bar{x}_L = L + k\sigma$)	433.9 N/mm^2
샘플크기(n)	12
합격판정계수 : k	1.613

샘플 총합($\sum x$)	5 184 N/mm²
샘플 평균($\bar{x}$)	429.8 N/mm²
합격 판단 기준($\bar{x} \geq \bar{x}_L$ 인가?)	아니요

로트의 샘플 평균은 합격 기준에 부합되지 않는다. 따라서 로트는 합격될 수 없다.

분리관리를 하는 양쪽규격에 대해서는 σ가 [부표 E2]에서 구해진 MPSD보다 크면 합격될 수 없다고 판정할 수 있다. 만일 $\sigma \leq$ MPSD이면 상한과 하한에 대한 합격판정계수, 즉 k_U와 k_L을 결정한다. 로트는 $\bar{x} \leq \bar{x}_U$ 및 $\bar{x} \geq \bar{x}_L$이면 합격되고, $\bar{x} > \bar{x}_U$ 및/또는 $\bar{x} < \bar{x}_L$이면 합격될 수 없다.

(2) 양쪽한계의 결합관리 또는 복합관리에 대한 합격 기준

규격상한 및 하한에 대한 결합관리의 경우 즉, 규격을 벗어나는 공정 퍼센트에 대한 총 AQL이 있는 경우, 아래 절차가 적용된다.

① 샘플링하기 전에 인자 f_s의 값을 결정하기 위해 단일 AQL을 [부표 E1](결합관리를 위해)에, 또는 두 가지 AQL 값을 [부표 E3](복합관리를 위해)에 적용한다.

② MPSD에 대한 $s_{\max} = (U - L)f_s$의 공식을 이용하여 공정 표준편차의 최대 허용값을 계산한다.

③ 공정 표준편차 s의 값을 $s_{\max}$와 비교한다. s가 $s_{\max}$를 초과하는 경우에 공정은 합격될 수 없으며, 공정 산포가 적절히 감소되었다고 입증되기 진까지는 샘플링검사는 무의미하다.

④ 만일 $s \leq s_{\max}$이면 [표 6-5]에서 샘플문자를 결정하기 위해 로트크기와 주어진 검사수준을 사용한다.

⑤ 샘플문자와 검사 엄격도(보통, 까다로운 및 수월한 검사)로부터 샘플크기 n을 구하고 [부표 G1], [부표 G2] 또는 [부표 G3]로부터 합격판정계수 p^*를 구한다.

⑥ 크기 n의 랜덤 샘플을 로트에서 추출하고 샘플 평균 $\bar{x}$를 구한다.

⑦ $\hat{p}_L = \Phi\left(-Q_L\sqrt{\dfrac{n}{n-1}}\right) = \Phi\left(\dfrac{L-\bar{x}}{\sigma}\sqrt{\dfrac{n}{n-1}}\right)$

$$\hat{p}_U = \Phi\left(-Q_U\sqrt{\frac{n}{n-1}}\right) = \Phi\left(\frac{\bar{x}-U}{\sigma}\sqrt{\frac{n}{n-1}}\right)$$

을 계산한 후 $\hat{p}=\hat{p}_U+\hat{p}_L$을 구한다.

⑧ 만일 $\hat{p}>p^*$이면 결합관리이건 복합관리이건 로트는 합격될 수 없으며 더 이상의 계산이나 비교가 필요하지 않다.

⑨ 결합관리의 경우, $\hat{p}\leq p^*$이면 로트는 합격될 수 있다.

⑩ 복합관리의 경우, [부표 G1], [부표 G2], 또는 [부표 G3]으로부터 한쪽규격한계에 대한 합격판정계수 즉, 규격상한의 경우 p_U^*, 규격하한의 경우 p_L^*을 결정한다. 규격상한에 대해 별개의 AQL을 갖고 있는 복합관리의 경우, 로트는 $\hat{p}\leq p^*$이고 $\hat{p}_U\leq p_U^*$이면 합격시킬 수 있다. 규격하한에 대해 별개의 AQL을 갖고 있는 복합관리의 경우, 로트는 $\hat{p}\leq p^*$이고 $\hat{p}_L\leq p_L^*$이면 합격시킬 수 있다.

6.3.4 다변량 "σ" 방법 표준 절차

"σ" 방법하에 m개의 독립 품질특성 x_1, x_1, $\cdots$, x_m을 갖고 있는 하나의 등급을 처리하는 일반적인 방법은 다변량 "s" 방법과 유사하다. i번째 품질 특성에 대한 공정 부적합률의 추정치를 $\hat{p}_i$라 하면 그 등급에 대한 공정 부적합률 추정치는 아래와 같이 표현된다.

$$\hat{p}=1-(1-\hat{p}_1)(1-\hat{p}_2)\cdots(1-\hat{p}_m)$$

다변량 "s" 방법은 베타분포나 근사계산을 통해 공정 부적합률을 추정하지만, 다변량 "σ" 방법은 각 특성에 대한 공정 부적합률을 추정할 때 다음과 같이 표준정규분포의 누적분포함수 $\Phi(x)$를 사용하는 것이 유일한 차이이다. 즉, 공정 표준편차가 알려져 있는 경우, 규격하한을 초과하는 공정 부적합률의 추정치에 대한 일반 공식은 다음과 같다.

$$\hat{p}_L=\Phi\left(-Q_L\sqrt{\frac{n}{n-1}}\right)=\Phi\left(\frac{L-\bar{x}}{\sigma}\sqrt{\frac{n}{n-1}}\right)$$

여기서 σ는 공정표준편차이다. 규격상한에 대한 공식은

$$\hat{p}_U=\Phi\left(-Q_L\sqrt{\frac{n}{n-1}}\right)=\Phi\left(\frac{L-\bar{x}}{\sigma}\sqrt{\frac{n}{n-1}}\right)$$

가 된다. 또한 결합 공정 부적합률은 이 두 추정치의 합으로 추정된다

예제 6-13 [예제 6-11]에서 샘플 표준편차를 공정 표준편차로 바꾸어 반복해 보자.

5 개의 독립 품질특성 x_1, x_2, x_3, x_4 및 x_5가 있으며 이들의 공정 표준편차는 알려져 있다. 샘플문자는 H이며 샘플크기는 보통 검사 시 5 개 모든 특성에 대해 12이다. 요구사항 및 결과가 [표 6-10]과 같다고 가정한다.

표 6-10 공정 표준편차를 아는 경우, 5 개 품질특성에 대한 요구사항 및 결과의 예

변수	한계	샘플 평균	공정 표준편차	관리 유형	품질 통계량 Q	$Q_L\sqrt{\frac{n}{n-1}}$ (n=12)	$\hat{p}$	등급
x_1	$U_1=70.0$	$\bar{x}_1$=68.5	σ_1=0.50	단독	3.000 0	3.133 4	0.000 864	A
x_2	$L_2=10.0$	$\bar{x}_2$=10.4	σ_2=0.20	단독	2.000 0	2.088 9	0.018 357	B
x_3	$U_3=4.050$ $L_3=3.950$	$\bar{x}_3$=4.005	σ_3=0.015	결합	3.000 0 3.666 7	3.133 4 3.829 7	0.000 864 0.000 064	A
x_4	$U_4=1.950$ $L_4=1.750$	$\bar{x}_4$=1.862	σ_4=0.032	분리	2.750 0 3.500 0	2.872 3 3.655 6	0.002 038 0.000 128	B A
x_5	$U_5=214$ $L_5=206$	$\bar{x}_5$=210	σ_5=1.25	복합, 분리 + 결합	3.200 0 3.200 0	3.342 3 3.342 3	0.000 415 0.000 415 0.000 830	A B

풀이 등급 A 부적합률은 다음과 같이 추정된다.

$$\begin{aligned}\hat{p}_A &= 1-(1-\hat{p}_1)(1-\hat{p}_3)(1-\hat{p}_{4,L})(1-\hat{p}_{5,U}) \\ &= 1-(1-0.000\,864)(1-0.000\,928)(1-0.000\,128)\ (1-0.000\,415) \\ &- 1-0.999\,136\times 0.999\,072\times 0.999\,872\times 0.999\,585 \\ &= 1-0.997\,667 \\ &= 0.002\,333\end{aligned}$$

등급 B 부적합률은 아래와 같이 추정된다.

$$\begin{aligned}\hat{p}_B &= 1-(1-\hat{p}_2)(1-\hat{p}_{4,U})(1-\hat{p}_5) \\ &= 1-(1-0.018\,357)(1-0.002\,038)(1-0.000\,830) \\ &= 1-0.981\,643\times 0.997\,962\times 0.999\,170 \\ &= 1-0.978\,829 \\ &= 0.021\,407\end{aligned}$$

$\hat{p}_A = 0.002333 < p_A^* = 0.01012$이고 $\hat{p}_B = 0.021829 < p_B^* = 0.03010$이므로 로트는 합격된다.

6.4 로트별 AQL 지표형 2회 샘플링검사 : KS Q ISO 3951-3

이 샘플링검사 방식은 'ISO 3951-3:2007, Sampling procedures for inspection by variables-Part 3 : Double sampling schemes indexed by acceptance quality limit(AQL) for lot-by-lot inspection'의 내용을 기초로 작성된 것이다. 이 시스템은 한국산업표준(KS Q ISO 3951-3)으로 제정되어 있으며 독립 품질특성의 로트별 검사를 위한 합격판정 2회 샘플링검사 방식을 규정한 계량 조정형 샘플링검사 형태이다.

이 시스템의 샘플문자, 샘플크기, AQL 지정, 예비 작업 등에 관한 운영 방식은 앞 절의 KS Q ISO 3951-1과 동일하므로 생략한다. 다만 엄격도 전환규칙과 샘플링 형식이 다소 다르므로 이에 대한 내용만 간략히 소개한다.

(1) 샘플링검사 형식과 합격판정 절차

검사 형식은 2회 샘플링검사 방식이며 합격판정 절차는 KS Q ISO 2859-1의 2회 샘플링검사 방식과 동일하나 판정기준에 사용되는 조건 및 기호가 다소 다르다, 이를 [그림 6-10]에 제시하였다.

① k_a, k_r, k_c : 각각 제1차 샘플에 대한 형식 합격판정 및 불합격판정계수, 제1차

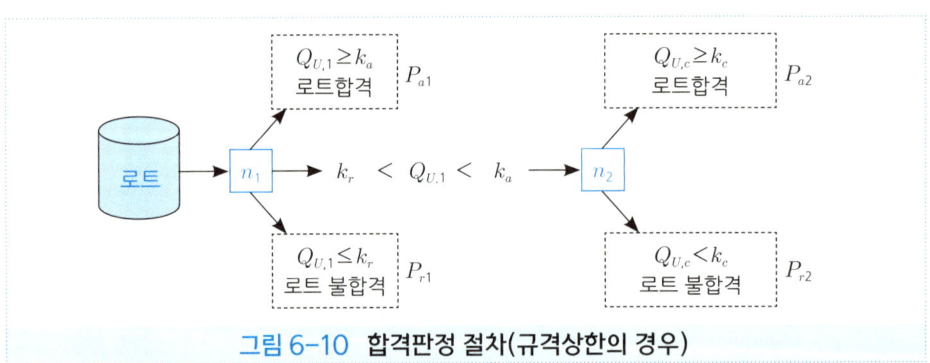

그림 6-10 합격판정 절차(규격상한의 경우)

샘플과 제2차 샘플이 결합된 것에 대한 합격판정계수를 나타낸다.

② 하한품질통계량(lower quality statistic)

Q_L은 공정표준편차를 모를 때 $(\bar{x}-L)/s$로 정의되고, 공정표준편차를 알고 있다고 가정할 때는 $(\bar{x}-L)/\sigma$로 정의된다.

$Q_{L.1}$은 $(\bar{x}_1-L)/s_1$ 또는 $(\bar{x}_1-L)/\sigma$로 정의되고, $Q_{L.c}$는 $(\bar{x}_c-L)/s_1$ 또는 $(\bar{x}_c-L)/\sigma$로 정의된다.

② 상한품질통계량(upper quality statistic)

Q_U은 공정표준편차를 모를 때 $(U-\bar{x})/s$로 정의되고, 공정표준편차를 알고 있다고 가정할 때는 $(U-\bar{x})/\sigma$로 정의된다.

$Q_{U.1}$은 $(U-\bar{x}_1)/s_1$ 또는 $(U-\bar{x}_1)/\sigma$로 정의되고, $Q_{L.c}$는 $(U-\bar{x}_c)/s_1$ 또는 $(U-\bar{x}_c)/\sigma$로 정의된다.

(2) 검사엄격도 전환규칙

표준 전환규칙은 KS Q ISO 2859-1과 거의 같으며 다음 사항만 다르다. 이를 정리하여 제시한 것이 [그림 6-11]이다.

수월한 검사는 연속 10 개의 로트가 합격되고 아래 조건을 만족시키면 실행된다,

① 이들 로트중 어떤 것도 제2차 샘플을 선택할 필요가 없었다.

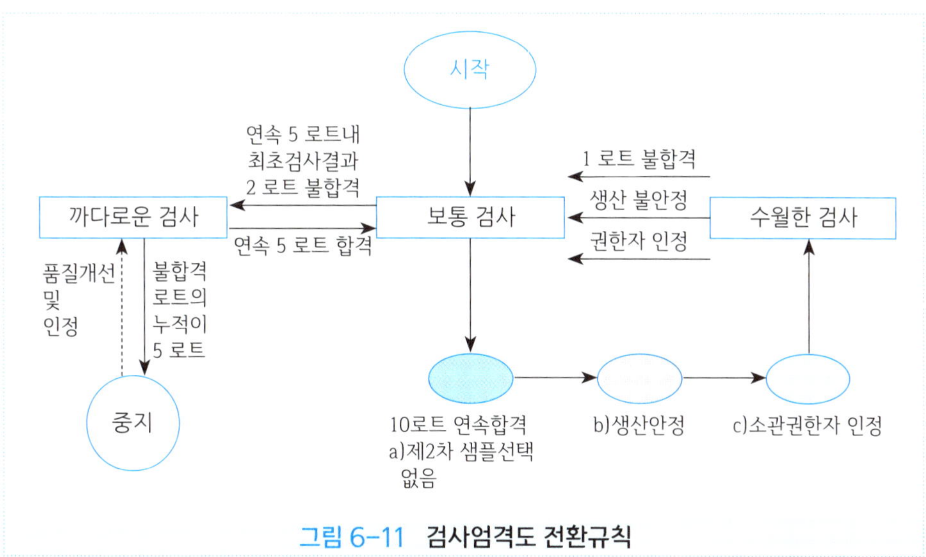

그림 6-11 검사엄격도 전환규칙

② 생산은 통계적 관리상태에 있다.

③ 소관권한자에 의해 수월한 검사가 바람직하다고 여겨진다.

6.4.1 일변량 "s" 방법 표준 절차

먼저 로트크기와 검사수준(대개는 검사수준 II)을 이용하여 [표 6-5]에서 샘플문자를 구한다. 한쪽규격한계의 경우, 샘플문자와 AQL을 이용하여 보통 검사, 까다로운 검사, 수월한 검사에 대하여 각각 [부표 DS10], [부표 DS11], [부표 DS12]를 참고해 샘플크기 과 합격판정계수 k_a, k_r, k_c를 구한다. 양쪽규격한계의 분리관리의 경우 양쪽 한계에 대하여 이를 수행한다. 양쪽규격한계의 결합관리의 경우, [부표 DS23], [KS Q ISO 3951-3의 표 24], 또는 [KS Q ISO 3951-3의 표 25] 중 적합한 것을 참고해 샘플크기 n과 합격판정계수 p_a^*, p_r^*, p_c^*를 구한다.

양쪽규격한계의 복합관리의 경우, [부표 DS23], [KS Q ISO 3951-3의 표 24], 또는 [KS Q ISO 3951-3의 표 25]중 적합한 것을 참고해, 한 번은 AQL을 표준의 결합관리 부분에 적용하고, 또 한 번은 더 작은 AQL을 더 엄격한 규격한계에 적용한다. 샘플크기 n인 최초 샘플을 추출해 각 아이템의 특성 x를 측정하여 표본평균 $\bar{x}_1$과 공정표준편차의 추정치 s_1을 계산한다.

(1) 한쪽규격한계

한쪽규격한계에 대한 절차는 다음과 같다.

품질통계량 $Q_{U.1} = \dfrac{U - \bar{x}_1}{s_1}$ 또는 $Q_{L.1} = \dfrac{\bar{x}_1 - L}{s_1}$ 을 계산한다.

① 품질통계량($Q_{U.1}$ 또는 $Q_{L.1}$)이 k_a이상이면, 제2차 샘플 없이 로트는 합격이다.

② 품질통계량이 k_r미만이면, 마찬가지로 제2차 샘플 없이 로트는 불합격이다.

③ 품질통계량이 k_r과 k_a 사이에 있다면, 로트에서 동일한 크기의 제2차 샘플을 취하여 그 평균 $\bar{x}_2$와 표준편차 s_2를 계산한다. 그 다음, 결합 샘플 평균과 결합 표준편차 $\bar{x}_c = (\bar{x}_1 + \bar{x}_2)/2$와 $s_c = \sqrt{(s_1^{\,2} + s_2^{\,2})/2}$를 구한 후 결합 품질통계량 $Q_{U.c} = \dfrac{U - \bar{x}_c}{s_c}$ 또는 $Q_{L.c} = \dfrac{\bar{x}_c - L}{s_c}$ 을 계산한다. 결합 품질통계량이 k_c 이상이면 로트는 합격되어야 하고, 그렇지 않으면 불합격되어야 한다.

예제 6-14 특정 장치에 대한 최대 동작 온도가 60 ℃로 규정되어 있다. 100개 아이템의 로트에서 샘플을 검사한다. 공정표준편차는 알지 못한다. 검사수준 II와 AQL = 2.5 %인 보통 검사를 사용하고자 한다.

[표 6-5] 로부터 샘플문자는 F임을 알 수 있다. 또한 [부표 DS10] 으로부터 보통 검사에는 크기 8의 샘플이 필요하고 합격판정계수 k_a, k_r, k_c는 각각 1.677, 1.160, 1.476이다. 제1차 샘플에서 8 개 장치의 온도 측정값이 58 ℃, 59 ℃, 54 ℃, 58 ℃, 50 ℃, 50 ℃, 55 ℃, 54 ℃라고 가정하자. 합격판정 기준에 부합하는지를 결정하라.

풀이

필요 정보	구한 값
제1차 샘플크기 : n	8
규격상한 : U	60 ℃
제1차 샘플에서 k 형식 합격판정계수 : k_a	1.677
제1차 샘플에서 k 형식 불합격판정계수 : k_r	1.160
제1차 샘플의 평균 : $\bar{x}_1$	54.75 ℃
제1차 샘플의 표준편차 : s_1	3.495 ℃
제1차 샘플의 규격상한에서의 품질통계량 : $Q_{U,1} = (U - \bar{x}_1)/s_1$	1.502
$k_r < Q_{U,1} < k_a$이면, 로트 합격여부를 결정하기 위해 8 개 장치의 제2차 샘플이 필요하다. 제2차 샘플의 측정값을 56 °C, 55 °C, 55 °C, 56 °C, 52 °C, 51 °C, 59 °C, 58 °C라고 가정하자.	
결합된 제1차 샘플 및 제2차 샘플의 k 형식 합격판정계수 : k_c	1.476
제2차 샘플의 평균 : $\bar{x}_2$	55.25 ℃
제2차 샘플의 표준편차 : s_2	2.712 ℃
결합 샘플 평균 : $\bar{x}_c = (\bar{x}_1 + \bar{x}_2)/2$	55.00 ℃
결합 샘플 표준편차 : $s_c = \sqrt{({s_1}^2 + {s_2}^2)/2}$	3.128 ℃
결합 샘플 규격상한에서의 품질통계량 : $Q_{U,c} = (U - \bar{x}_c)/s_c$	1.598
$Q_{U,c} > k_c$이므로 로트는 합격판정 기준을 만족하므로 합격된다.	

(2) 양쪽규격한계의 분리관리

양쪽규격한계의 분리관리에서, L과 U에서의 k형식 합격판정계수는 일반적으로 다르게 나타난다. 이때 이들을 각각 $k_{L,a}$, $k_{L,r}$ 및 $k_{L,c}$ 그리고 $k_{U,a}$, $k_{U,r}$ 및 $k_{U,c}$로 표기하자. 이 경우에 로트는 다음의 경우에 합격된다.

$$Q_{U,1} \geq k_{U,a} \text{ 또는 } k_{U,r} < Q_{U,1} < k_{U,a} \text{ 및 } Q_{U,c} \geq k_{U,s} \text{ 그리고}$$

$$Q_{L,1} \geq k_{L,a} \text{ 또는 } k_{L,r} < Q_{L,1} < k_{L,a} \text{ 및 } Q_{L,c} \geq k_{U,c}$$

그렇지 않으면 로트는 다음의 경우에 불합격된다.

$Q_{U,1} \le k_{U,r}$, 또는

$Q_{L,1} \le k_{L,r}$, 또는

$k_{U,r} < Q_{U,1} < k_{U,a}$ 및 $Q_{U,c} < k_{U,c}$, 또는

$k_{L,r} < Q_{L,1} < k_{L,a}$ 및 $Q_{L,c} < k_{L,c}$

양쪽 한계에 필요한 샘플크기도 또한 같지 않을 수도 있다. 이런 경우에는 개별 샘플을 취하거나 더 큰 샘플크기를 사용해서 더 작은 샘플의 평균과 표준편차를 결정할 수 있도록 샘플 아이템들을 그 선택 순서대로 파악한다.

예제 6-15 자동차 배터리 산(acid)은 공칭 함량이 500 cL인 플라스틱 카톤상자에 있는 건전지로부터 개별적으로 공급된다. 산이 불충분하다면 배터리 전극은 불충분하게 덮게 될 것이지만, 산이 너무 많다면 소비자는 과잉 산을 처분하는 문제를 안게 된다. 과거의 증거는, 카톤상자를 채우는데 사용된 기계는 각 로트 내의 카톤상자마다 정규분포를 하는 다량의 산을 공급한다는 관점을 입증하고 있다. 규격하한은 0.40 %의 AQL을 갖는 495 cL로 설정되었고 규격상한은 1.5 % AQL을 갖는 505 cL로 설정되었다. 이 한계들은 개별적으로 관리되며 공정 표준편차는 알지 못한다. 250 상자의 로트를 검사수준 II에서 검사하라.

풀이 [표 6-5] 로부터 샘플문자는 G임을 알 수 있다. 첫 번째 로트의 합격여부 결정에 관한 세부사항을 다음의 표로 정리하였다.

필요 정보	구한 값
규격하한 : L	495 cL
샘플문자([표 6-5]로부터)	G
규격하한에 대한 AQL	0.40 %
필요한 최초 샘플크기([부표 DS10]으로부터) : n_L	10
제1차 샘플의 하한에서 합격판정계수 : $k_{L,a}$	2.463
제1차 샘플의 하한에서 불합격판정계수 : $k_{L,r}$	1.863
규격상한 : U	505 cL
규격상한에 대한 AQL	1.5 %
필요한 최초 샘플크기 : n_U	12

제1차 샘플의 상한에서 합격판정계수 : $k_{U,a}$	1.907
제1차 샘플의 상한에서 불합격판정계수 : $k_{U,r}$	1.439
12개 카톤상자의 샘플을 첫 번째 로트에서 무작위로 선택한다. 선택 순서대로, 샘플링 된 카톤상자는 497.2 cL, 504.0 cL, 499.5 cL, 498.2 cL, 501.3 cL, 501.8 cL, 500.1 cL, 502.4 cL, 499.9 cL, 496.4 cL, 498.7 cL, 503.7 cL를 포함하는 것으로 밝혀졌다.	
규격하한에 대한 최초 샘플의 평균 : $\overline{x}_{L,1}$	500.79 cL
규격하한에 대한 최소 샘플의 표준편차 : $s_{L,1}$	2.266 9 cL
규격하한에서의 품질통계량 : $Q_{L,1}=(\overline{x}_{L,1}-L)/\,s_{L,1}$	2.554 1
$Q_{L,1} \geq k_{L,a}$인가?	예
이 로트는 규격하한에 관한 한 합격이다. 이제 규격상한을 고려해보자.	
규격상한에 대한 최초 샘플의 평균 : $\overline{x}_{U,1}$	500.25 cL
규격상한에 대한 최소 샘플의 표준편차 : $s_{U,1}$	2.456 7 cL
규격상한에서의 품질통계량 : $Q_{U,1}=(U-\overline{x}_{U,1})/\,s_{U,1}$	1.933 5
$Q_{U,1} \geq k_{U,a}$인가?	예
양 한계에서의 합격판정 기준은 제1차 샘플에서 만족하므로 이 로트는 합격된다.	

예를 들어 만일 $Q_{U,1}$이 1.8이라면 $Q_{U,1}$은 $k_{U,r}$와 $k_{U,a}$사이에 있다는 것이 밝혀졌을 것이다. 이런 경우에 규격상한에 대한 로트의 합격여부는 제1차 샘플에서 결정되지 않았을 것이고 크기가 12인 제2차 샘플이 필요하였을 것이다. 규격하한에 대한 로트의 합격여부가 이미 정해졌다면 이 제2차 샘플은 상한에서의 합격여부를 판정하는 목적에만 사용될 것이다.

(3) 양쪽규격한계의 결합관리

양쪽규격의 결합관리는 로트 합격여부를 결정하기 위해 k 형식과 p^* 형식을 제공한다. k 형식은 한쪽규격한계 또는 양쪽규격한계가 개별적으로 관리되는 단일 품질특성에만 적용한다. p^* 형식은 한쪽 또는 양쪽규격한계의 조합 그리고 결합관리, 분리관리 또는 복합관리를 갖는 단일 또는 복수 품질특성에 훨씬 더 일반적으로 적용할 수 있다.

규격상한 및 규격하한의 결합관리 또는 복합관리가 필요한 경우에는 두 규격한계를 벗어난 총 공정 백분율에 대한 전체 AQL이 있게 될 것이므로, 첫 번째 단계는 최초 샘플의 표준편차 s_1이 크지 않아서 로트 합격판정이 불가능한 지 확인하는 것이다. s_1 값이 [부표 DS16], [KS Q ISO 3951-3의 표 17], [KS Q ISO 3951-3의 표 18]을 이용해 $s_{1,\max}=(U-L)f_{s,1}$로 결정된 최대샘플표준편차(MSSD)의 값을 초과한다면, 더 이상 계산할 필요가 없다. 로트를 즉시 불합격으로 판정하여야 하기 때문이다.

1) 결합관리 p^* 형식 합격판정 절차

s_1값이 $s_{1,\max}$를 초과하지 않는다면 최초 샘플로부터 공정부적합률의 추정치 $\hat{p}_1$(KS Q ISO 3951-3 부속서 E)을 계산하여 이를 [부표 DS23], [KS Q ISO 3951-3의 표 24] 또는 [KS Q ISO 3951-3의 표 25]에 명시된 p^* 형식 합격판정계수 p_a^*와 p_r^* 중 적합한 것과 비교한다. 로트는,

$\hat{p}_1 \leq p_a^*$이면 합격이고,

$\hat{p}_1 \geq p_a^*$이면 불합격이다.

$p_a^* < \hat{p}_1 < p_r^*$이면, 동일한 크기의 제2차 샘플을 선택해 통계량 $\bar{x}_c$와 s_c를 계산한다(한쪽규격한계 참조). [부표 DS16], [KS Q ISO 3951-3의 표 17] 또는 [KS Q ISO 3951-3의 표 18]에서 적합한 값을 구한다. s_c 값이 $s_{c,\max} = (U-L)f_{s,c}$로 결정된 MSSD 값을 초과한다면, 더 이상 계산은 필요하지 않고 로트는 불합격 된다. s_c 값이 MSSD 값을 초과하지 않는다면, 결합 샘플로부터 공정부적합률의 추정치 $\hat{p}_c$(KS Q ISO 3951-3 부속서 E)를 계산해 이를 p_c^*와 비교한다. 로트는,

$\hat{p}_c \leq p_c^*$이면 합격이고,

$\hat{p}_c \geq p_c^*$이면 불합격이다.

기타 자세한 사항과 $\hat{p}$에 대한 단순식 및 복합관리 등에 대해서는 KS Q ISO 3951-3을 참조하기 바란다.

6.4.2 일변량 "σ" 방법 표준 절차

(1) 방식 결정, 샘플링 및 예비 계산

"σ" 방법은 소관권한자의 관점에서 공정표준편차가 일정하다고 볼 수 있고 이를 σ로 취할 수 있는 충분한 증거가 있을 때만 사용하여야 한다. 양쪽규격한계의 경우, 샘플링검사를 시작하기 전에 최대공정표준편차(MPSD)를 다음 식으로 결정한다.

$$\sigma_{\max} = (U-L)f_\sigma$$

여기서, 다음에 대한 계수 f_σ를 구한다.

① 결합관리의 경우 [부표 DS19]의 단일 AQL에 대해서, 또는
② 분리관리의 경우 [KS Q ISO 3951-3의 표 20]의 양쪽 AQL에 대해서, 또는
③ 복합관리의 경우 [KS Q ISO 3951-3의 표 21]의 양쪽 AQL에 대해서

공정표준편차 σ값을 $\sigma_{\max}$와 비교한다. σ가 $\sigma_{\max}$를 초과하면 공정은 불합격이고, 샘플링검사는 공정 변동성이 적절하게 감소될 때까지 무의미해진다.

$\sigma \le \sigma_{\max}$인 경우에만, [표 6-5]로부터 샘플문자를 구한다. 그러면 검사 엄격도와 요구되는 관리 유형(다음 항 참조)에 따라, 그리고 각각의 AQL에 대하여,

i) [부표 DS13], [KS Q ISO 3951-3의 표 14], [KS Q ISO 3951-3의 표 15]에 샘플문자와 규정된 AQL을 입력해서 샘플크기 n과 합격판정계수 k_a, k_r, k_c를 구한다. 또는,
ii) [부표 DS26], [KS Q ISO 3951-3의 표 27], [KS Q ISO 3951-3의 표 28]에 샘플문자와 규정된 AQL을 입력하여 샘플크기 n과 합격판정계수 p_a^*, p_r^*, p_c^*를 구한다.

크기가 n인 최초 샘플을 취하여 샘플의 모든 아이템에 대한 검사 대상 특성 x를 측정해 평균 $\bar{x}_1$를 계산한다.(최초 샘플의 표준편차 s_1도 계산하는 것이 바람직하지만, 공정표준편차의 안정성이 연속적인지를 검사할 목적으로만 계산하도록 한다.)

나머지 단계들은 s_1과 s_c를 σ로 대체하는 것을 제외하면 "s" 방법에 대한 것과 비슷하여 생략하므로 구체적인 사항은 KS Q ISO 3951-3를 참조하기 바란다.

6.5 선언품질수준의 평가 절차 : ISO 3951-4

6.5.1 개요

이 샘플링검사 절차는 'ISO 3951-4:2014, Sampling procedures for inspection by attributes - Part 4:Procedures for assessment of declared quality levels'의 내용을 기초로 작성된 것이다. 이 절차는 선언품질수준의 적합성을 평가하는 방식을 규정한

일종의 규준형 검사 표준이다. 이 절에서는 그 내용을 간략히 소개하기로 한다.

이 시스템은 조사 대상(로트, 프로세스 등)의 품질수준이 선언된 수치에 적합한지의 여부를 평가하는 데 사용될 수 있는 샘플링검사 방식과 절차에 대하여 규정한다. 이 샘플링 검사 방식은 ISO 2859-4 계수형 샘플링검사 방식의 검사특성곡선과 연계하도록 하였으며, 계수형 샘플링검사와 계량형 샘플링검사 중의 선택이 틀린 선언품질수준을 채택하는 기회를 증가시키려는 시도에 영향을 받지 않도록 고안되었다. 이 샘플링검사 방식은 세 가지 수준의 판별력에 대응하고 공정표준편차의 미지 및 기지에 대한 것을 제공된다.

ISO 3951의 다른 표준에 있는 절차들과는 대조적으로 이 시스템에 있는 절차들은 로트의 합격판정 평가에는 적합하지 못하다. 일반적으로, 평가 절차가 잘못된 결론에 도달하는 위험의 조정은 합격판정 샘플링검사 절차에 관한 조정과는 차이가 있다.

이 시스템은 선언품질수준에 대한 객관적인 적합성 증거가 샘플의 검사를 통하여 제공되는 상황에서의 다양한 형태의 품질 검사에 사용될 수 있다. 절차들은 조사 대상으로부터 개별 아이템을 추출하는 랜덤 샘플링이 가능한 로트, 프로세스 출력 등의 조사 대상에 적합하다. 이 시스템에서 제공하는 샘플링검사 방식은 최종 아이템, 부품 및 원자재, 작업, 재공품, 저장품, 보전 작업, 데이터 또는 기록, 행정 절차 등 여러 가지 제품의 검사 외에도 제한 없이 적용 가능하다. 또한 ISO 3951-4는 관심 수량이 프로세스에서 부적합품의 비율일 때 사용하도록 작성되었다.

이 샘플링검사 절차에서 사용되는 주요 용어를 정의하면 다음과 같다.

① 품질비율(quality ratio)

조사 대상의 선언품질수준에 대한 실제품질수준의 비율(실제품질수준/선언품질수준)

② 한계품질비율(limiting quality ratio) : LQR

틀린 선언품질수준을 부정하지 못하는 위험이 작도록(이 시스템에서는 10 %) 제한하는 품질비율의 값

③ 선언품질수준(declared quality level) : DQL

조사 대상의 로트 또는 프로세스의 품질이 특정의 수준이라고 명시적으로 제시한 것으로서 확실한 기준이 있어야 하며, DQL을 고의로 과다하게 책정하거나 또는 축소해서는 안 된다.

이 방식은 로트 또는 프로세스의 품질 수준이 선언값에 부합하는 지를 평가하는 계량형 샘플링검사 방식 및 절차를 제시한다. 임의 개수의 품질 특성에 대한 절차를 제시하며, 각각의 특성은 연속 척도에서 측정 가능하여야 할 것이며, 정규 분포, 정규성에 매우 근접한 분포, 또는 정규성에 매우 근접하도록 변환될 수 있는 분포에 따라야 할 것이다.

구체적인 개념 및 원리 등에 대해서는 KS Q ISO 2859-4 및 KS Q ISO 3951-4 원문을 참조하기 바란다.

6.5.2 판정의 원리

샘플링검사에 근거한 판정 절차에는 샘플링의 변동 가능성으로 인한 본질적인 불확실성이 존재할 것이다. 이 시스템에 있는 절차는 실제품질수준이 선언품질수준보다 나쁘다는 결론을 뒷받침하는 충분한 증거가 존재할 때만 선언품질수준을 부정하도록 고안되었다.

이 절차는 실제품질수준이 선언품질수준과 동일하거나 더 우수할 때 선언된 값을 부정하는 위험이 5 % 전후가 되도록 고안되었다. 결과적으로, 실제품질수준이 선언품질수준보다 나쁠 경우, 틀린 선언품질수준을 부정하지 못할 위험이 있다.

이러한 위험은, 실제품질수준과 선언품질수준 사이의 비율 즉, 품질비율의 값에 의존한다. 한계품질비율(LQR)은 허용되는 가장 큰 품질비율을 표시하도록 도입되었다. 실제품질수준이 선언품질수준보다 LQR의 몇 배보다 나쁠 경우, 이 시스템에 있는 절차는 선언품질수준을 부정하지 못하는 위험을 10 % 가지고 있다(이는 틀린 선언품질수준을 부정할 확률이 90 %).

이 시스템에서 제공하는 샘플링검사 방식은 한계품질비율(LQR) Ⅰ, Ⅱ 및 Ⅲ 수준과 표준수의 선언품질수준(DQL)에 의하여 지표화되어 있다.

6.6 로트별 AQL 지표형 축차 샘플링검사(표준편차 기지) : KS Q ISO 3951-5

이 샘플링검사 방식은 'ISO 3951-5:2006, Sampling procedures for inspection by variables-Part 5 : Sequential sampling plans indexed by acceptance quality limit(AQL) for inspection by variables(known standard deviation)'의 내용을 기초로 작성된 것이다. 이 시스템은 한국산업표준(KS Q ISO 3951-5)으로 제정되어 있으며 독립 품질특성의 로트별 검사를 위한 합격판정 축차 샘플링검사 방식을 규정한 계량 조정형 샘플링검사 형태이다.

6.6.1 샘플링검사 방식의 선정

(1) 검사엄격도 전환규칙

표준 전환규칙은 KS Q ISO 2859-1과 거의 같으며 다음 사항만 다르다. 이를 정리하여 제시한 것이 [그림 6-12]이다.

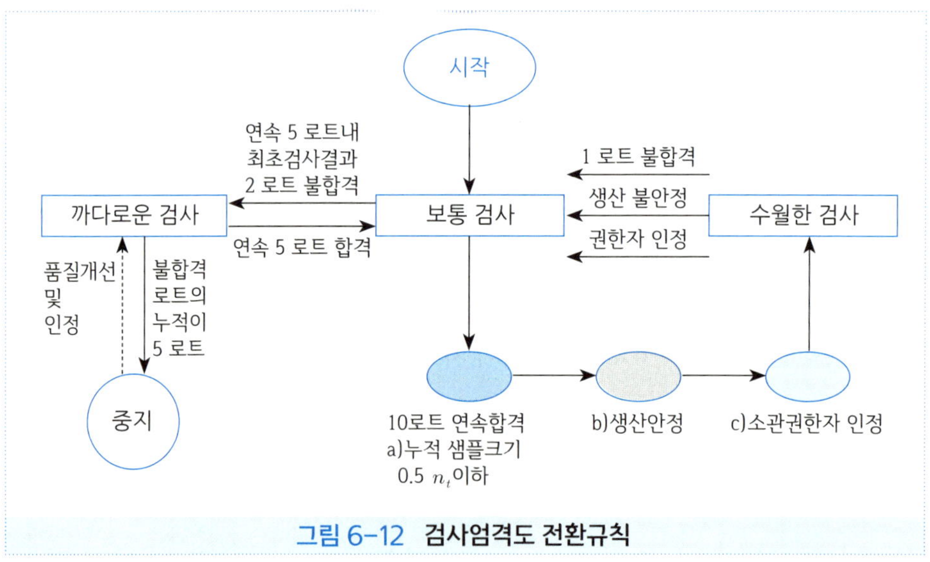

그림 6-12 검사엄격도 전환규칙

수월한 검사는 연속 10 개의 로트가 합격되고 아래 조건을 만족시키면 실행된다.

① 각 로트에 대한 누적 샘플크기가 0.5 n_t를 초과하지 않는다.

② 생산은 통계적 관리상태에 있다.

③ 소관권한자에 의해 수월한 검사가 바람직하다고 여겨진다.

(2) 검사방식

1) 검사수준

검사수준은 상대적인 검사량을 지정한다. 세 가지의 일반 검사수준, I, II, III이 보편적인 사용을 위해 [표 6-5]에 나와 있다. 달리 지정되지 않는 한 수준 II가 사용되어야 한다. 판별력이 덜 필요한 검사의 경우 수준 I이 사용될 수도 있고, 판별력이 더 필요한 경우에는 수준 III이 사용될 수도 있다. S-1 에서 S-4에 이르는 4가지의 추가적인 특별한 수준도 [표 6-5]에 나와 있으며, 이들은 상대적으로 작은 샘플크기가 요구될 경우와 더 큰 샘플링 위험을 허용할 수 있을 경우에 사용될 수 있다.

특별하게 적용해야 할 검사수준은 소관권한자에 의해 결정되어야 한다. 이로 인해 소관권한자가 특정한 용도에 대해 분별력을 더 많이 또는 더 적게 요구할 수 있게 된다. 각 검사수준에서 전환규칙에 따라 보통, 까다로운 및 수월한 검사가 적용되어야 한다. 검사수준의 선택은 이러한 3 가지 검사의 엄격도와는 별개의 문제이다. 따라서 지정된 검사수준은 보통, 까다로운 및 수월한 검사간에 전환이 이루어질 때 변하지 않아야 한다.

S-1에서 S-4에 이르는 검사의 수준을 지정할 때 이러한 검사수준과 부합되지 않는 AQL 사용을 피하도록 주의하여야 한다. 예를 들어 S-3에서 샘플문자는 최저 AQL이 1.0 %인 경우에 H 이상 가지 않는다. 따라서 AQL이 0.65 % 또는 그 이하인 경우에 S-3를 지정하는 것은 의미가 없다.

2) 샘플문자

샘플크기는 샘플문자에 의해 지정된다. 특정한 로트크기와 이미 지정된 검사수준에 대해 적용할 샘플문자는 [표 6-5]에서 찾는다.

3) 샘플링검사 방식의 결정

AQL과 샘플문자를 이용해 [부표 SQA1], [부표 SQA2] 또는 [부표 SQA3]으로부터 샘플링검사 방식을 결정한다. 특정한 AQL과 로트크기가 정해지면 보통 검사, 까다로운 검사 및 수월한 검사에 관계없이 같은 값의 AQL과 로트크기를 이용하여 샘플링검사 방식을 결정한다.

주어진 AQL과 샘플문자에 대한 샘플링검사 방식이 존재하지 않을 때에는 화살표를 따라 움직여 그곳에 있는 다른 문자를 사용하게 된다. 그래서 원래 샘플문자가 아닌 새로운 샘플문자에 의해 샘플링검사 방식이 결정된다. 만일 이러한 절차에 의해 다른 등급의 부적합 또는 부적합품에 대한 중단 값이 달라진다면, 소관권한자가 정하고 승인하는 경우에는 유도된 가장 큰 중단 값에 해당하는 샘플문자가 모든 등급의 부적합 또는 부적합품에 대해 사용될 수 있다.

AQL과 샘플문자의 조합에 대해 (*) 표시가 있으면 이는 누적 샘플크기가 대응하는 1회 샘플링검사 방식의 샘플크기에 도달하기 전에는 결정을 할 수 없다. 이 경우, 축차 샘플링검사 방식은 사용한 1회 샘플링검사 방식에 비해 장점이 없다. 따라서 더 복잡한 축차 샘플링검사 방식보다는 제1부(ISO 3951－1)의 간단한 1회 샘플링검사 방식이 사용되도록 권장한다.

6.6.2 축차 샘플링검사의 준비

(1) 검사 방식의 파라미터

축차 샘플링검사 방식을 운용하기 전에 검사원은 샘플링 문서에 h_A, h_R, g와 중지 값 n_t 등의 지정된 파라미터 값을 기록하여야 한다.

(2) 샘플링 아이템의 추출

규칙에 따라, 각 샘플링 아이템은 로트로부터 랜덤하게 추출하여야 하고 추출된 순서대로 하나씩 검사하여야 한다. 편의상 만일 계속적인 아이템이 추출되면, 각 샘플 아이템이 검사되는 순서는 랜덤하게 되어야 한다.

(3) 여유량 및 누적 여유량

각 아이템을 검사하며 검사 결과 x를 누적 샘플크기의 현재 값 n_{cum}에 대해 기록한다. 그 아이템에 대한 여유량(leeway) y를 다음과 같이 계산한다.

$y=x-L$: 양쪽 규격의 결합관리 또는 한쪽 규격하한의 경우

$y=U-x$: 한쪽 규격상한인 경우

로트로부터 추출한 샘플에서 현재까지 구한 여유량을 더함으로써 누적 여유량 Y를 구해 기록한다.

(4) 수치적 방법과 도식적 방법 중의 선택

이 방식에서는 두 가지의 축차 샘플링검사 방식을 제공하고 있다. 수치적 방법(numerical method) 및 도식적 방법(graphical method) 둘 중의 하나를 선택해 사용할 수 있다.

수치적 방법은 합격판정표를 사용하고 있고 이 방식은 정확하다는 장점이 있으며, 따라서 합격, 불합격에 대한 논쟁을 피할 수 있다. 합격판정표는 검사 결과를 표기한 후에는 검사 기록용지로도 사용될 수 있다.

도식적 방법은 합격판정차트를 사용하고 있고, 추가적으로 아이템이 검사될 때마다 로트 품질에 대한 정보의 증가분을 나타낼 수 있다는 장점이 있다. 이 정보는 합격판정선이나 불합격판정선에 이르거나 넘을 때까지 검사속행구역에서 진행되는 계단식 선으로 나타내진다. 한편, 이 방식은 타점하고 선을 긋는 방식에 내재된 부정확성으로 인해 그 정확성이 감소된다.

6.6.3 축차 샘플링검사 방식의 운용

(1) 한쪽규격에 대한 수치적 방법

누적 샘플크기의 중지값보다 작은 누적 샘플크기 n_{cum}에 대한 합격판정치 A는 다음 식으로 구한다.

$$A = g\sigma n_{cum} + h_A\sigma \qquad (6-24)$$

누적 샘플크기 n_{cum}의 각 값에 대한 불합격판정치 R은 다음 식으로 구한다.

$$R = g\sigma n_{cum} - h_R\sigma \qquad (6-25)$$

검사 중지 개수 n_t에 대응하는 합격판정치 A_t는 다음 식에 따라 결정된다.

$$A_t = g\sigma n_t \qquad (6-26)$$

식 (6-24)와 (6-25)에서 주어진 A와 R 값은 검사 결과보다 소수점 아래 한 자리 더 많게 하여 합격판정표를 작성한다.

각 아이템을 검사한 후 준비된 합격판정표에 여유량과 누적여유량을 기입한다. 누적여유량 Y를 대응하는 합격판정치 A와 불합격판정치 R과 비교한다.

① 누적여유량 Y가 누적 샘플크기 n_{cum}에 대한 합격판정치 A와 같거나 크면 로트를 합격처리하고 검사가 종료된다.

② 누적여유량 Y가 누적 샘플크기 n_{cum}에 대한 불합격판정치 R과 같거나 작으면 로트를 불합격처리하고 검사가 종료된다.

③ ①도 ②도 아니면 샘플을 하나 더 채취해 검사한다.

누적 샘플수가 중지값 n_t에 이르면 $Y \geq A_t$인 경우 로트가 합격처리되고, 그렇지 않은 경우에 로트는 불합격이 된다.

(2) 한쪽규격에 대한 도식적 방법

도식적 방법을 사용할 때에는 아래의 절차에 의해 누적 샘플크기 n_{cum}를 가로축으로 하고 누적여유량 Y를 세로축으로 하는 그래프를 준비한다. 식(6-24), (6-25)에서 구한 합격판정치와 불합격판정치 A와 R에 대응하는 기울기($g\sigma$)가 같은 2개의 직선을 긋는다. 절편이 $-h_R$인 아래쪽 직선이 불합격판정선을 나타내고 절편이 h_A인 위쪽 직선이 합격판정선을 나타낸다. $n_{cum} = n_t$에 검사 중지선을 수직으로 그린다. 이 직선들이 평면을 3개의 구역을 나누는데, 합격구역은 합격판정선 또는 그 위쪽 구역과, 점 (n_t, A_t)와 그 위쪽 부분의 검사 중지선 구역이다. 불합격구역은 불합격판정선 또는 그 아래쪽 구역과, 점 (n_t, A_t)의 아래쪽 부분의 검사 중지선 구역이다. 검사속행구역은 검사 중지선의 왼쪽에 있는 합격판정선과 불합격판정선 사이의 구역이다. [그림 6-13]을 참조하기 바란다.

각 아이템을 검사한 후에 [그림 6-13]의 합격판정차트에 (n_{cum}, Y)를 타점한다. 점이 합격구역에 들어가면 로트를 합격 처리하고 그 로트에 대한 검사를 종료한다. 점이 불합격구역에 들어가면 로트를 불합격 처리하고 그 로트에 대한 검사를 종료한다. 점이 검사속행구역에 들어가면 로트로부터 아이템 하나를 더 채취하여 검사한다.

참고로, 합격판정차트에 연속적으로 타점되는 점들은 계단식 선으로 연결되어 검사결과의 경향을 보여준다. 그래픽에 타점을 정확히 할 수 없다고 판단되는 경우에는 정확도를 높이기 위하여 점이 합격 또는 불합격판정선에 가깝게 들어가면 수치 판정법을 사용하여 판정하는 것이 좋다.

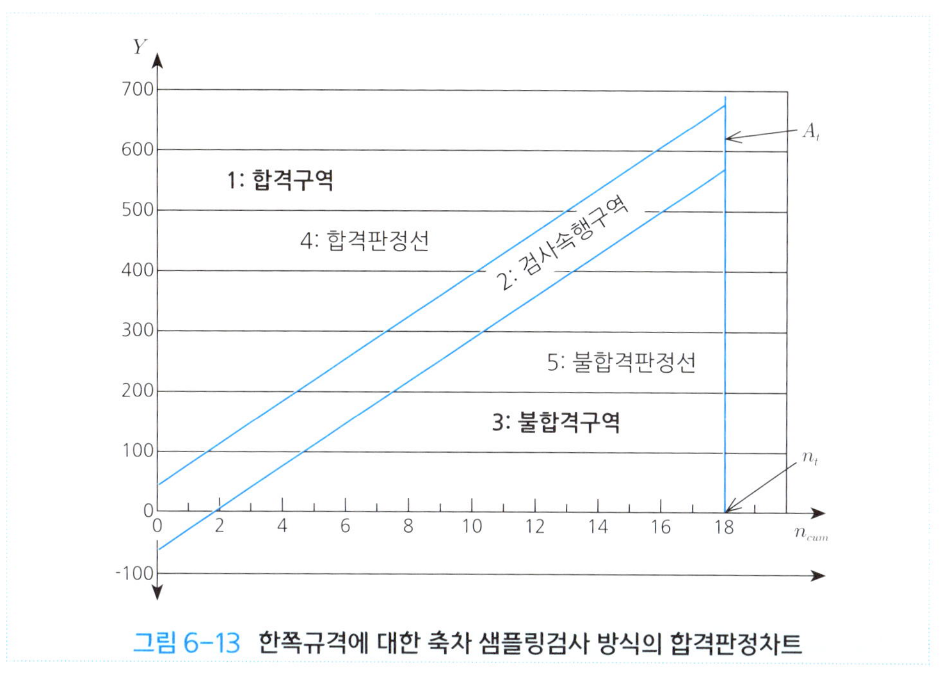

그림 6-13 한쪽규격에 대한 축차 샘플링검사 방식의 합격판정차트

(3) 양쪽규격의 결합관리에 대한 수치적 방법

양쪽규격의 결합관리를 하는 경우에는 공정표준편차가 규격 구간 $(U-L)$에 비해 충분히 작을 때에만 축차 샘플링 방식이 적용될 수 있다. 공정표준편차의 한계 MPSD는, $\sigma_{\max}=(U-L)f_\sigma$로 주어지는데, 여기서 f_σ는 AQL의 값에만 의존하고 있으며 [부표 SQB1]에서 찾을 수 있다. 양쪽규격의 결합관리인 경우 σ가 MPSD를 초과하면 로트는 샘플 채취 없이 즉각 불합격 처리되어야 한다.

수치적 방법이 사용되는 경우, 다음의 계산이 수행되고 합격판정표가 준비된다. 검사 중지값보다 작은 각 누적 샘플크기 n_{cum}에 대해 한 쌍의 합격판정치와 불합격판정치가 결정된다. 상한 합격판정치 A_U는

$$A_U=(U-L-g\sigma)n_{cum}-h_A\sigma \qquad (6\text{-}27)$$

하한 합격판정치 A_L은

$$A_L=g\sigma n_{cum}+h_A\sigma \qquad (6\text{-}28)$$

상한 불합격판정치 R_U는

$$R_U = (U - L - g\sigma)n_{cum} - h_R\sigma \quad (6\text{-}29)$$

하한 불합격판정치 R_L은

$$R_L = g\sigma n_{cum} + h_R\sigma \quad (6\text{-}30)$$

이다.

A_U의 값이 대응하는 A_L의 값보다 작을 때에는 누적 샘플크기가 너무 작아 로트를 합격시킬 수 없다. 검사 중지 샘플크기에 대응하는 합격판정치 $A_{t,U}$와 $A_{t,L}$은 다음 식에 의해 결정된다.

$$A_{t,U} = (U - L - g\sigma)n_t \quad (6\text{-}31)$$

및

$$A_{t,U} = g\sigma n_t \quad (6\text{-}32)$$

이다.

합격판정치와 불합격판정치는 검사 결과보다 소수점 아래 한 자리 더 많게 표기되어야 한다.

각 아이템의 검사 후에 준비된 합격판정표에 여유량과 누적 여유량을 기입하고, 누적 여유량 Y를 대응하는 상 · 하한 합격판정치 , 그리고 상 · 하한 불합격판정치 A_U, A_L과 비교한다.

① 누적 샘플크기 n_{cum}에 대해 누적 여유량 Y가 하한 합격판정치 A_L 이상이고 상한 합격판정치 A_U 이하이면 로트는 합격 처리되고 검사는 종료된다.
② 누적 샘플크기 n_{cum}에 대해 누적 여유량 Y가 하한 불합격판정치 R_L 이하이고 상한 불합격판정치 R_U 이상이면 로트는 불합격 처리되고 검사는 종료된다.
③ ①이나 ②를 만족시키지 못하면 다른 아이템을 추출하여 검사한다.

누적 샘플크기가 검사 중지값 n_t에 도달하면 $A_{t,L} \le Y \le A_{t,U}$일 경우 로트는 합격 처리되고 그렇지 않을 경우에는 불합격 처리된다.

(4) 양쪽규격의 결합관리에 대한 도식적 방법

도식적 방법이 사용될 경우, 다음 절차에 따라 합격판정차트를 준비한다. 누적 샘플크기 n_{cum}를 수평축으로 하고 누적 여유량 Y를 수직 축으로 하는 그래프를 준비한다. 식 (6-27)과 (6-29)에 의해 주어지는 상한 합격판정치와 불합격판정치 A_U, R_U에 대응하는 두 개의 선을 동일한 기울기 $U-L-g\sigma$로 긋는다. 그리고 식 (6-28)과 (6-30)에 의해 주어지는 하한 합격판정치와 불합격판정치, A_L, R_L에 대응하는 두 개의 선을 동일한 기울기 $g\sigma$로 긋는다. $n_{cum}=n_t$에 검사 중지선을 수직으로 긋는다.

기울기가 $U-L-g\sigma$이고 절편이 h_R인 가장 위쪽의 선은 상한 불합격판정선이라 한다. 상한 합격판정선은 기울기가 $U-L-g\sigma$이고 절편이 $-h_A\sigma$이다. 기울기가 $g\sigma$이고 절편이 $-h_R$인 가장 아래쪽 선은 하한 불합격판정선이라 한다. 하한 합격판정선은 기울기가 $g\sigma$이고 절편이 $h_A\sigma$이다. 이 선들에 의해 차트에 다음과 같이 구역이 나누어진다.

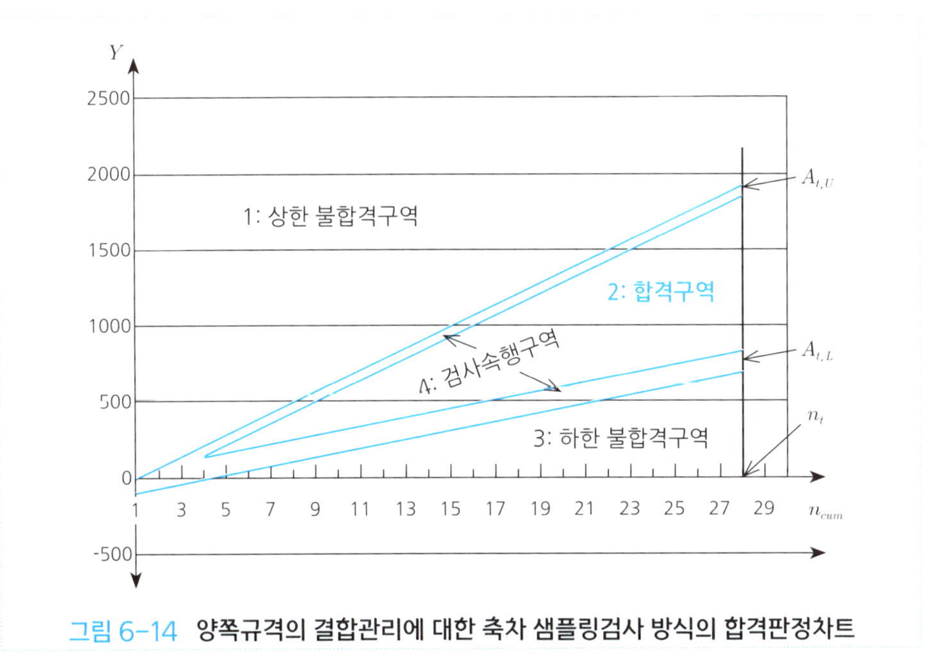

그림 6-14 **양쪽규격의 결합관리에 대한 축차 샘플링검사 방식의 합격판정차트**

- 합격구역은 위로는 상한 합격판정선, 아래로는 하한 합격판정선과 오른쪽으로는 검사 중지선에 의해 경계가 이루어지는 삼각형 모양의 부분이다. 합격구역은 2개의 합격판정선을 포함하고 있으며, 점(n_t, $A_{t,U}$)와 (n_t, $A_{t,L}$) 그리고 이 사이에 있는 검사 중지선 부분도 합격구역에 속한다.

- 상한 불합격구역은 상한 불합격판정선과 그 위 구역, 그리고 점 $(n_t, A_{t,U})$의 위에 있는 검사 중지선의 부분이다.
- 아래쪽 불합격구역은 하한 불합격판정선과 그 아래 구역, 그리고 점 $(n_t, A_{t,L})$의 아래에 있는 검사 중지선의 부분이다.
- 검사속행구역은 합격과 불합격구역 사이의 검사 중지선 왼쪽 V 모양의 띠 부분이다.

각 아이템을 검사한 후에 준비된 합격판정차트에 점 (n_{cum}, Y)를 타점한다.

① 점이 합격구역에 있으면 로트는 합격 처리되고 검사가 종료된다.
② 점이 불합격구역에 있으면 로트는 불합격 처리되고 검사가 종료된다.
③ 점이 검사속행구역에 있으면 새로운 아이템이 추출되어 검사된다.

합격판정차트에 연속적으로 타점되는 점들은 계단식 선으로 연결되어 검사결과의 경향을 보여준다.

(5) 양쪽규격의 분리관리에 대한 수치적 방법

양쪽규격의 뷰리관리의 경우에는 공정표준편차가 규격 구간 $(U-L)$에 비해 충분히 작을 때에만 축차 샘플링 방식이 적용될 수 있다. 공정표준편차의 한계 MPSD는, $\sigma_{\max}=(U-L)f_\sigma$로 주어지는데, 여기서 f_σ는 AQL의 값에만 의존하고 있으며 [부표 SQB2]에서 찾을 수 있다. 양쪽규격의 분리관리인 경우 σ가 MPSD를 초과하면 로트는 샘플 채취 없이 즉각 불합격 처리되어야 한다.

검사 중지값보다 작은 각 누적 샘플크기 n_{cum}에 대해 한 쌍의 합격판정치와 불합격판정치가 결정된다.

규격상한에 대한 상한 합격판정치 A_U는

$$A_U=(U-L-g\sigma)n_{cum}-h_{A,U}\sigma \tag{6-33}$$

규격하한에 대한 하한 합격판정치 A_L은

$$A_L=g\sigma n_{cum}+h_{A,L}\sigma \tag{6-34}$$

규격상한에 대한 상한 불합격판정치 R_U는

$$R_U=(U-L-g\sigma)n_{cum}+h_{R,U}\sigma \tag{6-35}$$

규격하한에 대한 하한 불합격판정치 R_L은

$$R_L = g\sigma n_{cum} - h_{R,L}\sigma \tag{6-36}$$

검사 중지 샘플크기에 대응하는 합격판정치 $A_{t,U}$와 $A_{t,L}$은

$$A_{t,U} = (U - L - g_U\sigma)n_t \tag{6-37}$$

및

$$A_{t,L} = g_L\sigma n_t \tag{6-38}$$

이다.

합격판정치와 불합격판정치는 검사 결과보다 소수점 아래 한 자리 더 많이 표기되어야 한다.

각 아이템을 검사한 후에 준비된 합격판정표에 여유량과 누적 여유량를 기입하고, 누적 여유량 Y를 대응하는 상·하한 합격판정치 A_U, A_L 그리고 상·하한 불합격판정치 R_U, R_L과 비교한다. 각 규격 한계에 대한 합격 여부를 결정하기 위해 따로 따로 적용되어야 한다. 로트가 양쪽 한계에 대해 합격 처리 될 수 있다고 간주되는 경우에 로트를 합격 처리하고 검사가 종료된다.

규격상한에 대한 합격의 결정은 다음과 같다.

누적 여유량 Y를 대응하는 합격판정치 A_U, 불합격판정치 R_U와 비교하여,

① 누직 샘플크기 n_{cum}에 대해 누적 여유량 Y가 합격판정치 A_U 이하이면 로트는 규격상한에 대해 합격 처리되고 그 한계에 대한 검사는 종료된다.

② 누적 샘플크기 n_{cum}에 대해 누적 여유량 Y가 불합격판정치 R_U 이상이면 로트는 불합격 처리되고 양쪽규격에 대한 검사는 종료된다.

③ ①이나 ②를 만족시키지 못하면 다른 아이템이 추출하여 규격상한에 대해 검사한다.

누적 샘플크기가 검사 중지값 n_t에 도달하면 $Y > A_{t,U}$일 경우 로트는 불합격 처리되고 검사가 종료된다. 누적 샘플크기가 검사 중지값 n_t에 도달하고 $Y \le A_{t,U}$이면 로트는 규격상한에 대해 합격 처리되어야 한다. 만일 로트가 규격하한에 대해 이미 합격 처리되었거나 $Y \ge A_{t,L}$이면 로트는 합격 처리되어야 하고 검사는 종료된다. 그렇지 않으

면 로트는 불합격 처리되고 검사가 종료되어야 한다.

규격하한에 대한 합격의 결정은 다음과 같다.

누적 여유량 Y를 대응하는 합격판정치 A_L, 불합격판정치 R_L과 비교한다.

① 누적 샘플크기 n_{cum}에 대해 누적 여유량 Y가 합격판정치 A_L 이상이면 로트는 규격하한에 대해 합격 처리되고 그 한계에 대한 검사는 종료된다.

② 누적 샘플크기 n_{cum}에 대해 누적 여유량 Y가 불합격판정치 R_L 이하이면 로트는 불합격 처리되고 양쪽규격에 대한 검사는 종료된다.

③ ①이나 ②를 만족시키지 못하면 다른 아이템이 추출하여 규격하한에 대해 검사한다.

누적 샘플크기가 검사 중지값 n_t에 도달하면 $Y < A_{t,L}$일 경우 로트는 불합격 처리되고 검사가 종료된다. 누적 샘플크기가 검사 중지값 n_t에 도달하고 $Y \geq A_{t,L}$이면 로트는 규격하한에 대해 합격 처리되어야 한다. 만일 로트가 규격상한에 대해 이미 합격 처리되었거나 $Y \leq A_{t,U}$이면 로트는 합격 처리되어야 하고 검사는 종료된다. 그렇지 않으면 로트는 불합격 처리되고 검사가 종료되어야 한다.

(6) 양쪽규격의 분리관리에 대한 도식적 방법

도식적 방법이 사용될 경우, 다음 절차에 따라 합격판정차트를 준비한다.

누적 샘플크기 n_{cum}를 수평축으로 하고 누적 여유량 Y를 수직 축으로 하는 그래프를 준비한다. 식 (6-33)과 (6-35)에 의해 주어지는 상한 합격판정치와 불합격판정치 A_U, R_U에 대응하는 두 개의 선을 동일한 기울기 $U-L-g_U\sigma$로 긋는다. 그리고 식 (6-34)와 (6-36)에 의해 주어지는 하한 합격판정치와 불합격판정치 A_L, R_L에 대응하는 두 개의 선을 동일한 기울기 $g_L\sigma$로 긋는다. $n_{cum}=n_t$에 검사 중지선을 수직으로 긋는다.

기울기가 $U-L-g_U\sigma$이고 절편이 $h_{R,U}\sigma$인 가장 위쪽의 직선은 위쪽 불합격판정선이라 한다. 위쪽 합격판정선은 기울기가 $U-L-g_U$이고 절편이 $-h_{A,U}\sigma$이다. 기울기가 $g_U\sigma$이고 절편이 $-h_{R,L}\sigma$인 가장 아래쪽 직선은 아래쪽 불합격판정선이라 한다. 아래쪽 합격판정선은 기울기가 $g_U\sigma$이고 절편이 $h_{A,L}\sigma$이다. 이 직선들에 의하여 차트에 다음과 같은 구역이 정의된다. [그림 6-15]를 참조한다.

① 규격상한에 대한 합격구역은 규격상한에 대한 합격판정선과 그 아래 구역, 그리고 점 $(n_t, A_{t,U})$와 그 아래에 있는 검사 중지선을 포함한다.

② 규격상한에 대한 불합격구역은 규격상한에 대한 불합격판정선과 그 위 구역, 그리고 점 $(n_t, A_{t,U})$ 위에 있는 검사 중지선을 포함한다.

③ 규격상한에 대한 검사속행구역은 합격과 불합격구역 사이의 검사 중지선 왼쪽 띠 부분이다.

④ 규격하한에 대한 합격구역은 규격하한에 대한 합격판정선과 그 위 구역, 그리고 점 $(n_t, A_{t,L})$과 그 위에 있는 검사 중지선을 포함한다.

⑤ 규격하한에 대한 불합격구역은 규격하한에 대한 불합격판정선과 그 아래 구역, 그리고 점 $(n_t, A_{t,L})$ 아래에 있는 검사 중지선을 포함한다.

⑥ 규격하한에 대한 검사속행구역은 합격과 불합격구역 사이의 검사 중지선 왼쪽 띠 부분이다.

각 아이템을 검사한 후에 [그림 6-15]의 합격판정차트에 점 (n_{cum}, Y)를 찍는다. 합격 판단 기준은 각 규격 한계에 대한 합격 여부를 결정하기 위해 따로 따로 적용되어야 한다. 로트가 양쪽 한계에 대해 합격 처리될 수 있다고 간주되는 경우에 로트를

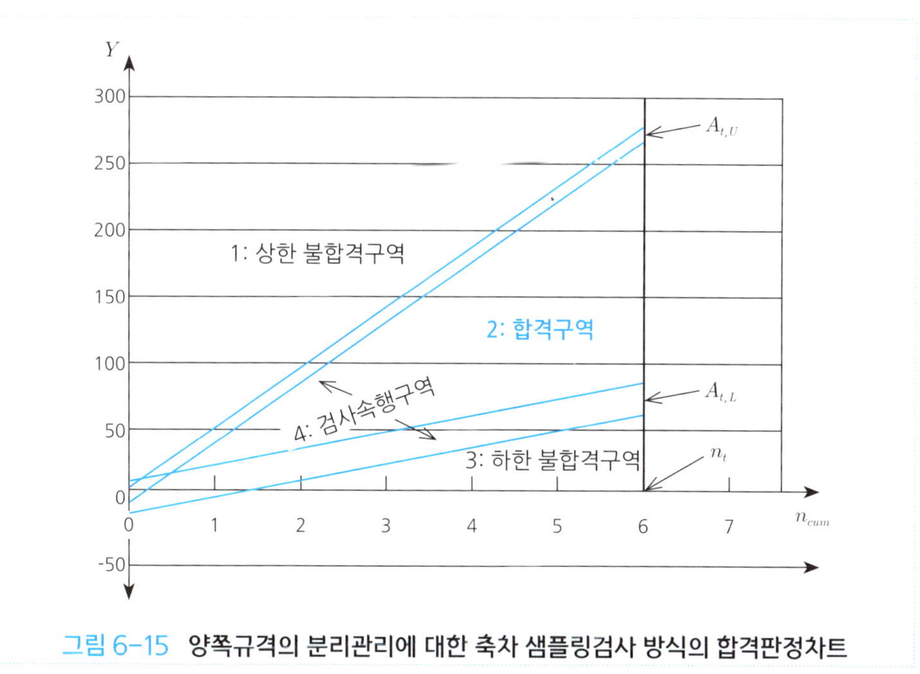

그림 6-15 양쪽규격의 분리관리에 대한 축차 샘플링검사 방식의 합격판정차트

합격 처리하고 검사가 종료된다.

규격상한에 대한 합격의 결정은 다음과 같다.

① 점이 규격상한에 대한 합격구역에 들어가면 로트는 규격상한에 대해 합격 처리되고 그 한계에 관한 검사가 종료된다.
② 점이 규격상한에 대한 불합격구역에 들어가면 로트는 규격상한에 대해 불합격 처리되고 양쪽 한계에 관한 검사가 종료된다.
③ 점이 규격상한에 대한 검사속행구역에 들어가면 또 다른 아이템을 추출하여 규격상한에 관한 검사를 실시한다.

예제 6-16 어떤 강철 주물을 위한 규정된 최소 항복점은 400 N/mm^{2}이다. 500 아이템이 들어 있는 로트가 검사에 제출되었으며, 검사수준 II, 보통 검사는 AQL = 1.5 %가 사용하기로 하였다. s는 21 N/mm^2 이라고 간주한다. 연속되는 샘플의 항복점이 다음과 같다고 하자.

431, 417, 469, 407, 450, 452, 427, 411, 429, 420, 400, ⋯.

합격 여부를 판정하라.

풀이 [표 6-5]에서 샘플문자는 H임을 알 수 있다. 그러면 [부표 SQA1]에서 AQL 1.5 %에 대한 축차 절차의 파라미터는 h_A = 2.135, h_R = 3.063, g = 1.665 및 n_t = 18이다.

필요 정보	구한 값
g : 합격판정선 및 불합격판정선의 기울기	1.665
h_A : 합격판정선의 절편	2.135
h_R : 불합격판정선의 절편	3.063
n_t : 검사중단 값	18
s : 기지의 표준편차	21 N/mm^2
L : 규격하한	400 N/mm^2

표 6-11 **한쪽 규격의 경우 축차 샘플링검사 방식 적용의 예**

누적 샘플크기 n_{cum}	검사결과 x N/mm^2	여유량 y	불합격판정치 R	누적 여유량 A	합격판정치 A
1	431	31	- 29.358	31	79.8
2	417	17	5.607	48	114.765
3	469	69	40.572	117	149.73
4	407	7	75.537	124	184.695
5	450	50	110.502	174	219.66
6	452	52	145.467	226	254.625
7	427	27	180.432	253	289.59
8	411	11	215.397	264	324.555
9	429	29	250.362	293	359.52
10	420	20	285.327	313	394.485
11	400	0	320.292	313	429.45

로트는 불합격된다.

로트 평균의 추정치는 합격판정 기준을 만족시키지 못한다. 따라서 로트는 불합격된다.

6.7 계량 규준형 축차 샘플링검사 : KS Q ISO 39511

6.7.1 개요

이 샘플링검사 방식은 'ISO 39511:2018, Sequential sampling plans for inspection by variables for percent nonconforming(known standard deviation)'의 내용을 기초로 작성된 것이다. 이 시스템은 한국산업표준(KS Q ISO 39511: 구 KS Q ISO 8423)으로 제정되어 있으며 축차 샘플링검사 스킴에 관한 시스템을 규정한 규준형 샘플링검사 형태이다.

계량 규준형 축차샘플링은 아이템은 임의로 1 개씩 선택하여 검사 후 누적 여유량을 계산하여 검사의 각 단계에서 로트의 판정에 충분한 정보를 얻을 수 있는지 여부를 판단한다. 검사의 각 단계에서 불만족스러운 품질 수준의 로트를 합격으로 할 위험(소비자 위험)이 충분히 작은 누적 여유량이 된 경우는 로트를 합격으로 하고 그 로트에서의 샘플링검사는 종료한다. 한편 검사의 어떤 단계에서 만족스러운 품질 수준의 로트를 불합격으로 할 위험(생산자 위험)이 충분히 작은 누적 여유량이 된 경우는 로트를 불합격으로 판정하고 그 로트에서의 샘플링검사는 종료한다. 누적 여유량으로 위의 어느 쪽의 결정도 내릴 수 없는 경우는 다시 1개의 아이템을 검사한다. 로트의 합격 또는 불합격을 결정할 수 있는 충분한 샘플 정보가 축적될 때까지 이 절차를 반복한다.

이 시스템에서는 한쪽규격한계만 있는 경우와 양쪽규격한계에 대한 결합관리와 분리관리에 대하여 수치적 방법과 도식적 방법을 KS Q ISO 3951-5와 거의 유사한 방식으로 제공하고 있다.

6.7.2 검사 방식

여기서는 생산자 위험품질 $\alpha=0.05$와 소비자 위험 $\beta=0.10$에 대응하는 Q_{PR}과 Q_{CR}에 대한 축차 심플링검사를 위한 각종 파라미터 값을 ISO 39511:2018의 부속서 [부표 4]에서 구할 수 있다. Q_{PR}(생산자 위험품질)에 대하여 0.020 %에서 10.0 %까지 28개의 표준수를 설정하고 있으며, Q_{CR}(소비자 위험품질)에 대하여 0.200 %에서 31.5 %까지 23개의 표준수를 설정하고 있다. 기타 검사 방식의 운영은 KS Q ISO 3951-5과 유사하므로 설명을 생략하므로 ISO 39511:2018의 표준을 참고하면 쉽게 활용할 수 있을 것이다.

6.8 제품합격판정용 합격판정개수 0 샘플링검사 시스템과 프로세스관리의 결합 절차 : KS Q ISO 28594

6.8.1 개요

이 샘플링검사 방식은 'ISO 28594:2017, Combined accept-zero sampling systems and process control procedures for product acceptance'의 내용을 기초로 작성된 것이다. 이 시스템은 한국산업표준(KS Q ISO 28594)로 제정되어 있으며, 프로세스/공정 관리와 조정형 및 연속생산형 샘플링검사가 결합된 일종의 결합형 샘플링검사 형태라고 할 수 있다.

이 절에서는 KS Q ISO 28594 중에서 계량형 샘플링검사 부분만 발췌하여 제시한 것이다. 이 샘플링검사 방식은 조정형과 공정관리가 결합된 형식이다. 나머지의 기본적인 샘플링검사 시스템은 **5.9절**에 소개한 내용을 그대로 사용하므로 여기서는 계량형 샘플링검사 시스템 부분만을 제시하였다. 따라서 샘플링검사에 대한 요구사항, 엄격도 전환 절차, 합격판정 대체 방법 및 기타 검사 방식은 **5.9절**을 참조하기 바란다.

6.8.2 계량형 로트 샘플링검사 방식

(1) 사용의 제한사항

계량형 샘플링검사는 무차별적으로 사용해서는 안 된다. 도식적 또는 통계적 분석을 통해 독립성과 정규성의 가정이 충족된다는 증거가 있을 경우에만 사용하여야 한다. 정규성으로부터 벗어난 계량형 샘플링검사의 예를 보기 위해서는 KS Q ISO 5479[1]을 참조한다. 계량형 샘플링검사를 사용해도 된다고 검증할 수 없을 때에는 계수형 샘플링검사가 사용되어야 한다.

(2) 표준 방식

로트크기와 검증수준에 따라 샘플문자를 [표 6-12]에서 찾을 수 있다. 다음으로 [표 6-13]를 참조하여 검증수준(VL:Verification Level)과 샘플문자에 따라 샘플링검사 방식을 찾을 수 있다.

표 6-12 **샘플링검사 표에 사용하는 샘플문자(SLs)**

로트 또는 생산구간 크기	검증수준(보통 검사)						
	7	6	5	4	3	2	1
2 ~ 170	A	A	A	A	A	A	A
171 ~ 288	A	A	A	A	A	A	B
289 ~ 544	A	A	A	A	A	B	C
545 ~ 960	A	A	A	A	B	C	D
961 ~ 1	A	A	A	B	C	D	E
1 ~ 3	A	A	B	C	D	E	E
3 073 ~ 5 482	A	B	C	D	E	E	E
5 483 ~ 9 720	B	C	D	E	E	E	E
9 721 ~ 17 408	C	D	E	E	E	E	E
17 409 ~ 30 960	D	E	E	E	E	E	E
30 961 이상	E	E	E	E	E	E	E

보통, 까다로운 및 수월한 검사에 대한 표준 계량형 로트 샘플링검사 방식이 [표 6-13]에 기술되어 있다. 샘플링검사 방식에서 모든 아이템이 검사되기 전에 부적합품이 발견된다 하더라도 검사되는 샘플단위의 수는 방식에 의해 결정되는 샘플크기와 같아야 한다.

표 6-13 계량형 샘플링검사 방식

샘플 문자	T	검증수준							R
		7	6	5	4	3	2	1	
	샘플크기(n_v)								
A	81	65	49	35	24	16	9	4	3
B	86	68	53	39	27	18	11	5	3
C	91	73	56	41	29	20	12	7	3
D	100	79	59	44	32	22	14	8	3
E	104	81	65	49	35	24	16	9	4
k 값(한쪽 또는 양쪽)									
A	3.55	3.29	3.02	2.72	2.40	2.02	1.54	1.18	0
B	3.61	3.36	3.09	2.80	2.48	2.12	1.69	1.22	0
C	3.67	3.42	3.16	2.88	2.57	2.21	1.81	1.29	0
D	3.72	3.48	3.23	2.95	2.65	2.31	1.91	1.44	1.14
E	3.78	3.55	3.29	3.02	2.72	2.40	2.02	1.54	1.18
F 값(양쪽)									
A	0.136	0.145	0.157	0.174	0.193	0.222	0.271	0.370	0.707
B	0.134	0.143	0.154	0.168	0.188	0.214	0.253	0.333	0.707
C	0.132	0.140	0.152	0.165	0.182	0.208	0.242	0.301	0.707
D	0.130	0.138	0.148	0.162	0.177	0.199	0.233	0.283	0.435
E	0.128	0.136	0.145	0.157	0.174	0.193	0.222	0.271	0.370

주 1) 로트크기가 샘플크기 이하일 때에는 100 % 검사를 하여야 한다.

주 2) 지정된 보통 검사 VL의 왼쪽 또는 오른쪽 검증수준(VL)은 각각 까다로운 검사 또는 수월한 검사 방식을 나타낸다. VL - 7의 까다로운 검사는 T이고 VL - 1의 수월한 검사는 R이다.

(3) 부적합품

계량형 샘플링검사 목적상 품질특성의 측정된 값이 명시된 허용차를 벗어나면 이 제품의 아이템은 부적합으로 간주되어야 한다.

(4) 합격판정 기준

샘플에 부적합품이 하나도 없고 적용 가능한 k와 F 기준([표 6-13] 참조)을 충족시키면 로트는 합격 가능한 것으로 간주하여야 한다. 샘플이 부적합품을 포함하고 있거나, k 기준을 충족시키지 못하거나, F 기준을 충족시키지 못하면 (이를 적용해야 할 경우에) 로트는 합격판정 기준을 충족시키지 못하는 것이다.

① k 기준, 한쪽규격 : k 기준을 충족시키기 위해서는 하한 규격의 $(\overline{x}-L)/s$ 값, 또는 상한이 있는 경우 $(U-\overline{x})/s$의 값이 [표 6-13]에 있는 합격판정계수 k 이상이어야 한다.

② k 기준, 양쪽규격 : k 기준을 충족시키기 위해서는 양쪽규격의 경우 $(\overline{x}-L)/s$과 $(U-\overline{x})/s$의 값 모두가 [표 6-13]에 있는 합격판정계수 이상이어야 한다. VL 값들이 상한과 하한에 대해 서로 다를 경우에는 더 큰 VL값이 이와 관련된 샘플 크기, 합격판정계수와 함께 양쪽 한계에 모두 사용하여야 한다.

③ F 기준(양쪽규격에만 적용된다) : F 합격판정 기준을 충족시키기 위해서는 양쪽 규격의 경우 $\hat{F}=s/(U-L)$의 값이 [표 6-13]에 있는 합격판정계수 F 이하이어야 한다.

(5) 엄격도 전환 규칙 및 절차

보통 검사, 까다로운 검사 및 수월한 검사 간의 전환 절차는 [표 6-13]의 주 2에 나와 있다. 전환 절차는 샘플 중 부적합이 발생하고 따라서 합격이 보류됨으로 인해 실시된 각개검사, 추가 샘플링검사 등과 같은 수정 조치의 결과와 무관하게 이루어진다.

표준 전환규칙은 KS Q ISO 2859-1과 거의 같으며 다음 사항만 다르다. 이를 정리하여 제시한 것이 [그림 6-16]이다.

보통 검사에서 수월한 검사로의 전환은 연속 10개의 로트가 합격되고 아래 조건을 만족시키면 실행된다,

① 생산이 안정적일 경우.

② 공급자의 품질경영시스템이 소관권한자에 의해 만족스럽다고 인정받을 수 있을 경우.

③ 소관권한자에 의해 수월한 검사가 바람직하다고 평가될 경우.

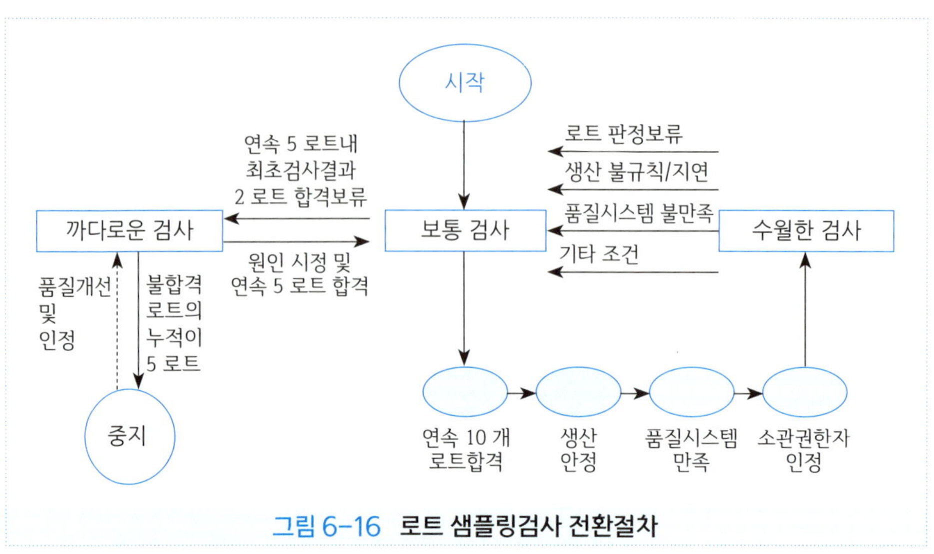

그림 6-16 로트 샘플링검사 전환절차

예제 6-17 계량형 샘플링검사(한쪽규격한계)

어떤 장치의 최고 작동 온도는 섭씨 98도로 정해졌다. 검증수준 1(VL－1)이 지정되었다. 40 개 들이 로트가 계량형 검사를 위해 제출되었다. [표 6-13]에 의해 샘플문자 A에 해당하는 샘플크기는 $n_V=4$이다. 측정치가 다음과 같다고 가정하라.

92, 87, 84, 96

합격판정 기준에 의거해 합격 여부를 결정하라.

풀이 계산 과정이 다음표에 나와 있다. 이 로트는 모든 합격판정 기준을 만족시키기 때문에 합격 처리된다.

번호	필요 정보	기호	공식	결과	설명
1	샘플크기	n_V		4	[표 6-13] 참조
2	측정치 합		Σx	359	
3	샘플 평균	$\overline{x}$	$\Sigma x/n_V$	89.75	359/4
4	측정치 제곱합		Σx^2	32	
5	수정항	f_c	$\Sigma x^2/n_V$	32 .25	$359^2/4$
6	수정된 제곱합	s_c	Σx^2-f_c	84.75	32 305 － 32 220.25
7	샘플 분산	s^2	$s_c/(n_V-1)$	28.250	84.75/3

8	샘플 표준편차	s		5.315	
9	규격하한 규격상한	L U		적용 안됨 98	
10	하한 품질지수 상한 품질지수 품질지수	Q_L Q_U Q	$\min(Q_L, Q_U)$	적용 안됨 1.552 1.552	(98 – 89.75)/5.315
11	샘플의 F 값	$\hat{F}$	$s/(U-L)$	적용 안됨	
12	부적합품 수 k 합격판정계수 F 합격판정계수	c k F		0 1.18 적용 안됨	[표 6-13] 참조 [표 6-13] 참조
13	c 합격판정 기준 k 합격판정 기준 F 합격판정 기준		$c=0$? $Q \geq k$? $F \leq F$?	예 예 적용 안됨	1.552>1.18

주 1) k 합격판정계수는 품질지수 Q의 허용되는 최소치이다.

주 2) F 합격판정계수는 샘플의 F 값 즉, $\hat{F}$의 허용되는 최대치이다.

참고문헌

1 김영휘 "품질관리", 청문각 1996

2 박성현, 박영현 "통계적 품질관리", 민영사, 1995

3 배도선, "최신 통계적 품질관리", 영지문화사, 1992.

4 KS Q 0001 : 2013, 계수 및 계량 규준형 1회 샘플링검사.

5 KS Q ISO 3951-1 : 2013, 계량형 샘플링검사방법-제1부: 단일 품질특성 및 단일 AQL에 대한 로트별 검사를 위한 AQL 지표형 1회 샘플링검사 규격.

6 KS Q ISO 3951-2 : 2013, 계량형 샘플링검사방법-제2부: 독립 품질특성의 로트별 검사에 대한 AQL 지표형 1회 샘플링검사 규격.

7 KS Q ISO 3951-3 : 2013, 계량형 샘플링검사방법-제3부: 로트별 검사를 위한 AQL 지표형 2회 샘플링검사 스킴.

8 KS Q ISO 3951-4 : 2014, 계량형 샘플링검사방법-제4부: 선언품질수준의 평가 절차.

9 KS Q ISO 3951-5 : 2013, 계량형 샘플링검사방법-제5부: 계량형 검사를 위한 AQL 지표형 축차 샘플링검사 방식(표준편차기지).

10 KS Q ISO 39511 : 2018 부적합률에 대한 계량형 축차 샘플링검사 방식(표준편차 기지).

11 KS Q ISO 28594 : 2017, 제품 합격판정을 위하여 합격판정개수 0 샘플링검사 시스템과 프로세스관리를 결합한 절차.

12 KS Q ISO 5479 : 2009, 데이터의 통계적 해석-정규성 이탈 검정.

13 KS Q ISO 7870 : 2012, 슈하트 관리도.

14 KS Q ISO 9001 : 2015, 품질경영시스템-요구사항.

15 KS Q ISO 9004 : 2007, 품질경영시스템-성과개선 지침.

16 KS Q ISO 10012 : 2004, 품질경영시스템-측정프로세스 및 측정장비에 대한 요구사항.

17 KS Q ISO 11462-1 : 2009, 통계적 프로세스관리(SPC)-제1부 : SPC의 요소.

연습문제 STATISTICAL QUALITY CONTROL

1. 금속판 경도의 상한 규격값이 로크웰 경도 68 이하로 규정되었을 때, 로크웰 경도 68을 초과하는 것이 0.5 % 이하의 로트는 통과하고 4 % 이상인 로트는 통과하지 않는 n과 $\bar{X}_U$를 구한다. 이 경우, 로트의 표준 편차는 $\sigma=3$으로 한다. $\alpha=0.05$, $\beta=0.10$으로 하여 샘플링검사 방식을 구하라.

2. 금속판의 두께의 하한 표준값이 2.3 mm로 주어졌을 때, 두께가 2.3 mm 미만인 것이 1 % 이하인 로트는 합격으로 하고, 그것이 9 % 이상인 로트는 불합격으로 한다. 이 경우 두께의 값은 근사적으로 정규분포에 따른다. 여기에서 $p_0=1$ %, $p_1=9$ %, $\alpha=0.05$, $\beta=0.10$ 을 만족하는 샘플링검사 방식을 구하라.

3. 평균값 540 g 이상인 로트는 될 수 있는 한 합격시키고 싶으나, 평균값 500 g 이하인 로트는 될 수 있는 한 불합격시키고 싶다. 특성치의 분포는 표준편차가 $\sigma=20$인 정규분포이다. $\alpha=0.05$, $\beta=0.1$을 만족하는 샘플링검사 방식을 설계하라.

4. 로트의 품질특성이 정규분포를 하며, 하한규격이 주어져 있고 그 표준편차를 모르는 경우에 $p_0=0.01$, $\alpha=0.05$, $p_1=0.10$, $\beta=0.1$을 만족시키는 계량형 샘플링검사 방식을 구하라.

5. 품질특성치가 정규분포를 따르며 상한규격치가 $S_U=10$인 제품에 대한 로트에 대하여 $p_0=0.005$일 때 생산자위험 $\alpha=0.05$, $p_1=0.1$일 때 소비자 위험 $\beta=0.10$으로 하는 계량형 샘플링검사 방식을 구하라. 단, 표준편차는 과거의 자료로부터 1로 알려져 있다.

6. 어떤 장치를 위한 가동 최고 온도간 단일 품질특성으로 60 ℃이다. 100개 아이템이 들어 있는 로트가 검사된다. 검사수준 II, AQL=2.5 %의 보통 검사가 사용된다. **[표 6-5]**에서, 샘플문자는 F이다. **[부표 B1]**에서 샘플크기는 13이 요구되고 합격판정계

수 k는 1.405가 됨을 알 수 있다. 측정치가 다음과 같다고 가정하자.

53 ℃, 57 ℃, 49 ℃, 58 ℃, 59 ℃, 54 ℃,
58 ℃, 56 ℃, 50 ℃, 50 ℃, 55 ℃, 54 ℃, 57 ℃

합격 판단 기준을 마련하라.

7. 어떤 불꽃 지연 기계장치의 특정 최소 지연 시간은 단일 품질특성으로 4.0초이다. 1 000개 아이템이 들어 있는 로트가 검사된다. 검사수준 II, AQL = 0.1 %가 규격하한에 적용되는 보통 검사가 사용될 것이다. **[표 6-5]**에서 샘플문자는 J이고 **[부표 A2]**에서 "s" 방법에는 샘플크기가 35인 것을 알 수 있다. 그러나 **[부표 B1]**에서 샘플문자 J와 AQL 0.1 %인 곳을 찾으면 아래 칸을 가리키는 화살표가 있음을 알 수 있다. 이는 완벽하게 들어맞는 방법은 존재하지 않으며 차선책으로 샘플문자 K 즉, 샘플크기 50과 합격판정계수 k=2.569가 사용될 수 있음을 의미한다. 샘플 지연 시간(단위 : 초)이 아래와 같다고 가정하자.

6.95	6.04	6.68	6.63	6.65	6.52	6.59	6.86	6.57	6.91
6.40	6.44	6.34	6.04	6.15	6.29	6.63	6.70	6.67	6.67
6.44	7.15	6.70	6.59	6.51	6.80	5.94	5.92	6.56	6.53
6.35	7.17	6.83	6.25	6.96	7.00	6.38	6.83	6.29	6.39
6.80	5.84	6.16	6.25	6.57	6.71	6.77	6.55	6.87	6.25

합격 판단 기준을 마련하라.

8. 고무제품의 응력에 대한 하한규격치는 68.0 kg/cm^{2}이다. 로트크기는 250, 표준편차는 3 kg/cm^{2}으로 알려져 있다. 검사수준 II, AQL = 1.5 %의 보통검사를 실시하고자 한다. 샘플문자는 G와 AQL = 1.5 %를 이용하여 n = 10과 k = 1.581을 얻었다. 이 때 크기가 10인 샘플을 추출하여 응력을 잰 결과가 다음과 같을 때 로트에 합격여부를 판정하라.

72.5 74.4 68.1 79.1 71.1 72.2 75.2 69.2 78.0 70.7

9. 어떤 장비의 최저 가동 온도는 60 ℃이고, 최고 가동 온도는 70 ℃이다. 96 개 아이템의 로트를 검사한다. 검사수준 II, 보통 검사, AQL = 1.5 %가 사용된다. **[표 6-5]** 에서 샘플문자는 F임을 알 수 있고, **[부표 A2]** 에서 샘플 수는 13개 필요함을 알 수 있다. 그리고 **[부표 D1]** 에서 보통 검사 시 MSSD에 대한 f_s의 값은 0.274임을 알 수 있다. 측정치가 아래와 같다고 가정하자.

65.5 ℃ 60.0 ℃ 65.2 ℃ 61.7 ℃ 69.0 ℃ 67.1 ℃ 60.0 ℃
66.4 ℃ 62.8 ℃ 68.0 ℃ 63.4 ℃ 60.7 ℃ 65.8 ℃

합격 판단 기준을 설정하라.

10. 독립적 품질특성을 갖는 로트크기 30인 아이템이 생산되고 있다. 그들의 지름에 대한 상한과 하한은 22 mm에서 24 mm이다. 너무 큰 지름을 가진 아이템은 너무 작은 지름을 가진 아이템과 동일하게 불만스럽게 처리되며 수준 II 에서 AQL = 1.5 %를 사용하여 전체 부적합률을 관리하기로 결정되었다. **[표 6-5]** 에서, 샘플문자는 D이다. **[부표 A2]** 에서, 크기 6의 샘플이 요구된다는 것을 알 수 있다. 첫 번째 로트에서 6개 아이템의 지름이 측정되었으며, 그 결과는 22.4 mm, 22.2 mm, 23.1 mm, 22.3 mm, 22.3 mm, 23.6 mm이다. 보통 검사에서 합격 판단 기준을 설정하라.

11. 특정한 화공품 지연 메커니즘은 4조의 규정된 최소 지연 시간을 갖는다. 1 000개 아이템의 로트에서 생산을 검사한다. 보통 검사(검사수준 II)을 사용하고 0.1 %의 AQL을 하한에 적용하고자 한다. 공정표준편차는 알지 못한다. **[표 6-5]** 로부터 샘플문자는 J임을 알 수 있다. 그러나 **[부표 DS10]** 에 샘플문자 J와 AQL = 0.1%가 입력되었을 때 셀을 밑으로 가리키는 화살표가 있음을 알 수 있다. 이것은 완전히 적합한 방식을 이용할 수 없음을 의미하므로, 그 다음으로 적합한 방식은 샘플문자 K로 주어진다. 즉 샘플크기는 18이고 합격판정계수 $k_a = 2.923$, $k_r = 2.389$, $k_c = 2.562$이다. 크기 18의 샘플이 추출된다. 샘플 지연 시간(초)은 5.05, 4.14, 4.78, 4.73, 4.62, 4.69, 4.96, 4.67, 5.01, 4.50, 4.54, 4.44, 4.24, 4.25, 4.39, 4.73, 4.80이라고 가정하자. 합격판정 기준에 부합하는지를 결정하라.

12. 어떤 전자 부품의 전기적 저항 규격은 (520±50) Ω이다. 생산은 검사 로트당 2 500 아이템이다. 양쪽 규격(470과 570)에 대해 검사수준 II, 보통검사, AQL=4 %가 사용된다. 는 21.0으로 알려져 있다. 샘플 저항이 다음과 같다고 가정하자.

515, 491, 479, 507, 543, 521, ⋯

축차 샘플링검사를 실시하라.

13. 어떤 장치의 최저 작동 온도는 섭씨 82도로 정해졌다. 최고 작동 온도는 섭씨 98도로 정해졌다. 검증수준 1(VL-1)이 지정되었다. 40개 들이 로트가 계량형 검사를 위해 제출되었다. [표 6-13]에 의해 샘플문자 A에 해당하는 샘플크기는 $n_V=4$ 이다. 측정치가 다음과 같다고 가정한다.

92, 87, 84, 96

합격판정 기준에 의거해 합격 여부를 결정하라.

14. 자동차 부품의 응력이 (25±5) kg/cm^{2}으로 정해져 있다. 검증수준 2(VL-2)가 지정되었다. 200개 들이 로트가 계량형 검사를 위해 제출되었다. [표 6-13]에 의해 샘플문자 A에 해당하는 샘플크기는 $n_V=9$다. 측정치가 다음과 같다고 가정한다.

21, 22, 23, 24, 25, 26, 27, 28, 29

합격판정기준에 의거해 합격 여부를 결정하라.

부표 A1 p_0(%), p_1(%)을 근거로 하여 시료의 크기 n과 합격판정값을 계산하기 위한 계수 k를 구하는 표 ($\alpha ≒ 0.05$, $\beta ≒ 0.10$), 왼쪽 아래의 숫자는 n, 오른쪽 위의 숫자는 k

p_0(%) \ p_1(%)		대표값	0.80	1.00	1.25	1.60	2.00	2.50	3.15	4.00	5.00	6.30	8.00	10.0	12.5	16.0	20.0	25.0	31.5
대표값	범위	범위	0.71~0.90	0.91~1.12	1.13~1.40	1.41~1.80	1.81~2.24	2.25~2.80	2.81~3.55	3.56~4.50	4.51~5.60	5.61~7.10	7.11~9.00	9.01~11.2	11.3~14.0	14.1~18.0	18.1~22.4	22.5~28.0	28.0~35.5
0.100	0.090	~0.112	18 2.71	15 2.66	12 2.61	10 2.56	8 2.51	7 2.40	6 2.40	5 2.34	4 2.28	4 2.30	3 2.14	3 2.08	2 1.99	2 1.91	2 1.84	2 1.75	2 1.66
0.125	0.113	~0.140	23 2.68	29 2.63	14 2.58	10 2.53	9 2.48	8 2.43	6 2.37	5 2.31	5 2.25	4 2.19	3 2.11	3 2.05	2 1.96	2 1.88	2 1.80	2 1.72	2 1.62
0.160	0.141	~0.180	29 2.64	22 2.60	17 2.55	13 2.50	11 2.45	9 2.39	7 2.35	6 2.28	5 2.22	4 2.15	4 2.09	3 2.01	3 1.94	2 1.84	2 1.77	2 1.68	2 1.59
0.200	0.181	~0.224	39 2.61	28 2.57	221 2.52	16 2.47	13 2.42	10 2.30	8 2.30	7 2.25	6 2.19	5 2.12	4 2.05	3 1.98	3 1.91	2 1.81	2 1.73	2 1.65	2 1.55
0.250	0.225	~0.280	*	37 2.54	27 2.49	20 2.44	15 2.38	12 2.33	10 2.28	8 2.21	6 2.15	5 2.09	4 2.02	4 1.95	3 1.87	3 1.80	2 1.70	2 1.61	2 1.52
0.315	0.281	~0.355	*	*	36 2.46	25 2.40	19 2.35	14 2.30	11 2.24	9 2.18	7 2.12	6 2.06	5 1.99	4 1.92	3 1.84	3 1.76	2 1.66	2 1.57	2 1.48
0.400	0.356	~0.450	*	*	*	33 2.37	24 2.32	18 2.26	14 2.21	11 2.15	8 2.08	7 2.02	6 1.95	5 1.89	4 1.81	3 1.72	3 1.64	2 1.53	2 1.44
0.500	0.451	~0.560	*	*	*	46 2.33	31 2.28	23 2.23	17 2.17	13 2.11	10 23.05	8 1.99	6 1.92	5 1.85	4 1.77	3 1.68	3 1.60	2 1.50	2 1.40
0.630	0.561	~0.710	*	*	*	*	44 2.25	30 2.19	21 2.09	15 2.08	12 2.02	9 1.95	7 1.89	6 1.81	5 1.74	4 1.65	3 1.56	2 1.46	2 1.36
0.800	0.711	~0.900	*	*	*	*	*	42 2.16	28 2.10	20 2.04	15 1.98	11 1.91	8 1.84	7 1.78	5 1.70	4 1.61	3 1.52	3 1.44	2 1.32
1.000	0.901	~1.120		*	*	*	*	*	38 2.06	26 2.00	18 1.94	14 1.88	10 1.81	8 1.74	6 1.66	5 1.58	4 1.50	3 1.42	3 1.30
1.250	01.13	~1.400			*	*	*	*	*	36 1.97	24 1.91	17 1.84	12 1.77	9 1.70	7 1.63	6 1.54	4 1.45	3 1.37	3 1.26
0.600	01.41	~1.800				*	*	*	*	*	34 1.86	23 1.80	16 1.73	12 1.66	9 1.59	6 1.50	5 1.41	4 1.32	3 1.21
2.000	01.81	~2.240					*	*	*	*	*	31 1.76	20 1.69	14 1.62	10 1.54	8 1.46	6 1.37	5 1.28	3 1.16
2.500	02.25	~2.800						*	*	*	*	46 1.72	28 1.65	19 1.58	13 1.50	9 1.42	7 1.33	5 1.24	4 1.13
3.150	02.81	~3.550							*	*	*	*	42 1.60	26 1.53	17 1.46	11 1.37	8 1.29	6 1.19	5 1.09
4.000	03.56	~4.500								*	*	*	*	39 1.49	24 1.41	15 1.33	10 1.24	7 1.14	5 1.04
5.000	04.51	~5.600									*	*	*	*	35 1.37	20 1.28	13 1.19	9 1.10	6 0.99
6.300	05.61	~7.100										*	*	*	*	30 1.23	18 1.14	12 1.05	8 0.94
8.000	07.11	~9.000											*	*	*	*	27 1.09	16 1.00	10 0.89
10.00	09.01	~11.20												*	*	*	44 1.03	23 0.94	14 0.83

주 : 공란에 대해서는 샘플링검사 방식은 없다

부표 A2 샘플문자와 검사방식에 대한 샘플크기

샘플문자	"s"방법		"σ"방법		KS Q ISO 2859-1에 있는 동등한 계수형 샘플크기	
	보통 및 까다로운 검사	수월한 검사	보통 및 까다로운 검사	수월한 검사	보통 및 까다로운 검사	수월한 검사
B	3	3	2	2	3	2
C	4	3	3	2	5	2
D	6	3	4	2	8	3
E	9	4	6	3	13	5
F	13	6	8	4	20	8
G	18	9	10	6	32	13
H	25	13	12	8	50	20
J	35	18	15	10	80	32
K	50	25	18	12	125	50
L	70	35	21	15	200	80
M	95	50	25	18	315	125
N	125	70	32	21	500	200
P	160	95	40	25	800	315
Q	200	125	50	32	1 250	500
R	250	160	65	40	2 000	800

비고) 이 방식에 있는 샘플문자와 검사수준은 KS Q ISO 2859-1과 제 1부(ISO 3951-1)에 주어진 것들과 대응한다.

부표 B1 보통검사를 위한 1회 샘플링검사 방식(주 표): "s" 방법 k 형식

샘플 문자	샘플 크기	합격품질한계 부적합 %															
		0.01	0.015	0.025	0.04	0.065	0.10	0.15	0.25	0.40	0.65	1.0	1.5	2.5	4.0	6.5	10.0
		k	k	k	k	k	k	k	k	k	k	k	k	k	k	k	k
B	3													↓	0.954	0.818	0526
C	4												↓	1.163	1.046	0.853	0.580
D	6											↓	1.395	1.275	1.108	0.902	0.587
E	9										↓	1.615	1.494	1.338	1.159	0.907	0.597
F	13									↓	1.830	1.712	1.565	1.405	1.189	0.938	0.614
G	18								↓	2.025	1.910	1.770	1.622	1.429	1.212	0.944	0.718
H	25							↓	2.215	2.102	1.969	1.829	1.652	1.457	1.225	1.035	0.809
J	35						↓	2.399	2.289	2.160	2.028	1.862	1.684	1.476	1.311	1.118	0.912
K	50					↓	2.569	2.461	2.336	2.209	2.052	1.885	1.693	1.543	1.372	1.193	0.947
L	70				↓	2.736	2.631	2.510	2.389	2.239	2.082	1.904	1.766	1.611	1.451	1.238	↑
M	95			↓	2.889	2.787	2.670	2.553	2.410	2.261	2.093	1.965	1.822	1.676	1.484	↑	
N	125		↓	3.037	2.937	2.824	2.711	2.574	2.432	2.274	2.154	2.021	1.886	1.710	↑		
P	160	↓	3.179	3.082	2.973	2.865	2.733	2.597	2.447	2.334	2.209	2.083	1.921	↑			
Q	200	3.310	3.215	3.109	3.004	2.877	2.747	2.603	2.495	2.377	2.258	2.106	↑				
R	250	3.350	3.247	3.146	3.023	2.898	2.760	2.657	2.545	2.432	2.289	↑					

비고1) 이 표준의 샘플문자는 KS A ISO 2859-1에 나와있는 것과 대응된다.

비고2) 기호 : ↓ 이 영역에는 적절한 방식이 없다. 화살표 아래 첫 번째 샘플링검사 방식을 사용한다. 샘플크기가 로트크기 이상이면 100% 검사를 실시한다.

기호 : ↑ 이 영역에는 적절한 방식이 없다. 화살표 위 첫 번째 샘플링검사 방식을 사용한다.

부표 B2 까다로운 검사를 위한 1회 샘플링검사 방식(주 표):"s" 방법 k 형식

샘플 문자	샘플 크기	합격품질한계 부적합 %															
		0.01	0.015	0.025	0.04	0.065	0.10	0.15	0.25	0.40	0.65	1.0	1.5	2.5	4.0	6.5	10.0
		k	k	k	k	k	k	k	k	k	k	k	k	k	k	k	k
B	3															0.954	0.818
C	4													↓	1.163	1.046	0.853
D	6												↓	1.395	1.275	1.108	0.902
E	9											↓	1.615	1.494	1.338	1.159	0.907
F	13										↓	1.830	1.712	1.565	1.405	1.189	0.938
G	18									↓	2.025	1.910	1.770	1.622	1.429	1.212	0.944
H	25								↓	2.215	2.102	1.969	1.829	1.652	1.457	1.225	0.995
J	35							↓	2.399	2.289	2.160	2.028	1.862	1.684	1.476	1.242	1.010
K	50						↓	2.569	2.461	2.336	2.209	2.052	1.885	1.693	1.481	1.277	1.044
L	70					↓	2.736	2.631	2.510	2.389	2.239	2.082	1.904	1.710	1.526	1.322	↑
M	95				↓	2.889	2.787	2.670	2.553	2.410	2.261	2.093	1.913	1.745	1.559	↑	
N	125			↓	3.037	2.937	2.824	2.711	2.574	2.432	2.274	2.105	1.949	1.779	↑		
P	160		↓	3.179	3.082	2.973	2.865	2.733	2.597	2.447	2.288	2.141	1.984	↑			
Q	200	↓	3.310	3.215	3.109	3.004	2.877	2.747	2.603	2.452	2.313	2.165	↑				
R	250	3.442	3.350	3.247	3.146	3.023	2.898	2.760	2.616	2.485	2.345	↑					

비고1) 이 표준의 샘플문자는 KS A ISO 2859-1에 나와있는 것과 대응된다.

비고2) 기호 : ↓ 이 영역에는 적절한 방식이 없다. 화살표 아래 첫 번째 샘플링검사 방식을 사용한다. 샘플크기가 로트크기 이상이면 100% 검사를 실시한다.

기호 : ↑ 이 영역에는 적절한 방식이 없다. 화살표 위 첫 번째 샘플링검사 방식을 사용한다.

부표 B3 수월한 검사를 위한 1회 샘플링검사 방식(주 표): "s" 방법 k 형식

샘플 문자	샘플 크기	합격품질한계 부적합 %															
		0.01	0.015	0.025	0.04	0.065	0.10	0.15	0.25	0.40	0.65	1.0	1.5	2.5	4.0	6.5	10.0
		k	k	k	k	k	k	k	k	k	k	k	k	k	k	k	k
B-D	3											↓	0.954	0.907	0.818	0.526	0.023
E	4										↓	1.163	1.119	1.046	0.853	0.580	0.099
F	6									↓	1.395	1.348	1.275	1.108	0.902	0.587	0.161
G	9								↓	1.615	1.566	1.494	1.338	1.159	0.907	0.597	0.368
H	13							↓	1.830	.782	1.712	1.565	1.405	1.189	0.938	0.763	0.461
J	18						↓	2.025	1.978	1.910	1.770	1.622	1.429	1.212	1.065	0.823	0.619
K	25					↓	2.215	2.168	2.102	1.969	1.829	1.652	1.457	1.329	1.123	0.955	0.809
L	35				↓	2.399	2.353	2.289	2.160	2.028	1.862	1.684	1.569	1.387	1.242	1.118	↑
M	50			↓	2.569	2.524	2.461	2.336	2.209	2.052	1.885	1.778	1.612	1.481	1.372	↑	
N	70		↓	2.736	2.692	2.631	2.510	2.389	2.239	2.082	1.982	1.829	1.710	1.611	↑		
P	95	↓	2.889	2.846	2.787	2.670	2.553	2.410	2.261	2.167	2.023	1.913	1.822	↑			
Q	125	3.037	2.995	2.937	2.824	2.711	2.574	2.432	2.344	2.208	2.105	2.021	↑				
R	160	3.139	3.082	2.973	2.865	2.733	2.597	2.513	2.385	2.288	2.209	↑					

비고1) 이 표준의 샘플문자는 KS A ISO 2859-1에 나와있는 것과 대응된다.

비고2) 기호 : ↓이 영역에는 적절한 방식이 없다. 화살표 아래 첫 번째 샘플링검사 방식을 사용한다. 샘플크기가 로트크기 이상이면 100% 검사를 실시한다.

기호 : ↑이 영역에는 적절한 방식이 없다. 화살표 위 첫 번째 샘플링검사 방식을 사용한다.

차트 s–F 결합 AQL을 갖는 양쪽 규격에 대한 합격 곡선: "s" 방법 k 형식

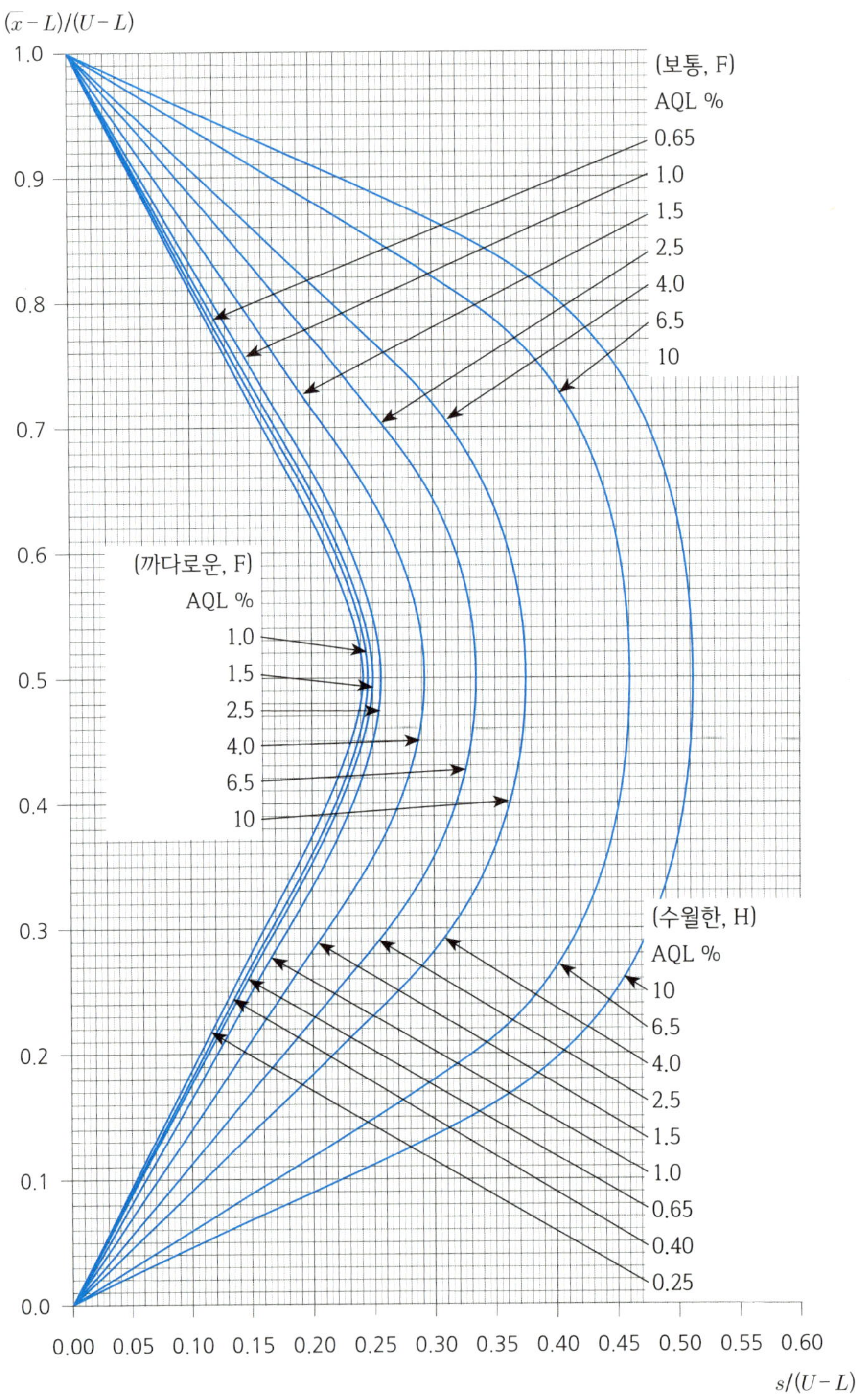

부표 C1 보통검사를 위한 1회 샘플링검사 방식(주 표) : "σ" 방법

샘플 문자	샘플 크기	합격품질한계 부적합 %															
		0.01	0.015	0.025	0.04	0.065	0.10	0.15	0.25	0.40	0.65	1.0	1.5	2.5	4.0	6.5	10.0
		k	k	k	k	k	k	k	k	k	k	k	k	k	k	k	k
B	2													↓	0.478	0.478	0.273
C	3												↓	0.991	0.643	0.643	0.412
D	4											↓	1.296	1.148	0.760	0.760	0.478
E	6										↓	1.578	1.432	1.256	1.068	0.818	0.528
F	8									↓	1.821	1.682	1.517	1.344	1.121	0.872	0.564
G	10								↓	2.030	1.897	1.742	1.581	1.378	1.157	0.893	0.675
H	12							↓	2.223	2.096	1.949	1.800	1.613	1.412	1.179	0.991	0.771
J	15						↓	2.410	2.289	2.150	2.009	1.835	1.650	1.439	1.273	1.082	0.879
K	18					↓	2.576	2.459	2.327	2.193	2.029	1.857	1.662	1.511	1.340	1.162	0.919
L	21				↓	2.738	2.627	2.500	2.374	2.218	2.057	1.876	1.737	1.582	1.422	1.210	↑
M	25			↓	2.890	2.783	2.661	2.540	2.393	2.240	2.070	1.941	1.797	1.650	1.459	↑	
N	32		↓	3.047	2.937	2.820	2.704	2.563	2.419	2.258	2.136	2.001	1.866	1.690	↑		
P	40	↓	3.186	3.086	2.974	2.862	2.727	2.589	2.436	2.321	2.194	2.068	1.905	↑			
Q	50	3.319	3.222	3.113	3.005	2.875	2.742	2.596	2.487	2.367	2.247	2.094	↑				
R	65	3.359	3.254	3.150	3.025	2.897	2.758	2.653	2.539	2.426	2.281	↑					

비고1) 이 표준의 샘플문자는 KS A ISO 2859-1에 나와있는 것과 대응된다.

비고2) 기호 : ↓ 이 영역에는 적절한 방식이 없다. 화살표 아래 첫 번째 샘플링검사 방식을 사용한다. 샘플크기가 로트크기 이상이면 100% 검사를 실시한다.

기호 : ↑ 이 영역에는 적절한 방식이 없다. 화살표 위 첫 번째 샘플링검사 방식을 사용한다.

부표 C2 까다로운 검사를 위한 1회 샘플링검사 방식(주 표) : "σ" 방법

샘플 문자	샘플 크기	합격품질한계 부적합 %															
		0.01	0.015	0.025	0.04	0.065	0.10	0.15	0.25	0.40	0.65	1.0	1.5	2.5	4.0	6.5	10.0
		k	k	k	k	k	k	k	k	k	k	k	k	k	k	k	k
B	2															0.620	0.478
C	3													↓	0.991	0.841	0.643
D	4												↓	1.296	1.148	0.964	0.760
E	6											↓	1.578	1.432	1.256	1.068	0.818
F	8										↓	1.821	1.682	1.517	1.344	1.121	0.872
G	10									↓	2.030	1.897	1.742	1.581	1.378	1.157	0.893
H	12								↓	2.223	2.096	1.949	1.800	1.613	1.412	1.179	0.913
J	15							↓	2.410	2.289	2.150	2.009	1.835	1.650	1.439	1.204	0.976
K	18						↓	2.576	2.459	2.327	2.193	2.029	1.857	1.662	1.449	1.245	1.015
L	21					↓	2.738	2.627	2.500	2.374	2.218	2.057	1.876	1.681	1.497	1.293	↑
M	25				↓	2.890	2.783	2.661	2.540	2.393	2.240	2.070	1.888	1.719	1.534	↑	
N	32			↓	3.041	2.937	2.820	2.704	2.563	2.419	2.258	2.087	1.929	1.758	↑		
P	40		↓	3.186	3.086	2.974	2.862	2.727	2.589	2.436	2.274	2.127	1.968	↑			
Q	50	↓	3.319	3.222	3.113	3.005	2.875	2.742	2.596	2.443	2.303	2.154	↑				
R	65	3.454	3.359	3.254	3.50	3.025	2.897	2.758	2.611	2.478	2.337	↑					

비고1) 이 표준의 샘플문자는 KS A ISO 2859-1에 나와있는 것과 대응된다.

비고2) 기호 : ↓ 이 영역에는 적절한 방식이 없다. 화살표 아래 첫 번째 샘플링검사 방식을 사용한다. 샘플크기가 로트크기 이상이면 100% 검사를 실시한다.

기호 : ↑ 이 영역에는 적절한 방식이 없다. 화살표 위 첫 번째 샘플링검사 방식을 사용한다.

부표 C3 수월한 검사를 위한 1회 샘플링검사 방식(주 표) : "σ" 방법

샘플 문자	샘플 크기	합격품질한계 부적합 %															
		0.01	0.015	0.025	0.04	0.065	0.10	0.15	0.25	0.40	0.65	1.0	1.5	2.5	4.0	6.5	10.0
		k	k	k	k	k	k	k	k	k	k	k	k	k	k	k	k
B-D	2											↓	0.620	0.565	0.478	0.273	0.011
E	3										↓	0.991	0.931	0.841	0.643	0.412	0.067
F	4									↓	1.296	1.236	1.148	0.964	0.760	0.478	0.129
G	6								↓	1.578	1.518	1.432	1.256	1.068	0.818	0.528	0.323
H	8							↓	1.821	1.764	1.682	1.517	1.344	1.121	0.872	0.705	0.422
J	10						↓	2.030	1.975	1.897	1.742	1.581	1.378	1.157	1.012	0.776	0.581
K	12					↓	2.223	2.170	2.096	1.949	1.800	1.613	1.412	1.283	1.078	0.913	0.771
L	15				↓	2.410	2.360	2.289	2.150	2.009	1.835	1.650	1.533	1.349	1.204	1.082	↑
M	18			↓	2.576	2.527	2.459	2.327	2.193	2.029	1.857	1.748	1.580	1.449	1.340	↑	
N	21		↓	2.738	2.691	2.627	2.500	2.374	2.218	2.057	1.956	1.801	1.681	1.582	↑		
P	25	↓	2.890	2.845	2.783	2.661	2.540	2.393	2.240	2.145	1.999	1.888	1.797	↑			
Q	32	3.041	2.998	2.937	2.820	2.704	2.563	2.419	2.328	2.191	2.087	2.001	↑				
R	40	3.144	3.086	2.974	2.862	2.727	2.589	2.503	2.373	2.274	2.194	↑					

비고1) 이 표준의 샘플문자는 KS A ISO 2859-1에 나와있는 것과 대응된다.

비고2) 기호 : ↓ 이 영역에는 적절한 방식이 없다. 화살표 아래 첫 번째 샘플링검사 방식을 사용한다. 샘플크기가 로트크기 이상이면 100% 검사를 실시한다.

기호 : ↑ 이 영역에는 적절한 방식이 없다. 화살표 위 첫 번째 샘플링검사 방식을 사용한다.

부표 D1 양쪽 규격 결합관리, MSSD에 대한 f_s값 : 보통검사, "s" 방법

샘플 문자	합격품질한계 부적합 %															
	0.01	0.015	0.025	0.04	0.065	0.10	0.15	0.25	0.40	0.65	1.0	1.5	2.5	4.0	6.5	10.0
	f_s	f_s	f_s	f_s	f_s	f_s	f_s	f_s	f_s	f_s	f_s	f_s	f_s	f_s	f_s	f_s
B													↓	0.474	0.507	0.595
C												↓	0.376	0.393	0.425	0.481
D											↓	0.314	0.331	0.357	0.396	0.471
E										↓	0.274	0.289	0.310	0.338	0.386	0.464
F									↓	0.245	0.257	0.274	0.295	0.328	0.375	0.457
G								↓	0.224	0.234	0.248	0.264	0.289	0.321	0.372	0.426
H							↓	0.206	0.215	0.227	0.240	0.259	0.283	0.317	0.351	0.401
J						↓	0.192	0.200	0.209	0.220	0.235	0.254	0.279	0.302	0.335	0.376
K					↓	0.180	0.187	0.195	0.205	0.217	0.232	0.252	0.269	0.292	0.320	0.368
L				↓	0.170	0.176	0.183	0.191	0.202	0.214	0.230	0.243	0.261	0.281	0.312	↑
M			↓	0.162	0.167	0.174	0.180	0.189	0.200	0.213	0.224	0.237	0.253	0.276	↑	
N		↓	0.155	0.160	0.165	0.171	0.179	0.188	0.199	0.208	0.219	0.231	0.249	↑		
P	↓	0.149	0.153	0.158	0.163	0.170	0.177	0.187	0.194	0.203	0.213	0.227	↑			
Q	0.143	0.147	0.152	0.156	0.162	0.169	0.177	0.183	0.191	0.199	0.211	↑				
R	0.142	0.146	0.150	0.155	0.161	0.168	0.174	0.180	0.187	0.197	↑					

비고1) MSSD는 표준화된 f_s를 규격상한 U와 규격하한 L의 차이에 곱함으로써 구해진다. 즉, MSSD = $(U-L)f_s$이다.
위 MSSD는 공정산포가 미지인 경우 양쪽 규격에 대해 결합관리를 위한 방식을 사용할 때 보통 검사 하에 샘플 표준편차와 최대허용크기를 나타낸다. 확실한 것은 아니지만 샘플 표준편차가 MSSD보다 작으면 합격할 가능성이 있다.

부표 D2 양쪽 규격 결합관리, MSSD에 대한 f_s값 : 까다로운 검사, "s" 방법

샘플 문자	합격품질한계 부적합 %															
	0.01	0.015	0.025	0.04	0.065	0.10	0.15	0.25	0.40	0.65	1.0	1.5	2.5	4.0	6.5	10.0
	f_s	f_s	f_s	f_s	f_s	f_s	f_s	f_s	f_s	f_s	f_s	f_s	f_s	f_s	f_s	f_s
B														↓	0.474	0.507
C													↓	0.376	0.393	0.425
D												↓	0.314	0.331	0.357	0.396
E											↓	0.274	0.289	0.310	0.338	0.386
F										↓	0.245	0.257	0.274	0.295	0.328	0.375
G									↓	0.224	0.234	0.248	0.264	0.289	0.321	0.372
H								↓	0.206	0.215	0.227	0.240	0.259	0.283	0.317	0.368
J							↓	0.192	0.200	0.209	0.220	0.235	0.254	0.279	0.313	0.355
K						↓	0.180	0.187	0.195	0.205	0.217	0.232	0.252	0.277	0.307	0.348
L					↓	0.170	0.176	0.183	0.191	0.202	0.214	0.230	0.249	0.271	0.299	↑
M				↓	0.162	0.167	0.174	0.180	0.189	0.200	0.213	0.228	0.245	0.266	↑	
N			↓	0.155	0.160	0.165	0.171	0.179	0.188	0.199	0.212	0.225	0.241	↑		
P		↓	0.149	0.153	0.158	0.163	0.170	0.177	0.187	0.197	0.208	0.222	↑			
Q	↓	0.143	0.147	0.152	0.156	0.162	0.169	0.177	0.186	0.196	0.206	↑				
R	0.138	0.142	0.146	0.150	0.155	0.161	0.168	0.176	0.184	0.193	↑					

비고1) MSSD는 표준화된 f_s를 규격상한 U와 규격하한 L의 차이에 곱함으로써 구해진다. 즉, MSSD$=(U-L)f_s$이다.
위 MSSD는 공정산포가 미지인 경우 양쪽 규격에 대해 결합관리를 위한 방식을 사용할 때 보통 검사 하에 샘플 표준편차와 최대허용크기를 나타낸다. 확실한 것은 아니지만 샘플 표준편차가 MSSD보다 작으면 합격할 가능성이 있다.

부표 D3 양쪽 규격 결합관리, MSSD에 대한 f_s값 : 수월한 검사, "s" 방법

샘플 문자	합격품질한계 부적합 %															
	0.01	0.015	0.025	0.04	0.065	0.10	0.15	0.25	0.40	0.65	1.0	1.5	2.5	4.0	6.5	10.0
	f_s	f_s	f_s	f_s	f_s	f_s	f_s	f_s	f_s	f_s	f_s	f_s	f_s	f_s	f_s	f_s
B-D	↓	↓	↓	↓	↓	↓	↓	↓	↓	↓	↓	0.474	0.485	0.507	0.595	0.849
E										↓	0.376	0.382	0.393	0.425	0.481	0.625
F									↓	0.314	0.320	0.331	0.357	0.396	0.174	0.623
G								↓	0.274	0.280	0.289	0.310	0.338	0.386	0.464	0.542
H							↓	0.245	0.250	0.257	0.274	0.295	0.328	0.375	0.416	0.507
J						↓	0.224	0.228	0.234	0.248	0.264	0.289	0.321	0.347	0.399	0.455
K					↓	0.206	0.210	0.215	0.227	0.240	0.259	0.283	0.301	0.335	0.368	0.401
L				↓	0.192	0.195	0.200	0.209	0.220	0.235	0.254	0.267	0.291	0.313	0.335	↑
M			↓	0.180	0.183	0.187	0.195	0.205	0.217	0.232	0.243	0.261	0.277	0.292	↑	
N		↓	0.170	0.173	0.176	0.183	0.191	0.202	0.214	0.223	0.237	0.249	0.261	↑		
P	↓	0.162	0.164	0.167	0.174	0.180	0.189	0.200	0.207	0.219	0.228	0.237	↑			
Q	0.155	0.157	0.160	0.165	0.171	0.179	0.188	0.194	0.203	0.212	0.219	↑				
R	0.150	0.153	0.158	0.163	0.170	0.177	0.183	0.191	0.197	0.203	↑					

비고1) MSSD는 표준화된 f_s를 규격상한 U와 규격하한 L의 차이에 곱함으로써 구해진다. 즉, MSSD $= (U - L)f_s$이다.
위 MSSD는 공정산포가 미지인 경우 양쪽 규격에 대해 결합관리를 위한 방식을 사용할 때 보통 검사 하에 샘플 표준편차와 최대허용크기를 나타낸다. 확실한 것은 아니지만 샘플 표준편차가 MSSD보다 작으면 합격할 가능성이 있다.

부표 E1 양쪽 규격 결합관리 방식의 MPSD에 대한 $f\sigma$ 값 : "σ" 방법

합격품질한계 부적합 (%)	f_σ
0.010	0.125
0.015	0.129
0.025	0.132
0.040	0.137
0.065	0.141
0.10	0.147
0.15	0.152
0.25	0.157
0.40	0.165
0.65	0.174
1.0	0.184
1.5	0.194
2.5	0.206
4.0	0.223
6.5	0.243
10.0	0.271

부표 E2 양쪽 규격 분리관리의 최대샘플표준편차(MPSD)에 대한 f_σ의 값 : "σ" 방법

AQL % (하한)	부적합 퍼센트로 표기된 합격품질한계(상한)															
	0.01	0.015	0.025	0.04	0.065	0.10	0.15	0.25	0.40	0.65	1.0	1.5	2.5	4.0	6.5	10.0
	f_σ	f_σ	f_σ	f_σ	f_σ	f_σ	f_σ	f_σ	f_σ	f_σ	f_σ	f_σ	f_σ	f_σ	f_σ	f_σ
0.010	0.131	0.133	0.134	0.137	0.139	0.142	0.145	0.147	0.151	0.154	0.158	0.163	0.167	0.173	0.179	0.187
0.015	0.133	0.134	0.136	0.139	0.141	0.144	0.147	0.150	0.153	0.157	0.161	0.165	0.170	0.176	0.183	0.191
0.025	0.134	0.136	0.138	0.141	0.144	0.146	0.149	0.152	0.153	0.160	0.164	0.168	0.173	0.179	0.186	0.195
0.040	0.137	0.139	0.141	0.144	0.146	0.149	0.152	0.155	0.159	0.163	0.168	0.172	0.177	0.184	0.191	0.200
0.065	0.139	0.141	0.144	0.146	0.149	0.152	0.155	0.158	0.162	0.167	0.171	0.176	0.181	0.188	0.196	0.205
0.10	0.142	0.144	0.146	0.149	0.152	0.155	0.159	0.162	0.166	0.170	0.175	0.180	0.186	0.193	0.201	0.211
0.15	0.145	0.147	0.149	0.152	0.155	0.159	0.´62	0.165	0.170	0.174	0.179	0.185	0.190	0.198	0.207	0.217
0.25	0.147	0.150	0.152	0.155	0.158	0.162	0.165	0.168	0.173	0.178	0.183	0.189	0.195	0.203	0.212	0.223
0.40	0.151	0.153	0.156	0.159	0.162	0.166	0.170	0.173	0.178	0.183	0.189	0.195	0.201	0.210	0.219	0.231
0.65	0.154	0.157	0.160	0.163	0.167	0.170	0.174	0.178	0.183	0.189	0.195	0.201	0.207	0.217	0.227	0.240
1.0	0.158	0.161	0.164	0.168	0.171	0.175	0.179	0.183	0.189	0.195	0.201	0.208	0.215	0.225	0.236	0.250
0.5	0.163	0.165	0.168	0.172	0.176	0.180	0.185	0.189	0.195	0.201	0.208	0.215	0.222	0.233	0.245	0.260
2.5	0.167	0.170	0.173	0.177	0.181	0.186	0.190	0.195	0.201	0.207	0.215	0.222	0.230	0.242	0.255	0.271
4.0	0.173	0.176	0.179	0.184	0.188	0.193	0.198	0.203	0.210	0.217	0.225	0.233	0.242	0255	0.269	0.288
6.5	0.179	0.183	0.186	0.191	0.196	0.201	0 207	0.212	0.219	0.227	0.236	0.245	0.255	0.269	0.286	0.306
10.0	0.187	0.191	0.195	0.200	0.205	0.211	0.217	0.223	0.231	0.240	0.250	0.260	0.271	0.288	0.306	0.330

비고1) MPSD는 표준화된 f_σ를 규격상한 U와 규격하한 L의 차이에 곱함으로써 구해진다. 즉, MPSD $= \sigma_{\max} = (U - L)f_\sigma$이다.
위 MPSD는 공정산포가 미지인 경우 양쪽 규격에 대해 결합관리를 위한 방식을 사용할 때 보통 검사 하에 샘플 표준편차와 최대허용크기를 나타낸다. 확실한 것은 아니지만 샘플 표준편차가 MSSD보다 작으면 합격할 가능성이 있다.

부표 E3 양쪽 규격 복합관리의 최대샘플표준편차(MPSD)에 대한 f_σ의 값 : "σ" 방법

AQL % (하한)	부적합 퍼센트로 표기된 합격품질한계(상한)														
	0.015	0.025	0.04	0.065	0.10	0.15	0.25	0.40	0.65	1.0	1.5	2.5	4.0	6.5	10.0
	f_σ	f_σ	f_σ	f_σ	f_σ	f_σ	f_σ	f_σ	f_σ	f_σ	f_σ	f_σ	f_σ	f_σ	f_σ
0.010	0.129	0.132	0.135	0.138	0.141	0.144	0.147	0.151	0.154	0.158	0.162	0.167	0.173	0.179	0.187
0.015		0.132	0.136	0.140	0.143	0.146	0.149	0.53	0.157	0.161	0.165	0.170	0.176	0.183	0.191
0.025			0.137	0.141	0.145	0.148	0.1515	0.155	0.159	0.164	0.168	0.173	0.179	0.186	0.195
0.040				0.141	0.146	0.150	0.154	0.158	0.162	0.167	0.172	0.177	0.184	0.191	0.200
0.065					0.147	0.152	0.156	0.161	0.166	0.171	0.176	0.181	0.188	0.196	0.205
0.10						0.152	0.157	0.163	0.169	0.174	0.180	0.185	0.193	0.201	0.211
0.15							0.157	0.165	0.171	0.178	0.183	0.189	0.197	0.206	0.217
0.25								0.165	0.173	0.180	0.187	0.193	0.202	0.211	0.223
0.40									0.174	0.183	0.191	0.198	0.208	0.218	0.230
0.65										0.184	0.194	0.202	0.213	0.225	0.238
1.0											0.194	0.205	0.219	0.232	0.247
0.5												0.206	0.222	0.238	0.255
2.5													0.223	0.242	0.262
4.0														0.243	0.269
6.5															0.271

비고1) MPSD는 표준화된 f_σ를 규격상한 U와 규격하한 L의 차이에 곱함으로써 구해진다. 즉, MPSD = $\sigma_{max} = (U - L) f_\sigma$이다.
위 MPSD는 공정산포가 미지인 경우 양쪽 규격에 대해 결합관리를 위한 방식을 사용할 때 보통 검사 하에 샘플 표준편차와 최대허용크기를 나타낸다. 확실한 것은 아니지만 샘플 표준편차가 MSSD보다 작으면 합격할 가능성이 있다.

부표 F1 품질통계량 Q의 함수로서 공정 부적합률의 추정치, $\hat{p}$

$Q\sqrt{3}/2$ 의 소수 둘째 자리 까지의 값	$Q\sqrt{3}/2$ 의 소수 셋째 자리 값									
	0.000	0.001	0.002	0.003	0.004	0.005	0.006	0.007	0.008	0.009
	β	β	β	β	β	β	β	β	β	β
0.00	0.500 0	0.499 7	0.499 4	0.499 0	0.498 7	0.498 4	0.498 1	0.497 8	0.497 5	0.497 1
0.01	0.496 8	0.496 5	0.496 2	0.495 9	0.495 5	0.495 2	0.494 9	0.494 6	0.494 3	0.494 0
0.02	0.493 6	0.493 3	0.493 0	0.492 7	0.492 4	0.492 0	0.491 7	0.491 4	0.491 1	0.490 8
0.03	0.490 4	0.490 1	0.489 8	0.489 5	0.489 2	0.488 9	0.488 5	0.488 2	0.487 9	0.487 6
0.04	0.487 3	0.486 9	0.486 6	0.486 3	0.486 0	0.485 7	0.485 4	0.485 0	0.484 7	0.484 4
0.05	0.484 1	0.483 8	0.483 4	0.483 1	0.482 8	0.482 5	0.482 2	0.481 8	0.481 5	0.481 2
0.06	0.480 9	0.480 6	0.480 3	0.479 9	0.479 6	0.479 3	0.479 0	0.478 7	0.478 3	0.478 0
0.07	0.477 7	0.477 4	0.477 1	0.476 7	0.476 4	0.476 1	0.475 8	0.475 5	0.475 1	0.474 8
0.08	0.474 5	0.474 2	0.473 9	0.473 5	0.473 2	0.472 9	0.472 6	0.472 3	0.472 0	0.471 6
0.09	0.471 3	0.471 0	0.470 7	0.470 4	0.470 0	0.469 7	0.469 4	0.469 1	0.468 8	0.468 4
0.10	0.468 1	0.467 8	0.467 5	0.467 2	0.466 8	0.466 5	0.466 2	0.465 9	0.465 6	0.465 2
0.11	0.464 9	0.464 6	0.464 3	0.464 0	0.463 6	0.463 3	0.463 0	0.462 7	0.462 4	0.462 0
0.12	0.461 7	0.461 4	0.161 1	0.460 7	0.460 4	0.460 1	0.459 8	0.459 5	0.459 1	0.458 8
0.13	0.458 5	0.458 2	0.457 9	0.457 5	0.457 2	0.456 9	0.456 6	0.456 3	0.455 9	0.455 6
0.14	0.455 3	0.455 0	0.454 6	0.454 3	0.454 0	0.453 7	0.453 4	0.453 0	0.452 7	0.452 4
0.15	0.452 1	0.451 8	0.451 4	0.451 1	0.450 8	0.450 5	0.450 1	0.449 8	0.449 5	0.449 2
0.16	0.448 9	0.448 5	0.448 2	0.447 9	0.447 6	0.447 2	0.446 9	0.446 6	0.446 3	0.445 9
0.17	0.445 6	0.445 3	0.445 0	0.444 7	0.444 3	0.444 0	0.443 7	0.443 4	0.443 0	0.442 7
0.18	0.442 4	0.442 1	0.441 7	0.441 4	0.441 1	0.440 8	0.440 4	0.440 1	0.439 8	0.439 5
0.19	0.439 2	0.438 8	0.438 5	0.438 2	0.437 9	0.437 5	0.437 2	0.436 9	0.436 6	0.436 2
0.20	0.435 9	0.435 6	0.435 3	0.434 9	0.434 6	0.434 3	0.434 0	0.433 6	0.433 3	0.433 0
0.21	0.432 7	0.432 3	0.432 0	0.431 7	0.431 4	0.431 0	0.430 7	0.430 4	0.430 0	0.429 7
0.22	0.429 4	0.429 1	0.428 7	0.428 4	0.428 1	0.427 8	0.427 4	0.427 1	0.426 8	0.426 5
0.23	0.426 1	0.425 8	0.425 5	0.425 1	0.424 8	0.424 5	0.424 2	0.423 8	0.423 5	0.423 2
0.24	0.422 9	0.422 5	0.422 2	0.421 9	0.421 5	0.421 2	0.420 9	0.420 6	0.420 2	0.419 9
0.25	0.419 6	0.419 2	0.418 9	0.418 6	0.418 3	0.417 9	0.417 6	0.417 3	0.416 9	0.416 6
0.26	0.416 3	0.415 9	0.415 6	0.415 3	0.415 0	0.414 6	0.414 3	0.414 0	0.413 6	0.413 3
0.27	0.413 0	0.412 6	0.412 3	0.412 0	0.411 7	0.411 3	0.411 0	0.410 7	0.410 3	0.410 0
0.28	0.409 7	0.409 3	0.409 0	0.408 7	0.408 3	0.408 0	0.407 7	0.407 3	0.407 0	0.406 7
0.29	0.406 3	0.406 0	0.405 7	0.405 3	0.405 0	0.404 7	0.404 3	0.404 0	0.403 7	0.403 3
0.30	0.403 0	0.402 7	0.402 3	0.402 0	0.401 7	0.401 3	0.401 0	0.400 7	0.400 3	0.400 0

부표 F3 품질통계량 Q의 함수로서 공정 부적합률의 추정치, $\hat{p}$ (계속)

$Q\sqrt{3}/2$의 소수 둘째 자리 까지의 값	$Q\sqrt{3}/2$ 의 소수 셋째 자리 값									
	0.000	0.001	0.002	0.003	0.004	0.005	0.006	0.007	0.008	0.009
	$\hat{p}$	$\hat{p}$	$\hat{p}$	$\hat{p}$	$\hat{p}$	$\hat{p}$	$\hat{p}$	$\hat{p}$	$\hat{p}$	$\hat{p}$
0.71	0.248 7	0.248 2	0.247 8	0.247 3	0.246 9	0.246 4	0.246 0	0.245 5	0.245 1	0.244 6
0.72	0.244 1	0.243 7	0.243 2	0.242 8	0.242 3	0.241 8	0.241 4	0.240 9	0.240 5	0.240 0
0.73	0.239 5	0.239 1	0.238 6	0.238 1	0.237 7	0.237 2	0.236 7	0.236 2	0.235 8	0.235 3
0.74	0.234 8	0.234 4	0.233 9	0.232 4	0.232 9	0.232 4	0.232 0	0.231 5	0.231 0	0.230 5
0.75	0.230 1	0.229 6	0.229 1	0.228 6	0.228 1	0.227 6	0.227 2	0.226 7	0.226 2	0.225 7
0.76	0.225 2	0.224 7	0.224 2	0.223 7	0.223 2	0.222 7	0.222 2	0.221 7	0.221 3	0.220 8
0.77	0.220 3	0.219 8	0.219 3	0.218 8	0.218 3	0.217 7	0.217 2	0.216 7	0.216 2	0.215 7
0.78	0.215 2	0.214 7	0.214 2	0.213 7	0.213 2	0.212 7	0.212 1	0.211 6	0.211 1	0.210 6
0.79	0.210 1	0.209 6	0.209 0	0.208 5	0.208 0	0.207 5	0.206 9	0.206 4	0.205 9	0.205 4
0.80	0.204 8	0.204 3	0.203 8	0.203 2	0.202 7	0.202 2	0.201 6	0.201 1	0.200 6	0.200 0
0.81	0.199 5	0.198 9	0.198 4	0.197 8	0.197 3	0.196 7	0.196 2	0.195 6	0.195 1	0.194 5
0.82	0.194 0	0.193 4	0.192 9	0.192 3	0.191 7	0.191 2	0.190 6	0.190 0	0.189 5	0.188 9
0.83	0.188 3	0.187 8	0.187 2	0.186 6	0.186 0	0.185 5	0.184 9	0.184 3	0.183 7	0.183 1
0.84	0.182 6	0.182 0	0.181 4	0.180 8	0.180 2	0.179 6	0.179 0	0.178 4	0.177 8	0.177 2
0.85	0.176 6	0.176 0	0.175 4	0.174 8	0.174 2	0.173 6	0.172 9	0.172 3	0.171 7	0.171 1
0.86	0.170 5	0.169 8	0.169 2	0.168 6	0.168 0	0.167 3	0.166 7	0.166 0	0.165 4	0.164 8
0.87	0.164 1	0.163 5	0.162 8	0.162 2	0.161 5	0.160 9	0.160 2	0.159 5	0.158 9	0.158 2
0.88	0.157 5	0.156 9	0.156 2	0.155 5	0.154 8	0.154 2	0.153 5	0.152 8	0.152 1	0.151 4
0.89	0.150 7	0.150 0	0.149 3	0.148 6	0.147 9	0.147 2	0.146 5	0.145 7	0.145 0	0.144 3
0.90	0.143 6	0.142 8	0.142 1	0.141 4	0.140 6	0.139 9	0.139 1	0.138 4	0.137 6	0.136 8
0.91	0.136 1	0.135 3	0.134 5	0.133 8	0.133 0	0.132 2	0.131 4	0.130 6	0.129 8	0.129 0
0.92	0.128 2	0.127 4	0.126 6	0.125 7	0.124 9	0.124 1	0.123 2	0.122 4	0.121 5	0.120 7
0.93	0.119 8	0.118 9	0.118 1	0.117 2	0.116 3	0.115 4	0.114 5	0.113 6	0.112 7	0.111 8
0.94	0.110 8	0.109 9	0.108 9	0.108 0	0.107 0	0.106 1	0.105 1	0.104 1	0.103 1	0.102 1
0.95	0.101 1	0.100 1	0.099 0	0.098 0	0.096 9	0.095 9	0.094 8	0.093 7	0.092 6	0.091 5
0.96	0.090 3	0.089 2	0.088 0	0.086 9	0.085 7	0.084 5	0.083 2	0.082 0	0.080 7	0.079 5
0.97	0.078 2	0.076 8	0.075 5	0.074 1	0.072 7	0.071 3	0.069 9	0.068 4	0.066 9	0.065 3
0.98	0.063 8	0.062 1	0.060 5	0.058 8	0.057 0	0.055 2	0.053 3	0.051 4	0.049 4	0.047 3
0.99	0.045 1	0.042 7	0.040 3	0.037 7	0.034 9	0.031 8	0.028 5	0.024 7	0.020 1	0.014 2
1.00	0.000 0	0.000 0	0.000 0	0.000 0	0.000 0	0.000 0	0.000 0	0.000 0	0.000 0	0.000 0

비고) Q의 값이 음수인 경우에는 $Q\sqrt{3}/2$의 절대값을 표에 사용하고 결과를 1.0에서 빼라.

부표 I1 (3951-1)샘플크기 3 및 4일 경우, 공정 부적합률 추정치의 최대 허용 값, p^*

샘플문자	AQL %	한 단계 더 엄격한 AQL에 대한 합격판정계수	
		"s"방법	"σ"방법
		k	k
B	4.0	1.118	0.829
C	2.5	1.325	1.201
D	1.5	1.516	1.452
E	1.0	1.740	1.735
F	0.65	1.967	1.989
G	0.40	2.153	2.185
H	0.25	2.350	2.384
J	0.15	2.503	2.532
K	0.10	2.678	2.702
L	0.065	2.856	2.875
M	0.040	3.002	3.018
N	0.025	3.157	3.176
P	0.015	3.272	3.290
Q	0.01	3.407	3.426
R	0.01	3.448	3.466

부표 G1 (3951-2)보통검사에 대한 p^* 형식 1회 샘플링검사 방식(주 표) : "s"와 "σ"방법

샘플 문자	샘플크기 n_s	샘플크기 n_σ	합격품질한계 부적합 %															
			0.01	0.015	0.025	0.04	0.065	0.10	0.15	0.25	0.40	0.65	1.0	1.5	2.5	4.0	6.5	10.0
			$100p^*$	$100p^*$	$100p^*$	$100p^*$	$100p^*$	$100p^*$	$100p^*$	$100p^*$	$100p^*$	$100p^*$	$100p^*$	$100p^*$	$100p^*$	$100p^*$	$100p^*$	$100p^*$
B	3	2													↓	19.05	24.94	34.95
C	4	3												↓	11.23	15.13	21.57	30.67
D	6	4											↓	6.724	9.246	13.29	19.02	29.03
E	9	6										↓	4.196	5.833	8.437	12.12	18.52	28.13
F	13	8									↓	2.578	3.605	5.245	7.537	11.54	17.54	27.31
G	18	10								↓	1.620	2.275	3.323	4.782	7.315	11.12	17.33	23.84
H	25	12							↓	1.012	1.428	2.084	3.010	4.603	7.010	10.91	15.03	21.03
J	35	15						↓	0.6299	0.8900	1.304	1.880	2.880	4.379	6.820	9.375	13.14	18.13
K	50	18					↓	0.4021	0.5690	0.8335	1.203	1.840	2.800	4.364	6.006	8.406	11.59	17.20
L	70	21				↓	0.2511	0.3553	0.5209	0.7500	1.150	1.750	2.725	3.753	5.255	7.257	10.74	↑
M	95	25			↓	0.1593	0.2254	0.3304	0.4765	0.7298	1.110	1.732	2.383	3.336	4.607	6.827	↑	
N	125	32		↓	0.1001	0.1421	0.2081	0.3005	0.4602	0.7006	1.090	1.499	2.098	2.898	4.301	↑		
P	160	40	↓	0.06265	0.08893	0.1302	0.1874	0.2875	0.4381	0.6818	0.9368	1.311	1.812	2.685	↑			
Q	200	50	0.03998	0.05689	0.08333	0.1202	0.1842	0.2801	0.4366	0.6007	0.8397	1.161	1.720	↑				
R	250	65	0.03553	0.05209	0.07495	0.1151	0.1750	0.2729	0.3753	0.5245	0.7258	1.076	↑					

비고1) 이 표준의 샘플문자는 KS A ISO 2859-1과 제1부(ISO 3951-1)에 나와있는 것과 대응된다.

비고2) 기호 : ↓ 이 영역에는 적절한 방식이 없다. 화살표 아래 첫 번째 샘플링검사 방식을 사용한다. 샘플크기가 로트크기 이상이면 100% 검사를 실시한다.
기호 : ↑ 이 영역에는 적절한 방식이 없다. 화살표 위 첫 번째 샘플링검사 방식을 사용한다.

부표 G2 (3951-2)까다로운 검사에 대한 p^* 형식 1회 샘플링검사 방식(주 표) : "s"와 "σ"방법

샘플문자	샘플크기 n_s	샘플크기 n_σ	합격품질한계 부적합 %															
			0.01	0.015	0.025	0.04	0.065	0.10	0.15	0.25	0.40	0.65	1.0	1.5	2.5	4.0	6.5	10.0
			$100p^*$	$100p^*$	$100p^*$	$100p^*$	$100p^*$	$100p^*$	1C0p^*	$100p^*$	$100p^*$	$100p^*$	$100p^*$	$100p^*$	$100p^*$	$100p^*$	$100p^*$	$100p^*$
B	3	2														↓	19.05	24.94
C	4	3													↓	11.23	15.13	21.57
D	6	4												↓	6.724	9.246	13.29	19.02
E	9	6											↓	4.196	5.833	8.437	12.12	18.52
F	13	8										↓	2.578	3.605	5.245	7.537	11.54	17.54
G	18	10									↓	1.620	2.275	3.323	4.782	7.315	11.12	17.33
H	25	12								↓	1.012	1.428	2.084	3.010	4.603	7.010	10.91	17.02
J	35	15							↓	0.6299	0.8900	1.304	1.880	2.880	4.379	6.820	10.62	15.63
K	50	18						↓	0.4021	0.5690	0.8335	1.203	1.840	2.800	4.364	6.808	10.01	14.82
L	70	21					↓	0.2511	0 3553	0.5209	0.7500	1.150	1.750	2.725	4.251	6.257	9.249	↑
M	95	25				↓	0.1593	0.2254	0.3304	0.4765	0.7298	1.110	1.732	2.699	3.965	5.879	↑	
N	125	32			↓	0.1001	0.1421	0.2081	0.3005	0.4602	0.7006	1.090	1.700	2.498	3.698	↑		
P	160	40		↓	0.06265	0.08893	0.1302	0.1874	0.2875	0.4381	0.6818	1.062	1.565	2.311	↑			
Q	200	50	↓	0.03998	0.05689	0.08333	0.1202	0.1842	C.2801	0.4366	0.6798	1.001	1.481	↑				
R	250	65	0.02501	0.03553	0.05209	0.07495	0.1151	0.1750	C.2729	0.4249	0.6242	0.9242	↑					

비고1) 이 표준의 샘플문자는 KS A ISO 2859-1과 제1부(ISO 3951-1)에 나와있는 것과 대응된다.

비고2) 기호 : ↓ 이 영역에는 적절한 방식이 없다. 화살표 아래 첫 번째 샘플링검사 방식을 사용한다. 샘플크기가 로트크기 이상이면 100% 검사를 실시한다.

기호 : ↑ 이 영역에는 적절한 방식이 없다. 화살표 위 첫 번째 샘플링검사 방식을 사용한다.

부표 G3 (3951-2)수월한 검사에 대한 p* 형식 1회 샘플링검사 방식(주 표) : "s"와 "σ"방법

샘플 문자	샘플크기 n_s	샘플크기 n_σ	합격품질한계 부적합 %															
			0.01	0.015	0.025	0.04	0.065	0.10	0.15	0.25	0.40	0.65	1.0	1.5	2.5	4.0	6.5	10.0
			$100p^*$	$100p^*$	$100p^*$	$100p^*$	$100p^*$	$100p^*$	$100p^*$	$100p^*$	$100p^*$	$100p^*$	$100p^*$	$100p^*$	$100p^*$	$100p^*$	$100p^*$	$100p^*$
B-D	3	2											↓	19.05	21.24	24.94	34.95	49.37
E	9	6										↓	11.23	12.70	15.13	21.57	30.67	46.70
F	13	8									↓	6.724	7.671	9.246	13.29	19.02	29.03	44.10
G	18	10								↓	4.196	4.819	5.833	8.437	12.12	18.52	28.13	36.16
H	25	12							↓	2.578	2.967	3.605	5.245	7.537	11.54	17.54	22.56	32.59
J	35	15						↓	1.620	1.867	2.275	3.323	4.782	7.315	11.12	14.32	20.68	27.03
K	50	18					↓	1.012	1.171	1.428	2.084	3.010	4.603	7.010	9.014	13.02	17.02	21.03
L	70	21				↓	0.6299	0.7296	0.8900	1.304	1.880	2.880	4.379	5.628	8.125	10.62	13.14	↑
M	95	25			↓	0.4021	0.4656	0.5690	0.8335	1.203	1.840	2.800	3.604	5.201	6.808	8.406	↑	
N	125	32		↓	0.2511	0.2909	0.3553	0.5209	0.7500	1.150	1.750	2.254	3.251	4.251	5.255	↑		
P	160	40	↓	0.1593	0.1847	0.2254	0.3304	0.4765	0.7298	1.110	1.429	2.066	2.699	3.336	↑			
Q	200	50	0.1001	0.1161	0.1421	0.2081	0.3005	0.4602	0.7006	0.8992	1.301	1.700	2.098	↑				
R	250	65	0.07248	0.08893	0.1302	0.1874	0.2875	0.4381	0.5628	0.8129	1.062	1.311	↑					

비고1) 이 표준의 샘플문자는 KS A ISO 2859-1과 제1부(ISO 3951-1)에 나와있는 것과 대응된다.

비고2) 기호 : ↓ 이 영역에는 적절한 방식이 없다. 화살표 아래 첫 번째 샘플링검사 방식을 사용한다. 샘플크기가 로트크기 이상이면 100% 검사를 실시한다.
기호 : ↑ 이 영역에는 적절한 방식이 없다. 화살표 위 첫 번째 샘플링검사 방식을 사용한다.

부표 DS10 보통검사에 대한 k 형식 2회 샘플링검사 방식(주 표) : "s" 방법

샘플 문자	합격품질한계 부적합 %															
	0.01	0.015	0.025	0.04	0.065	0.10	0.15	0.25	0.40	0.65	1.0	1.5	2.5	4.0	6.5	10.0
	n k_a k_r k_c	n k_a k_r k_c	n k_a k_r k_c	n k_a k_r k_c	n k_a k_r k_c	n k_a k_r k_c	n k_a k_r k_c	n k_a k_r k_c	n k_a k_r k_c	n k_a k_r k_c	n k_a k_r k_c	n k_a k_r k_c	n k_a k_r k_c	n k_a k_r k_c	n k_a k_r k_c	n k_a k_r k_c
B													↓	**3, 0**	**3, 1/3**	**3, 1/2**
C												↓	3 1.696 0.908 1.328	4 1.342 0.712 1.155	4 1.242 0.627 1.006	3 0.928 0.249 0.568
D											↓	4 1.891 1.153 1.556	6 1.587 1.020 1.397	6 1.496 0.944 1.271	4 1.199 0.590 0.944	4 0.786 0.199 0.536
E										↓	6 2.113 1.446 1.714	9 1.825 1.310 1.617	9 1.740 1.238 1.506	6 1.467 0.920 1.239	6 1.109 0.609 0.914	6 0.843 0.361 0.656
F									↓	8 2.291 1.666 1.872	11 2.001 1.501 1.824	11 1.921 1.432 1.727	8 1.677 1.160 1.476	9 1.367 0.919 1.182	9 1.133 0.711 0.969	8 0.764 0.345 0.639
G								↓	10 2.463 1.863 2.067	14 2.188 1.709 2.025	15 2.122 1.666 1.925	12 1.907 1.439 1.684	13 1.613 1.200 1.442	13 1.401 1.014 1.262	13 1.094 0.738 0.981	13 0.862 0.523 0.757
H							↓	12 2.616 2.035 2.348	18 2.362 1.908 2.196	19 2.297 1.861 2.108	15 2.090 1.638 1.892	17 1.820 1.426 1.668	18 1.630 1.269 1.503	20 1.363 1.046 1.253	20 1.159 0.859 1.064	20 0.918 0.636 0.833
J							15 2.778 2.224 2.409	23 2.536 2.105 2.365	24 2.471 2.056 2.287	20 2.281 1.857 2.081	23 2.026 1.657 1.880	25 1.851 1.515 1.731	28 1.607 1.311 1.509	30 1.428 1.157 1.342	31 1.219 0.969 1.143	32 1.002 0.770 0.932

부표 DS10 계속

K					↓	18 2.923 2.389 2.562	28 2.689 2.276 2.522	29 2.626 2.226 2.450	25 2.448 2.043 2.254	30 2.209 1.861 2.066	33 2.045 1.728 1.929	39 1.821 1.547 1.725	42 1.656 1.405 1.575	45 1.469 1.239 1.399	48 1.277 1.068 1.214	49 1.019 0.827 0.964
L				↓	22 3.073 2.563 2.705	33 2.840 2.439 2.684	36 2.786 2.405 2.608	31 2.614 2.227 2.427	38 2.388 2.057 2.250	43 2.235 1.935 2.123	51 2.024 1.764 1.936	57 1.874 1.638 1.798	64 1.704 1.493 1.638	69 1.531 1.339 1.474	75 1.306 1.133 1.255	↑
M			↓	26 3.209 2.718 2.846	39 2.983 2.595 2.830	42 2.928 2.558 2.765	37 2.765 2.391 2.586	47 2.552 2.235 2.418	54 2.406 2.121 2.299	66 2.208 1.963 2.124	75 2.068 1.847 1.996	86 1.911 1.714 1.849	96 1.753 1.575 1.699	107 1.549 1.390 1.503	↑	
N		↓	30 3.341 2.863 2.991	46 3.123 2.748 2.972	50 3.071 2.715 2.905	45 2.915 2.557 2.738	57 2.709 2.405 2.581	67 2.572 2.300 2.467	83 2.384 2.151 2.303	96 2.252 2.043 2.184	112 2.106 1.919 2.047	128 1.959 1.792 1.909	148 1.772 1.625 1.729	↑		
P	↓	35 3.472 3.011 3.125	54 3.260 2.899 3.111	59 3.211 2.867 3.047	53 3.059 2.713 2.888	68 2.861 2.568 2.738	82 2.731 2.472 2.630	103 2.553 2.330 2.475	122 2.429 2.231 2.362	144 2.291 2.115 2.234	166 2.153 1.996 2.106	198 1.980 1.843 1.940	↑			
Q	41 3.596 3.153 3.242	62 3.386 3.035 3.238	68 3.338 3.005 3.177	62 3.192 2.858 3.023	81 3.002 2.720 2.880	97 2.875 2.625 2.777	125 2.705 2.493 2.630	147 2.586 2.395 2.523	178 2.456 2.288 2.402	209 2.326 2.177 2.281	254 2.164 2.034 2.125	↑				
R	71 3.514 3.173 3.368	78 3.467 3.144 3.309	71 3.325 3.000 3.162	94 3.141 2.868 3.025	115 3.021 2.780 2.926	149 2.858 2.653 2.785	179 2.745 2.563 2.684	218 2.620 2.460 2.569	260 2.498 2.356 2.454	322 2.345 2.222 2.308	↑					

비고1) 이 표준의 샘플문자와 검사수준은 KS A ISO 2859-1, ISO 3951-1, ISO 3951-2에 명시된 것과 동일하다.

비고2) 기호 : ↓ 이 영역에는 적합한 방식이 없다. 화살표 밑 제1차 샘플링검사 방식을 사용한다. 샘플크기가 로트크기 이상이면 전수검사를 수행한다.

기호 : ↑ 이 영역에는 적합한 방식이 없다. 화살표 위 제1차 샘플링검사 방식을 사용한다.

비고3) 굵은 글씨체 안의 숫자들은 , 형의 계수형 1회 샘플링검사 방식을 나타낸다. Ac가 분수이면, 로트는 현재 1개를 포함해 $1/Ac$ 연속로트에 총 둘 이상의 부적합품이 포함되어 있지 않으면 합격이다.

부표 DS11 까다로운 검사에 대한 k 형식 2회 샘플링검사 방식(주 표) : "s" 방법

샘플 문자	합격품질한계 부적합 %															
	0.01	0.015	0.025	0.04	0.065	0.10	0.15	0.25	0.40	0.65	1.0	1.5	2.5	4.0	6.5	10.0
	n k_a k_r k_c	n k_a k_r k_c	n k_a k_r k_c	n k_a k_r k_c	n k_a k_r k_c	n k_a k_r k_c	n k_a k_r k_c	n k_a k_r k_c	n k_a k_r k_c	n k_a k_r k_c	n k_a k_r k_c	n k_a k_r k_c	n k_a k_r k_c	n k_a k_r k_c	n k_a k_r k_c	n k_a k_r k_c
B	↓	↓	↓	↓	↓	↓	↓	↓	↓	↓	↓	↓	↓	↓	**3, 0**	**3, 1/3**
C														3 1.696 0.908 1.328	4 1.342 0.712 1.155	4 1.242 0.627 1.006
D													4 1.891 1.153 1.556	6 1.587 1.020 1.397	6 1.496 0.944 1.271	4 1.199 0.590 0.944
E												6 2.113 1.446 1.714	9 1.825 1.310 1.617	9 1.740 1.238 1.506	6 1.467 0.920 1.239	6 1.109 0.609 0.914
F											8 2.291 1.666 1.872	11 2.001 1.501 1.824	11 1.921 1.432 1.727	8 1.677 1.160 1.476	9 1.367 0.919 1.182	9 1.133 0.711 0.969
G										10 2.463 1.863 2.067	14 2.188 1.709 2.025	15 2.122 1.666 1.925	12 1.907 1.439 1.684	13 1.613 1.200 1.442	13 1.401 1.014 1.262	13 1.094 0.738 0.981
H									12 2.616 2.035 2.348	18 2.362 1.908 2.196	19 2.297 1.861 2.108	15 2.090 1.638 1.892	17 1.820 1.426 1.668	18 1.630 1.269 1.503	20 1.363 1.046 1.253	20 1.072 0.779 0.982
J								15 2.778 2.224 2.409	23 2.536 2.105 2.365	24 2.471 2.056 2.287	20 2.281 1.857 2.081	23 2.026 1.657 1.880	25 1.851 1.515 1.731	28 1.607 1.311 1.509	31 1.354 1.093 1.269	32 1.105 0.867 1.032

부표 DS11 계속

K						↓	18 2.923 2.389 2.562	28 2.689 2.276 2.522	29 2.626 2.226 2.450	25 2.448 2.043 2.254	30 2.209 1.861 2.066	33 2.045 1.728 1.929	39 1.821 1.547 1.725	43 1.587 1.344 1.511	47 1.368 1.150 1.301	49 1.121 0.924 1.063
L					↓	22 3.073 2.563 2.705	33 2.840 2.439 2.684	36 2.786 2.405 2.608	31 2.614 2.227 2.427	38 2.388 2.057 2.250	43 2.235 1.935 2.123	51 2.024 1.764 1.936	60 1.812 1.587 1.740	67 1.612 1.412 1.551	73 1.394 1.215 1.341	↑
M				↓	26 3.209 2.718 2.846	39 2.983 2.595 2.830	42 2.928 2.558 2.765	37 2.765 2.391 2.586	47 2.552 2.235 2.418	54 2.406 2.121 2.299	66 2.208 1.963 2.124	79 2.011 1.798 1.942	91 1.827 1.639 1.769	103 1.629 1.463 1.579	↑	
N			↓	30 3.341 2.863 2.991	46 3.123 2.748 2.972	50 3.071 2.715 2.905	45 2.915 2.557 2.738	57 2.709 2.405 2.581	67 2.572 2.300 2.467	83 2.384 2.151 2.303	102 2.198 1.998 2.134	121 2.028 1.852 1.973	140 1.845 1.690 1.799	↑		
P		↓	35 3.472 3.011 3.125	54 3.260 2.899 3.111	59 3.211 2.867 3.047	53 3.059 2.713 2.888	68 2.861 2.568 2.738	82 2.731 2.472 2.630	103 2.553 2.330 2.475	129 2.377 2.187 2.316	155 2.217 2.051 2.166	185 2.047 1.902 2.005	↑			
Q	↓	41 3.596 3.153 3.242	62 3.386 3.035 3.238	68 3.338 3.005 3.177	62 3.192 2.858 3.023	81 3.002 2.720 2.880	97 2.875 2.625 2.777	125 2.705 2.493 2.630	158 2.538 2.356 2.479	196 2.387 2.230 2.337	234 2.226 2.089 2.186	↑				
R	47 3.720 3.290 3.369	71 3.514 3.173 3.368	78 3.467 3.144 3.309	71 3.325 3.000 3.162	94 3.141 2.868 3.025	115 3.021 2.780 2.926	149 2.858 2.653 2.785	191 2.698 2.524 2.642	239 2.554 2.404 2.508	297 2.404 2.274 2.365	↑					

비고1) 이 표준의 샘플문자와 검사수준은 KS A ISO 2859-1, ISO 3951-1, ISO 3951-2에 명시된 것과 동일하다.

비고2) 기호 : ↓ 이 영역에는 적합한 방식이 없다. 화살표 밑 제1차 샘플링검사 방식을 사용한다. 샘플크기가 로트크기 이상이면 전수검사를 수행한다.

기호 : ↑ 이 영역에는 적합한 방식이 없다. 화살표 위 제1차 샘플링검사 방식을 사용한다.

비고3) 굵은 글씨체 안의 숫자들은 n, Ac형의 계수형 1회 샘플링검사 방식을 나타낸다. Ac가 분수이면, 로트는 현재 1개를 포함해 $1/Ac$ 연속로트에 총 둘 이상의 부적합품이 포함되어 있지 않으면 합격이다.

부표 DS12 수월한 검사에 대한 k 형식 2회 샘플링검사 방식(주 표) : "s" 방법

샘플 문자	합격품질한계 부적합 %															
	0.01	0.015	0.025	0.04	0.065	0.10	0.15	0.25	0.40	0.65	1.0	1.5	2.5	4.0	6.5	10.0
	n k_a k_r k_c	n k_a k_r k_c	n k_a k_r k_c	n k_a k_r k_c	n k_a k_r k_c	n k_a k_r k_c	n k_a k_r k_c	n k_a k_r k_c	n k_a k_r k_c	n k_a k_r k_c	n k_a k_r k_c	n k_a k_r k_c	n k_a k_r k_c	n k_a k_r k_c	n k_a k_r k_c	n k_a k_r k_c
B, C												↓	**2, 0**	**2, 1/5**	**2, 1/3**	**2, 1/2**
D											↓	**3, 0**	**3, 1/5**	**3, 1/3**	**3, 1/2**	**3, 1**
E										↓	3 1.696 0.908 1.328	4 1.445 0.798 1.266	4 1.342 0.712 1.155	4 1.242 0.627 1.006	3 0.928 0.249 0.568	3 0.411 -.403 0.059
F									↓	4 1.891 1.153 1.556	6 1.683 1.099 1.490	6 1.587 1.020 1.397	6 1.496 0.944 1.271	4 1.199 0.590 0.944	4 0.786 0.199 0.536	4 0.453 -.182 0.206
G								↓	6 2.113 1.446 1.714	8 1.895 1.342 1.719	9 1.825 1.310 1.617	9 1.740 1.238 1.506	6 1.467 0.920 1.239	6 1.109 0.609 0.914	6 0.843 0.361 0.656	5 0.386 -.176 0.242
H							↓	8 2.291 1.666 1.872	10 2.071 1.538 1.909	11 2.001 1.501 1.824	11 1.921 1.432 1.727	8 1.677 1.160 1.476	9 1.367 0.919 1.182	9 1.133 0.711 0.969	8 0.764 0.345 0.639	8 0.617 0.200 0.493
J						↓	10 2.463 1.863 2.067	13 2.258 1.753 2.099	14 2.188 1.709 2.025	15 2.122 1.666 1.925	12 1.907 1.439 1.684	13 1.613 1.200 1.442	13 1.401 1.014 1.262	13 1.094 0.738 0.981	13 0.972 0.626 0.864	13 0.761 0.427 0.658
K						12 2.616 2.035 2.348	16 2.423 1.935 2.271	18 2.362 1.908 2.196	19 2.297 1.861 2.108	15 2.090 1.638 1.892	17 1.820 1.426 1.668	18 1.630 1.269 1.503	20 1.363 1.046 1.253	20 1.255 0.947 1.154	20 1.072 0.779 0.982	20 0.918 0.636 0.833

부표 DS12 계속

L	↓	↓	↓	↓	15 2.778 2.224 2.409	19 2.583 2.109 2.446	23 2.536 2.105 2.365	24 2.471 2.056 2.287	20 2.281 1.857 2.081	23 2.026 1.657 1.880	25 1.851 1.515 1.731	28 1.607 1.311 1.509	29 1.512 1.229 1.420	31 1.354 1.093 1.269	31 1.219 0.969 1.143	↑
M	↓	↓	↓	18 2.923 2.389 2.562	23 2.734 2.278 2.598	28 2.689 2.276 2.522	29 2.626 2.226 2.450	25 2.448 2.043 2.254	30 2.209 1.861 2.066	33 2.045 1.728 1.929	39 1.821 1.547 1.725	40 1.732 1.468 1.646	43 1.587 1.344 1.511	45 1.469 1.239 1.399	↑	↑
N	↓	↓	22 3.073 2.563 2.705	28 2.888 2.451 2.750	33 2.840 2.439 2.684	36 2.786 2.405 2.608	31 2.614 2.227 2.427	38 2.388 2.057 2.250	43 2.235 1.935 2.123	51 2.024 1.764 1.936	55 1.945 1.700 1.862	60 1.812 1.587 1.740	64 1.704 1.493 1.638	↑	↑	↑
P	↓	26 3.209 2.718 2.846	33 3.029 2.606 2.893	39 2.983 2.595 2.830	42 2.928 2.558 2.765	37 2.765 2.391 2.586	47 2.552 2.235 2.418	54 2.406 2.121 2.299	66 2.208 1.963 2.124	71 2.134 1.902 2.056	79 2.011 1.798 1.942	86 1.911 1.714 1.849	↑	↑	↑	↑
Q	30 3.341 2.863 2.991	38 3.165 2.752 3.034	46 3.123 2.748 2.972	50 3.071 2.715 2.905	45 2.915 2.557 2.738	57 2.709 2.405 2.581	67 2.572 2.300 2.467	83 2.384 2.151 2.303	90 2.313 2.093 2.240	102 2.198 1.998 2.134	112 2.106 1.919 2.047	↑	↑	↑	↑	↑
R	44 3.299 2.899 3.171	54 3.260 2.899 3.111	59 3.211 2.867 3.047	53 3.059 2.713 2.888	68 2.861 2.568 2.738	82 2.731 2.472 2.630	103 2.553 2.330 2.475	112 2.486 2.276 2.415	129 2.377 2.187 2.316	144 2.291 2.115 2.234	↑	↑	↑	↑	↑	↑

비고1) 이 표준의 샘플문자와 검사수준은 KS A ISO 2859-1, ISO 3951-1, ISO 3951-2에 명시된 것과 동일하다.

비고2) 기호 : ↓ 이 영역에는 적합한 방식이 없다. 화살표 밑 제1차 샘플링검사 방식을 사용한다. 샘플크기가 로트크기 이상이면 전수검사를 수행한다.

기호 : ↑ 이 영역에는 적합한 방식이 없다. 화살표 위 제1차 샘플링검사 방식을 사용한다.

비고3) 굵은 글씨체 안의 숫자들은 n, Ac형의 계수형 1회 샘플링검사 방식을 나타낸다. Ac가 분수이면, 로트는 현재 1개를 포함해 $1/Ac$ 연속로트에 총 둘 이상의 부적합품이 포함되어 있지 않으면 합격이다.

부표 DS13 보통검사에 대한 k 형식 2회 샘플링검사 방식(주 표) : "σ" 방법

샘플 문자	합격품질한계 부적합 %															
	0.01	0.015	0.025	0.04	0.065	0.10	0.15	0.25	0.40	0.65	1.0	1.5	2.5	4.0	6.5	10.0
	n k_a k_r k_c	n k_a k_r k_c	n k_a k_r k_c	n k_a k_r k_c	n k_a k_r k_c	n k_a k_r k_c	n k_a k_r k_c	n k_a k_r k_c	n k_a k_r k_c	n k_a k_r k_c	n k_a k_r k_c	n k_a k_r k_c	n k_a k_r k_c	n k_a k_r k_c	n k_a k_r k_c	n k_a k_r k_c
B													↓	2 1.520 0.672 0.605	2 1.003 0.155 0.746	2 0.872 0.024 0.589
C												↓	2 1.717 0.869 1.033	3 1.322 0.519 1.053	3 1.115 0.449 0.900	2 0.588 0.123 0.441
D											↓	2 1.889 1.040 1.342	3 1.486 0.824 1.304	4 1.435 0.800 1.202	3 1.045 0.420 0.838	3 0.582 0.136 0.461
E										↓	2 2.056 1.208 1.637	4 1.761 1.163 1.553	4 1.650 1.090 1.437	4 1.394 0.777 1.169	5 0.996 0.514 0.856	4 0.705 0.290 0.599
F									↓	3 2.694 1.494 1.800	4 1.928 1.350 1.761	5 1.886 1.320 1.682	4 1.599 1.015 1.410	6 1.288 0.829 1.136	7 1.055 0.642 0.930	6 0.679 0.301 0.602
G								↓	3 2.641 1.677 1.989	5 2.159 1.598 1.985	6 2.100 1.578 1.892	5 1.847 1.323 1.633	7 1.554 1.120 1.405	8 1.340 0.947 1.228	10 1.040 0.691 0.954	9 0.806 0.483 0.731
H								3 2.690 1.833 2.165	6 2.350 1.824 2.168	6 2.258 1.768 2.071	6 2.061 1.548 1.857	8 1.776 1.357 1.638	10 1.589 1.215 1.479	12 1.320 1.002 1.231	12 1.114 0.818 1.042	14 0.882 0.607 0.816

부표 DS13 계속

J						↓	4 2.899 2.114 2.366	6 2.497 2.011 2.329	7 2.446 1.982 2.259	7 2.260 1.784 2.053	9 1.989 1.597 1.855	11 1.815 1.465 1.709	15 1.577 1.275 1.492	17 1.398 1.125 1.327	18 1.189 0.941 1.128	21 0.978 0.749 0.920
K					↓	4 2.975 2.262 2.509	7 2.668 2.203 2.496	8 2.614 2.167 2.429	7 2.411 1.964 2.222	10 2.176 1.807 2.043	13 2.019 1.688 1.912	17 1.796 1.515 1.711	21 1.634 1.379 1.563	21 1.443 1.213 1.386	26 1.256 1.048 1.204	32 1.003 0.812 0.956
L				↓	5 3.155 2.490 2.676	7 2.806 2.359 2.654	8 2.755 2.337 2.581	8 2.588 2.162 2.401	12 2.368 2.017 2.234	14 2.210 1.897 2.107	20 2.005 1.738 1.925	24 1.856 1.616 1.788	25 1.683 1.470 1.627	31 1.514 1.321 1.465	39 1.292 1.119 1.248	↑
M			↓	5 3.245 2.629 2.807	8 2.963 2.532 2.808	9 2.910 2.504 2.742	9 2.749 2.338 2.566	13 2.534 2.198 2.404	16 2.387 2.090 2.286	22 2.191 1.940 2.114	27 2.053 1.828 1.988	31 1.895 1.696 1.841	36 1.738 1.559 1.691	47 1.538 1.378 1.497	↑	
N		↓	6 3.413 2.816 2.973	9 3.112 2.698 2.955	10 3.058 2.669 2.888	10 2.901 2.511 2.721	14 2.692 2.371 2.568	18 2.557 2.274 2.457	25 2.371 2.132 2.295	31 2.240 2.027 2.177	38 2.095 1.905 2.041	42 1.947 1.778 1.903	56 1.763 1.615 1.724	↑		
P	↓	6 3.508 2.949 3.098	10 3.255 2.858 3.098	11 3.201 2.828 3.033	11 3.050 2.675 2.874	15 2.845 2.537 2.726	19 2.715 2.446 2.620	27 2.541 2.312 2.468	34 2.418 2.217 2.356	44 2.282 2.104 2.229	48 2.142 1.984 2.101	65 1.972 1.834 1.936	↑			
Q	7 3.646 3.116 3.226	10 3.370 2.987 3.221	12 3.332 2.972 3.166	11 3.173 2.813 3.005	16 2.986 2.690 2.868	21 2.862 2.603 2.768	30 2.695 2.478 2.624	38 2.577 2.383 2.518	48 2.448 2.278 2.398	54 2.317 2.167 2.276	73 2.157 2.026 2.121	↑				
R	11 3.504 3.134 3.355	12 3.452 3.105 3.294	12 3.311 2.962 3.148	18 3.131 2.845 3.016	23 3.010 2.761 2.919	32 2.848 2.639 2.779	41 2.737 2.552 2.679	53 2.613 2.451 2.565	60 2.490 2.347 2.450	83 2.339 2.215 2.305	↑					

비고1) 이 표준의 샘플문자와 검사수준은 KS A ISO 2859-1, ISO 3951-1, ISO 3951-2에 명시된 것과 동일하다.
비고2) 기호 : ↓ 이 영역에는 적합한 방식이 없다. 화살표 밑 제1차 샘플링검사 방식을 사용한다. 샘플크기가 로트크기 이상이면 전수검사를 수행한다.
기호 : ↑ 이 영역에는 적합한 방식이 없다. 화살표 위 제1차 샘플링검사 방식을 사용한다.

부표 DS16 양쪽규격 한계의 결합관리에 대한 최대샘플표준편차(MSSD)에 대한 $f_{s,1}$과 $f_{s,C}$ 값 – 보통검사에 대한 "s" 방법

샘플 문자	합격품질한계 부적합 %															
	0.01	0.015	0.025	0.04	0.065	0.10	0.15	0.25	0.40	0.65	1.0	1.5	2.5	4.0	6.5	10.0
	$f_{s,1}$ $f_{s,C}$	$f_{s,1}$ $f_{s,C}$	$f_{s,1}$ $f_{s,C}$	$f_{s,1}$ $f_{s,C}$	$f_{s,1}$ $f_{s,C}$	$f_{s,1}$ $f_{s,C}$	$f_{s,1}$ $f_{s,C}$	$f_{s,1}$ $f_{s,C}$	$f_{s,1}$ $f_{s,C}$	$f_{s,1}$ $f_{s,C}$	$f_{s,1}$ $f_{s,C}$	$f_{s,1}$ $f_{s,C}$	$f_{s,1}$ $f_{s,C}$	$f_{s,1}$ $f_{s,C}$	$f_{s,1}$ $f_{s,C}$	$f_{s,1}$ $f_{s,C}$
C													0.4848 0.3299	0.4521 0.3429	0.4701 0.3691	0.7124 0.4721
D												0.3769 0.2866	0.3729 0.2977	0.3873 0.3162	0.4785 0.3812	0.5886 0.4812
E											0.3073 0.2589	0.3141 0.2651	0.3251 0.2787	0.3921 0.3212	0.4650 0.3814	0.5425 0.4450
F										0.2709 0.2391	0.2843 0.2413	0.2934 0.2513	0.3403 0.2836	0.3837 0.3265	0.4327 0.3666	0.5503 0.4487
G									0.2455 0.2198	0.2567 0.2214	0.2607 0.2300	0.2912 0.2555	0.3261 0.2848	0.3598 0.3112	0.4226 0.3623	0.4860 0.4145
H								0.2270 0.2044	0.2343 0.2066	0.2384 0.2133	0.2639 0.2331	0.2895 0.2557	0.3121 0.2754	0.3504 0.3111	0.3903 0.3443	0.4491 0.3942
J							0.2093 0.1921	0.2155 0.1937	0.2193 0.1990	0.2384 0.2153	0.2586 0.2328	0.2753 0.2477	0.3032 0.2735	0.3281 0.2964	0.3641 0.3288	0.4106 0.3706
K						0.1960 0.1818	0.2015 0.1831	0.2050 0.1876	0.2202 0.2013	0.2360 0.2156	0.2492 0.2275	0.2696 0.2475	0.2881 0.2646	0.3130 0.2876	0.3431 0.3160	0.3953 0.3632
L					0.1837 0.1730	0.1897 0.1734	0.1916 0.1776	0.2047 0.1890	0.2174 0.2009	0.2278 0.2104	0.2441 0.2263	0.2577 0.2395	0.2753 0.2567	0.2967 0.2769	0.3303 0.3089	
M				0.1740 0.1652	0.1795 0.1654	0.1815 0.1688	0.1925 0.1788	0.2028 0.1890	0.2113 0.1969	0.2244 0.2099	0.2351 0.2206	0.2486 0.2341	0.2644 0.2496	0.2887 0.2729		
N			0.1658 0.1579	0.1705 0.1583	0.1721 0.1614	0.1814 0.1700	0.1905 0.1787	0.1974 0.1855	0.2083 0.1963	0.2169 0.2050	0.2277 0.2159	0.2400 0.2281	0.2581 0.2461			
P		0.1582 0.1517	0.1625 0.1519	0.1639 0.1546	0.1721 0.1622	0.1800 0.1697	0.1856 0.1755	0.1948 0.1847	0.2018 0.1921	0.2106 0.2011	0.2205 0.2109	0.2346 0.2251				
Q	0.1514 0.1466	0.1558 0.1464	0.1571 0.1489	0.1643 0.1557	0.1711 0.1623	0.1762 0.1674	0.1839 0.1753	0.1901 0.1816	0.1974 0.1893	0.2055 0.1975	0.2170 0.2093					
R	0.1496 0.1412	0.1507 0.1435	0.1573 0.1495	0.1633 0.1553	0.1676 0.1599	0.1743 0.1668	0.1794 0.1722	0.1857 0.1787	0.1924 0.1858	0.2019 0.1955						

비고 1) 최초 샘플에 대한 보통검사에서 $s_{1,\max}$는 위의 표에 있는 표준계수 $f_{s,1}$에 규격상한 U와 규격하한 L의 차를 곱해서 얻는다. 즉 $s_{1,\max}$는 $(U-L)f_{s,1}$이다. 이와 마찬가지로 결합샘플의 보통검사에서 $s_{C,\max}$는 $s_{C,\max}=(U-L)f_{s,C}$로 얻는다

비고 2) 이러한 MSSD는 공정변동성을 모를 때 결합 AQL 요구사항을 갖는 양쪽 규격한계에 대한 보통검사에서 이에 해당하는 샘플표준편차 s_1과 s_C의 최대 허용크기를 나타낸다. 샘플표준편차가 그 MSSD 미만이라면 로트가 합격될 확률이 있지만 확실하지는 않다.

부표 DS19 양쪽규격 한계의 결합관리에 대한 최대공정표준편차(MPSD)에 대한 $f\sigma$ 값 – "σ" 방법

샘플 문자	합격품질한계 (부적합 %)															
	0.01	0.015	0.025	0.04	0.065	0.10	0.15	0.25	0.40	0.65	1.0	1.5	2.5	4.0	6.5	10.0
f_σ	0.125	0.129	0.132	0.137	0.141	0.147	0.152	0.157	0.165	0.174	0.184	0.194	0.206	0.223	0.243	0.271

비고 1) MPSD는 표준화된 f_σ에 규격상한 U와 규격하한 L을 곱해서 구한다. 즉, $\sigma_{max} = (U - L)f_\sigma$.

비고 2) MPSD는 공정표준편차를 알고 있을 때 양쪽 규격한계의 결합관리에 대한 방식을 사용할 때 공정표준편차의 최대 허용크기를 나타낸다. 공정표준편차가 이 표의 MPSD 미만이라면 로트가 합격될 확률이 있지만 확실하지는 않다

부표 DS23 보통 검사에 대한 p^* 형식 2회 샘플링검사 방식(주 표) : "s" 방법

샘플 문자	합격품질한계 부적합 %															
	0.01	0.015	0.025	0.04	0.065	0.10	0.15	0.25	0.40	0.65	1.0	1.5	2.5	4.0	6.5	10.0
	n $100p_a$* $100p_r$* $100p_c$*	n $100p_a$* $100p_r$* $100p_c$*	n $100p_a$* $100p_r$* $100p_c$*	n $100p_a$* $100p_r$* $100p_c$*	n $100p_a$* $100p_r$* $100p_c$*	n $100p_a$* $100p_r$* $100p_c$*	n $100p_a$* $100p_r$* $100p_c$*	n $100p_a$* $100p_r$* $100p_c$*	n $100p_a$* $100p_r$* $100p_c$*	n $100p_a$* $100p_r$* $100p_c$*	n $100p_a$* $100p_r$* $100p_c$*	n $100p_a$* $100p_r$* $100p_c$*	n $100p_a$* $100p_r$* $100p_c$*	n $100p_a$* $100p_r$* $100p_c$*	n $100p_a$* $100p_r$* $100p_c$*	n $100p_a$* $100p_r$* $100p_c$*
B	↓	↓	↓	↓	↓	↓	↓	↓	↓	↓	↓	↓	↓	3, 0	2, 0	↓
C	↓	↓	↓	↓	↓	↓	↓	↓	↓	↓	↓	↓	*3* *19. 25*	4 5.267 26.27 12.43	4 8.600 29.10 16.22	3 20.29 43.08 30.52
D	↓	↓	↓	↓	↓	↓	↓	↓	↓	↓	↓	*4* *8. 600*	6 3.439 15.64 7.656	6 4.875 17.79 9.933	4 10.03 30.33 17.92	4 23.80 43.37 30.68
E	↓	↓	↓	↓	↓	↓	↓	↓	↓	↓	*6* *5. 220*	9 2.100 8.964 4.839	9 2.840 10.40 6.222	6 5.379 18.49 10.57	6 13.26 28.29 18.35	6 20.79 36.87 26.11
F	↓	↓	↓	↓	↓	↓	↓	↓	↓	8 0.0484 3.364 2.429	11 1.299 5.958 2.986	11 1.750 6.994 3.808	8 3.241 12.07 6.586	9 7.910 18.19 11.77	9 12.72 24.40 16.73	8 22.85 37.10 26.47
G	↓	↓	↓	↓	↓	↓	↓	↓	10 0.0608 2.000 1.466	14 0.7899 3.701 1.820	15 1.070 4.190 2.410	12 1.947 6.950 4.259	13 4.663 11.31 7.243	13 7.601 15.57 10.23	13 13.64 23.33 16.38	13 19.64 30.41 22.59
H	↓	↓	↓	↓	↓	↓	↓	12 0.0493 1.237 0.8866	18 0.5019 2.288 1.178	19 0.6695 2.641 1.528	15 1.198 4.492 2.624	17 2.877 7.338 4.532	18 4.693 10.02 6.464	20 8.393 14.77 10.43	20 12.23 19.63 14.36	20 18.01 26.44 20.31
J	↓	↓	↓	↓	↓	↓	15 0.0408 0.7317 0.5711	23 0.3111 1.382 0.7497	24 0.4121 1.617 0.9541	20 0.7326 2.698 1.658	23 1.744 4.519 2.817	25 2.847 6.216 4.010	28 5.130 9.344 6.452	30 7.474 12.30 8.907	31 11.05 16.65 12.63	32 15.83 22.15 17.59

부표 DS23 계속

K					↓	18 0.0296 0.4508 0.3651	28 0.1980 0.8677 0.4799	29 0.2600 1.025 0.6054	25 0.4601 1.695 1.057	30 1.090 2.841 1.802	33 1.779 3.947 2.557	39 3.210 5.916 4.125	42 4.701 7.875 5.681	45 6.957 10.70 8.034	48 10.00 14.26 11.21	49 15.41 20.46 16.76
L				↓	22 0.0210 0.2683 0.2399	33 0.1220 0.5412 0.2941	36 0.1611 0.6233 0.3840	31 0.2835 1.041 0.6570	38 0.6686 1.759 1.123	43 1.091 2.448 1.594	51 1.982 3.725 2.561	57 2.897 4.939 3.537	64 4.296 6.675 5.014	69 6.193 8.965 6.982	75 9.525 12.84 10.45	↑
M			↓	26 0.0143 0.1647 0.1542	39 0.0767 0.3392 0.1865	42 0.1014 0.3956 0.2390	37 0.1777 0.6573 0.4140	47 0.4180 1.107 0.7118	54 0.6849 1.545 1.009	66 1.245 2.354 1.623	75 1.822 3.126 2.242	86 2.703 4.235 3.175	96 3.897 5.691 4.426	107 6.007 8.180 6.613	↑	
N		↓	30 0.0093 0.1017 0.0951	46 0.0481 0.2108 0.1179	50 0.0634 0.2448 0.1521	45 0.1112 0.4059 0.2623	57 0.2607 0.6935 0.4462	67 0.4257 0.9648 0.6360	83 0.7763 1.478 1.021	96 1.139 1.967 1.408	112 1.689 2.675 1.997	128 2.441 3.593 2.781	148 3.766 5.159 4.164	↑		
P	↓	35 0.0061 0.0618 0.0606	54 0.0301 0.1294 0.0740	59 0.0393 0.1509 0.0953	53 0.0689 0.2514 0.1632	68 0.1616 0.4324 0.2782	82 0.2642 0.5981 0.3969	103 0.4810 0.9228 0.6372	122 0.7054 1.223 .8814	144 1.049 1.666 1.248	166 1.519 2.247 1.736	198 2.344 3.225 2.598	↑			
Q	41 0.0041 0.0382 0.0408	62 0.0191 0.0819 0.0476	68 0.0251 0.0954 0.0611	62 0.0438 0.1586 0.1049	81 0.1023 0.2733 0.1784	97 0.1679 0.3822 0.2540	125 0.3063 0.5864 0.4073	147 0.4500 0.7868 0.5626	178 0.6682 1.067 0.7972	209 0.9679 1.437 1.110	254 1.493 2.066 1.664	↑				
R	71 0.0119 0.0507 0.029	78 0.0156 0.0591 0.0383	71 0.0272 0.0987 0.0652	94 0.0637 0.1709 0.1110	115 0.1042 0.2378 0.1584	149 0.1902 0.3670 0.2546	179 0.2795 0.4889 0.3510	218 0.4169 0.6669 0.4978	260 0.6022 0.8978 0.6947	322 0.9303 1.291 1.039	↑					

비고1) 이 표준의 샘플문자와 검사수준은 KS A ISO 2859-1, ISO 3951-1, ISO 3951-2에 명시된 것과 동일하다.

비고2) 기호 : ↓ 이 영역에는 적합한 방식이 없다. 화살표 밑 제1차 샘플링검사 방식을 사용한다. 샘플크기가 로트크기 이상이면 전수검사를 수행한다.
기호 : ↑ 이 영역에는 적합한 방식이 없다. 화살표 위 제1차 샘플링검사 방식을 사용한다.

비고3) 굵은 글씨체 안의 숫자들은 n, Ac형의 계수형 1회 샘플링검사 방식을 의미한다.

비고4) 기울임체로 된 숫자들은 n, $100p^*$형의 계량형 1회 샘플링검사 방식을 의미한다.

부표 DS26 보통 검사에 대한 p^* 형식 2회 샘플링검사 방식(주 표) : "σ" 방법

샘플 문자	합격품질한계 부적합 %															
	0.01	0.015	0.025	0.04	0.065	0.10	0.15	0.25	0.40	0.65	1.0	1.5	2.5	4.0	6.5	10.0
	n $100p_a^*$ $100p_r^*$ $100p_c^*$	n $100p_a^*$ $100p_r^*$ $100p_c^*$	n $100p_a^*$ $100p_r^*$ $100p_c^*$	n $100p_a^*$ $100p_r^*$ $100p_c^*$	n $100p_a^*$ $100p_r^*$ $100p_c^*$	n $100p_a^*$ $100p_r^*$ $100p_c^*$	n $100p_a^*$ $100p_r^*$ $100p_c^*$	n $100p_a^*$ $100p_r^*$ $100p_c^*$	n $100p_a^*$ $100p_r^*$ $100p_c^*$	n $100p_a^*$ $100p_r^*$ $100p_c^*$	n $100p_a^*$ $100p_r^*$ $100p_c^*$	n $100p_a^*$ $100p_r^*$ $100p_c^*$	n $100p_a^*$ $100p_r^*$ $100p_c^*$	n $100p_a^*$ $100p_r^*$ $100p_c^*$	n $100p_a^*$ $100p_r^*$ $100p_c^*$	n $100p_a^*$ $100p_r^*$ $100p_c^*$
B	↓	↓	↓	↓	↓	↓	↓	↓	↓	↓	↓	↓	↓	**3, 0**	**2, 0**	↓
C	↓	↓	↓	↓	↓	↓	↓	↓	↓	↓	↓	↓	*3* *19. 25*	3 5.267 26.27 12.43	3 8.600 29.10 16.22	2 20.29 43.08 30.52
D	↓	↓	↓	↓	↓	↓	↓	↓	↓	↓	↓	*4* *8. 600*	3 3.439 15.64 7.656	4 4.875 17.79 9.933	3 10.03 30.33 17.92	3 23.80 43.37 30.68
E	↓	↓	↓	↓	↓	↓	↓	↓	↓	↓	*6* *5. 220*	4 2.100 8.964 4.839	4 2.840 10.40 6.222	4 5.379 18.49 10.57	5 13.26 28.29 18.35	4 20.79 36.87 26.11
F	↓	↓	↓	↓	↓	↓	↓	↓	↓	3 0.0484 3.364 2.429	4 1.299 5.958 2.986	5 1.750 6.994 3.808	4 3.241 12.07 6.586	6 7.910 18.19 11.77	7 12.72 24.40 16.73	6 22.85 37.10 26.47
G	↓	↓	↓	↓	↓	↓	↓	↓	3 0.0608 2.000 1.466	5 .7899 3.701 1.820	6 1.070 4.190 2.410	5 1.947 6.950 4.259	7 4.663 11.31 7.243	8 7.601 15.57 10.23	10 13.64 23.33 16.38	9 19.64 30.41 22.59
H	↓	↓	↓	↓	↓	↓	↓	3 0.0493 1.237 0.8866	6 0.5019 2.288 1.178	6 0.6695 2.641 1.528	6 1.198 4.492 2.624	8 2.877 7.338 4.532	10 4.693 10.02 6.464	12 8.393 14.77 10.43	12 12.23 19.63 14.36	14 18.01 26.44 20.31
J	↓	↓	↓	↓	↓	↓	4 0.0408 0.7317 0.57´1	6 0.3111 1.382 0.7497	7 .4121 1.617 .9541	7 .7326 2.698 1.658	9 1.744 4.519 2.817	11 2.847 6.216 4.010	15 5.130 9.344 6.452	17 7.474 12.30 8.907	17 11.05 16.65 12.63	21 15.83 22.15 17.59

부표 DS26 계속

K	↓	↓	↓	↓	↓	4 0.0296 0.4508 0.3651	7 0.1980 0.8677 0.4799	8 0.2600 1.025 0.6054	7 0.4601 1.695 1.057	10 1.090 2.841 1.802	13 1.779 3.947 2.557	17 3.210 5.916 4.125	21 4.701 7.875 5.681	21 6.957 10.70 8.034	26 10.00 14.26 11.21	32 15.41 20.46 16.76
L	↓	↓	↓	↓	5 0.0210 0.2683 0.2399	7 0.1220 0.5412 0.2941	8 0.1611 0.6233 0.3840	8 0.2835 1.041 0.6570	12 0.6686 1.759 1.123	14 1.091 2.448 1.594	20 1.982 3.725 2.561	24 2.897 4.939 3.537	25 4.296 6.675 5.014	31 6.193 8.965 6.982	39 9.525 12.84 10.45	↑
M	↓	↓	↓	5 0.0143 0.1647 0.1542	8 0.0767 0.3392 0.1865	9 0.1014 0.3956 0.2390	9 0.1777 0.6573 0.4140	13 0.4180 1.107 0.7118	16 0.6849 1.545 1.009	22 1.245 2.354 1.623	27 1.822 3.126 2.242	31 2.703 4.235 3.175	36 3.897 5.691 4.426	47 6.007 8.180 6.613	↑	↑
N	↓	↓	6 0.0093 0.1017 0.0951	9 0.0481 0.2108 0.1179	10 0.0634 0.2448 0.1521	10 0.1112 0.4059 0.2623	14 0.2607 0.6935 0.4462	18 0.4257 0.9648 0.6360	25 0.7763 1.478 1.021	31 1.139 1.967 1.408	38 1.689 2.675 1.997	42 2.441 3.593 2.781	56 3.766 5.159 4.164	↑	↑	↑
P	↓	6 0.0061 0.0618 0.0606	10 0.0301 0.1294 0.0740	11 0.0393 0.1509 0.0953	11 0.0689 0.2514 0.1632	15 0.1616 0.4324 0.2782	19 0.2642 0.5981 0.3969	27 0.4810 0.9228 0.6372	34 0.7054 1.223 0.8814	44 1.049 1.666 1.248	48 1.519 2.247 1.736	65 2.344 3.225 2.598	↑	↑	↑	↑
Q	7 0.0041 0.0382 0.0408	10 0.0191 0.0819 0.0476	12 0.0251 0.0954 0.0611	11 0.0438 0.1586 0.1049	16 0.1023 0.2733 0.1784	21 0.1679 0.3822 0.2540	30 0.3063 0.5864 0.4073	38 0.4500 0.7868 0.5626	48 0.6682 1.067 0.7972	54 0.9679 1.437 1.110	73 1.493 2.066 1.664	↑	↑	↑	↑	↑
R	11 0.0119 0.0507 0.0298	12 0.0156 0.0591 0.0383	12 0.0272 0.0987 0.0652	18 0.0637 0.1709 0.1110	23 0.1042 0.2378 0.1584	32 0.1902 0.3670 0.2546	41 0.2795 0.4889 0.3510	53 0.4169 0.6669 0.4978	60 0.6022 0.8978 0.6947	83 0.9303 1.291 1.039	↑	↑	↑	↑	↑	↑

비고1) 이 표준의 샘플문자와 검사수준은 KS A ISO 2859-1, ISO 3951-1, ISO 3951-2에 명시된 것과 동일하다.

비고2) 기호 : ↓ 이 영역에는 적합한 방식이 없다. 화살표 밑 제1차 샘플링검사 방식을 사용한다. 샘플크기가 로트크기 이상이면 전수검사를 수행한다.

기호 : ↑ 이 영역에는 적합한 방식이 없다. 화살표 위 제1차 샘플링검사 방식을 사용한다.

비고3) 굵은 글씨체 안의 숫자들은 n, Ac형의 계수형 1회 샘플링검사 방식을 의미한다.

비고4) 기울임체로 된 숫자들은 n, $100p^*$형의 계량형 1회 샘플링검사 방식을 의미한다.

부표 SQA1 보통검사를 위한 제1부(ISO 3951-1) "σ" 방법 1회 샘플링검사 방식에 대응하는 축차 샘플링검사 방식의 파라미터(주 표)

샘플 문자	n_0	n_t	h_A	h_R	합격품질한계 부적합 %															
					0.01	0.015	0.025	0.04	0.065	0.10	0.15	0.25	0.40	0.65	1.0	1.5	2.5	4.0	6.5	10.0
					g	g	g	g	g	g	g	g	g	g	g	g	g	g	g	g
B	2																↓	*	*	*
C	3	5	0.317	0.875												↓	1.096	0.946	0.748	0.517
D	4	6	0.703	1.340											↓	1.387	1.239	1.055	0.851	0.569
E	6	9	1.213	1.932										↓	1.652	1.506	1.330	1.142	0.892	0.602
F	8	12	1.579	2.372									↓	1.885	1.746	1.581	1.408	1.185	0.936	0.628
G	10	15	1.878	2.739								↓	2.087	1.954	1.799	1.638	1.435	1.214	0.950	0.732
H	12	18	2.135	3.063							↓	2.275	2.148	2.001	1.852	1.665	1.464	1.231	1.043	0.823
J	15	23	2.459	3.474						↓	2.457	2.336	2.197	2.056	1.882	1.697	1.486	1.320	1.129	0.926
K	18	27	2.764	3.895					↓	2.519	2.502	2.370	2.236	2.072	1.900	1.705	1.554	1.383	1.205	0.962
L	21	32	3.026	4.232				↓	2.778	2.667	2.540	2.414	2.258	2.097	1.916	1.777	1.622	1.462	1.250	↑
M	25	38	3.366	4.661			↓	2.926	2.819	2.697	2.576	2.429	2.276	2.106	1.977	1.833	1.686	1.495	↑	
N	32	48	3.889	5.379		↓	3.073	2.969	2.852	2.736	2.595	2.451	2.290	2.168	2.033	1.898	1.722	↑		
P	40	60	4.408	6.095	↓	3.215	3.115	3.003	2.891	2.756	2.618	2.465	2.350	2.223	2.097	1.934	↑			
Q	50	75	4.995	6.886	3.345	3.248	3.139	3.031	2.901	2.768	2.622	2.513	2.393	2.273	2.120	↑				
R	65	98	5.767	7.929	3.382	3.277	3.173	3.048	2.920	2.781	2.676	2.562	2.449	2.304	↑					

비고1) 이 표준에 있는 샘플문자는 ISO 3951-1:2005에 있는 것에 대응된다.

비고2) 기호 : I SO 3951-1:2005의 표 C.1에 대응하는 "σ"방법 1회 샘플링검사 방식을 사용한다.

↓ 이 영역에는 적절한 방식이 없다. 화살표 아래 첫 번째 샘플링검사 방식을 사용한다. 샘플크기가 로트크기 이상이면 100% 검사를 실시한다.

↑ 이 영역에는 적절한 방식이 없다. 화살표 위 첫 번째 샘플링검사 방식을 사용한다.

* 대응하는 1회 샘플링검사 방식을 사용한다.

부표 SQA2 까다로운 검사를 위한 제1부(ISO 3951-1) "σ" 방법 1회 샘플링검사 방식에 대응하는 축차 샘플링검사 방식의 파라미터(주 표)

샘플 문자	n_0	n_t	h_A	h_R	합격품질한계 부적합 %															
					0.01	0.015	0.025	0.04	0.065	0.10	0.15	0.25	0.40	0.65	1.0	1.5	2.5	4.0	6.5	10.0
					g	g	g	g	g	g	g	g	g	g	g	g	g	g	g	g
B	2																	↓	*	*
C	3	5	0.317	0.875													↓	1.096	0.946	0.748
D	4	6	0.703	1.340												↓	1.387	1.239	1.055	0.851
E	6	9	1.213	1.932											↓	1.652	1.506	1.330	1.142	0.892
F	8	12	1.579	2.372										↓	1.885	1.746	1.581	1.408	1.185	0.936
G	10	15	1.878	2.739									↓	2.087	1.954	1.799	1.638	1.435	1.214	0.950
H	12	18	2.135	3.063								↓	2.275	2.148	2.001	1.852	1.665	1.464	1.231	0.965
J	15	23	2.459	3.474							↓	2.457	2.336	2.197	2.056	1.882	1.697	1.486	1.251	1.023
K	18	27	2.764	3.895						↓	2.619	2.502	2.370	2.236	2.072	1.900	1.705	1.492	1.288	1.058
L	21	32	3.026	4.232					↓	2.778	2.667	2.540	2.414	2.258	2.097	1.916	1.721	1.537	1.333	↑
M	25	38	3.366	4.661				↓	2.926	2.819	2.697	2.576	2.429	2.276	2.106	1.924	1.755	1.570	↑	
N	32	48	3.889	5.379			↓	3.073	2.969	2.852	2.736	2.595	2.451	2.290	2.119	1.961	1.790	↑		
P	40	60	4.408	6.095		↓	3.215	3.115	3.003	2.891	2.756	2.618	2.465	2.303	2.156	1.997	↑			
Q	50	75	4.995	6.886	↓	3.345	3.248	3.139	3.031	2.901	2.768	2.622	2.469	2.329	2.180	↑				
R	65	98	5.767	7.929	3.477	3.382	3.277	3.173	3.048	2.920	2.781	2.634	2.501	2.360	↑					

비고1) 이 표준에 있는 샘플문자는 ISO 3951-1:2005에 있는 것에 대응된다.

비고2) 기호 : I SO 3951-1:2005의 표 C.1에 대응하는 "σ"방법 1회 샘플링검사 방식을 사용한다.

↓ 이 영역에는 적절한 방식이 없다. 화살표 아래 첫 번째 샘플링검사 방식을 사용한다. 샘플크기가 로트크기 이상이면 100% 검사를 실시한다.

↑ 이 영역에는 적절한 방식이 없다. 화살표 위 첫 번째 샘플링검사 방식을 사용한다.

* 대응하는 1회 샘플링검사 방식을 사용한다.

부표 SQA3 수월한 검사를 위한 제1부(ISO 3951-1) "σ" 방법 1회 샘플링검사 방식에 대응하는 축차 샘플링검사 방식의 파라미터(주 표)

샘플 문자	n_0	n_t	h_A	h_R	합격품질한계 부적합 %															
					0.01	0.015	0.025	0.04	0.065	0.10	0.15	0.25	0.40	0.65	1.0	1.5	2.5	4.0	6.5	10.0
					g	g	g	g	g	g	g	g	g	g	g	g	g	g	g	g
B																				
C																	↓	↓	↓	↓
D	2														↓	↓	*	*	*	*
E	3	5	0.317	0.875										↓	1.096	1.036	0.946	0.748	0.517	0.172
F	4	6	0.703	1.340									↓	1.387	1.327	1.239	1.055	0.851	0.569	0.220
G	6	9	1.213	1.932								↓	1.652	1.592	1.506	1.330	1.142	0.892	0.602	0.397
H	8	12	1.579	2.372							↓	1.885	1.828	1.746	1.581	1.408	1.185	0.936	0.769	0.486
J	10	15	1.878	2.739						↓	2.087	2.032	1.954	1.799	1.638	1.435	1.214	1.069	0.833	0.638
K	12	18	2.135	3.063					↓	2.275	2.222	2.148	2.001	1.852	1.665	1.464	1.335	1.130	0.965	0.823
L	15	23	2.459	3.474				↓	2.457	2.407	2.336	2.197	2.056	1.882	1.697	1.580	1.396	1.251	1.129	↑
M	18	27	2.764	3.895			↓	2.619	2.570	2.502	2.370	2.236	2.072	1.900	1.791	1.623	1.492	1.383	↑	
N	21	32	3.026	4.232		↓	2.778	2.731	2.667	2.540	2.144	2.258	2.097	1.996	1.841	1.721	1.622	↑		
P	25	38	3.366	4.661	↓	2.926	2.881	2.819	2.697	2.576	2.429	2.276	2.181	2.035	1.924	1.833	↑			
Q	32	48	3.889	5.379	3.073	3.030	2.969	2.852	2.736	2.595	2.451	2.360	2.223	2.119	2.033	↑				
R	40	60	4.408	6.096	3.173	3.115	3.003	2.891	2.756	2.618	2.532	2.402	2.303	2.223	↑					

비고1) 이 표준에 있는 샘플문자는 ISO 3951-1:2005에 있는 것에 대응된다.

비고2) 기호 : I SO 3951-1:2005의 표 C.1에 대응하는 "σ"방법 1회 샘플링검사 방식을 사용한다.

↓ 이 영역에는 적절한 방식이 없다. 화살표 아래 첫 번째 샘플링검사 방식을 사용한다. 샘플크기가 로트크기 이상이면 100% 검사를 실시한다.

↑ 이 영역에는 적절한 방식이 없다. 화살표 위 첫 번째 샘플링검사 방식을 사용한다.

* 대응하는 1회 샘플링검사 방식을 사용한다.

부표 SQB1 양쪽규격의 결합관리를 위한 최대공정표준편차(MPSD)의 계산에 사용되는 f_σ 값 : "σ" 방법

합격품질한계 AQL (부적합 %)															
0.01	0.015	0.025	0.04	0.065	0.10	0.15	0.25	0.40	0.65	1.0	1.5	2.5	4.0	6.5	10.0
MPSD의 계산을 위해 사용되는 f_σ의 값															
0.125	0.129	0.132	0.137	0.141	0.147	0.152	0.157	0.165	0.174	0.184	0.194	0.206	0.223	0.243	0.271

MPSD는 표준화된 f_σ를 규격상한 U와 규격하한 L의 차이에 곱함으로써 구해진다. 즉, MPSD = f_σ

MPSD는 공정 산포가 알려져 있는 경우, 양쪽 규격의 결합관리를 위한 방식을 사용할 때 허용할 수 있는 최대공정표준편차의 크기를 나타낸다. 공정표준편차가 MPSD보다 작으면 확실치는 않지만 로트가 합격될 가능성이 있다.

부표 SQB2 양쪽규격의 분리관리를 위한 최대공정표준편차(MPSD)의 계산에 사용되는 f_σ 값 : "σ" 방법

규격하한에 대한 AQL %	부적합 퍼센트로 표기된 합격품질한계(상한)															
	0.01	0.015	0.025	0.04	0.065	0.10	0.15	0.25	0.40	0.65	1.0	1.5	2.5	4.0	6.5	10.0
0.010	0.131	0.133	0.134	0.137	0.139	0.142	0.145	0.147	0.151	0.154	0.158	0.163	0.167	0.173	0.179	0.187
0.015	0.133	0.134	0.136	0.139	0.141	0.144	0.147	0.150	0.153	0.157	0.161	0.165	0.170	0.176	0.183	0.191
0.025	0.134	0.136	0.138	0.141	0.144	0.146	0.149	0.152	0.153	0.160	0.164	0.168	0.173	0.179	0.186	0.195
0.040	0.137	0.139	0.141	0.144	0.146	0.149	0.152	0.155	0.159	0.163	0.168	0.172	0.177	0.184	0.191	0.200
0.065	0.139	0.141	0.144	0.146	0.149	0.152	0.155	0.158	0.162	0.167	0.171	0.176	0.181	0.188	0.196	0.205
0.10	0.142	0.144	0.146	0.149	0.152	0.155	0.159	0.162	0.166	0.170	0.175	0.180	0.186	0.193	0.201	0.211
0.15	0.145	0.147	0.149	0.152	0.155	0.159	0.162	0.165	0.170	0.174	0.179	0.185	0.190	0.198	0.207	0.217
0.25	0.147	0.150	0.152	0.155	0.158	0.162	0.165	0.168	0.173	0.178	0.183	0.189	0.195	0.203	0.212	0.223
0.40	0.151	0.153	0.156	0.159	0.162	0.166	0.170	0.173	0.178	0.183	0.189	0.195	0.201	0.210	0.219	0.231
0.65	0.154	0.157	0.160	0.163	0.167	0.170	0.174	0.178	0.183	0.189	0.195	0.201	0.207	0.217	0.227	0.240
1.0	0.158	0.161	0.164	0.168	0.171	0.175	0.179	0.183	0.189	0.195	0.201	0.208	0.215	0.225	0.236	0.250
0.5	0.163	0.165	0.168	0.172	0.176	0.180	0.185	0.189	0.195	0.201	0.208	0.215	0.222	0.233	0.245	0.260
2.5	0.167	0.170	0.173	0.177	0.181	0.186	0.190	0.195	0.201	0.207	0.215	0.222	0.230	0.242	0.255	0.271
4.0	0.173	0.176	0.179	0.184	0.188	0.193	0.198	0.203	0.210	0.217	0.225	0.233	0.242	0255	0.269	0.288
6.5	0.179	0.183	0.186	0.191	0.196	0.201	0.207	0.212	0.219	0.227	0.236	0.245	0.255	0.269	0.286	0.306
10.0	0.187	0.191	0.195	0.200	0.205	0.211	0.217	0.223	0.231	0.240	0.250	0.260	0.271	0.288	0.306	0.330

MPSD는 표준화된 f_σ를 규격상한 U와 규격하한 L의 차이에 곱함으로써 구해진다. 즉, MPSD $= \sigma_{\max} = (U - L) f_\sigma$이다.
MPSD는 공정산포가 알려져 있는 경우, 양쪽 규격의 분리관리를 위한 방식을 사용할 때 허용될 수 있는 최대공정표준편차의 크기를 나타낸다. 공정표준편차가 MPSD보다 작으면 확실치는 않지만 로트가 합격될 가능성이 있다.

STATISTICAL QUALITY CONTROL

7

관능검사
Sensory Tests

7.1 관능검사의 개요

관능검사는 인간의 5 가지 감각기관(시각, 후각, 미각, 촉각, 청각)으로 인지되는 제품의 특성에 대한 검사로, 사람이 측정기가 되어 제품의 관능 특성을 평가하는 것이다. 이러한 관능검사는 제품 사이에 관능 특성 차이가 작을수록 식별이 어려워 조그만 차이도 식별할 수 있게 하려면 검사실과 평가자의 훈련에 많은 투자를 하여야 한다. 관능검사의 예를 들면 식품을 입에서 씹는 중에 변형, 침과의 섞임, 온도, 크기, 모양과 표면의 질감 등이 변하는데 이것을 측정기를 이용하여 측정하는 것은 불가능하므로 관능검사를 이용하여 측정하는 것이다.

관능검사에서는 제품의 샘플을 식별하여 분류하고 순위를 매기고 묘사하는 것으로, 둘 이상의 샘플에 대하여 차이가 있는지, 차이가 있다면 차이의 강도가 얼마나 큰지, 그 차이의 방향과 영향은 어떠한지 또는 샘플이 주는 감성을 형용사적 언어로 묘사하거나 묘사된 형용사적 언어를 얼마나 만족시키고 있는가를 알아내는 것이다.

(1) 관능검사의 종류

관능검사에서 가장 많이 사용되는 차이 식별검사는 검사 샘플 사이의 전체적인 차이가 있는지를 식별하는 종합적 차이검사와 검사 샘플 사이에 주어진 특성에 대한 차이를 측정하는 특성 차이검사 등 두 종류로 나눌 수 있다. 검사 샘플 사이에 차이가 있는지를 검사하는 종합적 차이검사에는 3점 검사(triangular test), 1-2점 검사(duo-trio test), A 또는 A가 아닌 검사(A or not A test) 등이 있다. 특성 차이 검사에는 평가자가 한두 개의 특성에만 관심을 갖고 나머지 특성은 무시하고 평가한다는 전제 하에 검사하는 것으로 2점 비교검사(paired comparison test), 순위법(ranking), 평점법(scoring) 등이 있다. 이밖에 심층적 관능검사 방법으로 묘사분석법이 있는데, 이는 제시된 감성 언어(형용사적 언어)에 대한 제품의 맛, 냄새, 향 등의 관능적 특성의 만족도를 측정하거나, 검사샘플로부터 관능적 특성을 나타내는 감성언어를 묘사하는 방법이다. 그런데 묘사분석법은 다른 검사법에 비하여 많은 시간이 소요되고, 제품 특성의 질적, 양적 묘사를 위해서 고도로 훈련된 검사자가 요구된다. 따라서 본장에서는 종합적 차이검사와 특성 차이검사만 다루기로 한다.

(2) 관능검사의 이용분야

관능검사의 이용분야는 매우 다양한데 첫째 신제품 개발 시 원료 및 샘플 분류를 통한 가격 결정 및 품질 기준의 설정에 이용되어 개발된 제품이 원하는 관능적 특성을 만족하고 있는가를 확인할 수 있다. 둘째 개발된 제품이 시장에서 차지하는 위치를 파악하는데 이용하여 기존 제품 또는 경쟁사 제품에 비하여 개선되었는지를 알아낼 수 있다. 셋째 제조공정을 통하여 제품 품질의 균질성을 확보하는데 이용하여 지속적인 관능 특성치의 유지관리에 도움을 줄 수 있다. 마지막으로 관능검사는 마케팅 부서에 제품 개념 설정에 대한 아이디어를 제공하여 광고 계획과 경생사 세품 대비 자시 제품의 판매 예측에도 이용될 수 있다. 특히 식품업계에서는 새로운 목표를 수립하여 식품을 개발하고 품질을 관리하는데 관능검사가 중요한 위치를 차지하고 있다. 즉 식품의 연구 및 개발 시 시장에서의 실패 가능성을 최소화하고 효율적인 개발을 위해서 관능검사를 개발도구로 사용하여 적극적으로 활용할 필요가 있다.

7.1.1 관능검사 용어 : KS Q ISO 5492

관능검사 용어는 'ISO 5492:1992, Sensory analysis-vocabulary'의 내용을 기초로, 기술적 내용 및 대응국제표준의 구성을 변경하지 않고 번역하여 한국산업표준으로 제정되어 있다. 관능검사 관련 용어에는 일반용어, 감각 관련 용어, 관능적 특성 관련 용어, 방법 관련 용어 등이 있다.

(1) 일반용어

29 개의 일반 용어 중 중요한 용어를 살펴보면 다음과 같다.

관능검사(sensory test) : 감각기관에 의한 제품의 관능적 특성의 검사

관능 평가자(sensory assessor) : 관능검사에 참여하는 평가하는 사람

패널(panel) : 관능검사에 참여하도록 선택된 검사자의 그룹

특성(attribute) : 인각되는 성질

기호성(acceptance) : 제품에 관한 자신의 기대가 만족되는 것을 발견하는 개개 또는 집단의 행동

선호도(preference) : 하나의 제품이 다른 제품보다 더 좋다고 하는 평가자의 감정적 상태나 반응의 표현

식별(discrimination) : 둘 이상의 자극 사이의 정성적, 정량적 차이에 관한 행동

(2) 감각 관련 용어

34 개의 감각 관련 용어 중 중요한 용어를 살펴보면 다음과 같다.

감각기관(receptor) : 특정한 자극에 반응하는 감각기관의 특정 부분

자극(stimulus) : 감각기관을 자극시킬 수 있는 것

지각(perception) : 하나 또는 여러 개의 감각자극의 효과를 아는 것

맛(taste) : 다양한 물질의 용액 상태에 의해 자극을 받는 맛 기관에 의해 인지되는 감각

촉각(touch) : 제품 특성의 형태와 상태를 직접적인 피부 접촉을 하여 인지하는 것

시각(vision) : 눈으로 들어오는 빛에 의해 생기는 관능적 인식으로 생기는 외계와의 차이점을 식별하는 것

예민도(sensitivity) : 감각기관을 통해서 하나 이상의 자극에 대하여 특성과 크기를 구별해 내고 알아내는 능력

강도(intensity) : 감지된 감각의 크기를 나타내는 척도 또는 감각기관이 인지할 수 있을 만큼의 크기

감각순응(sensory adaptation) : 지속적이고 반복적인 자극으로 감각 민감도가 일시적으로 변하는 현상

관능적 피로(sensory fatigue) : 감각 순응의 한 현상으로 감각기능이 쇠퇴하는 현상

대조효과(contrast effect) : 다른 2 개의 샘플을 같이 평가하였을 때 판정한 샘플이 반대되는 특성에 의해 실제보다 높게 인지되는 현상

자극역치(stimulus threshold) : 일으키는데 필요한 자극의 최소량

인식역치(recognition threshold) : 감각기관에 인지될 수 있는 자극의 최소량

차이역치(difference threshold) : 자극의 물리적 강도 차이가 인지될 수 있는 자극의 최소량

(3) 관능적 특성 관련 용어

63 개의 관능적 특성 관련 용어 중 중요한 용어를 살펴보면 다음과 같다.

신맛(acidity) : 대부분의 산성 물질의 수용액에서 나는 기본 맛을 설명하는 것으로 용액 중의 해리된 수소이온과 해리되지 않은 산의 염에 기인한다.

쓴맛(bitter taste) : 퀴닌, 카페인, 니코틴과 같은 다양한 물질의 묽은 수용액이 생성하는 기본 맛을 설명하는 것으로 알칼로이드, 배당체, 무기염류, 케톤류 등이 있다.

짠맛(salty taste) : 염화나트륨과 같은 다양한 물질의 수용액이 생성하는 기본 맛을 설명하는 것으로 중성염의 이온화에 의해 형성되는 음이온에 의한 맛이다.

단맛(sweet taste) : 자당과 같은 다양한 물질의 수용액이 생성하는 기본 맛을 설명하는 것으로 당류, 알코올류, 아민류, 알데히드류에서 단맛을 느낀다.

향미(flavour) : 검사하는 동안 자각되는 냄새, 맛, 삼차 신경 감각의 복잡한 조합으로 촉감, 온도, 통각, 운동 감각 효과 등에 의해 영향을 받는다.

오염(taint) : 제품의 관능 특성과 관련 없는 맛과 냄새

냄새(odour) : 휘발성 물질을 코로 들이쉬거나 입안에 넣었을 때 후각기관에서 인지되는 관능적 특성

뒷맛(after-taste) : 제품을 제거한 뒤에도 남아 있는 냄새와 맛으로 제품이 입안에서 인지되는 감각과 다른 것

점조도(consistency) : 기계적, 촉감 수용체의 자극에 의해 감지되는 특성으로 특히 구강기관에서 감지되는 것을 말하며 제품의 씹히는 맛에 따른 다양한 특성

텍스처(texture) : 기계적, 촉감적, 적절하다면 시각적이거나 청각적인 방법 등을 통해서 인지되는 제품의 기계적, 기하학적 특성

응집성(cohesiveness) : 물질이 부서지기 전까지 변형이 일어날 수 있는 정도와 관련된 기계적인 텍스처 특성

분쇄성(fracturability) : 제품을 파괴하고 조각 때 요구되는 힘과 응집성에 관련된 기계적인 텍스처 특성

점성(viscosity) : 흐름에 관한 저항에 관련된 기계적인 텍스처 특성으로 숟가락에서 혀로 액체를 떨어뜨리는데 요구되는 것을 기질로 퍼뜨리는데 필요한 힘

탄성(springness) : 외부의 힘에 의하여 변형된 후 다시 원래 상태로 회복되는 속도 또는 회복되는 특성

접착성(adhesiveness) : 입이나 기질에 붙은 물질을 제거하는데 요구되는 힘과 관련된 기계적인 텍스처 특성

수분도(moisture) : 제품에서 방출되어 나오거나 물에 또는 흡수되는 수분의 인지를 묘사하는 표면 텍스처 특성

(4) 방법 관련 용어

39 개의 방법 관련 용어 중 중요한 용어를 살펴보면 다음과 같다.

시험편(test portion) : 평가자에 의해 시험에 사용되는 샘플의 부분

대조 표준(control) : 모든 다른 샘플과 비교되는 표준점으로 선택된 시험의 물질

차이 검사(difference test) : 샘플을 서로 비교하는 방법

선호 검사(preference test) : 2 개 이상의 샘플 중에서 더 좋아하는 것을 평가하는 검사

3점 검사(triangular test) : 3 개의 샘플을 평가자에게 제시하는 차이검사 방법으로 3 개 중 2 개가 동일하여 다른 1 개를 선택하는 검사

1-2점 검사(duo-trio test) : 표준 샘플이 먼저 제시된 다음 표준 샘플과 동일한 샘플 1 개가 포함된 2 개의 샘플 중 표준샘플과 동일한 샘플을 선택하는 검사

A 또는 A가 아닌 검사("A" or not "A" test) : 평가자에게 먼저 샘플 A를 인지시킨 다음, A인 것과 A가 아닌 것을 주고, A인지 A가 아닌지를 맞추도록 하는 검사

2점 비교검사(paired comparison test) : 어떤 규정된 특성을 근거로 비교를 위해 자극이 쌍으로 주어지는 방법

순위법(ranking) : 한 샘플의 강도, 특성을 어떤 일정한 순위 기준에 따라 순서대

로 지정하는 방법

평점법(scoring) : 시험 품목에 맞는 지정된 값에 따라 제품의 특성이나 품질을 평가하는 방법

독립평가(independent assessment) : 하나 또는 그 이상의 자극을 서로 비교하지 않고 평가하는 것

비교평가(comparative assessment) : 동시에 주어지는 자극을 비교하는 것

측정 척도(measurement scale) : 평가자가 관능 특성의 강도를 기록한 수치로, 순위척도, 등간척도, 비율척도 등이 있다.

7.1.2 관능검사실의 조건 : KS Q ISO 8589

관능검사실 설계를 위한 표준은 'ISO 8589:2007, Sensory analysis-general guidance for the design of test rooms'를 기초로 기술적인 내용 및 대응 국제표준의 구성을 변경하지 않고 작성한 한국산업표준이다. 관능검사를 위하여 가장 기본적으로 갖추어야 할 것 중에 하나가 관능검사를 위한 전용검사실이다. 특히 관능검사는 검사자가 계측기와 같은 역할을 하여야 하므로 환기, 조명, 온도, 습도, 소음, 검사대의 칸막이와 배치 등이 관능검사에 적합하도록 조성되어야 한다.

(1) 검사실의 공간 설계

관능검사를 위하여 최소로 요구되는 조건은 검사활동을 위한 칸막이 검사대로 구성된 전용 검사실이 있어야 하고, 검사샘플과 검사진행을 위한 준비실이 있어야 한다. 그리고 평가자가 검사실에 들어가기 전에 모이거나 대기할 수 있는 공간이 있는 것이 바람직하다. 이때 평가자가 준비실을 통하여 검사실로 들어가거나 나오지 않도록 하여야 한다.

대부분의 관능검사는 칸막이가 설치되어 있는 검사대에서 실시하는데, 검사대는 3 면이 천장에서 바닥까지 막혀 있고, 전면에는 샘플을 검사할 때 의자에 앉아서 편안히 검사할 수 있도록 하여야 한다. 칸막이 검사대 내에 조그마한 싱크대를 설치하여 검사하는 동안 필요할 경우 입을 세척하는 용도 등으로 사용할 수 있어야 한다. 칸막이 검사대 표면은 비흡수성이어야 하고 높은 위생 기준을 만족할 수 있도록 설계되어야 한다. 그리고 검사실의 천장이 아주 낮거나 좁은 검사대는 평가자가 검사 수행 시 심리

적 압박감을 느끼거나 폐쇄공포와 같은 느낌을 받을 수도 있으므로 피하는 것이 바람직하다. 평가자가 칸막이 검사대에 앉으면 정면에 있는 검사샘플 투입구를 통하여 샘플을 제시하고, 평가자는 제시된 검사샘플에 대한 평가를 하도록 설계한다. 그리고 관능검사 결과는 평가자들의 상호작용의 영향을 받을 수 있으므로 평가자들의 적절한 격리가 필요하고, 검사진행자는 평가자들의 행동에 엄격한 관리가 필요하다.

(2) 검사실 내의 일반 조건

검사실 내의 온도는 20 ℃~25 ℃, 상대습도는 50 %~60 %를 유지하고, 검사면의 조명은 40 Lux~60 Lux로 태양광과 인공조명을 함께 사용하며, 가급적 직사광을 피하고 반사광을 이용하는 것이 바람직하며, 소음은 최소로 유지되도록 하여야 한다. 따라서 검사실 전체의 일반 조명과 칸막이 검사대 각각의 조명을 분리하여 설치하고, 특히 강한 그림자가 검사 결과에 영향을 주지 않도록 신경을 써야 한다.

그리고 검사를 진행하는 동안 온도의 변화를 막기 위한 제한적인 공기순환이 이루어져야 하며, 지속성이 있는 냄새로 담배나 화장품의 냄새는 검사실의 환경을 훼손할 수 있기 때문에 엄격히 제한하여야 한다. 이를 위하여 검사실의 기압은 주위보다 약간 높게 유지하여 외부로부터 냄새가 들어오지 못하도록 차단하며, 공기의 환기가 단시간에 될 수 있도록 충분한 환기시설이 있어야 한다.

7.1.3 관능검사의 계획과 수행

(1) 검사샘플의 준비

관능검사를 위한 검사샘플을 준비할 때는 외부 환경에 의하여 변동요인이 발생하지 않도록 주의가 필요하며 샘플을 준비하기 위하여 사용되는 기구나 용기는 냄새나 색에 오염되지 않도록 하여야 한다. 예를 들어 고형식품이나 음료가 검사샘플인 경우, 플라스틱 용기를 사용하여 식품의 향미 특성평가를 하면 플라스틱이 향미에 영향을 줄 수 있으므로 플라스틱 용기를 사용하지 않는 것이 바람직하다. 또한 나무로 만든 도마, 그릇, 주걱 등은 다공질로 이루어져 있기 때문에 액상이나 기름기 있는 물질이 흡수되어 오래 남을 뿐 아니라 냄새가 검사샘플에 옮겨질 가능성이 높다. 따라서 저장, 준비 및 제시용 용기나 기구는 유리, 사기, 스테인리스 스틸 재질을 사용하는 것을 권장한다.

그리고 검사샘플을 준비할 때는 일관된 측정기구와 조리법을 사용하여 재현성이 보장되도록 하여야 한다. 즉 특정한 표준 방법을 정립하여 항상 동일한 샘플을 제시할 수 있도록 한다. 예를 들어 검사 전에 가열이 필요한 샘플은 가열 시 열의 냄새가 검사결과에 영향을 미치지 않도록 배려하여야 하고, 전자레인지를 이용하여 해동할 경우에는 가열 시 식품의 텍스처에 변형이 발생하지 않도록 적절한 가열온도, 가열시간 등을 미리 정하고, 검사기간 동안 이를 준수하여야 한다. 특히 검사샘플 조리 시 원하지 않는 맛이나 냄새가 주입되지 않도록 주의하여야 하며, 샘플을 장시간 가열할 경우 과열 냄새(overcooked flavor)가 발생하여 평가결과에 영향을 끼쳐서는 안 된다.

검사에 사용되는 용기는 관능검사 또는 제품에 영향을 주지 않도록 하기 위하여 동일한 크기와 모양의 용기를 사용하며, 용기의 크기는 검사대상을 대표할 수 있도록 충분한 양을 담을 수 있어야 한다.

(2) 검사 시 유의사항

검사샘플의 평가가 온도에 민감할 경우에는 검사가 진행되는 동안 동일한 온도가 유지될 수 있도록 하여야 한다. 그리고 검사대상의 제시 순서는 대조효과 또는 위치오류를 방지하기 위하여 검사대상을 균형 있게 제시하고 임의로 배치하여 오류를 줄일 수 있도록 하여야 한다. 대조효과는 강도가 큰 검사샘플 다음에 검사하는 샘플은 그렇지 않은 경우에 비하여 더 작은 강도의 값으로 평가되는 상황을 의미하고, 위치오류는 검사샘플의 차이가 적은 경우 3 개의 검사샘플 중 1 개의 서로 다른 검사샘플을 선택하는 것이 아니라 가운데 제시한 검사샘플을 선택하려는 경향 때문에 발생하는 오류를 의미한다. 또한 검사샘플의 색이 다른 것이 관능특성에 아무런 영향을 미치지 않지만, 색이 다름으로써 검사자의 평가에 영향을 줄 수 있다고 판단하는 경우에는 검사실과 검사대의 조명을 조절하여 색의 영향을 제거하도록 조처하거나, 빨강, 파랑, 검정, 하양 등의 색이 있는 용기를 사용하거나, 식용 색소를 사용하여 검사샘플의 색을 가리도록 하여야 한다.

입안 세척제는 샘플 사이 또는 검사기간 사이에 사용할 수 있지만 평가되는 제품의 향미에는 영향을 주지 않도록 주의하여야 한다. 예를 들어 검사 대상이 물, 탄산수, 소금기가 없는 크래커와 같은 자극이 작은 제품인 경우에는 샘플 사이 또는 검사기간 사이에 세척제를 사용할 수 있다.

(3) 검사계획

검사샘플을 제시하는 순서가 검사자 편견의 원인이 될 수 있으므로 순서는 구체적으로 명시되어야 하고, 검사대상의 모든 가능한 순서 조합이 동일한 횟수로 제공될 수 있도록 하여야 한다. 예를 들어 검사샘플의 코드는 랜덤으로 선정된 세 자리 숫자를 사용하고, 각 검사마다 변경하도록 한다. 샘플에 대한 생리적 편견은 검사대상의 특성과 관련된 것으로 특히 향미 자극에 대한 적응은 그 자극에 반복적으로 접하게 됨으로써 발생할 수 있고, 고형 식품을 씹을 때 피로를 발생시킬 수 있다. 따라서 이러한 경우에는 한 번에 검사하는 샘플의 수를 제한하여야 한다.

일반적으로 관능검사의 수행시간은 오전 중반과 오후 중반이 최적이고, 검사계획은 일상적인 식사 시간을 고려하여 수립하도록 한다. 또한 감정적 흥분, 감기 혹은 다른 질병으로 인하여 검사를 정상적으로 수행하기 어려운 평가자는 회복될 때까지 관능검사에서 제외하도록 한다.

관능검사 측정 자료를 근거로 결과 도출을 위한 통계 분석 계획은 언제나 검사를 시작하기 전에 결정한다. 특히 검사할 샘플이 많아 여러 기간에 걸쳐 검사를 진행할 경우에는 실험계획을 미리 작성하고, 이 계획대로 검사를 진행하여야 한다. 검사에 동원될 평가자의 수, 제1종 오류, 제2종 오류, 차이를 감지하는 평가자 비율 등을 미리 설정하여 이에 따른 모수 검정 또는 비모수 검정을 하도록 한다.

7.1.4 관능검사자 선정 및 훈련 : KS Q ISO 8586-1, 8586-2

관능검사자의 선정 및 훈련은 'ISO 8586-1:1976, Sensory analysis-general guidance for the selection, training of assessors'와 2003년 제1판으로 발행된 'ISO 8586-2 Sensory analysis-general guidance for the selection, training and monitoring of assessor'를 번역하여 기술적 내용 및 표준의 서식을 변경하지 않고 작성한 한국산업표준이다. 관능검사자는 일반 평가자, 선발된 평가자, 전문 평가자 등의 세 가지 유형의 평가자에 의하여 수행된다. 일반 평가자는 훈련 또는 선발의 정확한 기준을 만족시키지 못하는 경험이 없는 평가자 또는 이미 초보적 단계의 관능검사에 참여하고 있는 검사자라고 할 수 있다. 선발된 평가자는 특정 관능검사를 위하여 선발되어 훈련된 검사자이다. 전문 평가자는 다양한 관능검사를 위하여 선발되고 훈련된 패널 수행에 있어 특정한 민감도를 나타내는 검사자이다.

평가자의 모집은 선정된 평가자의 패널을 구성할 때 매우 중요한 시작점이다. 이때 다양한 방법으로 평가자를 모집할 수 있고, 모집 기준도 제품의 관능 특성과 회사의 실정에 따라 다양하게 적용이 가능하다. 이때 관능검사 패널을 구성하기 위하여 평가자를 위한 훈련자를 어디서 찾을 것인가? 훈련은 누가 어떻게 실시할 것인가? 훈련과정을 이수한 훈련자 중 어떤 기준으로 최종 평가자를 선정하고, 얼마나 많은 평가자를 선정할 것인가? 등을 결정하여야 한다. 피훈련자가 특별 전문 평가자가 되기까지의 과정은 [그림 7-1]과 같다.

검사자의 훈련에서는 평가자에게 샘플을 평가하는 정확한 방법을 가르친다. 검사에 앞서 평가지침을 읽고 일반적으로 색과 외관, 냄새, 향미(맛과 향으로 구성된), 뒷맛의 순서로 평가하도록 한다. 냄새를 평가할 때 검사자는 오랫동안 냄새를 맡기 보다는 짧게 맡도록 하여 관능적 피로가 발생하지 않도록 한다. 검사자는 액체와 고체 모두 샘플의 크기를 미리 알도록 하고, 샘플을 입 안에 넣는 시기에 씹는 수와 삼키거나 삼키

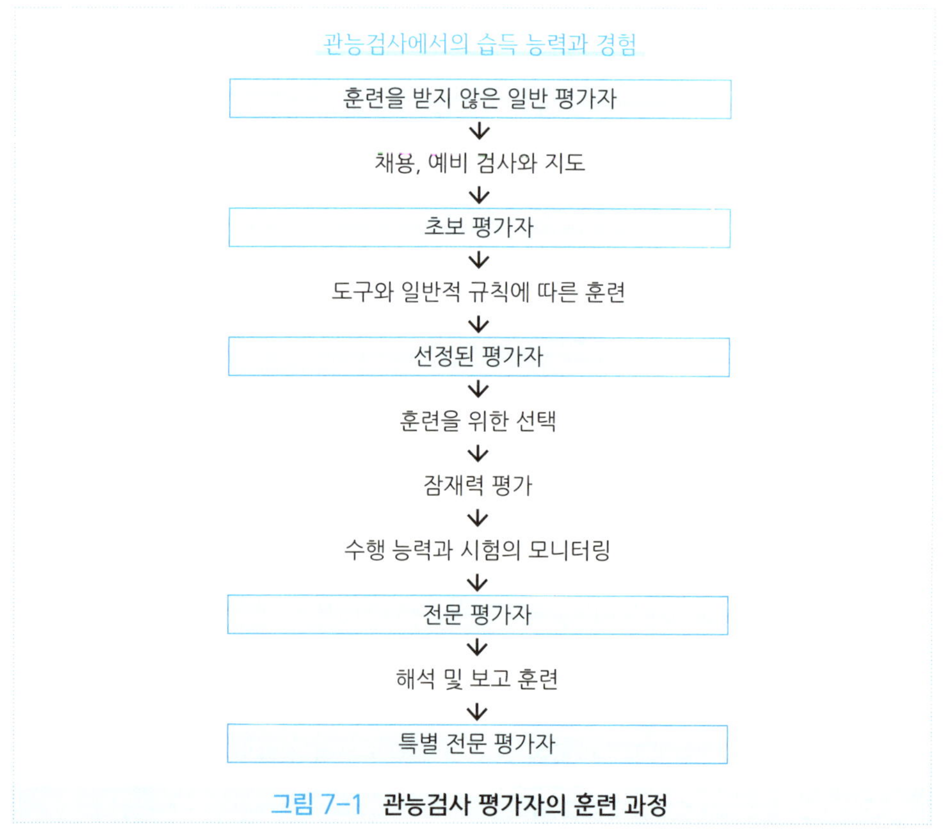

그림 7-1 **관능검사 평가자의 훈련 과정**

지 않거나가 관측된다. 입을 세척하는 것과 검사 사이의 시간은 일정한 간격을 유지되도록 한다. 훈련 초기에는 차이가 큰 검사샘플부터 시작하여 점차 차이가 작은 검사샘플을 대상으로 확대하여 훈련하도록 한다. 관능적 특성 차이 검사에서는 먼저 검사하려는 관능적 특성을 소개하고 묘사용어와 강도를 나타내는 척도에 설명한 후에 검사에 임하고 필요한 경우에는 질의응답을 통하여 훈련의 질이 제고될 수 있도록 노력하여야 한다.

용액에 대한 맛을 볼 때 일반적인 규칙으로 검사자는 적어도 30 초 간격으로 각 샘플의 맛을 보며, 검사를 할 때는 입안을 가득 채울 정도의 충분한 양의 용액을 마시도록 하며, 각각 일련의 맛을 평가한 후에는 물로 헹구어야 하고, 샘플의 온도는 동일한 온도를 유지시켜 주어야 한다. 맛이 다른 물질을 혼합하면 특정 맛이 강해지거나 약해지는데, 맛 성분을 혼합했을 때 발생하는 맛의 변화는 상승효과, 대비효과, 억제효과 등으로 나눌 수 있다. 상승효과는 같은 맛을 내는 두 물질을 혼합했을 때 맛이 상승작용을 일으키는 것으로 설탕과 사카린을 혼합하면 매우 강한 맛을 나타낸다. 대비효과는 다른 맛을 내는 두 물질을 혼합했을 때 주된 맛이 더 강해지는 것으로 케이크를 만들 때 설탕에 소량의 소금을 넣어주면 설탕의 단맛이 강해진다. 억제효과는 다른 맛을 내는 두 물질을 혼합했을 때 주된 맛이 약해지는 것으로 식초에 소량의 설탕을 넣으면 식초의 신맛이 약해진다.

맛에 대한 표준물질(reference material)은 [표 7-1]과 같다. 따라서 [표 7-1]의 표준물질을 희석하여 낮은 농도부터 높은 농도의 단계로 순차적으로 평가자에게 제공한다. 그러면 평가자는 [표 7-2]의 예와 같이 기록하고, 그 결과를 근거로 정답과 오답 목록을 작성하여 개별적으로 맛의 예민도에 대한 평가를 하고 이 결과를 토대로 평가자에 대한 관리 자료로 사용할 수 있다. [표 7-2]에서 O는 특별한 맛이 없다는 것이고,

표 7-1 **표준 저장 용액**

맛	표준물질	농도 g/L
신맛	구연산 결정(1수화물)	1.20
쓴맛	카페인 결정(1수화물)	0.54
짠맛	염화나트륨(무수물)	4.00
단맛	자당	24.00
감칠맛	글루탐산나트륨	2.00
금속맛	황화철(7수화물)	0.016

표 7-2 맛에 대한 평가 양식 예

평가자 :				날짜 :					
코드	샘플 1	샘플 2	샘플 3	샘플 4	샘플 5	샘플 6	샘플 7	샘플 8	샘플 9
259	O	O	O	X	X	XX	XX	XXX 단맛	XXXX

X는 맛이 느껴진다는 것이고, X가 늘어감에 따라 맛의 차이가 확인된다는 것이고, 어떤 맛인지 확인될 때 맛의 이름을 적도록 한 것이다. 맛의 예민도에 대한 자세한 지침은 KS Q ISO 3972를 참조할 수 있다.

인간의 후각은 매우 예민한 반면 다른 감각기관에 비하여 쉽게 피로를 느낀다. 즉 냄새나는 곳에 오래 머무르면 냄새의 강도가 점점 약해져 결국 냄새를 맡을 수 없게 되는데 이러한 현상을 후각의 둔화라고 부르며, 후각은 보통 1~10 분 정도 지나면 회복이 된다. 평가자의 훈련을 위하여 냄새의 모음은 테르펜계, 플로랄계 등 냄새를 대표하는 물질과 평가자가 검사하게 될 물질로 구성하여 일단 평가자가 후각에 대한 상실증이 없는지를 파악하도록 한다. 이때 평가자에게 제시하는 기준물질은 일정 기간 변질 없이 저장할 수 있는 안정한 성분으로 공기와 빛이 차단된 상태에서 보관하여야 한다.

검사방법은 직집법과 입안을 통하여 흡입한 후 코로 배출하는 방법을 사용한다. 직접적인 방법을 사용할 때는 플라스크를 이용하는 방법, 냄새 시험지를 이용하는 방법, 캡슐화된 냄새에 대한 평가방법 세 가지가 있다. 입안으로 흡입하는 방법에는 기체상의 냄새를 평가하는 방법과 수용액을 섭취한 후 평가하는 방법 두 가지가 있다. 냄새 확인을 위한 평가표의 예는 [표 7-3]과 같다. 이밖에 냄새 관련하여 인지 훈련을 위하여 사용가능한 냄새 물질의 보기와 냄새 물질의 화학 구조식 등은 KS Q ISO 5496을 참조할 수 있다.

평가자를 대상으로 관능 특성의 강도에 대한 훈련을 할 때 사용하는 제품의 예는 [표 7-4]와 같다.

표 7-3 냄새 확인 검사표 예

샘플번호	냄새가 있는지 알아냈습니까?		무슨 냄새인지 인식했습니까?		냄새 또는 관련된 표현
	예	아니오	예	아니오	

표 7-4 관능 특성의 강도 평가에 사용되는 제품의 예

실험	물질	수용액의 농도
맛 식별검사	구연산	0.1 g/L, 0.15 g/L, 0.22 g/L
냄새 식별검사	이소아밀 아세테이트	5 ppm, 10 ppm, 20 ppm
텍스처 식별검사	크림치즈, 퓌레, 젤라틴 등	-
색 식별검사	천, 컬러 척도 등	색 범위의 강도로 예를 들면 진한 빨강에서 옅은 빨강까지

주) ppm : particles per million

7.2 관능검사의 방법

일반적으로 사용되는 관능검사의 방법은 두 가지 이상의 검사샘플 사이의 차이 또는 유사성을 검사하는 방법, 검사샘플 차이의 크기, 순서 또는 검사샘플이 속한 항목, 종류를 추정하기 위하여 척도 또는 항목을 사용하여 검사하는 방법과 샘플에 존재하는 구체적인 관능적 특성을 식별하기 위하여 사용되는 묘사적인 검사방법 등으로 분류될 수 있다. 그리고 관능검사의 신뢰도와 타당성을 증가시키기 위하여 가능하면 가급적 다른 날, 샘플을 두 번 또는 세 번 제시하여 검사하는 것이 바람직하다. 반복 횟수는 검사 결과의 분산에 따라 또는 요구되는 정확도와 평가자가 샘플에 익숙해져 식별력이 개선되는 정도에 따라 다르고, 반복검사는 검사의 오차 평가를 위하여 필요하다.

7.2.1 종합적 차이검사

종합적 차이검사는 관능검사에서 가장 널리 사용되는 검사로 샘플 간에 전체적인 차이가 있는지를 평가하도록 설계된 방법이다. 검사방법으로는 3점 검사, 1-2점 검사, A 또는 A가 아닌 검사 등이 있다.

(1) 3점 검사(triangular test) : KS Q ISO 4120

3점 검사는 'ISO 4120:2004, Sensory analysis-methodology-triangle test'를 기초로 기술적인 내용 및 대응 국제표준의 구성을 변경하지 않고 작성한 한국산업표준이다. 3점 검사는 동시에 주어진 3 개의 검사샘플 중 2 개가 같은 경우, 이와 다른 1 개

의 샘플을 찾아내는 것으로, 샘플 간 지각할 수 있는 차이가 있는지(차이를 위한 3점 검사), 또는 지각할 만한 차이가 없는지(유사성을 위한 3점 검사)를 결정하고자 할 때 사용된다. 유사성을 위한 3점 검사는 재료, 공정, 포장, 저장 등의 변화가 있을 때 기존과 유사한지를 알고자 할 때 사용된다. 3점 검사는 1-2점 검사보다 통계적으로 효과적인 방법(KS Q ISO 10399 참조)이지만 오래된 제품이거나 향이 지속되는 제품에는 사용이 제한된다. 또한 많은 수의 샘플을 검사할 경우에는 비경제적이고, 강한 향미의 샘플을 검사할 경우에는 2점 비교 검사보다 감각 피로의 영향을 더 받게 되는 단점이 있다.

3점 검사의 원리는 3 개의 샘플로 구성된 한 세트의 검사대상은 동일한 2 개의 샘플과 이것과 다른 1 개의 샘플로 이루어져 있는데, 평가자는 이중에서 동일하지 않은 1 개의 샘플을 찾아내는 것이다. 이때 평가자는 서로 대화를 할 수 없는 조건에서 검사를 수행하고, 검사샘플이 제시되는 방식에 의해 샘플을 확인할 수 있어서는 안 된다. 예를 들어 맛을 검사할 경우 외관 상 차이가 있어서는 안 되고, 조명 필터나 낮은 조명을 사용함으로써 검사와 직접 관련이 없는 색의 차이가 평가 결과에 영향을 주지 않도록 하여야 한다.

일반적으로 3점 검사에서는 24 명~30 명의 검사자가 필요한데, 검사 샘플 사이의 차이가 현저할 경우에는 12 명 정도의 검사자가 필요하며, 검사 샘플 사이의 차이가 미세할 경우에는 동일한 민감도를 위해서는 60 명 정도의 평가자가 필요하다. 그러나 실제로는 검사기간, 가능한 평가자의 수, 검사물의 양 등과 같은 물리적 조건에 따라 평가자의 수를 결정한다. 그리고 3점 검사에서는 향미특성의 경우, 향미에 대한 기억이 상당히 영향을 미칠 수 있기 때문에 검사 대상의 특성에 대한 지식을 습득할 수 있도록 교육을 실시하는 것이 바람직하다. 검사 대상은 6 가지 조합(예를 들면 ABB, BAA, AAB, BBA, ABA, BAB)을 동일한 수로 준비하여 임의로 검사자에게 제공하고, 검사자는 검사 대상을 왼쪽부터 오른쪽의 순서로 맛을 보게 하여 다른 것을 찾아내도록 유도한다. 결과 분석은 전체 검사자의 수와 정답을 맞힌 평가자의 수를 유의성 검정표(KS Q ISO 4120 부속서 참조)와 대조하여 통계적으로 유의성이 있는지를 판단한다. 3점 검사에 사용되는 검사표의 예는 [그림 7-2]와 같다. 검사결과 평가자가 맞힌 정답 수를 근거로 유의성 검정표와 대조하여 결과를 해석한다. [표 7-5], [표 7-6], [표 7-7]은 KS Q ISO 4120 부속서의 일부이다.

성명 : 검사 일시 :

※검사대에 3 자리 코드 번호가 표시된 3 개의 샘플이 한 세트인 검사 샘플 00 세트가 놓여 있다. 3 개 샘플 중 2 개는 같은 샘플이며, 나머지 1 개는 다른 샘플이다. 각 세트에서 다르다고 생각되는 검사 샘플에 V 표 하시오.

1.

613	725	188

2.

274	191	525

3.

104	298	457

그림 7-2 **3점 검사에 사용되는 검사표 예**

(보기) 과일 음료 제조 회사에서는 무가당 주스의 향을 없애기 위하여 새로운 공법을 개발하여 시제품을 생산하였다. 기존의 무가당 주스와 향을 없앤 무가당 주스를 대상으로 평가자가 차이를 느낄 수 있는지를 3점 검사를 이용하여 판단하고자 한다. 실제 검사를 위한 설계로 제1종 오류는 $\alpha=0.05$, 차이를 감지할 수 있는 평가자의 최대 허용 비율은 $p_d=50$ %, 제2종 오류는 $\beta=0.05$로 하면 [표 7-5]에서 23 명의 평가자가 필요한 것을 알 수 있다. 따라서 이보다 1 명 많은 24 명의 평가자를 대상으로 검사함으로써 샘플 제시 순서에 균형을 이루도록 하였다.

A 샘플(기존 무가당 주스) 36 잔, B 샘플(새로 개발한 무가당 주스) 36 잔에 무작위로 코드 번호를 부여하고, 균형을 맞추어 무작위로 평가자 24 명을 대상으로 한 세트가 3 개인 샘플 ABB, BAA, AAB, BBA, ABA, BAB 등 6 세트를 제시하였다. 24 명의 평가자 중 15 명의 평가자가 올바른 결정을 내렸다. 그런데 두 주스가 지각할 수 있을 정도로 서로 다르다는 가설을 채택하기 위하여 필요한 응답자 수를 [표 7-6]의 $n=24$, $\alpha=0.05$에서 찾아보면 24 명 중 적어도 13 명 이상이 정답으로 응답하면 유의수준 5 %에서 두 주스가 유의한 차이가 있다고 결론을 낼 수 있다.

(보기) 제과 회사에서 진공 포장 방법을 개선하려고 새로운 포장 공법을 개발하여, 기존 포장 제품과 새로운 포장 제품 사이에 유사성이 있는가를 3점 검사를 이용하여 알아보고자 한다. 실제 검사를 위한 설계로 제1종 오류는 $\alpha=0.05$, 차이

를 감지할 수 있는 평가자의 최대 허용 비율은 $p_d = 30\ \%$, 제2종 오류는 $\beta = 0.05$로 하면 [표 7-5]에서 66 명의 평가자가 필요한 것을 알 수 있다. 그리고 유사성 검정표 [표 7-7]에서 66 명 중 정답을 맞힌 평가자가 28 명 이하이면 유의수준 5 %에서 기존 포장공법과 새로운 포장공법은 유사한 것으로 결론지을 수 있다.

7-5 3점 검사를 위해 필요한 평가자 수

α	p_d	β		
		0.10	0.05	0.01
0.10 0.05 0.01	50 %	15 20 30	20 23 35	30 35 47
0.10 0.05 0.01	30 %	43 53 82	54 66 97	81 98 131

표 7-6 3점 검사에서 지각할 만한 차이가 있다고 결론 내리는데 필요한 최소 정답 수

n	α		
	0.10	0.05	0.01
20	10	11	13
22	11	12	14
24	12	13	15
28	14	15	16
36	17	18	20
60	26	27	30

주) 이 표는 보기를 위하여 n의 일부만 제시된 것이므로 전체표는 표준을 참조해야 함.

표 7-7 3점 검사에서 2 개의 샘플이 유사하다는 결론에 필요한 최대 정답 수

n	β	p_d	
		30 %	50 %
24	0.01 0.05 0.10	6 8 9	6 8 8
48	0.01 0.05 0.10	17 19 20	23 26 27
60	0.01 0.05 0.10	22 25 26	30 33 34

66	0.01 0.05 0.10	25 28 29	34 37 38

주) 이 표는 보기를 위하여 n의 일부만 제시된 것이므로 전체표는 표준을 참조해야 함.

(2) 1-2점 검사(duo-trio test) : KS Q ISO 10399

1-2점 검사는 'ISO 10399:2004, Sensory analysis-methodology-duo-trio test'를 기초로 기술적인 내용 및 대응 국제표준의 구성을 변경하지 않고 작성한 한국산업표준이다. 1-2점 검사로 번역한 것은 실제 검사가 제시된 1 개의 기준 검사 샘플과 뒤이어 제시하는 2 개의 샘플 중 먼저 제시한 기준 샘플과 동일한 샘플을 찾는 검사이기 때문이다. 1-2점 검사는 샘플 간 지각할 수 있는 차이가 있는지(차이를 위한 1-2점 검사), 또는 지각할 만한 차이가 없는지(유사성을 위한 1-2점 검사)를 결정하고자 할 때 사용된다. 유사성을 위한 1-2점 검사는 재료, 공정, 포장, 저장 등의 변화가 있을 때 기존과 유사한지를 알고자 할 때 사용된다. 이때 기준 검사샘플이 항상 동일할 수도 있고, 기준 검사샘플이 비교하려는 두 개의 샘플 중에서 임의로 지정될 수도 있다. 1-2점 검사는 3점 검사와 비교하여 통계적으로 비효율적인데, 그 이유는 우연히 정답을 얻을 수 있는 가능성이 1/2이기 때문이다. 그러나 1-2점 검사는 2점 비교검사에 비하여 유리한 점은 기준 검사샘플을 제시하여 무엇이 차이를 나타내는지에 관한 혼돈을 피할 수 있다는 것이며, 반면에 2점 비교검사에서는 평가자가 2 개의 검사 샘플을 평가하는 데 비하여 세 샘플을 평가하여야 한다는 단점이 있다. 1-2점 검사는 정기적인 생산 샘플과 같이 기준샘플이 검사요원에게 잘 알려져 있을 때 적합한 검사방법이다.

일반적으로 1-2점 검사에서는 32 명~36 명의 검사자가 필요한데, 차이가 미세할 경우에는 동일한 민감도를 위해서는 이의 약 2 배인 72 명 정도의 평가자가 필요하다. 그러나 실제로는 검사기간, 가능한 평가자의 수, 검사물의 양 등과 같은 물리적 조건에 따라 평가자의 수를 결정한다. 구체적인 검사 방법은 동일 기준법과 균형 기준법으로 나눌 수 있다. 동일 기준법(Constant Reference Technique)은 A와 B 두 제품의 2 개의 가능한 제시 순서의 동일한 횟수의 이용을 위해 A(기준) AB와 A(기준) BA를 조합 조건을 평가자에게 제시하는 것이고, 균형 기준법(Balanced Reference Technique)은 A와 B 제품에 대하여 제시 가능한 A(기준) AB, A(기준) BA, B(기준) AB, B(기준), BA 등 4 개의 조합이 동일한 횟수로 사용될 수 있도록 검사하는 것이다. 1-2점 검사 시에 사용하는 검사표의 예는 [그림 7-3]과 같다.

성명 :		검사일시 :	
검사 샘플의 종류 :			
검사 샘플을 검사대 왼쪽부터 시작하여 오른쪽으로 맛보시오. 왼쪽에 있는 것은 기준 샘플입니다. 나머지 두 검사 샘플 중 기준 샘플과 같은 코드 번호에 V 표 하시오.			
기준 검사 샘플	코드 번호	235	542
기준 샘플과 같은 샘플		____	____

그림 7-3 **1-2점 검사표 예**

검사결과 정답을 맞힌 수에 따라 통계적 유의성을 판단한다. 1-2점 검사의 귀무가설은 제품 간의 구별이 가능하지 않다는 것이고, 대립가설은 두 제품 간의 구별이 가능하다는 것이다. [표 7-8], [표 7-9], [표 7-10]은 KS Q ISO 10399 부속서의 일부이다.

(보기) 기존 방법으로 생산한 명란과 저염 방식의 명란에 대한 관능검사로 두 제품을 구분할 수 있는가를 1-2점 검사를 이용하여 알아보고자 한다. 실제 검사를 위한 설계로 제1종 오류는 $\alpha=0.1$, 차이를 감지할 수 있는 평가자의 최대 허용 비율은 $p_d=50\ \%$, 제2종 오류는 $\beta=0.01$로 하면 [표 7-8]에서 48 명의 평가자가 필요한 것을 알 수 있다. 검사 진행자는 균형기준법으로 한 세트가 3 개 샘플인 4 세트 샘플을 48 명 평가자에게 무작위로 제시한다. 48 명의 평가자 중 33 명이 정답을 제시하였는데, 이때 두 제품을 구분할 수 있는 최소 정답자 수를 [표 7-9]에서 찾아 29 명 이상이 정답을 제시하면 유의수준 10 %에서 2 개의 샘플이 지각할 수 있을 정도로 차이가 있다는 결론을 도출할 수 있다.

(보기) 청량음료를 제조하는 회사에서 최근 용기의 교체를 고려하고 있다. 따라서 기존 용기와 새로이 고려하고 있는 용기의 음료 맛이 유사한지를 1-2점 검사를 이용하여 알아보고자 한다. 실제 검사를 위한 설계로 제1종 오류는 $\alpha=0.1$, 차이를 감지할 수 있는 평가자의 최대 허용 비율은 $p_d=30\ \%$, 제2종 오류는 $\beta=0.1$로 하면 [표 7-8]에서 72 명의 평가자가 필요한 것을 알 수 있다. 검사 진행자는 균형기준법으로 한 세트가 3 개 샘플인 4 세트 샘플을 72 명 평가자에게 무작위로 제시한다. 72 명의 평가자 중 43 명이 정답을 제시하였는데, 이때 두 제품이 유사하다고 판단할 수 있는 최대 정답자 수를 [표 7-10]에서 찾아보면 41 명이므로 유

의수준 10 %에서 유사하지 않다는 결론을 도출할 수 있다.

표 7-8 1-2점 검사를 위해 필요한 평가자 수

α	p_d	β		
		0.10	0.05	0.01
0.10	50 %	26	33	48
0.05		33	42	58
0.01		50	59	80
0.10	30 %	72	96	145
0.05		93	119	173
0.01		143	174	235

표 7-9 1-2점 검사에서 지각할만한 차이가 있다고 결론 내리는데 필요한 최소 정답 수

n	α		
	0.10	0.05	0.01
22	14	15	17
24	16	17	19
36	23	24	26
48	29	31	33
60	36	37	40
80	47	48	51

주) 이 표는 보기를 위하여 n의 일부만 제시된 것이므로 전체표는 표준을 참조해야 함

표 7-10 1-2점 검사에서 2 개의 시료가 유사하다는 결론에 필요한 최대 정답 수

n	β	p_d	
		30 %	50 %
24	0.01	9	12
	0.05	11	13
	0.10	12	14
48	0.01	22	28
	0.05	25	30
	0.10	26	31
60	0.01	29	36
	0.05	32	38
	0.10	33	40
72	0.01	36	44
	0.05	39	47
	0.10	41	48

주) 이 표는 보기를 위하여 n의 일부만 제시된 것이므로 전체표는 표준을 참조해야 함

(3) A 또는 A가 아닌 검사(A or not A test) : KS Q ISO 8588

A 또는 A가 아닌 검사는 'ISO 8588:1987, Sensory analysis-methodology-"A"-"not A" test'를 기초로 기술적인 내용 및 대응 국제표준의 구성을 변경하지 않고 작성한 한국산업표준이다. A 또는 A가 아닌 검사는 두 샘플 간에 관능적 차이가 있는지를 평가하는 방법으로 1-2점 검사 또는 3점 검사를 사용하기 어려운 경우에 실시한다. 예를 들어 향미가 오래 잔류하는 검사 샘플의 비교, 외관이 약간 다른 검사 샘플의 비교, 또는 자극이 복잡하여 평가자에게 심리적으로 혼란을 줄 수 있는 경우에는 A 또는 A가 아닌 검사를 실시한다. 검사 방법은 A를 검사자에게 제시하여 익숙하게 한 다음, 일련의 샘플을 제시하여 제시한 샘플이 A인지 A가 아닌지를 평가하도록 한다. 두 검사 샘플 중 하나가 기준 샘플로 중요성이 있거나, 평가자에게 익숙하거나 또는 기존 제품으로 모든 다른 검사샘플을 이와 비교하여야 하는 연구사업의 목적 상 필수적인 경우에는 2점 비교 검사 보다 A 또는 A가 아닌 검사를 하는 것이 바람직하다.

A 또는 A가 아닌 검사의 절차는 평가자에게 기준 샘플인 A를 완전히 인식할 수 있을 때까지 여러 번 제시한 후에, A일수도 있고 A가 아닐 수도 있는 샘플을 무작위로 제시하여 A인지 A가 아닌지를 결정하도록 한다. 샘플을 제시하는 시간 간격은 약 2분~5 분 정도 주는 것이 바람직하고, 한 번의 검사 기간에는 관능적 피로에 따른 영향을 없애기 위하여 몇 개의 샘플만 검사하도록 한다.

성명 : 검사 일시 :

검사 샘플의 종류 :

검사에 임하기 전에 검사 샘플 A와 A가 아닌 샘플의 맛에 익숙해지도록 여러 번 맛을 보시오.

검사 샘플을 왼쪽에서 오른쪽으로 옮겨 가면서 맛을 보고 해당 칸에 V 표시를 하시오.
맛을 본 후 입을 물로 헹구고 1 분간 휴식한 후 다음 검사 샘플을 검사하시오.

검사샘플 번호	A	A가 아님	검사샘플 번호	A	A가 아님
1	____	________	4	____	________
2	____	________	5	____	________
3	____	________	6	____	________

그림 7-4 **1-2점 검사표 예**

A 또는 A가 아닌 검사를 위해서는 평가자 10 명~50 명을 훈련시키고 각 검사대상을 20 번~50 번 제시하여 평가결과를 토대로 정답과 오답을 비교하여 카이제곱 검정을 통하여 판단한다. 즉 A라고 알려진 샘플과 A가 아닌 것으로 알려진 샘플에 대하여 각각 A 응답 수와 A가 아닌 응답 수를 토대로 2×2 분할표를 만들어 두 종류의 샘플에 대하여 A와 A가 아닌 응답 비율이 다르다는 것을 판정하기 위하여 카이제곱검정 또는 피셔의 정확 검사 분석 방법을 이용하여 분석한다. 그리고 이 검사는 두 비율이 동일하다는 귀무가설과 A로 응답한 비율이 A 샘플이라고 알고 있는 수 보다 크다는 대립가설을 검정하는 단측검정이다. A 또는 A가 아닌 검사에 사용되는 검사표의 예는 [그림 7-4]와 같다.

예제 7-1 과일 음료 개발자가 현재 설탕을 3 % 사용하는 음료에 다른 감미료를 사용하여 설탕을 대체하려고 한다. 설탕을 사용하는 음료와 감미료로 대체했을 때 차이가 있는지를 관능검사하기 위하여 200 개의 동일한 컵에 각각 100 개는 설탕을 가미한 음료를 100 개에는 대체 감미료를 가미한 같은 양의 음료를 채우고, 20 명의 평가자에게 무작위로 10 개의 컵에 담긴 음료를 맛보게 한 후 설탕을 가미한 음료인지, 대체 감미료를 가미한 음료인지 맞히도록 한 측정 결과가 [표 7-11]과 같다. $\alpha = 0.05$로 하여 판정하여라.

풀이 표 7-11 **측정 결과**

		제시된 샘플		합계
		A	A가 아님	
평가자의 판단	A	60	35	95
	A가 아님	40	65	105
합계		100	100	200

카이제곱 검정 통계량은 $\chi^2 = \sum_{i=1}^{n} \frac{(O_i - E_i)^2}{E_i}$, O_i: 관측도수, E_i: 기대도수이다.

$\chi^2 = \frac{(60-47.5)^2}{47.5} + \frac{(35-47.5)^2}{47.5} + \frac{(40-52.5)^2}{52.5} + \frac{(65-52.5)^2}{52.5} = 12.53 > \chi_{0.05}^2(1) =$ 3.84이므로, 두 음료 간에는 유의한 차이가 있는 것으로 판단된다. 만약 검정통계량이 카이제곱 분포표 값보다 작으면 두 음료 사이에는 차이가 없다는 결론을 낼 수 있다.

7.2.2 특성 차이검사

특성 차이검사는 샘플 간에 주어진 특성에 차이가 있는가를 검사하는 방법으로 검사자는 하나 또는 두 가지 특성에만 관심을 가지고 나머지 특성은 무시한 상태에서 검사한다. 검사방법으로는 2점 비교검사, 순위법, 평점법 등이 있다.

(1) 2점 비교검사(paired comparison test) : KS Q ISO 5495

2점 비교검사는 'ISO 5495:2005, Sensory analysis-methodology-paired comparison test'를 기초로 기술적인 내용 및 대응 국제표준의 구성을 변경하지 않고 작성한 한국산업표준이다. 2점 비교검사는 몇몇 정의된 기준에 근거하여 차이의 감지와 비교를 위하여 2 개 샘플을 동시에 쌍으로 제시하여 이중에서 관심의 대상 특성이 더 강한 샘플을 선택하도록 하는 검사로, 지각할 수 있는 차이가 특정한 특성에서 존재하는지를 결정하고자 할 때, 평가자의 선발, 훈련, 평가결과를 검토하고자 할 때 또는 선호도 측면에서 두 샘플을 비교하고자 할 때 사용된다. 즉 2 개 샘플 사이에 지각할 수 있는 관능적 차이 또는 유사성이 존재하는지를 결정하는 방법으로 3점 검사나 1-2점 검사가 적합하지 않은 경우에 유용하다. 예로 향미가 강하거나 오래 남을 때 또는 자극의 종류가 복잡해서 평가자가 혼동을 할 가능성이 있을 때 2점 비교검사를 수행한다.

2점 비교검사 방법을 단순 차이 검사 또는 양자택일(2-AFC, Two Alternative Forced Choice)검사라고도 부른다. 따라서 이 검사에서는 주어진 특성에 대하여 차이가 있는지 여부를 판단하는 것으로 차이의 크기에 대해서는 나타내지 않는다. 검사방법은 다른 차이 식별 검사에 비하여 단순하고 감각피로가 작다는 장점이 있다. 반면에 비교하여야 하는 샘플의 수가 늘어날수록 요구되는 상호 비교 수는 급속히 증가하여 사실상 실행이 불가능하다는 단점이 있다.

예를 들면 2점 비교 검사는 과자를 바삭하게 하기 위하여 내용물의 혼합 비율을 조절하였을 경우, 기존 과자에 비하여 더 바삭하게 느껴지는지를 검사(즉 차이가 있는지 검사)하는 경우, 매운 맛을 내는 2 개의 샘플을 비교하여 더 매운 맛을 내는 스프를 찾아내고자 할 경우에 적용할 수 있다.

평가자의 수는 일반적으로 24 명~30 명을 대상으로 하는데, 이는 검사시간, 검사물의 양, 검사 가능한 평가자의 수 등에 따라 다르게 적용할 수 있다. 다만 유사성 검사를 수행할 때 동일한 민감도를 위해서는 약 2 배 정도의 평가자가 필요하다.

<2점 비교검사표>

성명		검사 일시	
샘플의 종류			

※ 2 개의 샘플 중 왼쪽부터 맛을 보시오.
※ 2 개의 샘플이 같은지 다른지 평가하여 해당 칸에 V 표 하시오.

- 2 개의 샘플이 같다. ____________________
- 2 개의 샘플이 다르다. ____________________

그림 7-5 **2점 비교검사표**

그리고 각 평가자는 동일한 횟수의 반복 평가를 수행하도록 한다. 예를 들어 30 명이 총 90 번의 검사를 한다면 각 평가자는 3 번씩 검사를 하도록 한다. 2점 비교 검사에 사용되는 검사표의 예는 [그림 7-5]와 같다.

2점 비교검사의 통계적 해석은 2 개의 가능한 형태가 있는데 첫째는 두 가지 샘플 간의 구체적인 차이점을 감지하여 구체화된 차이의 방향을 결정하는 것이고, 둘째는 둘 중에 하나를 선호하는 것이다. 이때 첫 번째 경우의 귀무가설은 두 제품에 차이가 없다는 것이고, 대립가설은 두 제품 중 하나가 더 좋다(단측검정), 또는 두 제품에 차이가 있다(양측검정)가 된다. 두 번째 경우의 귀무가설은 검사자가 제품 A를 선택할 확률과 B를 선택할 확률이 같다는 것을 의미한다. [표 7-12], [표 7-13], [표 7-14], [표 7-15]는 KS Q ISO 5495 부속서의 일부이다.

(보기) 기존에 생산되는 과자(A)보다 덜 단 과자를 생산하기 위하여 당분을 줄인 과자(B)를 개발하여 덜 달다고 느끼는지를 관능검사를 통하여 알아보고자 한다. 새로 개발한 과자가 덜 달다는 것을 확인하는 것은 단측 검정에 해당된다. 실제 검사를 위한 설계로 관능검사 분석자는 제1종 오류의 확률은 $\alpha=0.1$, 차이를 감지하는 평가자 최대허용 비율은 $p_d=30\ \%$, 제2종 오류의 확률은 $\beta=0.1$에 해당하는 평가자의 수를 [표 7-12]에서 찾으면 72 명이 됨을 알 수 있다. 따라서 72 명의 평가자 중 36 명의 평가자에게는 제품을 AB 순으로 제시하고, 나머지 36 명에게는 BA 순으로 제시한다. 결과는 72 명 중 40 명이 새로 개발한 제품이 덜 달다고 응답하였다. 그리고 [표 7-13]에서 $n=72$, $\alpha=0.1$을 찾아보면 72 명 중 적

어도 42 명 이상이 덜 달다고 응답하면 새로운 과자는 덜 단 것으로 판단할 수 있다. 따라서 40 명이 덜 달다고 응답하였으므로 새로 개발한 과자는 유의수준 10 %에서 당분을 줄인 것으로 판단할 수 없다.

(보기) 라면을 생산하는 회사에서 두 종류(A, B)의 배합비를 가진 스프를 개발하였는데 어느 것이 더 칼칼한 맛을 내는지를 결정하고자 한다. 즉 두 스프의 칼칼한 맛이 같은지 다른지를 결정하는 것은 양측검정에 해당된다. 실제 검사를 위한 설계로 관능검사 분석자는 $\alpha=0.05$, 차이를 감지하는 평가자 최대허용 비율 $p_d=50$ %, $\beta=0.1$에 해당하는 평가자의 수를 [표 7-14]에서 찾으면 42 명이 됨을 알 수 있다. 따라서 42 명보다 2 명 많은 44 명의 평가자 중 22 명의 평가자에게는 샘플을 AB순으로 제시하고, 나머지 22 명에게는 BA순으로 제시하였다. 결과는 44 명 중 32 명의 평가자는 A가 더 칼칼하다고 답했고, 12 명은 B가 더 칼칼하다고 했다. 두 샘플이 서로 다르다는 가설을 채택하기 위하여 필요한 응답자 수를 [표 7-15]에서 $n=44$, $\alpha=0.05$을 찾아보면 44 명 중 적어도 29 명 이상이 A 또는 B가 더 칼칼하다고 응답하여야 한다는 것을 알 수 있다. 따라서 32 명이 A가 더 칼칼하다고 응답하였으므로 두 종류의 스프는 유의수준 5 %에서 유의한 차이가 있는 것으로 판단한다.

표 7-12 2점 비교검사를 위해 필요한 평가자 수(단측검정)

α	p_d	β		
		0.10	0.05	0.01
0.10 0.05 0.01	50 %	26 33 50	33 42 59	48 58 80
0.10 0.05 0.01	30 %	72 93 143	96 119 174	145 173 235

표 7-13 2점 비교검사에서 지각할만한 차이가 있다고 결론 내리는데 필요한 최소 정답 수(단측검정)

n	α		
	0.10	0.05	0.01
24	16	17	19
33	21	22	24

36	23	24	26
40	25	26	28
44	27	28	31
48	29	31	33
72	42	44	47

주) 이 표는 보기를 위하여 n의 일부만 제시된 것이므로 전체표는 표준을 참조해야 함

표 7-14 **2점 비교검사를 위해 필요한 평가자 수(양측검정)**

α	p_d	β		
		0.10	0.05	0.01
0.10	50 %	33	42	58
0.05		42	49	67
0.01		57	66	87
0.10	30 %	93	119	173
0.05		114	145	199
0.01		164	195	261

표 7-15 **2점 비교검사에서 지각할만한 차이가 있다고 결론 내리는데 필요한 최소 정답 수(양측검정)**

n	α		
	0.10	0.05	0.01
24	17	18	19
36	24	25	27
40	26	27	29
44	28	29	31
48	31	32	34
72	44	45	48
88	53	54	57
100	59	61	64
120	70	72	75

주) 이 표는 보기를 위하여 n의 일부만 제시된 것이므로 전체표는 표준을 참조해야 함

(2) 순위법(ranking) : KS Q ISO 8587

순위법은 'ISO 8587:2006, Sensory analysis-methodology-ranking'을 기초로 기술적인 내용 및 대응 국제표준의 구성을 변경하지 않고 작성한 한국산업표준이다. 순위법은 일련의 샘플을 강도의 순서 또는 몇몇 특정 관능특성 정도의 순서대로 배치하는 분류방법으로 샘플 간 차이의 크기는 평가하지 않는다. 순위법은 복잡한 특성(예를

들면 품질과 맛)을 가진 적은 수(6 개 정도)의 샘플을 특성화하고자 할 때 또는 많은 수의 샘플의 외관만을 평가할 경우 신속한 방법으로 사용된다.

순위법은 단일 특성에 대하여 다수의 검사샘플을 비교하고자 할 때 사용되며, 특히 3-6 개의 검사 샘플을 비교적 훈련되지 않은 평가자를 대상으로 평가할 때 유용한 방법이다. 그리고 이 방법은 여러 가지 검사샘플 중에서 더 자세한 관능평가에 적합한 검사샘플을 선정하려고 할 경우에도 유용하게 사용할 수 있다. 이 방법을 사용하면 검사 샘플들은 주어진 특성에 대한 강도의 척도에 배열되며 검사샘플 사이의 차이를 숫자로 표시할 수 있다.

순위법의 절차는 평가자로 하여금 샘플의 순위를 정하는 기준과 특성을 이해하도록 하고, 평가자에게 미리 정해진 순서에 따라 코드가 부착된 샘플을 제시하여 예비 순위 평가를 하도록 한다. 그리고 평가자에게 재검사를 통하여 앞서 행한 순위를 바꾸고 싶으면 재배치하여 최종 평가를 마무리 하도록 한다.

순위법에서 사용하는 가장 간단한 형태의 검사표 예는 [그림 7-6]과 같다.

성명 : 검사 일시 :

검사 샘플의 종류 :

검사하려는 특성 :

3 개 샘플이 한 세트로 구성된 샘플을 왼쪽 샘플의 맛을 먼저 보고, 오른쪽 샘플의 순서로 맛을 보고 점성이 더 강한 검사 샘플에 1, 다음으로 점성이 강한 샘플에 2, 점성이 가장 약한 샘플에 3이라고 표기하시오. 필요에 따라 입을 물로 헹구고, 검사 사이에 휴식을 취하시오.

	샘플		
샘플 코드번호	123	214	233
점성이 강한 순위			

그림 7-6 순위법에 사용하는 검사표의 예

평가 방법은 일반적으로 12 명~15 명의 평가원에게 3 개 또는 그 이상의 샘플을 무작위로 제공하고, 특정한 기준에 따라 샘플의 서열(rank order)을 나열하도록 한다. 검사 절차는 평가자가 보지 못하는 곳에서 동일한 방식으로 샘플을 준비하고, 샘플에서 관련이 없는 모든 차이는 순위에 영향을 주지 않도록 주의하여야 한다. 용기는 3 자리 무작위 숫자에 의해 그리고 한 검사 기간 동안 샘플마다 다른 숫자의 용기를 제시한다. 결과 분석은 Spearman 상관분석, Friedman 검정, 부호검정, 순위 합 검정 등의 비모수 검정을 이용하여 분석을 한다. [표 7-16]은 KS Q ISO 8587 부속서의 일부이다.

표 7-16 Friedman 검사의 임계 값(유의수준 5 %)

평가자수	샘플수		
	4	5	6
10	7.67	9.25	10.76
12	7.70	9.29	10.81
15	7.72	9.33	10.87
20	7.74	9.37	10.92

예제 7-2 제과회사에서 4 가지 감미료(A, B, C, D)에 대한 감미 지속성에 대한 정도를 평가하고자 한다. 검사 방법은 12 명의 평가자를 대상으로 무작위로 제시되는 4 가지 감미료 한 세트에 대하여 맛을 보고 가장 단맛이 오래 지속되는 샘플에 1, 다음으로 단맛이 오래 지속되는 샘플에 2, 그 다음으로 단맛이 지속되는 샘플에 3, 마지막으로 단맛이 가장 짧게 지속되는 샘플에 4를 부여하도록 하였다. 검사 측정 결과는 [표 7-17]과 같다.

표 7-17 4가지 종류 감미료의 단맛 지속성에 대한 순위 측정 결과

평가자	검사 샘플			
	A	B	C	D
1	3	1	4	2
2	3	2	4	1
.	-	-	-	-
.	-	-	-	-
.	-	-	-	-
11	4	1	2	3
12	4	2	3	1
순위합	33	30	27	30

풀이 Friedman 검정통계량을 구해 보면 $\frac{12}{12 \times 4 \times 5}(33^2 + 30^2 + 27^2 + 30^2) - 3 \times 12 \times 5 = 0.9$가 되는데 유의수준 5 %에서 임계 값이 7.70이므로 차이가 없다는 판단을 할 수 있다.

(3) 평점법(scoring)

평점법은 정해진 특성 강도에 대하여 3 개 이상의 샘플을 평가하는 점에서는 순위법과 유사하나, 순위법의 단점인 샘플 간 특성 차이를 알 수 없는 것을 보완한 검사방법이다. 즉 주어진 척도를 사용하여 샘플의 특성 강도에 따라 점수로 평가하는 방법이다.

순위법과 마찬가지로 검사자에게 동일한 샘플로 이루어진 묶음이 한번 또는 여러 번 제시될 수 있으며, 여러 번 제시될 경우에는 검사샘플의 번호를 달리 하여 제시하도록 한다. 동일한 검사샘플 묶음이 검사자에 의하여 두 번 이상 평가될 경우 식별 가능성이 높아진다. 이때 평가할 특성이 두 가지 이상이면 분리하여 평가하여야 하고, 각 특성을 분리하여 평가하지 않을 경우에는 평가하는 특성들 사이에 상호 관련이 되어 바람직하지 못한 상황이 발생할 수 있다. 평점법과 점수화 절차는 평가자에게 미리 정해진 순서에 의해 독립적으로 1 개씩 샘플을 제시하고 평가자의 결정에 따라 해당 척도에 배치하도록 한다. 분석방법으로는 2 개의 샘플을 비교할 경우에는 t 검정을 이용하고, 3 개 이상의 샘플을 비교할 경우에는 분산분석을 이용한다.

평점법에서 사용하는 가장 간단한 형태의 검사표 예는 [그림 7-7]과 신맛에 대한 차이를 검정하기 위하여 분산분석을 하면 [표 7-19]와 같은 결과를 얻을 수 있다.

성명 : 검사 일시 :

검사 샘플의 종류 :

검사하려는 특성 : 신맛

제시된 샘플의 맛을 보고 신맛의 강도를 아래 척도를 사용하여 평가하시오.

0-1 감지불능
2-3 약하게 감지
4-5 보통으로 감지
6-7 강하게 감지
8-9 매우 강하게 감지

시료번호 :

점수 :

그림 7-7 평점법에 사용하는 검사표의 예

예제 7-3 음료회사에서 3 종류 주스에 대한 신맛의 차이가 있는지를 알아보기 위하여 16명의 검사자를 대상으로 조사한 결과가 [표 7-18]과 같다. 이를 토대로 신맛에 차이가 있는가를 평가하라.

표 7-18 3 종류 주스의 신맛 차이에 대한 평점 결과

평가자	검사 샘플			
	A	B	C	합계
1	6	4	5	15
2	5	4	3	12
.	-	-	-	-
.	-	-	-	-
.	-	-	-	-
15	4	3	2	9
16	8	9	3	20
합계	72	76	63	211

풀이 **표 7-19 3 종류 주스에 대한 분산분석표**

요 인	자유도	제곱합	평균제곱	F 값
샘 플	2	5.6	2.8	2.0
검사자	15	48.8	3.3	2.4
오 차	30	43.1	1.4	
합 계	47	97.5		

F분포 표 값에서 $F_{0.05}(2, 30) = 3.32$이므로 3 종류 주스 간에 신맛의 차이는 유의수준 5 %에서 없는 것으로 판정할 수 있다.

관능검사와 관련된 전반적인 표준을 정리하면 [표 7-20]과 같다. 괄호 안에 번호만 있는 경우는 번호 앞에 KS Q ISO가 생략된 것이다.

표 7-20 관능검사 관련 표준

관능검사 일반지침(6658)		
관능검사 용어(5492)	검사자 선발, 훈련 (8586-1, 8586-2) 냄새감지훈련(5496) 맛의 예민도(3972)	검사실 설계(8589) 조명과 색 관련(11037) 담당자 지침(13300-1, 13300-2) 기구 예(3591, 16657) 검사샘플 예(KS H ISO 6668)

차이검사	척도와 항목을 이용한 검사(4121)	묘사검사
3점 검사(4120) 1-2점 검사(10399) A 또는 A가 아닌 검사(8588) 2점비교 검사(5495)	순위법(8587) 평점법과 점수화	단순묘사 관능 프로파일링 (6564, 13299) 묘사어 선정과 확립(11035) 텍스처 프로필(11036)
통계 분석(3534-1, 3534-2, 3534-3, 11056, 16820, KS A ISO 2854)		

참고문헌

1 구난숙, 김향숙, 이경애, 김미정, "식품 관능검사", 교문사, 2006.

2 김광옥, 김상숙, 성내경, 이영춘, "관능검사 방법 및 응용", 신광출판사, 1993.

3 김정만, 이상도, 비교판단에 의한 관능검사원의 선호도 평가, 한국품관리학회지, 21권 2호, pp 215-223, 1993.

4 장건형, 채수규 역, "공학기술자를 위한 관능검사 입문", 한국규격협회, 1977.

5 장건형, 채수규, 관능에 의한 풍미검사법의 표준화를 위한 실험적 연구, 한국 품질관리학회지, 5권 1호, pp 36-45, 1977.

6 장건형, 채수규, 박영현, 관능검사 일반법의 표준화를 위한 실험적 연구, 한국품질관리학회지, 4권 1호, pp 31-39, 1976.

7 ISO, ISO 2854:1976 Statistical interpretation of data-Techniques of estimation and tests relating to means and variances, 1976.

8 ISO, ISO 3534-1:2006 Statistics-Vocabulary and symbols-Part1:General statistical terms and terms used in probability, 2006.

9 ISO, ISO 3534-2:2006 Statistics-Vocabulary and symbols-Part2:Applied statistics, 2006.

10 ISO, ISO 3534-3:1999 Statistics-Vocabulary and symbols-Par3:Design of experiments, 1999.

11 ISO, ISO 3591:1977 Sensory analysis-Apparatus-Wine-testing glass, 1977.

12 ISO, ISO 3972:2011 Sensory analysis-Methodology-Method of investigating sensitivity of taste, 2011.

13 KS Q ISO 4120:2009 관능검사-방법론-삼점검사, 2009.

14 ISO, ISO 4120:2004 Sensory analysis-Methodology-Triangle test, 2004.

15 ISO, ISO 4121:2003 Sensory analysis-Guidelines for the use of quantitative response scales, 2003.

16 ISO, ISO 5492:2008 Sensory analysis-Vocabulary, 2008.

17 KS Q ISO 5492:2003 관능검사-용어, 2003.

18 KS Q ISO 5495:2009 관능검사-방법론-2점 비교검사, 2009.

19 ISO, ISO 5495:2005 Sensory analysis-Methodology-Paired comparison test, 2005.

20 ISO, ISO 5496:2006 Sensory analysis-Methodology-Initiation and training of assessors in the detection and recognition of odous, 2006.

21 ISO, ISO 5497:1982 Sensory analysis–Methodology–Guidances for the preparation of samples for which direct sensory analysis is not feasible, 1982.

22 ISO, ISO 6658:2005 Sensory analysis–Methodology–General guidance, 2005.

23 ISO, ISO 6668:2008 Green coffee–Preparation of samples for use in sensory analysis, 2008.

24 ISO, ISO 7304:1985 Durum wheat semolina and alimentary pasta–Estimation of cooking quality of spaghetti by sensory analysis, 1985.

25 KS Q ISO 8586-1:2003 관능검사–평가자의 선정, 훈련, 모니터링을 위한 지침–제1부:선정된 평가자, 2003.

26 ISO, ISO 8586-1:1993 Sensory analysis–General guidance for the selection, training and monitoring of assessors–Part1:Selected assessors, 1993.

27 KS Q ISO 8586-2:2003 관능검사–평가자의 선정, 훈련, 모니터링을 위한 지침–제2부: 전문가, 2003.

28 ISO, ISO 8586-2:2008 Sensory analysis–General guidance for the selection, training and monitoring of assessors–Part2:Expert sensory assessors, 2008.

29 KS Q ISO 8587:2009 관능검사–방법론–순위법, 2009.

30 ISO, ISO 8587:2006 Sensory analysis–Methodology–Ranking, 2006.

31 KS Q ISO 8588:2003 관능검사–방법론–A 또는 비A 시험법, 2003.

32 ISO, ISO 8588:1987 Sensory analysis–Methodology–"A"–"not A" test, 1987.

33 KS Q ISO 8589:2009 관능검사–관능검사실 설계를 위한 일반지침, 2009.

34 ISO, ISO 8589:2007 Sensory analysis–General guidance for the design of test rooms, 2007.

35 KS Q ISO 10399:2009 관능검사–방법론–일–2점 검사, 2009.

36 ISO, ISO 10399:2004 Sensory analysis–Methodology–Duo–trio test, 2004.

37 ISO, ISO 11035:1994 Sensory analysis–Identification of descriptors for establishing a sensory profile by a multidimensional approach, 1994.

38 ISO, ISO 11036:1994 Sensory analysis–Methodology–Texture profile, 1994.

39 ISO, ISO 11037:2011 Sensory analysis–Guidance for sensory assessment of the colour of products, 2011.

40 ISO, ISO 11056:1999 Sensory analysis–Methodology–Magnitude estimation method,

1999.

41 ISO, ISO 13299:2003 Sensory analysis–Methodology–General guidance for establishing a sensory profile, 2003.

42 ISO, ISO 13300-1:2006 Sensory analysis–General guidance for the staff of a sensory evaluation laboratory–Part 1:Staff responsibilities, 2006.

43 ISO, ISO 13300-2:2006 Sensory analysis–General guidance for the staff of a sensory evaluation laboratory–Part 2:Recruitment and training of panel leaders, 2006.

44 ISO, ISO 13302:2003 Sensory analysis–Methods for assessing modifications to the flavour of foodstuffs due to packaging, 2003.

45 ISO, ISO 16820:2004 Sensory analysis–Methodology–Sequential analysis, 2004.

연습문제 STATISTICAL QUALITY CONTROL

1. 관능검사를 위한 전용 검사실의 조건을 온도, 습도, 조명, 냄새 등의 측면에서 설명하라.

2. 검사샘플의 종합적 차이와 특성차이를 관능적으로 검사하는 방법에는 어떤 방법이 있는지 기술하라.

3. 3점 검사 방법의 절차에 대하여 설명하라.

4. 비타민 음료 제조 회사에서는 채소의 향을 없애기 위하여 새로운 공법을 개발하여 시제품을 생산하였다. 따라서 기존의 비타민 음료와 채소의 향을 없앤 음료를 대상으로 평가자가 차이를 느낄 수 있는지를 3점 검사를 이용하여 판단하고자 한다. $\alpha=0.05$, $p_d=50\ \%$, $\beta=0.1$로 할 때 필요한 평가자의 수와 두 음료가 다르다는 결론을 내기 위하여 적어도 몇 명 이상이 정답으로 답해야 하는지 기술하라.

5. 빙과 제조회사에서 아이스크림을 저장하는 새로운 보관방법을 개발하여 기존 보관방법과 유사한지를 3점 검사를 이용하여 판단하고자 한다. $\alpha=0.05$, $p_d=30\ \%$, $\beta=0.05$로 할 때 필요한 평가자의 수와 두 음료가 다르다는 결론을 내기 위하여 적어도 몇 명 이상이 정답으로 답해야 하는지 기술하라.

6. 1-2점 검사 방법의 절차에 대하여 설명하라.

7. 오렌지 주스 제조 회사에서는 신맛을 줄이기 위하여 새로운 공법을 개발하여 시제품을 생산하였다. 따라서 기존의 주스와 신맛을 줄인 주스를 대상으로 평가자가 차이를 느낄 수 있는지를 1-2점 검사를 이용하여 판단하고자 한다. $\alpha=0.01$, $p_d=50\ \%$, $\beta=0.01$로 할 때 필요한 평가자의 수와 두 주스가 다르다는 결론을 내기 위하여 적어도 몇 명 이상이 정답으로 답해야 하는지 기술하라.

8. 화장품 제조회사에서 용기의 재질에 교체를 고려하고 있다. 따라서 기존 용기에 담겨 있는 화장품의 향과 교체하고자 하는 용기에 담겨 있는 화장품의 향이 유사한지를 1-2점 검사를 이용하여 판단하고자 한다. $\alpha=0.1$, $p_d=30$ %, $\beta=0.05$로 할 때 필요한 평가자의 수와 두 용기의 화장품의 향이 유사하다는 결론을 내기 위한 최대 정답수를 기술하라.

9. A 또는 A가 아닌 검사 방법의 절차에 대하여 설명하라.

10. 야채 주스 개발자가 현재 설탕을 0.5 % 사용하는 음료에 다른 감미료를 사용하여 당을 대체하려고 한다. 설탕을 사용하는 음료와 감미료로 대체했을 때 차이가 있는지를 관능검사하기 위하여 200 개의 동일한 컵에 각각 100 개는 설탕을 가미한 음료를 100 개에는 대체 감미료를 가미한 같은 양의 음료를 채우고, 20 명의 평가자에게 무작위로 10 개의 컵에 담긴 음료를 맛보게 한 후 설탕을 가미한 음료인지, 대체 감미료를 가미한 음료인지 맞히도록 한 측정 결과가 표와 같다. 두 음료 간에 차이가 있는지 검정하라.

		제시된 샘플		합계
		A	A가 아님	
평가자의 판단	A	30	65	95
	A가 아님	70	35	105
합계		100	100	200

11. 2점 비교검사 방법의 절차에 대하여 설명하라.

12. 라면을 생산하는 회사에서 하얀 국물인 두 종류의 스프를 개발하였는데 어느 것이 더 구수한 맛을 내는지를 결정하고자 한다. 실제 검사를 위한 설계로 $\alpha=0.05$, $p_d=50$ %, $\beta=0.1$에 해당하는 평가자의 수를 구하고, 두 스프 중 어느 스프가 더 구수하다고 서로 평가하기 위하여 이중 몇 명이 특정 스프가 더 구수하다고 답해야 하는지 기술하라.

13. 김치 생산자가 나트륨에 기초한 두 원료 중 짠맛에 차이가 있는가를 결정하고자 한다. 실제 검사를 위한 설계로 $\alpha=0.1$, $p_d=30$ %, $\beta=0.05$에 해당하는 평가자의 수를 구하고, 두 원료가 서로 다르다고 평가하기 위하여 이중 몇 명이 다르다고 답해야 하는지 기술하라.

14. 제과회사에서 5 가지 감미료(A, B, C, D, E)에 대한 감미 지속성에 대한 정도를 평가하고자 한다. 검사 방법은 15 명의 평가자를 대상으로 무작위로 제시되는 5 가지 감미료 한 세트에 대하여 맛을 보고 가장 단맛이 오래 지속되는 샘플에 1, 다음으로 단맛이 오래 지속되는 샘플에 2, 그 다음으로 단맛이 지속되는 샘플에 3, 마지막으로 단맛이 가장 짧게 지속되는 샘플에 5를 부여하도록 하였다. 검사 측정 결과는 표와 같다. 단맛 지속성에 유의한 차이가 있는지 유의수준 5 %로 Friedman검정을 하라.

평가자	검사 샘플				
	A	B	C	D	E
1	3	1	4	2	5
2	3	5	4	1	2
.	-	-	-	-	
.	-	-	-	-	
.	-	-	-	-	
14	4	5	2	3	1
15	4	2	5	1	3
순위합	30	50	45	40	60

15. 식품회사에서 3 종류 간장에 대한 짠맛의 차이가 있는지를 알아보기 위하여 12 명의 검사자를 대상으로 0점부터 9점까지로 평가한 결과가 다음과 같다. 이를 토대로 짠맛에 차이가 있는가를 유의수준 5 %로 검정하라.

검사자	검사 샘플			합계
	1	2	3	
1	7	4	7	18
2	6	5	4	15
3	6	3	6	15

4	5	7	3	15
5	6	5	5	16
6	8	4	4	16
7	5	2	5	12
8	4	7	8	19
9	8	4	4	16
10	7	5	5	17
11	8	5	6	19
12	9	6	5	20
합계	79	57	62	198

8

Introduction to Control Charts

8.1 관리도의 개요 : KS Q ISO 7870-1

관리도의 개요는 'ISO 7870-1:2014, Control charts-Part 1:General guidelines'를 기초로 하여 기술적 내용 및 대응 국제표준의 서식을 변경하지 않고 작성한 한국산업표준이다. 관리도(control chart)는 통계적 품질관리의 기본 도구로 공정/프로세스 고유의 변동을 기초로 하여 정한 한계와 공정의 현재의 상태를 나타내는 샘플의 정보를 대비시키는 방법의 하나이다. 관리도의 이용 목적은 제조업무 또는 경영상의 프로세스가 '통계적 관리상태(in control)'에 있는 지 여부를 평가하는 것이다. 원래 관리도는 생산현장에 적용할 목적으로 개발하였지만, 현재는 서비스나 간접업무 등에도 사용되고 있다. 본질적으로 관리도는 언제 공정이 안정된 상태가 되었는지, 또는 언제 공정이 변화하였는지를 판단하기 위한 관리지원 도구라 할 수 있다. 또한 현장에서의 작업자에 의한 관리만이 아니라 경영차원에서도 유용하게 사용할 수 있다. 전형적인 관리도는 그려진 통계량이 변동할 것으로 기대되는 수준을 반영한 중심선과 중심선 양측에 관리한계선을 갖는데, 이는 공정이 관리상태에 있을 때 통계량이 랜덤하게 위치할 것으로 기대되는 영역이다.

이러한 중심선 양측의 관리한계는 공정의 관리상태를 판정하는 기준으로 공정의 고유한 변동성에 의해 부분적으로 결정되는 폭을 규정하고 있다. 따라서 선택된 통계량이 관리한계선 영역 안에 그려지면 관리도는 공정이 통계적으로 관리상태에 있다고 판단하고 공정이 현재와 같이 계속 운영되는 것을 허용한다는 의미가 된다. 그러나 선택된 통계량이 관리한계선 바깥에 그려지면 공정이 이상상태인 것을 표시하고, 이는 변동성이 특별한 원인에 의해 나타날 수 있다는 의미가 된다.

생산 공정에서 설계품질에 합치되는 제품을 만들어 내는 일은 주요 목표 중의 하나이다. 제품을 생산하는 공정에서 생산되는 제품의 품질특성이 항상 균일하도록 반복해서 생산할 수 있다면 품질관리 측면에서 가장 바람직하다고 할 수 있다. 그러나 실제로 어떤 생산 공정에서도 이와 같이 완전히 균일한 제품만을 생산할 수는 없다. 즉 동일한 공정에서 생산되고 있는 제품이라 하더라도 품질특성은 시간의 흐름에 따라 기계나 공구의 마모에 의하여 또는 자재, 작업방법, 작업자 등의 복합적인 환경요인에 의하여 변동(variation)이 발생하게 된다. 일반적으로 관리도는 생산 공정이 관리상태에 있는지, 아니면 이상상태(out of control)에 있는지를 파악하는데 도움이 된다.

8.1.1 변동의 원인

공정이 아무리 잘 설계되고 보전되더라도 공정 자체가 가지고 있는 고유하고 자연적인 변동이 존재한다. 이러한 자연적인 변동은 작지만 피할 수 없는 여러 가지 원인들의 누적으로 나타난다. 이렇듯이 공정이 안정된 상태에 있음에도 변동이 발생되는 원인을 우연원인[chance cause 또는 일상원인(common cause)]이라 부르며, 생산 공정이 우연원인에 의해서만 지배되는 경우 그 공정은 통계적으로 관리상태에 있다고 한다. 한편, 부적절하게 교정되거나 관리된 설비, 작동상의 실수, 부적합한 원재료 등에 의한 변동은 우연원인에 의한 변동에 비하여 상대적으로 크게 나타나, 공정성능으로 받아들일 수 없는 수준이 되기도 한다. 이러한 변동의 원인을 이상원인[assignable cause 또는 특별원인(special cause)]이라 부르며, 이상원인이 존재하는 공정을 이상상태에 있다고 한다.

우연원인의 예를 들면, 작업자 간의 크지 않은 숙련도 차이, 작업환경의 일상적 차이, 원자재 간의 식별되지 않을 정도의 품질 차이, 동일한 생산설비에서의 미세한 성능 차이 등이 있으며, 이 원인들은 만성적으로 존재할 수 있으므로 공정의 능력 수준을 향상시키려한다면 이 원인에 의한 변동까지도 줄일 수 있는 방안을 모색해야 한다.

한편 이상원인의 예를 들면, 작업자의 부주의나 잘못으로 발생되는 차이, 작업자가 표준대로 작업하지 않아서 발생되는 차이, 불량자재의 사용으로 인한 차이, 생산설비의 이상이나 고장으로 인한 차이 등이 있으며, 이 원인들은 만성적으로 존재하는 것이 아니고, 산발적으로 발생하여 품질변동을 일으키므로 공정의 안정을 위해서는 우선적으로 제거해야 할 대상이라고 할 수 있다.

8.1.2 관리도의 통계적 의미

슈하트(Shewhart)관리도는 대체로 규칙적인 간격으로 공정에서 추출된 자료를 요구한다. 간격은 시간(예를 들면 1시간 간격) 또는 양(각 로트마다)에 따라 정의하면 된다. 보통 각 부분군(subgroup)은 같은 측정 단위에서 같은 부분군 크기의 같은 제품 또는 서비스로 구성되며, 각 부분군에서 평균 $\overline{X}$와 범위 R 또는 표준편차 s와 같은 부분군에 대한 하나 이상의 특성치를 얻게 된다.

슈하트 관리도는 부분군번호의 순으로 타점한 부분군의 특성치 그래프이다. 관리

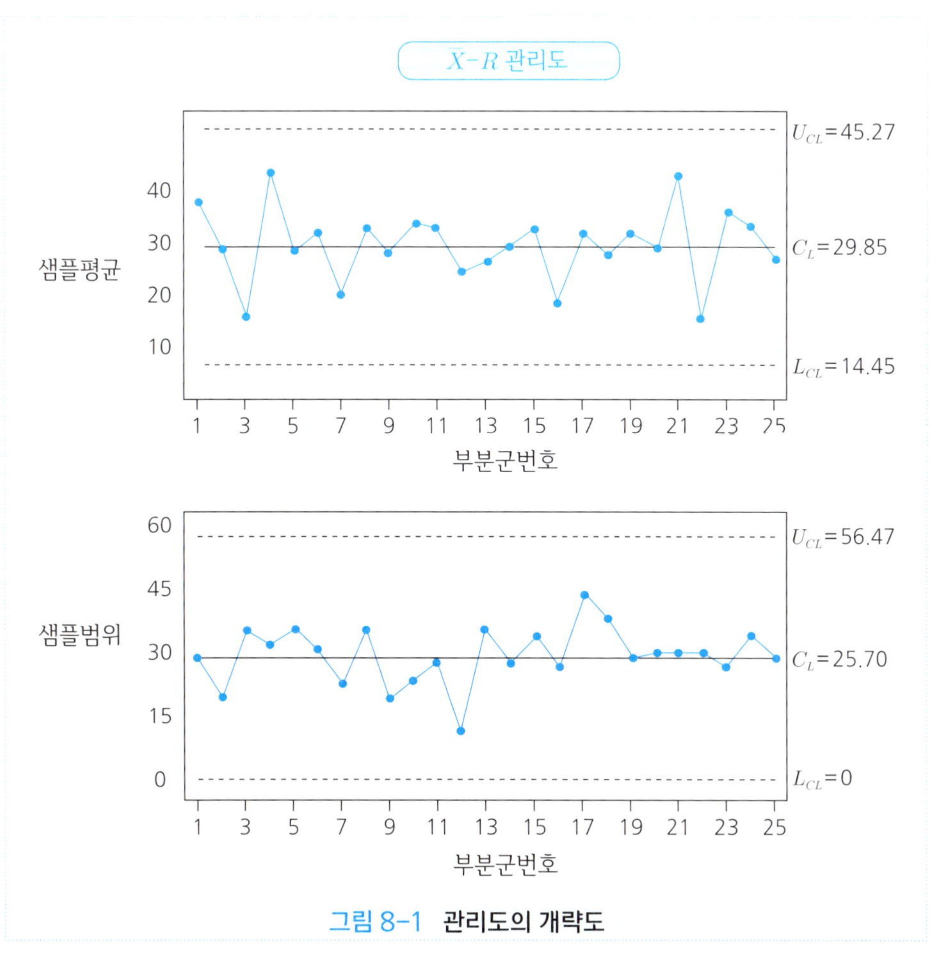

그림 8-1 관리도의 개략도

도에는 중심선(C_L : center line)이 있고, 타점되는 특성치에 대한 기준 값으로 이용된다. 또한 공정관리의 경우, 기준 값은 제품 규격에서 규정되어 있는 장기적인 특성치 또는 공정의 과거의 경험을 토대로 하여 타점된 특성치의 공정 값 혹은 제품 또는 서비스의 암묵적인 목표치에 의한 공정 값이다. 관리도에는 중심선 양쪽에 통계적으로 구해진 2개의 관리한계가 있는데 이를 관리상한과 관리하한([그림 8-1] 참조)이라고 한다. 관리도를 그릴 때 중심선은 실선으로 나타내고, 관리상한과 관리하한은 점선으로 나타내는 것이 원칙이나, 본장에서 관리상한과 하한이 실선으로 나타난 경우는 미니탭 등의 통계 패키지를 사용할 때, 관리상한과 하한을 실선으로 표시한 것으로 이해해 주기 바란다.

슈하트 관리도의 관리한계는 중심선으로부터 양쪽으로 3σ의 거리에 있다. 여기서 σ는 타점된 통계량의 군내 모 표준편차로 군내 변동은 우연변동의 척도로 사용된다. σ의 추정치는 샘플의 표준편차 또는 부분군의 크기에 따라 정해진 수치가 곱해진 샘플 범위의 평균으로부터 계산된다. σ에는 군간 변동은 포함되지 않고, 군내 변동만으로 구성된다. 3σ 관리한계는 공정이 관리 상태에 있을 때 근사적으로 타점된 점의 99.73 %가 관리한계 내에 포함되는 것을 의미한다. 이것은 유의수준이 근사적으로 0.27 %, 또는 1 000 회에 관리상한 또는 관리하한을 벗어나는 횟수가 3 회인 것을 의미한다. 근사적이라는 표현을 사용한 것은 데이터 분포모양 등의 기본적인 가정에서 벗어남이 확률에 영향을 주기 때문이다. 전문가에 따라서는 0.2 %라는 명목적인 확률 또는 관리한계 이탈이 1 000 회에 1 회 이상 관측되도록 3 대신 3.09라는 값을 선호하는 경우가 있다. 그러나 슈하트는 엄밀하게 확률을 고려하는 것을 의식적으로 피하고 3이라는 숫자를 선택하고 있다는데 주목할 필요가 있다. 요약하면, 전문가에 따라서는 범위나 부적합품률과 같은 비 정규분포를 기초로 한 관리도에 대하여 실제의 확률 값을 사용하는 경우가 있으나 슈하트 관리도에서는 경험적인 관점에서 확률한계 대신에 $\pm 3\sigma$ 관리한계를 사용한다.

관리한계 이탈이 실제로 이상상태라기보다는 실현 가능성이 매우 적은 것으로 간주되어, 점이 관리한계선을 벗어나면, 예방조치가 요구되므로, 3σ 관리한계를 "조치한계(action limits)"라고 한다. 때때로 관리도의 2σ 한계에 표시를 하는 경우도 있는데, 이는 샘플의 값이 2σ 한계를 넘는 것은 이상상태의 경고(warning)영역에 있는 것으로 간주하여, 2σ 관리한계를 "경고한계(warning limits)"라고 부른다.

관리도의 적용에는 2 종류의 오류가 발생할 수 있는데, 첫 번째 오류는 제1종 오류라 하며, 대상으로 하는 공정이 관리상태에 있음에도 불구하고 점이 우연히 관리한계 밖으로 이탈할 때 일어난다. 그 결과로 공정을 이상상태라고 잘못 판정하여 존재하지 않는 문제의 원인을 찾는 비용이 발생한다.

두 번째 오류는 제2종 오류라 하며, 공정이 이상상태일 경우 우연히 관리한계 내에 점이 타점될 때 일어난다. 이 경우 공정이 관리상태에 있다고 잘못 결론을 내게 된다. 이때, 부적합품의 증가를 검출할 수 없는데 따르는 비용이 발생한다. 제2종 오류에 대한 위험률은 3 가지 요소의 함수가 있으며, 이는 관리한계의 폭, 공정의 이상상태의 정도 및 부분군의 크기이다. 이러한 요소는 본질적으로 제2종 오류에 대한 위험률의 크기에 대하여 일반화를 가능하게 한다. 다만 2σ 관리한계를 사용하는 경우는 3σ 한계를 사용하는 경우보다 제1종 오류는 증가하지만, 제2종 오류는 감소하므로 공정 변화에 대한 검출능력은 높아진다고 할 수 있다. 제1종 오류와 제2종 오류를 그림으로 그려보면 [그림 8-2]와 같다.

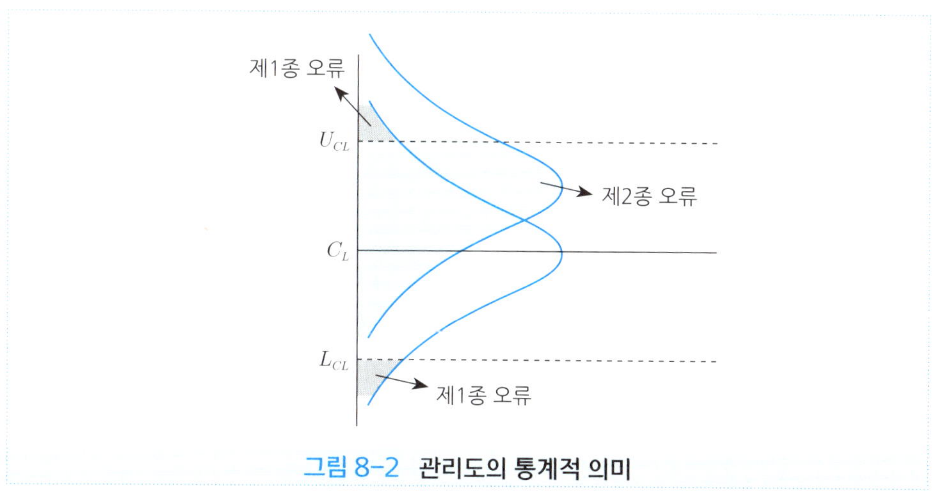

그림 8-2 **관리도의 통계적 의미**

슈하트 관리도에서는 제1종 오류만을 고려하여 $\pm 3\sigma$ 한계를 사용함에 따라 그 크기를 0.27 %로 하고 있다. 특정 상황에서 제2종 오류의 비용을 구하는 것은 일반적으로 비실용적이며, 또한 4와 5와 같은 군의 크기를 고르는 것은 간편하다. 따라서 3σ 한계를 사용하여 공정 자체의 성능 관리와 개선에 주의를 기울이는 것은 적절하며 실행 가능하다.

공정이 통계적 관리상태에 있을 때, 관리도는 공정에 변화가 없고 통계적 관리상태에 있을 통계적 귀무가설의 연속적인 검정의 방법을 제공한다. 공정의 특성치가 목표치에서 특별히 벗어나는 것에 대하여 일반적으로 사전에 제2종 오류(소비자 위험)의 확률을 규정하지 않는 것과 군의 크기는 위험수준에 따라 미리 산정하지 않는다는 것으로 인하여 슈하트 관리도는 가설 검정의 민감도를 고려하지 않는다. 슈하트는 공정이 관리상태로부터 이탈하는 것을 인식하는 것이 경험상으로 유용하다고 강조하였으며, 확률적인 해석은 강조하지 않았다.

관리상한 또는 관리하한을 벗어나 타점된 측정치가 있거나 일련의 타점이 관리도의 패턴 분석(해석 및 판정)에서 설명할 이상한 패턴을 가질 경우, 이는 통계적 관리상태에 있다고 할 수 없다. 이와 같은 현상이 일어날 때, 이상원인을 찾기 위한 조사를 시작하고, 공정을 정지하거나 또는 조정할 수 있다. 제1종 오류(생산자 위험), 유례없는 발생, 원인을 찾을 수 있지만 규명할 수 없는 경우, 관리한계 이탈점이 매우 드문 경우에는 비록 공정이 관리상태에 있을지라도 관리한계를 벗어난 측정치들은 우연원인에 의한 것으로 결론지을 수 있다.

8.1.3 부분군의 형성

부분군(subgroup)이란 동일조건 하에서 무작위로 추출된 일단의 측정치들을 말하며 크기 n의 샘플이 k조 있을 때 k조의 부분군이 있다고 한다. 부분군을 간단히 군이라고 부르기도 한다. 관리도는 이 부분군의 통계적인 성질에 민감하므로, 부분군의 형성에 세심한 주의를 하여야 한다. 일반적으로 부분군 내부의 변동(variation within subgroup)은 우연원인에 의한 변동만이 있도록 하고, 이상원인에 의한 변동이 존재할 경우에는, 이것은 부분군 간의 변동(variation between subgroups)에 들어가도록 부분군을 형성하는 것이 가장 이상적이다. 이러한 성질을 만족시키는 부분군을 합리적 부분군(rational subgroups)이라 한다. 아울러 관리도에서 부분군의 형성기준으로 흔히 사용되는 것은 작업조, 작업일자, 생산설비 등이 여기에 해당한다.

합리적인 군을 형성하기 위해서는 군내 산포에 영향을 미치고 있는 원인과 군간 산포에 영향을 미치고 있는 원인을 기술적으로 구별할 필요가 있다. 또 생산 조건은 시간의 경과에 따라 변화하므로 제품의 품질도 그에 따라 변화하게 된다. 따라서 동일한 상태 하에서의 제품으로 구별하기 위해서는 극히 짧은 시간 안에 군 분류를 하지 않으면 안 된다.

그러나 어느 정도의 품질 차이를 인정하고, 이 범위라면 같은 품질로 인정하는 것이 현실이기 때문에 필요 이상으로 좁은 폭 안에 품질을 넣으려고 하는 것은 과도한 관리라고 할 수 있으며 비경제적이다. 한편 반대로 변동 요소가 적을 것이라고 생각되어 관리의 번거로움을 피하기 위하여 장시간 생산량을 1 개의 군으로 형성했다가 간과할 수 없는 원인이 있다는 것을 알았을 때는 상당한 손실을 감수하여야 한다.

단기적인 변동성은 일련의 상당히 동질적인 부분군 내의 변동성을 사용하여 측정되며 관리도의 관리한계의 위치를 결정하는 반면에, 장기 변동성은 부분군 간 변화의 관점에서 평가된다. 시간 순서는 특별원인의 검출이 장시간에 걸쳐 발생할 수 있는 것을 허용하기 때문에 부분군 형성에 좋은 근거가 된다. 그러나 작업자 간 변동성, 기계 간 변동성 또는 공급자 간 변동성을 연구하기 위한 필요와 같은 다른 근거는 시간 대신에 작업자, 기계, 또는 공급자에 걸친 부분군이 규정되는 것을 제안할 수도 있다.

부분군 크기는 공정에서의 작은 이동과 특별원인을 탐지하지 못하는 위험을 검출할 능력이 균형이 되도록 선정되어야 한다. 부분군 크기를 크게 하면 비용이 더 들지만, 공정의 정확한 평가를 할 수 있으므로 효율적인 모니터링이 가능해진다. 그러나 샘플이 너무 크면, 특별원인이 샘플의 수집기간 내에 발생할 기회가 더 많아져 샘플 내 변동을 증가시키는 원인이 될 수 있다. 따라서 관리한계가 과도하게 넓어져 많은 특별원인이 검출되지 않을 수 있다.

계수치 데이터를 사용할 경우 공정의 변화를 검출하는데 필요한 부분군의 크기는 계량치 데이터를 사용할 경우에 비해 크게 된다. 이는 계수치는 계량치에 비해 정보량이 적기 때문이다.

8.1.4 관리도의 종류

슈하트(Shewhart) 관리도에는 기본적으로 계량형 관리도와 계수형 관리도의 2 가지 유형이 있다. 계량형 관리도는 계량치 데이터를 이용하여 관리도를 작성하고, 계수형 관리도는 계수치 데이터를 이용하여 관리도를 작성한다. 대부분의 계량형 관리도에 대해 통계적으로 독립인 관측값을 갖는 정규분포가 가정된다. 이 가정의 결과로 공정의 평균 수준 또는 중심 값 및 변동성을 동시에 관리할 수 있도록 2 개의 관리도가 사용된다. 즉 중심위치를 나타내는 샘플평균, 중위수 관리도와 변동성을 나타내는 샘플범위, 샘플 표준편차 관리도 등이 사용된다. 대부분의 계수형 관리도에는 이항분포 또는 포아송분포를 가정한다. 이러한 분포는 공정의 안정성을 관리하는 하나의 파라미터를 갖고 있으므로 하나의 관리도로 공정을 모니터 할 수 있다. 이를 요약하면 다음과 같다.

(1) 계량형 관리도

① 평균($\overline{X}$)과 범위(R) 또는 표준편차(s)관리도

② 개별치(X)와 이동범위(R_m) 관리도

③ 중위수($\tilde{X}$)와 범위(R) 관리도

(2) 계수형 관리도

① 부적합품률(p) 또는 부적합품수(np)관리도

② 부적합수(c) 또는 단위당 부적합수(u)관리도

계량형 관리도와 계수형 관리도에는 2 개의 일반적인 형식이 있는데, 첫 번째는 미리 정해진 관리한계(기준값)가 없는 경우로 연구 및 개발단계 또는 초도 생산 및 서비스 연구에서 어떤 관리 부족을 검출하기 위하여 사용한다. 이 관리도는 측정방법의 변동을 포함하여 새로운 공정, 제품 또는 서비스의 변동을 평가하는데 유용하게 사용된다. 기준값이 없는 경우의 관리도를 그리는 목적은 $\overline{X}$, R, p 등의 통계량과 같은 관리 특성의 타점된 관측 값이 우연원인에만 기인하는 산포보다 크게 또는 작게 산포하는지의 여부를 조사하는 것이다. 수집된 데이터 자체에서 설계된 관리도는 우연원인 이외의 원인에 의한 변동을 검출하기 위하여 이용되며, 이때의 관리도를 해석용 관리도라 한다.

두 번째는 미리 통계적으로 적용가능한 정해진 관리한계를 가진 관리도로 정해진 관리한계를 기준값이라 부른다. 이러한 기준값은 미리 정해진 관리한계가 없는 관리도를 사용한 경험에서 나온 대표적 데이터, 서비스 필요성 및 생산원가를 고려한 경제적 가치, 규격에서 규정된 희망 목표치 등에 의해 정해질 수 있다. 이러한 경우 관리도를 그리는 목적은 n 개의 관측값으로 이루어지는 군의 $\overline{X}$, R, p 등의 통계량과 기준값 X_0, R_0, p_0 등과의 차이가 우연원인에만 의해 예상되는 산포의 크기보다 큰지 작은지의 여부를 구별하는 것이다. 기준값이 주어져 있는 관리도와 기준값이 주어져 있지 않은 관리도의 차이는 분포 중심의 위치와 공정 변동에 관한 부가적인 요구사항에 있다.

이러한 기준값에 기초한 관리도는 바람직한 수준에서 공정을 관리하며, 제품 균질성을 유지하도록 제조하는데 사용되므로 관리용 관리도라 한다.

데이터의 특성에 따른 관리도의 종류는 [그림 8-3]과 같다.

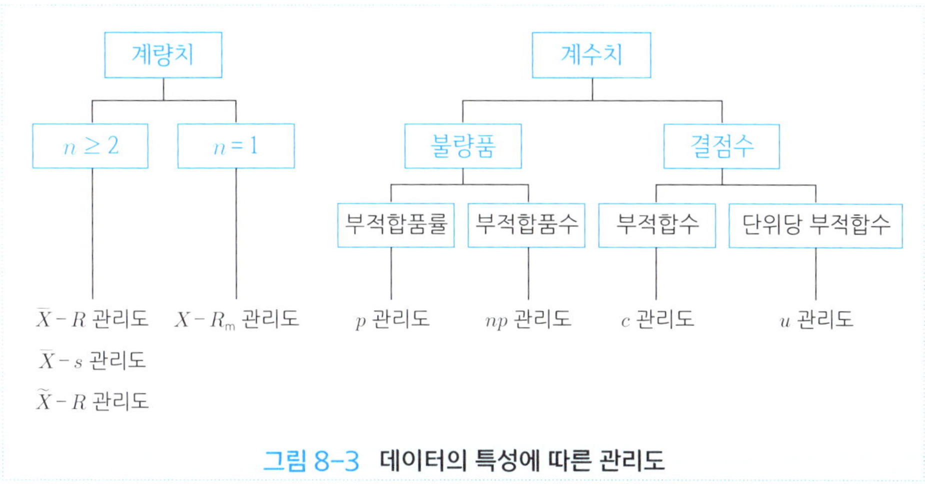

그림 8-3 데이터의 특성에 따른 관리도

8.2 관리도의 패턴 분석(해석 및 판정)

슈하트 관리도에서 점의 움직임의 패턴을 분석하여 공정의 이상상태를 판정하는 기준은 공정의 대상에 따라 달라질 수 있다. 다음에 예시하는 관리도의 이상상태 판정 기준은 ISO 7870-2:2013의 기준과 1950년대에 작성된 Western Electric 또는 AT&T 기준이라 불리는 두 가지 판정 기준을 기술하고 있다.

8.2.1 ISO 7870-2:2013 기준

ISO 7870-2:2013에서 슈하트 관리도에서 점의 움직임의 패턴을 해석하기 위하여 사용하는 4 가지의 판정 기준의 예는 다음과 같으며, 이를 그림으로 도시하면 [그림 8-4]와 같다.

기준 1 : 1 개 이상의 점이 3 표준편차(관리한계선)을 벗어남

기준 2 : 7 개 이상의 연속된 점이 중심선 같은 쪽에 있음

기준 3 : 7 개 이상의 연속된 점이 증가 또는 감소하고 있음

기준 4 : 점의 패턴에 랜덤성이 없거나 주기성이 나타남

기본적인 판정의 기준을 택할 수 있지만, 그러나 해석자는 공정에 특별 원인에 의한 영향을 시사하는 특징적인 점의 움직임의 모든 패턴에 대하여 주의를 기울일 필요성이 있다. 따라서 이상원인이 존재한다는 것이 시사되었을 때는 항상 이와 같은 기준은 조치를 위한 간단하고 실용적인 규칙으로 간주하는 것이 바람직하다. 이 기준에 규정되어 있는 상태는 모두 공정의 진단과 시정이 이루어져야 하는 이상원인의 징후를 나타내고 있기 때문이다.

관리상한과 관리하한은 중심선에서 3σ의 거리에 있다. 다음의 기준을 적용하기 위하여 관리도를 각각 1σ 간격으로 6 개의 영역으로 나눈다. 중심선에 대하여 대칭적이고 순차적으로 A, B, C, C, B, A로 한다. 다음의 기준은 $\overline{X}$ 관리도와 X 관리도에 적용할 수 있다. 이들의 기준은 정규분포를 가정하고 있다.

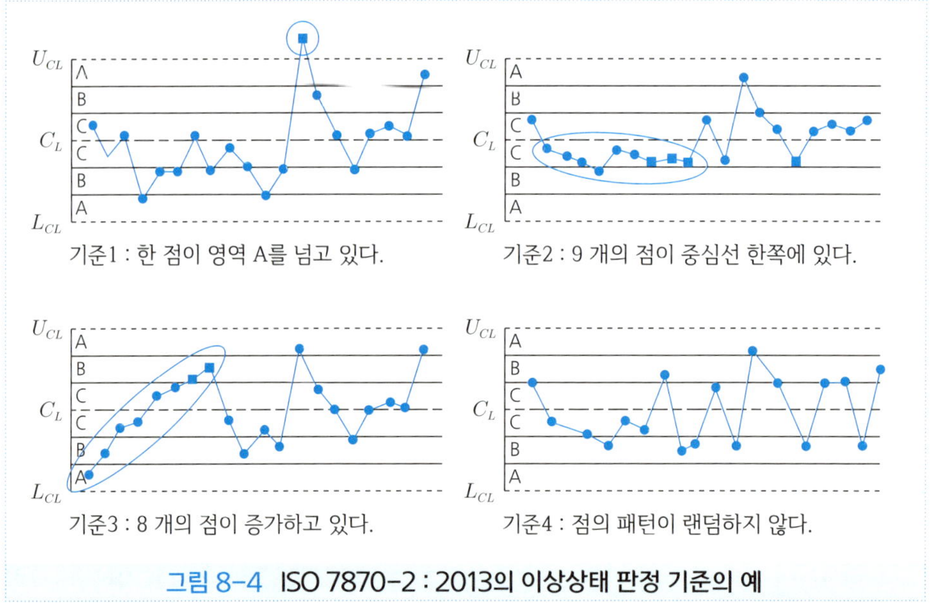

그림 8-4 ISO 7870-2 : 2013의 이상상태 판정 기준의 예

8.2.2 Western Electric 또는 AT&T 기준

Western Electric에서 슈하트 관리도에서의 점의 움직임의 패턴을 해석하기 위하여 사용하는 8 가지의 판정 기준의 예는 다음과 같으며, 이를 그림으로 도시하면 [그림 8-5]와 같다.

그림 8-4 ISO 7870-2 : 2013의 이상상태 판정 기준의 예

기준1 : 1 개의 점이 중심선에서 3 표준편차를 벗어남(1 개의 점이 3 표준편차를 벗어날 확률은 0.002 7이다.)

기준2 : 9 개의 연속된 점이 중심선에서 같은 쪽에 있음

기준3 : 6 개의 연속된 점이 모두 상승 또는 하락

기준4 : 14 개의 연속된 점이 교대로 상승과 하락(14 개의 연속된 점이 교대로 상승과 하락을 반복할 확률은 0.007 7이다.)

기준5 : 3 개의 점 중에서 2 개의 점이 중심선으로부터 2 표준편차를 벗어남

기준6 : 5 개의 점 중에서 4 개의 점이 중심선으로부터 1 표준편차를 벗어남

기준7 : 15 개의 연속된 점이 중심선으로부터 1 표준편차 내에 있음

기준8 : 8 개의 연속된 점이 중심선으로부터 1 표준편차를 벗어남(8 개의 연속된 점이 중심선으로부터 1 표준편차를 벗어날 확률은 0.000 096이다.)

참 고 문 헌

1 김기영 외 공저, "품질경영", 박영사, 1999.

2 김연성 외 공저, "품질경영", 박영사, 2002.

3 김태규 외 공저, "품질관리", 보성문화사, 1990.

4 박우동, "품질경영", 법문사, 1996.

5 박성현, 박영현 "통계적 품질관리", 민영사, 1995

6 배도선, "최신 통계적 품질관리", 영지문화사, 1992.

7 송문섭 외 공저, "통계적 품질관리", 영지문화사, 2002.

8 신완선 외 공저, "경영품질론", 청문각, 2005.

9 이레테크, "새 MINITAB 실무완성", 이레테크, 2010

10 이순룡, "품질경영론", 법문사, 2004.

11 이창훈, 전영호, 홍정식, "품질관리", 1994.

12 정영배 외 공저, "통계적 품질관리", 성안당, 2010.

13 황의철, "최신 품질관리", 박영사, 1981.

14 Duncan, A.J., Quality Control and Industrial Statistics, 4th ed., Homewood, 1974.

15 Feigenbaum, A. V., "Total Quality Control", 3rd ed., McGraw-Hill Inc., 1986.

16 Grant, E. L. and Leavenworth, R. S., "Statistical Quality Control", 7th ed., McGraw-Hill Co. Inc., 1996.

17 Gryna, F.M., & etal., Quality Planning and Analysis, 5th ed., McGraw-Hill, 2007.

18 ISO 7870-3:2013, Control chart-part 2:Shewhart Control charts, 2013.

19 Juran, J. M. and Gryna, F. M., "Quality Planning and Analysis", 3rd ed., McGraw-Hill Inc., 1993.

20 KS Q ISO 7870-1, 관리도-제1부 : 일반지침, 2012.

21 Mears, P., "Quality Improvement Tools & Techniques", McGraw-Hill Inc., 1995.

22 Montgomery, D. C., "Introduction to Statistical Quality Control", 4th ed., John Wiley & Sons, Inc., 2001.

23 Ryan, T. P., "Statistical Methods for Quality Improvement", 2nd ed., John Wiley&Sons, Inc., 2000.

24 Shewhart, W. A., "The Economic Control of Manufactured Product, D. Van Nostrand, 1931.

25 Smith, G., "Statistical Process Control and Quality Improvement", 2nd ed., Prentice Hall, Inc., 1995.

26 Wadsworth, H. M. and etal., "Modern Methods for Quality Control and Improvement", 2nd ed., John Wiley & Sons, Inc., 2002.

연습문제 STATISTICAL QUALITY CONTROL

1. 공정에서 우연원인과 이상원인에 의한 변동을 예를 들어 설명하라.

2. 공정의 통계적 관리상태와 이상상태를 설명하라.

3. 관리도의 군내변동과 군간변동을 설명하라.

4. 슈하트 관리도에 있어서 제1종 오류와 2종 오류를 설명하라. 아울러 2σ 한계를 사용하는 경우와 3σ 한계를 사용하는 경우의 2 가지 오류를 비교하라.

5. 관리도 작성을 위한 합리적인 부분군을 설명하라.

6. 계량치를 이용한 관리도의 종류를 열거하라.

7. 계수치를 이용한 관리도의 종류를 열거하라.

8. 슈하트 관리도에서 관리한계선을 평균을 중심으로 상하 3 배의 표준편차로 산정하는 이유를 설명하라.

9. 슈하트 관리도에서의 점의 움직임의 패턴을 해석하기 위하여 사용하는 ISO 7870-2:2013에서 제시한 판정 기준을 관리도와 함께 설명하라.

10. 슈하트 관리도에서의 점의 움직임의 패턴을 해석하기 위하여 사용하는 Western Electric의 8가지의 판정 기준을 관리도와 함께 설명하라.

STATISTICAL QUALITY CONTROL

9

계량형 관리도

Variables Control Chart

계량형 관리도는 'ISO 7870-2:2013 Control charts-Part 2:Shewhart control charts'에 기초하여 작성된 것이다. 계량형 관리도의 대상인 계량치 데이터는 대상으로 하는 부분군의 각 단위에 대한 특성을 연속적인 양으로 측정하여 기록한 데이터로 표현한다. 계량치 측정값의 예로는 길이, 무게, 부피, 저항, 소음 크기, 온도, 수명 등이 있다. 일반적으로 $\overline{X}-\overline{R}$ 관리도가 공정관리를 위한 계량형 관리도로 널리 사용되고 있다.

계량형 관리도는 아래와 같은 점에서 특히 유용하게 사용될 수 있다.

① 대부분의 공정 및 그 출력(output)은 측정 가능한 특성을 갖는다. 그 때문에 응용의 가능성이 넓다.

② 측정치는 단순한 예-아니오(yes-no)의 이분적인 값보다 많은 정보를 포함하고 있다.

③ 제품 규격을 고려하지 않고 공정능력을 분석할 수 있다. 관리도는 먼저 공정 자체의 해석으로 시작되고 그 공정이 달성할 수 있는 상태를 표현하며, 공정을 제품 규격과 비교하는 경우도 있고 그렇지 않은 경우도 있다.

④ 계량치 데이터를 얻는 것은 일반적으로 고/노고(go/no go) 데이터를 얻는 것보다 비용이 들지만, 계량치에 대한 군의 크기는 계수치보다 항상 적고 효율적이다. 이것은 검사의 총 비용의 감소 및 생산과 시정 조치와의 시간 단축을 용이하게 한다.

이장에서 다루는 모든 계량형 관리도의 적용에서 샘플 내 변동은 정규분포를 가정한다. 이 가정에서 벗어나는 것은 관리도의 성능에 영향을 줄 것이다. 관리한계를 계산하기 위한 계수는 정규성의 가정 하에 도출되고 있다. 대부분의 관리한계는 의사결정을 하는데 있어 경험적인 가이드라인으로 이용되므로, 정규성을 어느 정도 벗어나는 것에까지 신경 쓸 필요는 없다. 어떤 경우라도 중심 극한 정리에 의해 개개의 관측치가 정규분포를 따르지 않고 있더라도 샘플 평균은 정규분포를 따르는 경향이 있다. 이것은 관리상태를 평가하기 위해 부분군의 크기가 4 또는 5 정도이어도, $\overline{X}$ 관리도에서 정규분포의 가정이 합리적임을 보인다. 공정능력 조사를 목적으로 하여 개개의 관측치를 다룰 때에는 모집단의 분포형태가 중요해진다. 이 가정이 계속해서 유효하다는 것을 주기적으로 점검하는 것은 특히 데이터가 얻어지는 모집단에 변화가 없다는 것을 보증하기 위해 유용하다. 범위나 표준편차의 분포는 정규분포가 아니지만, 관리한계를 계산하기 위한 계수(factors)의 설정에 근사적으로 정규성이 가정되어 있다.

9.1 평균과 범위($\overline{X}$ - R) 관리도와 표준편차($\overline{X}$ - s) 관리도

계량형 관리도는 중심 위치(공정 평균)와 산포에 의해 공정 상태를 표현할 수 있다. 이로부터 계량형 관리도에서는 공정의 평균을 관리하기 위한 $\overline{X}$ 관리도와 산포를 관리하기 위한 R 또는 s 관리도가 한 쌍으로 사용된다. 비록 $\overline{X}$ 관리도와 R 관리도가 보편적으로 계량치의 품질 특성치를 관리하는 데 많이 사용되고 있으나, 부분군의 크기가 비교적 클 때는($n>10$) 범위 R 을 이용하는 것보다 표준편차 s를 이용하는 것이 더 효율적이다. 통계적 효율성 측면에서 R 관리도는 최대값과 최소값만 이용하지만 $\overline{X}-s$ 관리도를 이용하면 개개 데이터의 산포를 포함한 표준편차를 사용함으로써 더 정확하다.

9.1.1 평균과 범위($\overline{X}$ - R)관리도

$\overline{X}-R$ 관리도의 관리한계선의 이론적 근거는 다음과 같다. 개개의 측정값 X가 평균이 μ이고 표준편차가 σ인 정규분포를 따른다고 하자. 즉, $X \sim N(\mu, \sigma^2)$을 가정하자. 그러면, 샘플의 크기가 n인 샘플 X_1, X_1, $\cdots$, X_n의 샘플평균 $\overline{X}=\dfrac{1}{n}\sum_{i=1}^{n}X_i$의 분포는

평균 μ이고 표준편차가 $\frac{\sigma}{\sqrt{n}}$인 정규분포를 따른다. 즉, $\bar{X} \sim N\left(\mu,\ \frac{\sigma^2}{n}\right)$이다. 따라서 $\bar{X}$ 관리도의 중심선과 3σ 관리한계선은 다음과 같다.

$$U_{\mathrm{CL}} = \mu + 3\frac{\sigma}{\sqrt{n}} = \mu + A\sigma$$
$$C_{\mathrm{L}} = \mu$$
$$L_{\mathrm{CL}} = \mu - 3\frac{\sigma}{\sqrt{n}} = \mu - A\sigma$$

그러나 대부분의 경우 공정 파라미터인 μ와 σ는 미지이므로 이를 추정하여 대입한다. 이때 μ와 σ의 추정값을 구하기 위해서는 부분군의 크기 $n=3\sim5$ 정도의 샘플을 약 $k=20\sim25$ 부분군을 채취한다. 이때 각 부분군에서 샘플평균 $\bar{X} = \frac{1}{n}\sum_{i=1}^{n} X_i$, 샘플범위 $R = \max X_i - \min X_i$를 계산하고, 이를 이용하여 μ와 σ의 추정량을 다음과 같이 계산한다.

$$\hat{\mu} = \bar{\bar{X}} = \frac{\sum \bar{X}}{k}, \quad \hat{\sigma} = \frac{\bar{R}}{d_2}, \quad \bar{R} = \frac{\sum R}{k}$$

따라서 공정파라미터 μ와 σ가 미지인 경우 $\bar{X}$ 관리도의 중심선과 3σ 관리한계선은 다음과 같다.

$$U_{\mathrm{CL}} = \bar{\bar{X}} + 3\frac{\bar{R}}{\sqrt{n}\,d_2} = \bar{\bar{X}} + A_2\bar{R}$$
$$C_{\mathrm{L}} = \bar{\bar{X}}$$
$$L_{\mathrm{CL}} = \bar{\bar{X}} - 3\frac{\bar{R}}{\sqrt{n}\,d_2} = \bar{\bar{X}} - A_2\bar{R}$$

한편, R 관리도는 범위 R을 이용하여 공정산포를 관리하기 위하여 만들어진 관리도이다. 모집단이 정규분포를 따른다고 할 때, 범위 R의 평균$[E(R)]$과 표준편차$[D(R)]$는

$$E(R) = d_2\sigma, \quad D(R) = d_3\sigma$$

이다. 단, d_2와 d_3의 값은 n의 함수로서 [표 9-2]에 주어져 있다. 따라서 R 관리도의 중심선과 관리한계선은 다음과 같다.

$$U_{CL} = d_2\sigma + 3d_3\sigma$$
$$C_L = d_2\sigma$$
$$L_{CL} = d_2\sigma - 3d_3\sigma$$

$\overline{X}$ 관리도와 마찬가지로 표준편차를 모르므로 표준편차의 추정값 $\dfrac{\overline{R}}{d_2}$을 이용하면 관리한계선은 다음과 같이 구할 수 있다.

$$U_{CL} = \overline{R} + 3\frac{d_3}{d_2}\overline{R} = D_4\overline{R}$$
$$C_L = d_2\hat{\sigma} = \overline{R}$$
$$L_{CL} = \overline{R} + 3\frac{d_3}{d_2}\overline{R} = D_3\overline{R}$$

예제 9-1 다음 데이터를 보고 $\overline{X}-R$ 관리도를 작성하고, 공정상태를 판정하라.

일시	부분군의 번호	측정치					평균치	범위
		X_1	X_2	X_3	X_4	X_5		
10/1	1	47	32	44	35	20	35.6	27
	2	19	37	31	25	34	29.2	18
	3	19	11	16	11	44	20.2	33
	4	29	29	42	59	38	39.4	30
	5	28	12	45	36	25	29.2	33
	6	40	35	11	38	33	31.4	29
	7	15	30	12	33	26	23.2	21
10/2	8	35	44	32	11	38	32	33
	9	27	37	26	20	35	29	17
	10	23	45	26	37	32	32.6	22
	11	28	44	40	31	18	32.2	26
	12	31	25	24	32	22	26.8	10
	13	22	37	19	47	14	27.8	33
	14	37	32	12	38	30	29.8	26
10/3	15	25	40	24	50	19	31.6	31
	16	7	31	23	18	32	22.2	25
	17	38	0	41	40	37	31.2	41
	18	35	12	29	48	20	28.8	36
	19	31	20	35	24	47	31.4	27

	20	12	27	38	40	31	29.6	28
	21	52	42	52	24	25	39	28
10/4	22	20	31	15	3	28	19.4	28
	23	29	47	41	32	22	34.2	25
	24	28	27	22	32	54	32.6	32
	25	42	34	15	29	21	28.2	27
						총평균	29.86	
						범위평균	27.44	

풀이 관리도의 중심선은 $\bar{\bar{X}} = 29.86$,

관리상한선은 $U_{CL} = 29.86 + 3 \times \dfrac{27.44}{\sqrt{5} \times 2.326} = 45.70$,

관리하한선은 $L_{CL} = 29.86 - 3 \times \dfrac{27.44}{\sqrt{5} \times 2.326} = 14.04$가 된다.

R 관리도의 중심선은 $\bar{R} = 27.44$,

관리상한선 $U_{CL} = 2.114 \times 27.44 = 58.01$, 관리하한선 $L_{CL} = 0$이 된다.

[그림 9-1]은 $\bar{X}$ 관리도와 R 관리도에 관리한계선을 그리고, 각 부분군의 평균치와 범위를 기입한 것이다. 모든 점들이 관리한계선 안에 있고 특별한 습성이 발견되지 않으므로 공정이 관리상태에 있는 것으로 판단된다.

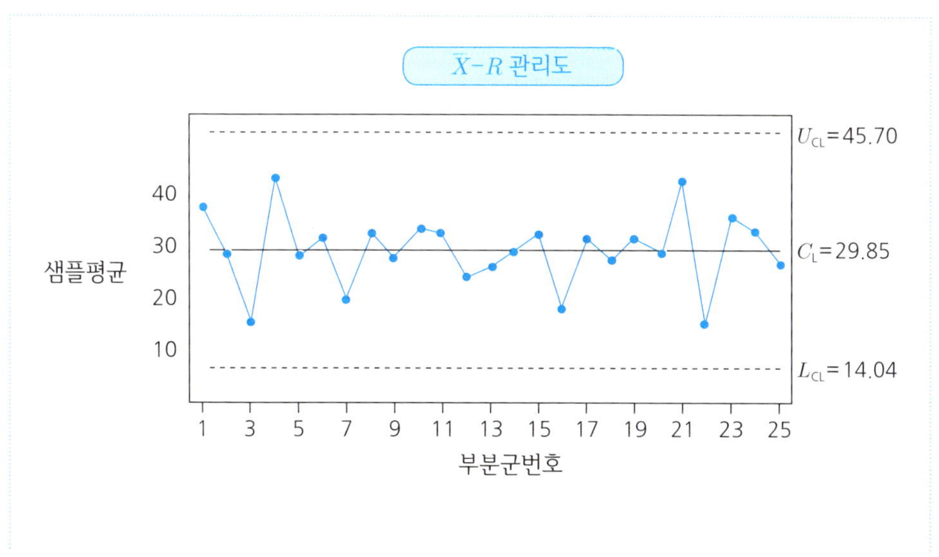

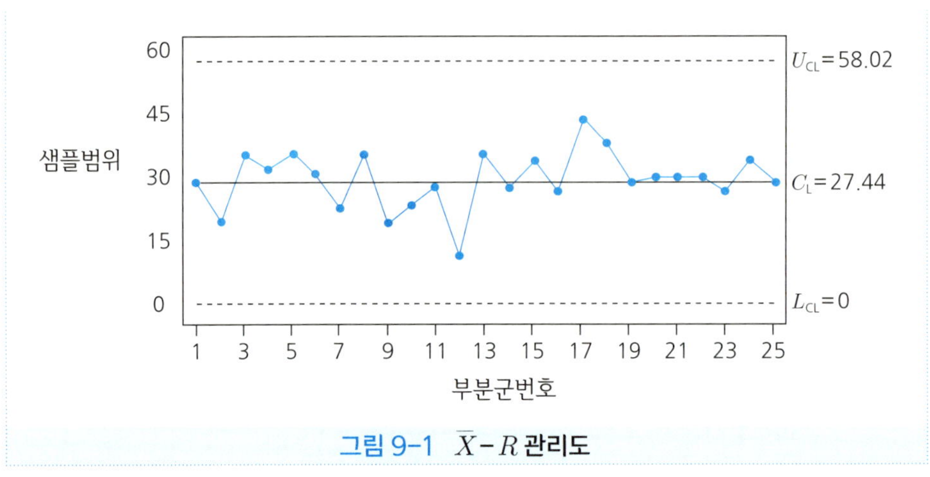

그림 9-1 $\overline{X}-R$ **관리도**

9.1.2 평균과 표준편차($\overline{X}$-s) 관리도

s 관리도는 샘플 표준편차 s를 이용하여 공정산포를 관리하기 위한 관리도이다. 각 부분군 산포의 측도로서 샘플 표준편차 s를 구하고, 이를 타점 통계량으로 사용한다. 이때 모표준편차 σ의 추정량은

$$\hat{\sigma} = s_i = \sqrt{\frac{1}{n-1}\sum_{j=1}^{n}(X_{ij} - \overline{X}_i)^2}$$

을 사용한다. 샘플 표준편차 s_i의 평균[$E(s_i)$]과 표준편차[$D(s_i)$]는 다음과 같다.

$$E(s_i) - c_4\sigma, \text{ 단, } c_4 = \sqrt{\frac{2}{n-1}}\frac{\Gamma\left(\frac{n}{2}\right)}{\Gamma\left(\frac{n-1}{2}\right)}$$

$$D(s_i) = \sigma\sqrt{1 - c_4^{\,2}}$$

따라서 모표준편차의 추정량은 $\hat{\sigma} = \dfrac{\overline{s}}{c_4}$를 사용한다. c_4의 값은 1보다 작으나 부분군의 크기 n이 커짐에 따라 1에 가까워진다. 그러나 샘플의 크기가 작을 경우 샘플 표준편차는 공정산포 σ를 과소추정하게 된다. 샘플의 표준편차를 이용한 경우, $\overline{X}$ 관리도의 관리한계선은 다음과 같다.

$$U_{CL} = \overline{\overline{X}} + 3\frac{\hat{\sigma}}{\sqrt{n}} = \overline{\overline{X}} + 3\frac{\overline{s}/c_4}{\sqrt{n}} = \overline{\overline{X}} + A_3\overline{s}$$

$$C_L = \overline{\overline{X}}$$

$$L_{CL} = \overline{\overline{X}} - 3\frac{\hat{\sigma}}{\sqrt{n}} = \overline{\overline{X}} - 3\frac{\overline{s}/c_4}{\sqrt{n}} = \overline{\overline{X}} - A_3\overline{s}$$

표준편차 관리도의 관리한계선은 다음과 같다.

$$U_{CL} = \overline{s} + 3\hat{\sigma}\sqrt{1-c_4^2} = B_4\overline{s}$$

$$C_L = \overline{s}$$

$$L_{CL} = \overline{s} - 3\hat{\sigma}\sqrt{1-c_4^2} = B_4\overline{s}$$

[표 9-1]과 [표 9-2]는 각각의 관리한계선 계산식과 관리한계선 계산을 위한 계수를 나타내고 있다.

표 9-1 슈하트 계량형 관리도의 관리한계선 공식

통계량	기준값이 주어져 있지 않은 경우		기준값이 주어져 있는 경우	
	중심선	U_{CL}과 L_{CL}	중심선	U_{CL}과 L_{CL}
$\overline{X}$	$\overline{\overline{X}}$	$\overline{\overline{X}} \pm A_2\overline{R}$ 또는 $\overline{\overline{X}} \pm A_3\overline{s}$	μ_0	$\mu_0 \pm A\sigma_0$
R	$\overline{R}$	$D_4\overline{R}$, $D_3\overline{R}$	$d_2\sigma_0$	$D_2\sigma_0$, $D_1\sigma_0$
s	$\overline{s}$	$B_4\overline{s}$, $B_3\overline{s}$	$c_4\sigma_0$	$B_6\sigma_0$, $B_5\sigma_0$

비고) μ_0 및 σ_0는 기준값이다.

표 9-2 관리한계선 계산을 위한 계수

군의 크기	관리한계를 위한 계수											중심선을 위한 계수	
	A	A_2	A_3	B_3	B_4	B_5	B_6	D_1	D_2	D_3	D_4	c_4	d_2
2	2.121	1.880	2.659	0.000	3.267	0.000	2.606	0.000	3.686	0.000	3.267	0.797 9	1.128
3	1.732	1.023	1.954	0.000	2.568	0.000	2.276	0.000	4.358	0.000	2.574	0.886 2	1.693
4	1.500	0.729	1.628	0.000	2.266	0.000	2.088	0.000	4.698	0.000	2.282	0.921 3	2.059
5	1.342	0.577	1.427	0.000	2.089	0.000	1.964	0.000	4.918	0.000	2.114	0.940 0	2.326
6	1.225	0.483	1.287	0.030	1.970	0.029	1.874	0.000	5.078	0.000	2.004	0.951 5	2.534
7	1.134	0.419	1.182	0.118	1.882	0.113	1.806	0.204	5.204	0.076	1.924	0.959 4	2.704
8	1.061	0.373	1.099	0.185	1.815	0.179	1.751	0.388	5.306	0.136	1.864	0.965 0	2.847
9	1.000	0.337	1.032	0.239	1.761	0.232	1.707	0.547	5.393	0.184	1.816	0.969 3	2.970
10	0.949	0.308	0.975	0.284	1.716	0.276	1.669	0.687	5.469	0.223	1.777	0.972 7	3.078

11	0.905	0.285	0.927	0.321	1.679	0.313	1.637	0.811	5.535	0.256	1.744	0.975 4	3.173
12	0.866	0.266	0.886	0.354	1.646	0.346	1.610	0.922	5.594	0.283	1.717	0.977 6	3.258
13	0.832	0.249	0.850	0.382	1.618	0.374	1.585	1.025	5.647	0.307	1.693	0.979 4	3.336
14	0.802	0.235	0.817	0.406	1.594	0.399	1.563	1.118	5.696	0.328	1.672	0.981 0	3.407
15	0.775	0.223	0.789	0.428	1.572	0.421	1.544	1.203	5.741	0.347	1.653	0.982 3	3.472
16	0.750	0.212	0.763	0.448	1.552	0.440	1.526	1.282	5.782	0.363	1.637	0.983 5	3.532
17	0.728	0.203	0.739	0.466	1.534	0.458	1.511	1.356	5.820	0.378	1.622	0.984 5	3.588
18	0.707	0.194	0.718	0.482	1.518	0.475	1.496	1.424	5.856	0.391	1.608	0.985 4	3.640
19	0.688	0.187	0.698	0.497	1.503	0.490	1.483	1.487	5.891	0.403	1.597	0.986 2	3.689
20	0.671	0.180	0.680	0.510	1.490	0.504	1.470	1.549	5.921	0.415	1.585	0.986 9	3.735
21	0.655	0.173	0.663	0.523	1.477	0.516	1.459	1.605	5.951	0.425	1.575	0.987 6	3.778
22	0.640	0.167	0.647	0.534	1.466	0.528	1.448	1.659	5.979	0.434	1.566	0.988 2	3.819
23	0.626	0.162	0.633	0.545	1.455	0.539	1.438	1.710	6.006	0.443	1.557	0.988 7	3.858
24	0.612	0.157	0.619	0.555	1.445	0.549	1.429	1.759	6.031	0.451	1.548	0.989 2	3.895
25	0.600	0.153	0.606	0.565	1.435	0.559	1.420	1.806	6.056	0.459	1.541	0.989 6	3.931

출전 : ASTM, Philadelphia, PA, USA

예제 9-2 다음 데이터를 보고 $\bar{X}-s$ 관리도를 작성하라.

일시	부분군의 번호	측정치				계	평균치	표준편차
		X_1	X_2	X_3	X_4			
1/4	1	6.35	6.4	6.36	6.33	25.44	6.36	0.029 44
	2	6.46	6.37	6.36	6.41	25.6	6.4	0.045 46
	3	6.34	6.4	6.34	6.36	25.44	6.36	0.028 28
	4	6.69	6.64	6.68	6.59	26.6	6.65	0.045 46
	5	6.38	6.34	6.44	6.4	25.56	6.39	0.041 63
1/5	6	6.42	6.41	6.43	6.34	25.6	6.4	0.040 82
	7	6.44	6.41	6.41	6.46	25.72	6.43	0.024 49
	8	6.33	6.41	6.38	6.36	25.48	6.37	0.033 67
	9	6.48	6.47	6.44	6.44	25.83	6.4575	0.020 62
	10	6.47	6.43	6.36	6.42	25.68	6.42	0.045 46
1/6	11	6.38	6.41	6.39	6.38	25.56	6.39	0.014 14
	12	6.37	6.37	6.41	6.37	25.52	6.38	0.020 00
	13	6.4	6.38	6.47	6.35	25.6	6.4	0.050 99
	14	6.38	6.39	6.45	6.42	25.64	6.41	0.031 62
	15	6.5	6.42	6.43	6.45	25.8	6.45	0.035 59
1/7	16	6.33	6.35	6.33	6.39	25.4	6.35	0.028 28

	17	6.41	6.4	6.29	6.34	25.44	6.36	0.055 98
	18	6.38	6.44	6.28	6.58	25.68	6.42	0.125 43
	19	6.33	6.32	6.37	6.38	25.4	6.35	0.029 44
	20	6.56	6.55	6.45	6.48	26.04	6.51	0.053 54
1/8	21	6.38	6.4	6.45	6.37	25.6	6.4	0.035 59
	22	6.39	6.42	6.35	6.4	25.56	6.39	0.029 44
	23	6.42	6.39	6.39	6.36	25.56	6.39	0.024 49
	24	6.43	6.36	6.35	6.38	25.52	6.38	0.035 59
	25	6.39	6.38	6.43	6.44	25.64	6.41	0.029 44

풀이 $\overline{X}$ 관리도의 관리한계선은 앞 절과 같이 구하면 되고,

s 관리도의 중심선은 $C_L = \dfrac{0.954\,89}{25} = 0.038\,2$

관리상한선은 $U_{CL} = 0.038\,2 + 3 \times \dfrac{0.038\,2}{0.921\,3}\sqrt{1 - 0.921\,3^2} = 0.086\,6$

관리하한선은 $L_{CL} = 0.038\,2 - 3 \times \dfrac{0.038\,2}{0.921\,3}\sqrt{1 - 0.921\,3^2} = 0$이 된다.

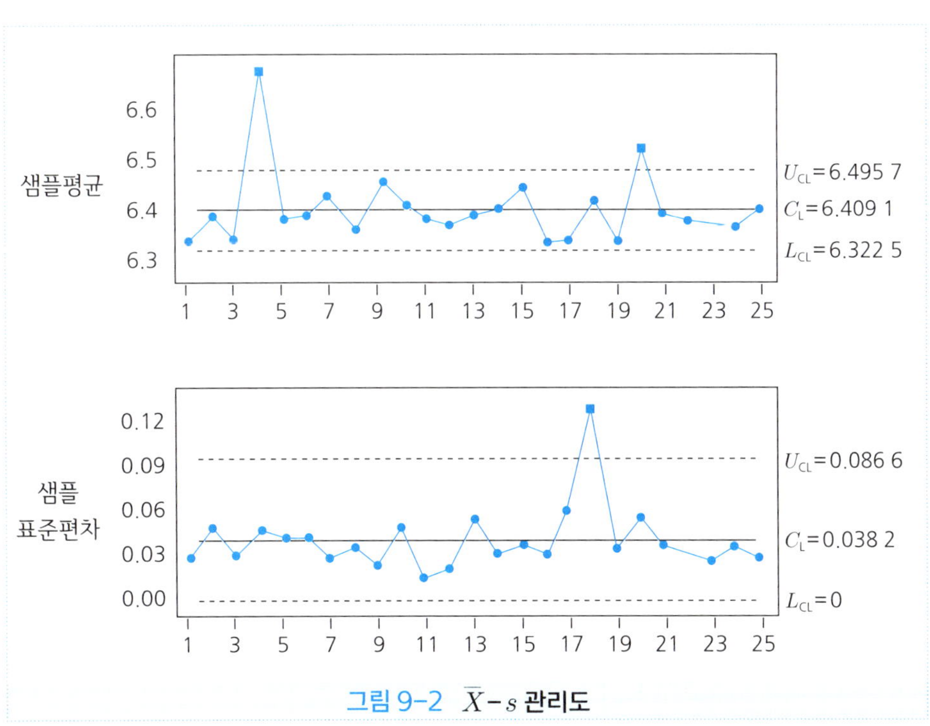

그림 9-2 $\overline{X}-s$ 관리도

9.2 $\overline{X}$-R 관리도에 대한 해석 및 관리 절차

슈하트 관리도는 개개의 제품마다의 변동이나 공정 평균이(각각 $\overline{R}$나 $\overline{\overline{X}}$로 추정되는) 현재의 수준을 유지하고 있다면, 개개의 부분군의 범위(R)와 평균($\overline{X}$)은 우연하게 변화할 뿐 관리한계를 넘는 일은 거의 없다고 가정하고 있다. 마찬가지로 아마 우연 요인에 의해 일어날 것을 넘어서는 데이터에서의 명확한 경향이나 패턴은 없을 것이다.

$\overline{X}$ 관리도는 공정 평균의 위치를 나타내고, 공정의 안정성을 나타낸다. 또한 공정 평균에 관한 한, $\overline{X}$ 관리도는 바람직하지 않은 군간 변동을 나타낸다. R 관리도는 바람직하지 않은 군내 변동을 명확히 하고, 대상으로 하는 공정 변동의 크기를 나타내는 도구로 활용되며, 이것은 공정의 일관성 또는 균질성의 척도가 된다. 만약 군내 변동이 본질적으로 같다면, R 관리도는 관리상태를 나타낸다. 만일 R 관리도가 관리상태를 나타내지 않거나 그 수준이 커졌다면, 부분군에 따라 다른 처리가 실시되고 있거나 또는 몇 개의 다른 원인과 결과의 메커니즘이 공정에서 운용되고 있는 것을 표시하는 것일 수 있다.

$\overline{X}$ 관리도는 R 관리도에서의 이상상태 조건의 영향을 받을 가능성이 있다. 부분군의 범위나 부분군의 평균 중의 어느 쪽을 분석하는 능력은 개개의 제품마다 변동의 추정치에 의존하므로, 먼저 R 관리도에서 분석을 실시한다. 그 후의 관리 절차는 다음의 절차를 따른다.

① 데이터를 수집하고, 분석하고, 평균과 범위를 계산한다.

② 먼저 R 관리도를 작성하고 관리한계에 대하여 이상상태의 점 또는 비정상적 패턴 혹은 경향을 확인한다. 범위의 데이터가 나타내는 이상원인(assignable cause)이 존재하는 징후에 대하여 원인을 찾기 위한 공정의 작업(현상)을 분석한다. 그리고 그 조건을 시정하고 재발을 방지한다.

③ 이상원인의 영향을 받은 부분군을 모두 뺀다. 그리고 새로운 범위의 평균($\overline{R}$)과 관리한계를 재계산하고, 그들을 관리도 위에 긋는다. 필요하면 원인의 파악, 공정의 시정조치, 재계산의 일련을 반복하고 새로운 관리한계와 비교하여, 모든 범위의 점이 통계적 관리상태를 나타내는지를 확인한다.

④ 이상원인 때문에 만일 어떤 부분군이 R 관리도에서 제외되었을 경우, 그 부분군은 $\overline{X}$ 관리도에서도 제외되어야 한다. 그리고 평균에 대한 시험(예비) 관리한

계 $\overline{\overline{X}} \pm A_2\overline{R}$를 재계산하기 위하여 수정된 $\overline{R}$나 $\overline{\overline{X}}$를 이용하여야 한다.

> 이상상태 조건을 나타내는 부분군을 해석에서 빼는 것은 결코 "나쁜 데이터는 버려라"라는 것은 아니다. 오히려 알려진 이상원인에 영향을 받는 점을 해석에서 제외함으로써, 우연원인에 의해 일어나는 변동의 배경 수준의 보다 좋은 추정값을 얻을 수 있다. 또한 이것은 이상원인에 의한 앞으로의 변동의 발생을 가장 효과적으로 검출하기 위하여 관리한계에 대하여 가장 적절한 기초를 제공한다.

⑤ 범위가 통계적 관리상태에 있을 때, 공정의 산포(군내 변동)는 안정되어 있다고 생각할 수 있다. 그 후 공정 평균이 시간과 함께 변화하고 있는지의 여부를 보기 위하여 평균을 해석할 수 있다.

⑥ $\overline{X}$ 관리도에 현재의 측정값을 타점하고, 관리한계에 대하여 이상상태의 점이나 이상한 패턴 또는 경향을 확인한다. R 관리도의 경우와 마찬가지로, 모든 이상상태 조건을 분석하고 시정 조치를 하며, 예방 조치를 취한다. 이상원인이 발견된 이상상태의 점을 모두 제거하고, 새로운 공정평균($\overline{\overline{X}}$)과 관리한계를 재계산하여 이를 관리도에 그린다. 필요하다면 원인의 파악, 공정의 시정조치, 재계산의 일련의 반복을 실시하고, 새 관리한계와 비교하여 모든 데이터가 통계적 관리상태를 나타내는가를 확인한다.

⑦ 관리한계의 기준치를 설정하기 위한 초기 데이터가 일관되게 시험(예비) 관리한계 내에 항상 포함되어 있는 경우, 앞으로의 그 기간에 대해 그 관리한계를 연장한다. 그리고 $\overline{X}$ 관리도 또는 R 관리도상의 이상상태의 신호에 민첩하게 대응하는 책임자(작업자 또는 감독자)에 의해 이와 같은 관리한계는 공정 진행관리에 이용되어야 한다.

9.3 개별치와 이동범위(X - R_m) 관리도

몇몇의 공정관리 상황에서는, 합리적인 부분군의 크기를 형성하기가 곤란하거나 비실용적인 경우가 있다. 하나의 관측값의 측정에 필요한 시간이나 비용이 반복하여 관측치를 취하는 것을 고려할 수 없을 만큼 큰 상황인 경우이다. 이들은 측정비용이 높은 경우(예를 들어, 파괴 검사) 또는 언제든지 출력(output)이 상대적으로 균일한 경우이다. 예를 들어, 판독하는 기기 또는 입력되는 재료의 배치 특성과 같이 얻어지는 값이 하나밖에 없는 상황에서는 공정관리를 개개의 관측값을 기초로 실시하여야 한다.

X 관리도의 경우, 배치 내 변동의 추정값을 주는 합리적인 군이 존재하지 않으므로, 보통 관리한계는 이웃하고 있는 2 개 관측값의 이동범위(moving range)에서 얻어지는 산포를 기초로 하여 설정한다. 이동범위란 연속하는 이웃한 쌍의 관측값의 차의 절대 값이다. 예를 들어, 첫 번째 측정값과 두 번째 측정값의 차를 첫 번째 이동범위 값으로 설정하고, 두 번째 측정값과 세 번째 측정값의 차를 두 번째 이동범위의 값으로 설정하며, 이와 같은 방법을 계속적으로 시행한다. 이동범위들로부터 이동범위의 평균 $\overline{R}$를 계산하고, 관리도의 작성에 이용한다. 마찬가지로 전체 데이터에서 총 평균 $\overline{X}$를 계산한다. [표 9-3]에 개별치 관리도의 관리한계선에 대한 공식이 나와 있다.

X 관리도에서 주의하여야 할 점은 다음과 같다.

① X 관리도는 $\overline{X}$ 관리도만큼 공정의 변화에 민감하지 않다. 이를 그림으로 나타내 보면 [그림 9-3]과 같다.

② 공정의 분포가 정규분포에 따르지 않으면, X 관리도의 해석에 주의를 요한다.

③ X 관리도는 공정의 반복성(repeatability)을 분리할 수 없다. 군 사이를 구성하는 시간 간격이 큰 경우 작은 군의 크기(2~4)에서는 일반적으로 $\overline{X}-R$ 관리도를 적용하는 것이 더 좋을 것이다.

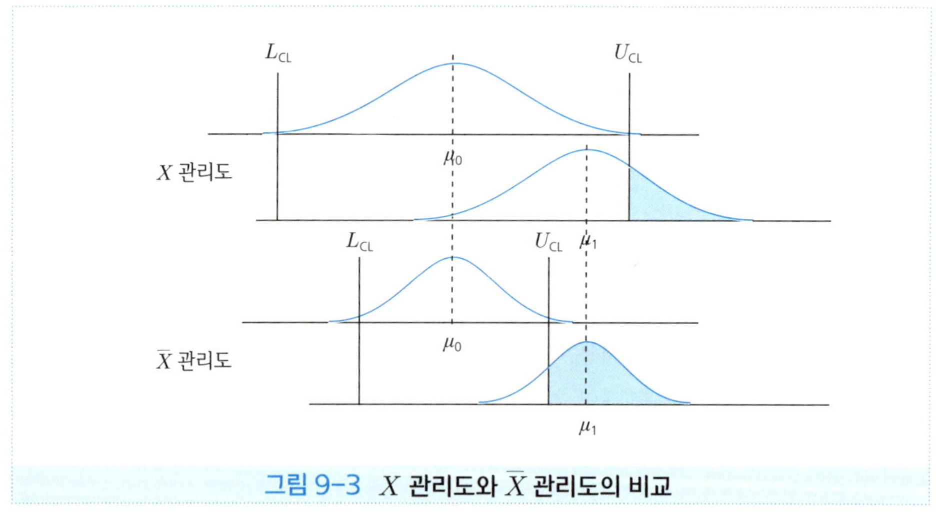

그림 9-3 X 관리도와 $\overline{X}$ 관리도의 비교

$X-R_m$ 관리도는 다음과 같이 작성된다. $X_1, X_2, \cdots, X_n : N(\mu, \sigma^2)$으로부터의 샘플이라면

$$U_{CL}=\mu+3\sigma$$
$$C_L=\mu$$
$$L_{CL}=\mu-3\sigma$$

이 식에 모수들의 추정값 $\hat{\mu}=\overline{X}, \hat{\sigma}=\dfrac{\overline{R}_m}{d_2}$

$$\overline{R}_m=\frac{R_1+R_2+\cdots R_{k-1}}{k-1}\ ;$$
$$R_i=|\,i \text{ 번째 측정값}-(i+1) \text{ 번째 측정값}\,|$$

단, R_i는 인접한 두 측정값간의 차이, 즉 이동범위(moving range)을 나타낸다. 따라서 개개의 측정값(X)관리도의 한계선은 아래와 같다.

$$U_{CL}=\overline{X}+3\frac{\overline{R}_m}{d_2}$$
$$C_L=\overline{X}$$
$$L_{CL}=\overline{X}-3\frac{\overline{R}_m}{d_2}$$

또는 $3/d_2=2.66=E_2$를 이용하여 다음과 같이 사용할 수도 있다.

$$U_{CL}=\overline{X}+2.66\overline{R}_m=\overline{X}+E_2\overline{R}_m$$
$$C_L=\overline{X}$$
$$L_{CL}=\overline{X}-2.66\overline{R}_m=\overline{X}-E_2\overline{R}_m$$

한편, R_m 관리도에서 관리한계선은 $n=2$일 때 $d_2=1.128$, $d_3=0.853$

$$U_{CL}=\overline{R}_m+3\frac{d_3}{d_2}\overline{R}_m=\left(1+3\times\frac{0.853}{1.128}\right)=3.269\overline{R}_m$$
$$C_L=\overline{R}_m$$
$$L_{CL}=0$$

표 9-3 $X-R_m$ 관리도의 관리한계 공식

통계량	기준값이 주어지지 않은 경우		기준값이 주어진 경우	
	중심선	U_{CL}과 L_{CL}	중심선	U_{CL}과 L_{CL}
개별치 X	$\overline{X}$	$\overline{X}\pm E_2\overline{R}_m$	μ_0	$\mu_0\pm3\sigma_0$
이동범위 R_m	$\overline{R}_m$	$3.267\overline{R}_m$, 0	$1.128\sigma_0$	$3.686\sigma_0$, 0

비고 1 μ_0와 σ_0는 기준값이다.

비고 2 $\overline{R}_m$는 $n=2$의 관측치의 이동범위의 평균을 나타낸다.

비고 3 d_2, D_1, D_2, D_3, D_4의 값은 [표 9-2]의 $n=2$에서 직접, $E_2(=2/d_3)$의 값은 간접적이지만, [표 9-2]의 $n=2$에서 구할 수 있다.

예제 9-3 어떤 화학공장에서 제품을 배치 단위로 생산하고 있다. 이 공정은 매일 하나의 배치만 작업할 수밖에 없으므로, 이상이 있는 경우 속히 조치를 취하지 않으면 막대한 경제적 피해를 본다. 이를 관리하기 위해서 개개의 측정값(X) 관리도를 사용하고, 또한 데이터를 합리적인 부분군으로 나눌 근거가 없으므로 측정치의 차(R_m) 관리도를 사용하기로 하였다. [표 9-4]는 지난 25 일간의 측정 데이터이다. 이 데이터를 사용하여 $X-R_m$ 관리도를 작성하고, 공정의 관리상태를 판정하라.

표 9-4 $X-R_m$ 관리도 데이터

일시	번호	측정치 X	이동범위 R	기타
10/2(월)	1	12.0		
10/3(화)	2	11.0	1.0	
10/4(수)	3	11.2	0.2	
10/5(목)	4	11.5	0.3	
10/6(금)	5	11.2	0.3	
10/7(토)	6	10.9	0.3	
10/9(월)	7	12.0	1.1	
10/10(화)	8	11.2	0.8	
10/11(수)	9	11.4	0.2	
10/12(목)	10	11.2	0.2	
10/13(금)	11	11.7	0.5	
10/14(토)	12	11.4	0.3	
10/16(월)	13	12.2	0.8	
10/17(화)	14	11.2	1.0	
10/18(수)	15	11.3	0.1	

10/19(목)	16	11.5	0.2	
10/20(금)	17	10.8	0.7	
10/21(토)	18	11.4	0.6	
10/23(월)	19	12.4	1.0	
10/24(화)	20	11.0	1.4	
10/25(수)	21	11.2	0.2	
10/26(목)	22	10.8	0.4	
10/27(금)	23	11.5	0.7	
10/28(토)	24	11.0	0.5	
합 계		273.0	12.8	
평 균		11.38	0.56	

X 관리도 $C_L = \overline{X} = 11.38$
$U_{CL} = \overline{X} + 2.66\overline{R}_m = 12.86$
$L_{CL} = \overline{X} - 2.66\overline{R}_m = 9.89$

R 관리도 $C_L = R = 0.56$
$U_{CL} = 3.27\overline{R}_m = 1.83$
$L_{CL} = (0.0)\overline{R}_m = 0.0$

풀이 공정이 관리상태인가를 파악하기 위하여, X 관리도와 R_m 관리도 작성에 필요한 중심선과 관리한계선을 구한다. 각각의 관리도에 중심선과 관리한계선을 작성한 후, X 관리도에 측정치 X를, 그리고 R_m 관리도에 이동범위 R의 점들을 찍고 꺾은선 그래프를 [그림 9-4]와 같이 그렸다.

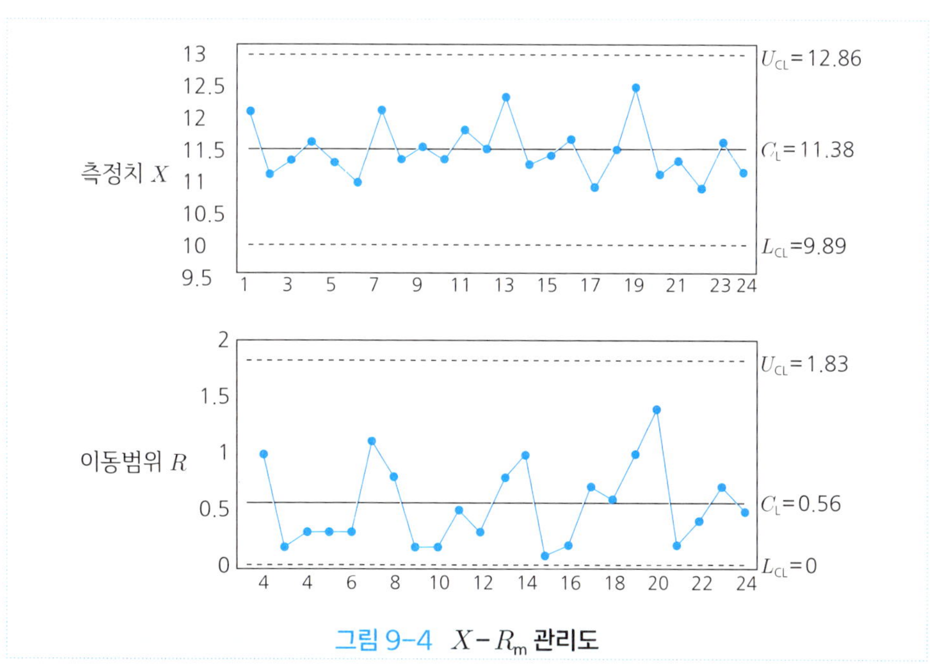

그림 9-4 $X-R_m$ 관리도

X 관리도를 분석하여 보면 1번, 7번, 13번, 19번이 비록 관리한계선 안에 존재하나 평균값 $\overline{X}=11.38$에 비해 다른 점보다 상대적으로 매번 큰 것을 알 수 있다. 이를 조사한 결과 1번, 7번, 13번, 19번은 월요일로서, 휴일(일요일) 후에 작동을 다시 시작함으로써 발생하는 기계 예열상의 문제로 판명되었다. 따라서 기계 예열상의 문제점을 해결하여 공정안정의 향상에 노력하여야 한다.

9.4 중위수와 범위($\widetilde{X}$ - R) 관리도

중위수와 범위 관리도는 측정 데이터가 있는 공정을 관리하기 위한 $\overline{X}-R$ 관리도에 대한 대안이다. 이들은 유사한 결론을 도출하고 몇 가지의 특별한 이점이 있다. 그들은 사용이 용이하고, 계산을 별로 필요로 하지 않는다. 때문에 제조 현장에서 중위수 관리도의 이용을 촉진시킬 수 있다. (중위수뿐만 아니라) 개별치의 값들도 타점하므로, 중위수 관리도는 공정 출력의 산포를 나타내고, 공정변동의 진행 모습을 제공한다.

중위수 및 범위 관리도의 관리한계의 계산에는 2 가지 방법이 있다. 하나는 군의 중위수들의 중위수를 이용하는 방법과 범위들의 중위수를 이용하는 방법이다. 또 다른 하나는 군의 중위수들의 평균치를 이용하는 방법과 범위들의 평균치를 이용하는 방법이다. 이 표준에서는 보다 쉽고 편리한 두 번째(후자)의 방법을 대상으로 고려하였다.

중위수 관리도는 평균값 $\overline{X}$를 계산하는 시간과 노력을 줄이기 위하여 $\overline{X}$ 관리도 대신에 사용하며, 샘플의 크기를 홀수로 잡으면 $\overline{X}$ 관리도 보다 취급이 훨씬 간단하다. 중위수는 샘플 평균보다 이상점에 덜 민감하여 로버스트 추정량(robust estimator)으로 고려된다. 그러나 데이터가 갖고 있는 고유의 값보다 순위만 사용하게 되므로 정보의 손실이 크다.

중위수 관리도의 관리한계선의 계산은 다음과 같다.

$X_1, X_2, \cdots, X_n : N(\mu, \sigma^2)$으로부터의 샘플이라고 하면 중위수 $\widetilde{X}$의 평균과 표준편차는 $E(\widetilde{X})=\mu$, $D(\widetilde{X})=m_3\frac{\sigma}{\sqrt{n}}$이다. 따라서 모평균 μ와 모표준편차 σ의 추정치를 대입하면 다음과 같은 관리한계선을 구할 수 있다.

$$\Rightarrow \mu \pm 3m_3\frac{\sigma}{\sqrt{n}}$$

$$\Rightarrow \hat{\mu} = \tilde{X},\ \hat{\sigma} = \frac{\overline{R}}{d_2}$$

$$U_{CL} = \overline{\tilde{X}} + 3m_3 \frac{1}{\sqrt{n}}\left(\frac{\overline{R}}{d_2}\right) = \overline{\tilde{X}} + m_3 A_2 \overline{R} = \overline{\tilde{X}} + A_4 \overline{R}$$
$$C_L = \overline{\tilde{X}}$$
$$L_{CL} = \overline{\tilde{X}} - 3m_3 \frac{1}{\sqrt{n}}\left(\frac{\overline{R}}{d_2}\right) = \overline{\tilde{X}} - m_3 A_2 \overline{R} = \overline{\tilde{X}} - A_4 \overline{R}$$

A_4 상수의 값은 [표 9-5]와 같다.

표 9-5 상수 A_4의 값

n	2	3	4	5	6	7	8	9	10
A_4	1.88	1.19	0.80	0.69	0.55	0.51	0.43	0.41	0.36
m_3	1.00	1.16	1.09	1.20	1.14	1.21	1.16	1.22	1.18

3σ 한계를 이용한 중위수 관리도는 $\overline{X}$ 관리도보다 이상상태에 대하여 늦게 반응한다는 데 주의를 기울일 필요가 있다. R 관리도는 **9.2절**의 R 관리도와 동일하다.

예제 9-4 [표 9-6]에 있는 데이터를 토대로 $\tilde{X}-R$ 관리도를 작성하고 공정의 관리상태를 판정하라.

표 9-6 $\tilde{X}-R$ 관리도 데이터

일시	부분군의 번호	측정치 X					중위수 $\tilde{X}$	범위 R	적요
		X_1	X_2	X_3	X_4	X_5			
10/4	1	14.5	15.5	14.0	15.9	14.9	14.9	1.9	
10/4	2	13.0	15.2	14.2	15.1	13.5	14.2	2.2	
10/5	3	16.7	16.0	14.4	14.2	14.3	14.4	2.5	
10/5	4	14.2	15.9	13.2	15.4	15.8	15.4	2.7	
10/6	5	14.5	15.6	16.9	16.4	15.8	15.8	2.4	
10/6	6	14.5	15.9	14.3	15.0	14.2	14.5	1.7	
10/7	7	15.9	15.4	15.5	14.4	13.8	15.4	2.1	
10/7	8	15.1	15.2	15.0	15.7	13.6	15.1	2.1	
10/9	9	15.1	13.7	16.6	16.4	15.2	15.2	2.9	

10/9	10	16.4	16.4	14.6	14.3	14.3	14.6	2.1	
10/10	11	16.0	16.2	15.7	15.6	16.0	16.0	0.6	
10/10	12	13.9	13.9	13.3	16.1	16.0	13.9	2.8	
10/11	13	14.2	14.2	14.6	15.8	15.7	14.6	1.6	
10/11	14	15.3	15.3	17.3	14.2	16.9	15.3	3.1	
10/12	15	14.5	14.5	13.9	15.6	13.7	14.5	1.9	
10/12	16	13.3	13.3	14.2	14.6	13.7	13.7	1.3	
10/13	17	13.6	13.6	15.2	16.5	15.6	15.2	2.9	
10/13	18	15.9	15.9	14.2	13.4	15.3	15.3	2.5	
10/14	19	14.5	14.5	16.3	14.7	14.2	14.5	2.1	
10/14	20	15.4	15.4	16.2	14.1	14.7	15.4	2.1	
합계							279.9	43.5	
평균							14.90	2.18	

X 관리도 $C_L = \overline{\overline{X}} = 14.90$

$U_{CL} = \overline{\overline{X}} + m_3 A_2 \overline{R}$

$= 14.90 + (0.69)(2.18) = 16.49$

$L_{CL} = 14.90 - (0.69)(2.18) = 13.39$

R 관리도 $C_L = \overline{R} = 2.18$

$U_{CL} = D_4 \overline{R}$

$= (2.114)(2.18) = 4.60$

$L_{CL} = D_3 \overline{R} = (0.0)(2.18) = 0.0$

풀이 20 개의 부분군에 대한 중위수($\tilde{X}$)과 범위(R)를 계산한 값은 [표 9-6]과 같다. 20 개 부분군 중위수의 합이 298.4이고 범위의 합이 45.2이므로 중위수 평균치($\overline{\tilde{X}}$)와 범위(R)의 평균은 다음과 같다.

$$\overline{\tilde{X}} = \frac{\sum \tilde{X}}{k} = \frac{297.9}{20} = 14.90$$

$$\overline{R} = \frac{\sum R}{k} = \frac{43.5}{20} = 2.18$$

따라서 R 관리도의 관리한계선은 다음과 같다.

$$C_L = \overline{R} = 2.18$$

$$U_{CL} = D_4 \overline{R} = (2.114)(2.18) = 4.60$$

$$L_{CL} = D_3 \overline{R} = (0.00)(2.18) = 0.00$$

그리고 $\tilde{X}$ 관리도의 관리한계선을 구하면 다음과 같다.

$$C_L = \overline{\tilde{X}} = 14.90$$

$$U_{CL} = \overline{\tilde{X}} + A_4 \overline{R} = 14.90 + (0.69)(2.18) = 16.40$$

$$L_{CL} = \bar{\bar{X}} - A_4\bar{R} = 14.90 - (0.69)(2.18) = 13.39$$

이 데이터에 대한 $\tilde{X}$ 관리도와 R 관리도는 **[그림 9-5]** 와 같다. 모든 점들이 관리한계선 안에 있고 특별한 습성이 발견되지 않으므로 공정이 관리상태에 있는 것으로 판단된다.

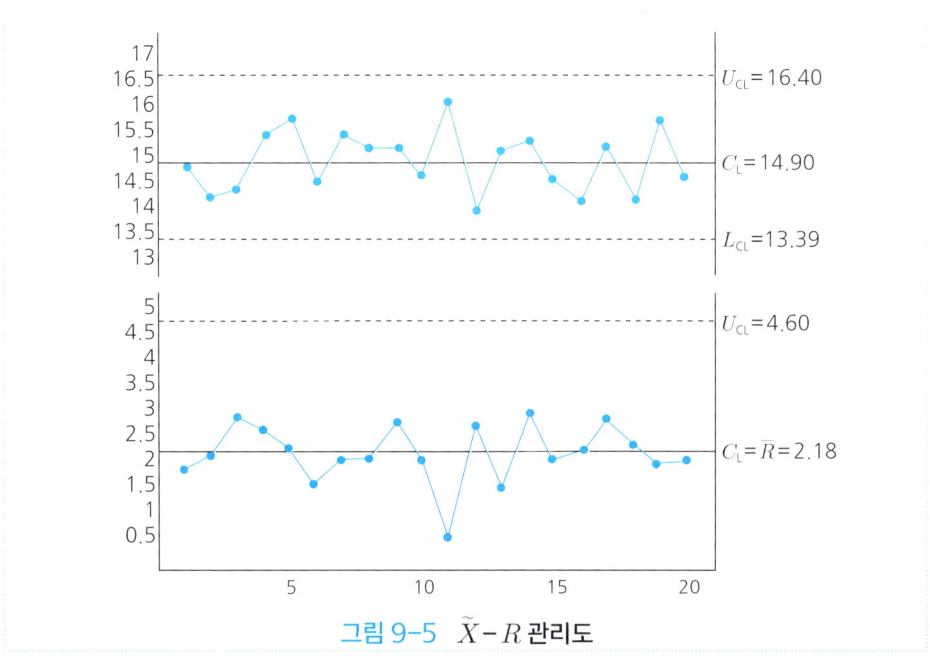

그림 9-5 $\tilde{X}-R$ 관리도

참고문헌

1 김기영 외 공저, “품질경영”, 박영사, 1999.

2 김연성 외 공저, “품질경영”, 박영사, 2002.

3 김태규 외 공저, “품질관리”, 보성문화사, 1990.

4 박우동, “품질경영”, 법문사, 1996.

5 박성현, 박영현 “통계적 품질관리”, 민영사, 1995

6 배도선, “최신 통계적 품질관리”, 영지문화사, 1992.

7 송문섭 외 공저, “통계적 품질관리”, 영지문화사, 2002.

8 신완선 외 공저, “경영품질론”, 청문각, 2005.

9 이레테크, “새 MINITAB 실무완성”, 이레테크, 2010

10 이순룡, “품질경영론”, 법문사, 2004.

11 이창훈, 전영호, 홍정식, “품질관리”, 1994.

12 정영배 외 공저, “통계적 품질관리”, 성안당, 2010.

13 황의철, “최신 품질관리”, 박영사, 1981.

14 Duncan, A.J., Quality Control and Industrial Statistics, 4th ed., Homewood, 1974.

15 Feigenbaum, A. V., "Total Quality Control", 3rd ed., McGraw-Hill Inc., 1986.

16 Grant, E. L. and Leavenworth, R. S., "Statistical Quality Control", 7th ed., McGraw-Hill Co. Inc., 1996.

17 Gryna, F.M., & etal., Quality Planning and Analysis, 5th ed., McGraw-Hill, 2007.

18 ISO 7870-1:2007, Control charts-Part 1 : General guidelines, 2007.

19 ISO 7870-2:2013, Control charts-Part 2 : Shewhart control charts, 2013.

20 Juran, J. M. and Gryna, F. M., "Quality Planning and Analysis", 3rd ed., McGraw-Hill Inc., 1993.

21 Mears, P., "Quality Improvement Tools & Techniques", McGraw-Hill Inc., 1995.

22 Montgomery, D. C., "Introduction to Statistical Quality Control", 4th ed., John Wiley & Sons, Inc., 2001.

23 Ryan, T. P., "Statistical Methods for Quality Improvement", 2nd ed., John Wiley & Sons, Inc., 2000.

24 Shewhart, W. A., "The Economic Control of Manufactured Product, D. Van Nostrand, 1931.

25 Smith, G., "Statistical Process Control and Quality Improvement", 2nd ed., Prentice Hall, Inc., 1995.

26 Wadsworth, H. M. and etal., "Modern Methods for Quality Control and Improvement", 2nd ed., John Wiley & Sons, Inc., 2002.

연습문제 STATISTICAL QUALITY CONTROL

1. 어떤 합금을 만드는 금속회사에서 제품의 품질을 향상시키기 위하여 SPC 기법을 사용하기로 하였다. 현재 만드는 제품의 품질 특성치는 강도로서 규격은 15±2 kg/mm^{2}이다. 매일 2 회씩 각 로트에서 크기 5인 부분군을 채취하여 강도를 측정한 데이터는 아래와 같다. $\overline{X}-R$ 관리도를 그리고 관리상태를 판단하라.

$\overline{X}-R$ 관리도 데이터표

제품명칭		합금제품	제조명령번호		JPP111	기간	2013. 10. 4~ 2013. 10. 14
품질특성		강도	직장		ABC		
측정단위		kg/mm^2	규준일생산고			기계번호	CM101
규격한계	최대	17	시료	크기		작 업 원	홍길동
	최소	13		간격		검 사 원	
규격번호		YS302	측정기번호		MA-104	성 명 인	

일시	부분군의 번호	측 정 치 X_1	X_2	X_3	X_4	X_5	계 $\sum X$	평균치 $\overline{X}$	범위 R	적요
10/4	1	14.5	15.5	14.0	15.9	14.9	74.8	14.96	1.9	
10/4	2	13.0	15.2	14.2	15.1	13.5	71.0	14.20	2.2	
10/5	3	16.7	16.0	14.4	14.2	14.3	75.6	15.12	2.9	
10/5	4	14.2	15.9	13.2	15.4	15.8	74.5	14.90	2.7	
10/6	5	14.5	15.6	16.9	16.4	15.8	79.2	15.84	2.4	
10/6	6	14.5	15.9	14.3	15.0	14.2	73.9	14.78	1.7	
10/7	7	15.9	15.4	15.5	14.4	13.8	75.0	15.00	2.1	
10/7	8	15.1	15.2	15.0	15.7	13.6	74.6	14.92	2.1	
10/9	9	15.1	13.7	16.6	16.4	15.2	77.0	15.40	2.9	
10/9	10	16.4	16.4	14.6	14.3	14.3	76.0	15.20	2.1	
10/10	11	16.0	16.2	15.7	15.6	16.0	49.5	15.90	0.6	
10/10	12	13.9	13.5	13.3	16.1	16.1	72.9	14.58	2.8	
10/11	13	14.2	15.1	14.6	15.7	15.7	75.4	15.08	1.6	
10/11	14	15.3	14.6	17.3	16.9	16.9	78.3	15.66	3.1	
10/12	15	14.5	15.9	13.9	13.7	13.7	73.6	14.72	2.2	
10/12	16	13.3	15.6	14.2	13.7	13.7	71.4	14.28	2.3	
10/13	17	13.6	15.2	15.2	15.6	15.6	76.1	15.22	2.9	
10/13	18	15.9	14.0	14.2	15.3	15.3	72.8	14.56	2.5	
10/14	19	14.5	15.8	16.3	14.2	14.2	75.5	15.10	2.1	
10/14	20	15.4	14.6	16.2	14.1	14.7	75.0	15.00	2.1	
합계								300.42	45.2	
평균								15.02	2.26	

2. 다음의 $\overline{X}-R$ 관리도용 데이터 시트를 이용하여 다음 물음에 답하라.

부분군의 번호	측정치					$\overline{X}$	R
1	10.1	8.4	10.2	9.4	9.1	9.44	1.8
2	12.4	11.1	10.8	11.0	11.9	11.44	1.6
3	10.8	12.1	11.8	9.4	11.6	11.14	2.7
4	9.7	10.8	9.2	9.2	9.3	9.44	1.6
5	10.1	10.1	9.7	9.8	10.5	10.04	0.8
6	10.4	10.2	10.4	9.1	10.6	10.14	1.5
7	10.3	10.4	9.4	9.6	10.1	9.96	1.0
8	10.7	10.7	10.8	8.4	11.6	10.44	3.2
9	10.8	10.2	10.5	8.4	9.9	9.96	2.4
10	10.6	9.9	10.7	10.4	11.4	10.60	1.5
11	7.3	9.2	8.8	8.5	8.8	8.52	1.9
12	10.6	10.4	10.5	10.5	10.9	10.58	0.5
13	11.2	10.0	10.9	11.2	11.0	10.86	1.2
14	11.0	11.5	11.8	11.0	11.3	11.32	0.8
15	10.1	10.2	10.2	11.2	10.1	10.36	1.1
16	12.4	10.0	10.7	10.1	11.3	10.90	2.4
합계						165.34	26.0

1) $\overline{X}$ 관리도의 관리한계와 R 관리도의 관리한계를 계산하라.

2) 작성한 관리도를 보고 관리상태를 판정하라.

3. 다음의 $\overline{X}-R$ 관리도용 데이터 시트를 이용하여 다음 물음에 답하라.

부분군의 번호	측정치					$\overline{X}$	R
1	25	10	22	37	34	25.6	27
2	15	21	24	9	27	19.2	28
3	17	44	22	18	12	22.6	32
4	32	19	49	19	28	29.4	30
5	35	26	18	2	15	19.2	33
6	25	1	30	23	28	21.4	29
7	20	23	5	2	16	13.2	21
8	28	25	22	34	1	22.0	33
9	25	17	16	10	27	19.0	17
10	22	35	13	27	16	22.6	22
11	30	21	18	8	34	22.2	26
12	14	21	22	12	15	16.8	10
13	42	14	42	15	32	29.0	28
14	20	2	27	22	28	19.8	26

15	40	9	15	14	30	21.6	31
16	8	13	22	-3	21	12.2	25
17	31	-10	28	30	27	21.2	41
18	19	25	2	38	10	18.8	36
19	37	10	25	21	14	21.4	27
20	28	2	30	17	21	19.6	28
21	37	4	12	9	27	17.8	33
22	18	5	-7	10	21	9.4	28
23	12	31	22	19	37	24.2	25
24	1	9	34	1	6	10.2	33
25	5	19	32	24	11	18.2	27
합계						496.6	686

1) $\bar{X}$ 관리도의 관리한계와 R 관리도의 관리한계를 계산하라.

2) $\bar{X}-R$ 관리도를 작성하라.

4. 다음의 $\bar{X}-R$ 관리도용 데이터 시트를 이용하여 다음 물음에 답하라.

부분군의 번호	측정치					$\bar{X}$	R
1	9	6	8	7	2	6.4	7
2	3	9	6	6	8	6.4	6
3	8	6	7	9	8	7.6	3
4	6	9	7	8	5	7.0	4
5	6	5	6	7	12	7.2	7
6	9	8	9	5	6	7.4	4
7	9	7	8	11	11	9.2	4
8	7	7	8	7	6	7.0	2
9	6	7	6	6	8	6.6	2
10	6	7	8	12	8	8.2	6
11	6	6	11	9	8	8.0	5
12	6	10	9	9	12	9.2	6
13	11	6	8	10	9	8.8	5
14	7	12	4	9	6	7.6	8
15	10	12	9	8	8	9.4	4
16	6	7	6	2	8	5.8	6
17	12	9	10	7	6	8.8	6
18	6	5	7	8	6	6.4	3
19	10	1	9	6	9	7.0	9
20	6	6	5	9	3	5.8	6
21	7	6	8	7	9	7.4	3
22	5	7	4	9	6	6.2	5

23	8 9 4 8 5	6.8	5
24	10 4 9 7 9	7.8	6
25	6 10 9 8 7	8.0	4
합계		186.0	126

1) $\bar{X}$ 관리도의 관리한계와 R 관리도의 관리한계를 계산하라.

2) $\bar{X}-R$ 관리도를 작성하라.

5. 다음의 $\bar{X}-R$ 관리도용 데이터 시트를 이용하여 $\bar{X}-R$ 관리도를 그려라.

부분군의 번호	측정치	$\bar{X}$	R
1	75 78 85 81	79.75	10
2	83 84 76 80	80.75	8
3	81 82 79 74	79.00	8
4	77 81 89 79	81.50	12
5	79 76 82 78	78.75	6
6	83 77 85 85	82.50	8
7	87 79 83 75	81.00	12
8	80 85 76 76	79.25	9
9	86 79 82 80	81.75	7
10	74 82 80 84	80.00	10
11	80 74 75 81	77.50	7
12	76 81 79 78	78.50	5
13	77 86 77 84	81.00	9
14	83 78 72 86	79.75	14
15	79 85 75 78	79.25	10
16	81 84 82 81	82.00	3
17	80 84 81 81	81.50	4
18	80 77 83 77	79.25	6
19	78 75 74 85	78.00	11
20	79 78 79 80	79.00	2
21	88 77 81 72	79.50	16
22	79 74 82 80	78.75	8
23	84 79 84 81	82.00	5
24	75 78 80 77	77.50	5
25	79 85 82 85	82.75	6
합계		2 000.5	201

6. 다음의 $\overline{X}-R$ 관리도용 데이터 시트를 이용하여 $\overline{X}-R$ 관리도를 그려라.

부분군의 번호	측정치				$\overline{X}$	R
1	38	39	43	41	40.25	5
2	42	42	38	40	40.50	4
3	41	41	40	37	39.75	4
4	39	41	45	40	41.25	6
5	40	38	41	39	39.50	3
6	42	39	43	43	41.75	4
7	44	40	42	38	41.00	6
8	40	43	38	38	39.75	5
9	43	40	41	40	41.00	3
10	37	41	40	42	40.00	5
11	40	37	38	41	39.00	4
12	38	41	40	39	39.50	3
13	39	43	39	42	40.75	4
14	42	39	36	43	40.00	7
15	40	43	38	39	40.00	5
16	41	42	41	41	41.25	1
17	40	42	41	41	41.00	2
18	40	39	42	39	40.00	3
19	39	38	37	43	39.25	6
20	40	39	40	40	39.75	1
21	44	39	41	36	40.00	8
22	40	37	41	40	39.50	4
23	42	40	42	41	41.25	2
24	38	39	40	39	39.00	2
25	40	43	41	43	41.75	3
합계					1 006.75	100

7. 다음의 $\overline{X}-R$ 관리도용 데이터 시트를 이용하여 $\overline{X}-R$ 관리도를 그려라. 단 각 부분군의 크기는 5이다.

부분군의 번호	$\overline{X}$	R	부분군의 번호	$\overline{X}$	R
1	20.813	0.035	12	20.827	0.028
2	20.821	0.021	13	20.808	0.032
3	20.816	0.038	14	20.824	0.037
4	20.810	0.016	15	20.816	0.024
5	20.822	0.028	16	20.818	0.018
6	20.828	0.019	17	20.829	0.033

7	20.814	0.039	18	20.823	0.039
8	20.817	0.025	19	20.813	0.019
9	20.822	0.018	20	20.814	0.023
10	20.809	0.019	21	20.828	0.027
11	20.824	0.037	22	20.811	0.024

8. 다음의 $\bar{X}-R$ 관리도용 데이터 시트를 이용하여 $\bar{X}-R$ 관리도를 작성하라. 각 부분군의 크기는 5이다.

부분군의 번호	$\bar{X}$	R	부분군의 번호	$\bar{X}$	R
1	14.076 4	0.010	14	14.069 2	0.012
2	14.072 6	0.012	15	14.071 6	0.019
3	14.075 4	0.008	16	14.074 8	0.021
4	14.077 0	0.007	17	14.075 4	0.017
5	14.070 8	0.025	18	14.073 4	0.017
6	14.069 8	0.025	19	14.074 8	0.035
7	14.077 0	0.009	20	14.075 4	0.033
8	14.074 4	0.025	21	14.073 2	0.017
9	14.070 4	0.009	22	14.074 0	0.025
10	14.074 4	0.022	23	14.070 8	0.017
11	14.076 6	0.009	24	14.076 0	0.017
12	14.056 8	0.011	25	14.072 2	0.018
13	14.076 8	0.023			

9. 다음의 $\bar{X}-R$ 관리도용 데이터 시트를 이용하여 $\bar{X}-R$ 관리도를 작성하라.

부분군의 번호	측정치					중위수	범위
1	14	8	12	12	8	12	6
2	11	10	13	8	10	10	5
3	11	12	16	14	9	12	7
4	16	12	17	15	13	15	5
5	15	12	14	10	7	12	8
6	13	8	15	15	8	13	7
7	14	12	13	10	16	13	6
8	11	10	8	16	10	10	8
9	14	10	12	9	7	10	7
10	12	10	12	14	10	12	4

11	10 12 8 10 12	10	4
12	10 10 8 8 10	10	2
13	8 12 10 8 10	10	4
14	13 8 11 14 12	12	6
15	7 8 14 13 11	11	7
16	10 12 6 9 13	10	7
17	17 13 11 10 14	13	7
18	10 17 14 14 9	14	8
19	14 13 15 16 15	15	3
20	10 15 8 11 8	10	7

10. 다음의 $\overline{X}-R$ 관리도용 데이터 시트를 이용하여 $\overline{X}-R$ 관리도를 작성하라. 단 각 부분군의 크기는 5이다.

부분군의 번호	중위수	범위	부분군의 번호	중위수	범위
1	16.20	0.40	6	16.20	0.23
2	16.10	0.38	7	15.90	0.36
3	16.10	0.42	8	15.80	0.42
4	15.90	0.15	9	16.30	0.39
5	16.02	0.08	10	15.70	0.22

11. 다음의 $X-R_m$ 관리도용 데이터 시트를 이용하여 X 관리도와 R_m 관리도를 그려라.

부분군의 번호	측정치 X	이동범위 R_m
1	1.09	-
2	1.13	0.04
3	1.29	0.16
4	1.13	0.16
5	1.23	0.10
6	1.43	0.20
7	1.27	0.16
8	1.63	0.36
9	1.34	0.29
10	1.10	0.24
11	0.98	0.12
12	1.37	0.39
13	1.18	0.19

부분군의 번호	측정치 X	이동범위 R_m
14	1.58	0.40
15	1.31	0.27
16	1.70	0.39
17	1.45	0.25
18	1.19	0.26
19	1.33	0.14
20	1.18	0.15
21	1.40	0.22
22	1.68	0.28
23	1.58	0.10
24	1.90	0.32
25	1.70	0.20
26	0.65	1.05
합계	34.82	6.44

관리도용 계수표

계수 \ n	2	3	4	5	6	7	8	9	10	20
$d_2(n)$	1.128	1.693	2.059	2.326	2.534	2.704	2.847	2.970	3.078	3.735
$d_3(n)$	0.853	0.888	0.880	0.864	0.848	0.833	0.820	0.808	0.797	0.729
$c_4(n)$	0.798	0.886	0.921	0.940	0.952	0.959	0.965	0.969	0.973	0.987
$m_3(n)$	1.000	1.160	1.092	1.198	1.135	1.214	1.160	1.223	1.176	1.211

12. 다음의 $X-R_m$ 관리도용 데이터 시트를 이용하여 X 관리도와 R_m 관리도를 그려라.

부분군의 번호	측정치	이동범위	부분군의 번호	측정치	이동범위
1	2.9			3.6	0.2
2	3.2	0.3	14	3.3	0.3
3	3.6	0.4	15	3.9	0.6
4	4.3	0.7	16	3.5	0.4
5	3.8	0.5	17	3.6	0.1
6	3.5	0.3	18	3.3	0.3
7	3.0	0.5	19	3.0	0.3
8	3.1	0.1	20	3.4	0.4
9	3.6	0.5	21	3.8	0.4
10	3.5	0.1	22	3.5	0.3
11	3.1	0.4	23	3.2	0.3
12	3.4	0.3	24	3.5	0.3
13	3.4	0	25		

13. 다음의 $X-R_m$ 관리도용 데이터 시트를 이용하여 X 관리도와 R_m 관리도를 그려라.

부분군의 번호	측정치	이동범위	부분군의 번호	측정치	이동범위
1	23.50		14	15.75	4.25
2	20.75	2.75	15	24.15	8.40
3	32.20	11.45	16	23.60	0.55
4	41.65	6.45	17	31.50	7.90
5	24.00	17.65	18	25.65	5.85
6	43.90	19.90	19	36.40	10.75
7	32.65	11.25	20	29.45	6.95
8	20.50	12.15	21	16.75	12.70
9	27.75	7.25	22	22.15	5.40
10	25.50	2.25	23	31.40	9.25
11	23.90	1.60	24	43.80	12.40
12	33.15	9.25	25	21.15	22.65
13	20.00	13.15			

14. 다음의 $X-R_{\mathrm{m}}$ 관리도용 데이터 시트를 이용하여 X 관리도와 R_{m} 관리도를 그려라.

부분군의 번호	측정치 X	이동범위 R_{m}	부분군의 번호	측정치 X	이동범위 R_{m}
1	38.3	-	31	39.0	0.3
2	38.9	0.6	32	39.7	0.7
3	39.4	0.5	33	40.6	0.9
4	38.3	1.1	34	41.9	1.3
5	39.1	0.8	35	38.2	3.7
6	39.8	0.7	36	40.0	1.8
7	38.5	1.3	37	39.2	0.8
8	39.0	0.5	38	39.0	0.2
9	38.6	0.4	39	38.0	1.0
10	38.0	0.6	40	40.5	2.5
11	39.2	1.2	41	38.9	1.6
12	39.9	0.7	42	40.8	1.9
13	40.6	0.7	43	38.7	2.1
14	38.6	2.0	44	39.8	1.1
15	39.0	0.4	45	39.0	0.8
16	39.0	0.0	46	37.9	1.1
17	39.0	0.0	47	37.9	0.0
18	38.5	0.5	48	39.1	1.2
19	39.3	0.8	49	39.7	0.6
20	39.4	0.1	50	38.5	1.2
21	38.8	0.6	51	39.6	1.1
22	39.8	1.0	52	38.9	0.7
23	38.3	1.5	53	38.6	0.3
24	39.6	1.3	54	39.8	1.2
25	38.9	0.7	55	39.2	0.6
26	38.7	0.2	56	40.8	1.6
27	41.0	2.3	57	40.7	0.1
28	41.4	0.4	58	40.7	0.0
29	39.9	1.5	59	39.3	1.4
30	38.7	1.2	60	39.2	0.1
			합계	2 358.7	55.5

15. 다음의 $X-R_{\mathrm{m}}$ 관리도용 데이터 시트를 이용하여 X 관리도와 R_{m} 관리도를 그려라.

부분군의 번호	X	이동범위	부분군의 번호	X	이동범위
1	87.3	-	7	86.8	0.9
2	86.6	0.7	8	87.3	0.5
3	87.5	0.9	9	86.1	1.2
4	87.3	0.2	10	86.7	0.6

5	86.2	1.1	11	88.1	1.4
6	85.9	0.3	12	87.8	0.3

16. 농기계 부품을 가공하고 있는데, 일정 기간마다 부분군의 크기 $n=5$씩 측정하여 다음의 표와 같이 기록하였다. $\overline{X}-R$ 관리도, $\widetilde{X}-R$ 관리도, $\overline{X}-s$ 관리도를 각각 그리고 해석하라.

부분군	X_1	X_2	X_3	X_4	X_5
1	48	59	42	40	32
2	48	52	51	50	52
3	50	49	60	44	48
4	50	41	48	43	41
5	51	49	60	60	47
6	44	47	54	45	50
7	51	57	53	48	45
8	46	63	63	41	41
9	54	53	53	46	55
10	54	46	55	58	62
11	57	56	53	37	42
12	51	49	67	50	48
13	42	47	48	39	61
14	43	50	44	38	40
15	41	54	59	53	37
16	60	45	52	46	55
17	48	50	45	40	63
18	46	39	43	61	41
19	52	32	54	45	50
20	62	50	47	57	47
21	58	52	57	54	63
22	50	56	44	44	38
23	47	53	42	40	46
24	56	55	44	58	49
25	39	54	54	44	63

STATISTICAL QUALITY CONTROL

10 계수형 관리도

Attribute Control Charts

계수형 관리도는 2013년에 발행된 'ISO 7870-2 Control charts-Part 2:Shewhart control charts'에 기초하여 작성된 것이다. 계수형 관리도는 대상으로 하는 군내에서 각각의 단위가 어떤 특성(속성)을 가지고 있는지의 여부를 나타내고, 그 속성(양품 또는 불량품과 같은)을 가지거나 또는 가지지 않는 단위의 수, 집단 또는 영역에 대한 단위들에서 발생하는 사건들의 빈도를 관측값으로 나타낸다. 계수치 데이터는 일반적으로 수집이 용이하고 경제적이며, 데이터 수집을 위한 특별한 수준의 기술이 요구되지 않는다.

계량형 관리도에서는 중심위치를 관리하기 위한 관리도와 산포 관리를 위한 관리도 등 한 쌍의 관리도를 사용하는 것이 통상적인 운용 구조였다. 그러나 계수형 관리도의 경우, 가정하는 분포가 평균 수준을 나타내는 유일한 파라미터만 가지고 있으므로 하나의 관리도로 관리한다. 부적합품률/불량률(p) 관리도와 부적합품수/불량개수(np) 관리도는 이항 분포를 기초로 하며, 부적합수/결점수(c) 관리도와 단위당 부적합수/단위당 결점수(u) 관리도는 포아송 분포를 기초로 한다.

이와 같은 관리도의 계산 방법은 부분군의 크기가 일정한 경우, 모든 부분군에 대하여 동일한 관리상한과 관리하한의 영역을 사용할 수 있다. 그러나 각각의 부분군에 따라 검사하는 제품 수가 변화한다면, 각 부분군에 대하여 별도의 관리한계를 계산하여야 한다. 따라서 np 관리도와 c 관리도는 부분군 크기가 같은 경우에 합리적인데 반하여, p 관리도와 u 관리도는 부분군 크기가 일정하지 않은 경우에도 이용할 수 있다.

부분군마다 부분군의 크기가 바뀌는 경우에는 각각의 부분군에 대하여 관리한계를 계산한다. 부분군의 크기가 작을수록 관리한계 폭은 넓어지고, 또한 이 반대도 성립한다. 만일 부분군의 크기가 크게 변화하지 않는 경우에는 부분군의 크기의 평균치를 기초로 하여 한 쌍의 관리상한과 관리하한을 사용할 수 있다. 실용적으로 이것은 부분군의 크기가 목표 부분군의 크기의 ±25 % 이내인 경우에 잘 유지된다고 알려져 있다.

10.1 부적합품률/불량률(p) 관리도

부적합품률/불량률(p)이란 부분군에서 전체 품목의 수에 대한 부적합품수의 비율로 정의된다. 예로, 전체 품목수가 100이고 부적합품수가 5라면 부적합품률은 $p=0.05$이다. 부적합품률 관리도(control chart for fraction nonconforming)는 계수형 관리도 중에서 가장 많이 사용되는 관리도로서 간단히 p 관리도라고 부른다. 부적합품률 관리도는

① 공정관리를 위하여 공정평균 부적합품률의 변화를 탐지하거나
② 공정평균 부적합품률을 추정하고 싶을 때
③ $\overline{X}-R$ 관리도를 적용하기 위한 예비적인 조사 분석을 할 때
④ 샘플링 검사의 엄격도 조정을 위하여 이용한다.

부적합품률 관리도의 관리한계선의 이론적 근거는 다음과 같다. X를 크기가 n인 부분군 중에 포함된 부적합품의 수라고 하면 X는 이항분포를 따른다. 즉, $X \sim B(n, p)$이라 표현할 수 있다. 따라서 X의 평균과 분산은 각각 $E(X)=np$과 $Var(X)=np(1-p)$이다. 한편, 부분군의 부적합품률은 $\hat{p}=\dfrac{X}{n}$로 정의되므로 $\hat{p}$의 평균과 분산은

$$E(\hat{p})=p,\ \ V(\hat{p})=\frac{p(1-p)}{n}$$

이다. 따라서 관리한계선은 다음과 같다.

$$U_{\text{CL}}=p+3\sqrt{\frac{p(1-p)}{n}}$$

$$C_{\text{L}}=p$$

$$L_{CL} = p - 3\sqrt{\frac{p(1-p)}{n}}$$

실제로 공정의 부적합품률 p를 모르는 경우가 많으므로 p의 추정량이 필요하다. p 관리도를 작성하는 방법은 다음과 같다.

① 부분군의 크기 결정 : 공정의 부적합품률을 대략으로나마 예측하여 부분군 중에 부적합품의 개수가 약 1~5 개 정도가 될 수 있도록 부분군의 크기 n을 구한다. 예로, $p = 0.05$일 때 부적합품의 수가 $np = 1 \sim 5$이므로 $n = \frac{1}{p} \sim \frac{5}{p} = 20 \sim 100$이 된다.

② 앞에서 구한 크기 n인 부분군을 k 개 추출한다. 이 때 부분군의 개수 k는(또는 m으로 표현하기도 함) 20~25 개 정도가 되어야 한다.

③ 각 부분군의 부적합품률을 계산한다.

$$p_i = \frac{X_i}{n}, \quad i = 1, 2, \cdots, k$$

④ 부적합품률의 추정량인 평균 부적합품률 $\bar{p}$를 계산한다.

$$\bar{p} = \frac{\sum_{i=1}^{m} X_i}{n} = \frac{\text{검사에서 발견된 부적합품의 총수}}{\text{총 검사개수}}$$

⑤ 관리한계선을 다음과 같이 계산하여 관리도를 그리고, 관리상태를 조사한다.

$$U_{CL} = \bar{p} + 3\sqrt{\frac{\bar{p}(1-\bar{p})}{n}}$$

$$C_L = \bar{p}$$

$$L_{CL} = \bar{p} - 3\sqrt{\frac{\bar{p}(1-\bar{p})}{n}}$$

예제 10-1 음료수의 캔을 만드는 공정에서 부적합품은 옆면 이음새와 밑면의 결합부분에서 음료수가 새는 것이다. 이 공정에서 부적합품률을 개선시키고자 크기가 $n = 50$인 부분군 30 개를 추출하여 얻은 데이터가 [표 10-1]과 같다. p 관리도를 작성하고 공정상태를 판단하라.

표 10-1 [예제 10-1]의 부적합품률 데이터(출처 Montgomery, 2001)

부분군 번호	부분군 크기	부적합 캔의 수	부분군 부적합품률	부분군 번호	부분군 크기	부분군 캔의 수	부분군 부적합품률
1	50	12	0.24	17	50	10	0.2
2	50	15	0.3	18	50	5	0.1
3	50	8	0.16	19	50	13	0.26
4	50	10	0.2	20	50	11	0.22
5	50	4	0.08	21	50	20	0.4
6	50	7	0.14	22	50	18	0.36
7	50	16	0.32	23	50	24	0.48
8	50	9	0.18	24	50	15	0.3
9	50	14	0.28	25	50	9	0.18
10	50	10	0.2	26	50	12	0.24
11	50	5	0.1	27	50	7	0.14
12	50	6	0.12	28	50	13	0.26
13	50	17	0.34	29	50	9	0.18
14	50	12	0.24	30	50	6	0.12
15	50	22	0.44	합계	1 500	347	$\bar{p}=0.231$
16	50	8	0.16				

풀이

30 개의 부분군들에 포함된 부적합품의 수가 $\sum_{i=1}^{30} X_i = 347$이므로 공정의 부적합품률은

$$\bar{p} = \frac{\sum_{i=1}^{30} X_i}{nk} = \frac{347}{1\ 500} = 0.231$$

이다. 따라서 관리한계선은 다음과 같이 계산할 수 있다.

$$U_{CL} = \bar{p} + 3\sqrt{\frac{\bar{p}(1-\bar{p})}{n}} = 0.231 + 3\sqrt{\frac{0.231 \times 0.769}{50}} = 0.410$$

$$L_{CL} = \bar{p} - 3\sqrt{\frac{\bar{p}(1-\bar{p})}{n}} = 0.231 - 3\sqrt{\frac{0.231 \times 0.769}{50}} = 0.052$$

중심선을 $\bar{p}=0.231$로 하여 관리한계선을 그리고, 각 부분군의 부적합품률을 타점한 관리도는 [그림 10-1]과 같다.

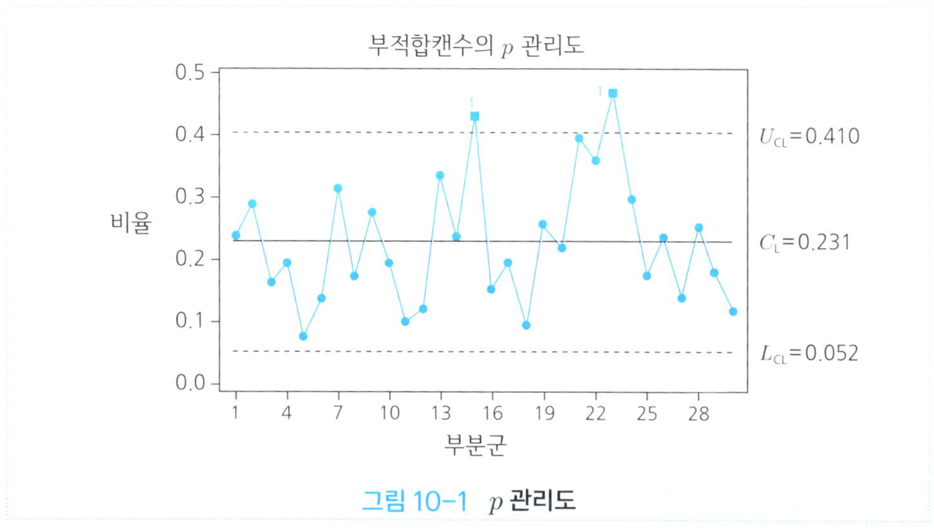

그림 10-1 p **관리도**

관리도에서 15 번과 23 번의 부분군이 관리 상한선을 이탈하였다. 따라서 공정은 이상상태이므로, 이상 원인을 찾아야 한다. 조사를 해 보니 15 번의 부분군은 새로운 재료를 사용하였고, 23 번의 부분군은 미숙련공이 일시적으로 투입되어 작업을 한 것으로 밝혀져 이 두 점을 제거하고 다시 관리한계선을 계산하면

$$U_{CL} = \bar{p} + 3\sqrt{\frac{\bar{p}(1-\bar{p})}{n}} = 0.215 + 3\sqrt{\frac{0.215 \times 0.7785}{50}} = 0.3893$$

$$L_{CL} = \bar{p} - 3\sqrt{\frac{\bar{p}(1-\bar{p})}{n}} = 0.231 - 3\sqrt{\frac{0.215 \times 0.7785}{50}} = 0.0407$$

이 되고, 새로이 관리도를 그린 것이 [그림 10-2]와 같다.

[그림 10-2]의 p 관리도에는 15 번과 23 번의 점이 포함되어 있지만, 관리선을 구할 때는 제외시켰다. 이 두 점을 그대로 놓아두고 각 점의 이상 원인을 표시해 둠으로써 향후 공정관리에 도움을 주고자 한다. 한편 [그림 10-2]의 새로운 관리도에서는 21 번째 점이 관리상한선을 넘어가서 그 원인을 조사하였으나 원인이 밝혀지지가 않아 그 점을 그대로 관리선에 사용하기로 하고, 런이나 다른 특정한 패턴이 보이지 않아 향후 공정의 관리상태를 파악하는 관리도로서 결정을 하였다.

참고로 관리선 밖에 타점된 점들의 원인을 조사하다 보면 관리상태에 있는 다른 점들에게 영향을 주는 경우가 종종 있다. 예로, 23 번째 점은 미숙련공이 임시로 투입되어 작업을

한 결과였는데 실제로 21 번째 점부터 24 번째 점까지 이 미숙련공이 작업을 하였다면 이 4 개의 점들을 모두 제외하고 관리도를 다시 그려야 한다.

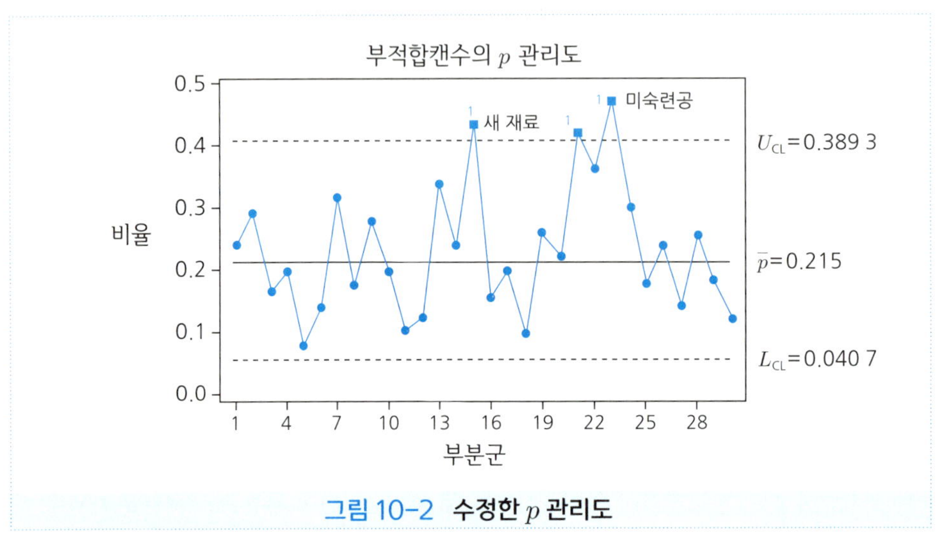

그림 10-2 수정한 p 관리도

많은 경우에 p 관리도를 구하고자 할 때, 각 부분군의 크기를 같게 할 수가 없는 경우가 종종 있다. 즉, 부분군의 크기가 다른 경우에는 나음과 같은 세 기지 방법 중 하나를 이용하여 p 관리도를 작성할 수 있다.

① 개별 부분군에 대한 관리한계선을 사용

이 방법은 일반적이고 많이 사용하는 방법으로 가장 정확한 방법이다. 이후에 제안하는 두 가지 방법은 근사적으로 관리한계선을 구한다는 것을 기억하기 바란다. 각 부분군의 관리한계선을 다음과 같이 계산한다.

$$U_{CL} = \bar{p} + 3\sqrt{\frac{\bar{p}(1-\bar{p})}{n_i}}, \quad L_{CL} = \bar{p} - 3\sqrt{\frac{\bar{p}(1-\bar{p})}{n_i}}$$

따라서 각 관리한계선은 부분군에 따라 달라진다.

② 평균 부분군크기를 이용한 관리한계선을 이용

주로 이 방법은 각 부분군의 크기 간에 차이가 별로 없을 때 사용되는 방법이다. 관리한계선을 구할 때 각 부분군의 크기의 평균값을 $\bar{n} = \frac{1}{k}\sum_{i=1}^{k} n_i$와 같이 계산한 후 관리한계선을 구한다.

$$U_{CL} = \bar{p} + 3\sqrt{\frac{\bar{p}(1-\bar{p})}{\bar{n}}}, \quad L_{CL} = \bar{p} - 3\sqrt{\frac{\bar{p}(1-\bar{p})}{\bar{n}}}$$

③ 표준화된 관리도를 이용

부분군의 크기가 크게 변하는 경우에는 표준화한 변량을 사용하는 대안적 절차가 있다. 예를 들면 부분군 부적합품률 p 대신에 부분군 부적합품률을 표준화한 변량

$$Z_i = \frac{p_i - p}{\sqrt{\frac{p(1-p)}{n_i}}}, \quad i = 1, 2, \cdots, k$$

를 사용한다. 단, p는 공정 부적합품률이며, 공정 부적합품률을 모르는 경우에는 추정값 $\bar{p}$를 사용한다. 즉,

$$Z_i = \frac{p_i - \bar{p}}{\sqrt{\frac{\bar{p}(1-\bar{p})}{n_i}}}, \quad i = 1, 2, \cdots, k$$

이 경우, 관리한계와 마찬가지로 중심선도 군의 크기에 의존하지 않고 일정해져서 다음과 같이 주어진다.

$$U_{CL} = 3, \quad C_L = 0, \quad L_{CL} = -3$$

10.2 부적합품수/불량개수(np) 관리도

부적합품수/불량개수 관리도(control chart for number of nonconforming)는 공정을 부적합품수에 의거하여 관리할 경우에 사용되는 방법으로 각 부분군의 샘플의 크기 n은 반드시 일정해야 한다.

관리한계선의 이론적 근거는 X를 크기 n인 부분군 중에 포함된 부적합품의 수라고 하면, $X \sim B(n, p)$이다. 따라서 관리한계선은 다음과 같다.

$$U_{CL} = np + 3\sqrt{np(1-p)}$$

$$C_L = np$$

$$L_{CL} = np - 3\sqrt{np(1-p)}$$

여기에서 공정 평균 부적합품률 p의 추정값은

$$\bar{p} = \frac{\sum_{i=1}^{k} X_i}{nk} = \frac{\text{검사에서 발견된 부적합품의 총수}}{\text{총 검사개수}}$$

을 사용하면 다음과 같이 표현된다.

$$U_{CL} = n\bar{p} + 3\sqrt{n\bar{p}(1-\bar{p})}$$

$$C_L = n\bar{p}$$

$$L_{CL} = n\bar{p} - 3\sqrt{n\bar{p}(1-\bar{p})}$$

이 관리도의 효과는 앞절의 p 관리도와 같다.

예제 10-2 [표 10-2]의 데이터를 이용하여 np 관리도를 작성하라.

표 10-2 np 관리도용 데이터

일시	부분군번호	검사개수	부적합품수
4.2	1	375	14
3	2	375	13
4	3	375	20
6	4	375	23
7	5	375	13
9	6	375	11
10	7	375	5
11	8	375	15
12	9	375	20
13	10	375	15
14	11	375	16
16	12	375	17
17	13	375	10
18	14	375	7

19	15	375	17
20	16	375	19
21	17	375	25
23	18	375	15
24	19	375	10
25	20	375	15

풀이 $\bar{p} = \dfrac{\sum np}{kn} = \dfrac{375}{7\,500} = 0.04, \quad n\bar{p} = \dfrac{\sum np}{k} = \dfrac{300}{20} = 15$

$$U_{CL} = n\bar{p} + 3\sqrt{n\bar{p}(1-\bar{p})} = 15 + 3\sqrt{375 \times 0.04 \times 0.96} = 26.38$$

$$C_L = n\bar{p} = 375 \times 0.04 = 15$$

$$L_{CL} = n\bar{p} - 3\sqrt{n\bar{p}(1-\bar{p})} = 15 - 3\sqrt{375 \times 0.04 \times 0.96} = 3.62$$

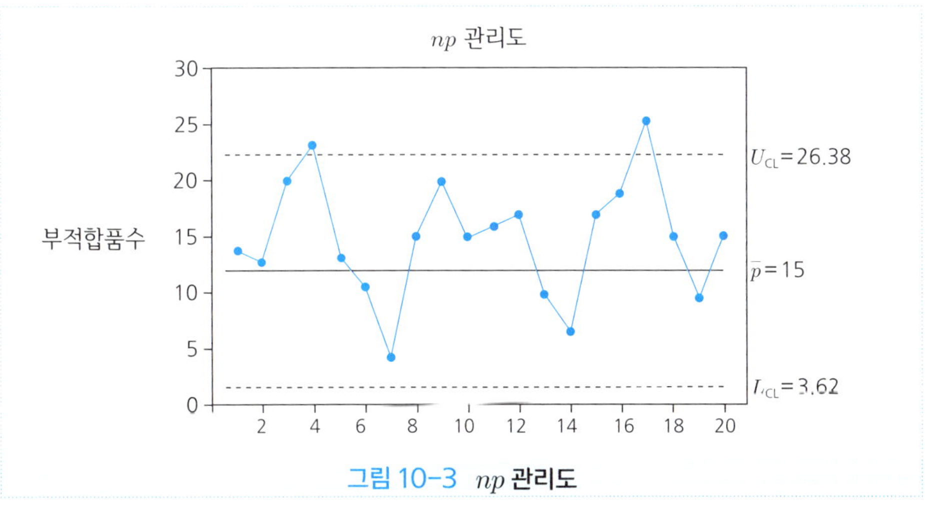

그림 10-3 np 관리도

10.3 부적합수(c) 관리도

부적합수/결점수 관리도(control chart for number of defects)는 c 관리도라 불린다. 앞 절에서 다룬 부적합품수 관리도와 혼동할 수 있으므로 유의해야 한다. 부적합품수 관리도는 n개의 제품 중에서 몇 개의 제품이 부적합품인가를 다루었다면, 부적합수 관리도는 일정 단위 중에 포함된 부적합수에 관심이 있다. 예로 컴퓨터 기판 중에 납땜 부적합수, 길이가 같은 오일 파이프에서 용접 결함수, 모직물의 일정 면적에서 나타나는 흠집의 수 등이 부적합수 관리도에 해당된다. 만약, 단위가 일정하지 않은 경우에는 다음 절에서 설명하는 u 관리도를 사용한다.

관리한계선의 이론적 근거는 X를 일정 단위당 결점의 수라고 하면. X는 평균이 c인 포아송 분포를 따른다. 즉, $X \sim Poisson(c)$이다. 이 경우 X의 평균과 분산은 똑같이 c가 된다. 즉, $E(X)=c$, $V(X)=c$이다. 따라서 관리한계선은 다음과 같다.

$$U_{CL} = c + 3\sqrt{c}$$
$$C_L = c$$
$$L_{CL} = c - 3\sqrt{c}$$

실제로 공정의 평균 부적합수 c를 모르는 경우가 많으므로 c의 추정량이 필요하다. c 관리도를 작성하는 방법은 다음과 같다.

① 검사하고자 하는 제품단위를 결정한 다음, 같은 단위를 갖는 제품 20에서 25개를 채취한다.

② 각 제품에서 결점(부적합)의 수를 조사하여, c의 추정량

$$\bar{c} = \frac{\text{검사에서 발견된 총 부적합수}}{\text{검사한 총 단위제품의 수}}$$

와 같이 계산한다.

③ 관리한계선을 다음과 같이 계산하여 관리도를 그리고, 관리상태를 분석한다.

$$U_{CL} = \bar{c} + 3\sqrt{\bar{c}}$$
$$C_L = \bar{c}$$
$$L_{CL} = \bar{c} - 3\sqrt{\bar{c}}$$

예제 10-3 어떤 강판공장에서 최종공정 후에 강판을 매 시간당 4 m^2를 24 번 랜덤하게 추출하여 결점수를 조사하였다. [표 10-3]의 데이터로부터 c 관리도를 작성하고 공정상태를 판정하라.

표 10-3 c 관리도 데이터표

부분군의 번호(k)	부적합수 (c)	부분군의 번호(k)	부적합수 (c)	부분군의 번호(k)	부적합수 (c)
1	3	9	2	17	1
2	2	10	1	18	3
3	5	11	4	19	2
4	1	12	2	20	1
5	3	13	4	21	4
6	4	14	1	22	5
7	1	15	2	23	2
8	3	16	4	24	3

풀이 $\bar{c} = \dfrac{\sum c}{k} = \dfrac{63}{24} = 2.625$이므로 중심선과 관리한계선은 다음과 같다.

$$C_L = \bar{c} = 2.625$$

$$U_{CL} = \bar{c} + 3\sqrt{\bar{c}} = 2.625 + 3\sqrt{2.625} = 7.485$$

$$L_{CL} = \bar{c} - 3\sqrt{\bar{c}} = 2.625 - 3\sqrt{2.625} = -2.236 = 0.0$$

여기서 L_{CL}이 0보다 작으므로, $L_{CL} = 0$으로 하고 고려하지 않는다. 모든 점들이 관리한계선 내에 있고, 어떤 습성이 존재하지 않으므로 관리상태라 판명된다.

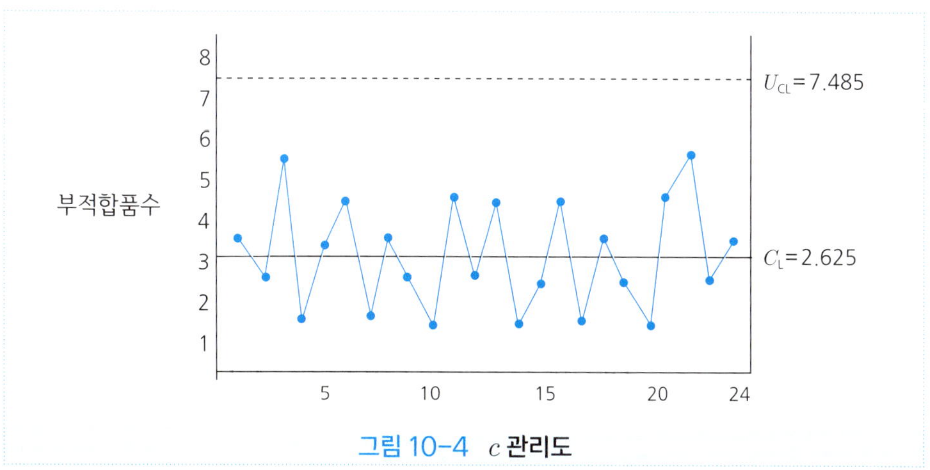

그림 10-4 c 관리도

10.4 단위당 부적합수(u) 관리도

단위당 부적합수 관리도(control chart for number of defect per unit)는 검사하는 단위(샘플의 면적이나 길이 등)가 일정하지 않은 경우에 사용한다. 예로, 직물의 얼룩, 에나멜선의 결점 등이다.

관리한계선의 이론적 근거는 X를 부분군의 크기가 n단위인 샘플에서의 부적합수라고 하면, 단위당 부적합수, $u = \frac{X}{n}$의 평균과 분산은 다음과 같다.

$E(u) = \bar{u}$, $V(u) = \frac{\bar{u}}{n}$ 이다. 따라서

$$U_{CL} = \bar{u} + 3\sqrt{\bar{u}/n}$$

$$C_L = \bar{u}$$

$$L_{CL} = \bar{u} - 3\sqrt{\bar{u}/n}$$ 이 된다.

단, $\bar{u} = \frac{\text{검사에서 발견된 총결점수}}{\text{검사에서 측정한 총검사 단위의 수}}$ 는 u(단위당 평균부적합수)의 추정치이다. u 관리도의 작성방법은 다음과 같다.

① 약 20~25 부분군의 샘플을 채취하여 부분군의 단위(면적, 길이, 등 ; n)와 부분군 중의 부적합수를 조사한다.

-부분군의 크기 n은 공정의 부적합수를 예측하여, 부분군 중에 부적합수가 1~5 개 정도 포함되도록 한다.

② 부적합수 X를 부분군의 크기 n으로 나누어 단위당 부적합수$\left(u = \frac{X}{n}\right)$를 구한다.

-예)1 500 m의 에나멜 동선을 검사하여 흠이 5 개였다면, 단위당(1 000 m) 흠의 수 u=5/1.5=3.333이 된다.

③ 관리한계선을 구하여 표시한다. 이때 $\bar{u} = \frac{\sum c}{\sum n}$을 이용한다.

④ 관리상태를 파악한다.

예제 10-3 강철선의 미세한 구멍을 검사하였더니 [표 10-4]와 같다. 부분군의 크기 n = 10이라고 하는 것은 100 m를 말하는 것이고, 단위는 10 m이다. 이 데이터

를 사용하여 u 관리도를 작성하고, 공정상태를 판정하라.

표 10-4 u 관리도 데이터

부분군의 번호(k)	부분군의 크기(n)	부적합수 (c)	부분군의 번호(k)	부분군의 크기(n)	부적합수 (c)
1	15	32	11	15	30
2	15	25	12	15	32
3	15	30	13	20	37
4	15	28	14	20	40
5	10	15	15	20	38
6	10	18	16	20	44
7	10	22	17	15	30
8	10	16	18	15	32
9	15	28	19	15	26
10	15	35	20	15	28

풀이 [표 10-4]와 같이 먼저 단위당 부적합수(u)를 각 부분군에 대하여 계산한다. 부적합수의 총합 $\sum c = 586$이고, 총검사의 샘플수 $\sum n = 300$이므로, 평균 단위당 결점수

$$\bar{u} = \frac{\sum c}{\sum n} = \frac{586}{300} = 1.953$$

이다. U_{CL}과 L_{CL}은 다음과 같다.

부분군의 크기가 10인 경우

$$U_{CL} = 1.953 + 3\sqrt{1.953/10} = 3.28$$
$$L_{CL} = 1.953 - 3\sqrt{1.953/10} = 0.63$$

부분군의 크기가 15인 경우

$$U_{CL} = 1.953 + 3\sqrt{1.953/15} = 3.04$$
$$L_{CL} = 1.953 - 3\sqrt{1.953/15} = 0.87$$

부분군의 크기가 20인 경우

$$U_{CL} = 1.953 + 3\sqrt{1.953/20} = 2.89$$
$$L_{CL} = 1.953 - 3\sqrt{1.953/20} = 1.02$$

이를 이용하여 관리도를 그려보면 [그림 10-5]와 같은 u 관리도를 그릴 수 있는데, 모든 점들이 관리한계선 내에 존재하므로 관리상태라 판단된다. 그러나 점이 지나치게 중심선에 집중되어 있어 이에 대한 원인 조사가 필요하다.

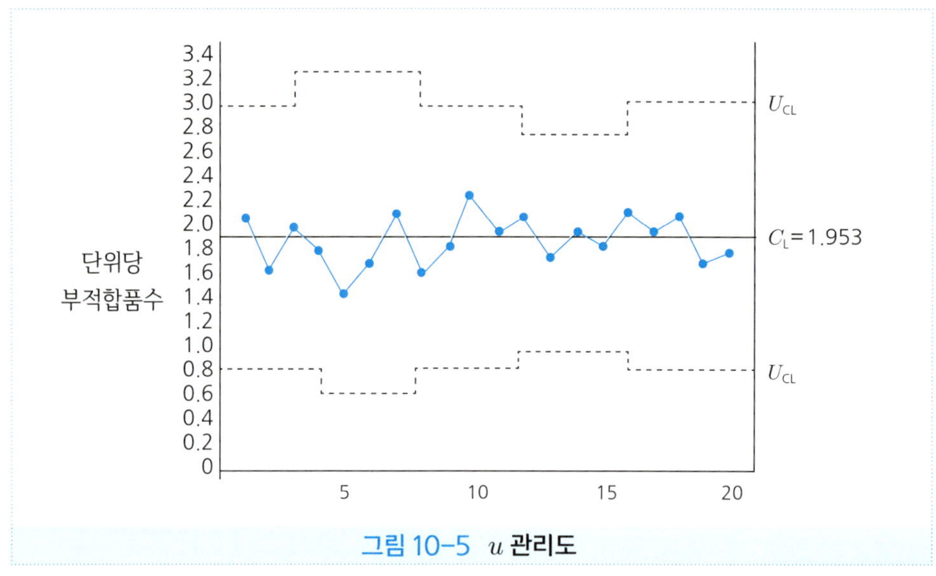

그림 10-5 u 관리도

참고문헌

1 김기영 외 공저, "품질경영", 박영사, 1999.

2 김연성 외 공저, "품질경영", 박영사, 2002.

3 김태규 외 공저, "품질관리", 보성문화사, 1990.

4 박우동, "품질경영", 법문사, 1996.

5 박성현, 박영현 "통계적 품질관리", 민영사, 1995

6 배도선, "최신 통계적 품질관리", 영지문화사, 1992.

7 송문섭 외 공저, "통계적 품질관리", 영지문화사, 2002.

8 신완선 외 공저, "경영품질론", 청문각, 2005.

9 이레테크, "새 MINITAB 실무완성", 이레테크, 2010

10 이순룡, "품질경영론", 법문사, 2004.

11 이창훈, 전영호, 홍정식, "품질관리", 1994.

12 정영배 외 공저, "통계적 품질관리", 성안당, 2010.

13 황의철, "최신 품질관리", 박영사, 1981.

14 Duncan, A.J., Quality Control and Industrial Statistics, 4th ed., Homewood, 1974.

15 Feigenbaum, A. V., "Total Quality Control", 3rd ed., McGraw-Hill Inc., 1986.

16 Grant, E. L. and Leavenworth, R. S., "Statistical Quality Control", 7th ed., McGraw-Hill Co. Inc., 1996.

17 Gryna, F.M., & etal., Quality Planning and Analysis, 5th ed., McGraw-Hill, 2007.

18 ISO 7870-1:2007, Control charts-Part 1 : General guidelines, 2007.

19 ISO 7870-2:2013, Control charts-Part 2 : Shewhart control charts, 2013.

20 Juran, J. M. and Gryna, F. M., "Quality Planning and Analysis", 3rd ed., McGraw-Hill Inc., 1993.

21 Mears, P., "Quality Improvement Tools & Techniques", McGraw-Hill Inc., 1995.

22 Montgomery, D. C., "Introduction to Statistical Quality Control", 4th ed., John Wiley & Sons, Inc., 2001.

23 Ryan, T. P., "Statistical Methods for Quality Improvement", 2nd ed., John Wiley & Sons, Inc., 2000.

24 Shewhart, W. A., "The Economic Control of Manufactured Product, D. Van Nostrand, 1931.

연습문제 STATISTICAL QUALITY CONTROL

1\. 어떤 반도체 생산 공장에서 납땜불량(soldering defect)이 예상보다 많고 작업시간의 흐름에 따라 차이가 있는 것으로 판단되고 있다. 이 공장에서는 관리도를 작성하여 납땜 공정의 관리상태를 파악하고, 납땜불량의 근본적인 원인이 무엇인가를 파악하여 품질을 향상시킬 수 있는 방안을 모색하려고 한다. 관리도를 작성하기 위하여 매시간 크기 100 개(n)의 샘플을 3 일 동안 24(k)부분군을 채취하였다(1 일 8 시간 작업). 채취된 데이터는 다음과 같다.

p 관리도 데이터표

n=100

일시	부분군의 번호(k)	부적합품 개수(X_i)	부적합품률(p_i)	비고
11/6	1	5	0.05	
	2	3	0.03	
	3	6	0.06	
	4	2	0.02	
	5	3	0.03	
	6	6	0.06	
	7	2	0.02	
	8	5	0.05	
11/7	9	2	0.02	
	10	2	0.02	
	11	1	0.01	
	12	7	0.07	
	13	6	0.06	
	14	3	0.03	
	15	2	0.02	
	16	3	0.03	
11/8	17	12	0.12	
	18	11	0.11	
	19	2	0.02	
	20	2	0.02	
	21	3	0.03	
	22	5	0.05	
	23	2	0.02	
	24	6	0.06	
합계		101	1.01	

1) p 관리도의 관리한계선을 구하고, 관리도를 작성하라.

2) 작성된 관리도의 이상 유 무를 판단하고, 만약 이상점이 있다면 그 점을 제거한 후의 관리한계선을 재계산하여 관리도를 작성하라.

2. 다음의 p 관리도 데이터를 이용하여 p 관리도를 작성하라.

부분군의 번호	검사개수	부적합품수	부적합품률
1	158	11	0.070
2	140	11	0.079
3	140	8	0.057
4	155	6	0.039
5	160	4	0.025
6	144	7	0.049
7	139	10	0.072
8	151	11	0.073
9	163	9	0.055
10	148	5	0.034
11	150	2	0.013
12	153	7	0.046
13	149	7	0.047
14	145	8	0.055
15	160	6	0.038
16	165	15	0.091
17	136	18	0.132
18	153	10	0.065
19	150	9	0.060
20	148	5	0.034
21	135	0	0.000
22	165	12	0.073
23	143	10	0.070
24	138	8	0.058
25	144	14	0.097
26	161	20	0.124
합계	3 893	233	

3. 다음의 np 관리도 데이터를 이용하여 관리한계를 계산하라.

부분군의 번호	샘플의 크기(n)	부적합품수
1	100	5
2	100	2
3	100	1
4	100	1
5	100	3
합계	500	12

4. 다음의 np 관리도 데이터를 이용하여 관리한계선을 구하고, 관리도를 작성하라.

부분군의 번호	부분군의 크기(n)	부적합품수	부분군의 번호	부분군의 크기(n)	부적합품수
1	100	2	14	100	2
2	100	0	15	100	2
3	100	0	16	100	3
4	100	1	17	100	0
5	100	4	18	100	2
6	100	3	19	100	4
7	100	3	20	100	4
8	100	0	21	100	3
9	100	0	22	100	0
10	100	0	23	100	2
11	100	1	24	100	2
12	100	1	25	100	1
13	100	5			
합계				2 500	45

5. 다음의 np 관리도용 데이터를 이용하여 관리한계선을 구하고, 관리도를 작성하라.

로트번호	검사개수	부적합품 수	로트번호	검사개수	부적합품 수
1	300	4	11	300	7
2	300	4	12	300	4
3	300	6	13	300	3
4	300	4	14	300	6

5	300	6	15	300	9
6	300	2	16	300	4
7	300	4	17	300	3
8	300	3	18	300	4
9	300	5	19	300	5
10	300	3	20	300	2

6. 다음의 np 관리도용 데이터를 이용하여 관리한계선을 구하고, 관리도를 작성하라.

로트번호	검사개수	부적합품 수	로트번호	검사개수	부적합품 수
1	4 000	8	14	4 000	8
2	4 000	14	15	4 000	15
3	4 000	10	16	4 000	11
4	4 000	4	17	4 000	9
5	4 000	13	18	4 000	18
6	4 000	9	19	4 000	6
7	4 000	7	20	4 000	12
8	4 000	11	21	4 000	6
9	4 000	15	22	4 000	12
10	4 000	13	23	4 000	8
11	4 000	5	24	4 000	15
12	4 000	14	25	4 000	14
13	4 000	12			

7. 다음의 np 관리도 데이터를 이용하여 관리한계선을 구하고, 관리도를 작성하라.

부분군의 번호	부분군의 크기(n)	부적합품 수	부분군의 번호	부분군의 크기(n)	부적합품 수
1	100	4	16	100	1
2	100	7	17	100	6
3	100	5	18	100	5
4	100	2	19	100	5
5	100	3	20	100	4
6	100	3	21	100	3
7	100	4	22	100	2
8	100	3	23	100	2

9	100	6	24	100	4
10	100	12	25	100	6
11	100	15	26	100	2
12	100	6	27	100	1
13	100	1	28	100	3
14	100	4	29	100	1
15	100	5	30	100	4
합계				3000	129

8. 다음의 c 관리도 데이터를 이용하여 관리한계를 계산하라.

로트번호	1	2	3	4	5	6	7	8	9	10	합계
부적합수	18	13	13	15	21	17	18	16	15	19	165

9. 다음의 c 관리도 데이터를 이용하여 관리한계를 계산하고, 관리도를 작성하라.

부분군 번호	검사개수	부적합수	부분군 번호	검사개수	부적합수
1	20	4	11	20	6
2	20	5	12	20	4
3	20	3	13	20	1
4	20	3	14	20	6
5	20	4	15	20	4
6	20	8	16	20	2
7	20	4	17	20	4
8	20	2	18	20	4
9	20	3	19	20	3
10	20	3	20	20	7

10. 다음의 c 관리도 데이터를 이용하여 관리한계를 계산하고, 관리도를 작성하라.

부분군 번호	검사개수	부적합수	부분군 번호	검사개수	부적합수
1	20	7	11	20	6
2	20	5	12	20	3
3	20	3	13	20	2

4	20	4	14	20	7
5	20	3	15	20	2
6	20	8	16	20	4
7	20	2	17	20	7
8	20	3	18	20	4
9	20	4	19	20	2
10	20	3	20	20	3

11. 다음의 c 관리도 데이터를 이용하여 관리한계를 계산하고, 관리도를 작성하라.

부분군 번호	검사개수	부적합수	부분군 번호	검사개수	부적합수
1	20	7	11	20	6
2	20	1	12	20	3
3	20	2	13	20	3
4	20	5	14	20	3
5	20	0	15	20	1
6	20	6	16	20	6
7	20	2	17	20	3
8	20	0	18	20	1
9	20	4	19	20	5
10	20	4	20	20	6

12. 다음의 u 관리도 데이터를 이용하여 관리한계를 계산하고, 관리도를 작성하라.

부분군 번호	검사면적	부적합수	부분군 번호	검사면적	부적합수
1	1	4	11	1.3	5
2	1	5	12	1.3	2
3	1	3	13	1.3	4
4	1	3	14	1.3	2
5	1	5	15	1.2	6
6	1.3	2	16	1.2	4
7	1.3	5	17	1.2	0
8	1.3	3	18	1.7	8
9	1.3	2	19	1.7	3
10	1.3	1	20	1.7	8

13. 다음의 u 관리도 데이터를 이용하여 관리한계를 계산하고, 관리도를 작성하라.

부분군 번호	검사개수	부적합수	부분군 번호	검사개수	부적합수
1	50	4	11	50	7
2	50	5	12	50	5
3	50	3	13	50	2
4	50	6	14	50	3
5	50	2	15	50	5
6	50	1	16	50	1
7	50	5	17	50	2
8	50	6	18	50	6
9	50	2	19	50	3
10	50	4	20	50	5

14. 다음의 u 관리도 데이터를 이용하여 관리한계를 계산하고, 관리도를 작성하라. 단 부분군의 크기 단위는 100으로 하라.

부분군 번호	부분군의 크기	부적합수
1	200	5
2	250	7
3	100	3
4	90	2
5	120	4
6	80	1

STATISTICAL QUALITY CONTROL

11

특수 관리도

Specialized Control Charts

특수 관리도는 'ISO 7870-3 : 2012, Control charts – Part 3 : Acceptance control charts' 및 'ISO 7870-4 : 2011, Control chart – Part 4 : Cumulative sum charts'의 내용과 기타 자료를 기초로 작성된 것이며, 이 국제표준은 한국산업표준(KS Q ISO 7870-3 및 KS Q ISO 7870-4)으로 채택되어 있다.

이 장에서는 규격이 주어질 경우에 사용되는 합격판정관리도(acceptance control chart)를 소개하며, 현재의 검사 결과뿐만 아니라 앞에서 검사한 결과들을 누적하여 산출한 값으로 공정의 변화를 판단하는 누적합(CUSUM)관리도를 소개한다. 그리고 기타 특수관리도인 지수가중이동평균(EWMA: exponentially weighted moving average) 관리도, 이동평균(MA: moving average) 관리도, $Z-W$ 관리도(표준정규분포 변환 관리도), X_d-R 관리도(부분군 차이관리도), $\overline{Z}-W$ 관리도(부분군 표준정규 분포변환 관리도)를 간략히 설명한다. 추후 KS Q ISO 7870-5 및 ISO 7870-6 이 제정되면 이를 보완하고 다양한 특수 관리도를 추가하게 될 것이다.

11.1 합격판정관리도

11.1.1 합격판정관리도 개요

이 관리도는 'ISO 7870-3 : 2012, Control charts-Part 3:Acceptance control charts'의 내용을 기초로 작성된 것이다. 이 관리도는 한국산업표준(KS Q ISO 7870-

3:2012)으로 채택되어 합격판정관리도 작성방법을 규정하고 있다. 이 표준은 합격판정관리도 활용에 관한 지침을 제공하고 샘플크기, 조치한계 및 합격판정 기준을 결정하기 위한 일반 절차에 대하여 규정하고 있다. 합격판정관리도는 부분군 내 변동이 관리되고 있으며 변동이 효율적으로 추정되는 경우와 높은 수준의 공정능력(process capability)이 달성된 경우에 적용하는 것이 바람직하며, 공정의 연구대상 변수가 정규분포일 때 사용되지만, 비정규분포에도 적용될 수 있다.

합격 공정(acceptable process)은 합격 공정 구역([그림 11-1]참조) 내에 중심선(C_L)을 갖는 슈하트 관리도(KS Q ISO 7870-2 참조)로 나타나는 공정이다. 이상적으로는, 이러한 관리도의 $\overline{X}$는 목표값에 위치할 것이다.

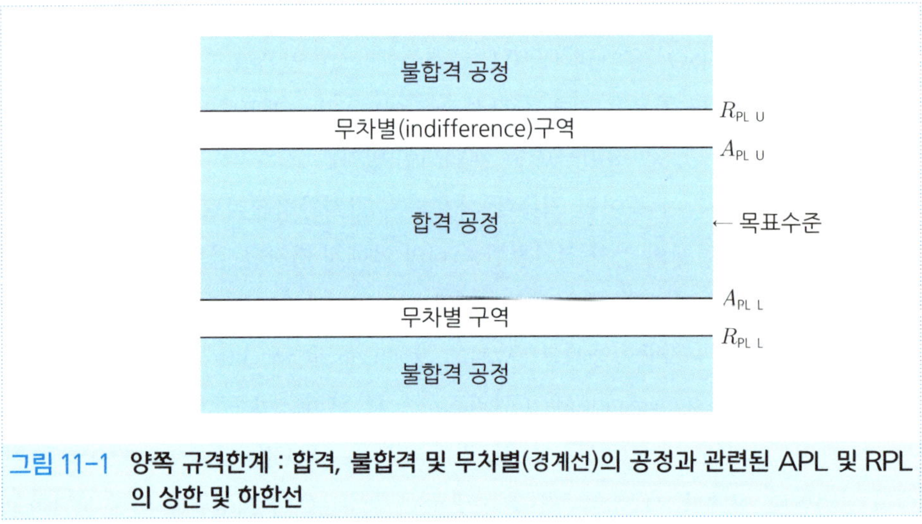

그림 11-1 양쪽 규격한계 : 합격, 불합격 및 무차별(경계선)의 공정과 관련된 APL 및 RPL의 상한 및 하한선

11.1.2 합격판정관리도 사용에 대한 설명

합격판정관리도는 슈하트 관리도에 바탕을 두고 있지만(즉, $\overline{X}-R$ 관리도 또는 $\overline{X}-s$ 관리도), 공정 평균은 규격이 충분히 클 경우 슈하트 관리도의 관리한계를 벗어날 수 있도록 설정되고, 또한 공정의 고유 변동성(inherent variability)이 비교적 크거나 총 허용차 범위가 크면 더 좁은 한계로 국한되도록 설정된다.

필요한 것은 목표치로부터 너무 벗어나서 규격한계를 벗어나 바람직하지 않은 부적합률의 공정 또는 지나친 공정 수준 이동이 발생하는 것으로부터 보호하는 것이다.

어떤 공정으로부터 발생하는 데이터의 평균 관리도가 생산 순서대로 타점되면 평균에 지속적인 변동이 있음을 알게 된다. 중앙 구역(합격 공정, [그림 11-1])에는 논쟁할 여지없이 합격이 가능한 제품이 있다. 외측 구역의 데이터([그림 11-1])는 논쟁의 여지없이 합격이 불가능한 제품을 생산하는 공정을 나타낸다.

내측 구역 및 외측 구역 사이에는 제품이 합격가능하나 공정을 감시하는 것이 좋으며, 외측 구역에 접근함에 따라 시정 조치가 필요할 수도 있다는 것을 나타내는 구역이 있다. 이러한 기준은 합격판정관리도에 대한 기본 개념이다. 이 표준의 설명은 한쪽 및 양쪽의 규격 상황에 대한 적절한 실행 라인을 수립하기 위해 설계된 것이다.

불만족스러운 품질 수준과 좋은 수준을 예리하게 구분할 수 있는 단일의 구분선을 가지는 것은 불가능하기 때문에 항상 합격되어야 하는 공정을 나타내는 공정 수준을 정의하는 것이 좋다($1-\alpha$), 이것을 합격 공정 수준(APL:acceptable process level)이라고 하며, 목표치 근처에 위치한 합격 공정 구역의 외측 경계를 표시한다.([그림 11-1] 참조)

중심이 APL보다 더 가깝게 목표치에 있는 공정이 합격하지 못할 위험은 보다 작을 것이다. 따라서 공정이 목표에 가까울수록 만족스러운 공정이 합격하지 못할 가능성은 작아진다.

또한 거의 절대로 합격되어서는 안 되는 공정을 나타내는 공정 수준을 규정할 필요도 있다($1-\beta$), 바람직하지 않은 공정 수준을 불합격 공정 수준(RPL : rejectable process level)이라고 한다. RPL보다 목표치로부터 훨씬 멀리 있는 공정의 합격 위험은 β보다 작을 것이다.

공정 수준이 APL과 RPL 사이에 있는 공정에서는 경계선의 품질을 갖는 제품이 나올 것이다. 즉, APL과 RPL 사이에 있는 공정 수준은 공정이 조정되었을 경우 시간 낭비가 되거나 지나친 관리를 나타낼 만큼 좋지도 않고 수준에 변동이 있을 경우 제품을 사용할 수 없게 될 만큼 나쁘지도 않은 품질을 나타낼 것이다. 이 지역을 종종 “무차별 구역”이라고 한다. 이 구역의 폭은 특정 공정에 대한 요구사항과 공정과 관련하여 취하려고 하는 위험수준이다. 구역의 폭이 좁을수록, 즉 APL 및 RPL이 가까울수록 샘플크기는 커져야 할 것이다. 이 접근법은 합격판정 관리 시스템의 효과성을 현실적으로 평가할 수 있게 해주고, 그리고 어떤 주어진 관리 시스템이 의도하는 것만을 보여주기 위한 서술적 방법을 제공할 것이다.

모든 합격판정 샘플링 시스템과 마찬가지로 합격판정 관리도의 정의에 필요한 4가지 요소는 다음과 같다.

① 한쪽 α -위험과 관련된 합격 공정 수준(APL:acceptable process level)

② 한쪽 β -위험과 관련된 불합격 공정 수준(RPL:rejectable process level)

③ 조치기준 또는 합격판정 관리한계(ACL:acceptance control limit)

④ 샘플크기(n)

11.1.3 공정의 합격판정 관리

(1) 관리도 작성

품질 특성의 샘플/부분군 평균치를 다음과 같은 방식으로 합격판정관리도에 좌표로 타점한다. 식별번호(수치순, 시간순 등으로)는 수평 척도에 놓고 해당하는 샘플 평균은 수직 척도에 놓는 방법을 이용하여 각 샘플에 대하여 타점한다.

타점이 합격판정 관리상한 ACLU 위에 있거나 합격판정 관리하한 ACLL 밑에 있으면 해당 공정은 불합격으로 간주하는 것이 좋다. 타점이 관리선 가까이에 있으면 수치 값이 의사결정에 사용되어야 한다.

(2) 규격

이론적으로는 합격판정관리도 시스템의 규정 요소인 APL(α -위험을 갖는), RPL(β-위험을 갖는), 합격판정관리 한계(ACL) 또는 샘플크기/부분군크기(n) 중의 두 개의 값의 규격이 주어지면 나머지 두 개의 값을 결정하지만, 실제로는 APL을 먼저 정의하는 것이 중요하다. 또한 합리적 부분군 내의 값은 알려져 있거나, 또는 와 같은 흔히 사용되는 관리도 기법을 사용하여 추정하는 것이 좋다.

1) APL 및 RPL과 함께 각각의 α -위험 및 β -위험의 규정과, 샘플크기(n) 및 합격판정 관리한계의 결정

공정이 APL에서 연속적으로 가동되는 경우는 드물기 때문에 합격판정관리도 적용에서는 α=0.05가 선택되는 경우가 많다. 이것은 목표치 의 각 방향에서의 불합격의 위험이 항상 α보다 작아야 한다는 것을 의미한다.

2) APL(α -위험과 함께) 및 샘플크기 n의 규정과 주어진 β -위험 및 ACL에 대한 RPL의 결정,

이 절의 예는 계량치를 다루며 목표치의 위 및 아래 양쪽에서 정의된 한계와 수준을 가진 양쪽 규격의 측면에서 규정된다. 하지만 이 방법은 한쪽 규격한계에 대해서도 동등하게 유효하다. 또한 어느 한쪽에서 더 많은 위치범위를 원할 경우 목표치의 위 및 아래에서 선택된 값이 대칭이 되어야 한다는 요구사항은 없다. 목표치의 위 및 아래에서 서로 다른 값을 선택하는 경우에는 더욱 엄격한 상황에 요구되는 샘플크기(즉, APL과 RPL 사이의 거리가 비교적 작음)를 사용하는 것이 좋다.

11.1.4 합격판정 관리도 계산 절차

(1) APL과 RPL 요소의 결정

계량치의 경우($\overline{X}$), APL은 여러 가지 방식으로 선정해도 된다. 규격한계와 함께 개별 모집단 품목의 기반이 되는 분포가 알려져 있다면 공정의 중심이 APL에 있을 때 발생할 부적합품의 합격률(또는 백분율) p_0의 측면에서 공정을 규정할 수 있다. [그림 11-2]를 참조한다. 기반이 되는 분포가 정규분포라면(가우스 분포), 다음과 같이 표준정규분포 값의 한쪽표(one-tailed table)를 사용할 수 있다.

4 개 이상의 샘플에 대하여 관리목적 상 정규분포를 가정하는 것은 일반적으로 $\overline{X}$ 관리도 작성에 유효하다. 그러나 APL 및 RPL수준과 관련이 있는 부적합품의 비율(백분율)해석은 기반이 되는 분포에 따라 달라진다. 다른 분포에 대해서는 적절한 표를 따라야 하며 그에 따라 표준정규분포 값 Z_{pt}를 교체하는 것이 좋다. 이 적용에서 Z 접근법의 장점은 한계선 및 규정 요소가 중심의 위와 아래에 있어서 중심의 어느 쪽이 관련되었는지에 따라 α와 $1-\alpha$ 또는 β와 $1-\beta$를 다루어야 하는 대신에 목표의 양쪽에서 동등한 α 값 과 β 값을 가지는 것이 편리하다는 것이다. 또한 이는 다음과 같은 기하학적 해석에 도움을 준다.

약어는 복수의 문자가 포함될 수 있는 반면에, 기호는 단 하나의 문자만 포함할 수 있다. 예를 들어 합격품질한계의 '약어'는 APL이지만, 공식에서 사용되는 '기호'는 A_{PL}이다.

$$Z_\alpha \sigma_{\overline{X}} + Z_\beta \sigma_{\overline{X}} = (R_{PL} - A_{PL})$$

$$\text{위 APL}(A_{PL\ U}) = U - Z_{po}\sigma_w$$

$$\text{아래 APL}(A_{PL\ L}) = L + Z_{po}\sigma_w$$

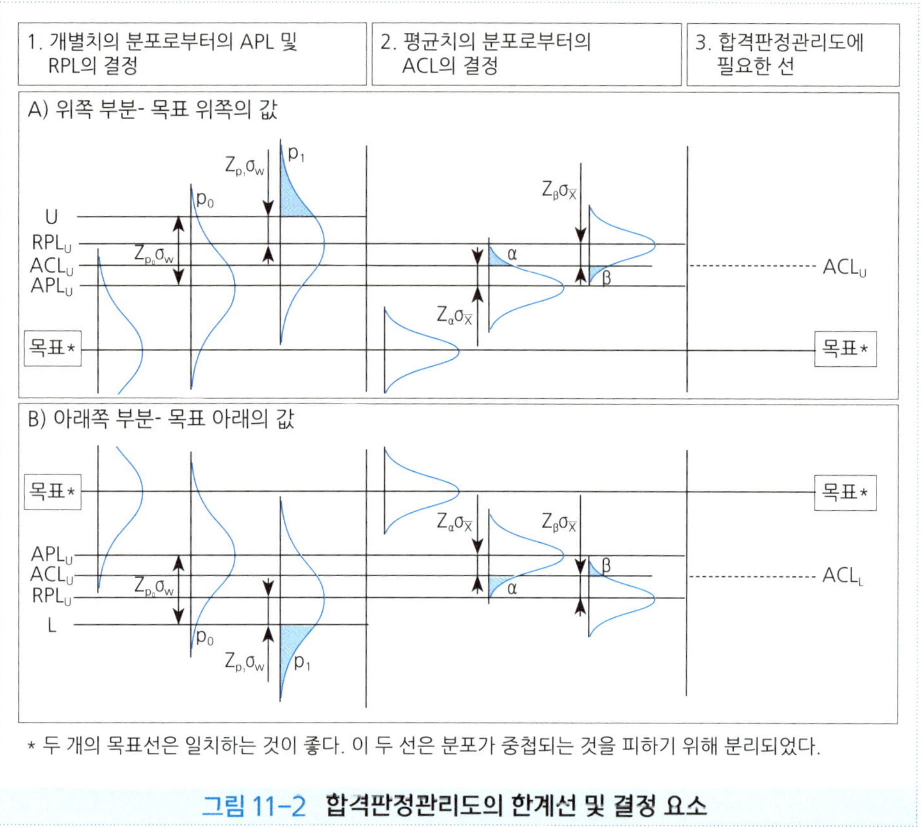

그림 11-2 **합격판정관리도의 한계선 및 결정 요소**

여기서 $U = S_U$ (또는 USL)는 규격상한이며, $L = S_L$(또는 LSL)는 규격하한이다.

이와 비슷하게 RPL도 여러 가지 방식으로 선정할 수 있다. 이것은 공정의 중심이 RPL에 있을 때 발생할 부적합품의 불합격률(백분율) p_1을 규정하는 방법으로 규격한계와 관련지을 수 있다.

$$\text{위 RPL } (R_{\text{PL U}}) = U - Z_{P_1}\sigma_w$$

$$\text{아래 RPL } (R_{\text{PL L}}) = L + Z_{P_1}\sigma_w$$

APL 및 RPL이 있는 $\overline{X}$ 관리도가 부적합품의 백분율의 측면에서 정의되는 [예제 11-1]의 병에 용액을 채우는 작업 예를 참조한다. 계산 절차에 대한 흐름도가 [그림 11-3]에 제시된다.

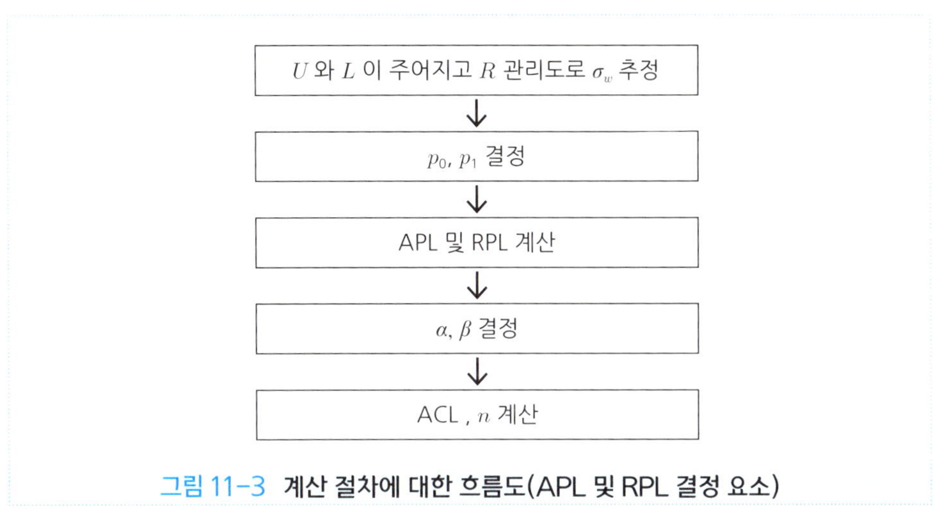

그림 11-3 **계산 절차에 대한 흐름도(APL 및 RPL 결정 요소)**

APL과 α, RPL과 β의 값이 정해지면, 합격판정관리상한($A_{\mathrm{CL\,U}}$)은 다음에 위치하게 된다.

$$A_{\mathrm{CL\,U}} = A_{\mathrm{PL\,U}} + \left(\frac{Z_\alpha}{Z_\alpha + Z_\beta}\right)(R_{\mathrm{PL\,U}} - A_{\mathrm{PL\,U}})$$

여기에서 Z_α와 Z_β는 각 α와 β의 확률에 대한 표준정규분포의 임계값이다.

합격판정관리하한($A_{\mathrm{CL\,L}}$)은 다음에 위치한다.

$$A_{\mathrm{CL\,L}} = A_{\mathrm{PL\,L}} + \left(\frac{Z_\alpha}{Z_\alpha + Z_\beta}\right)(R_{\mathrm{PL\,L}} - A_{\mathrm{PL\,L}})$$

α와 β위험이 농일한 값을 갖게 되는 경우, 합격판정관리 한계는 APL과 RPL 중간에 위치하게 된다. 샘플크기는 다음과 같이 계산된다.

$$n = \left[\frac{(Z_\alpha + Z_\beta)\,\sigma_w}{(R_{\mathrm{PL}} - A_{\mathrm{PL}})}\right]^2$$

또는 상한 및 하한 규격이 주어질 경우의 샘플크기 계산식은 다음과 같다.

$$n = \max\left\{\left[\frac{(Z_{\alpha,U} + Z_{\beta,U})\,\sigma_w}{R_{\mathrm{PLU}} - A_{\mathrm{PLU}}}\right]^2 \text{ 또는 } \left[\frac{(Z_{\alpha,L} + Z_{\beta,L})\,\sigma_w}{R_{\mathrm{PLL}} - A_{\mathrm{PLL}}}\right]^2\right\}$$

이 계산식 대신 검사특성곡선을 제공하는 노모그래프를 사용할 수 있다. 이에 대해서는 KS Q ISO 7870-3의 부속서를 참조하기 바란다.

(2) APL, α, β 및 n의 결정

APL은 1)에서 지정된 것처럼 선정할 수 있다. 샘플크기는 운영 편의성에 따라 정할 수 있으나 RPL과 β가 어떤 값을 갖는지를 확인하기 위하여 대입해 볼 수도 있다. 만약 이러한 사항이 불만족스러울 경우, 공정을 반복하거나 다른 조합 방법 중 하나를 활용하여 n을 계산할 수 있다. APL, α 그리고 n값이 주어진 경우,

$$A_{\mathrm{CL\,U}} = A_{\mathrm{PL\,U}} + Z_{\alpha}\frac{\sigma_w}{\sqrt{n}}$$

$$A_{\mathrm{CL\,L}} = A_{\mathrm{PL\,L}} - Z_{\alpha}\frac{\sigma_w}{\sqrt{n}}$$

$$R_{\mathrm{PL\,U}} = A_{\mathrm{CL\,U}} + Z_{\beta}\frac{\sigma_w}{\sqrt{n}}$$

$$R_{\mathrm{PL\,L}} = A_{\mathrm{CL\,L}} + Z_{\beta}\frac{\sigma_w}{\sqrt{n}}$$

계산 절차에 대한 흐름도가 [그림 11-4]에 제시되어 있다.

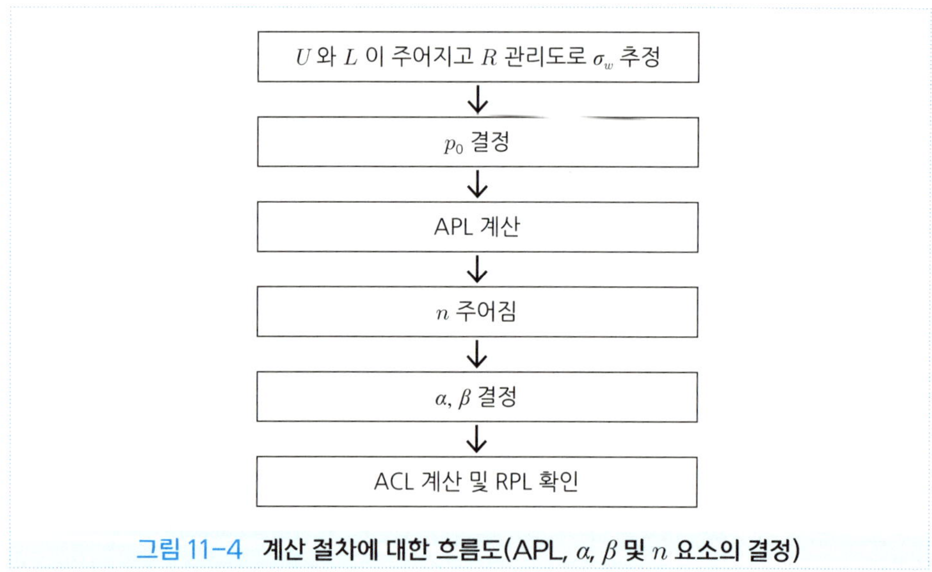

그림 11-4 **계산 절차에 대한 흐름도(APL, α, β 및 n 요소의 결정)**

(3) 샘플링 빈도

샘플크기와 α와 β위험 간의 관계는 위에서 살펴보았다. 샘플링 빈도의 결정은 이 표준에서 다루지 않는다. 공정의 이력을 살펴본 결과, 고유 변동성이 안정되고 공정수

준이 향상되어 합격 공정구역 내에서 이동된다면, 샘플링 빈도는 덜 안정된 공정과 비교하여 상대적으로 낮게 된다. α와 β 값을 정할 때 비용을 어느 정도 고려하지만, 샘플링 빈도와 비용은 분명한 관계가 있다.

(4) 기타

부적합품률 p 또는 부적합수 c와 같은 속성에 대하여 동일한 형태의 요소가 적용된다. p 관리도의 경우, APL은 p_0로, RPL은 p_1로 정해진다. 범주를 부적합품이 아닌 결점이 있는 항목으로 느슨하게 적용하면, 규격 한계를 초과하는 항목과 관련 없는 p_0 및 p_1값이 선택될 수 있다. 통상 슈하트 p 관리도 및 c 관리도는 비율 또는 개수의 수준 변동을 확인하는데 사용한다.

p 관리도에 대한 분포는 항상 이항 분포이며, c 관리도에 대한 분포는 포아송 분포이다. 속성에 대해 대부분의 슈하트 관리도는 표준정규분포(즉, $\bar{p} \pm 3s_{\bar{p}}$ 및 $\bar{c} \pm 3s_{\bar{c}}$)를 활용하는 데 p가 극히 작지 않다면 관리 목적에 적절하다. 극도의 정확성이 요구되는 경우, 1/1 000에 해당하는 확률적 한계를 사용하는 것이 바람직하다.

예제 11-1 어떤 병에 (10.0±0.5) cm^{3}의 용액을 채우는 작업을 하는데 채워야할 용액 양의 목표값은 10 cm^{3}이다. 우연원인에 의한 고유 변동성은 정규 분포를 하는 것으로 알려져 있으며, 과거 경험으로부터 cm^{3}로 주어져 있다. 채워야 할 용액의 범위가 (10.0±0.5) cm^{3}를 벗어나는 병이 0.1 % 미만인 경우 작업자에 의한 작업은 합격이며, 채워야 할 용액의 범위가 (10.0 ± 0.5) cm^{3}를 벗어나는 병이 2.5 % 이상인 경우 작업자에 의한 작업은 불합격이다. α와 β위험은 각각 5 %라고 할 때 합격판정관리도 요소를 구하라.

풀이 다음 데이터는 APL과 RPL을 계산하는 데 사용된다.

규격상한 : $U = 10.5$ cm^3

규격하한 : $L = 9.5$ cm^3

공정 표준편차 : $\sigma_w = 0.1$cm^3

정규분포 Z의 임계값(critical value)(규격 한계를 초과하는 규정된 비율에 상응하는 꼬리 부분의 값)은 다음과 같다.

$p_0 = 0.001$에 대한 $Zp_0 = 3.090$

$p_1 = 0.025$에 대한 $Zp_1 = 1.960$

평가값은 다음과 같다.

$$A_{\text{PL}} = \begin{cases} U - Z_{0.001}\sigma_w = 10.5 - 3.090 \times 0.1 = 10.191 \\ L + Z_{0.001}\sigma_w = \ \ 9.5 + 3.090 \times 0.1 = \ 9.809 \end{cases}$$

$$R_{\text{PL}} = \begin{cases} U - Z_{0.001}\sigma_w = \ 10.5 - 1.960 \times 0.1 = 10.304 \\ L + Z_{0.001}\sigma_w = \ \ \ 9.5 + 1.960 \times 0.1 = \ 9.696 \end{cases}$$

α와 β위험은 각각 5 %로 결정하여 $Z_\alpha = Z_\beta = 1.645$이다. 따라서

$$\begin{aligned} A_{\text{CL U}} &= A_{\text{PL U}} + \left(\frac{Z_\alpha}{Z_\alpha + Z_\beta}\right)(R_{\text{PL U}} - A_{\text{PL U}}) \\ &= 10.191 + 0.5(10.304 - 10.191) = 10.245 \text{이다.} \end{aligned}$$

그리고

$$\begin{aligned} A_{\text{CL L}} &= A_{\text{PL L}} - \left(\frac{Z_\alpha}{Z_\alpha + Z_\beta}\right)(A_{\text{PL L}} - R_{\text{PL L}}) \\ &= 9.809 - 0.5 \times (9.809 - 9.696) = 9.755 \text{이다.} \end{aligned}$$

샘플크기는 다음과 같다.

$$n = \left[\frac{(Z_\alpha + Z_\beta)\sigma_w}{(R_{\text{PL}} - A_{\text{PL}})}\right]^2 = \left[\frac{(1.645 + 1.645) \times 0.1}{0.113}\right]^2 = (2.912)^2 \approx 8.48$$

샘플크기는 위험율 α 및 β의 규정된 값을 초과하지 않는 것을 보장하기 위하여 대략 $n = 9$이다. 결과 값으로부터 다음 결론이 내려진다.

a) 목표값으로부터 ± 0.191 cm^3 또는 그 이하의 편차를 갖는 작업자 작업(규격 한계를 초과하는 병이 0.1 %보다 적은 경우를 의미)은 당연히 (95 % 이상의 신뢰 수준으로) 합격이다.

b) 목표값으로부터 ± 0.304 cm^3 또는 그 이상의 편차를 갖는 작업자 작업(규격 한계를 초과하는 병이 2.5 %보다 큰 경우를 의미)은 당연히 (95 % 이상의 신뢰 수준으로) 불합격이다.

c) 목표값으로부터 ± 0.191 cm^3를 초과하나 ± 0.304 cm^3보다 적은 편차를 보이는 작업자의 작업은 재조정을 위해 불합격 또는 합격할 수도 있다. 작업의 정확성에 관점에서 이를 경계선 또는 '무차별' 품질을 나타낸다.

11.2 누적합 관리도

11.2.1 누적합 관리도의 기본개념

누적합 관리도는 'ISO 7870-4 : 2012, Control charts Part 4: Cumulative sum charts'의 내용을 기초로 작성된 것으로 한국산업표준(KS Q ISO 7870-4 : 2013)으로 채택되어 있다.

누적합 관리도(CUSUM: cumulative sum control chart)는 현재의 검사 결과뿐만 아니라 앞에서 검사한 결과들을 누적하여 산출한 값으로 공정의 변화를 판단하는 방법이다. 이 관리도는 공정의 변화가 서서히 일어나고 있을 때, 슈하트 관리도를 사용하면 그 공정의 변화를 탐지하기 어려우나 CUSUM 관리도를 이용하면 비교적 민감하게 탐지해 낼 수 있는 장점이 있어서 공정을 관리하는 도구로 최근 많이 사용된다. 일반적으로 슈하트 관리도는 공정이 2σ 또는 그 이상으로 이동하는 경우에는 매우 효율적으로 공정이탈 상태를 감지할 수 있다. 그러나 CUSUM 관리도는 공정이 0.5σ에서 1.5σ 만큼 이동하더라도 기존의 슈하트 관리도보다 두 배 정도 빨리 이동 상태를 감지할 수 있어 공정관리에 매우 효율적이나. 특히 상지산업과 같은 제조업체에서 널리 사용되고 있다.

11.2.2 누적합 관리도의 주요 특징

누적합 관리도는 근본적으로 미리 선정된 기준치로부터 편차의 합계이다. 연속적인 값의 그룹 평균은 그래프의 현재 기울기를 사용하여 시각적으로 표현한다. 누적합 관리도의 주요 특징은 다음과 같다.

1) 평균의 변동을 검출하는데 민감하다.
2) 그래프 기울기의 변동 및 변동의 정도를 시각적으로 표시한다.

① 그래프가 수평인 것은 "목표에 있는" 값 또는 기준치를 나타낸다.

② 하향 기울기는 기준치 또는 목표치보다 작은 평균을 나타낸다. 기울기가 클수록 차가 크다.

③ 상향 기울기는 기준치 또는 목표치보다 큰 평균을 나타낸다. 기울기가 클수록 차가 크다.

3) 관리를 위한 실행 목적 및 가까운 장래의 성과 예측을 위해 소급해서 사용될 수 있다.

위의 2)를 보면 누적합 관리도는 변화점을 명확하게 나타낼 수 있는 능력이 있다; 변화 점은 누적합 타점도의 기울기 변동으로 분명하게 나타날 것이다. 즉, 공정이 변하는 순간을 빠르고 정확하게 지적할 수 있어서 적절한 시정 조치를 취할 수 있는 것이다.

누적합 시스템의 또 다른 매우 유용한 특징은 타점하지 않고도 표 형태로 나타낼 수 있다는 것이다. 이것은 시스템의 공정 변수 및 제품 특성의 수가 많은 플라스틱 필름 제조와 같은 매우 기술적인 공정을 모니터링 하는데 사용할 경우에 매우 유용하다.

11.2.3 누적합 관리도 작성의 기본 단계 - 도식적 표현

다음 단계는 개별 값들에 대한 누적합 관리도를 만드는 데 사용된다.

1 단계 : 기준치, 목표치, 관리점 또는 표준치를 선택한다. 과거 결과의 평균이 좋은지 판별력을 제공할 것이다.

2 단계 : 의미 있는 순서(보기: 시간적 순서)로 결과를 표로 작성한다. 각 결과로부터 기준치를 뺀다.

3 단계 : 2 단계에서 구한 값을 점진적으로 합한다. 이 합계들을 누적합 관리도에 타점한다.

4 단계 : 최상의 시각적 효과를 얻기 위해서는 타점 사이의 폭이 약 2.5 mm 이하가 되도록 수평척도를 설정한다.

5 단계 : 크게 민감하지 않으면서 합리적인 판별을 위해서는 다음과 같은 선택사항이 권장된다.

1) 수평축에 대하여 편리한 타점 구간을 선택하고 적절하게 반올림을 하면서 수직축의 동일 구간을 2σ(또는 평균의 누적합을 타점도로 만드는 경우에는 2)가

되게 만든다.

2) 알려진 변동(보기: δ)을 검출할 필요가 있을 경우에는 적절하게 반올림을 하면서 수직척도의 단위를 수평척도의 단위로 나눈 비율이 δ 및 2δ 사이에 있도록 수직 척도를 선택한다.

11.2.4 누적합 타점도의 보기-모터 전압

모터 전압특성에 대하여 시간적인 순서로 되어 있는 40 개 값을 측정한 값이다. 이 값들은 생산의 초기 단계에서 소량의 마력 모터를 생산하는 순서에 따라 나온 전압이다. 연속적인 척도로 표현될 수 있는 전압 값은 다음과 같다.

9, 16, 11, 12, 16, 7, 13, 12, 13, 11, 12, 8, 8, 11, 14, 8, 6, 14, 4, 13, 3, 9, 7, 14, 2, 6, 4, 12, 8, 8, 12, 6, 14, 13, 12, 14, 13, 10, 13, 13.

기준 또는 목표 전압값은 10 V이다. 패턴 및 추세를 결정하여 공정의 기반이 되는 동작에 대한 이해도를 높이려고 할 경우, 표준 접근법은 단순히 [그림 11-5] a)와 같이 자연스러운 순서로 타점하는 것이 될 것이다.

[그림 11-5] a)는 시작점이 높고 끝나는 점도 이와 비슷하게 높으면서 중간 부분에서 일반적으로 하락하는 것을 제외하면 전체적으로 극단적인 잡음 또는 이상돌출 데이터는 없다.

(1) 개별치 관리도

한 차원 더 정교하게 보려면 [그림 11-5] b)에 나와 있는 것처럼 개별치에 대한 관리도를 작성하는 것이다.

[그림11-5] b)는 앞의 그림보다 흥미로운 것을 나타내 주며 실제로 판단하기 위해서는 공정의 안정성 및 관리를 위해 통계적 공정관리 기준은 다음과 같다.

a) 관리상한(UCL:upper control limit) 위 또는 관리하한(LCL:lower control limit) 아래에 있는 점이 없음.

b) 연속 상승 또는 하강의 7 개 이상 경향(trend)이 없음.

c) 중심선 위 또는 아래로 7 개 점의 연(run)이 없음.

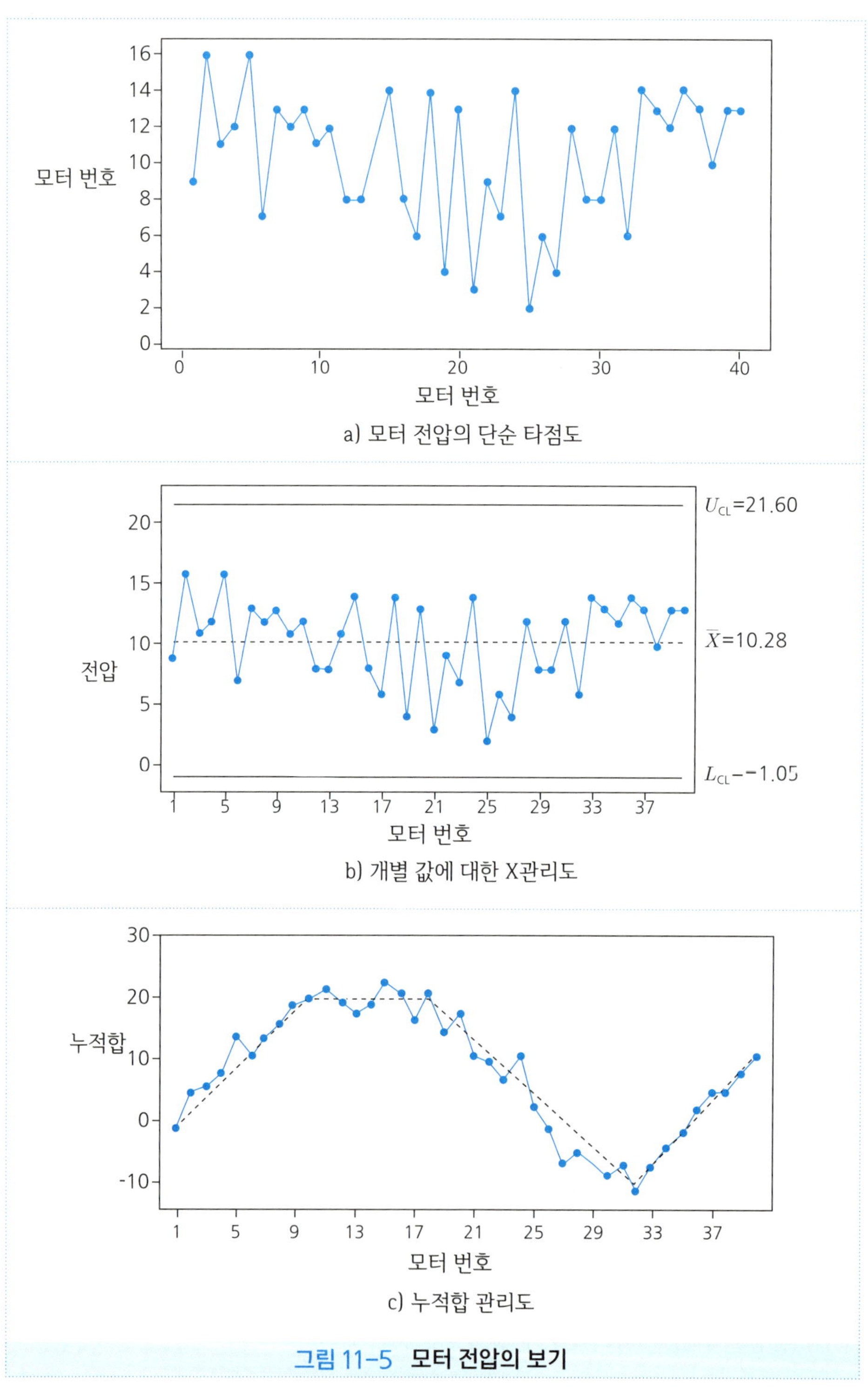

그림 11-5 **모터 전압의 보기**

목표치인 약 10 V의 전반적인 평균치 주위에서 "관리되고 있는" 안정된 공정이라는 결론을 내리게 된다. 그러나 이 공정이 안정적이기는 하지만 규격 요구사항을 만족시킬 수는 없다는 것을 알게 될 것이다.

결과적으로 공정에서 자연스럽게 큰 변동이 나타난다면 관리한계는 그에 따라 커진다. 필요한 것은 주요 변동 원인을 결정 및 제거하는 데 도움을 주기 위하여 패턴 및 추세를 나타내거나 변화점을 정확하게 지적하는 데 더 뛰어난 방법이다.

(2) 누적합 관리도 - 전체적 관점

이전의 관리도에서는 공정 품질수준에 중대한 변화의 발생유무 또는 발생 시점을 즉시 파악할 수 없었지만, 누적합 관리도에서는 뚜렷한 패턴을 발견할 수 있다. 가장 잘 맞는 표시는 10 번째, 18 번째, 그리고 31 번째 모터 이후에 변하는 4 차례의 공정 품질수준의 변동이다.

따라서 이 공정은 대략 11 번 모터와 18 번 모터 사이에서 짧은 기간 동안만 목표치에 나타나는 것으로 보인다. 1 번 모터에서 10 번 모터까지는 33 번 모터 및 그 이후의 모터와 비슷하게 비교적 높게 실행되었지만, 약 19 번 모터에서 32 번 모터 사이의 공정에서는 낮은 전압의 모터가 나타나고 있다.

실제 상황에서 다음 단계는 이러한 생산 시점에서 운영상 어떤 일이 발생하여 전압 성능의 변동이 나타났는지를 조사하는 것이다. 예를 들어 32 번 모터의 제작 특성은 33 번 모터의 제작 특성과 어떻게 다른가? 또는 이 시점에서 시험 장비 교정에 어떤 일이 일어났는가? 이것이 교대구무, 인원 배치 또는 배취(batch) 변화에 일치하였는가? 그리고 상황이 어떻든 간에 누적합 관리도는 개선기회를 보여주는 바람직한 진단 도구가 될 수 있다.

(3) 누적합 관리도 구축

이 보기에서처럼 개별 값을 사용하는 누적합 관리도의 구축은 매우 간단한 단계에 바탕을 두고 있다.

1 단계 : 기준치(RV:reference value)를 선택한다. 여기에서 표준 또는 기준치는 10 V로 주어진다.

2 단계 : [표 11-2]의 2 열(및 6 열)에 있는 것처럼 모터 번호에 대하여 생산 순서대

로 결과(전압)를 표로 만든다. 표 1의 3 열(및 7 열)에 있는 것처럼 각 결과에서 기준치 10을 뺀다.

3 단계 : 표 1의 3 열(및 7 열)과 4 열(및 8 열)의 값들을 점진적으로 합한다. 4 단계와 5 단계의 척도에 관한 의견을 참고하면서 [그림 11-5] c)에 있는 것처럼 관측 (모터) 번호에 대하여 4 열(및 8 열)을 타점한다.

표 11-2 개별 값으로부터 누적합 값을 계산하기 위한 배열표

(1) Motor no.	(2) Voltage	(3) Voltage-10	(4) Cusum	(5) Motor no.	(6) Voltage	(7) Voltage-10	(8) Cusum
1	9	-1	-1	21	3	-7	+11
2	16	+6	+5	22	9	-1	+10
3	11	+1	+6	23	7	-3	+7
4	12	+2	+8	24	14	+4	+11
5	16	+6	+14	25	2	-8	+3
6	7	-3	+11	26	6	-4	-1
7	13	+3	+14	27	4	-6	-7
8	12	+2	+16	28	12	+2	-5
9	13	+3	+19	29	8	-2	-7
10	11	+1	+20	30	8	-2	-9
11	12	+2	+22	31	12	+2	-7
12	8	-2	+20	32	6	-4	-11
13	8	-2	+18	33	14	+4	-7
14	11	+1	+19	34	13	+3	-11
15	14	+4	+23	35	12	+2	-7
16	8	-2	+21	36	14	+4	-4
17	6	-4	+17	37	13	+3	-2
18	14	+4	+21	38	10	0	+2
19	4	-6	+15	39	13	+3	+5
20	13	+3	+18	40	13	+3	+5

11.2.5 누적합 관리도 해석

(1)개요

이 보기에서처럼 소급적 진단 형태로 누적합 관리도를 사용할 때는 개별 타점에 중점을 두지 말고 [그림 11-5] c)에 있는 것과 같은 데이터를 통하여 눈으로 보기에 가장 잘 맞는 선을 나타내는 최소 숫자의 직선을 그리는 것이 일반적으로 더 낫다.

그 다음 통상적인 데이터 타점도 처럼 이러한 선의 기울기 또는 수직 축과 관련된 이들의 상대적인 위치를 해석하지 않도록 조심하는 것이 좋다. 또한 수직 축은 더 이상 실제 전압을 나태내지 않는다는 점에도 주의하는 것이 좋다. 상향 또는 하향 기울기를 포함한 직선은 공정 품질특성수준이 증가하거나 감소한다는 것을 나타내는 것이 아니라 기준치보다 크거나 작다는 것을 나타낸다. 기울기가 급할수록 차이도 커진다. 수평선은 공정 품질수준이 기준치에서 일정하다는 것을 나타낸다.

1) "잡음 없는 가상의("imaginary noiseless")" 데이터를 이용한 누적합 관리도 해석의 기본

처음 18개 모터 전압의 연속된 값이 [표 11-3]의 2열에 나와 있는 것처럼 10, 10, 10, 13, 13, 13, 10, 10, 10, 9, 9, 9, 10, 10, 10, 8, 8, 8이고 기준치는 여전히 10 V라고 가정한다.

이제 결과적으로 나타나는 누적합 관리도는 [그림 11-6]처럼 보일 것이다.

표 11-3 누적합 관리도를 설명하기 위한 가상의 모터 데이터

(1) Motor no.	(2) Voltage	(3) Voltage-10	(4) Cusum
1	10	0	0
2	10	0	0
3	10	0	0
4	13	+3	+3
5	13	+3	+6
6	13	+3	+9
7	10	0	+9
8	10	0	+9
9	10	0	+9
10	9	-1	+8
11	9	-1	+7
12	9	-1	+6
13	10	0	+6
14	10	0	+6
15	10	0	+6
16	8	-2	+4
17	8	-2	+2
18	8	-2	0

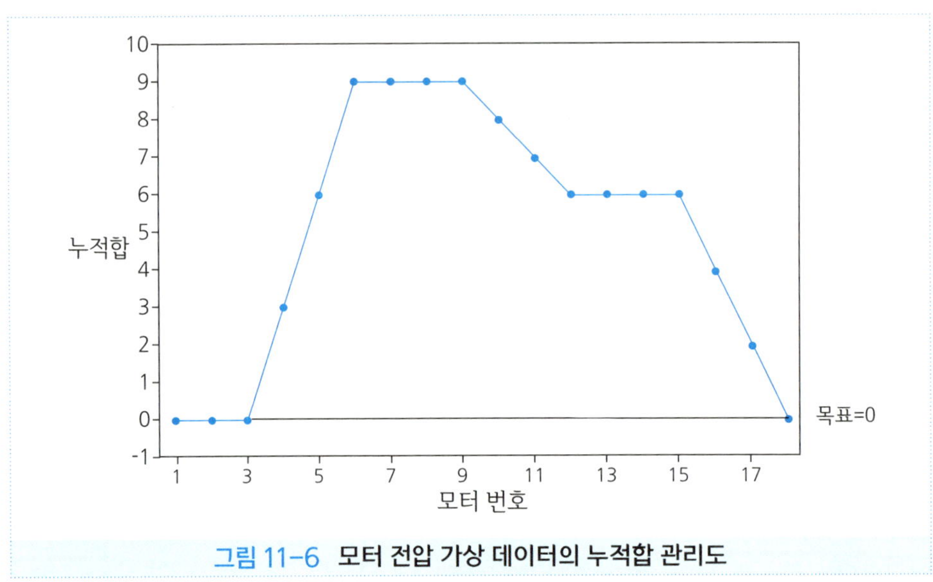

그림 11-6 모터 전압 가상 데이터의 누적합 관리도

[표 11-3]의 2열의 실제 전압을 [그림 11-6]의 누적합 관리도와 비교할 때 다음과 같이 나타난다.

a) 1-3, 7-9, 및 13-15 번 모터는 모두 10 V의 기준치에 있었으며, 이들은 모두 누적합 관리도에서 수평선으로 표현된다. 또한 수직 척도와 관련된 수평선의 위치는 실제 모터와 관련이 있기 보다는 이전의 성능과 관련이 있는 것으로 나타날 것이다.

b) 4-6 번 모터는 기준치보다 높은 값, 즉 13 V에 있었으며, 이러한 모터는 누적합 관리도에서 상향 기울기로 나타난다. 모터 사이의 전압의 변동이 없기 때문에 여기에서 잡음이 있다면 특정한 기울기로부터 해당 기간의 평균치로 계산하는 공식은 다음과 같다.

평균전압 = 기준치+[(선 끝의 누적합 값 − 선 시작의 누적합 값)/관측 구간의 수]

$$V_{평균} = 10 + \left[\frac{9-0}{3}\right] = 13$$

c) 9-12 번 모터에 대해서도 이와 비슷하게 나타낸다.

$$V_{평균} = 10 + \left[\frac{6-9}{3}\right] = 9$$

d) 그리고 16-18 번 모터에 대해서도 다음과 같다.

$$V_{평균} = 10 + \left[\frac{0-6}{3}\right] = 8$$

요약하면 누적합 관리도의 서로 다른 기울기로부터 모터들이 다음과 같다는 것을 알 수 있다.

- 1-3, 7-9, 및 13-15 번 모터의 경우 전압은 10의 값으로 일정하였다.
- 4-6 번 모터의 경우, 전압은 역시 일정하였지만 값은 13이었다.
- 10-12 번 모터의 경우, 전압은 9의 값으로 일정하였다.
- 16-18 번 모터의 경우, 전압은 8의 값으로 일정하였다.

2) "실제" 데이터를 사용하는 해석

[그림 11-5] c)의 누적합 관리도로부터 다음을 알 수 있다.

a) 1-10 번 모터의 평균 전압 수준은 기준 전압보다 높다. 계산된 값은 기울기를 이용하여 다음과 같이 주어진다.

$$평균전압 = 기준값 + \left[\frac{선\ 끝의\ 누접합\ 값 - 선\ 시작의\ 누적합\ 값}{관측구간의\ 수}\right]$$

$$V_{평균} = 10 + \left[\frac{20-0}{10}\right] = 12\ V$$

b) 이와 비슷하게 11-18 번 모터의 경우 기울기선이 수평이기 때문에 평균 전압은 10이 된다.

c) 19-31 번 모터의 경우에는 다음과 같다.

$$V_{평균} = 10 + \left[\frac{-12-20}{13}\right] = 7.5\ V$$

d) 32-40 번 모터의 경우에는 다음과 같다.

$$V_{평균} = 10 + \left[\frac{11-(-12)}{13}\right] = 12.6\ V$$

요약하면 누적합 관리도를 이용하면 실제 공정 성능에 일치하는 가변기간 이동평균을 계산할 수 있다. 이것은 미리 결정된 표준과 보통 사용되는 유연하지 못한 이동평균 접근법의 큰 진전을 나타낸다. 결과의 추정치 요약이 [표 11-4]에 제시되어 있다.

표 11-4 **이동평균 기간에 따른 모터에 대한 평균 전압**

모터	평균 모터 전압
1 - 10	12.0
11 - 18	10.0
19 - 31	7.5
32 - 40	12.6

누적합 기울기와 평균 전압 사이의 관계를 계산하는 방법으로서 단순히 누적합 관리도의 각각 일정한 품질수준의 부분에 대하여 부분적인 이동평균을 계산할 수 있다.

보기를 들어 1-10 번 모터의 경우 계산을 하면 다음과 같다.

$$V_{평균} = \frac{(9+16+11+12+16+7+13+12+13+11)}{10} = 12.0\ V$$

이렇게 개별 전압을 사용하면 때때로 기울기 방법과 약간 다른 결과가 나올 것이다. 이유는 개별 점들에 직선을 통과시켜 데이터의 부분적인 변동이 평활하기 때문이다.

(2) 맨하탄 다이어그램

전압 수준 및 값의 변화점을 추정한 다음에는 표현을 더욱 단순화하기 위해 실제 전압을 나타내는 원래의 수직축의 측면에서 "잡음이 없는" 형태로 데이터를 제시하는 단계로 넘어가는 것이 편리한 경우가 많다. 이 표현은 맨하탄의 직선으로 이루어진 스카이라인에서 영감을 얻은 것이므로 결과적으로 맨하탄 다이어그램으로 알려져 있다.

[그림 11-7]에는 [그림 11-5] c)의 누적합 데이터와 [그림 11-5] a)의 원래의 잡음이 있는 데이터와 비교하기 위한 맨하탄 다이어그램이 제시되어 있다.

[그림 11-7]은 [그림 11-5] a)와 [그림 11-5] c)의 공정 성능의 소급적 분석을 통한 조사 형태로, 누적합 방법을 단순화한 것이다. 이 그림에서는 수학기호 또는 통계적인 표현에 의존하지 않고 쉽게 이해할 수 있는 용어와 간단한 시각적인 표현으로 보여준다.

맨하탄 다이어그램의 단순 명확한 성질 때문에 비기술적인 의사소통, 이해 및 응

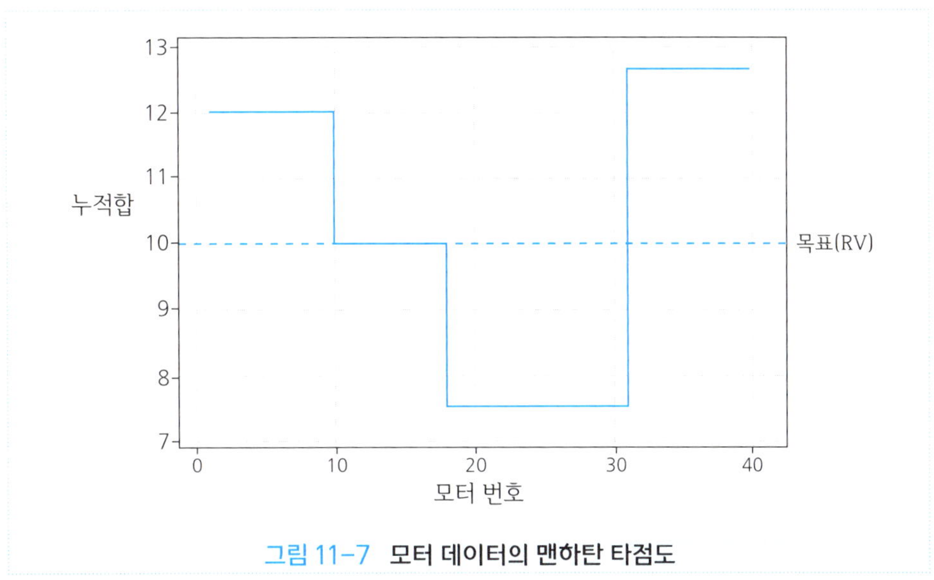

그림 11-7 **모터 데이터의 맨하탄 타점도**

용의 폭을 넓히기 위해 누적합 다이어그램을 중간 단계로 보고 단순히 데이터를 맨하탄 형식으로 제시하는 것이 유용할 때가 있다.

11.2.6 누적합 기반 의사결정의 기본

(1) 의사결정 규칙에 대한 필요성

누적합 관리도의 해석을 합리화시키기 위해 의사결정 규칙이 필요할 수 있다. 적절한 의사결정 규칙에서 공정의 성격에 따라 조치를 취하게 된다. 전형적인 조치에는 다음과 같은 것이 있다.

a) 공정 관리 : 공정 조건의 조정

b) 개선 맥락 : 기반이 되는 변동원인의 조사

c) 예측 형태 : 예측 모델 또는 이 모델의 변수에 대한 분석 및 조정

(2) 의사결정의 기준

의사결정 기준을 정하는 것은 분명히 중요한 필요조건이다. 신호를 검출하기 위한 효과적인 기준을 제공하기 위해서는 시스템에서 발생하는 "잡음"에 대한 적절한 정량

적인 척도가 있어야 한다. 잡음을 나타내는 것과 신호를 나타내는 것은 수행할 관측의 수 및 빈도, 그리고 샘플 또는 부분군을 구성하는 방법과 같이 채택된 모니터링 전략에 따라 결정된다. 또한 변동을 정량화하기 위해 다음 중의 하나로 명명된 통계적 측도를 이용하여 고유 변동을 측정한다.

① 표준편차(Standard deviation) : 이 경우 개별 관측치가 누적합 타점도 작성의 근거가 된다.

표준편차를 계산하기 위한 개별 관측치는 공정 데이터의 동질적인 부분에서 가져오는 경우가 많다. 이 고유 변동보다 더 큰 변동은 시리즈 평균의 이동 또는 변동성의 자연적인 크기의 변동 또는 양쪽 모두를 나타내는 특별원인에서 발생하는 것으로 간주된다.

② 표준오차(Standard error) : 이 경우에는 평균, 중위수 또는 범위와 같은 관측치의 부분군에서 누적합 타점도 작성에 대한 근거가 된다.

부분군의 개념은 부분군 내의 변동은 일반원인들로 구성되며 변동의 모든 특별원인은 부분군과 부분군 사이에서 발생한다는 것이다. 누적합 관리도의 일차적인 역할은 우연원인의 변동과 특별(이상)원인의 변동을 구분하는 것이다. 따라서 부분군을 선택하는 것이 매우 중요하다.

보기를 들어 매 시간마다 의 부분군을 만들기 위하여 15 분마다 하나를 취하는 것과 대비해서 매 시간마다 연속 생산 공정으로부터 연속적으로 각($n=4$개) 부분군을 만들면 의사결정의 기준이 되는 변동성이 매우 다르게 나타날 것이다.

두 번째 경우와 비교하여 첫 번째 경우의 표준오차는 매우 작을 것이다. 하나의 누적합 관리도는 다른 관리도에 비해 15 분 간격의 변동과 비교해서 의사결정의 근거가 되는 연속적인 부품 변동의 관리도가 작성될 것이다. 그러나 표준편차 또는 표준오차와 같은 신뢰할 수 있는 정량적인 측도를 설정하기 위해서는 충분한 기간 동안 안정적이어야 한다는 필요조건이 요구된다.

연속적인 공정에서 평균 수준은 작은 변동으로 나타날 수 있다. 이는 계통적 또는 지속적 변동으로 판단하는 것이 좋다는 것이다.

예를 들면 산업체 공정은 온도 조절기 또는 기타 자동 조절 장치에 의해 조절된다. 투입되는 원자재의 품질은 규격을 벗어나지 않는 사소한 변동이 있을 수 있다.

누적합 과정에서 중요한 가정 중의 하나는 공정 표준편차 σ가 안정적이라는 것이다. 따라서 누적합 절차를 만들기 전에(R 관리도, s 관리도 또는 이동 범위 관리도를 사용하여) 공정이 통계적으로 관리되는 상태에 있어야 하며 σ를 신뢰성 있게 추정하기 위해서는 모든 공정을 평가하는 것이 좋다.

(3) 의사결정 규칙의 효과성 측정

1) 기본 개념

의사결정 규칙의 성과는 최소한 미리 지정된 크기의 실제 변동이 즉시 검출되고 실제 변동이 없는 공정은 틀린 경보를 일으키지 않고 무한정 지속될 것이다. 실생활에서는 이를 달성할 수 없다. 의사결정 규칙의 실제 효과의 간단하고 편리한 측도로 평균연길이(ARL:average run length)를 사용한다.

ARL은 실제 변동이 존재한다는 의사결정이 발생할 때까지 취한 샘플수의 기대치다.

실제 변동이 존재하지 않을 경우, ARL의 이상적인 값은 무한이다. 이러한 상황에서 실제적인 목표는 ARL을 크게 만드는 것이다. 역으로 실제 변동이 존재할 때 ARL의 이상적인 값은 1이며, 이 경우에 변동은 샘플을 취할 때 검출된다. ARL의 선택은 이 두 개의 상충되는 요구사항을 절충한 것이다. 공정이 변하지 않았는데 조치를 취하는 잘못된 결정을 내리면 "과잉 통제(over control)"가 발생한다. 이것은 실제로 변동성을 증가시킬 것이다. 공정이 변했는데 적절한 조치를 취하지 않으면 "과소 통제(under control)"가 발생한다. 이것도 실제로는 변동성을 증가시킬 것이며 생산 비용도 증가시킬 것이다.

물론 ARL 자체는 통계적 변동에 따른다. 때때로 운이 좋아서 오랫동안 틀린 경보를 받지 않을 수도 있고 변동을 매우 빠르게 검출할 수도 있다. 때로는 운이 좋지 않아서 일련의 샘플에서 틀린 경보가 발생하거나 실제 변동에 가려서 신호가 발생하지 않을 수도 있다. 가끔 이러한 변동의 실제 패턴에 주목할 가치가 있다. 그러나 일반적으로 ARL은 의사결정 규칙의 효과성에 대한 합리적인 측도로 간주된다. 요약하면 다음과 같다.

실제 공정 조건	요구되는 누적합 반응	이상적인 반응
목표에 있거나 근처에 있다.	긴 ARL(틀린경보가 별로 없음)	ARL = 무한
목표로부터 크게 벗어남	짧은 ARL(신속한 검출)	ARL = 1

2) ARL(average run length)의 계산 보기

ARL개념이 누적합에 특정된 것은 아니다. 중심선으로부터 ±3 표준편차로 설정된 관리한계를 가진 표준 슈하트 관리도를 보기로 든다. [그림 11-8]에서 이에 관한 사항을 정규분포에 대하여 설명한다.

그림에 나와 있는 분포는 평균 0 및 표준편차 1을 갖는다는 점에서 "표준화되었다"고 한다.

[그림 11-8]을 보면 공정 평균이 중심선에 있거나 목표치에 있을 때 평균적으로 관측치의 약 0.135 %가 각 한계를 벗어날 것으로 예상된다는 것을 알 수 있다. 1/0.00135 = 741을 계산하여 이것을 평균연길이 ARL로 쉽게 변환할 수 있다. 다시 말해서 평균적으로 741 개의 관측 구간마다 한 번씩만 관리상한을 벗어나는 값이 나타날 것이라고 예상된다. 이러한 값 때문에 실제로는 수준의 변동이 발생하지 않았는데도 변동이 일어났다는 틀린 신호가 발생할 것이다.

따라서 실제로는 공정이 목표치에서 실행되고 있을 때 높은 ARL을 보장하는 관리 시스템을 설계할 필요가 있다. 공정 평균이 여전히 목표에 있을 때 양쪽한계를 고려하면 ARL은 반으로 되어 1/(0.001 35+0.001 35) = 370이 된다.

공정 평균이 1 표준편차 관리상한 쪽으로 이동한다고 가정한다. 그렇다면 약 2.28 %가 관리상한 위에 있을 것으로 예상된다. 그렇다면 UCL과 관련된 ARL은 이 한쪽한계에 대하여 1/0.022 8 = 44가 된다. 다시 말해서 하나의 표준편차의 평균에서 이동이

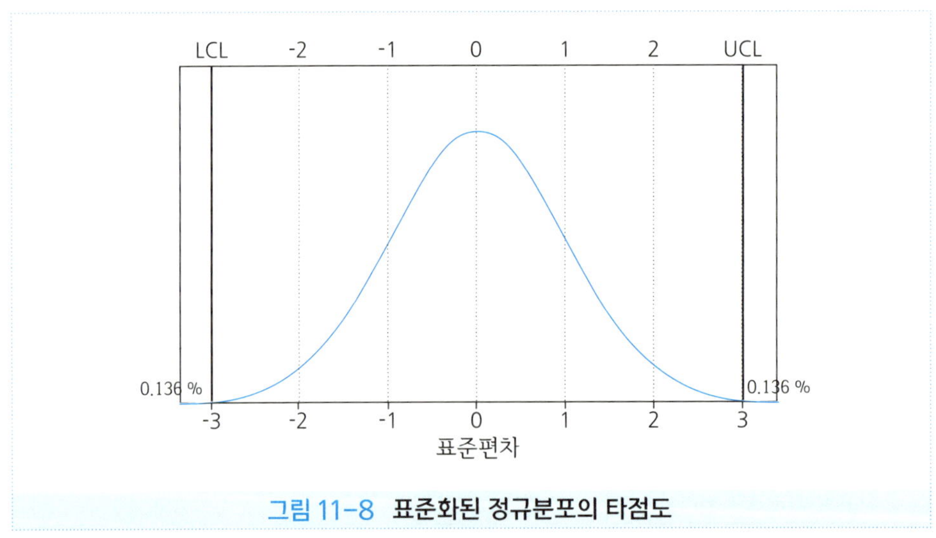

그림 11-8 **표준화된 정규분포의 타점도**

있다는 것을 알리기 위해 평균적으로 약 44 개의 관측 구간을 취할 것이다.

여기에서 양쪽한계를 고려하면 공정 평균이 LCL로부터 4 표준편차만큼 떨어져 있기 때문에 0.003 2 %만이 LCL 아래에 있을 것으로 기대된다. 1/(0.000 032 + 0.022 8)은 실질적으로 한쪽한계에 대하여 계산된 ARL에 영향을 주지 않기 때문에 평균에서 1 표준편차만큼의 이동에 대하여 양쪽한계에 대한 ARL은 대략 한쪽 한계에 대한 것과 같다(즉 44이다).

요약하면 다음과 같다.

평균이 목표치에 있을 경우	양쪽한계에 대한 ARL은 한쪽 한계의 반이다.
평균의 이동이 증가할 경우	양쪽한계에 대한 ARL이 한쪽 한계에 근접한다.

물론 실제로는 경고한계의 추가, 평균의 위 및 아래쪽에서의 연(run) 등과 같은 기타 신호 파악 규칙으로 더욱 신속한 이동 검출이 이루어지겠지만, 공정품질수준이 목표에 있을 때 틀린 신호가 증가할 것이다. 슈하트 관리도는 큰 변동을 일으키는 고립된 특별원인을 검출하는 데서 극도의 단순함과 효과성 때문에 매우 매력적이고 인기가 있다.

그러나 슈하트 관리도는 큰 변동에 대해 잘못 판단하더라도 큰 변동 이외의 신호 전달에서 고유변동이 있는 것으로 알려져 있다. 이것은 공정 품질특성이 목표에 있을 땐 긴 ARL을 검토하면서 변동을 더욱 신속하게 검출하기 위한 누적합 관리도를 활용하는 것이다.

11.2.7 누적합 의사결정 스킴의 유형

누적합 관리도와 함께 사용하기 위한 가장 단순한 의사결정 규칙은 V형 마스크에서 구체화된다. 마스크에는 서로 조금씩 다른 4가지의 형태가 있지만 원칙 및 효과는 동일하다. 목적은 아래의 항에서 설명하고 유형은 다음과 같다.

- 절단 V-마스크(truncated V-mask)
- 반 포물선 마스크(semi-parabolic mask)
- 넓적 코 V-마스크(snub-nosed V-mask)
- 완전 V-마스크(full V-mask)

(1) 절단 V-마스크(truncated V-mask)

1) 형상 및 치수

[그림 11-9]에서 "범용"의 절단 V-마스크를 설명한다. 이 마스크는 그림에서 O로 표시되는 준거점(datum point)을 포함한다. 이 준거로부터 두 개의 수직선 OB와 OC가 그려지며, 각각의 길이는 $5\sigma_e$ 단위이다(즉, $H=5\sigma_e$). 이 두선은 의사결정구간으로 알려져 있다. 의사결정선이라고 명명된 두 개의 기울기선(sloping arm) BA와 CD는 타점되는 누적 합 점을 포함하기 위해 요구에 따라 연장될 수 있다. 치수 상으로 EO는 10 개의 관측 구간과 같으며, 수직 거리 EA와 ED는 양쪽 모두 길이가 $10\sigma_e$ 단위이다(즉, $F=0.5\sigma_e$의 기울기를 준다).

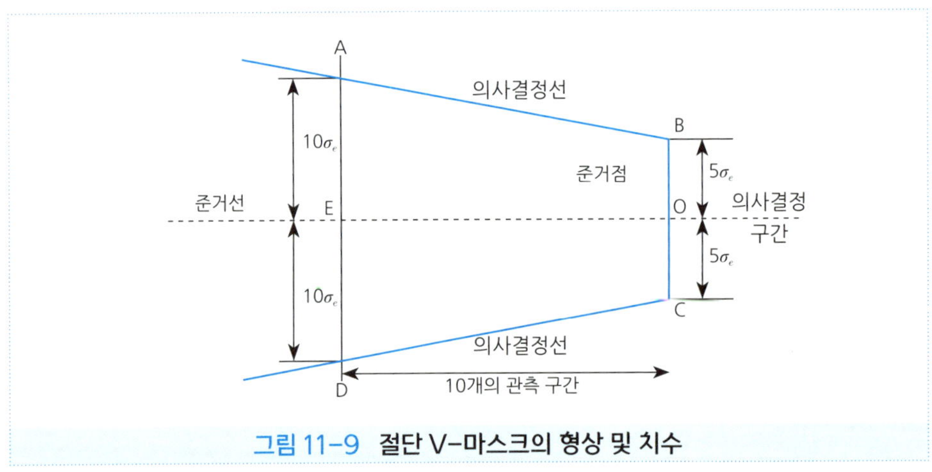

그림 11-9 절단 V-마스크의 형상 및 치수

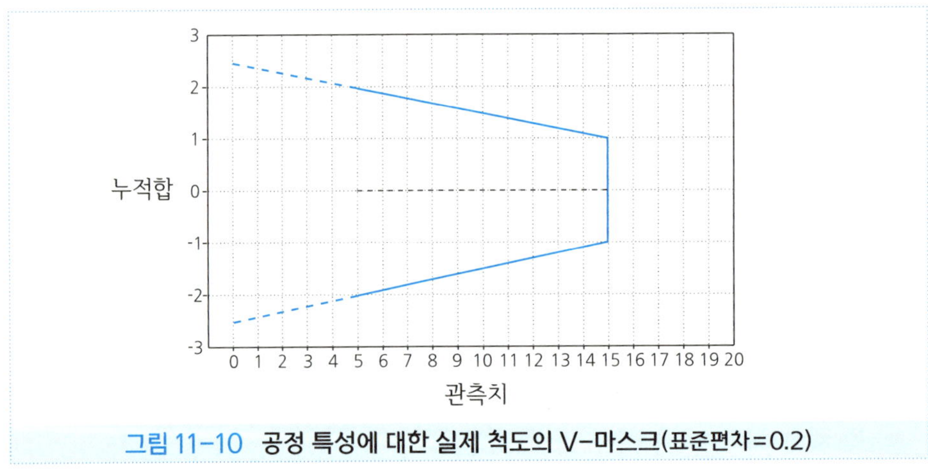

그림 11-10 공정 특성에 대한 실제 척도의 V-마스크(표준편차=0.2)

표준편차가 0.2인 공정 변수에 대한 실제 척도의 절단 V-마스크가 [그림 11-10]에 제시되어 있다. 평균치가 아닌 개별 관측치를 모니터링하기 위하여 특정 마스크가 생성되기 때문에 표준오차보다는 표준편차를 사용한다.

2) 절단 V-마스크의 응용

절단 V 마스크는 누적합 관리도에서 준거점을 선정된 타점 값에 위치시키고 준거선은 관리도에서 수평으로 정렬시키는 방법으로 사용된다. 현재 관리상태에서 선정된 타점 값은 대개 가장 최근의 점이다. 누적합의 경로가 마스크의 기울기선(또는 A 및 D를 넘어서는 연장) 내에 있다면 이 타점 값까지 평균이 큰 이동은 나타나지 않는다. 관리상태라면 공정은 목표치와 관련하여 통계적 관리상태에 있다고 하나 누적합의 경로가 마스크의 기울기 선을 벗어난다면, 목표치로 부터 크게 벗어난다는 신호이므로 공정이 이상상태라고 판단한다.

[그림 11-11]은 목표치로 부터 크게 벗어난 경우가 검출되지 않은 "관리상태" 와 지시된 값이 큰 감소로 나타나던가, 큰 증가로 나타나는 두 개의 "이상상태" 로 제시되어 있다. [그림 11-11]의 3 개의 그림에서는 0.2의 표준편차가 사용된다. 누적합 관리도를 만들기 위해 사용되는 목표치는 공정의 목표 평균과 같다. 현재는 데이터 점이 누적됨에 따라 V-마스크 누적합 관리도로 적용하여 판단하게 된다.

[그림 11-11] a)에서 누적합 목표치 보다 작은 공정 평균이 나타나지만, V-마스크에서는 아직 이 변동을 중대한 이탈로 보지 않는다.

[그림 11-11] b)는 공정 평균이 목표치 보다 유의하게 작은 것으로 나타나고 있다. 관측점 10까시 중대한 이탈이 검출되지 않지만 시각적인 관점에서 볼 때 공정 평균은 관측점 1부터 낮은 것으로 나타난다. 관측 점들을 통과하는 선의 기울기에 주목하여 실제 공정평균을 평가할 수 있다. 이것은 공정을 목표치로 되돌리는 데 요구되는 지침을 제공할 뿐만 아니라 우선 낮은 수준의 공정을 설정하기 위한 관측점 1에서 발생한 것을 정확하게 지적하기 위한 진단지표도 제공할 것이다.

[그림 11-11] c)는 공정 평균이 목표치 보다 유의하게 큰 것으로 나타난다. 관측점 14까지 중대한 것으로 등록되지 않았다. 공정은 관측점 6까지 목표치 보다 낮은 것으로 나타났지만 이상상태는 아니라고 볼 수 있다. 관측점 6의 수준은 목표한 것보다 높은 값으로 변한다. 출발점과 함께 관측점 6까지 기울기 선을 측정하여 진단 및 시정방법을 제공한다.

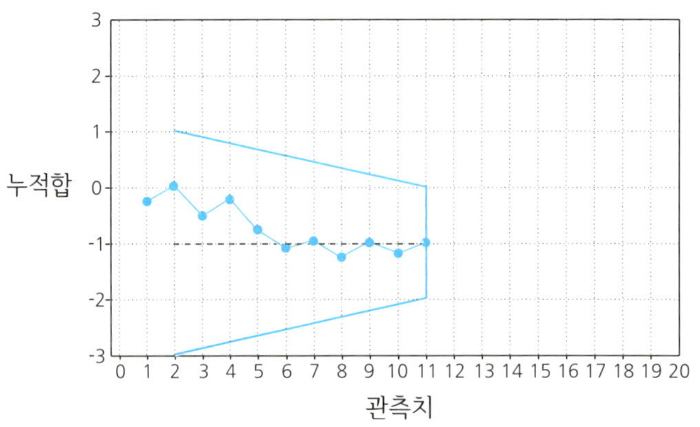

a) 누적합 목표치와 관련하여 공정 평균에 유의한 변동이 없음

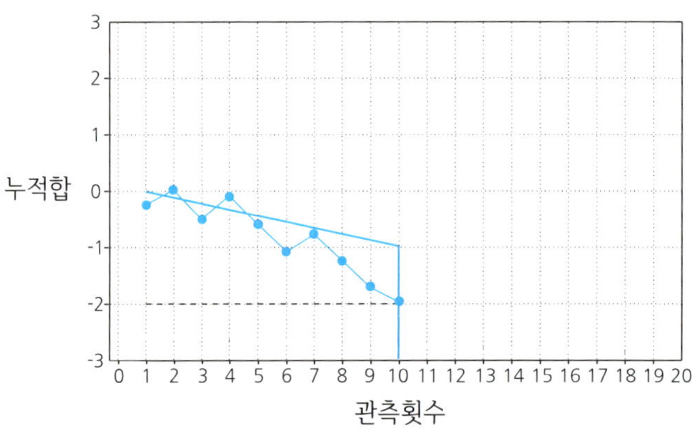

b) 누적합 목표치와 관련하여 공정 평균이 유의하게 감소함

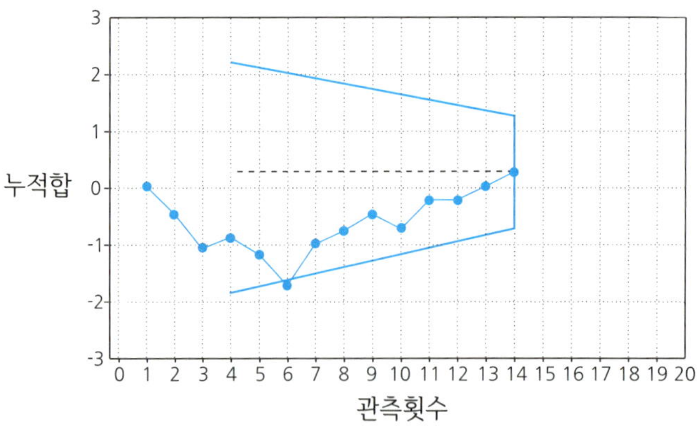

c) 누적합 목표치와 관련하여 공정 평균이 유의하게 증가함

그림 11-11 공정 평균의 절단 V-마스크 사용의 예시

규격 상한 또는 하한 중에서 한쪽만 적용할 경우에는 한쪽 관리가 적절하다. 그렇다면 절반-마스크(half-mask)를 사용할 수 있다. 상향 또는 하향 이동을 모니터링할 때에는 각각 마스크의 하위 부분 또는 상위 부분만 요구된다. 그러나 단순성 및 정보 양쪽을 바탕으로 전체 마스크를 계속해서 활용할 수도 있다. 관계가 없는 방향의 이동은 규격의 관점에서 볼 때 무시할 수도 있고 더욱 바람직한 방향으로 중대한 이동에 관심을 기울이는 데 사용할 수도 있다.

3) 평균연길이(ARL)

[그림 11-12]는 치수에 대한 범용의 절단 V-마스크에 대한 평균연길이(ARL : average run length) 속성이 타점도로 작성된 변수의 표준편차 또는 표준오차의 측면에서 [표 11-5]에 제시되어 있다. 누적합 ARL을 국제적 표준 관리 방법과 연관된 두 개의 의사결정 규칙의 ARL과 비교한다.

- 슈하트 기준 1 : 중심선, 즉 조치한계 또는 관리한계로부터 1점(one point)을 벗어난 것(±3 표준편차)
- 슈하트 기준 2 : 중심선, 즉 경고한계로부터 2개의 연속 점을 벗어난 것(±2 표준편차).

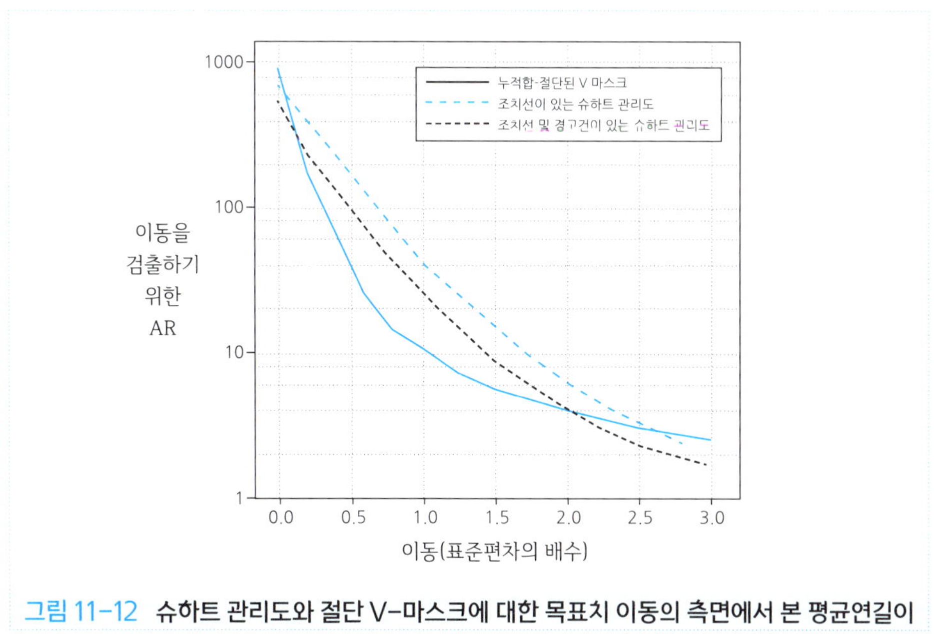

그림 11-12 슈하트 관리도와 절단 V-마스크에 대한 목표치 이동의 측면에서 본 평균연길이

표 11-5 두 개의 규칙 집합을 이용한 표준 슈하트 관리도와 [그림 11-12]의 절단 V-마스크에 대한 목표치로부터의 이동의 측면에서 본 평균연길이

목표치로부터의 공정 평균의 이동 (σ_e 단위)	평균연길이(ARL)		
	표준 절단된 V-마스크	조치한계가 있는 슈하트 관리도	조치한계 및 경고한계가 있는 슈하트 관리도
0.0	931.0	741.0	556.0
0.2	198.0	308.0	223.0
0.4	60.0	200.0	134.0
0.6	27.0	120.0	75.0
0.8	15.0	72.0	43.0
1.0	10.0	44.0	26.0
1.2	7.8	28.0	16.0
1.4	6.3	18.0	11.0
1.6	5.3	12.0	7.4
1.8	4.6	8.7	5.4
2.0	4.0	6.3	4.1
2.2	3.6	4.7	3.2
2.4	3.3	3.7	2.6
2.6	3.0	2.9	2.2
2.8	2.8	2.4	1.9
3.0	2.6	2.0	1.7

다음과 같이 ARL은 의사결정 방법의 효과를 나타내는 지표이다.

- 목표치에서 ARL이 클수록 틀린 경보가 발생할 확률은 작아진다.
- 목표치로부터 평균이 벗어난 편차에서 ARL이 작을수록 변동의 검출은 빨라진다.

[그림 11-12]와 [표 11-5]를 보면 다음과 같은 사항을 알 수 있다.

a) 누적합 관리도의 L_0(이동 0에서의 ARL)값은 조치한계가 있는 슈하트 관리도의 L_0 값보다 크기 때문에, 조치한계 및 경고한계가 있는 슈하트 관리도의 L_0 값은 훨씬 작다. 따라서 3 개의 관리도 중에서 누적합 관리도의 틀린 경보 비율이 가장 낮으며, 조치한계 및 경고한계가 있는 슈하트 관리도의 틀린 경보 비율이 가장 높다.

b) $2\sigma_e$까지의 이동의 경우, 누적합 관리도의 ARL은 이동에 대한 비교적 빠른 평균 반응을 나타내는 것들 중 어느 하나의 ARL보다 낮다. 특히 이것은 $0.4\sigma_e$에서 $1.4\sigma_e$의 범위에 적용된다.

c) $2\sigma_e$보다 큰 이동의 경우, 조치규칙 및 경고규칙이 있는 슈하트 관리도는 누적합 관리도보다 빠르게 반응한다. $2.4\sigma_e$보다 큰 이동의 경우, 조치한계 및 경고한계가 있는 슈하트 관리도는 누적합 관리도보다 빠르게 반응한다. 그러나 빨라진 반응 대신 틀린 경보의 비율이 커진다.

4) 평균연길이에 대한 일반적인 견해

첫째, 범용 또는 표준 절단 V-마스크의 치수는 특별히 한배의 표준오차($1\sigma_e$)의 구역에서 변동을 검출하기에 적합하도록 설계된다. 다른 변동에 초점을 둔다면 h(의사결정구간의 높이)와 f(의사결정선의 기울기)의 다른 값을 사용한다. 또한 ARL 속성을 개선하여 변동 검출 성능을 개선시키기 위해 절단 V-마스크와 다른 형상의 V-마스크를 선택할 수도 있다.

둘째, 슈하트 관리도와 함께 보완적인 연(run)규칙이 사용되는 경우가 매우 많다. 여기에는 "평균의 한쪽에서 발생하는 7 개의 연속적인 점"과 "모두 증가하거나 감소하는 7 개의 연속적인 타점된 구간"이 포함된다. 이러한 규칙은 공정 평균이 목표에 있을 때 ARL의 값이 유의하게 감소될 수 있으므로 틀린 경보의 위험이 급격하게 증가할 수 있다는 것이다.

셋째, 많은 요인이 ARL 측도의 견고성(robustness)에 영향을 준다. 여기에는 기반이 되는 변동 패턴의 모양, σ_e의 값, 그리고 관측치의 독립성이 포함된다. ARL 표는 다음과 같이 세 가지 가정에 바탕을 둔다.

a) 관측치는 정규분포를 따른다.

b) 표준편차를 정확하게 알려져 있다.

c) 연속적인 관측치는 통계적으로 독립이다.

정규분포는 대칭적이다. 일반적으로 한쪽 관리에서 잠재적인 변동의 방향과 같은 의미에서 비교적 긴 꼬리를 가진 비대칭은 목표치에서 ARL을 줄이는 결과를 일으키겠지만 비교적 큰 평균의 변동에 대해서는 ARL에 거의 영향을 주지 않을 것이다. 역으로 비교적 짧은 꼬리가 잠재적인 이동의 방향에 있다면 목표 수준에 있는 A_{RL}은 다시 크게 연장될 것이며 큰 이동에 대해서는 ARL에 영향을 별로 주지 않을 것이다.

대개 표준편차 또는 표준오차는 누적합의 타점도를 작성하는데 사용하는 것으로 활용한다. 10 % 이상의 오차는 드문 것이 아니다. σ_e를 과다하게 추정하면 ARL은 증가하고, 과소로 추정하면 ARL은 감소한다. 이 ARL의 왜곡은 목표 또는 그 근처에서 가장 두드러지지만, 이동이 클 때는 별로 영향을 주지 않는다. [표 11-6]에서는 σ_e의 추정에서 10 %의 오차에 대한 ARL의 왜곡을 나타낸다.

표 11-6 표준오차 σ_e의 부정확한 값이 ARL에 주는 영향에 관한 예시

목표치로부터 공정 평균의 이동 (실제 σ_e의 단위)	평균연길이(ARL: average run length)		
	σ_e의 10% 과다 추정	σ_e의 정확한 추정	σ_e의 10% 과소 추정
0.0	3000.0	930.0	410.0
0.5	45.0	38.0	35.0
1.0	10.0	10.5	10.0
1.5	6.0	5.8	6.0
2.0	4.4	4.1	4.5

양의 자기상관은 ARL을 감소시키는 경향이 있고 음의 자기상관은 ARL을 증가시키는 경향이 있다. 여기에서 논의한 3 개의 가정한 효과는 누적합 관리도 특유의 것이 아니며 다른 관리도 작성방법에도 적용할 수 있다는 점이다.

11.2.8 대안 설계 접근법

평균에 대한 더 넓은 이동 범위에서 성능 특성을 개선하는 것을 목적으로 대안 설계 접근법에는 반 포물선 V-마스크 참조, 넓적 코 V-마스크 참조 또는 급속 초기 반응(FIR : fast initial response) 누적합 참조 한다.

절단 V-마스크와 함께 대안 설계의 성능에 대한 비교가 [표 11-7]에 제시되어 있다.

표 11-7 **누적합 마스크에 대한 평균연길이(ARL : average run length)**

목표로부터의 평균의 이동 (σ_e 단위)	절단 V-마스크 (h=5, f=0.5)	([표 11-8]에 지정된 것과 같은) 반포물선 V-마스크	넓적코 V-마스크 (h=5, f=0.5 및 h=2.05, f=1.3)	절단 V-마스크 FIR (h=5, f=0.5)
0,00	465,0	235,0	300,0	448,0
0,25	142,0	113,0	114,0	125,0
0,50	38,0	36,0	36,0	29,0
1,00	10,0	10,0	10,0	6,4
1,50	5,8	5,3	5,3	3,4
2,00	4,0	3,3	3,3	2,4
2,50	3,1	2,3	2,3	1,9
3,00	2,6	1,7	1,8	1,5
3,50	2,2	1,4	1,5	1,3
4,00	2,0	1,2	1,3	1,2

(1) 반 포물선 V-마스크(semi-parabolic mask)

범용 또는 절단 V-마스크가(변수 $h=5$ 및 $f=0.5$) 선택되었다. 특정 크기의 평균의 이동에 대해 신속하게 반응하기 위해서는 절단 V-마스크의 변수 h와 f에 다른 값을 선택할 수도 있다. 비교적 작은 변동에 대한 신호는 누적합 관리도가 우수하다. 평균값에서 비교적 큰 변동을 검출이 요구되는 식품 산업과 같은 일부 산업에서는 마스크 유형을 변경할 필요가 있다.

그림에 나타나 있는 것처럼 좁은 끝 가까운 곳에서 곡선 형태의 윤곽이 절단된 마스크로 구현되는 반 포물선 마스크가 하나의 해결책이다.

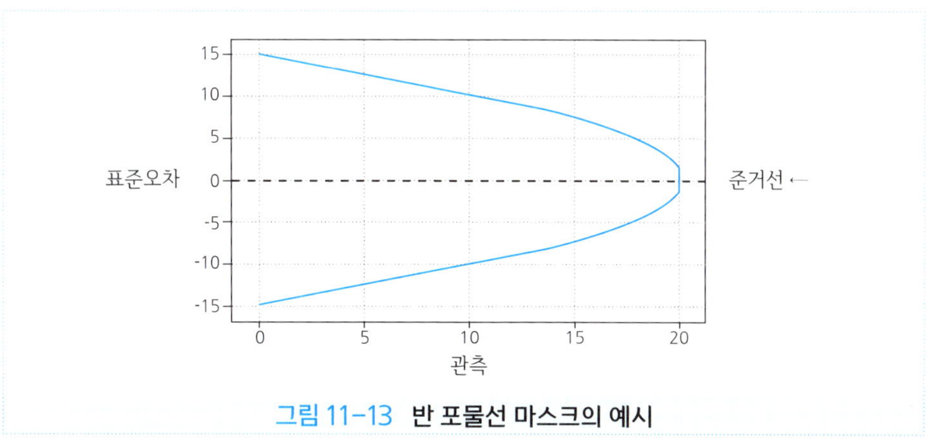

그림 11-13 **반 포물선 마스크의 예시**

[그림 11-13]의 반 포물선 마스크의 기반이 되는 것은 [그림 11-11]의 범용 절단 V-마스크다. 그러나 좁은 끝에서 마지막 5개의 관측 구간에서 마스크는 $5\sigma_e$보다는 $1.25\sigma_e$의 폭으로 곡선을 이룬다. 마스크를 만들기 위한 데이터는 [표 11-8]에 주어져 있다.

표 11-8 반 포물선 마스크의 작성을 위한 데이터

준거로부터의 거리 J (관측 구간 J)	0	1	2	3	4	5	10	20
J에서의 마스크의 폭의 반(σ_e의 단위)	1.25	3.10	4.65	5.90	6.85	7.50	10.00	15.00
작성 세부 사항	Y_J에서의 마스크의 절반 폭 $= 1.25 + 2.00J - 0.15J^2$						선형	

반 포물선 마스크의 작동 성능은 다음과 같다.

a) 평균에서의 이동의 범위 전체에 걸쳐서 0에서 출발하는 절단 V-마스크의 성능보다 우수하다. 그러나 이것은 목표치에서 틀린 경보의 비율이 거의 두 배에 달한다.
b) 0.5 표준편차 보다 작은 변동은 평균에서의 이동에 대한 신호전달 및 틀린 경보의 비율이 양쪽 표준 FIR(급속초기반응)은 절단 V-마스크의 성능보다 낮다.
c) 평균에서 이동의 검출 측면에서는 비교할 만한 성능을 가지고 있으나 목표치에서 틀린 경보와 관련해서는 넓적 코 마스크 관리도 보다 못하다.

이러한 특성은 [표 11-7]에 반영되어 있으며, 다양한 누적합 의사결정 규칙에 대하여 평균에서의 이동의 측면에서 비교 가능한 ARL을 보여준다.

(2) 넓적코 V-마스크(snub-nosed V-mask)

넓적코 V-마스크는 더 단순한 설정절차를 제외하고는 반 포물선 V-마스크와 같은 이점을 얻기 위한 것이다. 따라서 이것은 큰 이동에 대해 비교적 빠른 반응에는 유용하다. 이것은 둘 이상의 절단 V-마스크를 겹치는 방법으로 달성한다. $h=5.0$이고 $f=0.5$인 표준 마스크 위에 겹쳐진 $h=2.05$이고 $f=1.5$인 절단 V-마스크에 대한 예시가 [그림 11-10]에 주어져 있다. [표 11-7]을 보면 이 넓적코 마스크에서는 표준적 절단 V-마스크로 얻을 수 있는 것보다 더 넓은 범위의 이동에서 반 포물선 마스크와 거의 같은 성능이 나온다는 것을 알 수 있다.

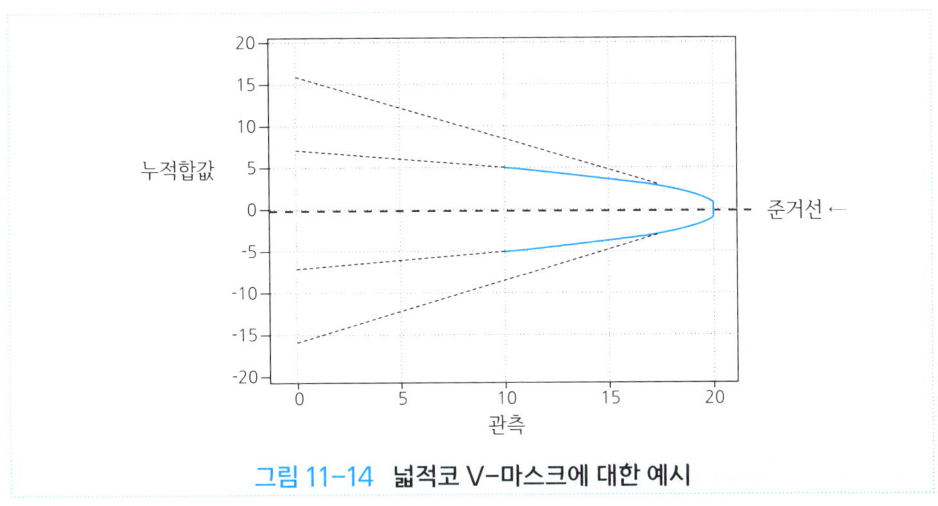

그림 11-14 넓적코 V-마스크에 대한 예시

(3) 완전 V-마스크(full V-mask)

[그림 11-15]에 나타나 있는 것처럼 완전한 V에 바탕을 두고 마스크를 사용하여 의사결정 규칙을 적용할 수도 있다. 이 마스크의 성능 특성은 절단된 마스크와 같기 때문에 간략하게 논의한다. [그림 11-15]를 보면 의사결정선이 꼭지점 O로 간다는 것을 알 수 있다. 이것은 준거점이 더 이상 없고 꼭지점이 누적합 관리도에 있기 때문에 가장 최근의 관심의 대상이 되는 관측점의 (오른쪽) 앞에 있는 거리 OA라는 것을 의미한다. OA는 선도거리 d로 알려져 있다. 논의된 절단 V-마스크와 동등한 특성에 대하여 $H=5\sigma_e$ 및 $d=10$ 관측 단위이다.

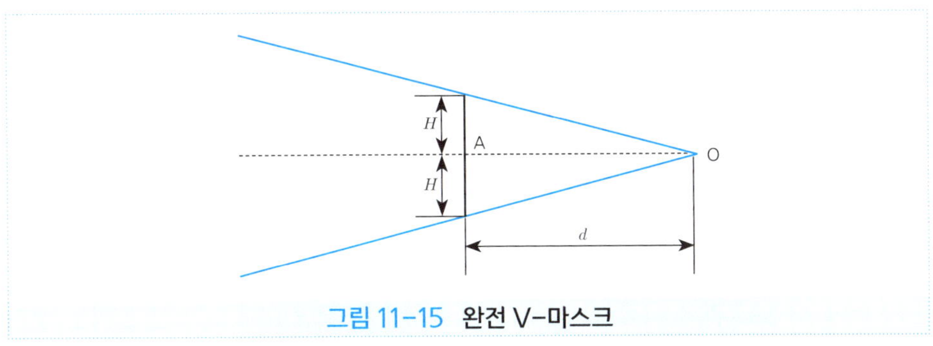

그림 11-15 완전 V-마스크

누적합 관리도의 운영 프로세스는 다음 [그림 11-16]을 참조하기 바란다.

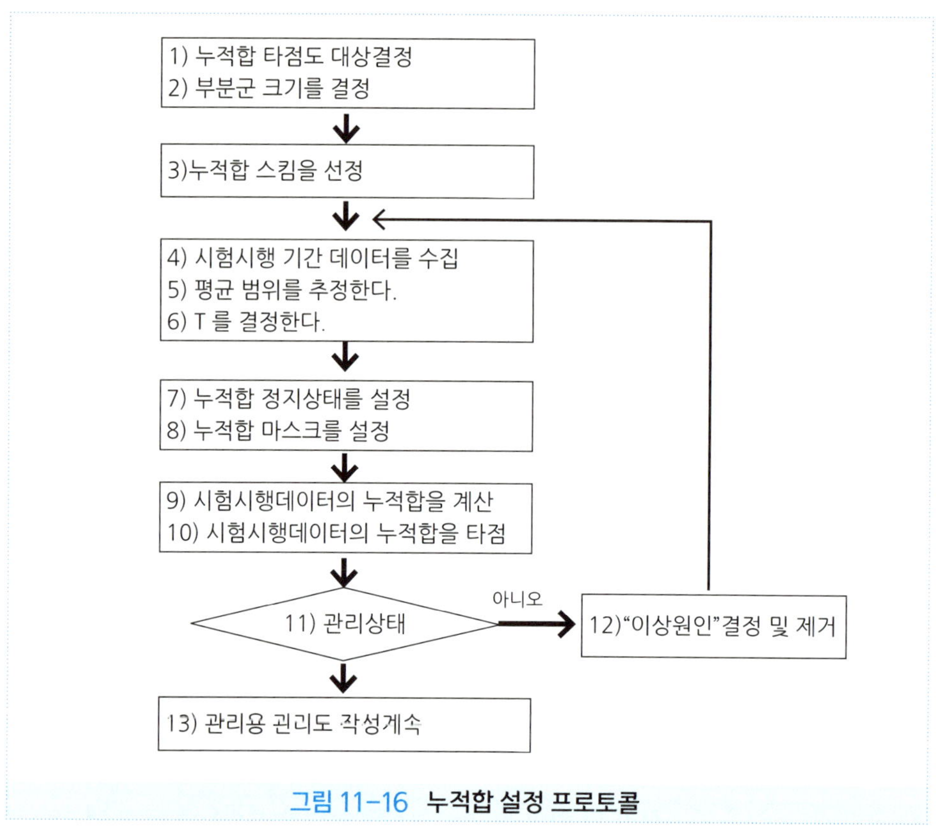

그림 11-16 **누적합 설정 프로토콜**

그 외 급속 초기 반응(FIR : fast initial response)누적합, 공정품질관리에 대한 누적합, 위치를 모니터링하기 위한 누적합, 단기적변동을 모니터링하기 위한 누적합, 이산형 데이터에 대한 누적합 관리도 운용방법에 대한 자세한 내용은 한국산업표준(KS Q ISO 7870-4 : 2013)을 참조하기 바란다.

11.3 이동평균 관리도

이 관리도는 'ISO 7870-5 : 2014, Part5 : Specialized control charts'의 **6절** 내용을 기초로 작성된 것으로 관리도 적용방법을 규정한 표준이다. 앞에서 논의된 것처럼 누적합(CUSUM) 관리도를 사용하여 슈하트 관리도보다 공정의 변화를 민감하게 탐지해 낼 수 있다. 같은 목적으로 작은 변동을 비교적 쉽게 감지할 수 있는 이동평균(MA : moving average) 관리도와 'ISO 7870-6 : 2014, Part6 : EWMA charts'로 지수가중이동 평균(EWMA : exponentially weighted moving average)관리도가 개발되었다. 이동평균 관리도는 1985년 Montgomery에 의해 소개되었다. 만일 k시점에서 샘플 크기 n개의 샘플이 추출되었다고 하자. 부분군들의 평균을 $\bar{X}_1$, $\bar{X}_2$, ⋯, $\bar{X}_k$라고 할 때, k 시점에서 w개 부분군의 이동평균은 다음과 같이 구해진다.

$$M_k = (\bar{X}_k + \bar{X}_{k-1} + \cdots + \bar{X}_{k=w+1})/w \qquad (11\text{-}1)$$

이동평균 M_k의 분산은 다음과 같다.

$$\begin{aligned} V(M_k) &= \left(\frac{1}{w^2}\right) \sum_{i=1-w+1}^{k} V(\bar{x}_i) \\ &= \left(\frac{1}{w^2}\right) \sum_{i=1-w+1}^{k} \sigma^2/n \\ &= \frac{\sigma^2}{nw} \end{aligned} \qquad (11\text{-}2)$$

따라서 $\bar{\bar{X}}$이 관리도의 중앙값이라면, 관리한계선은 다음과 같이 주어진다.

$$\begin{aligned} C_L &= \bar{\bar{X}} \\ U_{CL} &= \bar{\bar{X}} + \frac{3\sigma}{\sqrt{nw}} \\ L_{CL} &= \bar{\bar{X}} - \frac{3\sigma}{\sqrt{nw}} \end{aligned} \qquad (11\text{-}3)$$

관리도의 처음 몇 부분군에 대해서는($k < w$), 이동평균은 다음과 같이 구해진다.

$$M_k = \frac{\sum_{i=1}^{k} \bar{X}_i}{k} \quad k = 1, 2, \cdots, w-1 \qquad (11\text{-}4)$$

그리고 관리한계선은 다음과 같다.

$$\begin{aligned} C_L &= \bar{\bar{X}} \\ U_{CL} &= \bar{\bar{X}} + \frac{3\sigma}{\sqrt{nk}}, \qquad L_{CL} = \bar{\bar{X}} - \frac{3\sigma}{\sqrt{nk}} \end{aligned} \qquad (11\text{-}5)$$

이동평균 관리도에서 각 조를 추출할 때마다 M_k를 계산하여 관리도상에 타점하고 이 점이 관리한계선 밖에 나타나면 공정이 관리상태를 벗어난 것으로 간주한다. 관리도와 함께 사용하면 더 효율적이며, 두 개의 관리도를 함께 사용할 때는 어느 한쪽의 관리도에서라도 관리한계선 밖에 점이 나타나면 공정에 이상이 있는 것으로 간주한다. 이동평균 관리도에서 일반적으로 w값이 클수록 민감도는 증가한다. 이 관리도는 특성치를 자동적으로 측정할 때나 단위 생산시간이 긴 제품의 경우, 특히 제품 간에 상관관계가 있는 경우에 개개의 측정값으로 관리도를 작성하여 공정의 변화를 탐지하기도 한다.

예제 11-2 [표11-9]는 부분군의 크기 $n=4$인 25 개의 부분군에 대한 평균값이다. $w=6$인 이동평균 관리도를 작성하라. 과거의 자료에 의하여 평균범위는 $\bar{R}=5$이다.

풀이 $k<6$인 경우에는 이동평균값은 식 (4)를 사용하여 계산하며, $k\geq6$인 경우에는 식 (1)을 사용하여 계산한 값이 [표 11-9]에 기록되어 있다.

표 11-9 이동평균 관리도 자료 표

부분군 번호	$\bar{X}_k$	M_k	L_{CL}	U_{CL}
1	20.0	20.00	16.35	23.65
2	22.0	21.00	17.42	22.58
3	20.0	20.67	17.89	22.11
4	19.0	20.25	18.18	21.82
5	21.0	20.40	18.37	21.63
6	23.0	20.83	18.51	21.49
7	20.0	20.83	18.51	21.49
8	18.0	20.17	18.51	21.49
9	17.0	19.67	18.51	21.49
10	19.0	19.67	18.51	21.49
11	21.0	19.67	18.51	21.49
12	23.0	19.67	18.51	21.49
13	23.0	20.17	18.51	21.49
14	21.0	20.67	18.51	21.49
15	20.0	21.67	18.51	21.49
16	17.0	20.83	18.51	21.49
17	18.0	20.33	18.51	21.49
18	18.0	19.50	18.51	21.49

19	19.0	18.83	18.51	21.49
20	18.0	18.33	18.51	21.49
21	18.0	18.00	18.51	21.49
22	21.0	18.66	18.51	21.49
23	20.0	19.00	18.51	21.49
24	22.0	19.67	18.51	21.49
25	22.0	20.17	18.51	21.49

중앙선은 $\overline{\overline{X}}=\dfrac{500}{25}=20.00$이고 $\overline{R}=2.0$이며, 표준편차 σ의 추정치는, $n=4$이므로 $\hat{\sigma}=\overline{R}/d_2=\dfrac{5.0}{2.057}=2.431$이 된다. 기간 $k<6$인 경우의 관리한계선은 식 (11-5)를 사용하면 다음과 같고,

$$C_L=20.0$$
$$U_{CL}=20.0+3(2.431)/\sqrt{4k}$$
$$L_{CL}=20.0-3(2.431)/\sqrt{4k}$$

기간 $k\geq 6$인 경우에는 식(5)를 사용하면 관리한계선은 다음과 같다.

$$C_L=20.0$$
$$U_{CL}=20.0+3(2.431)/\sqrt{(4)(6)}=21.49$$
$$L_{CL}=20.0-3(2.431)/\sqrt{(4)(6)}=18.51$$

이와 같이 계산된 관리한계선은 [표 11-9]에 기록되어 있고, 이에 대한 $\overline{X}$ 관리도와 이동평균 관리도는 [그림11-17]과 [그림 11-18]과 같다.

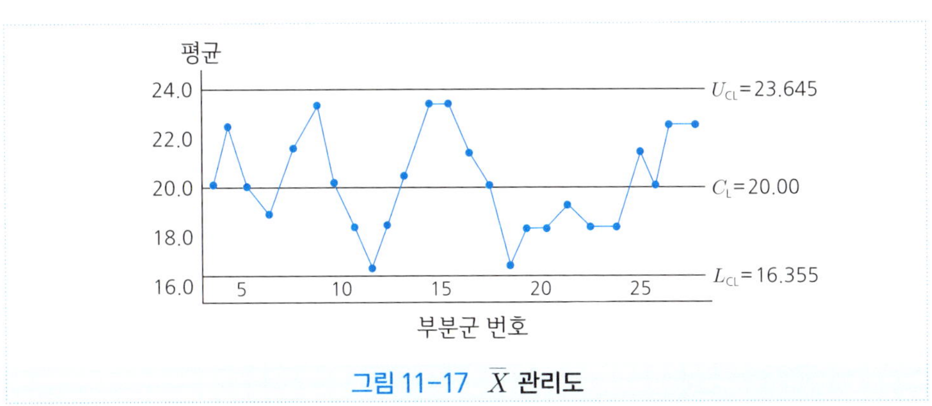

그림 11-17 $\overline{X}$ 관리도

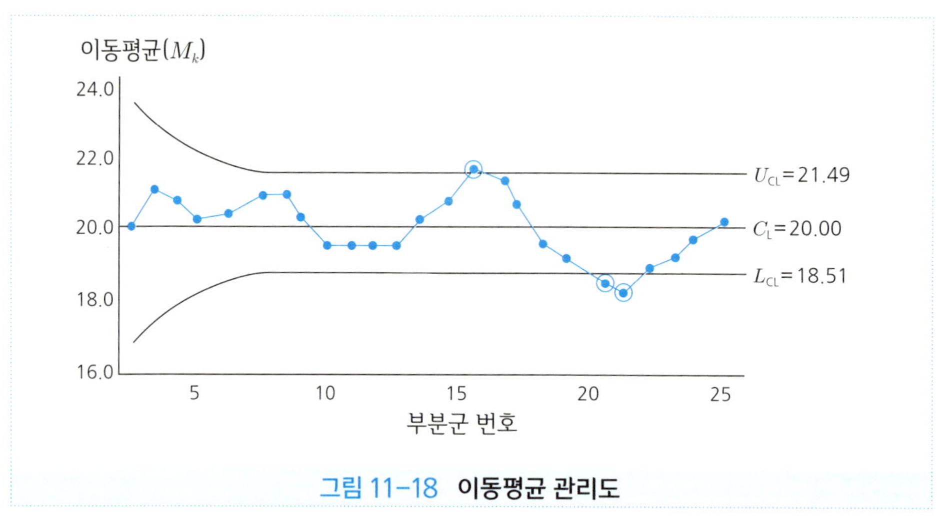

그림 11-18 **이동평균 관리도**

그림에서 탐지된 것처럼 관리도에 의하면 공정의 변화를 쉽게 탐지할 수 없으나, 이동평균 관리도에서 알 수 있듯이 부분군 15에서 관리상한선 밖으로 벗어났고, 부분군 20과 21에서는 관리하한선 아래로 벗어났다. 따라서 공정상에 어떤 문제점이 발생하였으므로 적절한 조치를 취해 주어야 한다.

11.4 지수가중 이동평균 관리도

이 관리도는 'ISO 7870-6 : 2014, Part6 : EWMA charts'의 내용을 기초로 작성된 것으로 관리도 적용방법을 규정한 표준이다. 앞에서 이동평균 관리도를 사용하여 공정의 변화를 탐지하는 방법을 알아보았다. 이동평균 관리도에서는 이동평균을 계산하기 위해 w개의 샘플평균에 $1/w$의 가중치를 주고, 그 이전의 모든 샘플평균은 0의 값으로 가중하였다. 그러나 지수가중 이동평균(EWMA : Exponentially Weighted Moving Average) 관리도에서는 최근의 측정치에다 더 큰 가중치를 주게 함으로써 공정의 변화에 민감하게 하여 공정의 변화를 빨리 감지할 수 있도록 했다. 이 관리도는 기하이동평균(GMA : Geometric Moving Average) 관리도라고도 한다.

k 시점에서의 관측치 $\overline{X}_k$, $\overline{X}_{k-1}$, ⋯, $\overline{X}$의 지수가중 이동평균은 다음과 같이 구해진다.

$$Z_k = \lambda \overline{X}_k + (1-\lambda) Z_{k-1} \tag{11-6}$$

여기서 λ는 0과 1 사이의 값을 갖는 상수이고 $Z_0 = \overline{\overline{X}}$이다. 식 (11-6)을 전개하면 다음과 같다.

$$\begin{aligned} Z_k &= \lambda \overline{X}_k + (1-\lambda)[\lambda \overline{X}_{k-1} + (1-\lambda) Z_{k-2}] \\ &= \lambda \sum_{j=0}^{k-1} (1-\lambda)^j \overline{X}_{k-j} + (1-\lambda)^k Z_0 \end{aligned} \tag{11-7}$$

만일 $\overline{X}_k$이 독립적이고 분산이 $\dfrac{\sigma^2}{n}$이면, Z_k의 분산은 다음과 같이 구해진다.

$$\sigma^2{}_{Z_k} = \frac{\sigma^2}{n}\left(\frac{\lambda}{2-\lambda}\right)[1-(1-\lambda)^{2k}] \tag{11-8}$$

k가 증가함에 따라 Z_k의 분산은 다음 값으로 수렴한다.

$$\sigma^2{}_Z = \frac{\sigma^2}{n}\left(\frac{\lambda}{2-\lambda}\right) \tag{11-9}$$

따라서 부분군 k가 어느 수준 이상 커지면 EWMA 관리도의 관리한계선은 다음과 같이 구해진다.

$$\begin{aligned} C_{\mathrm{L}} &= \overline{\overline{X}} \\ U_{\mathrm{CL}} &= \overline{\overline{X}} + \frac{\sigma}{\sqrt{n}}\sqrt{\frac{\lambda}{2-\lambda}} \\ L_{\mathrm{CL}} &= \overline{\overline{X}} - \frac{\sigma}{\sqrt{n}}\sqrt{\frac{\lambda}{2-\lambda}} \end{aligned} \tag{11-10}$$

$\lambda = 1$인 경우 EWMA 관리도는 $\overline{X}$ 관리도와 동일하며, λ값이 작을수록 공정평균의 이동을 더 빨리 탐지할 수 있다. Z_k값을 계산하여 관리도상에 타점하고 이 점이 관리한계선 밖에 나타나면 공정이 관리상태를 벗어난 것으로 간주한다. MA관리도와 마찬가지로, EWMA 관리도는 $\overline{X}$ 관리도와 함께 사용하면 더 효율적이다. 만일 두 개의 관리도를 함께 사용할 때에 어느 한쪽의 관리도에서라도 관리한계선 밖에 점이 나타나면 공정에 문제점이 발생한 것으로 간주한다.

예제 11-3 [표 11-9]의 자료에 대하여 $\lambda=0.3$인 EWMA 관리도를 작성하라.

풀이 먼저 k 값이 충분히 클 때의 관리한계선은 식 (11-10)을 이용하여 계산하면 다음과 같다.

$$C_L = 20.0$$

$$U_{CL} = 20.0 + \frac{(2.431)}{\sqrt{4}}\sqrt{\frac{0.3}{2-0.3}} = 21.53$$

$$L_{CL} = 20.0 - \frac{(2.431)}{\sqrt{4}}\sqrt{\frac{0.3}{2-0.3}} = 18.47$$

k값이 작은 경우에 대해서는 식 (11-8)의 분산을 이용하여 다음 식으로부터 계산된다.

$$C_L = \overline{\overline{X}}$$

$$U_{CL} = \overline{\overline{X}} + 3\sqrt{\sigma^2 Z_k}$$

$$L_{CL} = \overline{\overline{X}} - 3\sqrt{\sigma^2 Z_k}$$

이와 같이 계산된 관리한계선과 값은 [표 11-10]과 같으며, 이에 대한 EWMA 관리도는 [그림 11-19]와 같다. 그림에서 탐지된 것처럼 부분군 21에서 관리한계선 아래로 벗어난 것을 알 수 있다. 따라서 공정상에 어떤 문제점이 발생하였으므로 적절한 조치를 취해 주어야 한다.

표 11-10 EWMA 관리도 자료 표

부분군 번호	$\overline{X}_k$	M_k	L_{CL}	U_{CL}
1	20.0	20.00	18.54	21.46
2	22.0	20.60	18.48	21.52
3	20.0	20.42	18.47	21.53
4	19.0	20.00	18.47	21.53
5	21.0	20.30	18.47	21.53
6	23.0	21.11	18.47	21.53
7	20.0	20.78	18.47	21.53
8	18.0	19.94	18.47	21.53
9	17.0	19.06	18.47	21.53
10	19.0	19.04	18.47	21.53
11	21.0	19.63	18.47	21.53
12	23.0	20.64	18.47	21.53
13	23.0	21.35	18.47	21.53

14	21.0	21.24	18.47	21.53
15	20.0	20.87	18.47	21.53
16	17.0	19.71	18.47	21.53
17	18.0	19.19	18.47	21.53
18	18.0	18.83	18.47	21.53
19	19.0	18.88	18.47	21.53
20	18.0	18.61	18.47	21.53
21	18.0	18.42	18.47	21.53
22	21.0	18.20	18.47	21.53
23	20.0	19.44	18.47	21.53
24	22.0	20.21	18.47	21.53
25	22.0	20.75	18.47	21.53

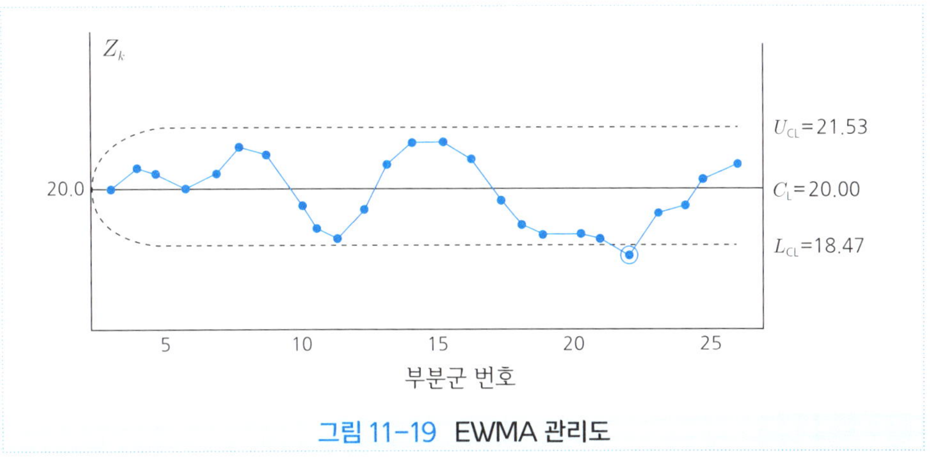

그림 11-19 EWMA 관리도

11.5 Z - W 관리도(표준 정규분포 관리도)

이 관리도는 'ISO 7870-5 : 2014, Part5 : Specialized control charts'의 **7절** 내용을 기초로 작성된 것으로 관리도 적용방법을 규정한 표준이다. 오늘날 다양한 고객의 요구를 충족시키고 재고수준을 줄이기 위하여 다품종 소량생산방식이 더욱 중요시되고 있다. 따라서 생산설비가 어떤 특정한 제품만 연속해서 생산하는 것이 아니라, 여러 가지 종류의 제품을 적은 양씩 필요에 따라 교대로 생산하고 있다. 앞 절에서는 $X_d - R_m$ 관리도를 소개하였다. 이 절에서는 제품 간에 산포의 크기가 다를 경우에 적합한 $Z-W$ 관리도를 소개한다. 이 관리도는 표준화 관리도(standardized charts)라고도 부른다.

$Z-W$ 관리도는 한 설비에서 여러 개의 제품이 생산되고 목표값(기준값)이 다른 경우에 사용된다. $Z-W$ 관리도를 사용하기 위해서는 각 제품의 명목상의 값(nominal value)과 모표준편차가 필요하다. 명목상의 값으로는 목표값이나 또는 총평균값이 사

표 11-11 $Z-W$ 보기 데이터

부분군 번호	제품명	측정치	부분군 번호	제품명	측정치	부분군 번호	제품명	측정치
1	A03	31	11	A03	32	21	A03	29
2	B04	45	12	B04	47	22	A03	30
3	A03	26	13	B04	43	23	B04	47
4	A03	33	14	A03	27	24	A03	28
5	A03	30	15	A03	33	25	B04	44
6	A03	26	16	A03	29	26	A03	33
7	B04	47	17	B04	45	27	B04	47
8	B04	45	18	B04	43	28	A03	27
9	B04	44	19	B04	46	29	B04	45
10	B04	45	20	A03	32	30	B04	42

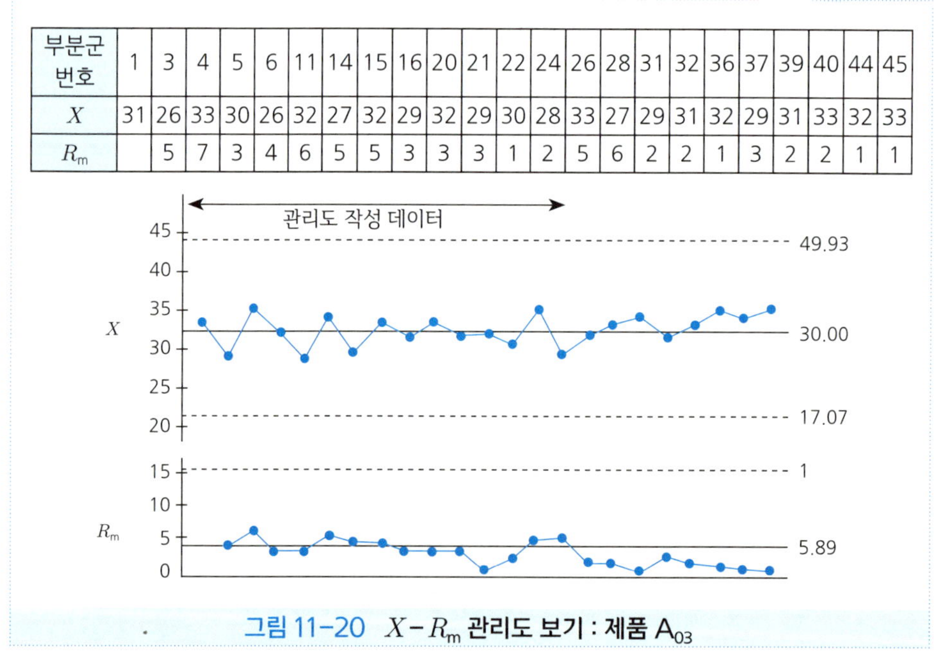

부분군 번호	1	3	4	5	6	11	14	15	16	20	21	22	24	26	28	31	32	36	37	39	40	44	45
X	31	26	33	30	26	32	27	32	29	32	29	30	28	33	27	29	31	32	29	31	33	32	33
R_m		5	7	3	4	6	5	5	3	3	3	1	2	5	6	2	2	1	3	2	2	1	1

그림 11-20 $X-R_m$ 관리도 보기 : 제품 A_{03}

용되며, 모표준편차 대신에 그 추정치인 $\hat{\sigma}=\frac{\overline{R}}{d_2}$가 사용된다. 예를 들면, 어떤 컴퓨터 수치제어기계(CNC)를 사용하여 제품 A03를 만든다고 하자. 제품 A_{03}의 목표값은 30이고 B_{04}제품의 목표값은 45이다. [표 11-11]에서 제품 A_{03}에 대한 30 개의 로트에서 한 개씩 측정한 측정값이며 $X-R_m$ 관리도를 작성한 그림이 [그림 11-20]이다.

그림 상에는 특별히 이상원인이나 어떤 습성이 있다고 판단되지 않는다. 다음과 같이 $Z-W$ 관리도를 사용하여 분석하여 보자.

로트 1에서 30까지 제품 A_{03}의 평균은 30.00이고, 평균이동범위 $\overline{R}$는 4.86이다. 범위는 두 개의 측정치에 대한 범위이므로 범위의 평균을 d_2로 나누면 모표준편차의 추정치를 구할 수 있다. 즉, $n=2$인 경우에 $d_2=1.128$이므로 추정치는 다음과 같다.

$$\hat{\sigma}=\frac{\overline{R}}{d_2}=\frac{4.86}{1.128}=4.309 \qquad (11-11)$$

Z 값은 각 측정치(X)를 목표 값으로 뺀 후 이 차이를 $\hat{\sigma}$로 나눈 것으로 제품 A_{03}에 대한 Z 값은 다음과 같이 구하면 된다.

$$Z=\frac{X-\text{목표값}}{\hat{\sigma}}=\frac{X-30}{4.309} \qquad (11-12)$$

이 Z 값을 Z 관리도에 타점하면 된다.

그리고 제품 B_{04}에 대한 로트 1에서 30까지의 평균은 45.07이고, 평균이동범위는 2.14이다. 제품 B_{04}도 A_{03}과 마찬가지로 $n=2$이므로 $d_2=1.128$를 사용하여 모 표준편차의 추정치와 Z 값을 구하면 다음과 같다.

$$\hat{\sigma}=\frac{\overline{R}}{d_2}=\frac{2.14}{1.128}=1.897$$

Z 관리도의 중심선과 관리한계선은 다음과 같다.

$$C_L=0.0,\ U_{CL}=3.0,\quad L_{CL}=-3.0$$

이동범위의 값은 정규변환된 Z 값을 이용하여 계산하면 된다. 일반적으로 표준화된 범위 값은 W로 표기한다. 이동범위를 관리하는 W 관리도의 중심선과 관리상한선은 각각 $C_L=d_2$, $U_{CL}=d_2+3d_3$이고 $n=2$이므로 다음과 같다.

$C_{L} = d_2 = 1.128$

$U_{CL} = d_2 + 3d_3 = 1.128 + 3(0.853) = 3.687$

L_{CL} = 생각하지 않음

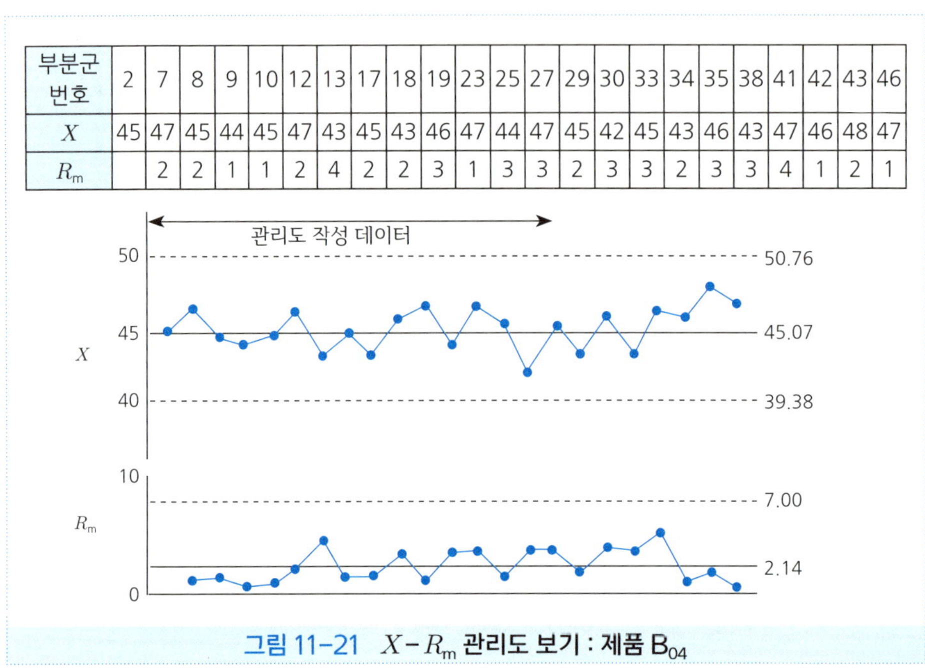

부분군 번호	2	7	8	9	10	12	13	17	18	19	23	25	27	29	30	33	34	35	38	41	42	43	46
X	45	47	45	44	45	47	43	45	43	46	47	44	47	45	42	45	43	46	43	47	46	48	47
R_m		2	2	1	1	2	4	2	2	3	1	3	3	2	3	3	2	3	3	4	1	2	1

그림 11-21 $X-R_m$ 관리도 보기 : 제품 B_{04}

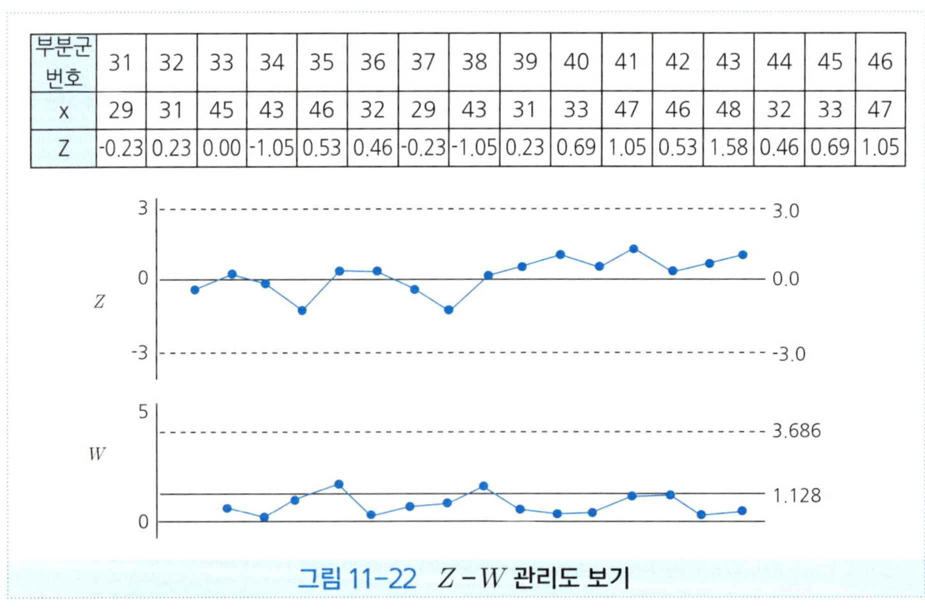

부분군 번호	31	32	33	34	35	36	37	38	39	40	41	42	43	44	45	46
x	29	31	45	43	46	32	29	43	31	33	47	46	48	32	33	47
Z	-0.23	0.23	0.00	-1.05	0.53	0.46	-0.23	-1.05	0.23	0.69	1.05	0.53	1.58	0.46	0.69	1.05

그림 11-22 $Z-W$ 관리도 보기

로트 31에서 46까지에 대한 $Z-W$ 관리도는 [그림 11-22]과 같다. 이 그림에서 주목할 사항은 [그림 11-21]의 $X-R_m$ 관리도에서는 발견되지 못한 연 현상을 볼 수 있다는 점이다. 로트 39부터 46까지 중심선 위의 연속된 런 현상은 공정에 어떤 문제점이 있다는 것을 보여주고 있다. 만일 이 사실을 이용하여 공정에 대한 문제점을 인식하고 그 해결책을 발견할 수 있다면 더 효율적인 공정관리가 될 것이다.

11.6 $\overline{X}_d-R$ 관리도(부분군 차이관리도)

단기간 생산(short-run production)의 제조공정에서 한 로트 당 몇 개의 샘플을 채취하여 공정을 관리한다는 것은 사실 논리에 맞지 않을 수 있다(몇 개의 측정치가 부분군을 이루는 경우 부분군 내에는 동질성이 있는 측정치이기 때문에 모든 측정치를 평균하여도 정보가 손실되지 않는다는 명백한 가설이 성립됨을 의미한다). 더구나 모든 제품을 만들어 낸 후 몇 개의 측정치를 부분군으로 하고 그 다음 관리도에 타점한다면, 이것은 단지 보고서를 만드는 의미 외에는 다른 성과는 없을 것이다. 이러한 이유 때문에 짧은 생산의 경우 부분군으로 공정을 관리하는 것은 일반적으로 권장할 것은 되지 못한다. 그러나 측정치가 부분군이 되기에 합리적(rational subgroup)이고, 민감도를 증가시키고자 할 경우에는 적절한 관리법이다. $\overline{X}-R$ 관리도에 대하여 알아보자. 이 관리도를 부분군 차이관리도(difference charts for subgrouped data)라고도 한다. 생산라인을 따라 두 종류의 제품 A_{05}, A_{06}이 생산되고 있다. 매 시간당 세 개의 샘플을 추출하여 측정한 후, 세 개의 측정치를 부분군으로 하여 $\overline{X}-R$ 관리도에 기록하였다. [그림 11-23]은 A_{05}에 대한 $\overline{X}-R$ 관리도이다. A_{05}의 처음 10개의 부분군에 대한 총 평균값은 19.97이고, 평균범위는 2.00이다.

따라서 $\overline{X}$ 관리도의 중심선은 19.97이고, 관리상한선과 관리하한선은 각각 22.02와 17.92이다. 그리고 R 관리도의 중심선은 2.0이고 관리상한선은 5.15이다. 그리고 A_{05}의 목표값은 20.0이다. 앞에서 설명한 것처럼 이러한 관리방법은 한 제품의 일관성에 대하여는 기록의 의미는 있지만 제조공정의 변화를 탐지하기에는 효율적인 방법이 되지는 못한다. 각 부분군의 평균값에서 목표 값을 뺀 값으로 변환하면 목표에 대한 공정의 변화를 감지할 수 있다.

관리도의 중심선과 관리한계선은 다음과 같다.

부분군 번호	1	2	4	8	9	12	13	14	16	17	21	22	25	28	29	31
측정치	20 22 21	18 19 20	19 19 20	20 18 22	19 19 20	20 20 21	19 20 22	20 21 22	18 19 20	20 19 20	21 20 22	20 19 22	19 19 20	20 21 20	18 19 20	20 19 20
평균($\bar{X}$)	21	19	19.67	20	19.33	21	20.33	21	19	19.67	21	20.33	19.67	20.33	19	19.67
범위(R)	2	2	1	4	1	2	3	2	2	1	2	3	1	1	2	1

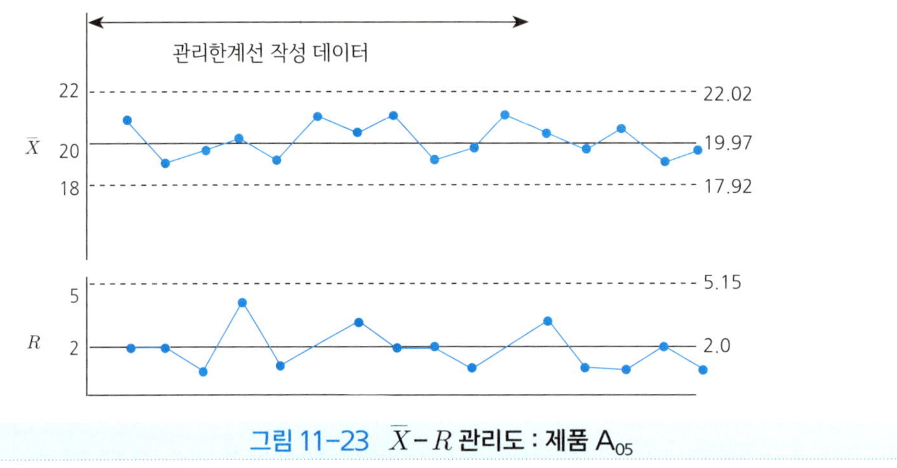

그림 11-23 $\bar{X}-R$ 관리도 : 제품 A_{05}

$$C_L = 0.0$$
$$U_{CL} = A_2\bar{\bar{R}} = 1.023(1.95) = 1.99$$
$$L_{CL} = -A_2\bar{\bar{R}} = -1.023(1.95) = -1.99 \tag{11-13}$$

여기서 $\bar{\bar{R}}$는 두 제품의 부분군 범위평균의 평균으로 총 평균범위이다.

그리고 범위관리도의 중심선과 관리한계선은 다음과 같다.

$$C_L = \bar{\bar{R}} = 1.95$$
$$U_{CL} = D_4 \cdot \bar{\bar{R}} = 2.574(1.95) = 5.02$$
$$L_{CL} = D_3 \cdot \bar{\bar{R}} = 0.0(1.95) = 0.0$$

[그림 11-24]는 부분군 번호 21부터 32 번까지의 $\bar{X}_d-R$ 관리도를 나타내고 있다. 이 관리도에서는 제조공정을 시간별 순서대로 보여주고 있다. 매 시간별로 채취한 샘플로부터 공정의 흐름을 한눈에 볼 수 있다. 관리 이탈이 나타나는 런 현상도 없고 관리한계를 벗어난 이상점도 존재하지 않는다. 따라서 특별한 이상원인이 공정관리 기간에는

없다는 것을 알 수 있다. 데이터의 양이 적을 경우에 공정을 관리하기 위해서는 $X_d - R_m$ 관리도, $X_d - R$ 관리도 또는 $Z - W$ 관리도를 사용하는 것이 바람직하다.

부분군 번호	21	22	23	24	25	26	27	28	29	30	31	32
측정치	21 20 22	20 19 22	10 10 9	10 11 12	19 19 20	10 11 10	9 8 10	20 21 20	18 19 20	10 12 11	20 19 20	10 11 10
평균($\bar{X}$)	21	20.33	9.67	11	19.67	10.33	9	20.33	19	11	19.67	10.33
범위(R)	2	3	1	2	1	1	2	1	2	2	1	1
$\bar{X}-R$	1	0.33	-0.33	1	-0.33	0.33	-1	0333	-1	1	-0.33	0.33

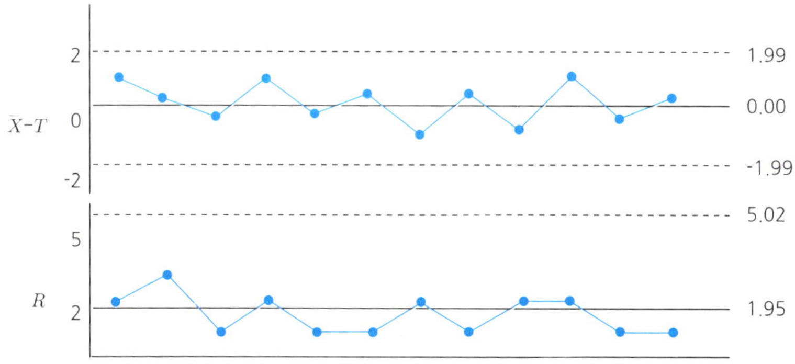

그림 11-24 $\bar{X}_d - R$ 관리도 보기

11.7 $\bar{Z}-W$ 관리도(부분군 표준 정규분포 관리도)

Z 관리도에서는 개개의 측정치를 사용하지만, $\bar{Z}$ 관리도에서는 반복된 측정치로 부분군(표본군)을 형성하고, 이 부분군의 평균과 범위를 Z_k와 W_k로 치환하여 작성한다. 이 관리도를 부분군 정규변환 관리도(standardized charts for subgrouped data)라고도 한다. 부분군에 대한 Z_k와 W_k는 다음과 같이 구한다.

$$Z_k = \frac{\bar{X}_k - 목표값}{\sigma_{\bar{X}}}$$

$$W_k = \frac{R_k}{\hat{\sigma}} \tag{11-14}$$

여기서는 다음과 같다.

$$\sigma_{\bar{X}} = \frac{\hat{\sigma}}{\sqrt{n}} = \frac{\bar{R}}{d_2\sqrt{n}}$$

관리도의 중심선과 관리한계선은 Z 관리도와 마찬가지로

$$C_{\mathrm{L}} = 0.0, \quad U_{\mathrm{CL}} = 3.0, \quad L_{\mathrm{CL}} = -3.0$$

이며, W 관리도의 중심선과 관리한계선도 $Z-W$ 관리도와 마찬가지로 다음과 같다.

$$C_{\mathrm{L}} = d_2$$
$$U_{\mathrm{CL}} = d_2 + 3d_3$$
L_{CL} = 생각하지 않음

보기를 들어 설명하여 보자. 어떤 수치제어기계를 사용하여 세 가지 종류의 철강 제품 C_{07}, C_{08}, C_{09}를 필요에 따라 교대로 생산하고 있다. 한 가지 종류로 구성된 각 로트에서 다섯 개의 샘플을 무작위로 추출하여 측정한 값은 [표 11-12]와 같다. 제품 C_{07}, C_{08}, C_{09}의 목표값은 각각 4.5, 9.5, 8.5이다. $\bar{Z}-W$ 관리도를 작성하여 보자.

제품 C_{07}의 목표값은 4.5 이고, 평균범위($\bar{R}$)는 4.10이다. 따라서 각 부분군 k에 대한 $\bar{Z}_k$과 W_k 값은 $\hat{\sigma} = \frac{\bar{R}}{d_2} = \frac{4.10}{2.326} = 1.76$, $\sigma_{\bar{X}} = \frac{\hat{\sigma}}{\sqrt{n}} = \frac{1.76}{\sqrt{5}} = 0.788$이므로 다음과 같다.

$$Z_k = \frac{\bar{X}_k - 4.5}{0.788} \qquad W_k = \frac{R_k}{\hat{\sigma}} = \frac{R_k}{1.76}$$

표 11-12 $\bar{Z}-W$ 관리도 보기 데이터

부분군 번호	제품	측정치				
		x_1	x_2	x_3	x_4	x_5
1	C_{08}	16	11	13	7	10
2	C_{08}	14	15	15	10	16
3	C_{07}	4	0	6	4	4
4	C_{07}	2	4	5	8	5
5	C_{07}	5	8	3	5	3
6	C_{07}	6	6	5	3	5
7	C_{07}	4	5	4	2	8
8	C_{08}	5	7	7	8	15
9	C_{09}	0	9	9	7	0

10	C_{09}	5	7	7	12	8
11	C_{07}	4	2	7	2	2
12	C_{07}	3	6	4	2	6
13	C_{08}	3	10	16	6	10
14	C_{09}	9	7	8	8	13
15	C_{08}	5	15	9	5	10
16	C_{09}	8	8	8	10	10
17	C_{08}	11	15	12	8	14
18	C_{07}	3	2	5	4	4
19	C_{07}	4	5	5	4	8
20	C_{07}	2	3	1	4	1

제품 C_{08}의 목표값은 9.5이고, 평균범위($\overline{R}$)는 10.5이다. 따라서 각 부분군 k에 대한 $\overline{Z}_k$과 W_k 값은 $\hat{\sigma} = \dfrac{\overline{R}}{d_2} = \dfrac{10.5}{2.326} = 4.51$이고 $\sigma_{\overline{X}} = \dfrac{\hat{\sigma}}{\sqrt{n}} = \dfrac{4.51}{\sqrt{5}} = 2.02$이므로

$$Z_k = \frac{\overline{X}_k - 9.5}{2.02} \qquad W_k = \frac{R_k}{\hat{\sigma}} = \frac{R_k}{4.51}$$

이며, 제품 C_{09}의 목표값은 8.5, 평균범위($\overline{R}$)는 7.9이므로 $\hat{\sigma} = \dfrac{\overline{R}}{d_2} = \dfrac{7.9}{2.326} = 3.4$이고 $\sigma_{\overline{X}} = \dfrac{\hat{\sigma}}{\sqrt{n}} = \dfrac{3.4}{\sqrt{5}} = 1.52$가 된다. 따라서 $\overline{Z}_k$과 W_k 값은 부분군 k에 대하여 다음과 같이 구한다.

$$Z_k = \frac{\overline{X}_k - 8.5}{1.52} \qquad W_k = \frac{R_k}{\hat{\sigma}} = \frac{R_k}{3.4}$$

[표 11-13]은 부분군 k에 대하여 구한 $\overline{Z}_k$과 W_k 값이며, [그림 11-25]는 $Z-W$ 관리도를 나타내고 있다. 여기서 W 관리도의 중심선과 관리한계선은 $n=5$이므로 다음과 같다.

$$C_L = d_2 = 2.326$$
$$U_{CL} = d_2 + 3d_3 = 2.326 + 3(0.8641) = 4.918$$
L_{CL} = 생각하지 않음

모든 점들이 관리한계선 내에 있고 특별한 습성이 존재하지 않아서 공정상에 어떤 문제점이 있다고 판단되지 않는다.

표 11-13 $\bar{Z}-W$ 관리도 보기의 $\bar{Z}_k$과 W_k 값

부분군 번호	제품	측정치					평균 ($\bar{X}$)	범위 (R)	$\bar{Z}_k$	W_k
		x_1	x_2	x_3	x_4	x_5				
1	C_{08}	16	11	13	7	10	11.4	9	0.94	2.00
2	C_{08}	14	15	15	10	16	14.0	6	2.23	1.33
3	C_{07}	4	0	6	4	4	3.6	6	- 1.14	3.41
4	C_{07}	2	4	5	8	5	4.8	6	0.38	3.41
5	C_{07}	5	8	3	5	3	4.8	5	0.38	2.84
6	C_{07}	6	6	5	3	5	5.0	3	0.64	1.70
7	C_{07}	4	5	4	2	8	4.6	6	0.13	3.41
8	C_{08}	5	7	7	8	15	8.4	10	- 0.54	2.22
9	C_{09}	0	9	9	7	0	5.0	9	- 2.30	2.65
10	C_{09}	5	7	7	12	8	7.8	7	- 0.46	2.06
11	C_{07}	4	2	7	2	2	3.4	5	- 1.40	2.84
12	C_{07}	3	6	4	2	6	4.2	4	- 0.38	2.27
13	C_{08}	3	10	16	6	10	9.0	13	- 0.25	2.88
14	C_{09}	9	7	8	8	13	9.0	6	0.33	1.76
15	C_{08}	5	15	9	5	10	8.8	10	- 0.35	2.22
16	C_{09}	8	8	8	10	10	8.8	2	0.20	0.59
17	C_{08}	11	15	12	8	14	12.0	7	1.24	1.55
18	C_{07}	3	2	5	4	4	3.6	3	- 1.14	1.70
19	C_{07}	4	5	5	4	8	5.2	4	0.89	2.27
20	C_{07}	2	3	1	4	1	2.2	3	- 2.92	1.70

이 관리도는 동일한 설비로 생산긴간이 단기간 제품들을 생산할 경우(short - run production)에 공정을 관리하는 것이다. 규격이 다른 여러 가지의 제품들을, 서로 별도의 관리도들을 작성하지 않고, 한 관리도에 같이 작성함으로써 부품에 대한 관리도가 아니라 공정(process)에 대한 관리방법을 나타내고 있다. 그럼으로써 제품의 변동을 줄이고 품질 향상을 달성하고자 하는 SPC의 목적에 부합하게 된다.

지금까지 단기간 생산의 제조 환경하에서 공정을 관리하기에 적합한 $X_d - R$ 관리도와 $Z - W$ 관리도를 소개하였다. 그리고 $X_d - R$ 관리도와 $Z - W$ 관리도 중에서 어떤 관리도를 사용하는 것이 타당한가를 정하기 위해서 사용되는 $\bar{\bar{R}}$ 관리도를 소개하였다.

데이터가 정기적으로 수집되면 개별치를 사용하여 관리도를 작성하는 것이 바람직하다. 그러나 만일 공정이 샘플주기에 비례하여 천천히 변화하는 경우에는 정보의 손실이 거의 없는 방식으로 적절히 부분군을 만들 수 있다. 데이터가 집단(clusters)으로 모여질 경우, 이러한 데이터를 관리도로 나타낼 때에는 $X_d - R$ 관리도(부분군 차이관리도)나 $\bar{Z}-W$ 관리도를 사용하는 것이 바람직하다. 그러나 현재 진행 중인 공정을 관리하기위해서 관리도를 활용하는 경우, 너무 많은 데이터를 부분군으로 만들지 않도록 주의해야 한다. 짧은 생산주기의 공정에서 과대한 부분군의 크기나 또는 지나치게 넓은 샘플링 간격은 지나간 공정의 과정을 단순히 나타내는 기록표일 따름이기 때문이다. 짧은 생산주기의 공정에서는 적게 그리고 자주 측정하고, 데이터를 가능한 부분군을 형성하기보다는 개별값으로 측정하고, 실시간에 분석하여, 공정을 관리하는 것이 훨씬 효율적이다.

X_d-R 관리도나 $Z-W$ 관리도는 공정이 예측 가능한 방향으로 계속 변화하는 경우, 예를 들면 절삭 공구의 마모나 촉매제의 반응속도 저하 등에 사용 가능할 것이다. 이러한 상황에서 공정평균의 변화는 예측 가능한 시간의 함수로 나타낼 수 있으므로, 시간의 함수로써 목표치를 정할 수 있다. 이러한 경우에 함수는 선형 또는 비선형함수로 표현될 수 있다. 함수로 나타내는 것이 쉽지는 않겠지만, 다른 방법보다는 쉽게 적용이 가능하며 그래프를 보면서 즉각적으로 의사결정을 할 수 있으므로 효율적인 공정 관리방법이 될 수 있다.

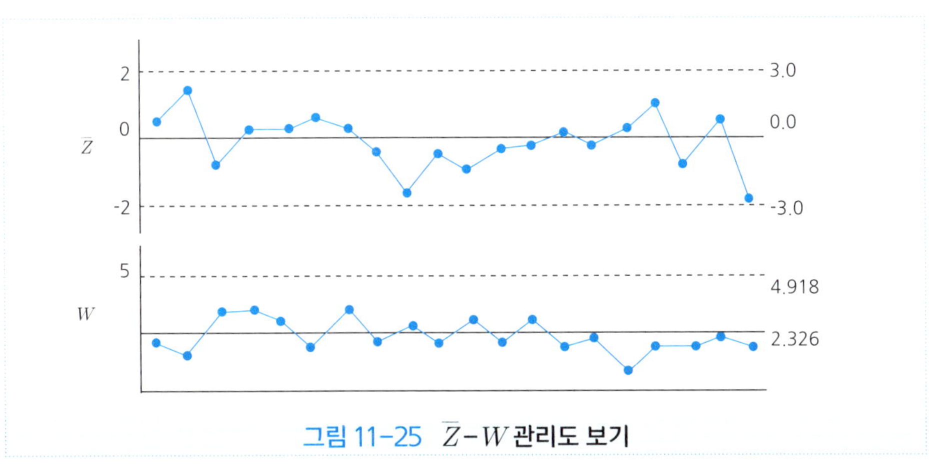

그림 11-25 $\bar{Z}-W$ 관리도 보기

참고문헌

1 박성현, 박영헌, "통계적 품질관리", 제3판, 민영사, 2008.

2 박성현, 박영헌, 이명주, "통계적공정관리(SPC)", 민영사, 2005.

3 박성현 ,이명주 , 정목용, "6시그마 설계를 위한 DFSS", KSA, 2002.

4 이레테크, "미니텝 SW을 이용한 공학통계 자료분석", 이레테크(주), 2006.

5 KS Q ISO 7870-1 : 2014, 관리도 - 제1부 : 일반지침.

6 KS Q ISO 7870-3 : 2012, 관리도 - 제3부 : 합격판정 관리도.

7 KS Q ISO 7870-4 : 2013, 관리도 - 제4부 : 누적 합 관리도.

8 ISO DIS 7870-5 : 2014, Part5 : Specialized control charts.

9 ISO DIS 7870-6 : 2014, Part6 : EWMA control charts.

10 Beyfogle Ⅲ, Forrest W. , Implementing Six Sigma Smarter Solutions using Statistical Methods, John Wiley & Sons, 1999.

11 Duncan, A.J. Quality Control and Industrial Statistics, 5th Edition, Richard D. Irwin, Inc., Homewood, IL, 1986.

12 Nomikos, P. and Macgregor, J. F(1995) "Multivariate SPC Charts for Monitoring Batch Processes" Techno metrics 37, pp 41-59

연습문제 STATISTICAL QUALITY CONTROL

1. 진공관의 안정 및 노화공정에서 진공관의 음 전류를 측정하는데 목표 수준은 80.0 mA이고 고유 변동성인 $s=5$ mA이다. 관리 한계는 73.3 mA 및 86.7 mA이며 샘플크기 n이 5인 슈하트 관리도가 현재 사용되고 있다. 만약 동일한 샘플크기와 관리 한계를 갖는 합격판정관리도를 활용할 경우, APL과 RPL과 같은 요소를 결정하라.

2. 맞춤 못의 절단 길이의 규격 한계를 (11.25 ± 0.1) mm로 설정함으로써 더욱 엄격해졌다. s가 0.039이며 허용 간격은 0.2로써 5s와 동일하며, 근접 관리의 필요성을 보여주고 있다. 따라서 A_{PL}을 명목값으로 하고, α 위험은 0.05로 한다. 샘플크기는 4로 한다. 합격 공정구역은 압축되어 공칭값 수준에서 단일 선으로 되었기 때문에, α 위험은 상한 A_{CL} 및 하한 A_{CL}을 이탈하는 부분으로 나눠지게 된다. 따라서 Z 값은 정규분포표에서 보여 주는 바와 같이 수정된다. 이러한 조정을 할 때에는 A_{CL} 중심에 위치하는 공정이 합격판정관리 상한 또는 하한을 구하라.

3. 전자부품의 코팅 공정에서 품질특성인 코팅두께를 관리하고 있는데 벗겨낸 코팅은 모집단으로부터 ± 0.008 mm보다 작은 편차를 갖는 평균값이 $\alpha=5$ %로 유의하면 코팅은 합격시킨다. 샘플크기는 $n=4$로 체취하고 있으며 $\sigma_W=0.005$이고 $Z_\alpha=1.645$이며 $A_{PL\,L}=-0.008$이다. $A_{PL\,U}=+0.008$이다. 합격판정관리 상함 및 하한을 구하고 해석하라.

4. 화학약품공장에서 정규적으로 어떤 제품의 수분량을 측정하고 있다. 제품의 수분량이 품질에 직접적인 영향을 미치므로 주의 깊게 모니터링하고 있다. 수분량이 관리한계선 안에 있더라도 계속 증가하거나 감소하는 것을 방지하기 위하여 공정관리팀은 가능한 빠른 시간 내에 수분의 변화를 탐지하기 위하여 CUSUM 관리도를 사용하여 관리하기로 하였다. 다음의 데이터는 매 시간마다 5회에 걸쳐 측정한 수분량(%)의 평균치이고 목표치는 5.0%이며, 규격은 5.0 ± 0.4 %이다. 단, 부분군 범위의 평균은 0.2이고,

제1종의 오류는 0.5이며, 제2종의 오류는 0.1이라고 하자. CUSUM 관리도를 작성하고 해석하라.

샘플 k	$\bar{X}_k$	샘플 k	$\bar{X}_k$	샘플 k	$\bar{X}_k$	샘플 k	$\bar{X}_k$
1	4.95	6	5.01	11	4.90	16	5.12
2	5.25	7	4.95	12	5.05	17	5.18
3	5.12	8	5.12	13	4.90	18	5.22
4	4.88	9	4.88	14	4.95	19	5.25
5	4.96	10	4.95	15	5.10	20	5.30

5. 다음의 자료는 어떤 공정에서 시간당 네 개씩의 샘플을 채취하여 평균한 값이다. 이 자료를 이용하여 w=6인 이동평균(MA) 관리도를 작성하라. 그리고 공정이 안정상태인지를 알아보아라. 단, 과거의 자료에 의하면 평균범위는 $\bar{R}=3.0$이다.

부분군 번호	$\bar{X}$	부분군 번호	$\bar{X}$
1	9.9	11	9.5
2	9.8	12	9.8
3	11.2	13	10.2
4	9.3	14	10.8
5	10.3	15	11.2
6	10.5	16	11.3
7	9.8	17	10.5
8	9.3	18	10.2
9	10.4	19	9.8
10	10.2	20	9.9

6. 문제 2의 자료를 이용하여 가중치가 0.3인 기하이동평균 관리도를 작성하고 공정의 이상 유무를 판단하라.

7. CNC 머시닝센터로 두 종류의 부품 A, B를 생산계획에 따라 교대로 생산하고 있다. A의 목표치는 50이고 B의 목표치는 30이다.

부분군 번호	제품명	측정치	부분군 번호	제품명	측정치
1	A	48	16	A	50
2	A	50	17	A	49
3	B	31	18	B	28
4	A	51	19	B	30
5	B	29	20	B	31
6	B	31	21	A	51
7	B	32	22	A	50
8	A	52	23	B	31
9	A	49	24	B	29
10	B	30	25	A	51
11	B	29	26	A	49
12	A	49	27	A	51
13	B	30	28	B	31
14	A	50	29	B	30
15	A	49	30	B	29

(1) 부품 종류에 따라 분리된 $X-R_{\mathrm{m}}$ 관리도를 작성하라.

(2) 측정치를 연속하여 꺾은선 그래프를 작성하라.

(3) 차이관리도를 작성하기 위한 표를 작성한 후 차이관리도를 작성하라.

(4) 위에서 작성된 그림을 비교 평가하고, 차이관리도의 유용성을 논하라.

8. 문제4의 데이터를 이용하여 X_d-R 관리도나 $Z-W$ 관리도 중에서 어떤 관리도를 사용하는 것이 타당한지를 구하라.

9. 두 종류의 제품을 짧은 생산의 제조공정으로 생산하는 공장에서 한 로트당 세 개의 샘플을 채취하여 공정을 관리하고 있다. 제품 A의 목표치는 30이고 B의 목표치는 40이다.

(1) 처음 20개 부분군의 측정치를 사용하여 각 제품에 대한 관리한계선을 구한 후, 전 부분군에 대한 $\overline{X}-R$ 관리도를 작성하라.

(2) 짧은 생산주기의 제조공정에서 공정의 변화를 쉽게 탐지하기 위하여 부분군 차이 관리도($\overline{X}_d-R$)를 사용하여 부분군 번호 21번에서 30번까지를 작성하라.

부분군	1	2	3	4	5	6	7	8	9	10
제품명	B	A	B	B	A	A	B	B	A	A
측정치	40	30	42	39	31	29	41	42	28	30
	36	29	40	38	30	28	42	43	29	29
	40	28	41	39	30	29	43	41	30	28

부분군	11	12	13	14	15	16	17	18	19	20
제품명	B	B	B	A	A	B	B	A	A	A
측정치	39	41	40	30	28	40	38	28	30	31
	38	43	41	29	28	42	38	28	32	30
	39	39	40	28	28	41	39	29	29	30

부분군	21	22	23	24	25	26	27	28	29	30
제품명	B	B	A	A	A	B	B	A	A	B
측정치	40	42	29	31	30	41	39	32	31	41
	38	38	29	32	30	42	41	33	32	42
	37	38	30	31	32	42	43	33	31	42

STATISTICAL QUALITY CONTROL

12 공정능력분석 및 공정개선

Process Capability Analysis & Process Improvement

12.1 개요

공정능력분석과 관련된 국제표준인 'ISO 22514-3 : 2008, Statistical methods in process management-Capability and performance-Part 3:Machine performance studies for measured data on discrete parts' 및 'ISO 22514-4 : 2007, Statistical methods in process management-Capability and performance-Part 4: Process capability estimates and performance measures'는 한국산업표준(KS Q ISO 22514-3, 4 : 2012)으로 채택되어 있다.

12.1.1 품질변동의 원인

모든 공정에서 품질특성이 완전히 일치하는 제품을 동일하게 반복해서 생산해 낼 수는 없다. 품질에 영향을 주는 원인은 수없이 많이 있으나, 이를 정리하여 보면 [그림 12-1]에서와 같이 사람(man), 설비(machine), 재료(material), 제조방법(method), 측정(measurement) 및 환경(environment) 등이 주된 영향을 미치게 되며, 이를 5M1E라고 한다. 또는 6M (1E를 Mother Nature)이라고 한다.

제품의 품질변동은 제품설계와 공정설계의 영향을 받으며, 공정 내에서는 5M1E에 의하여 영향을 받는다. 이 때 각각의 품질특성은 산포를 가지고 있어 확률분포를 따르게 된다. 공정관리(process control)란 생산되는 제품의 품질특성이 만족할 만한 확률분포를 가질 수 있도록 품질특성의 분포를 관리해 주는 활동이라고 볼 수 있다.

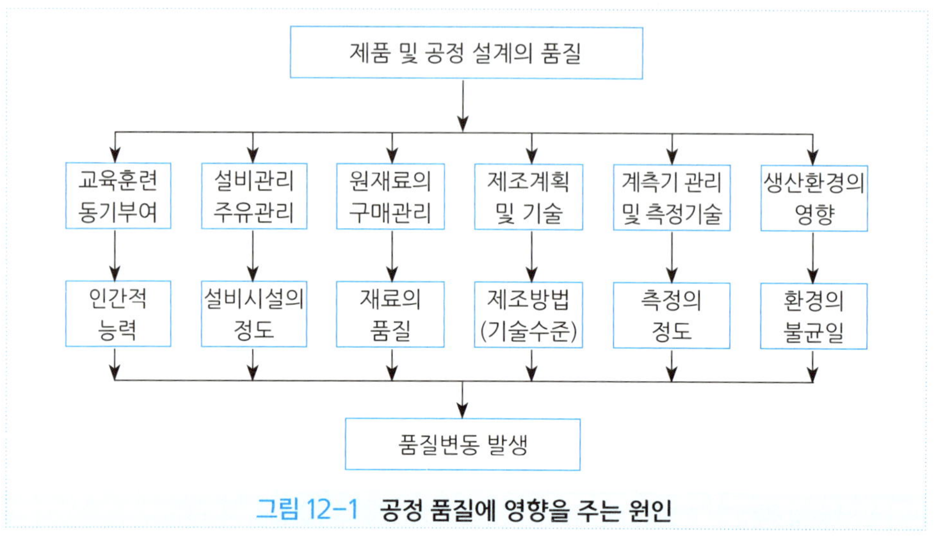

그림 12-1 **공정 품질에 영향을 주는 원인**

공정능력 지수를 산출하고자 할 경우 품질특성 선정이 중요하다. 품질특성은 정량적 특성과 정성적 특성 중에서 선정할 수 있다. 정량적 특성에는 물리적(예: 기계적, 전기적, 화학적 또는 생물학적) 특성, 시간적(예: 징시성, 신뢰성, 가용성) 특성, 기능적(예: 항공기의 최고 속도) 특성 등이 있고 정성적 특성에는 감각적(예: 후각, 촉각, 미각, 청각과 관련된) 특성, 행위적(예: 예의, 정직, 성실) 특성, 인간 공학적(예: 생리, 안전) 특성 등이 있다.

위에 열거된 정량적 및 정성적 품질특성을 고려할 수도 있지만 [표 12-1]에서와 같이 품질공학에서는, PCB 제품을 예로 들면, 개발단계에서 기본기능 특성인 원류특성을 도출하여 활용하면 투입 대비 100 배 이상의 개선효과를 얻을 수 있다. 설계단계에서 상류특성을 도출하여 활용하면 범용성, 재현성 등을 확보 할 수 있으며 투입대비 10 배 이상의 개선효과를 얻을 수 있다, 또한 중류특성인 제조기술 특성을 도출하여 활용하면 재현성을 확보할 수 있으나 효과는 투입대비 4 배 정도 개선효과를 얻을 수 있다, 그 외 하류특성인 경영자나 고객들이 관리하는 특성(불량률,클레임 등)을 도출 활용하면 효과는 2 배 정도의 개선효과를 얻을 수 있는 특성치가 될 것이다.

표 12-1 **특성치 분류에 따른 효과 비교표**

특성 분류	정특성(망소/망목/망대)			동특성
	하류특성	중류특성	상류특성	원류특성
	고객/경영 관리	제조기술	설계목적	기본기능
	계수치		계량치	
구분	망소	망대	망목	
측정치	부적합률	결점수	점수화	계량측정
표본크기	크다	중	보통	적다
비용	고비용	중비용	중 저비용	저비용
개선기간	장기	중기	중 단기	단기
검출도	하	중	상	최상
개선효과	2 배 이상	4 배 이상	10 배 이상	100 배 이상
정보화	반복성/ 재현성		재현/범용성	선행/재현/범용성

공정에서 산출되는 제품의 품질변동이 작으면 그 공정의 공정능력은 좋다고 하고, 품질변동이 크면 공정능력이 나쁘다고 한다. 단, 이때 공정은 외부의 특별한 원인에 방해받지 않고 정상적으로 가동되고 있는 상태이어야 한다. 공정능력(process capability)이란 공정이 관리상태에 있을 때, 그 공정에서 생산되는 제품의 품질변동이 어느 정도인가를 나타내는 양이라고 정의할 수 있다.

공정능력에 가장 큰 기여를 하는 것은 설비능력(machine capability)일 것이다. 그러나 공정능력은 설비능력 외에도 생산기술, 작업자의 숙련도, 원재료의 품질, 작업환경(4M1E) 등에 따라 많은 차이를 가질 수 있으므로, 공정능력을 높이기 위하여 품질변동에 영향을 주는 모든 요소에 주의를 기울여야 한다.

12.2 공정능력의 정량화

공정능력지수를 정량화할 때의 기준구간(reference interval)은 99.865% 분포 분위수 $X_{99.865}$ % 및 0.135 % 분포 분위수 $X_{0.135}$ %에 의해 경계가 형성된 구간은 99.73 %($\pm 3\sigma$) 폭($X_{99.865\,\%} - X_{0.135\,\%}$)로 기술될 수 있으며, 분위수의 폭은 ($X_{99.865\,\%} - X_{0.135\,\%}$)이다.

이 개념은 공정성능지수와 공정능력지수를 규정하는 기초를 이루고 표준화되어 있다. 정규분포의 경우는 기준 구간의 6배의 표준편차로 나타내고 샘플로 추정될 경우 (6s)로 해석될 수 있다. 비정규분포의 경우는 기준구간의 길이는 적절한 확률지(probability papers)를 이용하여 구할 수 있다, 예를 들면 로그-정규를 이용하거나 피어슨 곡선 등을 이용한 첨도(kurtosis)와 왜도(skewness)를 통해 추정할 수 있다. 분위수(quantile 또는 fractile)란 분포를 동일한 단위나 비율로 나누는 것을 의미하며, 예를 들면 백분위수가 있다. 분위수는 KSQ ISO3534-1에 정의되어 있다. 공정능력을 정보로서 활용하기 위해서는 공정능력을 양적으로 나타낼 필요가 있다. 공정능력을 정량화시키는 방법을 몇 가지 알아보기로 하자.

12.2.1 공정능력지수(C_P)

공정능력의 정량화로 가장 많이 사용되는 것은 공정능력지수(PCI : process capability index)이다. 이 지수를 C_P 또는 C_{Pk} 및 C_{Pb}로 나타내며, 그림과 같이 규격한계 폭과 분포 폭의 비를 연상할 수 있으며 손쉽게 관리가 가능한 것은 분포 폭을 줄이는 것이 경제성이 있다는 것이다.

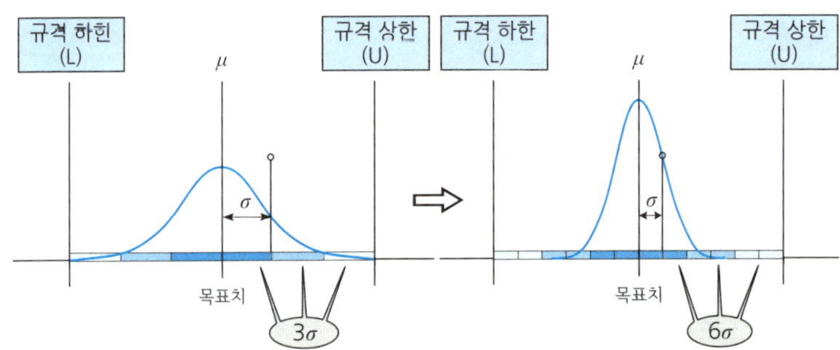

중심치로부터 규격한계까지의 거리가 3 배의 시그마(σ)만큼 떨어져 있는 공정을 "3시그마" 공정이라고 한다.

중심치로부터 규격한계까지의 거리가 6 배의 시그마(σ)만큼 떨어져 있는 공정을 "6시그마" 공정이라고 한다.

공정능력지수는 다음과 같이 세 가지의 경우로 나누어서 정의한다.

(1) 양쪽규격이고 치우침이 없는 경우(C_p)

규격상한(upper specification ; U 또는 S_U 및 $_{USL}$)과 하한(lower specification ; L 또는 S_L 및 LSL)이 있고, 제품의 품질특성치의 분포가 [그림 12-2]와 같이 양쪽규격의 중앙에

치우침이 없이 되어 있다고 가정되는 경우에는 공정능력지수

$$C_p = \frac{U-L}{6\sigma} = \frac{S_U - S_L}{6\sigma} = \frac{USL - LSL}{6\sigma} \tag{12-1}$$

를 사용한다. 여기서 $U-L$은 규격폭(specification width)으로 이를 T로 표시하면 C_p는 T의 6σ에 대한 비율이다. σ가 미지인 경우에는 다음 중 하나의 방법으로 $\hat{\sigma}$를 추정하여 사용한다.

① $\bar{X}-R$ 또는 관리도를 작성하여 다음과 같이 구하는 방법

$$\hat{\sigma} = s = \frac{\bar{R}}{d_2} \text{ 또는 } \hat{\sigma} = s = \frac{\bar{s}}{c_4} \tag{12-2}$$

② 원데이터를 그대로 사용하여 다음의 공식을 이용하는 방법

$$\hat{\sigma} = s = \sqrt{\frac{\sum(X_i - \bar{X})^2}{n-1}} \tag{12-3}$$

③ 원 데이터로 도수분포표를 작성하고, 도수분포표에서 $\hat{\sigma}$를 추정하는 방법

[그림 12-2]의 (1)의 경우는 C_p의 값이 1보다 커서 공정능력이 충분히 좋음을 나타내며 부적합률이 0에 가깝다. (2)의 경우는 C_p=1로 $T=(U-L)=6\hat{\sigma}$를 의미하며 이

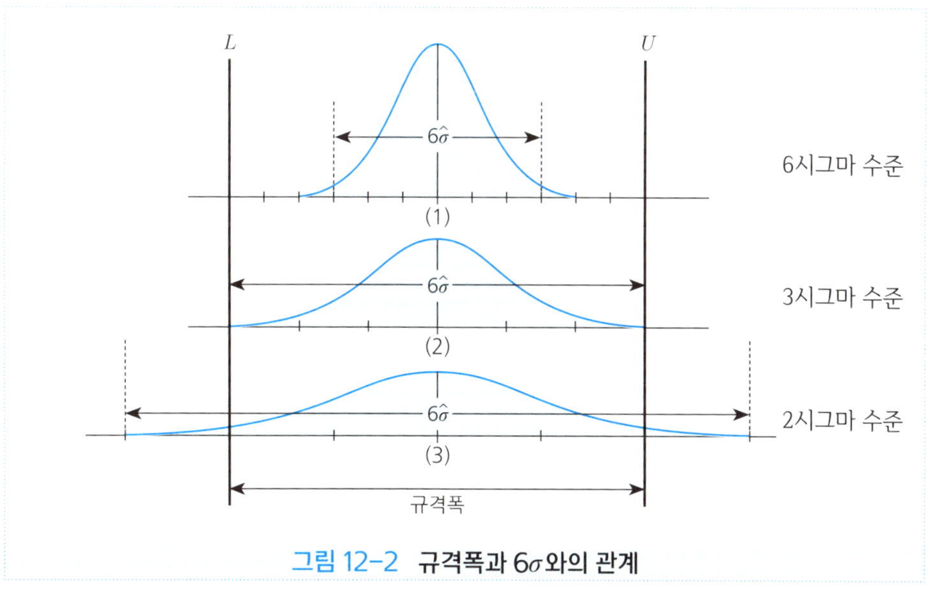

그림 12-2 **규격폭과 6σ와의 관계**

때 규격을 벗어나는 제품은 전체의 0.27 % 정도에 지나지 않는다. (3)의 경우는 C_p의 값이 0.67보다 작으며 공정능력이 불충분한 경우이다.

(2) 한쪽 규격인 경우(C_{pU} 또는 C_{pL})

한쪽 규격만 있는 경우에는 [그림 12-3]과 같은 경우가 되며 다음과 같이 정의하여 사용한다.

$$\text{규격상한인 경우 : } C_{pU} = \frac{U-\mu}{3\sigma} = \frac{S_U-\mu}{3\sigma} = \frac{USL-\mu}{3\sigma} \tag{12-4}$$

$$\text{규격하한인 경우 : } C_{pL} = \frac{\mu-L}{3\sigma} = \frac{\mu-S_L}{3\sigma} = \frac{\mu-LSL}{3\sigma} \tag{12-5}$$

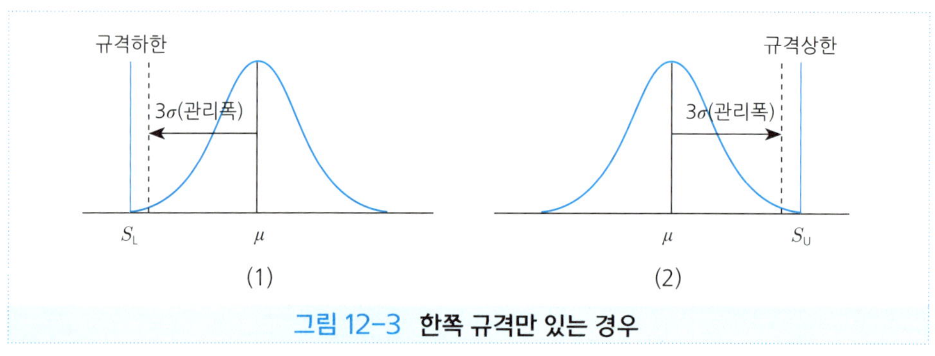

그림 12-3 **한쪽 규격만 있는 경우**

이들 C_p의 값은 $\mu > \mathrm{U}$ 이거나 $\mu < \mathrm{L}$이면 $C_p < 0$로 음의 값을 갖는다. 이 경우는 대단히 불만족스러운 경우로서 C_p의 값이 양이 되도록 공정관리를 해주어야 한다. 공정능력의 판정기준은 [표 12-2]와 같다.

(3) 양쪽규격이고 치우침이 있는 경우(C_{pk})

품질특성치의 분포가 [그림 12-4]와 같이, 양쪽 규격의 중앙에 위치하지 않고 한쪽으로 치우쳐 있는 경우에는, 치우침의 정도를 고려한 공정능력지수(이를 C_{pk}로 표시)가 사용된다.

즉, 규격의 목표치를 m, 치우침도를 k로 표시하면 공정능력지수 C_{pk}는

$$\begin{aligned} C_{pk} &= (1-k)C_p, \quad 0 < k < 1\text{인 경우} \\ &= 0, \qquad\qquad\quad k \ge 1\text{인 경우} \end{aligned}$$

$$\text{단, } |k| = \frac{|\text{규격중심} - \text{표본중심}|}{\frac{\text{규격공차}}{2}} = \frac{|m-\mu|}{\frac{T}{2}} = \frac{\left|\frac{U+L}{2} - \mu\right|}{\frac{U-L}{2}}$$

$$\text{또는 } C_{pk} = Min(C_{PU} - C_{PL}) \tag{12-6}$$

으로 정의된다. 만약 $k=0$으로 치우침이 없으면 $C_{pk}=C_p$가 된다. $k \geq 1$인 상태는 너무 치우침이 커서 발생하는 경우가 매우 드물다.

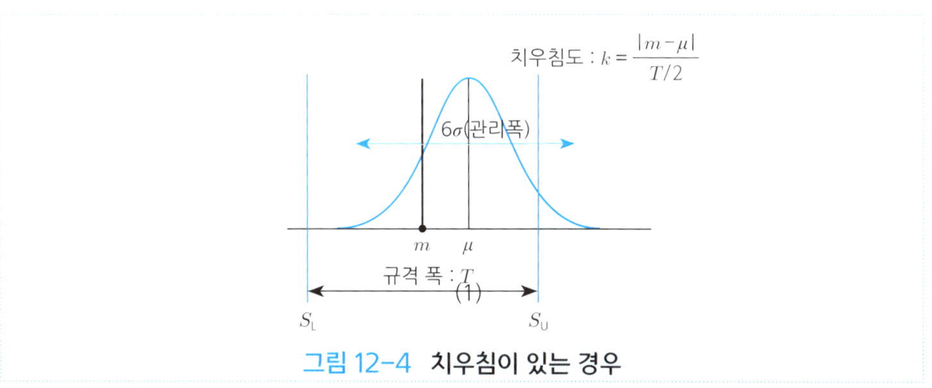

그림 12-4 **치우침이 있는 경우**

[그림 12-4]와 같이 $m < \mu$인 경우에는 식 (12-6)의 공정능력지수는

$$C_{Pk} = C_{PU} = \frac{U-\mu}{3\sigma} = \frac{S_U - \mu}{3\sigma} = \frac{USL - \mu}{3\sigma} \tag{12-7}$$

이 됨을 밝힐 수 있다. 또한 $m > \mu$인 경우에는 이와 반대로

$$C_{Pk} = C_{PL} = \frac{\mu - L}{3\sigma} = \frac{\mu - S_L}{3\sigma} = \frac{L-\mu}{3\sigma} \tag{12-8}$$

이 됨을 보일 수 있다. 따라서 $L < \mu < U$인 때에는, 치우침이 있는 경우의 공정능력지수 C_{Pk}는 한쪽 규격만 있는 경우의 공정능력지수 식 (12-4) 및 식 (12-5)와 동일하게 된다.

일반적으로 공정능력의 등급을 공정능력지수에 따라 [표 12-2]와 같이 분류한다.

각 등급에 대한 공정관리의 지침으로는 다음과 같이 생각하면 좋다. 등급으로 특급과 A는 공정상태가 매우 양호하므로 산포관리는 만족스럽다. 따라서 공정능력을 같

표 12-2 **공정능력의 판정기준**

공정능력의 범위	공정능력의 등급
$C_{Pk} \geq 2.00$	특급 (6시그마 수준)
$2.00 > C_{Pk} \geq 1.67$	최상급(5시그마 수준)
$1.67 > C_{Pk} \geq 1.33$	A급 (4시그마 수준)
$1.33 > C_{Pk} \geq 1.00$	B급 (3시그마 수준)
$1.00 > C_{Pk} \geq 0.67$	C급 (2시그마 수준)
$0.67 > C_{Pk} \geq 0.33$	D급 (1시그마 수준)

은 수준으로 유지하면서 제품의 단위당 가공시간을 단축시키는 생산성 향상을 시도하는 것이 바람직스럽다. 등급 B는 현재의 규격치에 겨우 맞추고 있음을 말하며, 등급 A로 향상되도록 노력하여야 한다. 등급 C 및 D는 공정능력이 불량함을 의미하며 다음과 같은 조치가 필요하게 된다.

① 더 적절한 능력을 보유한 공정(기계, 설비 등)으로 옮겨 작업을 진행하거나,
② 현 공정의 능력을 향상시키기 위하여 투자를 하거나,
③ 현재 사용하는 규격을 재검토하여 조정하여 주거나,
④ 특별한 관리 · 가공방법 등을 고안하여 공정능력의 향상에 노력하여야 한다.

12.2.2 공정능력 영향요인

품질특성치 분포의 6σ를 추정하여 이것을 공정능력으로 정하는 방법으로서, 이를 공정능력치(process capability value)라고 흔히 부르고, $6\hat{\sigma} = 6s$ 을 사용한다.

여기서 표준편차 σ의 추정치는 식 (12-2), (12-3)에서와 같이 구하면 된다. 따라서 공정능력지수 공식은 다음과 같이 나타낼 수 있다.

$$\text{공정능력지수}(C_P) = \frac{\text{규격공차}}{6\times\sigma} = \frac{\text{규격폭}}{99.73\%\text{폭}} = \frac{\text{공차폭}}{6\times(\sigma=\sqrt{5\text{M1E 분산}})}$$

$$= \frac{\text{공차폭}}{6\times(\sigma=\sqrt{\sigma^2_{\text{사람}}+\sigma^2_{\text{공법}}+\sigma^2_{\text{측정}}+\sigma^2_{\text{설비}}+\sigma^2_{\text{재료}}+\sigma^2_{\text{환경}}})}$$

공정품질의 산포 척도인 모 표준편차(σ)를 줄여주면 되는데 이는 품질산포 요소인 5M1E의 분산을 분석하여 산포를 줄여주면 가능한 것이다. 그래서 개선의 절차는 이

품질산포 요인 중에서 비용이 적게 들어가는 요인 3M(사람, 공법, 측정)의 산포의 원인을 먼저 줄이고 그래도 공정능력이 부족하면 비용이 드는 요인 2M1E(설비, 재료, 환경)의 산포를 줄여주는 것이 순서상 바람직하다.

12.2.3 공정능력 비

공정능력지수의 역수로서 공정능력을 정량화시키는 공정능력비(process capability ratio)가 사용되기도 한다.

$$D_p = \frac{6\sigma}{S_U - S_L} \qquad (12-9)$$

$D_p = 1/C_p$의 관계에 있으므로, D_p의 값은 작을수록 공정능력이 좋아진다.

표준편차 σ가 기지인 경우에는 C_p와 D_p 간에 본질적인 차이점이 없으나, σ가 미지인 경우에는 $6\hat{\sigma}/(S_U - S_L)$을 사용할 경우, D_p가 C_p보다 통계적 특성의 취급이 용이하기 때문에 D_p의 사용이 더 간편하다고 생각할 수도 있다.

12.2.4 공정성능지수(P_p)

식 (12.1)의 공정능력지수 C_p의 계산에서 사용되는 표준편차 σ는 식 (12-2)에 의하여 얻어지는 경우에 군내변동(within-group variation)만을 나타내는 산포의 측도가 된다. 그러나 품질특성치의 산포는 군간변동(between-group variation)에서도 올 수 있으며, 군내변동과 군간변동을 포함한 표준편차를 σ_{LT}로 나타내면

$$\sigma_{LT} = \sqrt{\sigma_w^2 + \sigma_b^2}$$

가 된다. 여기서 σ_w는 군내변동을 나타내는 표준편차이고, σ_b는 군간변동을 나타내는 표준편차이다. 이 σ_{LT}를 사용하여 공정능력지수와 유사한 양

$$P_P = \frac{S_U - S_L}{6\sigma_{LT}} \qquad (12-10)$$

을 정의하여 사용하기도 하는데, 이 양을 공정성능지수(PPI : process performance index)라고 부른다. 공정능력지수에서 사용되는 σ는 군내변동을 나타내는 σ_w이므로 $\sigma_w \le \sigma_{LT}$

이고, 따라서 $C_p \geq P_p$이 항상 성립된다. 공정이 안정되어 있는 경우에는 군간변동은 그리 크지 않으므로 C_p와 P_p 간에 큰 차이가 없으나, 공정이 불안정하여 군간변동이 큰 경우에는 C_p에 비하여 P_p 값이 상당히 작아진다. 따라서 공정이 불안정한 경우에 이를 반영한 지수를 사용하려면 공정성능지수를 사용하여야 한다.

공정능력지수는 일반적으로 단기간에 걸쳐 공정이 어느 정도의 품질의 제품을 안정되게 생산하는가를 조사하는 공정능력조사에 사용된다. 여기에 비하여 공정성능지수는 중장기간에 걸쳐 공정의 품질변동범위가 어느 정도이고, 어떠한 원인들이 공정의 성능에 영향을 주는 가 등을 조사하는 것이다. 이러한 공정성능조사의 목적은 시간이 지남에 따라서 발생되는 원료로트의 변경, 작업자의 교체, 공구교체, 장비의 수리 등에 따라서 공정능력이 어느 정도 영향을 받는가를 조사하여 적절한 조치를 취하기 위해서이다.

공정능력조사와 공정성능조사의 차이점을 비교하여 보면 [표 12-3]과 같다.

표 12-3 공정능력조사와 공정성능조사의 차이점

항목	공정능력조사	공정성능조사
목적	공정이 관리상태에 있을 때(즉, 우연원인 만에 의하여 품질산포가 생길 때), 공정에서 생산되는 제품의 품실변동이 규격에 어느 정도 부합되는가를 조사	장기간에 걸쳐서 이상원인이 될 수 있는 요인들(작업자의 교체, 공구의 교체, 설비의 수리, 원료로트의 변경 등)이 어느 정도 생산되는 제품의 품질변동에 영향을 주는가를 조사. 이상원인을 규명하여 이에 따른 공정성능을 평가
준비사항	이상원인이 개입되지 않도록 조사기간 중에는 동일한 작업자, 공구, 원료, 작업조건 등을 유지할 수 있도록 하여야 한다.	공장의 생산관리상 필요한 각종의 교체사항이 계획적으로 이루어질 수 있도록 하며, 설비관리, 계측관리 등이 협조적으로 이루어질 수 있도록 한다.
기간	짧으면 2~3 시간에서 길어야 일주일 정도의 기간 내에 이루어진다.	짧으면 5 일 정도에서 길면 반년, 1 년까지도 될 수 있다.
데이터 수집계획	부분군(subgroup)의 수는 10~30 정도로 하고, 한 부분군 내의 표본의 수는 3~6 개 정도가 적절하다. 총 50개 이상의 데이터가 있어야 한다. 총데이터 수는, k조의 부분군에 각각 n개의 표본이 있으면, kn이 된다.	두 가지 방법이 사용된다. (1) 공정능력을 조사한 kn개의 데이터 집합(set)을 장기간에 걸쳐 여러 개 또는 수십 개 합쳐서 분석 (2) 장기간에 걸쳐 랜덤하게 부분군의 수를 20~40 개 정도로 추출하고, 한 부분군 내의 표본의 수를 3~6 개 정도로 하여 총 100 개 이상의 데이터를 수집한다.

주로 사용되는 통계수법	k조의 부분군을 사용하여 $\overline{X}-R$ 관리도를 작성하고, 여기서 표준편차의 추정값 $\frac{\overline{R}}{d_2}$를 구한 후에 공정능력지수를 산출하여 평가한다.	(1) 공정능력조사의 결과를 여러 개 정리하여 시계열(time series)의 측면에서 분석한다. (2) $\overline{X}-R$ 관리도를 그려서 성능을 조사하고, 표준편차의 추정값을 전체 데이터 n개를 사용, $s=\sqrt{\frac{\sum_{i}^{n}(X_i-\overline{\overline{X}})^2}{n-1}}$를 구하여 공정성능지수를 평가한다.

(1) 관리계수(C_f)

$\overline{X}$ 관리도에서의 관리계수(C_f)는 $\overline{X}$의 모분산($\sigma_{\overline{X}}{}^2$)과 군간변동($\sigma_b$) 및 군내변동($\sigma_w$)을 이용하여 계산되는 척도로서 $\frac{\sigma_{\overline{X}}}{\sigma_w}$로 계산된다.

모집단의 분산은 $\sigma_{X(H)}{}^2=\sigma_b{}^2+\sigma_w{}^2$로 나타낼 수 있으며 표본에 따른 모평균의 분산은 $\overline{X}$의 이동범위를 이용하여 모평균 분산 $\sigma_{\overline{X}}{}^2=\sigma_b{}^2+\frac{\sigma_w{}^2}{n}=\frac{\sum_{i=1}^{k}(\overline{X}_i-\overline{X})^2}{k}=\left(\frac{\overline{R}_s}{d_2}\right)^2$ 식으로 구할 수 있다.

(단 $d_2=1.128$로 $n=2$일때 값, k는 군의 수이고 $\overline{R}_s=\frac{\sum_{i=2}^{k}|\overline{R}_{si}|}{k-1}=\frac{\sum_{i=2}^{k}|\overline{X}_i-\overline{X}_{i+1}|}{k-1}$이다)

또한 군내변동은 $\overline{X}-R$ 관리도를 이용하여 $\sigma_w=\left(\frac{\overline{R}_s}{d_2}\right)^2$로 구할 수 있고 d_2는 표본(n)의 크기에 따른 값으로 보통 $n=4\sim5$일 때의 값이다.

모집단의 군간 변동은 $\sigma_b{}^2=\sigma_{\overline{X}}{}^2-\frac{\sigma_w{}^2}{n}$으로 치환하여 구할 수 있다.

$\overline{X}$ 관리도가 관리상태이고 모집단의 군간 변동이 $\sigma_b{}^2=0$이라면 $n\sigma_{\overline{X}}{}^2=\sigma_X{}^2=\sigma_w{}^2$로 표현되며 $\overline{X}$ 관리도가 이상상태일 때는 $\sigma_b{}^2\neq0$이라면 $n\sigma_{\overline{X}}{}^2>\sigma_X{}^2>\sigma_w{}^2$로 나타낼 수 있다. 군간과 군내변동의 관리계수는 $C_f=\frac{\sigma_{\overline{X}}}{\sigma_w}$로 계산되며 판정방법은 다음과 같다.

① $C_f\geqq$: 1.2 : 군간변동(산포)이 큼

② $0.8\leqq C_f<1.2$: 관리상태

③ $C_f<0.8$: 군 구분이 잘못 됨

예제 12-1 전기조립품의 잡음레벨을 관리하고 있다. 데이터를 군구분하여 $n=5$의 $\overline{X}-R$ 관리도를 작성하였더니 관리상태였다. $\overline{X}$ 관리도의 $C_L=75$, R 관리도의 $C_L=1.87$ 이고, $\overline{X}$의 이동범위의 평균치 $\overline{R}_s=0.60$이다.
(단, $n=2$일 때의 $d_2=1.128$, $n=5$일 때의 $d_2=2.326$)

(1) σ_b, $\sigma_w, \sigma_{\overline{X}}$를 구하라.
(2) 관리계수 C_f를 구하고 평가하라.
(3) 전기조립품의 규격이 74 ± 4 일 때 C_{pk}와 Z_k를 구하고 판정하라.

풀이 1) $\sigma_w=\dfrac{\overline{R}}{d_2}=\dfrac{1.87}{2.326}=0.805$, $\sigma_{\overline{X}}=\sqrt{\sigma_b^{\,2}+\dfrac{\sigma_w^{\,2}}{n}}=\dfrac{\overline{R}_s}{d_2}=\dfrac{0.60}{1.128}=0.532$

$\sigma_{\overline{X}}=\sqrt{\sigma_b^{\,2}+\dfrac{\sigma_w^{\,2}}{n}}$ 이고 $\sigma_b=\sqrt{\sigma_{\overline{X}}^{\,2}-\dfrac{\sigma_w^{\,2}}{n}}=\sqrt{0.532^2-\dfrac{0.805^2}{5}}=0.392$이다.

2) 관리계수($(C_f)=\dfrac{\sigma_{\overline{X}}}{\sigma_w}=\dfrac{0.532}{0.805}=0.662$로 계산된다. 따라서 관리계수$(C_f)<0.8$이므로 군구분이 나쁘다. 따라서 군구분을 다시 할 필요가 있다.

3) $C_{pk}=Min[C_{pU},\ C_{pL}]=\dfrac{U-\overline{\overline{X}}}{3\times\sigma_{\overline{X}}}=\dfrac{78-75}{3\times0.532}=1.88$

$Z_k=Z_U=\dfrac{U-\overline{\overline{X}}}{\sigma_{\overline{X}}}=3\times C_{pk}=3\times1.88=5.64$

공정의 시그마 수준은 5.64시그마 수준이다.

12.2.5 설비능력지수(C_{pm})

(1) 정규분포일 때의 설비능력지수

공정의 품질특성치가 목표치 m에서 어느 정도 떨어져 산포하고 있는가를 나타내는 양으로, 목표치 m으로부터의 평균제곱편차(mean squared deviation from the target value)

$$\sigma_m^{\,2}=\frac{\sum(X_i-m)^2}{n}$$
$$=E(X-m)^2$$

$$= E(X-\mu+\mu-m)^2$$
$$= E(X-\mu)^2+(\mu-m)^2$$
$$= \sigma^2+(\mu-m)^2$$

를 사용하기도 한다. 공정능력지수에서 표준편차 σ대신에 이 값의 제곱근을 대입시켜서 얻어지는 양을 설비능력지수(MCI : machine capability index) C_{pm}이라고 나타내며,

$$C_{pm} = \frac{S_U - S_L}{6\sigma_m} = \frac{U-L}{6\sigma_m} \tag{12-11}$$

으로 얻어진다. 이 때 σ_m이 미지인 경우에는 얻어진 데이터로부터

$$\hat{\sigma}_m = \sqrt{\hat{\sigma}^2 + (\bar{\bar{X}}-m)^2}$$

에 의하여 구할 수 있다.

이 지수는 공정의 평균이 목표치 m과 일치하지 않거나, 손실함수(loss function)를 사용하는 경우에 공정능력지수보다 더 유용하게 활용될 수 있다.

(2) 비 정규분포일 때의 설비능력지수

공정의 품질특성의 값이 비정규분포인 경우 실제 분포함수를 파악해야 하는데, 이 때 백분위수 값 $\hat{X}_{0.135\,\%}$와 $\hat{X}_{99.865\,\%}$를 추정하고 관리 폭 $6\hat{\sigma}_m$(99.73 %폭) 추정하여 활용한다. 이 값은 설비공정능력지수에 대한 수치 값을 제공하는 식으로 대체할 수 있다. 이 외에 오차가 있기는 하지만 확률지 도표로부터 간단하고 신속하게 추정할 수도 있다.

1) C_{Pm} 또는 P_{pm} 지수

이 지수를 추정할 때는 다음 표현식을 사용한다.

$$C_{Pm} \text{ 또는 } P_{pm} = \frac{U-L}{6\hat{\sigma}_m} = \frac{U-L}{\hat{X}_{99.865\,\%} - \hat{X}_{0.135\,\%}}$$

2) $C_{pm\,k}$ 또는 $P_{pm\,k}$ 지수

이 지수를 추정할 때는 다음 표현식을 사용한다.

$$C_{pmk} = Min\,[C_{pm\,U},\ C_{pm\,L}]$$

따라서

$$\hat{C}_{pm\,U} \text{ 또는 } \hat{P}_{pm\,U} = \frac{U-\hat{X}_{50\,\%}}{3\hat{\sigma}_m} = \frac{U-\hat{X}_{50\,\%}}{\hat{X}_{99.865\,\%}-\hat{X}_{50\,\%}}$$

또는

$$\hat{C}_{pm\,L} \text{ 또는 } \hat{P}_{pm\,L} = \frac{\hat{X}_{50\,\%}-L}{3\hat{\sigma}_m} = \frac{\hat{X}_{50\,\%}-L}{\hat{X}_{50\,\%}-\hat{X}_{0.135\,\%}}$$

로 구할 수 있다.

12.2.6 C_{pb}(벤치 공정능력지수)

양쪽 규격이 주어질 때 C_{pk}는 치우침 쪽만의 공정능력을 나타내고 있는데 반해 C_{pb}는 양쪽으로 벗어난 불량률을 합산($p_T = p_U + p_L$)하여 표준정규분포의 역 함수 $Z = [\Phi^{-1}(p_T)]$를 이용해서 벤치 시그마 품질수준(Z_b)을 구하고 $C_{pb} = \frac{Z_b}{3}$로 환산하여 검토하는 것이 합리적인 판단법이다. 또한 규격을 벗어난 면적(불량 확률 : p_T)을 표준 정규분포 표의 값 중 근사한 수치를 찾아 Z(시그마수준) 값을 행과 열에 매칭하여 만난 수치 값 찾아 구하고 Z(시그마수준)값을 구한 후 3으로 나누면 된다.

12.2.7 변동계수(CV : 변동비율지수)

경우에 따라서 규격이 없거나 규격을 정하기 어려운 경우나 제품이 다르고 다 규격일 때가 있다. 이 경우에 공정능력을 나타내는 변동비율지수로 품질평균에 비하여 산포가 어느 정도 큰가를 나타내는 변동계수 $CV = \frac{\hat{\sigma}}{\overline{X}}$를 이용하여 판단할 수 있다. 또는 설비능력지수에서 사용된 목표치 m과 평균제곱편차의 제곱근 $\hat{\sigma}_m$을 사용하여 $CV_T = \frac{\hat{\sigma}_m}{m}$을 변동비율지수로 사용할 수도 있다.

12.2.8 관리 기술력 판단법

6시그마 품질개선 활동시 주요 품질특성(CTQ)중 측정항목 y를 선정하여 공정능력이나 품질시그마 수준을 향상하기 위해서는 관리력(표준준수 활동)에 역점을 두고 향상활동을 할 것인지 기술력(5M1E요인의 산포 감소 활동)에 역점을 두고 할 것인지를 판단할 때 관리 기술력의 4 상한 매트릭스 도표를 활용하면 합리적으로 개선판단법을 추구할 수 있다.

(1) 6σ 기술력 및 관리력 판단법

기술력 및 관리력 판단기준을 요약하면 다음과 같다.

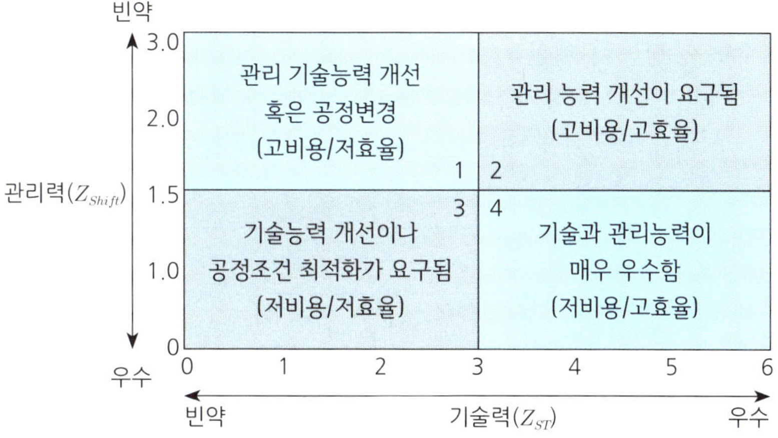

(2) 6σ 기술 및 관리력을 구하는 공식

1) $Z_{ST\,U}$(단기상한 정규표준화 값) = $[U -$ 목표치$] / \sigma_{ST(\text{균일층별})}$

2) $Z_{ST\,L}$(단기하한 정규표준화 값) = $[L -$ 목표치$] / \sigma_{ST(\text{균일층별})}$

3) $Z_{ST\,b}$(단기벤치 / 기술력) = NORMSINV$(p_U + p_L)$

4) $Z_{LT\,U}$(장기상한 정규표준화 값) = $[U -$ 목표치$] / \sigma_{LT(\text{장기})}$

5) $Z_{LT\,L}$(장기하한 정규표준화 값) = $[L -$ 목표치$] / \sigma_{LT(\text{장기})}$

6) $Z_{LT\,b}$(장기 벤치 / 전체품질수준) = NORMSINV$(p_U + p_L)$

7) C_{pb}(벤치 공정능력지수) = $Z_{b(\text{벤치})} / 3$

8) $C_p = Z_{ST} / 3$

9) $P_{pk} = Z_k / 3$

10) $Z_{SHIFT(\text{관리력})} = Z_{ST\,b} - Z_{LT\,b}$

Z값	1.93	2.05	2.50	3.91	4.78
확률	0.026 6	0.020 4	0.006 2	$4.6\times^{-5}$	$8.7\times^{-7}$

① 기술력 $Z_{ST\,b(Bench-short\ term)}$을 구한다.

② 전체품질수준 $Z_{LT\,b(Bench-long\ term)}$을 구한다.

③ 관리력(Z_{shift})을 구한다.

12.2.9 계수형 공정능력 분석

(1) 계수형 공정능력 계산

계수형 데이터 즉 부적합 또는 부적합률을 이용하여 시그마수준 값(Z)을 이용하여 공정능력을 계산할 수 있다. 이에 대하여 간략히 다음에 요약하였다.

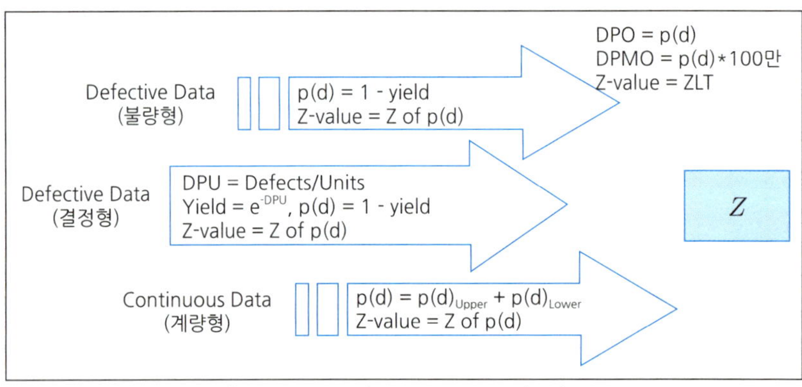

→ Sigma Level $Z_{ST} = Z_{LT} + Z_{shift}(1.5)$

(2) 수율 계산을 통한 공정능력 계산

수율(Yield)

1공정의 각 단계에서 재작업 또는 부품의 폐기 등의 부적합품을 포함하여 관리하는 지표를 말하며, 양품율의 개념이다. 여기서도 수율을 계산하고 이를 부적합률로 보아 Z(시그마수준)값을 계산할 수 있으며 이를 이용 공정능력$\left(C_p = \dfrac{Z}{3}\right)$을 추정할 수 있다.

수율(Yield)의 종류

- 초기수율(Y_{FP} : Fisrt Time Yield)

  개별공정의 품질수준을 결정하는 데 사용한다. 재작업/수리하지 않는 프로세스에서 적용한다.

- 누적수율(Y_{RT} : Rolled Throughput Yield)

전체공정의 품질수준을 표현하는 데 사용되는 지표 중의 하나이다. 초기수율의 곱으로 표현된다.

- 표준화수율(Y_{NO} : Normalized Yield)

  전체공정의 품질수준을 표현하는 데 사용되는 지표 중의 하나로, 프로세스에서 초기수율에 기하평균개념을 적용한다.

- 누적수율과 표준화 수율에 대한 보기는 보기 1, 2, 3과 같다.

(보기 1) 누적수율(Y_{RT}) 계산 법

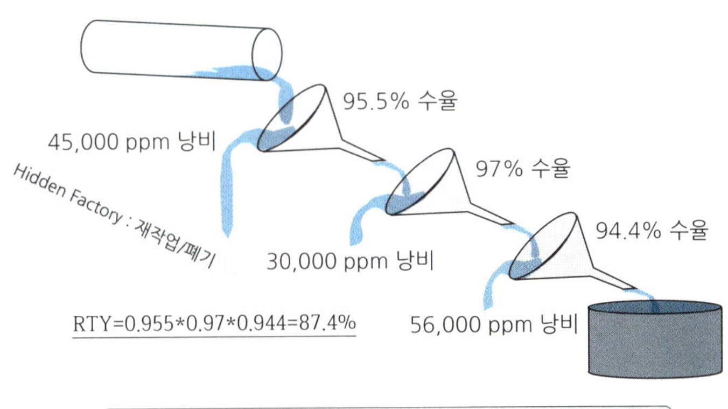

(보기 2) 표준화 수율 계산법

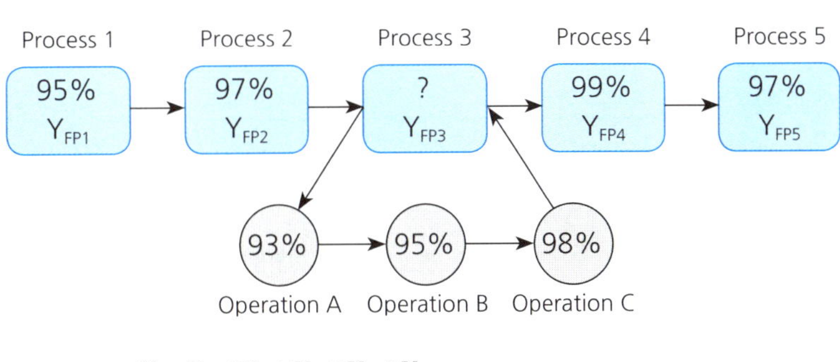

$$
\begin{aligned}
Y_{RT} &= Y_{FP1} \times Y_{FP2} \times Y_{FP3} \times Y_{FP4} \times Y_{FP5} \\
&= 0.95 \times 0.97 \times (0.93 \times 0.95 \times 0.98)^{1/3} \times 0.99 \times 0.97 \\
&= 0.95 \times 0.97 \times 0.95 \times 0.99 \times 0.97 \\
&= 0.84
\end{aligned}
$$

$$Y_{NO} = (Y_{RT})^{1/5} = (0.84)^{1/5} = 0.965$$

$Z_{bench} = 1.81$

(보기 3) 표준화 수율 계산법

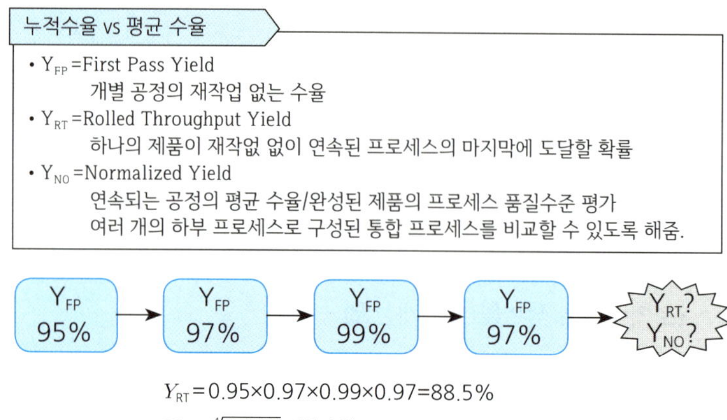

$$Y_{RT}=0.95\times0.97\times0.99\times0.97=88.5\%$$

$$Y_{NO}=\sqrt[4]{0.885}=97.0\%$$

12.3 허용차 설계

규격(Specification)은 KS A 3001 품질관리용어에 정의된 바에 의하면 "표준 중 주로 물건에 직접 또는 간접으로 관계되는 기술적 사항에 관하여 규정된 기준"이다.

따라서 넓은 의미에서의 규격의 대상으로는 (1) 자재와 최종제품, (2) 공정, (3) 시험방법, (4) 검사방법, (5) 제품의 사용방법 등이 모두 포함된다. 이렇게 넓은 의미로 해석되는 규격을 시방서(Specification)라고 부르기도 한다.

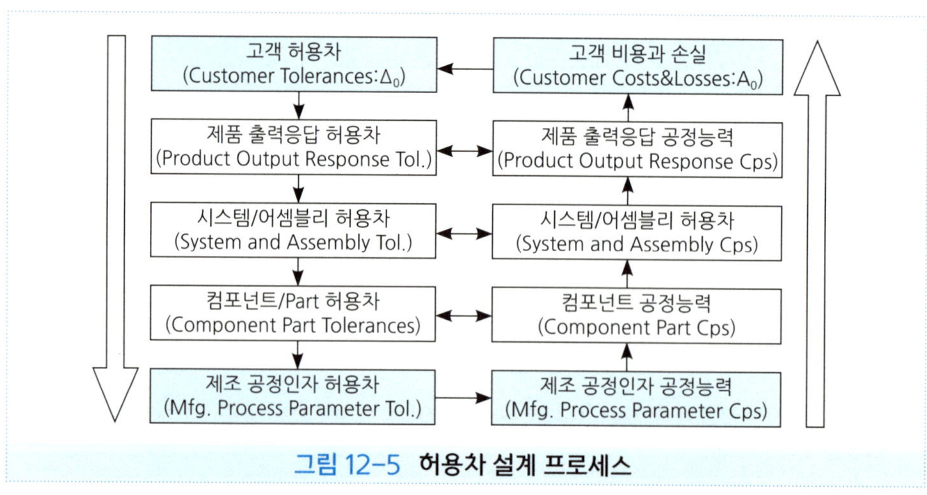

그림 12-5 **허용차 설계 프로세스**

그러나 이 절에서는 규격의 좁은 의미에 해당하는 제품의 치수에 한정된 기술적인 규격(Technical Specification)에 대하여 알아보기로 한다. 기술적인 규격은 2 가지 요소, 즉 공칭치수(Nominal Size)와 허용차(Tolerance)에 의하여 이루어진다.

허용차 결정의 프로세스는 [그림 12-5]와 같다.

예를 들면, 규격이 1.500 ± 0.005 cm일 때 치수의 품질특성은 1.495 cm에서 1.505 cm까지 산포할 수 있으며, 이 때 공칭치수는 1.500 cm, 허용차는 ±0.005 cm 이다. 허용한계의 상한을 규격상한(Upper Specification) 또한 하한을 규격하한(Lower Specification)이라고 부르며, 각각 U, L과 S_U, S_L로 나타내며. 또는 U_{SL}, L_{SL}로 표시한다. $U-L$과 S_U-S_L 또는 $U_{SL}-L_{SL}$을 흔히 공차(Tolerance)라고 부른다. 기준치로부터 어느 정도의 허용차를 두고 규격상한과 규격하한을 두어야 하는가에 대해서는 보통 다음의 3 가지 방법이 사용된다.

① 통계적 방법(Z 수준, C_p 지수)을 활용한 규격공차를 정하여 주는 방법
② 결과에 따른 원인과의 관계를 상관관계를 분석하여 공차를 정함
③ 손실함수를 사용하여 정하여 주는 방법

공칭치수는 [그림 12-6]에서 보는 바와 같이 기준이 되는 치수를 말하고 허용차는 기준치로부터 품질특성의 허용한계(Tolerance Limit)까지를 말한다.

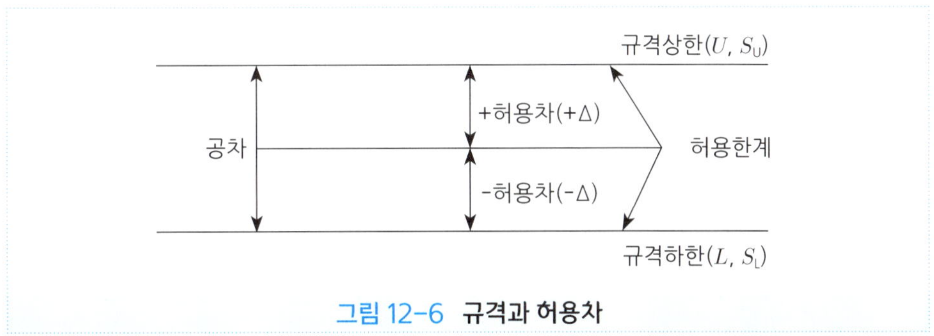

그림 12-6 **규격과 허용차**

12.3.1 통계적 방법에 의한 공차 설계법

품질특성치의 확률분포는 여러 가지 분포 중 대표적인 정규분포를 생각하여 보자. 이 경우에 가장 많이 통용되는 방법은 [그림 12-7]에서와 같이 기준치를 중심으로

3σ의 거리만큼 허용차를 주는 방법이다. 이렇게 할 경우에 규격을 $m\pm3\sigma$로 정할 수 있으며, 이 규격 안에 특성치가 들어올 확률은 99.73 %가 된다.

처음에는 이와 같은 방법으로 규격을 정하나 시간이 지남에 따라서 제조품질의 평균이나 산포가 변하므로 규격의 조정이 필요한 경우가 생긴다.

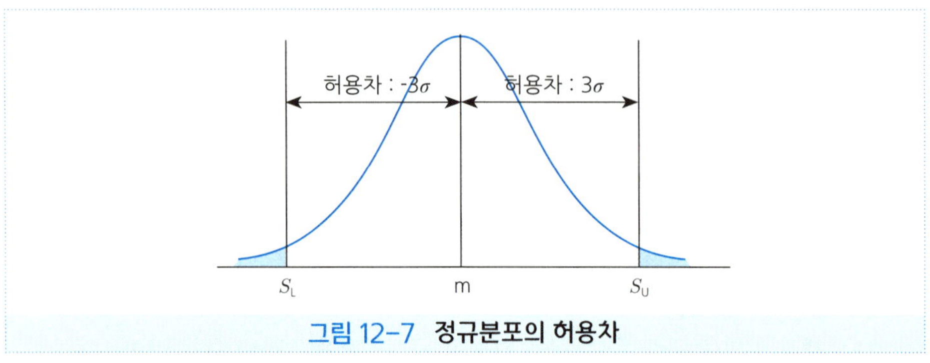

그림 12-7 **정규분포의 허용차**

규격이 일단 정해지면 가급적 산포를 줄여서 최소화되도록 하는 활동이 중요하다.

[그림 12-7]과 같이 규격이 정하여지는 경우에 공정능력지수(Process Capability Index)는

$$C_p = \frac{U-L}{6\sigma} = \frac{S_U - S_L}{6\sigma} = \frac{\text{규격폭(공차)}}{\text{관리폭}} = 1.00 \text{ 이며}$$

또한

$$Z = 3 \times C_p = 3 \times 1.00 = 3.00 \text{ 이다.}$$

따라서 품질수준은 3시그마 수준으로 판단된다.

이 경우에 불량률이 0.27 %이다. 허용차가 5σ 이상이 되도록 하여 주는 것이 좋으며, 허용차가 5σ가 되는 경우에 실무에서 품질관리 활동을 통하여 표준편차(σ)의 크기를 줄여 공정능력지수는

$$C_p = \frac{U-L}{6\sigma} = \frac{S_U - S_L}{6\sigma} = \frac{\text{규격폭(공차)}}{\text{관리폭}} = \frac{10\sigma}{6\sigma} = 1.67\text{이며}$$

또한

$$Z = 3 \times C_p = 3 \times 1.67 = 5.00 \text{ 이다.}$$

따라서 품질수준은 5시그마 수준으로 판단된다.

이 경우에 불량률은 0.006 %(6 ppm)로 거의 0에 가깝다.

$$(m_A + m_B + m_C) \pm \sqrt{{\sigma_A}^2 + {\sigma_B}^2 + {\sigma_C}^2}$$

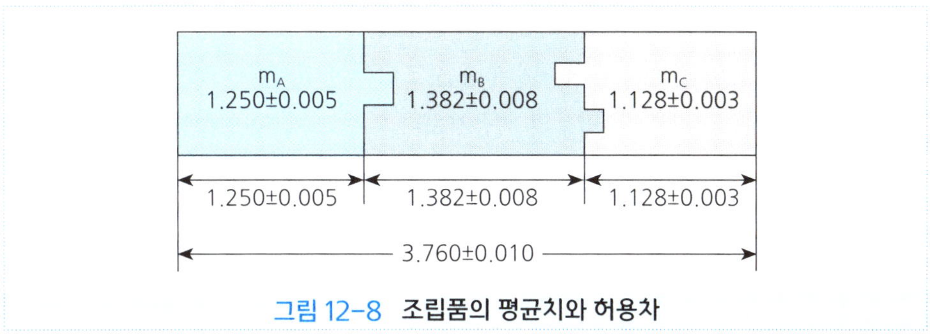

그림 12-8 **조립품의 평균치와 허용차**

부품의 하나의 치수가 [그림 12-8]에서 보는 바와 같이 다른 부품의 치수에 합쳐져 서 새로운 조립품을 만드는 경우에는, 조립품의 치수 평균치는 각 부품 치수의 m_A, m_B, m_C 평균치의 합과 같다. 그 차도 마찬가지이다. 예를 들어, 각각 부품 A, B, C의 평균치라 한다면 부품이 서로 합쳐지는 경우에는, 조립품 치수의 평균치는 $m_A + m_B + m_C$가 된다. [그림 12-7]에서 $m_A = 1.250$, $m_B = 1.382$, $m_C = 1.128$이면 조립품의 평균길이는 $m_A + m_B + m_C = 1.250 + 1.382 + 1.128 = 3.760$이 된다. 부품 m_A, m_B, m_C의 치수가 서로 독립이고 각각의 분산이 ${\sigma_{m_A}}^2$, ${\sigma_{m_B}}^2$, ${\sigma_{m_C}}^2$라면 [그림 12-7]과 같은 조립치수의 분산과 표준편차는

$$\text{조립품의 분산} = {\sigma_{m_A}}^2 + {\sigma_{m_B}}^2 + {\sigma_{m_C}}^2$$

$$\text{조립품의 표준편차} = \sqrt{{\sigma_{m_A}}^2 + {\sigma_{m_B}}^2 + {\sigma_{m_C}}^2}$$

이 된다. 여기서 한 가지 유의해야 할 사항은

$$\sqrt{{\sigma_{m_A}}^2 + {\sigma_{m_B}}^2 + {\sigma_{m_C}}^2} < \sigma_{m_A} + \sigma_{m_B} + \sigma_{m_C}$$

이 된다.

즉, 분산의 합의 제곱근은 표준 편차들의 가산(加算)으로 얻어진 값보다 언제나 작게 된다는 것이다. 따라서 [그림 12-8]을 풀이하면

부품 개개의 허용차 합은 $=0.005+0.008+0.003=0.016$

조립품의 표준편차(허용차) $=\sqrt{0.005+0.008+0.003}=0.010$ 이 된다.

따라서 조립품의 공칭치수는 3.760이고 허용차는 ±0.010이 된다. 조립품의 허용차가 개개의 부품의 허용차의 합 0.016보다 작게 됨을 유의해야 한다.

이렇게 하여 계산된 조립품의 허용차를 겹침 허용차(Overlapping Tolerance)라고 부른다. 이와 같은 위의 원리에 근거하여 부품을 조립하여 얻어지는 조립품의 설계에는, 각 부품의 허용차의 합계가 조립품의 허용차보다 약간 크게 하여 주는 겹침 허용차의 개념을 이용한다. 내용은 [그림 12-9]의 경우에도 동일한 내용으로 성립된다.

부품 하나의 치수가 다른 부품의 치수로부터 빼도록 조립되어질 때, 조립품의 치수 평균치는 부품 치수의 평균치 차가 되고, 조립품 치수의 분산은 두 부품의 분산 합과 같다. 두 분산의 차가 아님에 주의하여야 한다. 예를 들어, [그림 12-9]를 살펴보자. 부품 A를 핀(pin)이라 하고, 이 핀이 부품 B에 삽입된 후 돌출되는 부분의 길이를 생각하여 보자.

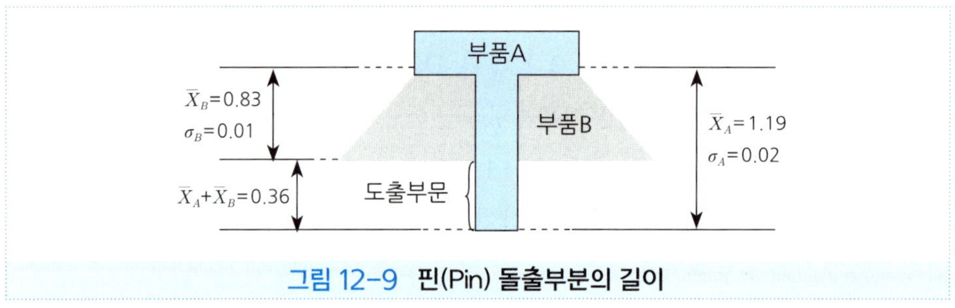

그림 12-9 **핀(Pin) 돌출부분의 길이**

[그림 12-9]에서 보는 바와 같이 돌출부분의 치수 평균치는 $\bar{X}_A-\bar{X}_B$가 된다. 그러나 이 돌출부분의 치수의 분산과 표준편차는 σ_A, σ_B를 각각 부품 A와 B의 표준편차라고 할 때,

돌출 부분의 분산 $=\sigma_A^2+\sigma_B^2$

돌출 부분의 표준편차 $=\sqrt{\sigma_A^2+\sigma_B^2}$

이 된다.

부품과 조립품 허용차의 관계도, 부품의 치수들이 서로 독립이라는 가정 하에, 표

준편차에 관한 분포의 가법성에 의하여 이루어진다.

따라서 위의 [그림 12-9] 핀(Pin) 돌출부분의 길이와 돌출부분의 치수는

$$평균치 = \bar{X}_A - \bar{X}_B = 1.19 - 0.83 = 0.36$$

$$돌출부분의\ 표준편차 = \sqrt{{\sigma_A}^2 + {\sigma_B}^2} = \sqrt{0.02^2 + 0.01^2} = 0.022\ 4$$

가 된다.

따라서 조립품의 공차 합계가 조립품의 공차보다 약간 크게 해주는 겹침 공차의 개념을 이용한다. 공차는 표준편차 이외의 다른 요소를 감안하지 않을 때는 $\pm 3\sigma$로 구해주는 것이 통례이다. 통계적인 절대공차와 상대공차는 계산공식은 다음과 같으며 [표 12-4]를 참고 바란다.

1) 절대공차: 두 개 부품일 때의 조립치수$(D : Dimension) = N \pm \dfrac{T}{2}$

$$(명목(공칭)값 \pm 허용차) = N \pm \frac{T}{2} = [N_A + N_B] \pm \sqrt{\left(\frac{T_A}{2}\right)^2 + \left(\frac{T_B}{2}\right)^2}$$

2) 상대공차: 두 가지 항목의 비율값$(D : Dimension) = N \pm 0.01PN$

$$(명목값 \pm 허용차) = N \pm 0.01PN = \left(\frac{N_A}{N_B}\right) \pm \left[0.01 + \sqrt{{P_A}^2 + {P_B}^2}\left(\frac{N_A}{N_B}\right)\right]$$

표 12-4 두 개 부품항목의 통계적 공차 계산법

구분	절대공차 (T) (Absolute tolerance)	상대공차 (P) (percent tolerance)
용어 정의	D(Dimension : 치수 , 질량 , 전류 등)	
	N(Nominal : 공칭치)	
	T(Tolerance : 공차) / $\pm\Delta$ ($\pm$허용차)	
	$\dfrac{T}{2}$(허용차) $= Z\sigma,\ \sigma = \dfrac{T}{2Z}$	$P(percent) = \sqrt{{P_A}^2 + {P_B}^2}$
Z	Cp = 1.00일 때 Z값 = 3.00 (α : 허용불량율) = 0.27 %	
	Cp = 1.50일 때 Z값 = 4.50 (α : 허용불량율) = 3.4 ppm	
D	$N \pm \dfrac{T}{2}$(공칭치±허용차)	$N \pm 0.01PN$ =공칭치±점유율×공칭치
N	$N_A + N_B$(A 부품 + B 부품)중심값	$N = \left(\dfrac{N_A}{N_B}\right) : \left(\dfrac{N_A항목}{N_B항목}\right)$
$\pm\Delta$	$\dfrac{T}{2} = \sqrt{\left(\dfrac{T_A}{2}\right)^2 + \left(\dfrac{T_B}{2}\right)^2}$	$(0.01 \times P \times N) = 0.01 \times \sqrt{{P_A}^2 + {P_B}^2} \times \left(\dfrac{N_A}{N_B}\right)$

사례	A : 40 ± 0.3	A(E) : 200 ± 5 (V) 2.5 %
	B : 60 ± 0.4	B(R) : 50 ± 2 (Ω) 4.0 %
계산	$N=N_A+N_B=40+60=100$	$I=\frac{E}{R}$, $N_I=\frac{N_E}{N_R}=\frac{200}{50}=4$
	$\pm\Delta=\frac{T}{2}=\sqrt{0.3^2+0.4^2}=0.50$	$\pm\Delta=(0.01\times\sqrt{2.5^2+4.0^2}\times4=0.19$
	$N\pm\Delta=100\pm0.50$	$N\pm\Delta=4\pm0.19$
참고	$A:N_A\pm\frac{T_A}{2},\ B:N_B\pm\frac{T_B}{2},\Leftrightarrow\frac{T}{2}=Z\sigma,\ \sigma=\frac{T}{2Z}$	
	$X_A\sim N(N_A,\left[\frac{T_A}{2Z}\right]^2),\ X_B\sim N(N_B,\left[\frac{T_B}{2Z}\right]^2)$	
	서로 독립이면 $(X_A+X_B)\sim N(N_A+N_B:\left[\frac{T_A}{2Z}\right]^2+\left[\frac{T_B}{2Z}\right]^2)$	
	따라서 $(A\pm B):\left((N_A+N_B)\pm Z\sqrt{\left[\frac{T_A}{2Z}\right]^2+\left[\frac{T_B}{2Z}\right]^2}\right)$	
	또는 $(A\pm B):(N_A+N_B)\pm\sqrt{\left[\frac{T_A}{2}\right]^2+\left[\frac{T_B}{2}\right]^2}$	

(정리)

- selective fitting 선택조립
- random fitting 임의조립

※ 헐거운 끼워맞춤 + 죔쇠
중간 끼워맞춤 ± 죔쇠
억지 끼워맞춤 − 죔쇠

※ 체비쉐브의 부등식 Chebyshev's inequality

임의의(모든) 분포에 대해

$$Pr[|X-\mu|>c\sigma]=Pr[X>\mu+c\sigma \text{ or } X<\mu-c\sigma]$$
$$=Pr[X>\mu+c\sigma]+Pr[X<\mu-c\sigma]\leq\frac{1}{c^2}$$

※ 캠프–미들의 부등식 Camp–Meidel's variation of Chebyshev's inequality

단봉성/일봉성 분포에 대해

$$Pr[|X-\mu|>c\sigma]=Pr[X>\mu+c\sigma \text{ or } X<\mu-c\sigma]$$
$$=Pr[X>\mu+c\sigma]+Pr[X<\mu-c\sigma]\leq\frac{1}{(1.5c)^2}$$

- 3(배의) 표준편차 내/외

분포 모양	평균 ± 표준편차 내	평균 ± 표준편차 외	비고
임의의 분포	0.888 9	0.111 1	체비쉐브
단봉성 분포	0.950 6	0.049 4	캠프-미들
정규분포	0.997 3	0.002 7	정규분포표

12.3.2 공정능력을 감안한 틈새(Gap) 공차 설정 법

다음 [그림 12-10]과 같이 상자 안에 3개의 블럭을 조립하기 위해 조립 틈새 공차를 예제를 들어서 설명코자 한다.

예제 12-2 전체상자 길이의 모평균(μ)은 3.050 mm 이고 표준편차(σ)는 0.033 mm 이며 각 블럭의 모평균(μ)은 1.000 mm 이고 표준편차(σ)는 0.033 mm 이라고 할 때 조립 틈새는 얼마인가?

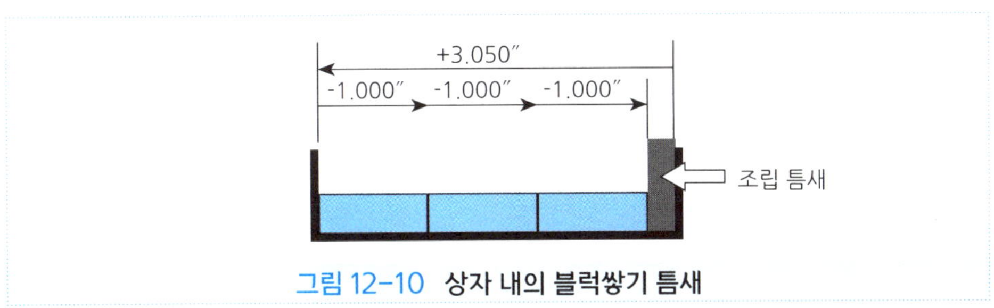

그림 12-10 **상자 내의 블럭쌓기 틈새**

풀이

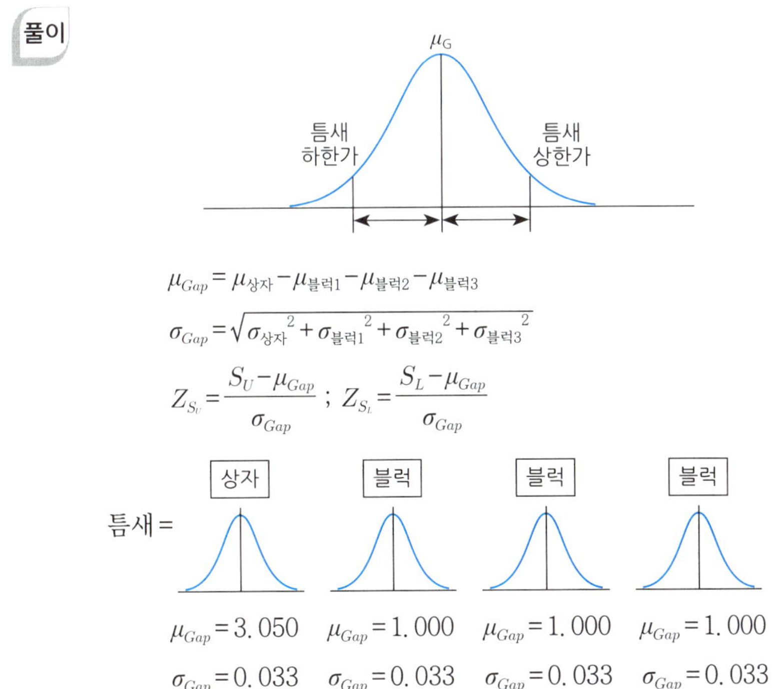

$$\mu_{Gap} = \mu_{상자} - \mu_{블럭1} - \mu_{블럭2} - \mu_{블럭3}$$

$$\sigma_{Gap} = \sqrt{\sigma_{상자}^2 + \sigma_{블럭1}^2 + \sigma_{블럭2}^2 + \sigma_{블럭3}^2}$$

$$Z_{S_U} = \frac{S_U - \mu_{Gap}}{\sigma_{Gap}} \; ; \; Z_{S_L} = \frac{S_L - \mu_{Gap}}{\sigma_{Gap}}$$

$\mu_{Gap} = 3.050$ $\mu_{Gap} = 1.000$ $\mu_{Gap} = 1.000$ $\mu_{Gap} = 1.000$

$\sigma_{Gap} = 0.033$ $\sigma_{Gap} = 0.033$ $\sigma_{Gap} = 0.033$ $\sigma_{Gap} = 0.033$

1) $\mu_{Gap} = \mu_{상자} - \sum_{i=1}^{3} \mu_{블럭i} = 3.050 - 3.000 = 0.050\ mm$

2) $\sigma_{Gap} = \sqrt{\sigma_{상자}^{\ 2} + \sum_{i}^{3} \sigma_{블럭i}^{\ 2}} = \sqrt{0.033^2 + 3(0.033)^2} = 0.0067\ mm$

3) $\mu_{Gap} \pm \sigma_{Gap} = 0.050 \pm 0.007$

4) 허용불량율$(\alpha) = 0.27\%$일 때

$$\mu_{Gap} \pm (3\sigma_{Gap}) = 0.050 \pm (3 \times 0.0067) = 0.050 \pm 0.0198$$

12.3.3 상관 회귀분석에 의한 공차 설정 법

두 개의 변량(원인과 원인간 변수, 결과와 결과간의 변수)또는 원인과 결과간의 변수를 대응되게 데이터를 원인변수×5배 이상 수집하여 상관회귀분석을 하여 유의한 식을 구한 다음 규격공차를 정하는 것이다.

(1) 전자제품의 제조공법 적용사례

전자 부품을 제조하는 협력업체에서 설계 목적 특성인 인장강도에 영향을 주고 있는 온도규격을 설정하고자 한다. 이때 온도와 인장강도의 데이터를 대응되게 수집하여 분석한 결과 [그림 12-11]과 같다. 따라서 설계목적 특성인 인장강도 규격을 32.8 Pa ~ 58.5 Pa로 정하고자 할 때 온도는 260 ˚F ~ 294 ˚F 로 정하는 것이 바람직하다.

이와 같은 요인계(온도) 규격설정은 Y(인장강도) = −164.24 + 0.76$X_{온도}$ 함수식으로 존재하며 신뢰수준 99.990 %(유의수준 : 0.000 1 %)로 매우 유의하고 R^2 = 98.1 %로 재현성이 있는 식이라고 판단되므로 활용가치가 있다.

12.4 공정개선활동 추진법

12.4.1 SPC 시스템 추진 개요

이 표준은 KS Q ISO 11462-2 : 2011, 통계적 공정 관리(SPC)의 구현 지침 -도구 및 기법에 관한 내용을 활용한 것으로서 SPC란 불량 자체에 초점을 맞추는 것이 아니고 불량은 변동에 의해 발생하므로 영향을 주는 이상 원인계의 산포를 적(archenemy)

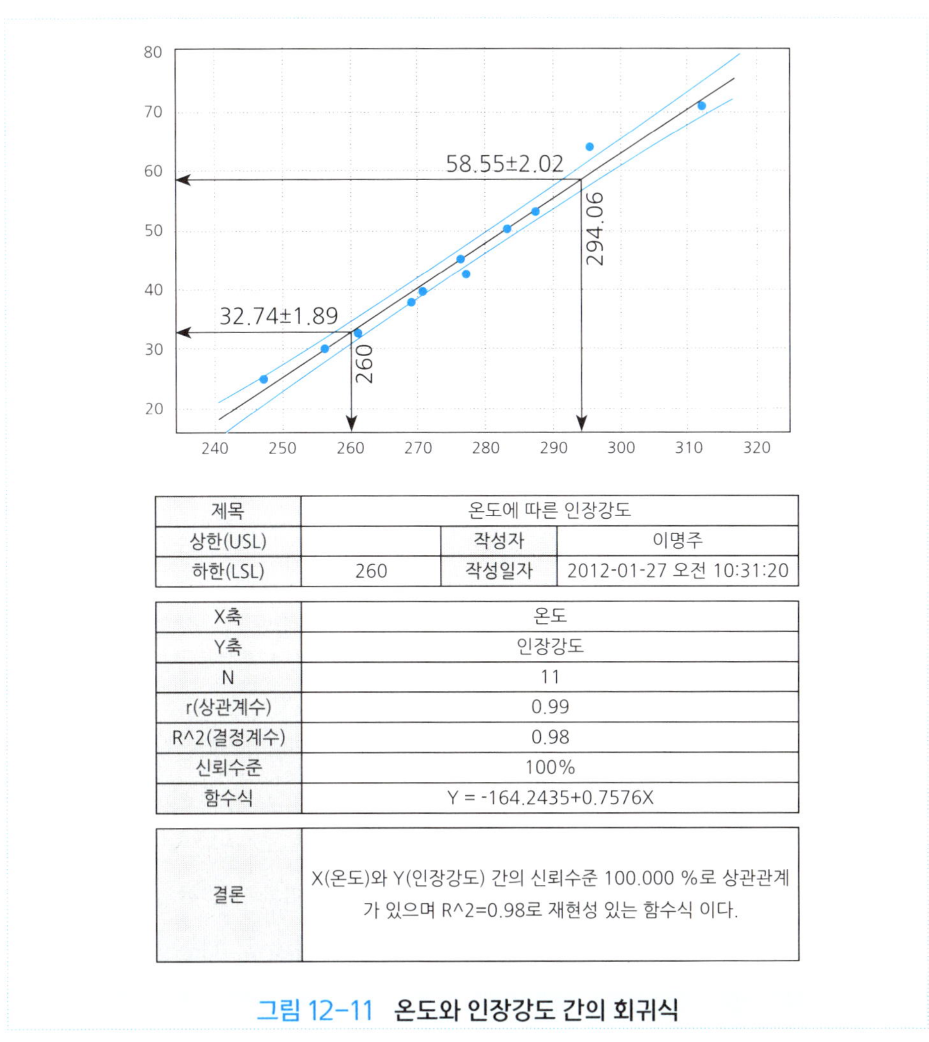

제목	온도에 따른 인장강도		
상한(USL)		작성자	이명주
하한(LSL)	260	작성일자	2012-01-27 오전 10:31:20

X축	온도
Y축	인장강도
N	11
r(상관계수)	0.99
R^2(결정계수)	0.98
신뢰수준	100%
함수식	Y = -164.2435+0.7576X

결론	X(온도)와 Y(인장강도) 간의 신뢰수준 100.000 %로 상관관계가 있으며 R^2=0.98로 재현성 있는 함수식 이다.

그림 12-11 온도와 인장강도 간의 회귀식

으로 보고 통계적으로 공정을 관리하면 불량감소가 가능하다고 판단하는 것이다. SPC는 업무의 과정이나 절차 또는 공정을 과학적 · 합리적으로 운영함으로써 문제의 재발방지나 예방적인 차원에서 관리하는 것이다. 그래서 SPC를 근원적인 공정관리(source process control)로 보고 근원적인 과정관리 또는 원류적인 과정관리라고 부르기도 한다.

또한 SPC가 한 단계 더 발전하면 단순화된 공정관리(simple & single process control)로 전환되어 중점관리항목이 단일화되는 것이다. 이는 고객의 눈높이가 향상될수록 제품이나 부품의 품질도 아주 낮은 ppm(parts per million) 수준의 불량을 요구하고 있으므로 각 부문간에 주요 관리점을 계량화(수치화)하여 평가 측정체계를 구축하고 눈 높이를 일치시켜서 미세관리로 산포(변동)를 관리해야만 가능한 것이다. 최근에는 더욱 발전되어 제품이 출하되어 폐기될 때까지 사회에 미치는 총손실(산포손실, 고장손실, 공해손실 등)을 감안하지 않으면 안 되는 사회 지향적인 총체적 환경 품질경영(TGQM:total green quality management)체제로 전환되고 있는 추세이다.

그러므로 고품격의 기업체질 강화와 고객이 감동할 수 있는 양질의 제품이나 신제품, 서비스, 적은 비용 등을 대외 경쟁력으로 삼아야 할 것이다. 이를 달성하기 위해서는 근본적이고 원류적인 관리 중심으로 개발 설계단계에서부터 SPC 시스템으로 품질을 유지하고 SPC 개선활동을 통하여 품질을 향상시키는 것이 바람직하다. 그러나 대부분 기업에서는 양산단계에서 공정을 관리상태로 유지하기 위해 단위공정의 결과특성 중심으로 SPC 시스템을 도입하거나, 고객 클레임(claim)이 발생되면 SPC 개선활동을 실시하는 것이 일반적인 예이다.

이 절에서는 원류관리 중심의 SPC 시스템 및 SPC 개선활동 추진방법에 대해서 서술하였다.

① SPC 시스템을 추진하기 위한 팀 조직이나 제품 및 공정파악을 위한 기본계획을 수립한다.
② 고객의 요구품질을 품질기능전개(QFD: quality function deployment)기법을 이용해서 제품의 품질특성과 부품별 특성이나 공정간 결과특성을 선정한다.
③ 주요 공정별 결과특성을 선정하여 공정(고장)결함형태 영향분석(PFMEA: process failure & mode effects analysis) 또는 설계고장형태 영향분석(DFMEA: design failure & mode effects analysis)을 통하여 공정별 기능에 따른 문제를 도출하여 심각도를 파악하고 주요 5M1E의 추정원인의 발생도와 주요원인의 관리방법에 따른 검출도 등을 산출하여 위험 우선수(RPN:Risk Priority Number)를 구해서 시스템 추진상 개선안과 공정별 결과특성에 따른 주요 관리점을 도출한다.
④ 공정별 결과특성간의 상관분석을 하여 주요 결과특성을 선정하고 공정별 주요특성간에 인과관계를 파악하여 주요 요인 관리점을 3차원 품질 매트릭스표를 이용하여 선정한다.
⑤ 공정별 주요 결과특성과 연관되는 주요 요인의 관리항목을 기록관리 및 체크로그표로 주/월/분기 등으로 구분한 다음 구체적인 관리방법 및 품질지수(C_p,

C_{pk}, C_{pb}, R&R 등)를 SPC 관리점 일람표에 2차에 걸쳐 보완 작성한다.

⑥ 공정별 주요 관리점에 대한 데이터를 수집하기 전에 SPC 시스템의 개선안을 실시한 후 데이터를 수집하는 것이 바람직하나 여의치 않을 때는 병행하여 실시하는 것도 좋다.

⑦ 데이터 수집을 위한 계측기 확보와 정밀도(R&R)/정확도를 평가하여 조치를 취한다.

⑧ 주요 결과특성과 주요 요인 관리항목을 기록한 관리 데이터를 수집하여 그래프나 관리도로 해석하고 관리상태 여부를 파악한 후 치우침 공정능력지수(C_{pk}) 또는 벤치 공정능력지수(C_{pb})를 검토한다.

⑨ 개인별 품질경영체계를 도입하여 품질지수의 관리목표(계측기 확보 및 R&R 달성률, 요인계 관리 및 결과계 특성항목의 표준 준수율, 관리점 계량화율, 관리안정률, 이상조치율, C_{pb}달성률 등)를 수립한다.

⑩ 관리점 중 데이터가 관리상태에 있으면서 벤치 공정능력지수(C_{pb})가 확보된 것은 관리용 관리도로 전환하여 지속적으로 관리하고 품질이 일정수준(결과특성은 $C_{pb} > 2.00$, 요인관리항목은 $C_{pb} > 10.0$) 이상이 되면 관리항목이나 방법을 축소하거나 주/월/분기별 전환하여 체크 로그표로 관리한다.

⑪ 품질 정보를 누구나 파악할 수 있게 가시화 관리를 할 수 있도록 현황판을 이용하여 관리한다.

⑫ 반복적인 기록관리나 통계계산이 6개월~12개월 이상 수작업으로 지속될 때는 자동기록 시스템이나 통계 S/W 패키지를 개발하여 온라인 전산화 시스템으로 연결되어야만 바람직하다.

⑬ 일상관리를 통해 품질을 향상하기 위해서 공정별 중점관리 항목을 결과특성과 대응되게 데이터를 수집하여 중상관 회귀분석이나 다변량해석법으로 정리하여 기술자가 최적조건을 분석하여 활용한다.

⑭ 관리점의 데이터가 관리상태에 있으나 공정능력지수가 부족(C_{pb}<1.00미만)한 것은 계획적으로 실험 설계하여 실시하거나 SPC 개선활동을 실시한다.

⑮ SPC 활동 결과의 효과를 파악하여 표준화한 다음 시스템적으로 연결한다.

⑯ SPC 시스템의 품질 지수화 및 SPC 개선활동에 대해 지도감사(audit)를 실시한다.

⑰ SPC 지도 감사시 문제점과 품종별, 공정별 품질특성을 벤치마킹(benchmarking)하여 지속적인 개선활동을 수립하여 실시한다.

12.4.2 SPC 개선활동 추진방법

추진항목별 추진기법 및 내용은 간략히 제시한 것이므로 이에 대해서는 이 교재 및 관련 참고문헌을 통하여 이해하는 것이 요구된다.

추진단계	추진항목	추진기법 및 내용
1. 기본계획수립	1.1 팀구성	1) 중점 품질개선 팀
	1.2 교육 계획	2) SPC교육 계획수립
2. 현상파악	2.1 품질기능비용 전개	1) QFCD
	2.2 공정 품질의 이해 및 관찰	2) QC/SPC 공정도
	2.3 고객 클레임 및 불량현상 파악	3) 매트릭스도법
	2.4 고객 클레임 및 불량항목 구체화 분류	
3. 주요요인 전개	3.1 개발설계단계의 공법 매트릭스표	1) SIPOC
	3.2 주요 품질특성의 FTA/FMEA 분석	2) FMEA/FTA
	3.3 불량률, 손실금액으로 분석	3) X&Y 매트릭스
	3.4 중점 클레임 및 불량항목 요인 전개	4) 파래토도/특성요인도
	3.5 품질기능 및 불량 대응표	5) 4원 매트릭스도법
4. 중점관리항목 선정	4.1 품질 매트릭스표	1) QFD
	4.2 중점관리 항목 검토표	
5. SPC 실행 준비	5.1 계측기 확보 및 % R&R 평가	1) MSA
	5.2 일/주/월별 관리점 데이터 수집 및 정리	2) 인과관계 수집표
	5.3 해석용 및 관리용 관리도선정	3) 계량/계수 관리도법
	5.4 제품 및 공정관리 지수 명확화	4) 밴치공정능력지수
6. 관리목표 수립	6.1 품질목표 수립(안정률, Cp_B 달성률)	1) 복합 추이그래프
	6.2 관리점 지수관리(준수율, 계량화율, % R&R 확보율, 이상조치율)	
7. 합리적인 공정관리	7.1 관리용 관리도 실시	1) 계량/계수 관리도법
	7.2 주/월별로 제품별, 공정별 Cp_B 추이분석	2) 밴치공정능력지수 추이
	7.3 관리점 준수율, 계량화율, 안정률, 조치율	3) 복합 추이그래프
	7.4 품질정보의 가시화 관리	
8. 품질향상실시	8.1 공정 핵심관리 항목 지정 및 중회귀분석	1) 상관 중회귀 분석
	8.2 공정 핵심관리 항목 능력향상	2) 검정 추정
	8.3 제품 및 공저연수의 최적화 설계	3) DOE/QE
9. SPC 감사 및 정리	9.1 개선 전후의 효과 파악 및 표준화	1) 관리 계획서
	9.2 관리점 지수관리 표준화	2) 복합 추이그래프
	9.3 결과특성 및 원인산포 추이분석	

참 고 문 헌

1 박성현, 박영헌, "통계적 품질관리", 제3판, 민영사, 2008.

2 박성현, 박영헌, 이명주, "통계적 공정관리(SPC)", 민영사, 2005.

3 박성현, 이명주 , 정목용, "간접부문의 6시그마" 네모북스 , 2007.

4 박성현 ,이명주 , 정목용, "6시그마 설계를 위한 DFSS", KSA, 2002.

5 이레테크, "미니텝 SW을 이용한 공학통계 자료분석", 이레테크(주), 2006.

6 Beyfogle Ⅲ, Forrest W., Implementing Six Sigma Smarter Solutions using Statistical Methods, John Wiley & Sons, 1999.

7 Genichi Taguchi, System of Experimental Design(Engineering Methods to Optimize Quality and Minimize Cost), American Supplier Institute. Inc., Dearborn, 1989.

8 ISO 22514-3 : 2008, Statistical methods in process management-Capability and performance-Part 3:Machine performance studies for measured data on discrete parts.

9 ISO 22514-4 : 2007, Statistical methods in process management-Capability and performance-Part 4: Process capability estimates and performance measures.

10 田口玄一 , 品質工學 講座 1 ~ 7권 , 日本規格協會 1988.

연습문제 STATISTICAL QUALITY CONTROL

1. 식 (12.6)의 공정능력지수가 식 (12.7)이나 식 (12.8)과 같이 쓸 수 있음을 증명하라.

2. 어떤 전기부품의 직경은 그 규격이 1.23~1.33 cm이다. 이 부품의 제조공정을 관리하기 위하여 지난 25일간에 걸쳐 매일 다섯 개씩의 데이터를 취하여 $\overline{X}-R$ 관리도를 작성하여 보니 $\overline{X}$ 및 R 관리도는 모두 안정상태이며, $\overline{X}=12.7$cm, $R=0.007$ cm 였다. 이 부품의 공정능력지수를 구하라.

3. 전기조립품의 잡음레벨을 관리하고 있다. 데이터를 군구분하여 $n=5$의 관리도를 작성하였더니 관리상태이었다. $\overline{X}$ 관리도의 $C_L=61$, R 관리도의 $C_L=1.87$이고, $\overline{X}$의 이동범위의 평균치 $\overline{R}_s=0.60$이다.
(단, $n=2$일 때의 $d_2=1.128$, $n=5$일 때의 $d_2=2.326$)

   (1) σ_b, σ_w, $\sigma_{\overline{X}}$를 구하라.
   (2) 관리계수 C_f를 구하고, 평가하라.
   (3) 전기조립품의 규격이 60 ± 3일 때 C_{pk} 및 Z_k를 구하고 판정하라.

4. 규격이 3.575 ± 0.015 g인 제품이 있다. $n=25$ 개를 샘플링하여 조사한 결과 평균과 표준편차가 각각 3.571, 0.012 g이었다. 공정능력지수, 공정능력치, 공정능력비, 설비능력지수, 변동비율지수를 구하라.

5. 다음 [표]와 같이 3 개의 부품이 조립되어 하나의 조립품을 만든다. 개개의 부품과 표준편차 값은 다음표와 같다. 물음에 답하라.

표 조립부품의 중심값과 표준편차와 공차 값

구분	A부품	B부품	C부품
중심값	1.500	1.200	1.300
표준편차	0.003	0.003	0.004
공차(T)	± 0.010 (0.02)	± 0.010 (0.02)	± 0.012 (0.024)
허용차	0.010	0.010	0.012

1) 전체 조립품의 중심값과 표준편차를 구하라.

2) 전체 조립품의 표준편차와 이를 활용한 전체공차를 구하라.

3) 각 부품의 허용차를 활용한 전체공차를 구하라.

4) 조립품의 전체공차가 ±0.016일 때 C부품의 공차를 구하라.

5) 각 부품의 퍼센트 공차를 활용하여 전체 공차를 구하라.

6. IC 반도체 부품의 도금두께(Y)에 영향을 주는 용액농도(X)를 대응되게 데이터를 다음 같이 수집 정리하였다.

번호	1	2	3	4	5	6	7	8
용액농도(ml)	3.0	2.1	5.2	8.1	4.2	6.0	3.2	7.3
도금두께(μm)	72	67	80	93	77	82	73	87

(1) 회귀식을 구하라.

(2) 도금두께(μm)를 80±5로 관리하고자 할 때, 용액농도(mL)의 기준을 구하라.

13 측정시스템 분석

Measurement System Analysis

13.1 측정시스템의 기본개념

통계적 품질관리에서의 의사결정은 일반적으로 측정데이터를 기반으로 이루어지고 있다. 측정데이터 또는 이의 통계량들은 공정 또는 제품의 관리한계나 규격과 비교되고 만일 비교 결과 통계적 관리상태에서 이탈하거나 규격을 벗어난다고 판단되면 어떤 조치를 취하게 된다. 이외에도 제품설계, 공정개선, 품질개선 등에서 측정데이터를 근거로 의사결정을 하는 예는 무수히 많다.

이와 같이 여러 가지 의사결정의 유효성은 상당 부분 사용되는 측정데이터의 품질에 의해 결정된다. 만약 측정데이터의 품질이 나쁘게 되면 그 것을 이용한 의사결정의 질은 낮아질 가능성이 클 것이다. 즉, 신뢰할 만한 측정데이터를 얻는 것은 의사결정의 유효성을 높여주는 기본이라고 할 수 있다. 신뢰할 만한 측정 데이터를 얻기 위해서는 측정시스템의 변동(산포)에 영향을 주는 요인을 명확히 파악하고 관리하여야 한다.

측정데이터의 품질은 안정된 상태의 측정시스템으로부터 얻어진 측정값의 통계적 특성에 의해 영향을 크게 받는다. 안정된 상태의 측정시스템에서 어떤 특성에 대하여 구한 측정값이 특성의 마스터값(master value)에 근접하다면 그 측정시스템에 얻은 측정데이터의 품질은 높다고 할 수 있을 것이다. 따라서 측정데이터의 품질을 나타내기 위해 일반적으로 사용되는 통계적 성질은 측정시스템의 편의(bias)와 분산(variance)이다. 편의는 마스터값과의 비교한 데이터의 상대적 위치를 말하고 분산은 데이터의 퍼진 정도를 말한다.

측정데이터의 품질이 낮아지는 일반적인 요인은 측정시스템의 변동이 지나치게 크기 때문이다. 대부분의 측정변동은 측정시스템 고유 변동과 더불어 측정시스템과 주변환경과의 교호작용(interaction)에 기인된다. 만일 이 교호작용으로 인해 변동이 지나치게 커지면 측정데이터의 신뢰성이 떨어져 그 데이터는 쓸모없게 된다. 예를 들어 측정시스템 변동이 크면 그로 인해 공정(제품/부품)의 변동이 가려지기 때문에 제조공정을 분석하여 개선하는데 적합하지 않게 된다. 따라서 측정시스템을 분석하는 것은 측정시스템의 변동을 파악하여 분석하는 것이라고 할 수 있다.

측정시스템 분석을 위한 기본용어를 정리하면 다음과 같다.

- 측정(measurement) : '특정 속성들에 관련하여 사물의 관계를 나타내기 위해 수치를 부여하는 것'을 측정이라 한다. 수치를 부여하는 과정을 측정프로세스라고 하고 부여된 수치를 측정값이라 한다.
- 게이지(gage) : '측정값을 얻기 위해 사용되는 장치'이다. 특히 고/노-고(go/no-go) 장치를 포함하여 작업 현장에서 사용되는 장치를 위해 사용되기도 한다.
- 측정시스템(measurement system) : '측정될 특성을 평가하여 정하거나 측정단위를 정량화하기 위해 사용되는 기기 또는 게이지, 표준, 작업, 방법, 고정구, 소프트웨어, 작업자, 환경 등의 집합체'로서 측정값을 얻기 위해 사용되는 전체 과정이다.

측정시스템 분석은 5M1E 중 측정(measurement)의 변동요인을 합리적으로 산출하여, 적은 비용으로 측정의 변동요인을 관리함으로서 공정능력을 향상 하는데 목적이 있다. 이를 합리적으로 도입하기 위해서는 계측기의 정밀 측정관리 중 교정성적서에 표기된 측정기준에 따른 보정값과 표준/합성/확장 불확도를 기본으로 하여 측정 데이터를 읽고 활용방법이 중요하다.

그리고 현장에서 통계적 공정관리를 추진하는데 필요한 측정시스템 분석법 중에서 5가지 변동 중 계측기의 변동인 반복성(repeatability), 측정자간의 변동인 재현성(reproducibility), 이를 반복성&재현성(R&R)으로 표현하며 이를 현장중심으로 주기적으로 관리해야 한다. 더욱 측정기 담당관리자라면 변동을 세분화하여 시간에 따른 산포 변화인 안정성(stability), 마스터값과 측정 평균 간의 편차인 편의/치우침, 입력 변수 값에 따라 비례적인 출력 값의 편차인 직선성/선형성(linearity) 등을 주기적으로 관리해야 한다.

이를 해석할 때는 공차($U-L$) 및 공정산포(6σ) 대비 어느 정도 점유하고 있는지를 통계적으로 분석하여 기준 대비 이상 유무를 판단 한다. 여기서 판단기준은 반복성

& 재현성은 공차대비 10%미만이고 편의, 안전성, 선형성은 공차 또는 공정산포 대비 5%미만이면 바람직한 모습이라고 판단한다.

이는 모집단의 구성으로부터 샘플의 크기 및 랜덤 샘플링 방법 및 신뢰성 있는 데이터를 확보하기 위해서는 측정시스템 분석을 통하여 측정된 데이터에 근거로 모집단인 공정관리에 조치를 해야 하므로 올바른 데이터의 수집과 분석이 매우 중요하다. 만일 측정된 데이터가 정확하지 못하고, 측정과정이 충분히 연구되어 있지 못하면, 측정된 결과가 제품의 실질적 특성을 나타내고 있는지를 알 수 없고 올바른 공정 변동을 파악할 수 없다. 즉, 측정데이터의 품질에 따라 공정관리의 효율성과 품질비용이 크게 좌우된다. 측정데이터의 품질은 안정된 조건하에서 작동된 측정시스템으로부터 얻어진 측정값의 통계적 특성과 깊은 관련성이 있다. 만일 측정값이 품질특성치의 마스터값과 거의 동일하다면 이 측정값의 질은 매우 높다고 할 수 있다. 그러나 측정치가 마스터값과 거리가 있다면 이 측정값은 품질이 낮다고 하겠다. 보통 제품의 품질특성치는 측정시스템에서 측정된 결과이다. 이 측정된 제품의 변동은 제조 과정에서 형성된 변동과 측정에 의한 변동으로 아래와 같이 구분될 수 있다.

측정된 제품의 변동=제조공정에 의한 변동+측정에 의한 변동

이를 변동관계를 보다 세부적으로 표시하면 [그림 13-1]과 같다.

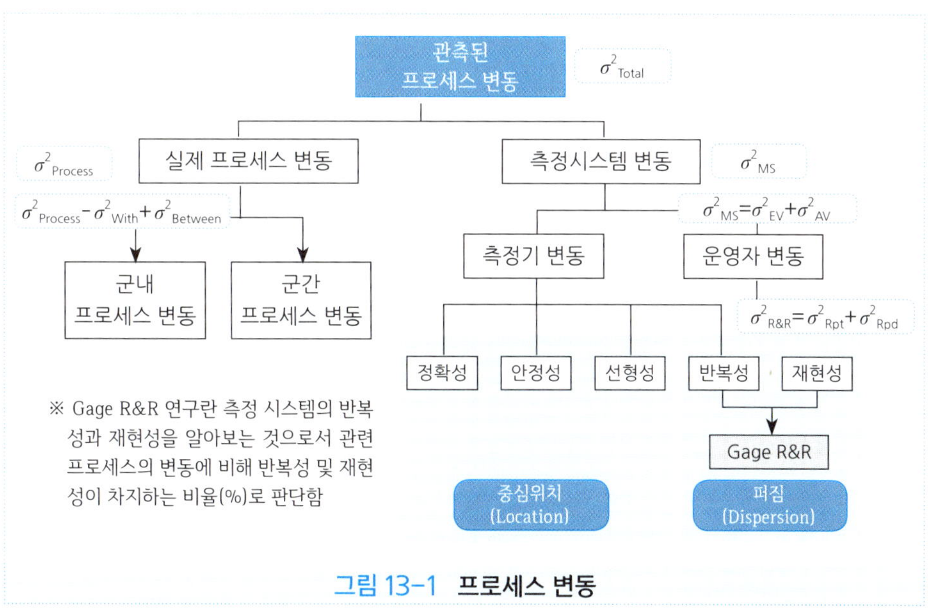

그림 13-1 **프로세스 변동**

13.1.1 측정시스템의 통계적인 요건

이상적인 측정시스템이란 측정할 때마다 각 측정치가 기준값/마스터(Master) 값과 일치하는 정확한 측정치를 생산하는 것(Deming, 1986)이다. 즉, 통계적으로 표현한다면 편의가 없고, 산포도 발생하지 않으며, 제품을 잘못 구분할 확률이 없는 것을 말한다. 그러나 현실적으로 이러한 상황은 거의 불가능하다. 측정시스템을 운영하는 데 소요되는 비용이나 사용의 편리성 등도 측정시스템의 평가에 중요한 역할을 할 수 있으나, 좋은 측정시스템인지는 측정 데이터의 통계적인 요건에 의해 크게 좌우된다.

모든 측정시스템이 반드시 같지는 않으나 공통된 요건은 다음과 같다.

① 측정시스템은 통계적으로 관리상태에 있어야 한다. 즉 측정시스템에서의 산포는 단순한 우연원인(chance cause)에 의하여 발생하여야 하며, 이상원인(assignable cause)에 의해 발생하면 안 된다.

② 측정시스템에서 파생된 산포는 제조공정에서 파생된 산포에 비하여 반드시 작아야 한다.

③ 산포는 제품규격의 폭에 비하여 작아야 한다.

④ 계측기는 규격보다 한 눈금 더 상세하게 읽을 수 있어야 한다. 예를 들어, 규격이 2.05 g~2.08 g이라면, 계측기 눈금은 0.001 g까지 읽을 수 있어야 한다.

13.1.2 측정시스템의 일반적 지침

측정시스템을 평가하기 위해서는 첫째, 제품에 대한 필요한 변수를 측정하는가, 또는 필요 없는 변수를 측정하는가를 알아야 한다. 만일 잘못된 변수나 필요 없는 변수를 측정한다면 아무리 정확하게 측정하고 분석한다고 하여도 무의미할 것이다. 두 번째는, 사용하고자 하는 측정시스템이 수용 가능한 어떤 통계적 특성을 지니고 있는가를 파악하는 것이다. 즉, 어떻게 측정 데이터가 사용되고 있는가를 알아야 한다. 통계적 특성이 정해진 후에는, 측정시스템이 실질적으로 그 특성을 지니고 있는가를 파악하여야 한다.

측정시스템에 대한 평가는 일반적으로 다음의 두 단계를 거쳐 진행된다. 첫 단계에서는 측정시스템이 필요한 기본 필수요건을 지니고 있는가를 판단하는 것으로 다음의 두 가지 목적이 있다.

① 첫 번째 목적은 측정시스템이 필요한 통계적 특성을 지니고 있는가를 평가하는 것이다. 만일 앞에서 거론된 통계적 특성을 지니고 있으면 현장에서 사용될 수 있으나, 그렇지 않을 경우에는 생산 현장에서 사용되어서는 안 된다.

② 두 번째 목적은 어떤 작업 환경이 측정시스템에 중요한 영향을 미치는가를 판단하는 것이다. 예를 들면, 측정하는 주위환경의 온도가 측정시스템에 미치는 영향이 있는가를 판단하는 것이다. 만일 주위환경의 온도가 측정치에 중요한 영향을 미치는 경우에는 작업 주위환경의 온도를 조정하여야 할 것이다. 그와 반대로, 작업 주위환경의 온도가 별 영향을 미치지 않을 경우에는 온도를 조정하지 않고 사용하더라도 무방하다.

두 번째 단계에서는 사용하기에 적합하다고 판단된 측정시스템이 통계적 특성을 적절하게 유지하고 있는가를 평가하는 것이다. 이를 평가하기 위하여 gage R&R 테스트(repeatability and reproducibility test)가 가장 많이 사용된다. R&R 테스트는 일반적으로 작업 현장에서 실시되며, 문서화되어야 한다. 문서에는 다음 사항이 수록되어야 한다.

① 예제
② 측정된 제품의 규격과 작업조건 및 환경
③ 어떻게 데이터가 수집되고, 기록되었으며, 분석되었는가에 대한 구체적 기록
④ 주요 조건과 개념에 대한 운용상의 정의

13.1.3 평가 시 고려사항

측정시스템을 평가하는 데는 여러 종류의 절차가 있으며 어떤 측정 절차가 가장 합리적이라고 단정지을 수는 없고 측정시스템이 평가되는 상황에 따라 결정되어야 한다. 평가절차를 정하는 데 고려해야 할 사항은 다음과 같다.

① Blind 측정으로 평가하여야 한다. Blind 측정이란 측정자/평가자가 측정시스템을 평가하는 데 자신이 어느 제품을 측정하는지 모르도록 하는 것이다.
② 몇 명의 평가자가 적절한가를 정한다.
③ 제품의 중요성과 통계적 특성에 따라 샘플의 크기와 반복수를 정한다.

④ 편의, 선형성(직선성), 안정성, 반복성, 재현성 등 용어가 정의되어야 한다.
⑤ 평가 주기를 미리 정하여야 한다. 이 결정은 일반적으로 통계적 요건, 제품의 중요성, 고객의 요구에 의해 결정된다.

13.1.4 측정시스템과 불확도

측정시스템과 불확도간의 중요한 차이점은 측정시스템은 측정프로세스의 이해, 측정프로세스의 오차량 결정, 그리고 측정시스템이 제품과 공정관리를 위해 타당한지 평가하는데 초점을 맞추고 있다. 즉 측정시스템분석은 효과적인 공정관리를 위해 필요한 측정기 사용시의 통계적 특성을 다루고 있다. 반면에 불확도는 측정 결과와 관련하여 측정의 참값을 포함하리라고 기대되는 측정값들의 범위를 정하는 것이다. 즉 측정기의 고유의 통계적 특성을 다루고 있는 것이다.

13.2 측정시스템 분석

미국 자동차 산업에서 널리 사용되는 측정시스템의 5가지 변동 평가 방법인 편의(bias), 반복성(repeatability), 재현성(reproducibility), 안정성(stability), 선형성 또는 직선성(linearity)에 대하여 알아보자. 일반적으로 이러한 평가 절차를 반복성과 재현성을 위주로 평가하기 때문에 Gage R&R(GR&R) 테스트라고도 한다. 이 평가 절차는 생산환경에서 사용하기에 쉽게 되어 있고, 기본적인 통계를 아는 사람이면 누구든지 사용할 수 있도록 되어 있다.

측정시스템을 평가하는 데 있어서 다음의 세 가지 기본 사항이 먼저 검토되어야 한다.

① 측정시스템이 제품의 품질특성치를 적절하게 구분할 수 있는가 ?
② 측정시스템이 통계적으로 시간이 경과함에 따라 안정되어 있는가 ?
③ 예상되는 범위 내에서 통계적으로 일관성을 만족한 상태에서 공정을 분석하고 관리하는 데 합당한가?

만일 이러한 기본 쟁점이 선행되지 않는다면 제조 공정에 대한 평가는 별 의미가 없으며 지속적으로 공정을 개선하는 것은 매우 어렵다.

계량형 GR&R 평가 절차는 [그림 13-2]와 같다

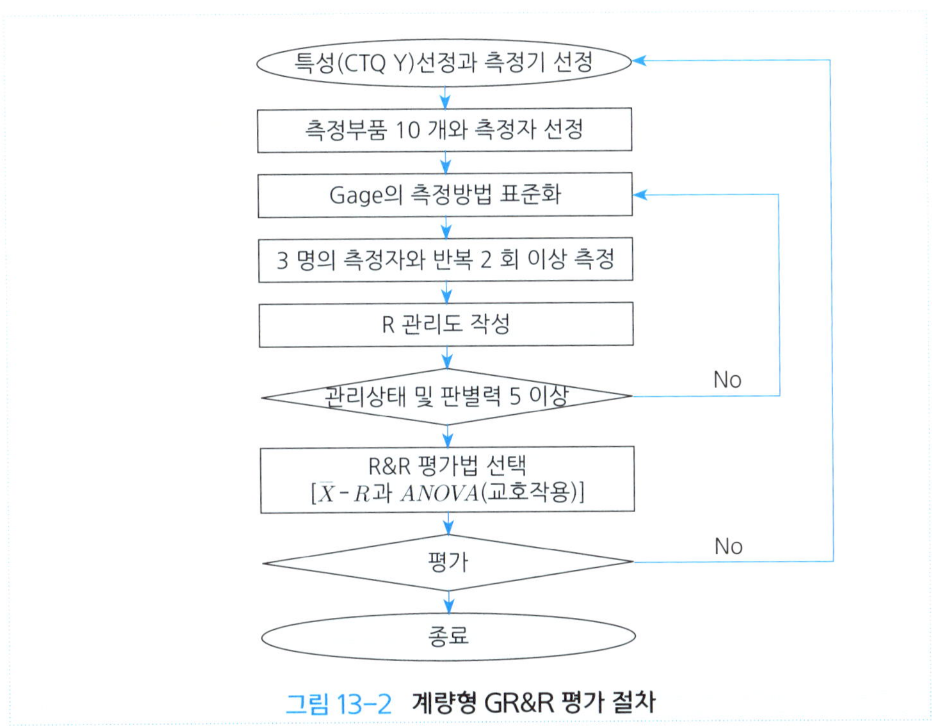

그림 13-2 **계량형 GR&R 평가 절차**

13.2.1 측정시스템 변동의 종류

측정시스템 변동의 성질은 다음과 같이 다섯 가지, 즉 편의/정확성, 반복성, 재현성, 안정성, 직선성으로 구분할 수 있다. 측정시스템을 연구하는 가장 중요한 목적 중의 하나는 측정변동의 크기와 종류를 파악하는 것이다. 측정시스템을 연구함으로써 적용할 수 있는 분야는 다음과 같다.

① 새로운 측정 장비를 구입할 것인가의 기준 산출

② 계측기를 다른 계측기와 비교하기 위함

③ 계측기에 문제가 있는가를 판단할 때의 기준

④ 공정의 변동과 제조 공정의 수용 한계를 계산하기 위한 지표 산출

다음에 설명되는 것은 측정시스템과 그에 관련된 측정변동의 종류를 5가지로 구분한 것이다.

(1) 편의/정확성

편의는 어떤 계측기로 동일한 제품을 측정하였을 때 얻어지는 측정치의 평균과 이 특성치의 기준값과의 차이를 말한다. 편의는 정확성(accuracy)이라고도 한다. 정확성은 다른 의미로도 쓸 수 있으므로 이 책에서는 정확성 대신에 편의라는 용어를 사용한다. 편의는 작으면 작을수록 좋으며 그림으로 나타내면 [그림 13-3]과 같다.

(2) 반복성

반복성은 동일한 작업자가 동일한 측정기를 갖고 동일한 제품의 특성을 측정하였을 때 파생되는 측정의 변동이다. 즉, 산포가 작으면 반복성이 좋은 것이다. 이에 대한 것을 그림으로 나타내면 [그림 13-4]와 같다.

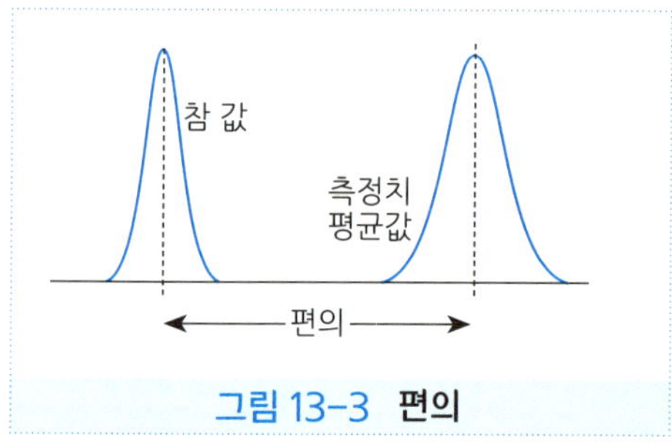

그림 13-3 **편의**

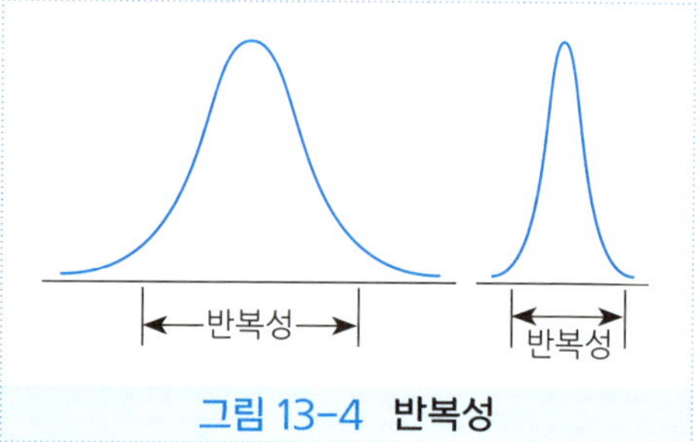

그림 13-4 **반복성**

(3) 재현성

재현성은 측정자간의 차이를 말한다. 동일한 계측기로 동일한 제품의 특성을 측정하였을 때에 측정자간에 나타나는 측정 데이터의 평균의 차를 말하며, 이 평균의 차가 크면 재현성이 떨어진다고 말한다. 이에 대한 것을 그림으로 나타내면 [그림 13-5]와 같다.

(4) 안정성

계측기가 마모나 기온, 온도와 같은 환경변화에 의하여 시간이 지남에 따라서 동일 제품의 계측 결과가 다른 것을 말한다. [그림 13-6]에서 보는 바와 같이 시간이 지남에 따라 측정된 평균값이 다를 경우, 그 계측기는 안정성이 결여됐다고 말한다.

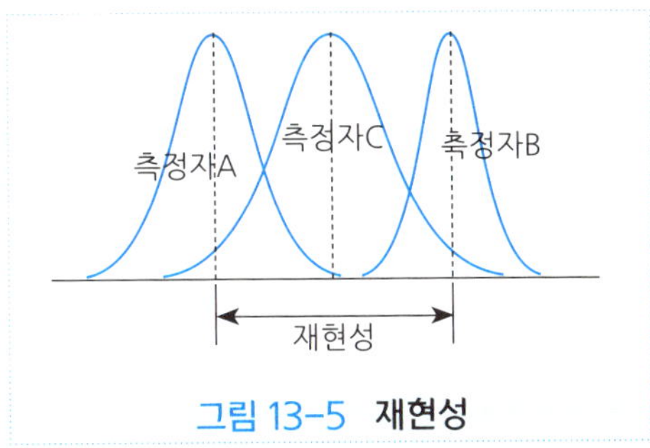

그림 13-5 **재현성**

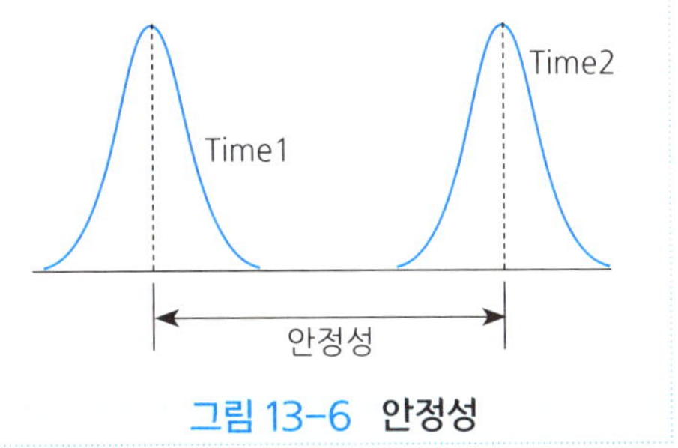

그림 13-6 **안정성**

(5) 선형성 또는 직선성

선형성은 [그림 13-7]에서 보는 바와 같이 계측기의 기대된 작동범위 내에서 측정의 일관성을 평가하는 것으로 편의값들(bias values)의 차이를 말한다.

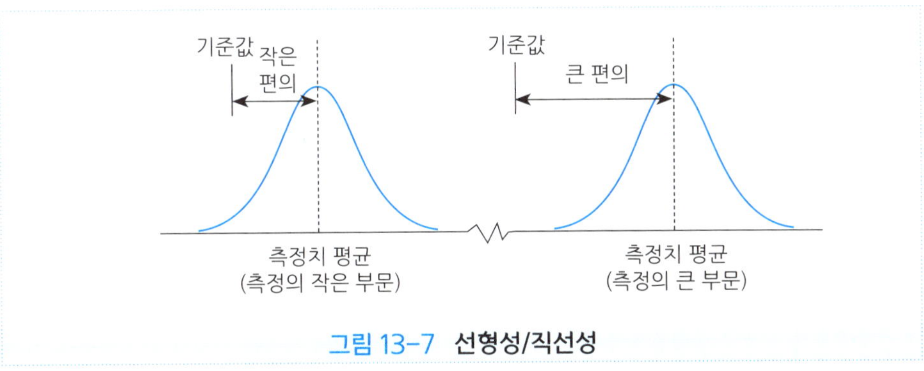

그림 13-7 **선형성/직선성**

13.2.2 측정시스템의 정량화

측정시스템을 분석하는 목적은 제조공정에서 생산된 결과를 측정하였을 때 그 측정치에 영향을 미칠 수 있는 변동의 근본 원인을 이해하기 쉽도록 하는 것이다. 앞에서도 거론된 것처럼 이것을 이해함으로써 측정시스템의 한계를 정량화할 수 있고 나아가서 측정시스템을 개선하는 데 도움이 된다.

측정시스템의 변동을 논하기 전에 먼저 측정시스템의 판별력/구별력(discrimination)을 조사하고, 전체 측정시스템의 변동 중에서 부품내변동 또는 군내변동(within-part variation)이 차지하는 효과를 어떻게 정량화하는가에 대하여 알아보자.

(1) 측정시스템 판별력

측정시스템을 선택하고 분석하는 데 있어서, 우리는 먼저 합리적인 측정시스템의 판별력, 즉 계측된 품질특성치의 변화를 탐지할 수 있는 능력이 있는가를 조사하여야 한다. 만일 측정시스템이 적절한 판별력을 갖고 있지 못하면 공정의 변동을 인식하지 못할 것이다. [그림 3-8]처럼 공정의 변동이나 이상요인의 발생 유무를 탐지하기 위하여 계량형 관리도에서는 범주(category)가 다섯 개 이상이 되어야 한다.

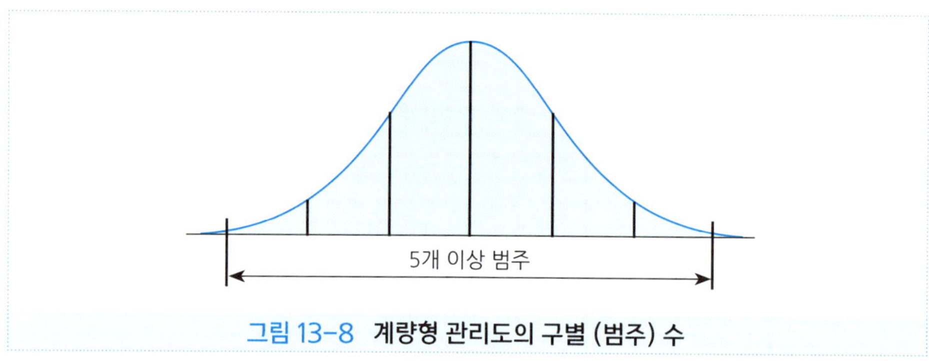

그림 13-8 계량형 관리도의 구별 (범주) 수

적합한 구별방법을 사용하였는지 아닌지에 대한 징후는 범위관리도를 사용하여 알 수 있다. [그림 13-9]는 같은 데이터를 두 종류의 관리도를 이용하여 비교한 것이다. [그림 13-9] (X_1)에서는 최소 측정단위가 0.001 cm인 원래의 측정치를 사용하여 작성한 관리도이고, [그림 13-9] (X_2)는 최소 단위를 0.01 cm로 반올림 하여 작성한 관리도이다. [그림 13-9] (X_2)에서는 인위적인 반올림 때문에 평균관리도의 상한선과 하한선이 좁아져서 몇 개의 평균치가 관리한계선을 벗어나 있음을 알 수 있고, 범위관리도에서는 많은 측정치가 0인 것을 알 수 있다. 특히 범위관리도에서 관리한계선 안에 단지 두 개나 또는 세 개의 가능점만 존재할 경우에는 판별력이 없는 것으로 판정지을 수 있다. 또한 관리한계선 안에 네 개의 가능점이 있더라도 25 % 이상의 점이 0인 경우에도 판별력이 없는 것으로 판정지울 수 있다. [그림 13-9] (X_2)를 보면 두 종류의 값(0.00과 0.01)이 관리한계선 안에 있는 것을 알 수 있다. 이는 계측기의 눈금이 적합하지 못하여 판별(구별)력이 없는 것으로 판정지을 수 있다. 따라서 계측기의 눈금이 판별력에 매우 중요한 요인임을 알 수 있다. 또한 NCD(Number of Category Discrimination : 판별 범주 수)는 5 이상 되어야 바람직하다.

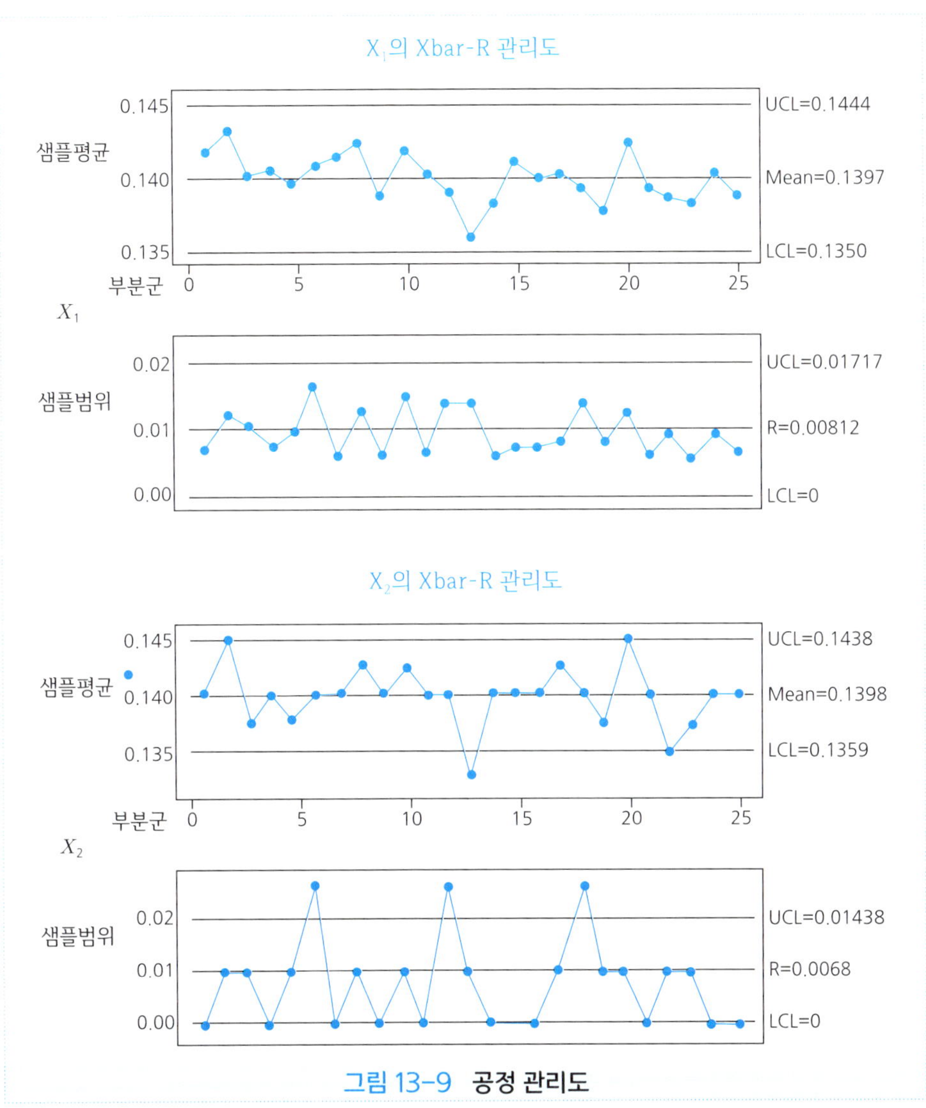

그림 13-9 **공정 관리도**

13.2.3 측정시스템의 변동

(1) 편의

측정시스템에 편의가 존재하는지의 여부를 파악하기 위해서는 먼저 측정대상물의 기준값(reference value)을 알아야 한다. 이 기준값을 측정된 값의 평균값과 비교하면 된다. 기준값과 평균값과의 차이를 측정시스템의 편의라고 한다. 만일 편의가 기대한 값에 비해서 크면 다음 사항을 유의하여 조사하여야 한다.

1) 기준 값이 틀리는 경우
2) 눈금이 잘못된 불량 계측기를 사용하였을 경우
3) 평가자가 계측기 사용방법을 잘 모르는 경우나 측정방법에 어떤 잘못이 있는 경우
4) 계측기의 상태가 안 좋은 경우

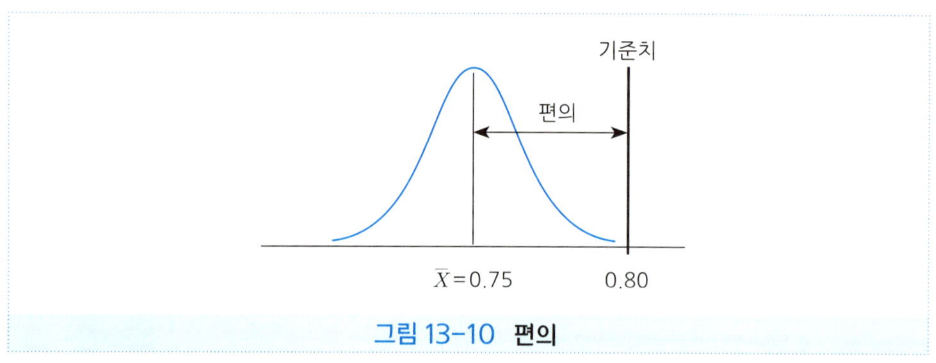

그림 13-10 **편의**

예제 13-1 편의란 기준값과 측정된 값의 평균값과의 차이를 말한다. 이를 조사하기 위하여 한 명의 평가자가 동일한 부품을 10번 측정하였다고 하자. 부품의 기준값은 0.8 mm이고, 측정치는 다음과 같다. 공정변동(또는 공차)은 0.7 mm이다.

X_1=0.75	X_2=0.75	X_3=0.80	X_4=0.80	X_5=0.65
X_6=0.80	X_7=0.75	X_8=0.75	X_9=0.75	X_{10}=0.70

풀이 평균값과 편의는 다음과 같다.

$$\overline{X}=\sum_{i=1}^{10} X_i/10=7.5/10=0.75$$

편의 = 평균값 − 기준값

편의 = 0.75−0.8 = −0.05

즉 측정치의 평균이 기준값에 비해 0.05 mm 작다는 것을 의미한다. 편의에 대한 공정변

동 %는 다음과 같다.

$$\% \text{ 편의} = 100[\text{편의의 절대값} / \text{공정 변동 또는 공차}]$$
$$= 100[0.05/0.70]$$
$$= 7.1\ \%$$

(2) 반복성

반복성은 동일한 평가자가 동일한 측정기를 갖고 동일한 제품을 측정하였을 때 파생되는 측정의 변동이다. 반복성의 변동을 발생시키는 원인으로는 크게 다음의 두 가지가 있다. 계측기 그 자체의 문제점으로 인한 것과, 부품의 측정 위치의 차이에 의한 것이다. 범위관리도를 사용하여 측정시스템의 반복성을 평가할 수 있다. 만일 범위관리도에서 이상 상태가 발생하면 이는 일반적으로 측정시스템의 반복성이 나쁘다는 것을 의미한다. 그러나 만일 범위관리도가 관리상태에 있으면 이는 계측기의 반복성이 양호하고 관측기간 동안 측정과정이 일관성이 있다는 것을 의미한다.

반복성 또는 계측기 변동(instrument variation)에 대한 표준편차(σ_e)는 $\overline{R}/d_2^*$로 추정할 수 있다.

예제 13-2 제조공정 중에서 임의로 다섯 개의 샘플을 채취하였다. 일상적으로 부품을 측정하는 두 명의 평가자를 선택하여 그들로 하여금 각 부품을 세 번씩 측정하도록 하고 그 결과를 [표 13-1]과 같이 기록하였다.

표 13-1 데이터 기록표

	평가자 1					평가자 2				
	1	2	3	4	5	1	2	3	4	5
1	217	220	217	214	216	216	216	216	216	220
2	216	216	216	212	219	219	216	215	212	220
3	216	218	216	212	220	220	220	216	212	220
평균	216.3	218.0	216.3	212.7	218.3	218.3	217.3	215.7	213.3	220.0
범위	1	4	1	2	4	4	4	1	4	0
	평가자 1:전체평균 216.3					평가자 2:전체평균 216.9				

풀이 측정된 데이터로 각 부분군에서의 평균과 범위를 구한다. 범위값은 [그림 13-11]에 표시된 것처럼 범위관리도에 표시하고, 평균범위($\overline{R}$)를 계산한다. 반복

횟수가 3인 D_3와 D_4의 값을 구하여 범위관리도의 관리한계선을 구한다. 만일 모든 점이 관리한계선 안에 있으면 이는 모든 평가자들이 같다는 것을 의미한다. 만일 한 명의 평가자가 이상상태를 나타내면 이는 평가자들 간에 서로 다르다는 것을 의미한다. 그리고 모든 평가자가 이상상태를 나타내면 이는 평가자들이 측정시스템에 매우 민감하므로 정확한 데이터를 취득하기 위해서는 측정시스템의 개선이 필요하다는 것을 의미한다. 범위관리도의 관리한계선은 다음과 같다.

$$\overline{R} = 25/10 = 2.5 \qquad U_{CL} = D_4 \times R \qquad L_{CL} = D_3 \times \overline{R}$$

$$D_3 = 0.000 \qquad = (2.5) \times (2.575) \qquad = 0.0$$

$$D_4 = 2.575 \qquad = 6.4$$

정밀도 또는 계측기 변동에 대한 표준편차는 다음과 같다.

$$\sigma_e = \overline{R}/d_2^* = 2.5 / 1.72 = 1.45$$

여기서 반복횟수가 3회(m = 3)이고 그리고 샘플수에 평가자를 곱한 수가 10(g = 5 × 2 = 10)이므로 [표 13-2]에서 d_2^*는 1.72이다. 따라서 이 예제의 반복성은 정규분포에서 신뢰수준 99 %를 가정 할 경우 $2 \times 2.575 \times \sigma_e = 5.15 \times 1.45 = 7.5$이다. 이때 샘플의 총 갯수 g = 샘플수 × 평가자수를 계산한 반복수이다.

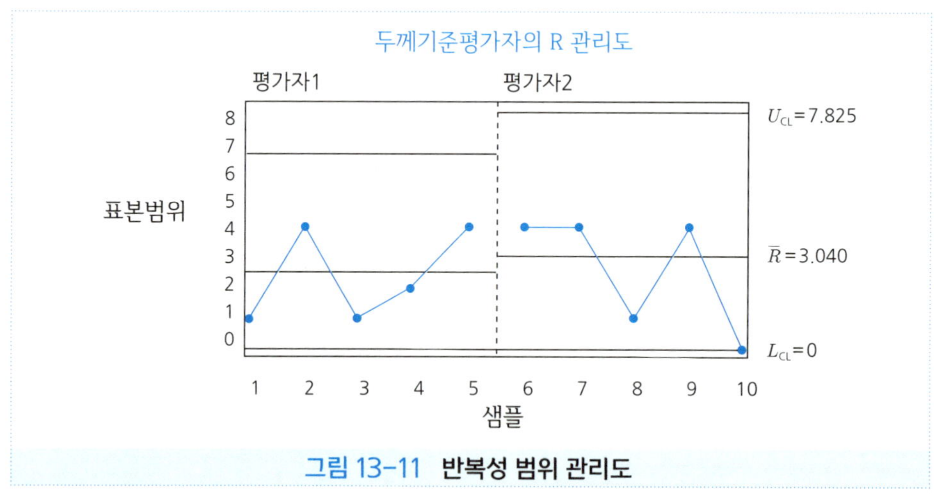

그림 13-11 **반복성 범위 관리도**

표 13-2 d_2^* **값 표**

	m(반복수)													
	2	3	4	5	6	7	8	9	10	11	12	13	14	15
1	1.41	1.91	2.24	2.48	2.67	2.83	2.96	3.08	3.18	3.27	3.35	3.42	3.49	3.55
2	1.28	1.81	2.15	2.40	2.60	2.77	2.91	3.02	3.13	3.22	3.30	3.38	3.45	3.51
3	1.23	1.77	2.12	2.38	2.58	2.75	2.89	3.01	3.11	3.21	3.29	3.37	3.43	3.50
4	1.21	1.75	2.11	2.37	2.57	2.74	2.88	3.00	3.10	3.20	3.28	3.36	3.43	3.49
5	1.19	1.74	2.10	2.36	2.56	2.73	2.87	2.99	3.0	3.19	3.28	3.35	3.42	3.49
6	1.18	1.73	2.09	2.35	2.56	2.73	2.87	2.99	3.10	3.19	3.27	3.35	3.42	3.49
7	1.17	1.73	2.09	2.35	2.55	2.72	2.87	2.99	3.10	3.19	3.27	3.35	3.42	3.48
g														
8	1.17	1.72	2.08	2.35	2.55	2.72	2.87	2.98	3.09	3.19	3.27	3.35	3.42	3.48
9	1.16	1.72	2.08	2.34	2.55	2.72	2.86	2.98	3.09	3.18	3.27	3.35	3.42	3.48
10	1.16	1.72	2.08	2.34	2.55	2.72	2.86	2.98	3.09	3.18	3.27	3.34	3.42	3.48
11	1.16	1.71	2.08	2.34	2.55	2.72	2.86	2.98	3.09	3.18	3.27	3.34	3.41	3.48
12	1.15	1.71	2.07	2.34	2.55	2.72	2.85	2.98	3.09	3.18	3.27	3.34	3.41	3.48
13	1.15	1.71	2.07	2.34	2.55	2.71	2.85	2.98	3.09	3.18	3.27	3.34	3.41	3.48
14	1.15	1.71	2.07	2.34	2.54	2.71	2.85	2.98	3.08	3.18	3.27	3.34	3.41	3.48
15	1.15	1.71	2.07	2.34	2.54	2.71	2.85	2.98	3.08	3.18	3.26	3.34	3.41	3.48
>15	1.128	1.693	2.059	2.326	2.534	2.704	2.847	2.970	3.078	3.173	3.258	3.336	3.407	3.472

(3) 재현성

재현성은 평가자간의 차이를 말한다. 동일한 계측기로 동일한 제품을 측정 하였을 때에 평가자간에 나타나는 측정 데이터의 평균의 차를 말하며, 이 평균의 차가 크면 재현성이 떨어진다고 말한다. 평가자 변동 또는 재현성은 먼저 각 평가자가 측정한 데이터의 전체 평균값을 구한 후 가장 큰 평균값에서 가장 작은 평균값을 뺀 차이($\overline{X}_{diff}$)를 구한다. 재현성의 표준편차(σ_0)는 $\overline{X}_{diff}/d_2^*$이다. 만일 두 명의 평가자가 이를 실시하였다고 가정한다면 정규분포의 신뢰수준 99% 가정 시, 재현성은 5.15 $\overline{X}_{diff}/d_2^*$($d_2^*$는 [표 13-2]로부터 1.41이다)이 된다.

예제 13-3 [표 13-1]을 보면, 평가자 2의 평균값(가장 큰 값)은 216.9이고, 평가자 1의 평균값(가장 작은 값)은 216.3이다. 평가자 평균차이($\overline{X}_{diff}$)는 가장 큰 값에서 가장 작은 값을 뺀 값으로 $\overline{X}_{diff}=216.9-216.3=0.6$이다. 따라서 예측된 평가자 표준편차 $= \overline{X}_{diff}/d_2^* = 0.6/1.41 = 0.40$이다. 여기서 평균값이 두개(m = 2)이고 샘플의 개수는 범위 $\overline{X}_{diff}$ 하나로서 1(g = 1)이므로, [표 13-2]에서 d_2^*는 1.41이다.

풀이 재현성 $= 5.15\sigma_{\overline{X}} = 5.15\dfrac{\overline{X}_{diff}}{d_2^*} = 2.2$

이 예측치는 계측기에 의한 변동이 복합적으로 포함되어 있으므로, 이 부분을 제외한 조정된 재현성은 다음과 같다.

$$\text{조정된 재현성} = \sqrt{\left[5.15\frac{\overline{X}_{diff}}{d_2^*}\right]^2 - \left[\frac{(5.15\sigma_e)^2}{(n\times r)}\right]}$$

$$= \sqrt{[2.2]^2 - \left[\frac{(7.5)^2}{(5\times 3)}\right]} = 1.0$$

여기서 n은 샘플수를 나타내고 r는 반복횟수를 나타낸다. 따라서 조정된 평가자의 표준편차는 σ_0=1.0/5.15=0.19이다.

(4) 안정성

측정시스템의 안정성이 어느 정도인지를 알기 위해서는, 측정 데이터의 변동이 시간이 지남에 따른 동일 제품의 측정 결과의 차이인지, 아니면 편의, 재현성 또는 정밀도에 의한 변동인지를 정확히 구분하여야 한다. 공정의 통계적인 안정성이 어느 정도인가를 파악함으로써 앞으로의 공정상태를 더욱 정확히 예측할 수 있다. 측정시스템의 관리 상태에 대하여 데이터에 근거한 정확한 인식이 없이 재현성과 반복성을 평가한다는 것은 합리적이지 못한 결과를 도출시킬 수 있고 평가 자체가 무의미하다.

측정시스템의 통계적인 안정성 평가에 있어서, 평가하는 시간 간격이 어느 정도인가를 미리 정해 주어야 한다. 일반적으로 측정시스템을 분석할 때 "단기적 안정성"을 평가할 것인가 또는 "장기적 안정성"을 평가할 것인가는 미리 가정하여 평가하면 된다. 평가 시간의 간격보다 더욱 중요한 것은 평가시의 상황 조건이다. 예를 들면, 설비의 작동준비(warm-up)기간에 평가한 분석치가 공정이상을 나타낸다면 이는 단순히 작동준비 기간 동안 불안정하다는 것을 나타내는 것이다. 또한 온도의 변화에 따라 분석치에 이상이 발생하였다면 이는 온도 변화시 측정시스템에 이상이 발생한다는 것을 의미한다. 따라서 측정시스템의 안정성을 분석할 경우에 측정시스템의 환경조건, 작업자, 부품, 방법 등에 대한 충분한 고려가 있어야 한다. 따라서 모든 환경조건, 작업자, 부품 등에 대하여 충분히 검토하고 분석하기가 불가능하다면, 적어도 어느 요소가 측정시스템에 중요한 영향을 미치고 그 중요도의 순서는 어떤지를 미리 파악하여야 한다. 특성요인도나 공정흐름도 등을 사용하여 분석하여 찾는 것도 좋은 방법이다.

관리도를 사용하면 우연원인과 이상원인에 의하여 발생한 변동을 구분할 수 있을 뿐만 아니라, 통계적인 안정성도 판단할 수 있다. 관리도를 사용할 때 주의할 점은 단순히 관리한계선을 벗어난 점이 있는가 없는가를 판단할 뿐만 아니라, 경향(trends)이 존재하는지 또는 중심선 주위에 너무 많은 점들이 있는지 등 이상신호가 있는지를 파악하여야 한다. 만일 이러한 이상신호가 있거나, 관리한계선을 벗어난 점(들)이 있을 경우에는 "공정관리 이상상태" 나 또는 안정성이 없는 것으로 판단된다.

계측기는 다음과 같은 경우에 안정성이 결여될 수 있다.

① 환경조건의 변화로 공기압(air pressure)이 변화되는 경우
② 계측기 작동준비(warm-up) 상태 여부가 측정치에 영향을 미치는 경우
③ 계측기를 오래간 만에 사용하는 경우

(5) 선형성

선형성은 계측기의 측정범위 내에서의 측정의 일관성을 평가하는 것이다. 기준값과 측정값의 차이로 측정된 부품의 편의를 산출한다. 계측기의 측정범위 내에 있는 부품을 임의로 선택하여 평가자가 모르게 기준값을 계측하고(실험실에 있는 정확한 측정장비를 이용), 평가자(들)로 하여금 미리 표시한 부분을 여러 번 측정하여 기록하도록 한다. 이때 기준값과 측정치의 평균값과의 차이가 편의이다. 기준값을 x축에, 편의를 y축에 작성한 후에 직선을 이루고 있는지 경사 또는 기울기(slope)는 어느 정도인지 그리고 적합도(R^2)는 어느 정도인지를 조사한다. 여기서 적합도(goodness of fit)는 편의와 기준값이 좋은 직선관계를 이루고 있는지를 알려준다.

만일 측정시스템의 선형성이 나쁘면, 다음 사항을 유의하여 조사하여야 한다.

1) 계측기의 측정범위 중에서 상단부(upper end)나 하단부(lower end)의 눈금이 적합하지 않은 경우
2) 기준 값이 틀리는 경우
3) 계측기가 마모된 경우
4) 계측기 내부 설계 자체에 문제점이 있는 경우

예제 13-4 어떤 공장의 작업반장이 측정시스템의 선형성을 평가하기를 원한다. 그는 계측기의 측정범위 내에서 직선성 평가에 합당한 부품을 임의로 다섯 개를 취하였다. 각 부품은 실험실에서 정확한 측정장비를 이용하여 기준값을 측정하고 이 부품을 평가자에게 각각 12번씩 랜덤하게 측정하도록 하였다. 부품 평균값과 편의값은 [표 13-3]과 같다.

표 13-3 **계측기 측정 데이터**

표 본		1	2	3	4	5
기준값(x)		2.00	4.00	6.00	8.00	10.00
반복	1	2.70	5.10	5.80	7.60	9.10
	2	2.50	3.90	5.70	7.70	9.30
	3	2.40	4.20	5.90	7.80	9.50
	4	2.50	5.00	5.90	7.70	9.30
	5	2.70	3.80	6.00	7.80	9.40
	6	2.30	3.90	6.10	7.80	9.50
	7	2.50	3.90	6.00	7.80	9.50
	8	2.50	3.90	6.10	7.70	9.50
	9	2.40	3.90	6.40	7.80	9.60
	10	2.40	4.00	6.30	7.50	9.20
	11	2.60	4.10	6.00	7.60	9.30
	12	2.40	3.80	6.10	7.70	9.40
평 균		2.49	4.13	6.03	7.71	9.38
기준값(x)		2.00	4.00	6.00	8.00	10.00
편의(y)		+0.49	+0.13	+0.03	- 0.29	- 0.62
범위		0.4	1.3	0.7	0.3	0.5

풀이 편의는 y축에 기준 값은 x축으로 하여 [그림 13-12]와 같이 작성하였다. 직선회귀선과 적합도/결정계수 R^2는 다음과 같이 구하였다.

$$y = a + bx$$

여기서 x = 기준 값, y = 편의, b = 경사(기울기)

$$b = \frac{\sum xy - \left(\frac{(\sum x)(\sum y)}{n}\right)}{\sum x^2 - \frac{(\sum x)^2}{n}} = -0.1317$$

$$a = \frac{\sum y}{n} - b \times \left(\frac{\sum x}{n}\right) = 0.7367$$

$$R^2 = \frac{\left[\sum xy - \frac{(\sum x)(\sum y)}{n}\right]^2}{\left[\sum y^2 - \left(\frac{(\sum y)^2}{n}\right)\right] \times \left[\sum x^2 - \left(\frac{(\sum x)^2}{n}\right)\right]} = 0.98$$

편의 = a + bx

= 0.7367 − (0.1317) × (기준값)

선형성 = 경사 × 공정변동(여기서 경사는 절대값을 취함)

= (0.1317) × (6.00) = 0.79

% 선형성 = 100[선형성/공정변동] = 13.17(%)

적합도(결정계수 : R^2) = 0.98

적합도는 편의와 기준값과의 직선 관계를 나타낸다. 그러나 직선성 그 자체는 경사 또는 기울기(slope)에 의하여 결정되는 점이지 적합도 값에 의하여 정해지는 것은 아니다. 일반적으로, 경사 또는 기울기가 작을 경우에 계측기 선형성이 좋고 경사가 클 경우에는 선형성이 나쁘다고 한다.

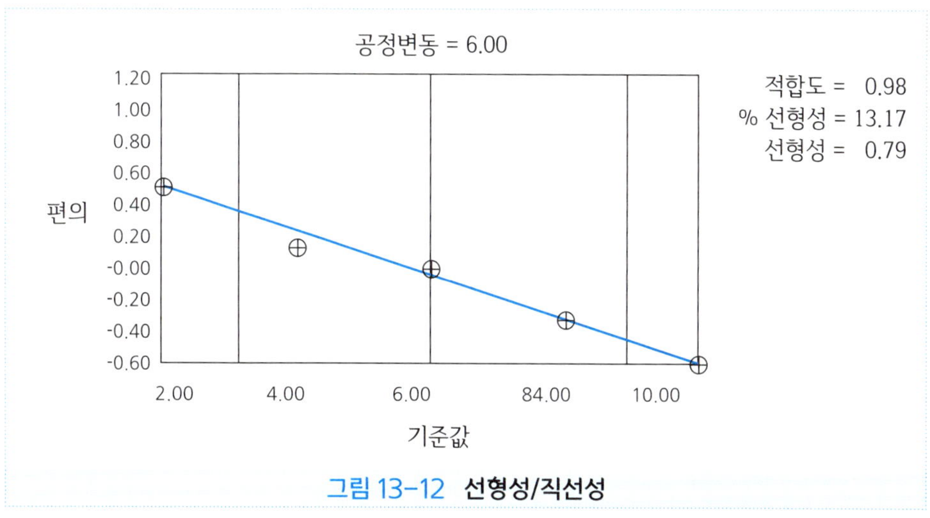

그림 13-12 **선형성/직선성**

(6) 부품 간 변동(part-to-part variation)

평균($\overline{X}$)관리도를 작성하여 부품 간 변동을 조사할 수 있다. 각 평가자에 대한 부분군의 평균은 부품 간 차이를 나타낸다. 부품 평균값으로 구한 관리한계선은 부품간 변동에 대하여 구한 것이 아니고 반복정밀도 변동에 대하여 구해졌으므로, 상당 부분의 점들이 관리한계선 밖으로 나갈 수 있다.

만일 부분군의 평균값이 한 점도 한계선 밖으로 이탈되지 않았다면, 이는 부품간 변동이 정밀도에 가려져 식별할 수 없는 상태이고 측정변동이 공정변동에 비하여 크다는 것을 의미한다. 즉, 이런 상태로 공정의 변동을 분석하는 것은 바람직하지 못하다. 반대로 많은 점들이 한계선 밖으로 이탈되고 평가자가 어떤 부품이 크게 평균값과 다르다는 것을 식별할 수 있으면, 이 측정은 매우 유용하게 사용될 수 있다. 따라서 많은 부품의 평균값들이 관리한계선을 벗어나고(약 50 % 이상), 평가자가 어떤 부품이 한계선 밖으로 이탈되는지를 식별할 수 있으면 이 측정시스템은 일반적으로 공정을 분석하는 데 적합한 것으로 판단된다.

측정 공정이 균일하고(범위관리도가 관리상태하에 있는 경우), 부품간 변동을 식별할 수 있으면(많은 점들이 이탈상태 : 평균관리도가 이상상태하에 있는 경우), 측정변동에 가려져 식별하기 어려운 공정변동이 어느 정도인지를 구할 수 있다. 측정시스템 표준편차(σ_m)는 다음과 같이 추정된다.

$$\sigma_m = \sqrt{(\sigma_e^2 + \sigma_0^2)}$$

여기서 σ_e는 계측기 표준편차이고 σ_0는 평가자 표준편차이다.

부품간 표준편차(part-to-part standard deviation: σ_p)의 기대치는 $\dfrac{R_P}{d_2^*}$ 이다.

여기서 R_P는 샘플이 군 중에서 가장 큰 부분군의 평균값과 가장 작은 평균값과의 차이를 나타낸다. 만일 부품수가 다섯 개라고 가정하면, 부품 간 변동은 $5.15 \times R_P / d_2^*$(또는 2.08 R_p : 정규분포에서 % 가정하에 $d_2^* = 2.48$)이다.

총 공정변동의 표준편차 (σ_T)는 다음과 같다.

$$\sigma_T = \sqrt{(\sigma_p^2 + \sigma_m^2)}$$

총 공정의 변동은 % 정규분포 가정시 $5.15\sigma_T$이고,

% R&R은 $\left[\dfrac{\sigma_m}{\sigma_T}\right] \times 100$이다.

예제 13-5 [표 13-1]에 주어진 데이터로부터 각 부분군의 평균값을 [그림 13-13]과 같이 작성하였다. 총 평균($\overline{\overline{X}}$)은 (216.3+216.9)/2=216.6이고, 관리한계선은 다음과 같다.

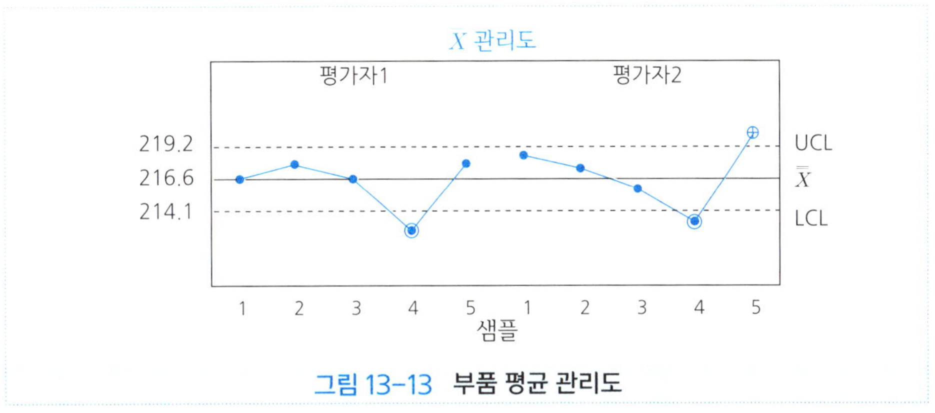

그림 13-13 부품 평균 관리도

풀이

$$U_{CL_X} = \overline{\overline{X}} + A_2\overline{R} = 216.6 + 1.023 \cdot 2.5 = 219.2$$

$$L_{CL_X} = \overline{\overline{X}} - A_2\overline{R} = 216 + 1.023 \cdot 2.5 = 214.1$$

여기서 A_2는 반복수가 3이므로 1.023이 된다.

여기서 관리한계선을 벗어난 점이 30 %이므로 이 예제에서의 측정시스템은 부품간 변동을 검출하기에는 미흡하다(주의 : 이 예제에서 측정된 부품이 총공정변동을 나타냈다고 가정하였음).

측정시스템 표준편차(σ_m)는 다음과 같다.

$$\begin{aligned}\sigma_m &= \sqrt{(\sigma_e^2 + \sigma_0^2)} \\ &= \sqrt{[(1.45)^2 + (0.19)^2]} \\ &= 1.47\end{aligned}$$

여기서 σ_e는 계측기 표준편차이고, σ_0는 평가자 표준편차이다.

따라서 측정시스템 변동 또는 계측기 R&R(정규분포에서 99% 가정)는 다음과 같다.

$$\begin{aligned}\text{G R\&R} &= 5.15 \times \sigma_m \\ &= 5.15 \times 1.47 \\ &= 7.6\end{aligned}$$

[표 13-1]에 대하여 부품변동을 산출하기 위하여 먼저 두 명의 평가자가 측정한 각 부품의 평균값을 구한다. 즉, 1번부터 5번까지의 평균값은 다음과 같다.

217.3　217.7　216.0　213.0　219.2

샘플 평균의 범위(R_p)는 가장 큰 평균값(219.2)에서 가장 작은 평균값(213.0)을 뺀 값이다. 즉, 6.2가 된다. 이때 부품 간 표준편차 (σ_p)는 다음과 같다.

$$\sigma_p = \frac{R_P}{d_2^*}$$
$$= 6.2/2.48 = 2.50$$

여기서 d_2^*는 부품의 수가 5($m=5$)이고 범위가 1($g=1$)로서, [표 13-2]에서 구한다. 따라서 부품 간 변동(PV)

$$PV = 5.15 \times \sigma_p = 5.15 \times 2.5 = 12.8$$

이다.

총 공정변동 표준편차(σ_T)는 다음과 같다.

$$\sigma_T = \sqrt{(\sigma_p^2 + \sigma_m^2)}$$
$$= \sqrt{[(2.50)^2 + (1.47)^2]}$$
$$= 2.90$$

총 공정의 변동(TV)은 99 % 정규분포 가정 시 다음과 같다.

$$TV = 5.15 \times 2.90$$
$$= 14.9$$

R&R의 비율은 다음과 같다.

$$= \left[\frac{\sigma_m}{\sigma_T}\right] \times 100$$
$$= [1.47/2.90] \times 100$$
$$= 50.7\ \%$$

이 예제에서의 측정시스템은 부품간 변동을 검출하기에는 부적합하나, 공정을 관리하기에는 적합할 것이다. [표 13-4]는 지금까지의 결과를 종합한 것이다.

표 13-4 **예제 분석 결과**

항목	5.15 × 표준편차
반복성	7.5
재현성	1.0
계측기 R&R	7.6
부품간 변동	12.8
총 공정변동	14.9

13.2.4 측정시스템 분석 지침

(1) 측정시스템 분석시 고려사항

측정시스템을 분석하고 조사할 때 우리는 충분히 계획을 수립하고 준비하여야 한다. 일반적으로 측정을 시작하기 전에 다음 사항을 고려하여야 한다.

1) 평가자 수, 샘플수, 반복수 등은 미리 정해 주어야 한다. 특히 중요 부품의 경우에는 신뢰성을 높이기 위해 더 많은 샘플수와 반복이 필요하다.
2) 샘플은 공정 중에서 채취하여야 하며, 전 공정의 상태를 나타내는 것이어야 한다.
3) 계측기 눈금은 적어도 규격단위의 1/10까지 읽을 수 있는 판별력을 지녀야 한다.
4) 평가자는 계측기를 일상적으로 다루는 작업자 중에서 선택하여야 한다.

측정시스템을 분석 및 조사한다는 것은 매우 중요하므로, 잘못된 결과를 피하기 위하여 다음 사항을 고려하여야 한다.

① 측정은 랜덤하게 이루어져야 한다. 평가자 자신이 어떤 번호의 부품을 측정하는지 알 수 없어야 선입관에 의한 편의를 피할 수 있다.
② 측정시스템 분석을 관장하는 사람은 정확히 어떤 번호의 부품이 측정되었고, 누가 하였는지 등을 정확히 기록하여야 한다.
③ 평가자는 미리 정한 측정 방법의 순서에 따라 계측기를 사용하여 측정하여야 한다.

13.2.5 안정성 조사 지침

안정성을 조사하기 위한 지침은 다음과 같다.

(1) 표준 샘플을 정한다.

(2) 어떤 일정 기간마다(매일 또는 매주), 표준샘플을 3~5번 측정한다. 표준샘플의 크기와 빈도는 측정시스템 특성에 따라 결정한다.

(3) 평균관리도와 범위관리도를 작성한다.

(4) 관리한계선을 산출하고, 관리도에 작성한 후 공정의 이상유무와 안정성 등을 조사한다.

13.2.6 편의 조사 지침

(1) 독립적인 샘플 방법

1) 샘플을 채취한 후 실험실 등에서 정밀한 계측기로 기준값을 얻는다. 만일 기준값이라는 확신이 없을 경우에는 정밀한 계측기로 10번 측정한 후에 평균치를 기준값으로 정한다.

2) 한 명의 평가자로 하여금 정상적인 조건하에서 같은 샘플을 10번 측정하도록 한다.

3) 측정된 값의 평균값을 산출한다.

4) 산출한 평균값에서 기준값을 빼서 편의를 산출한다.

$$\text{편의} = \text{측정치의 평균} - \text{기준값} \quad , \quad \text{공정산포} = 6\sigma\text{범위}$$

$$\%\ \text{편의} = \frac{\text{편의}}{\text{공정산포}} \times 100$$

(2) 관리도 방법

평균관리도나 범위관리도를 사용하여 안정성을 조사할 경우, 편의에 관한 조사도 다음과 같이 간략히 할 수 있다.

1) 샘플을 채취하여 실험실 등에서 정밀한 계측기로 기준값을 얻는다. 만일 기준값이라는 확신이 없을 경우에는 정밀한 계측기로 10번 측정한 후에 평균치를 기준값으로 정한다.

2) 관리도로부터 총 평균($\overline{\overline{X}}$)을 산출한다.

3) 산출한 총 평균($\overline{\overline{X}}$)에서 기준값을 빼서 편의를 산출한다.

$$\text{편의} = \overline{\overline{X}} - \text{기준값},\quad \text{공정산포} = 6\sigma\text{범위}$$

$$\%\ \text{편의} = \frac{\text{편의}}{\text{공정산포}} \times 100$$

(3) 분석

만일 편의가 기대 이상으로 클 경우, 다음 사항을 고려하여야 한다.

1) 기준값이 정확한가를 점검한다.

2) 계측기가 마모되었는지를 점검한다.

3) 다른 특성치나 위치를 측정하였는지를 점검한다.

4) 계측기의 눈금이 잘못되었는지를 점검한다.

5) 평가자가 계측기를 제대로 사용하였는지를 점검한다.

13.2.7 계량형 측정시스템 분석방법

어떤 경우에도 공장에서 균일한 제품만을 생산해낼 수 없다. 그러나 만일 측정시스템에 관한 연구가 되어 있지 않으면, 이런 변동이 제조단계에서 파생된 문제인지, 아니면 측정시스템에서의 문제점으로 인한 것인지를 알 수 없을 것이다. 앞에서도 거론하였지만, 우리가 생각하는 제품의 특성치는 측정시스템에서 측정된 결과이다.

다음은 두 가지 측정시스템의 분석 방법을 소개한다. 먼저 개략적으로 측정의 변동을 구하는 범위방법을 소개하고, 다음에 재현성과 반복성을 구분하여 산출할 수 있는 평균과 범위방법을 소개한다. 마지막으로 통계적 분산분석법을 이용하여 측정시스템의 %R&R, 판별력, 요인별 분산성분, 기여율 등을 구한다.

(1) 범위방법

범위방법(range method)은 측정의 변동을 개략적으로 구하는 비교적 간단한 방법이다. 그러나 이 방법은 반복성과 재현성을 따로 구분하여 평가할 수 없는 한계점이 있다. 일반적으로 범위방법은 두 명의 평가자와 다섯 개의 샘플을 사용한다. 각 평가자는 동일의 부품을 각각 측정한다. 범위는 평가자 A의 측정값에서 평가자 B의 측정값을 뺀 값에 절대값을 취한 것이다.

GR&R(gage repeatability and reproducibility)은 평균범위 $5.15\times\dfrac{\overline{R}}{d_2^*}$ 또는 $K_1\overline{R}$

단) $K_1=\dfrac{5.15}{d_2^*}$ (d_2^*는 [표 13-2]에서 구하며 이 예제에서는 p=2와 g=5)을 곱한 값이다. 이 예제에서 공차는 0.4라고 하자. 범위방법에 의한 결과는 [표 13-5]와 같다. 공차에 대한 총 측정변동의 백분율이 75.5%이므로 매우 높은 편이다. 따라서 측정시스템의 개선이 필요하다.

표 13-5 **계측기 결과**

부품	평가자 A	평가자 B	R=[A-B]
1	0.85	0.80	0.05
2	0.75	0.70	0.05
3	0.90	0.95	0.05
4	0.45	0.55	0.10
5	0.50	0.60	0.10

평균범위($\overline{R}$)=$\sum R/5=0.35/5=0.07$

총측정변동($G\ R\&R$)$=5.15\overline{R}/d_2^*=(0.07)\cdot(5.15)/1.19=0.303$($g$=5, p=2일 때)

%총측정변동=100[$G\ R\&R$/공차]=100[0.303/0.40]=75.5%

(2) 평균과 범위방법

평균과 범위방법(average and range method : $\overline{X}-R$ method)은 범위방법과는 달리 측정변동의 주요 원인인 반복성, 재현성, 그리고 반복성과 재현성을 구분하여 계산할 수 있는 장점이 있다. 예를 들어, 반복성이 재현성에 비해 클 경우에 유의사항은 다음과 같다.

1) 계측기 보전(maintenance)이 필요하다.
2) 계측기의 정밀도가 좋아지도록 계측기를 새롭게 설계 제작하거나 구입하여야 한다.
3) 측정하기 위한 계측기의 고정 방법이나 위치 등에 문제가 있으며, 이를 개선하여야 한다.
4) 부품내(군내) 변동(within-part variation)이 과도하게 크다.

만일 재현성이 반복성에 비해 클 경우에 유의사항은 다음과 같다.

① 평가자가 계측기의 눈금을 읽는 방법이나 사용방법에 대하여 교육이 필요하다.
② 계측기의 눈금이 확실하지 못하여 수치를 읽을 때 변동이 발생한다.
③ 고정장치에 어떤 이상이 발생하여 측정기를 일관성(consistently)있게 사용하기에 문제점이 있다.

13.2.8 게이지 R&R 계산순서

(1) 수치계산에 의한 분석

측정시스템에 영향을 미치는 것은 다섯 가지, 즉 측정자, 방법, 부품, 계측기 및 환경이다. G R&R 테스트를 하는 데 필요한 준비 사항을 보면 다음과 같다.

1) 측정자 : 일반적인 평가자 두 명 또는 세 명을 선택한다. 여기서 일반적이란, 일상적으로 측정하는 작업자 중에서 가장 잘하는 사람도 가장 못하는 사람도 아닌 평가자이다.
2) 방법 : 모든 평가자는 정확하게 측정샘플을 측정하는 방법을 알아야 한다. 만일 새로운 측정기를 사용하면, 테스트 전에 미리 측정 교육을 시키고 완전히 이해하였는가를 확인하여야 한다. 만일 평가자가 측정하는 방법을 정확히 모르면 변동을 정확하게 발견해 낼 수 없다.
3) 부품 : 대부분의 경우에 10 개의 측정샘플을 선택하여, 각 측정샘플에 번호를 준다. 만일 파괴되는 측정이라면 그 이상이 요구된다.
4) 계측기 : 계측기는 규격단위보다 한 눈금 더 작은 것까지 읽을 수 있어야 한다. 보기를 들면, 규격이 1.05 g~1.09 g이라면, 계측기 눈금은 0.001 g까지 읽을 수 있어야 한다. 만일 계측기가 0.001 g까지 읽지 못하면, 측정시스템으로부터 잘못된 정보를 얻을 것이다.
5) 환경 : 측정 품목에 따라 작업환경이 측정변동에 큰 영향을 미치는 경우가 있으므로 적합한 작업환경하에서 측정하여야 한다. 예를 들면, 온도는 섭씨 21 도 그리고 습도는 약 50%가 적합할 것이며 통풍이 잘되는 곳이 좋을 것이다. 작업환경은 측정샘플에 영향을 미칠 뿐만 아니라 측정기나 평가자의 효율도에도 영향을 미칠 수 있다.

이 평균 및 범위 평가법은 측정자의 수(p), 측정샘플의 수(n), 반복측정의 수(r) 등에 의해 변화를 줄 수 있으나 일반적으로 $p=3$, $n=10$, $r=2$가 주로 사용되며, 이런 경우에 대한 평가절차를 중심으로 [표 13-6]를 들어 설명하면 다음과 같다.

(1) 측정자를 A, B, C라 하고, 측정샘플에 번호 1, 2, …, 10을 주고, 평가자는 이 번호를 알 수 없도록 한다.

(2) 계측기를 측정할 수 있도록 준비한다.

(3) 측정자 A로 하여금 10 개의 샘플을 랜덤하게 측정하여 그 값을 [표 13-6]의 1차 반복회수 열에 기입한다.

(4) 측정자 B, C에 대해서도 순서 3을 반복한다.

(5) 1차 반복이 끝난 후, 2차 반복에 대해서도 순서 3, 4와 동일한 방법으로 다시 실시하여 측정값을 기입한다. 필요하다면 3차 반복을 실시한다. 반복의 수가 증가함에 따라 더 정확한 결과를 얻을 수 있다. [표 13-6]의 빈칸을 채우고, [표 13-7]의 평가보고서를 작성하여 계측기변동인 반복성, 재현성, R&R(반복성과 재현성), 부품변동, 그리고 총공정변동을 다음에 소개된 순서 (6)번에서 (15)번에 걸쳐 구한다.

(6) [표 13-6]과 같이 측정된 자료에 대하여, 각 측정치에 대한 10 개의 샘플의 합과 범위를 구한 후, 각 평가자에 대한 평균값($\overline{X}_A=30.05$, $\overline{X}_B=28.9$, $\overline{X}_C=30.15$)과 평균범위($\overline{R}_A=0.7$, $\overline{R}_B=0.6$, $\overline{R}_C=0.7$)를 계산한다.

(7) 각 샘플의 6 개의 측정 데이터에 대하여 평균값을 구하고, 가장 큰 평균값(30.5)에서 가장 작은 평균값(29.0)을 빼어 부품의 평균범위 $R_p=1.5$를 구한다.

(8) 측정시스템이 관리상태에 있는가를 확인한다.

① 총 평균범위($\overline{\overline{R}}=0.667$)를 계산한다.

② 관리도의 관리상한선($U_{\mathrm{CL}\,\overline{\mathrm{R}}}=D_4\overline{\overline{R}}=2.181$)을 계산한다.

여기서 $D_4=3.27$(반복측정이 2회인 경우)

$D_4=2.58$(반복측정이 3회인 경우)

③ 각 평가자에 대하여 산출된 범위(R)와 $U_{\mathrm{CL}\,\overline{\mathrm{R}}}$을 비교하여 측정시스템이 관리상태에 있는지 분석한다. 만일 어떤 범위가 $U_{\mathrm{CL}\,\overline{\mathrm{R}}}$보다 클 경우 측정시스템에 문제가 있는지 조사하고 그 값을 제외한 후 순서 (6)과 순서 (8)을 다시 한다.

(9) 평가자간의 평균값 범위를 다음과 같이 계산한 후 평가보고서 [표 13-7]에 적

표 13-6 반복성과 재현성의 분리 평가법 측정 데이터 시트

열번호	1	2	3	4	5	6	7	8	9	10
측정자	A			B			C			$\bar{X}_k$ 평균
부품 번호	반복		범위	반복		범위	반복		범위	
	1	2		1	2		1	2		
1	30.0	29.0	1.0	29.0	30.0	1.0	31.0	31.0	0.0	30.0
2	29.0	30.0	1.0	28.0	28.0	1.0	29.0	30.0	1.0	29.0
3	31.0	30.0	1.0	30.0	28.0	2.0	30.0	30.0	0.0	29.8
4	32.0	31.0	1.0	29.0	30.0	1.0	29.0	30.0	1.0	30.2
5	29.0	29.0	0.0	28.0	28.0	0.0	31.0	30.0	1.0	29.2
6	30.0	31.0	1.0	30.0	30.0	0.0	32.0	30.0	2.0	30.5
7	31.0	31.0	0.0	27.0	28.0	1.0	29.0	29.0	0.0	29.2
8	28.0	29.0	1.0	29.0	29.0	0.0	31.0	30.0	1.0	29.3
9	30.0	30.0	0.0	30.0	30.0	0.0	30.0	30.0	0.0	30.0
10	31.0	30.0	1.0	28.0	29.0	1.0	30.0	31.0	1.0	29.8
합계	301.0	300.0	7.0	288.0	290.0	6.0	302.0	301.0	7.0	$\bar{R}_P$= 1.50
		301.0	$\bar{R}_A$= 0.70		288.0	$\bar{R}_B$= 0.60		302.0	$\bar{R}_C$= 0.70	
	합	601.0		합	578.0		합	603.0		
	$\bar{X}_A$	30.05		$\bar{X}_B$	28.90		$\bar{X}_C$	30.15		

$\bar{R}_A$	0.70	반복 회수	D_4		$\bar{\bar{R}} \times D_4 = UCL_{\bar{R}}$	$Max\bar{X}$	30.15	$Max\bar{X}_k$	30.5
$\bar{R}_B$	0.60				0.667×3.27 =2.181	$Min\bar{X}$	28.90	$Min\bar{X}_k$	29.0
$\bar{R}_C$	0.70	2	3.27			$\bar{X}_{diff}$	1.250	R_P	1.50
합계	2.00	3	2.58						
$\bar{\bar{R}}$	0.667								

는다.

$$\bar{X}_{diff} = \text{최대 평균값} - \text{최소평균값} = \bar{X}_C - \bar{X}_B = 30.15 - 28.90 = 1.25$$

(10) 반복성을 나타내는 EV(계측기변동; equipment variation)을 계산한다.

$EV = \bar{\bar{R}} \times K_1$ 이다. 여기서 $K_1 = \dfrac{5.15}{d_2^*}$ 이고, d_2^*는 [표 13-2]에서 2회의 반복횟수($r=2$)와 샘플의 수에 평가자의 수를 곱해서 얻어지는 값($g=n\times p=10\times 3=30>15$)으로 1.128이다. 만일 반복회수가 3($r=3$)이면 1.693이다. 여기에서의 계산은 모두 정규분포에서 99 %를 차지하는 ±2.576의 신뢰구간에 근거하여 작성하였으며, 만일 99.73 %를 원한다면 $\pm 3\sigma$를 사용하면 된다. 이 예제에서는 $EV=3.045$이다. 이 값이 크면 반복성, 즉 계측기간의 변동이 크다고 판단

된다.

(11) 재현성을 나타내는 AV(측정자 변동; appraiser variation)을 계산한다.

$AV=\sqrt{(\bar{X}_{diff}\times K_2)-\dfrac{(EV)^2}{n\times r}}$ 이다. 여기서 $K_2=\dfrac{5.15}{d_2^*}$ 이고, 평가자가 3명($p=3$)이고 한 번의 범위($g=1$)로 계산되므로 $d_2^*=1.91$이다. 만일 평가자가 2명이면 1.41, 평가자가 4명이면 2.24를 사용한다. 재현성은 다음과 같다.

$$AV=\sqrt{(1.15\times 2.696)^2-\frac{(3.045)^2}{10\times 2}}=3.330$$

이 값이 크면 재현성, 즉 측정자간의 변동이 큰 것이다.

(12) 반복성과 재현성을 동시에 나타내는 R&R을 계산한다.

$$\text{R\&R}=\sqrt{(EV)^2+(AV)^2}=\sqrt{(3.045)^2+(3.3)^2}=4.490$$

(13) 부품변동을 나타내는 PV(part variation)을 계산한다. $PV=R_p\times K_3$이고, 여기서 K_3는 $\dfrac{5.15}{d_2^*}$ 이다. 이 예제에서는 10개의 샘플($n=10$)가 있고, 한 번의 범위($g=1$)로 분석되므로 d_2^*는 3.18이다. 따라서 부품변동은 다음과 같다.

$$PV=(1.5)\times(1.619)=2.429$$

(14) 총공정변동을 나타내는 TV(total variation)을 구한다.

$$TV=\sqrt{(R\&R)^2+(PV)^2}=\sqrt{(4.49)^2+(2.429)^2}=5.105$$

(15) 공차에 대한 반복성, 재현성, R&R, 부품변동의 백분비를 다음과 같이 계산한다. 만일 총 공정변동(TV)에 대한 백분율을 구하고자 할 경우에는 분모에 있는 공차 대신에 총 공정변동(TV)를 대신하면 된다.

$$\%\text{반복성}=\%EV=(EV/\text{공차})\cdot 100=(3.045/8)\times 100=38.06\%$$
$$\%\text{재현성}=\%AV=(AV/\text{공차})\cdot 100=(3.300/8)\times 100=41.25\%$$
$$\%R\&R=\%R\&R=(R\&R/\text{공차})\cdot 100=(4.490/8)\times 100=56.13\%$$
$$\%\text{부품변동}=\%PV=(PV/\text{공차})\cdot 100=(2.429/8)\times 100=30.36\%$$

이 예제에서는 %반복성, %재현성이 각각 38.06 %, 41.25 %로서 반복성과 재현성이 비슷하게 나쁜 편이며, $\%R\&R$와 %부품변동은 각각 56.13 %와 30.36 %로 전체적으로 변동이 상당히 큰 편이다. 계측기의 관리가 매우 미흡하며, 반드시 변동의 원인을 규명하여야 한다.

표 13-7 반복성과 재현성 평가보고서

<table>
<tr><td colspan="2">샘플 이름 : 핀
품질특성치 : 두께
규격 : (30±4)mm</td><td colspan="2">계측기 이름 : 두께측정기
계측기 번호 : KK-101
계측기 형태 : 0.1 mm</td><td>일시 : 14.01.21
평가자 : 홍길동</td></tr>
<tr><td colspan="5">데이터결과 : $\bar{\bar{R}}$=0.667 $\bar{X}_{diff}$=1.25 R_P=1.5</td></tr>
<tr><td colspan="4">측 정 분 석</td><td>공차에 대한 백분율(%)</td></tr>
<tr><td colspan="2">반복성 - 계측기 변동(EV)
$EV=\bar{\bar{R}}\times K_1$
=(0.667)×(4.566)
=(3.045)</td><td>반복 횟수
2
3</td><td>K_1
4.566
3.05</td><td>%$E.V$=100[EV/공차]
=100[(3.045)/(8)]
=(38.06%)</td></tr>
<tr><td colspan="2">재현성 - 평가자(AV)
$AV=\sqrt{[(\bar{X}_{diff})\times(K_2)]^2-[(E.V)^2/(n\times r)]}$
$=\sqrt{[(1.25)\times(2.696)]^2-[(3.045)^2/(10\times2)]}$
=(3.330)</td><td>평가자수
2
3</td><td>K_2
3.652
2.696</td><td>%AV=100[AV/공차]
=100[(3.30)/(8)]
=(41.25%)</td></tr>
<tr><td colspan="4">반복성과 재현성($R\&R$)
$R\&R=\sqrt{(EV)^2+(AV)^2}$
$=\sqrt{(3.045)^2+(3.300)^2}$
=(4.490)</td><td>%$R\&R$=100[$R\&R$/공차]
=100[(4.49)/(8)]
=(56.13%)</td></tr>
<tr><td colspan="2">부품변동(PV)
$PV=R_p\times K_3$
=(1.5)×(1.619)
=(2.429)</td><td>샘플군수
6
7
8
9
10</td><td>K_3
1.930
1.822
1.739
1.674
1.619</td><td>%PV=100[PV/공차]
=100[(2.429)/(8)]
=(30.36%)</td></tr>
<tr><td colspan="4">총 공정변동(TV)
$TV=\sqrt{(R\&R)^2+(PV)^2}$
$=\sqrt{(4.49)^2+(2.429)^2}$
=(5.105)</td><td></td></tr>
</table>

(2) 분산분석(ANOVA)법

측정시스템 분석 방법 중 $\bar{X}-R$ 관리도를 이용하는 방법과 ANOVA 방법이 있는데 분산분석법은 정밀분석법으로 부품, 측정자, 측정자와 부품간의 교호작용, 계측기의 정밀도 등 분산성분을 분석함으로서 더 많은 정보를 얻어낼 수 있다.

(1) [표13-6]을 반복 있는 2원배치법으로 표를 다시 작성

측정자	A		B		C	
반복수	1	2	1	2	1	2
부품1	30.0	29.0	29.0	30.0	31.0	31.0
부품2	29.0	30.0	28.0	28.0	29.0	30.0
부품3	31.0	30.0	30.0	28.0	30.0	30.0
부품4	32.0	31.0	29.0	30.0	29.0	30.0
부품5	29.0	29.0	28.0	28.0	31.0	30.0
부품6	30.0	31.0	30.0	30.0	32.0	30.0
부품7	31.0	31.0	27.0	28.0	29.0	29.0
부품8	28.0	29.0	29.0	29.0	31.0	30.0
부품9	30.0	30.0	30.0	30.0	30.0	30.0
부품10	31.0	30.0	28.0	29.0	30.0	31.0
합계	601.0		578.0		603.0	
평균	30.50		28.90		30.15	
표준편차	1.00		0.97		0.81	

(2) 변량모형인 인자별 변동(SS)을 계산하고 분산분석표를 작성

요인	SS	DF(ϕ)	MS	E(V) : 변량모형	F_0
A (측정자)	$SS_A=\frac{1}{mr}\sum_{i=1}^{l}T_{Ai}^2-CT$	$\phi_A=l-1$	$\frac{SS_A}{\phi_A}$	$E(V_A)$ $=\sigma_e^2+r\sigma_{A\times P}^2+mr\sigma_A^2$	$\frac{V_A}{V_{A\times P}}$
P (부품)	$SS_P=\frac{1}{lr}\sum_{i=1}^{l}T_{Pj}^2-CT$	$\phi_P=m-1$	$\frac{SS_P}{\phi_P}$	$E(V_P)$ $=\sigma_e^2+r\sigma_{A\times P}^2+lr\sigma_P^2$	$\frac{V_P}{V_{A\times P}}$
$A\times P$	$SS_{A\times P}=SS_{AP}-SS_A-SS_P$ $SS_{AP}=\frac{1}{r}\sum_{i=1}^{l}\sum_{j=1}^{m}t_{ji}^2-CT$	$\phi_{A\times P}=\phi_A\times\phi_P$	$\frac{SS_{A\times P}}{\phi_{A\times P}}$	$E(V_{A\times P})$ $=\sigma_e^2+r\sigma_{A\times P}$	$\frac{V_{A\times P}}{V_e}$
e (반복성)	$SS_e=SS_T-SS_{AP}$	$\phi_e=lm(r-1)$	$\frac{SS_e}{\phi_e}$	$E(V_e)=\sigma_e^2$	
T	$SS_T=\sum_{i=1}^{l}\sum_{j=1}^{m}\sum_{k=1}^{r}y_{ijk}^2-CT$	ϕ_T $=(lmr-1)$			

1) 요인별 변동을 계산한 후 분산분석표는 다음과 같다.

단) l은 측정자 수준수, m은 부품수준수, r은 반복수이다.

요인	SS	DF(ϕ)	MS (V)	F_0 (등분산비)	P값
A(측정자)	$SS_A=19.3$	$\phi_A=2$	$V_A=9.65$	$F_A=7.33$	0.005
P(부품)	$SS_P=13.6$	$\phi_P=9$	$V_P=1.51$	$F_P=1.15$	0.382
$A\times P$	$SS_{A\times P}=23.7$	$\phi_{A\times P}=18$	$V_{A\times P}=1.32$	$F_{A\times P}=3.29$	0.002
e(반복성)	$SS_e=12.0$	$\phi_e=30$	$V_e=0.4$		
T	$SS_T=68.6$	$\phi_T=59$			

분산분석 결과 측정자(A)와 교호작용(A×P)은 매우 유의하며 부품 간에는 유의하지 않다고 판단된다.

2) 판별(구별/차별)력의 범주수(NCD : number of category discrimination)을 분석하고 5이상인지 평가한다.

$$NCD \geq \sqrt{\frac{\text{부품분산}(V_P)}{\text{계측기}R\&R\text{분산}(V_{R\&R})}} \times \sqrt{2} = \sqrt{\frac{0.0324}{1.275}} \times \sqrt{2} = 0.23 = 1$$

이므로 판별력이 나쁘다

3) 요인별(A:측정자, P:부품, $A \times P$, e:반복)분산성분 추정 및 %을 구한다.

$E(V_e) = \sigma_s^2$를 이용, $\hat{\sigma}_{\text{반복성}}^2 = \hat{\sigma}_{e(\text{오차})}^2 = V_{e(\text{반복성})} = 0.400$

$E(V_{A\times P}) = \sigma_e^2 + r\sigma_{A\times P}^2$ 를 이용,

$$V_{A\times P} = \hat{\sigma}_{A\times P}^2 = \frac{V_{A\times P} - V_e}{r} = 0.458\ 5,\ \hat{\sigma}_{A\times P} = \sqrt{0.458\ 5} = 0.677\ 1$$

$E(V_A) = \sigma_e^2 + r\sigma_{A\times P}^2 + mr\sigma_A^2$ 를 이용,

$$V_A = \hat{\sigma}_{\text{측정자}}^2 = \hat{\sigma}_A^2 = \frac{V_A - V_{A\times P}}{mr} = 0.416\ 7,\ \hat{\sigma}_A = \sqrt{0.416\ 7} = 0.645\ 5$$

$E(V_P) = \sigma_e^2 + r\sigma_{A\times P}^2 + lr\sigma_P^2$ 를 이용,

$$V_P = \hat{\sigma}_{\text{부품}}^2 = \hat{\sigma}_P^2 = \frac{V_P - V_{A\times P}}{lr} = 0.032\ 4,\ \hat{\sigma}_P = \sqrt{0.032\ 4} = 0.180$$

$V_{\text{재현성}} = V_{A(\text{측정자})} + V_{A\times P} = 0.416\ 7 + 0.458\ 5 = 0.875$

$V_{T(\text{전체})} = V_{\text{재현성}} + V_{e(\text{오차})} + V_{P(\text{부품})} = 0.875 + 0.400 + 0.032 = 1.307$

$\hat{\sigma}_T = \sqrt{1.307} = 1.143\ 2$

$V_{(R\&R)} = V_{e(\text{반복성})} + V_{\text{재현성}} = 0.400 + 0.875 = 1.275$

$\hat{\sigma}_{R\&R} = \sqrt{1.275} = 1.129\ 2$

4) 분산성분의 점유율(%)을 구하면 다음과 같다.

$$\rho_{e(\text{반복성})} = \frac{V_{e(\text{반복성})}}{V_{T(\text{전체})}} \times 100 = \frac{0.400}{1.307\ 6} \times 100 = 30.59\ \%$$

$$\rho_{R_{P(\text{재현성})}} = \frac{V_{R_{P(\text{재현성})}}}{V_{T(\text{전체})}} \times 100 = \frac{0.875\ 2}{1.307\ 6} \times 100 = 66.93\ \%$$

$$\rho_{R\&R(\text{반복성}\&\text{재현성})} = \frac{V_{R\&R(\text{반복성}\&\text{재현성})}}{V_{T(\text{전체})}} \times 100 = \frac{1.275}{1.307\ 6} \times 100 = 97.52\ \%$$

$$\rho_T = \frac{\text{전체분산성분}(V_T)}{\text{전체분산성분}(V_T)} \times 100 = \frac{1.307\,4}{1.307\,4} \times 100 = 100\ \%$$

또는 성분을 표준편차로 점유율(%)을 구하면 다음과 같다.

$$\rho_{e(\text{반복성})} = \sqrt{\frac{V_{e(\text{반복성})}}{V_{T(\text{전체})}}} \times 100 = \sqrt{\frac{0.400}{1.307\,6}} \times 100 = 55.30\ \%$$

$$\rho_{R_{P(\text{재현성})}} = \sqrt{\frac{V_{R_{P(\text{재현성})}}}{V_{T(\text{전체})}}} \times 100 = \sqrt{\frac{0.8752}{1.307\,6}} \times 100 = 81.81\ \%$$

$$\rho_{R\&R(\text{반복}\&\text{재현})} = \sqrt{\frac{V_{R\&R(\text{반복}\&\text{재현})}}{V_{T(\text{전체})}}} \times 100 = \sqrt{\frac{1.275}{1.307\,6}} \times 100 = 98.75\ \%$$

$$\rho_T = \sqrt{\frac{\text{전체분산성분}(V_T)}{\text{전체분산성분}(V_T)}} \times 100 = \sqrt{\frac{1.307\,4}{1.307\,4}} \times 100 = 100\ \%$$

5) 신뢰수준 99%일 때의 공정대비 및 공차(8 일 때)대비 % R&R를 구한다.

$$\text{공정}\%R\&R = \frac{5.15 \times \hat{\sigma}_{R\&R}}{6 \times \hat{\sigma}_T} \times 100 = \frac{5.15 \times 1.129\,2}{6 \times 1.143\,2} \times 100 = 84.78$$

$$\text{공차}\%R\&R = \frac{5.15 \times \hat{\sigma}_{R\&R}}{\text{공차}} \times 100 = \frac{5.15 \times 1.129\,2}{8} \times 100 = 72.69$$

6) 판별(구별/차별)력(NCD : number of category discrimination)을 분석하고 5이상인 지 평가한다.

$$NCD \geq \sqrt{\frac{\text{부품분산}(V_P)}{\text{계측기}R'R\text{분산}(V_{R'R})}} \times \sqrt{2} = \sqrt{\frac{0.032\,4}{1.275}} \times \sqrt{2} = 0.23 = 1$$

이므로 판별력이 나쁘다.

7) A×P(교호작용)가 유의하지 않으면 변동(계측기변동:반복성)에 풀링(e')하여 반복 없는 2원배치법으로 분산분석을 한다.

요인	SS	DF(ϕ)	MS	E(V) : 변량모형	F_0
A	$SS_A = \frac{1}{m}\sum_{i=1}^{l} T_{Ai}^{\ 2} - CT$	$\phi_A = l-1$	$\frac{SS_A}{DF_A}$	$E(V_A) = \sigma_{e'}^{\ 2} + m\sigma_A^{\ 2}$	$\frac{V_A}{V_{e'}}$
P	$SS_B = \frac{1}{l}\sum_{i=1}^{l} T_{Pj}^{\ 2} - CT$	$\phi_B = m-1$	$\frac{SS_P}{DF_P}$	$E(V_B) = \sigma_{e'}^{\ 2} + l\sigma_P^{\ 2}$	$\frac{V_B}{V_{e'}}$
e	$SS_e = SS_T - SS_A - SS_B$	$\phi_e = (l-1)(m-1)$	$\frac{SS_e}{DF_e}$	$E(V_{e'}) = \sigma_{e'}^{\ 2}$	
T	$SS_T = \sum_{i=1}^{l}\sum_{j=1}^{m} y_{ij}^{\ 2} - \frac{(\Sigma\Sigma y_{ij})^2}{lm}$	$\phi_T = lmr-1$			

8) 요인별(A:측정자, B:부품, e:반복성) 변량모형인 분산성분을 구한다.

$E(V_{e'}) = \sigma_{e'}^2$를 이용 $\hat{\sigma}_{반복성}^2 = \hat{\sigma}_{e'(오차)}^2$

$E(V_A) = \sigma_{e'}^2 + mr\sigma_A^2$를 이용 $\hat{\sigma}_{측정자}^2 = \hat{\sigma}_A^2 = \dfrac{V_A - V_{e'}}{mr}$

$E(V_P) = \sigma_{e'}^2 + lr\sigma_P^2$를 이용 $\hat{\sigma}_{부품}^2 = \hat{\sigma}_P^2 = \dfrac{V_P - V_{e'}}{lr}$

$\hat{\sigma}_{재현성}^2 = V_{재현성} = V_{A(측정자)} + V_{교호작용}$

9) 분산성분의 점유율(%) 과 %R&R 계산은 다음과 같다.

$\rho_{e(반복성)} = \dfrac{V_{e(반복성)}}{V_{T(전체)}} \times 100$; $\rho_{R_{P(재현성)}} = \dfrac{V_{R_{P(재현성)}}}{V_{T(전체)}} \times 100$

$\rho_{R\&R(반복성\&재현성)} = \dfrac{V_{R\&R(반복성\&재현성)}}{V_{T(전체)}} \times 100$

$공정\%R\&R = \dfrac{5.15 \times \hat{\sigma}_{R\&R}}{6 \times \hat{\sigma}_T} \times 100$

$공차\%R\&R = \dfrac{5.15 \times \hat{\sigma}_{R\&R}}{공차} \times 100$

13.2.9 계측기 관리 방안

계측기의 변동을 줄이고자 할 때에 일반적으로 다음의 순서에 의하여 시행하는 것이 바람직하다.

(1) 먼저 계측기의 편의와 안정성에 아무런 문제가 없는지를 검토한다. 편의와 안정성은 계측기 자체의 신뢰성을 좌우하는 것으로, 이 신뢰성을 확보하기 위하여 측정방법, 샘플의 샘플링방법, 실험방법의 면밀한 검토와 계측기의 물리적 상태의 체크 등을 실시하여야 한다. 이 신뢰성이 떨어지면 그 원인을 규명하여 신뢰성을 회복할 수 있도록 조치하여야 한다.

(2) 반복성(%), 재현성(%) 그리고 얻어진 데이터를 분석하여 보면 측정변동의 주요 원인이 무엇이며 어느 분야의 개선이 필요한가를 알 수 있다. 예를 들면, 재현성(%)이 GR&R(%)의 대부분을 차지한다면 평가자와 측정기술의 교육에 염두를 두어야 할 것이다. 반면에 반복성(%)이 재현성(%)에 비하면 상대적으로 크면 측정기를 조사하여 개선점을 찾아내야 할 것이다. 보전이 문제인지도 계속

적으로 보전해야 할 것이며, 계측기의 고정방법이나 위치가 문제인가도 점검하여야 한다. 만일 계측기의 정도가 떨어지면 계측기 공급자나 제조자와 상의하여 새로 정도 높은 측정기를 구입하거나, 측정기의 정도가 높아지도록 설계·제작되어야 한다. 산출된 백분비의 크기에 따라서 [표 13-8]과 같이 평가한다.

표 13-8 GR&R 평가표

구분	공정(%)	조치
GR&R	10 % 미만인 경우	계측기 관리가 잘 되어 있는 편임
	10 % ~ 30 %인 경우	계측기의 수리비용, 측정변동의 심각성 등을 고려하여 조치여부를 결정함
	30 % 이상인 경우	계측기 관리가 미흡하면, 반드시 계측기 변동의 원인을 규명하여 이를 해소시켜 주어야 한다. 회사 자체 내에서 개선방법이 없으면 계측기 판매회사의 도움을 얻어야 함
편의 안정성 직선성	5 % 미만	우수한 계측기로 합격
	5 % ~ 10 %	조건부 합격으로 개선조치 검토
	10 % 이상	부적합한 계측기로 원인규명 및 계측기 수리

13.2.10 계수형 측정시스템 분석

계량치를 계수화(GO 또는 NO GO)하여 판정할 때나 계측기를 이용하지 않고 검사원이 판단하는 계수치 데이터로서 제품을 합격 불합격품으로 판정하거나 서류나 분류하는데 제대로 분류하였는지 견적서류를 제대로 작성했는지 등을 분석하고자 할 때도 측정오류를 최소화 하여 올바른 판정을 해야 한다. 이를 분석하는 과정에서 계량형 측정시스템 분석과 목적은 유사하나 접근방식이 좀 다르다. 계수형 측정시스템 분석은 전반적인 스크리닝 효율성%(전반적인 신뢰성)과 검사원 내 일치율%(반복성) 및 검사원 간의 일치율%(재현성) 외에 정답과의 일치율%(정확성)등을 파악하는 데 이용된다. 액셀 SW를 이용한 판단법과 미니텝 SW의 "Kappa"점수를 이용하여 판단법 등이 있으나 여기서는 참고문헌으로 대체하고 생략한다.

13.3 불확도의 개념과 활용

13.3까지의 내용은 산업체, 연구소 등에서 계측(계량과 측정) 실무자가 계측을 하는 경우에 관리방법을 기술이었으나 이 절에서는 국제공인 교정기관에서 발행하는 교정성적서와 관련된 내용에 대한 설명이다. 교정성적서에 기재되어 있는 보정값 및 불확도의 개념과 활용을 소개하기에 앞서 국내에서의 검교정제도의 변화에 대해 간단히 살펴보기로 한다.

계측기기는 법정 계량기와 과학/산업 측정기로 분류될 수 있는데 이를 편의상 계량기와 측정기로 호칭하기로 한다.

주유소의 유량계, 각 가정의 수도미터, 가스미터 등의 계량기는 검사 결과 그 계량기에 의한 계량값이 법으로 정해진 변동범위 내에 있다는 것을 유효기간이 명시된 봉인, 검정필증부착 등에 의해 그 계량기의 신빙성을 보증하는 것인데 이를 검정이라고 하며, 검정은 계량기의 합부판정 즉, 검사를 하는 것이다.

그리고 측정기의 경우에는 그 정확정밀도에 대해 별도로 정해진 법적 기준에 따라 1등급 ~ 8등급 및 표준기, 기준기, 정밀계기, 일반계기로 구분하고, 역시 별도로 정해진 법적 기준에 따라 정해진 교정기간 내에 의무적으로 교정을 받도록 하였으며 이 또한 검정과 마찬가지로 어느 등급의 측정기라는 것을 합부판정하는 검사이다. 측정능력이 일정 수준 이상의 유능한 조직에 대해서는 조직 내에서 사용하는 측정기에 대해서는 자율적으로 교정을 수행할 수 있는 자율교정기관 제도를 운용하여 왔다. 그리고 모든 일반 교정기관의 교정결과는 동일한 수준으로 간주하였다.

교정도 일종의 검사라는 관점에서 교정검사라는 표현이 흔히 사용되었으며, 검정과 교정을 합하여 검교정이라는 표현도 자주 사용되어 왔다.

그러나 글로벌화 추세에 따라 1998년 5월에 자율교정기관 제도를 폐지하고 기존의 자율교정기관의 자격을 정지시키면서 교정제도를 변혁하였는바, 유예기간을 거친 후 2000년부터 시행된 주요 내용을 요약하면 다음과 같다.

- "오차 = 측정값 − 참값"으로 "오차"를 정의하고 이를 다시 "우연변동"과 "계통변동"으로 분류하여 측정결과를 설명하여 왔으나 우연변동과 계통변동의 구분이 그 성질상 문제점을 내포하고 있으며 특히, "참값"은 알 수 없는 것이기 때문에 교정에서는 변동이라는 용어를 사용하지 않고 불확도(uncertainty ; 불확정도 또는

불확실도라고 번역하기도 함)라는 개념/용어 및 그 값을 사용하고 참값 대신에 협정참값(최근 기준값으로 바뀜)이라는 용어를 사용함

- 국제표준(기) 및 국가현시표준(기)인 1등급 측정기 및 유지용 국가표준(기)인 2등급 측정기를 제외한 교정검사기관과 시험/검사 기관 및 산업체에서 사용하는 3등급 이하의 모든 측정기에 대한 등급을 폐지함. 측정기 사용자는 뒤에서 설명하게 될 측정기의 보정값 및 불확도를 검토하여 측정 목적에 부합하는 정확정밀도 등을 갖춘 측정기를 선정하여 사용하여야 함.
- 의무교정주기를 폐지함. 측정기를 보유 또는 사용하는 자는 해당 측정기의 정확정밀도, 안정성, 사용목적, 환경, 사용빈도 등을 감안하여 과학적, 합리적인 주기를 자율적으로 정하여 교정을 받아야 함. 자율적인 교정주기를 설정할 수 없는 경우에는 2년마다 재고시 될 수 있는 국가기술표준원장의 고시를 준용할 수 있음(교정기관에서 발행하는 교정성적서 등에 차기교정일, 권장차기교정일 등을 기재하는 것은 불법임)
- 교정성적서의 의미가 피교정기에 대한 합부판정이 아니라 보정값 및 불확도값의 크기에 의한 피교정기에 대한 수준평가로 바뀌었음. 그리고 교정기관의 교정능력에 따라 동일한 피 교정기에 대한 보정값 및 불확도값은 달라질 수 있음

이상의 내용을 감안하면 교정검사라는 용어는 이제 사용해서는 안되는 잘못된 용어이다. 그러나 검정과 교정을 줄여 검교정이라고 하는 용어는 사용해도 좋은 용어이다.

(1) 보정값 및 불확도의 개념

동일한 피측정물을 동일한 측정자가 동일한 측정기로 다수회 측정하면 원칙적으로 측정값은 매번 달라지게 마련이며, 이는 진구(眞球 ; 완벽하게 동그란 구슬)가 중력 때문에 지구상에서는 만들어질 수 없다는 점을 생각하면 쉽게 이해될 수 있다. 만일 매번 동일한 측정결과가 나온다면 그것은 측정의 정밀도가 좋지 않기 때문이며, 측정기의 정밀도가 높아지면 측정값은 매번 달라질 수밖에 없다.

'**2.1.2** 측정과 수치데이터'의 교정성적서에 기재되는 불확도 및 보정값의 산출에서는, 해당 측정기기에 대해 사용자격을 갖춘 1인의 측정전문가가 엄격한 환경조건(국가교정기관지정제도 운영세칙의 표준실 환경기준의 온도, 습도, 먼지, 전자기장의 세기, 접지저

항, 진동, 소음, 조명, 전원안정화, 중력가속도, 교정실의 격리 등)에서 기준값을 가진 특정의 피측정물(maeasuarand, 측정량)을 여러 번 측정한 측정결과로 얻어지는 데이터 및 측정기기 메이커 등이 제공하는 측정기기 관련 전문/기술 정보를 근거로 불확도와 보정값을 산출하는 경우에 대해 기술하였다. 그러나 제조업체에서의 제품에 대한 품질검사 등에서 수행되는 측정에서는 측정기기의 사용방법만을 교육받은 다수의 검사자 등이 다수/다량의 측정대상물을 온도와 습도만이 규정된 비교적 엄격하지 않은 측정환경(KS A 0006, 시험(test) 장소의 표준 상태)에서 대부분 1회만 측정한 측정결과값으로 판정을 하게 된다. 따라서 이와 같은 측정에서는 측정치에 수반되는 산포의 값이 더욱 커지게 되므로 이에 대한 추가적인 분석이 이루어져야 한다.

측정불확도(줄여서 불확도라고 함)의 산출방법을 서술하고 있는 문헌은 GUM (Guide to the Expression of Uncertainty in Measurement), URACHEM/CITAC Guide 등 다수가 있고, 산출과정에서 차이를 보이고 있으나 여기에서는 ISO의 GUM에서 기술하고 있는 내용을 참조하여 설명한다.

협정참값(참값은 알 수 없으므로 참값 대신 사용, 최근 국제표준에서 기준값으로 바뀜)을 반복 측정하여 ① 개개의 측정값(들)이 얻어졌을 때, 이들 측정값으로부터 구한 평균치와 협정참값의 차이가 "보정값"이다. 그리고 측정값의 평균표준편차가 A형 표준불확도(u_A)가 되며, 측정기의 작동특성에 대한 전문지식(길이 및 관련량, 질량 및 관련량, 시간 및 주파수, 전기·자기/전자파, 온도 및 습도, 음향 및 진동, 광량, 전리방사선, 물질량 등의 분야에 따라, 그리고 동일 분야에서도 측정기의 종류, 메이커, 사용기간, 교정환경 등에 따라 달라지며, 이 교재의 수준을 벗어나는 내용임)을 활용하여 B형표준불확도(u_B)를 구한 후 이를 분산의 가성성을 이용, 합하여 구한 것이 ② 합성표준불확도(u_C)이다.

측정값의 표준편차 개념에 해당하는 표준불확도(u_C)의 값을 교정성적서에 표기하면 될 것이나, 표준편차의 개념을 이해하기 힘들어하는 이들을 위해 ③ 대부분(신뢰수준 95 % ; 정규분포의 경우 약 95 %[포함인자 k를 1.960 대신 간략하게 2로 하기 위한 95.45 %의 개략값], t 분포의 경우 95 %)의 측정값이 나타나는 구간의 반 너비에 해당하는 ④ 확장불확도($U = ku_C$)를 표기한다.

불확도를 요약하면 다음과 같이 [그림 13-14]로 나타 낼 수 있다.

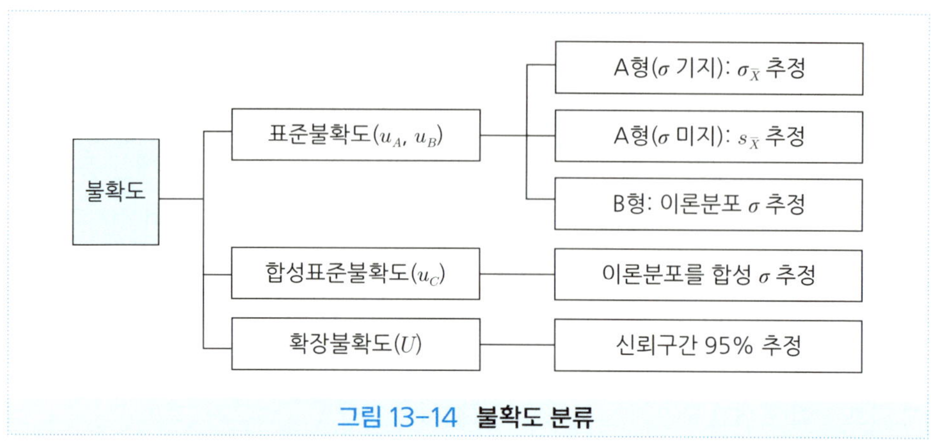

그림 13-14 불확도 분류

교정성적서에는 피교정기에 대한 이상의 내용이 요약된 "보정값"과 "불확도(신뢰수준의 값 및 포함인자 값)"가 표기되어 교부되며, 피 교정기의 정확정밀도에 영향을 미치는 요소(과부하, 온도, 습도 등)의 급격한 변화가 발생한 경우에는 성적서의 효력이 무효가 됨을 부기하고 있다.

교정기관에서 교정을 하는 경우, 피 교정기의 정확정밀도보다 더 좋은 정확정밀도를 가진 표준기를 사용하여야 하고, 그 표준기는 가능한 한 국내 최고의 정확정밀도를 가진 표준기(국내의 경우 대부분 한국표준과학연구원의 국가표준기)로 소급성이 확보되어 있어야 한다. 그리고 교정기관의 지정을 위해 정해진 표준실의 환경기준(T-1, T-2, T-3급의 온도, H-1, H-2급의 습도, 방진, 중력가속도 기준값 확보 등)을 만족하고 있어야 한다. 그리고 소정의 시험에 합격한 교정실무자, 기술책임자의 자격을 가진 사람만이 측정데이터를 얻어 인정기관에서 승인받은 품질매뉴얼에 정해진 절차에 따라 필요한 값들을 산출하여 정해진 양식의 교정성적서를 작성하고 공인(인증)받은 기관의 기관장이 날인한 교정성적서에 기재된 보정값 및 불확도만이 유효성을 가질 수 있다. 따라서 산업체에서 사용하는 비표준기로 현장의 측정담당자가 온습도조차 불명확한 환경에서 획득한 데이터로부터 계산한 보정값 특히, 불확도의 값은 그 신빙성 이전에 객관성, 합리성이 없는 결과이다. 이와 같은 관점에서 본 교재에서는 불확도의 상세한 계산과정에 대한 설명을 생략한다.

만일 불확도 산출의 상세한 과정이나 내용에 대해 관심이 있다면, 교정기관에서 피교정기의 교정성적서에 불확도를 기재하기 위해 (측정)불확도 산출보고서를 작성,

활용한 후 보관하므로 이를 요청(고객의 요청이 있으면 제공하여야 함)하여 해당 측정기의 불확도 산출내용을 검토하면 되고, 일반적인 내용에 대해서는 한국계량측정협회(KASTO) 등의 측정관련 전문기관의 홈페이지를 검색하여 원하는 자료를 구하면 좋을 것이다.

(2) 불확도의 활용

교정성적서에는 보정값과 불확도가 기재되어 있으나, 동일한 측정기에 대한 이 2개의 값은 교정기관에 따라 차이가 날 수 있다. 이는 각 교정기관의 표준기 수준, 교정환경 뿐만 아니라 교정기관의 관리능력 수준 등에 의해 영향을 받는다. 교정기관의 교정능력은 최고측정능력(BMC;Best Measurement Capability, 규정된 실험실 조건 하에서 기 확립된 교정 또는 교정 유형에 대해서 교정기관이 달성할 수 있는 최소(최고)의 측정불확도), 또는 교정·측정능력(CMC ; Calibration and Measurement Capability, 정상조건 하에서 고객에게 제공할 수 있는 (최고의) 교정 및 측정의 능력, 국내에서는 2011년부터 BMC 대신 사용)으로 대변될 수 있는 바, 각 교정기관의 홈페이지의 인정목록에서 이를 검색, 참조하여 교정을 의뢰하는 것이 보다 좋은 교정성적서를 구할 수 있는 방법이다.

모든 측정기는 사용방법, 사용환경 등이 정해져 있다. 수준 높은 교정기관에서 교정받고, 정해진 교정주기 내에 있는 측정기인 경우에도 그 사용방법, 사용환경 등이 잘못되면 측정값의 정확정밀도는 나빠지기 마련이므로 측정기 사용자는 반드시 이를 숙지하고 준수하여야 한다. 특히 온도, 습도 등에 의해 측정물성이 크게 영향을 받는 피측정물을 측정하는 경우에는 측정환경에도 특히 유의하여야 할 것이다. 2001년에 개정된 한국산업표준 KS A 0006의 요약된 개정 내용을 [표 13-9]에 나타내었는바, 참고자료로 활용하면 좋을 것이다.

표 13-9 KS A 0006:2001 시험장소의 표준상태

KS A 0006: 2001 시험장소의 표준상태

표준 온도	20℃	± 1℃(1급)	→	20℃, 23℃, 25℃	± 0.5℃(0.5급)
		± 2℃(2급)			± 1℃(1급)
		± 5℃(3급)			± 2℃(2급)
		±15℃(4급)			± 5℃(5급)
					± 15℃(15급)

표준 습도	65% ± 2%(1급) ± 5%(2급) ± 20℃(3급)	→	50%, 65%	± 2%(2급) ± 5%(5급) ± 10%(10급) ± 20℃(20급)

상온 상습

위의 내용을 염두에 두고 측정하여 얻은 데이터는 먼저 교정성적서에 기재되어 있는 보정값을 빼어서 활용하여야 한다. 이와 같이 보정한 데이터는 신뢰수준 (약)95 % 로 U의 불확도를 가지는 것이므로, 활용시 이를 감안하여 해석하여야 한다.

예제 13-5 어떤 부품의 길이에 대한 검사에서 사용되는 길이측정기의 경우, 교정성적서에 100.000 mm에 대한 교정결과가 100.003 mm ± 0.016 mm(신뢰수준 약 95 %, k=2)로 기재되어 있다면 부품규격이 100.000 mm ± 0.100 mm인 경우의 합부판정한계는 어떻게 조정되어야 하겠는가?

풀이 보정값이 0.003 mm, 불확도 U가 0.016 mm이므로 다음의 [그림 13-14]를 참조하면, 해당 길이측정기를 사용하여 측정한 결과가 99.900 mm 미만 또는 100.100 mm 초과인 경우 불합격시키는 것이 아니라, 99.919 mm 미만 또는 100.087 mm 초과인 경우 불합격시키는 것으로 조정되어야 한다는 것을 이해할 수 있을 것이다.

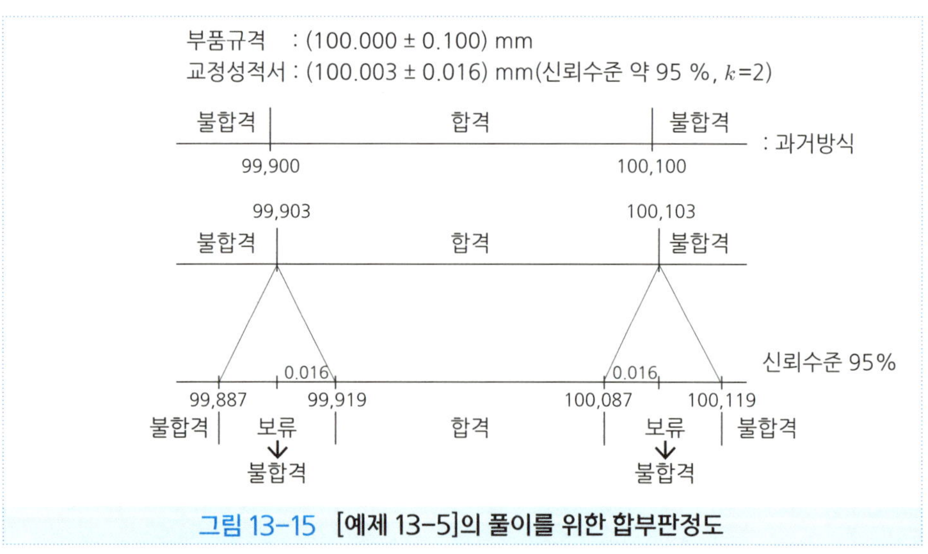

그림 13-15 [예제 13-5]의 풀이를 위한 합부판정도

[예제 13-5]의 풀이에서 얻은 결과에 대한 신뢰수준은 (약)95 %라는 점을 유의하여야 한다. 신뢰수준을 높이려면, (확장)불확도 U의 값 대신에 표준편차의 개념에 해당하는 (합성)표준불확도 u_c($u_c=U/k$)의 값을 구하여, 신뢰수준에 맞추어 활용하면 될 것이나 이에 대한 설명은 생략한다.

참 고 문 헌

1 박성현, 박영헌, "통계적 품질관리", 제3판, 민영사, 2008.

2 박성현, 박영헌, 이명주, "통계적공정관리(SPC)", 민영사, 2005.

3 박성현, 이명주, 정목용, "간접부문의 6시그마"네모북스 , 2007.

4 박성현, 이명주, 정목용, "6시그마 이론과 실제", KSA 2005.

5 박성현, 이명주, 정목용, "6시그마 설계를 위한 DFSS"KSA 2002.

6 이레테크, "미니텝 SW을 이용한 공학통계 자료분석", 이레테크(주), 2006.

7 환경관리공단, "ISO14064-1 IPCC 가이드라인", GHGP 2010.

8 KASTO, 불확도 전문교육 교재, 2006.

9 Beyfogle Ⅲ, Forrest W., Implementing Six Sigma Smarter Solutions using Statistical Methods, John Wiley & Sons, 1999.

10 Creveling, C.M., J.L, Slutsky & D.Antis, Design for Six Sigma : in technology&product development, TS156.C74 2003.

11 Duncan, A.J. Quality Control and Industrial Statistics, 5th Edition, Richard D. Irwin, Inc., Homewood, IL, 1986.

12 ISO/IEC Guide 98-3, Uncertainty of Measurement - Part 3: Guide to the expression of uncertainty in measurement(GUM: 1995), 2008.

13 ISO/TS16949, Measurement systems analysis Reference Manual, Fourth Edition , June 2010.

연습문제 STATISTICAL QUALITY CONTROL

1. SPC를 추진하기 위한 과정으로 측정시스템을 분석하고 있다. 한 명의 평가자가 동일한 부품을 15번 측정하였다. 부품의 기준값은 5.0 mm이고, 측정치는 다음과 같다. 공정변동(공차)은 0.7 mm이다. 편의에 의한 공정변동 %를 구하라.

X_1=5.05	X_2=4.95	X_3=4.85	X_4=5.10	X_5=5.05
X_6=5.12	X_7=4.95	X_8=4.85	X_9=5.07	X_{10}=5.11
X_{11}=4396	X_{12}=5.03	X_{13}=4.92	X_{14}=5.09	X_{15}=4.88

2. 제조공정 중에서 임의로 다섯 개의 샘플을 채취하였다. 일상적으로 부품을 측정하는 두 명의 평가자를 선택하여 그들로 하여금 각 부품을 네 번씩 측정하도록 하고 그 결과를 다음과 같이 기록하였다.

	평가자 1					평가자2				
	1	2	3	4	5	1	2	3	4	5
1	47	44	47	43	46	48	43	45	46	45
2	46	44	46	44	49	47	43	46	45	46
3	46	43	46	43	45	45	44	45	43	44
4	45	46	45	43	46	47	45	44	44	45

본문의 **[그림 13-10]**과 같은 정밀도 범위관리도를 그리고 정규분포에서 99 %를 가정하여 정밀도를 구하라

3. 문제 2의 데이터를 사용하여 다음을 구하고, 해석하라.

(1) 재현성

(2) 계측기 R&R

(3) 부품 간 변동

(4) 총 공정 변동

4. 측정시스템이 제품이나 공정을 정확히 측정하고 있는지를 확인하기 위하여 10 개의 측정샘플을 선택하여 세 명의 측정자에게 같은 측정기로 각각 10 번씩을 두 번 반복하여 다음과 같은 측정 데이터를 얻었다. 제품의 규격은 50±4이다.

1) 본문의 [표 3-6]과 [표 3-7]을 사용하여 정밀도, 반복성, GR&R, 부품 변동, 총공정변동을 구하라.

2) 공차에 대한 백분비를 구하고 계측기관리 상태를 논하라.

3) 측정자와 부품을 반복있는 이원배치법으로 분산분석을 하여 변량모형의 $E(V_{재현성})$, $E(V_{반복성})$, $E(V_{부품})$를 쓰고 점유율을 구하라

측정자	A		B		C	
부품번호	1반복	2반복	1반복	2반복	1반복	2반복
1	50.2	49.5	49.3	50.2	51.8	51.1
2	49.3	50.2	48.3	48.4	49.3	50.2
3	51.1	50.4	50.3	48.5	50.3	50.4
4	52.8	51.0	49.7	50.5	49.5	50.0
5	49.5	49.3	48.8	48.5	51.0	50.2
6	50.0	51.3	50.5	50.0	52.0	50.5
8	48.5	49.5	49.8	49.5	51.2	50.5
9	50.8	50.5	50.7	50.5	50.3	50.8
10	51.5	50.0	48.5	49.0	52.0	51.2

5. 계수형 측정 시스템분석을 위해 샘플(부품)을 13개(적합품 7 개 부적합품 6 개) 선정하여 정답(참값)기록한 후 평가 검사원 중 임의로 3명을 선발하여 랜덤하게 샘플을 GO / NO-GO 게이지로 3회 반복 측정한 데이터는 다음과 같다.

평가자		A 검사원			B 검사원			C 검사원		
번호	정답	1회	2회	3회	1회	2회	3회	1회	2회	3회
1	1	1	1	1	1	1	1	1	1	1
2	0	0	0	0	0	0	0	0	0	0
3	1	1	1	1	1	1	1	1	1	1
4	0	0	0	0	0	0	0	0	0	0
5	0	0	0	0	0	0	0	0	0	0
6	1	1	1	1	0	1	1	1	1	1

7	0	0	1	0	0	1	0	1	1	1
8	1	1	1	1	1	1	1	1	1	1
9	1	1	0	0	1	1	1	1	1	0
10	0	0	0	0	0	0	0	0	0	0
11	0	0	0	0	0	0	0	0	0	0
12	1	1	1	1	1	1	1	1	1	1
13	0	0	0	0	0	0	0	0	0	0

1) 평가 검사원의 전체 정확도를 구하라

2) 평가 검사원의 전체 제1종의 오류를 구하라

3) 평가 검사원의 전체 반복성과 재현성을 구하라

4) 계수치 %R&R을 구하고 조차사항을 써라

6. 계측기의 관리에 있어서 교정(Calibration)과 소급성(Traceability)에 대하여 약술하라.

7. 다음 불확도에 대해서 간략하게 설명하라.

(1) 표준불확도

(2) 합성표준 불확도

(3) 확장불확도

부록

통계표:

- 정규분포표
- t 분포표
- 카이제곱 분포표
- 상관계수의 유의수준표
- F 분포표
- 최대분산비 F_{max}표

(표준)정규분포표

k 또는 $u_{1-q} \Rightarrow 1-q$

정규확률변수(X)의 값이 $\mu + k\sigma$ 이상인 상측확률의 값을 구하는 표

$\mu - k\sigma$ 이하인 하측확률

표준정규확률변수(U)의 값이 k 이상인 상측확률의 값을 구하는 표

$-k$ 이하인 하측확률

※ $P[U \le u_q] = q$라고 정의하면, $u_q = -u_{1-q}$가 됨 (단, $q \le 0.5$)

검추정에서는 $\pm u_{1-q}$ 및 $\pm u_{1-\alpha/2}$가 필요함

k	0	1	2	3	4	5	6	7	8	9
0.0	.500 0	.496 0	.492 0	.488 0	.484 0	.480 1	.476 1	.472 1	.468 1	.464 1
0.1	.460 2	.456 2	.452 2	.448 3	.444 3	.440 4	.436 4	.432 5	.428 6	.424 7
0.2	.420 7	.416 8	.412 9	.409 0	.405 2	.401 3	.397 4	.393 6	.389 7	.385 9
0.3	.382 1	.378 3	.374 5	.370 7	.366 9	.363 2	.359 4	.355 7	.352 0	.348 3
0.4	.344 6	.340 9	.337 2	.333 6	.330 0	.326 4	.322 8	.319 2	.315 6	.312 1
0.5	.308 5	.305 0	.301 5	.298 1	.294 6	.291 2	.287 7	.284 3	.281 0	.277 6
0.6	.274 3	.270 9	.267 6	.264 3	.261 1	.257 8	.254 6	.251 4	.248 3	.245 1
0.7	.242 0	.238 9	.235 8	.232 7	.229 6	.226 6	.223 6	.220 6	.217 7	.214 8
0.8	.211 9	.209 0	.206 1	.203 3	.200 5	.197 7	.194 9	.192 2	.189 4	.186 7
0.9	.184 1	.181 4	.178 8	.176 2	.173 6	.171 1	.168 5	.166 0	.163 5	.161 1
1.0	.158 7	.156 2	.153 9	.151 5	.149 2	.146 9	.144 6	.142 3	.140 1	.137 9
1.1	.135 7	.133 5	.131 4	.129 2	.127 1	.125 1	.123 0	.121 0	.119 0	.117 0
1.2	.115 1	.113 1	.111 2	.109 3	.107 5	.105 6	.103 8	.102 0	.100 3	.098 5
1.3	.096 8	.095 1	.093 4	.091 8	.090 1	.088 5	.086 9	.085 3	.083 8	.082 3
1.4	.080 8	.079 3	.077 8	.076 4	.074 9	.073 5	.072 1	.070 8	.069 4	.068 1
1.5	.066 8	.065 5	.064 3	.063 0	.061 8	.060 6	.059 4	.058 2	.057 1	.055 9
1.6	.054 8	.053 7	.052 6	.051 6	.050 5	.049 5	.048 5	.047 5	.046 5	.045 5
1.7	.044 6	.043 6	.042 7	.041 8	.040 9	.040 1	.039 2	.038 4	.037 5	.036 7
1.8	.035 9	.035 1	.034 4	.033 6	.032 9	.032 2	.031 4	.030 7	.030 1	.029 4
1.9	.028 7	.028 1	.027 4	.026 8	.026 2	.025 6	.025 0	.024 4	.023 9	.023 3
2.0	.022 8	.022 2	.021 7	.021 2	.020 7	.020 2	.019 7	.019 2	.018 8	.018 3
2.1	.017 9	.017 4	.017 0	.016 6	.016 2	.015 8	.015 4	.015 0	.014 6	.014 3
2.2	.013 9	.013 6	.013 2	.012 9	.012 5	.012 2	.011 9	.011 6	.011 3	.011 0
2.3	.010 7	.010 4	.010 2	.009 9	.009 6	.009 4	.009 1	.008 9	.008 7	.008 4
2.4	.008 2	.008 0	.007 8	.007 5	.007 3	.007 1	.006 9	.006 8	.006 6	.006 4
2.5	.006 2	.006 0	.005 9	.005 7	.005 5	.005 4	.005 2	.005 1	.004 9	.004 8
2.6	.004 7	.004 5	.004 4	.004 3	.004 1	.004 0	.003 9	.003 8	.003 7	.003 6
2.7	.003 5	.003 4	.003 3	.003 2	.003 1	.003 0	.002 9	.002 8	.002 7	.002 6
2.8	.002 6	.002 5	.002 4	.002 3	.002 3	.002 2	.002 1	.002 1	.002 0	.001 9
2.9	.001 9	.001 8	.001 8	.001 7	.001 6	.001 6	.001 5	.001 5	.001 4	.001 4
3.0	.001 3	.001 3	.001 3	.001 2	.001 2	.001 1	.001 1	.001 1	.001 0	.001 0
3.1	.001 0	.000 9	.000 9	.000 9	.000 8	.000 8	.000 8	.000 8	.000 7	.000 7
3.2	.000 7	.000 7	.000 6	.000 6	.000 6	.000 6	.000 6	.000 5	.000 5	.000 5
3.3	.000 5	.000 5	.000 5	.000 4	.000 4	.000 4	.000 4	.000 4	.000 4	.000 3
3.4	.000 3	.000 3	.000 3	.000 3	.000 3	.000 3	.000 3	.000 3	.000 3	.000 2
3.5	.000 2	.000 2	.000 2	.000 2	.000 2	.000 2	.000 2	.000 2	.000 2	.000 2
3.6	.000 2	.000 2	.000 1	.000 1	.000 1	.000 1	.000 1	.000 1	.000 1	.000 1
3.7	.000 1	.000 1	.000 1	.000 1	.000 1	.000 1	.000 1	.000 1	.000 1	.000 1
3.8	.000 1	.000 1	.000 1	.000 1	.000 1	.000 1	.000 1	.000 1	.000 1	.000 1
3.9	.000 0	.000 0	.000 0	.000 0	.000 0	.000 0	.000 0	.000 0	.000 0	.000 0

t 분포표

v, $1-q \Rightarrow t$

자유도가 v이고, 상측확률이 $1-q$(하측확률이 q)인 $t_{1-q}(v)$의 값을 구하는 표

※ $P[t(v) \le t_p(v)] = q$라고 정의하면, $t_p(v) = -t_{1-q}(v)$임 (단, $q \le 0.5$임)

검추정에서는 $\pm t_{1-\alpha}(v)$및 $\pm t_{1-\alpha/2}(v)$가 필요함

v \ $1-q$	0.25	0.20	0.15	0.10	0.05	0.025	0.01	0.005	0.000 5
1	1.000	1.376	1.963	3.078	6.314	12.706	31.821	63.657	636.619
2	0.816	1.061	1.386	1.886	2.920	4.303	6.965	9.925	31.598
3	0.765	0.978	1.250	1.638	2.353	3.182	4.541	5.841	12.941
4	0.741	0.941	1.190	1.533	2.132	2.776	3.747	4.604	8.610
5	0.727	0.920	1.156	1.476	2.015	2.571	3.365	4.032	6.859
6	0.718	0.906	1.134	1.440	1.943	2.447	3.143	3.707	5.959
7	0.711	0.896	1.119	1.415	1.895	2.365	2.998	3.499	5.405
8	0.706	0.889	1.108	1.397	1.860	2.306	2.896	3.355	5.041
9	0.703	0.883	1.100	1.383	1.833	2.262	2.821	3.250	4.781
10	0.700	0.879	1.093	1.372	1.812	2.228	2.764	3.169	4.587
11	0.697	0.876	1.088	1.363	1.796	2.201	2.718	3.106	4.437
12	0.695	0.873	1.083	1.356	1.782	2.179	2.681	3.055	4.318
13	0.694	0.870	1.079	1.350	1.771	2.160	2.650	3.012	4.221
14	0.692	0.868	1.076	1.345	1.761	2.145	2.624	2.977	4.140
15	0.691	0.866	1.074	1.341	1.753	2.131	2.602	2.947	4.073
16	0.690	0.865	1.071	1.337	1.746	2.120	2.583	2.921	4.015
17	0.689	0.863	1.069	1.333	1.740	2.110	2.567	2.898	3.965
18	0.688	0.862	1.067	1.330	1.734	2.101	2.552	2.878	3.922
19	0.688	0.861	1.066	1.328	1.729	2.093	2.539	2.861	3.883
20	0.687	0.860	1.064	1.325	1.725	2.086	2.528	2.845	3.850
21	0.686	0.859	1.063	1.323	1.721	2.080	2.518	2.831	3.819
22	0.686	0.858	1.061	1.321	1.717	2.074	2.508	2.819	3.792
23	0.685	0.858	1.060	1.319	1.714	2.069	2.500	2.807	3.767
24	0.685	0.857	1.059	1.318	1.711	2.064	2.492	2.797	3.745
25	0.684	0.856	1.058	1.316	1.708	2.060	2.485	2.787	3.725
26	0.684	0.856	1.058	1.315	1.706	2.056	2.479	2.779	3.707
27	0.684	0.855	1.057	1.314	1.703	2.052	2.473	2.771	3.690
28	0.683	0.855	1.056	1.313	1.701	2.048	2.467	2.763	3.674
29	0.683	0.854	1.055	1.311	1.699	2.045	2.462	2.756	3.659
30	0.683	0.854	1.055	1.310	1.697	2.042	2.457	2.750	3.646
40	0.681	0.851	1.050	1.303	1.684	2.021	2.423	2.704	3.551
60	0.679	0.848	1.046	1.296	1.671	2.000	2.390	2.660	3.460
20	0.677	0.845	1.041	1.289	1.658	1.980	2.358	2.617	3.373
∞	0.674	0.842	1.036	1.282	1.645	1.960	2.326	2.576	3.291

χ^2 분포표

$v, \ q \Rightarrow \chi^2$

자유도가 v이고, 하측확률이 q인 $\chi_q^{\ 2}(v)$의 값을 구하는 표

※ 검추정에서는 $\chi_\alpha^{\ 2}(v)$, $\chi_{1-\alpha}^{\ 2}(v)$ 및 $\chi_{\alpha/2}^{\ 2}(v)$, $\chi_{1-\alpha/2}^{\ 2}(v)$가 필요함

v \ q	0.005	0.01	0.025	0.05	0.10	0.25	0.50	0.75	0.90	0.95	0.975	0.99	0.995
1	0.000 039 3	0.000 157	0.000 157	0.003 00	0.015 8	0.102	0.455	1.323	2.71	3.84	5.02	6.63	7.88
2	0.010 0	0.020 1	0.020 1	0.103	0.211	0.575	1.386	2.77	4.61	5.99	7.38	9.21	10.60
3	0.0717	0.115	0.115	0.352	0.584	1.213	2.37	4.11	6.25	7.81	9.35	11.34	12.84
4	0.207	0.297	0.297	0.711	1.064	1.923	3.36	5.39	7.78	9.49	11.14	13.28	14.86
5	0.412	0.554	0.554	1.145	1.610	2.67	4.35	6.63	9.24	11.07	12.83	15.09	16.75
6	0.676	0.872	0.872	1.635	2.20	3.45	5.35	7.84	10.64	12.59	14.45	16.81	18.55
7	0.989	1.239	1.239	2.17	2.83	4.25	6.35	9.04	12.02	14.07	16.01	18.48	20.3
8	1.344	1.646	1.646	2.73	3.49	5.07	7.34	10.22	13.36	15.51	17.53	20.1	22.0
9	1.735	2.09	2.09	3.33	4.17	5.90	8.34	11.39	14.68	16.92	19.02	21.7	23.6
10	2.16	2.56	2.56	3.94	4.87	6.74	9.34	12.55	15.99	18.31	20.5	23.2	25.2
11	2.60	3.05	3.05	4.57	5.58	7.58	10.34	13.70	17.28	19.68	21.9	24.7	26.8
12	3.07	3.57	3.57	5.23	6.30	8.44	11.34	14.85	18.55	21.0	23.3	26.2	28.3
13	3.57	4.11	4.11	5.89	7.04	9.30	12.34	15.98	19.81	22.4	24.7	27.7	29.8
14	4.07	4.66	4.66	6.57	7.79	10.17	13.34	17.12	21.1	23.7	26.1	29.1	31.3
15	4.60	5.23	5.23	7.26	8.55	11.04	14.34	18.25	22.3	25.0	27.5	30.6	32.8
16	5.14	5.81	5.81	7.96	9.31	11.91	15.34	19.37	23.5	26.3	28.8	32.0	34.3
17	5.70	6.41	6.41	8.67	10.09	12.79	16.34	20.5	24.8	27.6	30.2	33.4	35.7
18	6.26	7.01	7.01	9.39	10.86	13.68	17.34	21.6	26.0	28.9	31.5	34.8	37.2
19	6.84	7.63	7.63	10.12	11.65	14.56	18.34	22.7	27.2	30.1	32.9	36.2	38.6
20	7.43	8.26	8.26	10.85	12.44	15.45	19.34	23.8	28.4	31.4	34.2	37.6	40.0
21	8.03	8.90	8.90	11.59	13.24	16.34	20.3	24.9	29.6	32.7	35.5	38.9	41.4
22	8.64	9.54	9.54	12.34	14.04	17.24	21.3	26.0	30.8	33.9	36.8	40.3	42.8
23	9.26	10.20	10.20	13.09	14.85	18.14	22.3	27.1	32.0	35.2	38.1	41.6	44.2
24	9.89	10.86	10.86	13.85	15.66	19.04	23.3	28.2	33.2	36.4	39.4	43.0	45.6
25	10.52	11.52	11.52	14.61	16.47	19.94	24.3	29.3	34.4	37.7	40.6	44.3	46.9
26	11.16	12.20	12.20	15.38	17.29	20.8	25.3	30.4	35.6	38.9	41.9	45.6	48.3
27	11.81	12.88	12.88	16.15	18.11	21.7	26.3	31.5	36.7	40.1	43.2	47.0	49.6
28	12.46	13.56	13.56	16.93	18.94	22.7	27.3	32.6	37.9	41.3	44.5	48.3	51.0
29	13.12	14.26	14.26	17.71	19.77	23.6	28.3	33.7	39.1	42.6	45.7	49.6	52.3
30	13.79	14.95	14.95	18.49	20.6	24.5	29.3	3.48	40.3	43.8	47.0	50.9	53.7
40	20.7	22.2	22.2	26.5	29.1	33.7	39.3	45.6	51.8	55.8	59.3	63.7	66.8
50	28.0	29.7	29.7	34.8	37.7	42.9	49.3	56.3	63.2	67.5	71.4	76.2	79.5
60	35.5	37.5	37.5	43.2	46.5	52.3	59.3	67.0	74.4	79.1	83.3	88.4	92.0
70	43.3	45.4	45.4	51.7	55.3	61.7	69.3	77.6	85.5	90.5	95.0	100.4	104.2
80	51.2	53.5	53.5	60.4	64.3	71.1	79.3	88.1	96.6	101.9	106.6	112.3	116.3
90	59.2	61.8	61.8	69.1	73.3	80.6	89.3	98.6	107.6	113.1	118.1	124.1	128.3
100	67.3	70.1	70.1	77.9	82.4	90.1	99.3	109.1	118.5	124.3	129.6	135.8	140.2
u_q	-2.576	-2.326	-1.960	-1.645	-1.282	-0.674	0.000	0.674	1.282	1.645	1.960	2.326	2.576

$v > 100$에 대한 *Fisher*의 근사식 : $\chi_q^{\ 2}(v) \doteqdot \frac{1}{2}(u_q + \sqrt{2v-1})^2$

상관계수의 유의수준표

단상관계수 r ; $v = n - 2$

편상관계수 $r_{12 \cdot 3 \cdots k}$; $v = n - k$

v \ $1-q$	0.05	0.025	0.01	0.005	0.000 5
1	0.987 69	0.996 917	0.999 506 6	0.999 876 6	0.999 998 8
2	0.900 00	0.950 00	0.980 00	0.990 000	0.999 00
3	0.850 4	0.878 3	0.934 33	0.958 73	0.991 16
4	0.729 3	0.811 4	0.882 2	0.917 20	0.974 06
5	0.669 4	0.754 5	0.832 9	0.874 5	0.950 74
6	0.621 5	0.706 7	0.788 7	0.834 3	0.924 93
7	0.582 2	0.666 4	0.749 8	0.797 7	0.898 2
8	0.549 4	0.631 9	0.715 5	0.764 6	0.872 1
9	0.521 4	0.602 1	0.685 1	0.734 8	0.847 1
10	0.497 3	0.576 0	0.658 1	0.707 9	0.823 3
11	0.476 2	0.552 9	0.633 9	0.683 5	0.801 0
12	0.457 5	0.532 4	0.612 0	0.661 4	0.780 0
13	0.440 9	0.513 9	0.592 3	0.641 1	0.760 3
14	0.425 9	0.497 3	0.574 2	0.622 6	0.742 0
15	0.412 4	0.482 1	0.557 7	0.605 5	0.724 6
16	0.400 0	0.468 3	0.542 5	0.589 7	0.708 4
17	0.388 7	0.455 5	0.528 5	0.575 1	0.693 2
18	0.378 3	0.443 8	0.515 5	0.561 4	0.678 7
19	0.368 7	0.432 9	0.503 4	0.548 7	0.665 2
20	0.359 8	0.422 7	0.492 1	0.536 8	0.652 4
25	0.323 3	0.380 9	0.445 1	0.486 9	0.597 4
30	0.296 0	0.349 4	0.409 3	0.448 7	0.554 1
35	0.274 6	0.324 6	0.381 0	0.418 2	0.518 9
40	0.257 3	0.304 4	0.357 8	0.393 2	0.489 6
45	0.242 8	0.287 5	0.338 4	0.372 1	0.464 8
50	0.230 6	0.273 2	0.321 8	0.354 1	0.443 3
60	0.210 8	0.250 0	0.294 8	0.324 8	0.407 8
70	0.195 4	0.231 9	0.273 7	0.301 7	0.379 9
80	0.182 9	0.217 2	0.256 5	0.283 0	0.356 8
90	0.172 6	0.205 0	0.242 2	0.267 3	0.337 5
100	0.163 8	0.194 6	0.230 1	0.254 0	0.321 1
$v > 100$	$\frac{1.645}{\sqrt{v+1}}$	$\frac{1.960}{\sqrt{v+1}}$	$\frac{2.326}{\sqrt{v+1}}$	$\frac{2.576}{\sqrt{v+1}}$	

F 분포표($\begin{smallmatrix}0.95\\0.99\end{smallmatrix}$ 표의 1/4)

$v_1, v_2, q = \begin{smallmatrix}0.95\\0.99\end{smallmatrix} \Rightarrow F$

분자 · 분모의 자유도가 $v_1 \cdot v_2$이고, 하측확률이 $\begin{smallmatrix}0.95\\0.99\end{smallmatrix}$ 인 $F_{\begin{smallmatrix}0.95\\0.99\end{smallmatrix}}(v_1, v_2)$의 값을 구하는 표

v_2 \ v_1	1	2	3	4	5	6	7	8	9	10
1	161 4 052	200 5 000	216 5 403	225 5 625	230 5 764	234 5 859	237 5 928	239 5 982	241 6 022	242 6 056
2	18.5 98.5	19.9 99.0	19.2 99.2	19.2 99.2	19.3 99.3	19.3 99.3	19.4 99.4	19.4 99.4	19.4 99.4	19.4 99.4
3	10.1 34.1	9.55 30.8	9.28 29.5	9.12 28.7	9.01 28.2	8.94 27.9	8.89 27.7	8.85 27.5	8.81 27.3	8.79 27.2
4	7.71 21.2	6.94 18.0	6.59 16.7	6.39 16.0	6.26 15.5	6.16 15.2	6.09 15.0	6.04 14.8	6.00 14.7	5.96 14.5
5	6.61 16.3	5.79 13.3	5.41 12.1	5.19 11.4	5.05 11.0	4.95 10.7	4.88 10.5	4.82 10.3	4.77 10.2	4.74 10.1
6	5.99 13.7	5.14 10.9	4.76 9.78	4.53 9.15	4.39 8.75	4.28 8.47	4.21 8.26	4.15 8.1	4.10 7.98	4.06 7.87
7	5.59 12.2	4.74 9.55	4.35 8.45	4.12 7.85	3.97 7.46	3.87 7.19	3.79 6.99	3.73 6.84	3.68 6.72	3.64 6.62
8	5.32 11.3	4.46 8.65	4.07 7.59	3.84 7.01	3.69 6.63	3.58 6.37	3.50 6.18	3.44 6.03	3.39 5.91	3.35 5.81
9	5.12 10.6	4.26 8.02	3.86 6.99	3.63 6.42	3.48 6.06	3.37 5.8	3.29 5.61	3.23 5.47	3.18 5.35	3.14 5.26
10	4.96 10.0	4.1 7.56	3.71 6.55	3.48 5.99	3.33 5.64	3.22 5.39	3.14 5.2	3.07 5.06	3.02 4.94	2.98 4.85
11	4.84 9.65	3.98 7.21	3.59 6.22	3.36 5.67	3.20 5.32	3.09 5.07	3.01 4.89	2.95 4.74	2.90 4.63	2.85 4.54
12	4.75 9.33	3.89 6.93	3.49 5.95	3.26 5.41	3.11 5.06	3.0 4.82	2.91 4.64	2.85 4.5	2.80 4.39	2.75 4.30
13	4.67 9.07	3.81 6.70	3.41 5.74	3.18 5.21	3.03 4.86	2.92 4.62	2.83 4.44	2.77 4.3	2.71 4.19	2.67 4.10
14	4.60 8.86	3.74 6.51	3.34 5.56	3.11 5.04	2.96 4.70	2.85 4.46	2.76 4.28	2.7 4.14	2.65 4.03	2.60 3.94
15	4.54 8.68	3.68 6.36	3.29 5.42	3.06 4.89	2.90 4.56	2.79 4.32	2.71 4.14	2.64 4.0	2.59 3.89	2.54 3.80
16	4.49 8.53	3.63 6.23	3.24 5.29	3.01 4.77	2.85 4.44	2.74 4.2	2.66 4.03	2.59 3.89	2.54 3.78	2.49 3.69
17	4.45 8.4	3.59 6.11	3.2 5.18	2.96 4.67	2.81 4.34	2.7 4.1	2.61 3.93	2.55 3.79	2.49 3.68	2.45 3.59

F 분포표($^{0.95}_{0.99}$ 표의 2/4)

$v_1, v_2, q = {}^{0.95}_{0.99} \Rightarrow F$

분자 · 분모의 자유도가 $v_1 \cdot v_2$이고, 하측확률이 $^{0.95}_{0.99}$ 인 $F_{^{0.95}_{0.99}}(v_1, v_2)$의 값을 구하는 표

v_2 \ v_1	12	15	20	24	30	40	60	120	∞
1	244 6 106	246 6 157	248 6 209	249 6 235	250 6 261	251 6 287	252 6 313	253 6 339	254 6 366
2	19.4 99.4	19.4 99.4	19.4 99.4	19.5 99.5	19.5 99.5	19.5 99.5	19.5 99.5	19.5 99.5	19.5 99.5
3	8.74 27.1	8.70 26.9	8.66 26.7	8.64 26.6	8.62 26.5	8.59 26.4	8.57 26.3	8.55 26.2	8.53 26.1
4	5.91 14.4	5.86 14.2	5.80 14.0	5.77 13.9	5.75 13.8	5.72 13.7	5.69 13.7	5.66 13.6	5.63 13.5
5	4.68 9.89	4.62 9.72	4.56 9.55	4.53 9.47	4.50 9.38	4.46 9.29	4.43 9.20	4.40 9.11	4.36 9.02
6	4.00 7.72	3.94 7.56	3.87 7.40	3.84 7.31	3.81 7.23	3.77 7.14	3.74 7.06	3.70 6.97	3.67 6.88
7	3.57 6.47	3.51 6.31	3.44 6.16	3.41 6.07	3.38 5.99	3.34 5.91	3.30 5.82	3.27 5.74	3.23 5.65
8	3.28 5.67	3.22 5.52	3.15 5.36	3.12 5.28	3.08 5.20	3.04 5.12	3.01 5.03	2.97 4.95	2.93 4.86
9	3.07 5.11	3.01 4.96	2.94 4.81	2.90 4.73	2.86 4.65	2.83 4.57	2.79 4.48	2.75 4.40	2.71 4.31
10	2.91 4.71	2.84 4.56	2.77 4.41	2.74 4.33	2.70 4.25	2.66 4.17	2.62 4.08	2.58 4.00	2.54 3.91
11	2.79 4.40	2.72 4.25	2.65 4.10	2.61 4.02	2.57 3.94	2.53 3.86	2.49 3.78	2.45 3.69	2.40 3.60
12	2.69 4.16	2.62 4.01	2.54 3.86	2.51 3.78	2.47 3.70	2.43 3.62	2.38 3.54	2.34 3.45	2.30 3.36
13	2.60 3.96	2.53 3.82	2.46 3.66	2.42 3.59	2.38 3.51	2.34 3.43	2.30 3.34	2.25 3.25	2.21 3.17
14	2.53 3.80	2.46 3.66	2.39 3.51	2.35 3.43	2.31 3.35	2.27 3.27	2.22 3.18	2.18 3.09	2.13 3.00
15	2.48 3.67	2.40 3.52	2.33 3.37	2.29 3.29	2.25 3.21	2.20 3.13	2.16 3.05	2.11 2.96	2.07 2.87
16	2.42 3.55	2.35 3.41	2.28 3.26	2.24 3.18	2.19 3.10	2.15 3.02	2.11 2.93	2.06 2.84	2.01 2.75
17	2.38 3.46	2.31 3.31	2.23 3.16	2.19 3.08	2.15 3.00	2.10 2.92	2.06 2.83	2.01 2.75	1.96 2.65

F분포표($^{0.95}_{0.99}$ 표의 3/4)

$v_1, v_2, q = {}^{0.95}_{0.99} \Rightarrow F$

분자 · 분모의 자유도가 $v_1 \cdot v_2$이고, 하측확률이 $^{0.95}_{0.99}$인 $F_{^{0.95}_{0.99}}(v_1, v_2)$의 값을 구하는 표

v_2 \ v_1	1	2	3	4	5	6	7	8	9	10
18	4.41 8.29	3.55 6.01	3.16 5.09	2.93 4.58	2.77 4.25	2.66 4.01	2.58 3.84	2.51 3.71	2.46 3.60	2.41 3.51
19	4.38 8.18	3.52 5.93	3.13 5.01	2.90 4.50	2.74 4.17	2.63 3.94	2.54 3.77	2.48 3.63	2.42 3.52	2.38 3.43
20	4.35 8.10	3.49 5.85	3.10 4.94	2.87 4.43	2.71 4.10	2.60 3.87	2.51 3.70	2.45 3.56	2.39 3.46	2.35 3.37
21	4.32 8.02	3.47 5.78	3.07 4.87	2.84 4.37	2.68 4.04	2.57 3.81	2.49 3.64	2.42 3.51	2.37 3.40	2.32 3.31
22	4.30 7.95	3.44 5.72	3.05 4.82	2.82 4.31	2.66 3.99	2.55 3.76	2.46 3.59	2.40 3.45	2.34 3.35	2.30 3.26
23	4.28 7.88	3.42 5.66	3.03 4.76	2.80 4.26	2.64 3.94	2.53 3.71	2.44 3.54	2.37 3.41	2.32 3.30	2.27 3.21
24	4.26 7.82	3.40 5.61	3.01 4.72	2.78 4.22	2.62 3.90	2.51 3.67	2.42 3.50	2.36 3.36	2.30 3.26	2.25 3.17
25	4.24 7.77	3.39 5.57	2.99 4.68	2.76 4.18	2.60 3.86	2.49 3.63	2.40 3.46	2.34 3.32	2.28 3.22	2.24 3.13
26	4.23 7.72	3.37 5.53	2.98 4.64	2.74 4.14	2.59 3.82	2.47 3.59	2.39 3.42	2.32 3.29	2.27 3.18	2.22 3.09
27	4.21 7.68	3.35 5.49	2.96 4.60	2.73 4.11	2.57 3.78	2.46 3.56	2.37 3.39	2.31 3.26	2.25 3.15	2.20 3.06
28	4.20 7.64	3.34 5.45	2.95 4.57	2.71 4.07	2.56 3.75	2.45 3.53	2.36 3.36	2.29 3.23	2.24 3.12	2.19 3.03
29	4.18 7.60	3.33 5.42	2.93 4.54	2.70 4.04	2.55 3.73	2.43 3.50	2.35 3.33	2.28 3.20	2.22 3.09	2.18 3.00
30	4.17 7.56	3.32 5.39	2.92 4.51	2.69 4.02	2.53 3.70	2.42 3.47	2.33 3.30	2.27 3.17	2.21 3.07	2.16 2.98
40	4.08 7.31	3.23 5.18	2.84 4.31	2.61 3.83	2.45 3.51	2.34 3.29	2.25 3.12	2.18 2.99	2.12 2.89	2.08 2.80
60	4.00 7.08	3.15 4.98	2.76 4.13	2.53 3.65	2.37 3.34	2.25 3.12	2.17 2.95	2.10 2.82	2.04 2.72	1.99 2.63
120	3.92 6.85	3.07 4.79	2.68 3.95	2.45 3.48	2.29 3.17	2.18 2.96	2.09 2.79	2.02 2.66	1.96 2.56	1.91 2.47
∞	3.84 6.63	3.00 4.61	2.60 3.78	2.37 3.32	2.21 3.02	2.10 2.80	2.01 2.64	1.94 2.51	1.88 2.41	1.83 2.32

F 분포표($^{0.95}_{0.99}$ 표의 4/4)

$v_1, v_2, q = {}^{0.95}_{0.99} \Rightarrow F$

분자 · 분모의 자유도가 v_1 · v_2이고, 하측확률이 $^{0.95}_{0.99}$ 인 $F_{^{0.95}_{0.99}}(v_1, v_2)$의 값을 구하는 표

v_2 \ v_1	12	15	20	24	30	40	60	120	∞
18	2.34 3.37	2.27 3.23	2.19 3.08	2.15 3.00	2.11 2.92	2.06 2.84	2.02 2.75	1.97 2.66	1.92 2.57
19	2.31 3.30	2.23 3.15	2.16 3.00	2.11 2.92	2.07 2.84	2.03 2.76	1.98 2.67	1.93 2.58	1.88 2.49
20	2.28 3.23	2.20 3.09	2.12 2.94	2.08 2.86	2.04 2.78	1.99 2.69	1.95 2.61	1.90 2.52	1.84 2.42
21	2.25 3.17	2.18 3.03	2.10 2.88	2.05 2.80	2.01 2.72	1.96 2.64	1.92 2.55	1.87 2.46	1.81 2.36
22	2.23 3.12	2.15 2.98	2.07 2.83	2.03 2.75	1.98 2.67	1.94 2.58	1.89 2.50	1.84 2.40	1.78 2.31
23	2.20 3.07	2.13 2.93	2.05 2.78	2.00 2.70	1.96 2.62	1.91 2.54	1.86 2.45	1.81 2.35	1.76 2.26
24	2.18 3.03	2.11 2.89	2.03 2.74	1.98 2.66	1.94 2.58	1.89 2.49	1.84 2.40	1.79 2.31	1.73 2.21
25	2.16 2.99	2.09 2.85	2.01 2.70	1.96 2.62	1.92 2.54	1.87 2.45	1.82 2.36	1.77 2.27	1.71 2.17
26	2.15 2.96	2.07 2.82	1.99 2.66	1.95 2.58	1.90 2.50	1.85 2.42	1.80 2.33	1.75 2.23	1.69 2.13
27	2.13 2.93	2.06 2.78	1.97 2.63	1.93 2.55	1.88 2.47	1.84 2.38	1.79 2.29	1.73 2.20	1.67 2.10
28	2.12 2.90	2.04 2.75	1.96 2.60	1.91 2.52	1.87 2.44	1.82 2.35	1.77 2.26	1.71 2.17	1.65 2.06
29	2.10 2.87	2.03 2.73	1.94 2.57	1.90 2.49	1.85 2.41	1.81 2.33	1.75 2.23	1.70 2.14	1.64 2.03
30	2.09 2.84	2.01 2.70	1.93 2.55	1.89 2.47	1.84 2.39	1.79 2.30	1.74 2.21	1.68 2.11	1.62 2.01
40	2.00 2.66	1.92 2.52	1.84 2.37	1.79 2.29	1.74 2.20	1.69 2.11	1.64 2.02	1.58 1.92	1.51 1.80
60	1.92 2.50	1.84 2.35	1.75 2.20	1.70 2.12	1.65 2.03	1.59 1.94	1.53 1.84	1.47 1.73	1.39 1.60
120	1.83 2.34	1.75 2.19	1.66 2.03	1.61 1.95	1.55 1.86	1.50 1.76	1.43 1.66	1.35 1.53	1.25 1.38
∞	1.75 2.18	1.67 2.04	1.57 1.88	1.52 1.79	1.46 1.70	1.39 1.59	1.32 1.47	1.22 1.32	1.00 1.00

F 분포표(0.975표의 1/2)

$v_1, v_2, q = 0.975 \Rightarrow F$

분자 · 분모의 자유도가 $v_1 \cdot v_2$이고, 하측확률이 0.975인 $F_{0.975}(v_1, v_2)$의 값을 구하는 표

v_2 \ v_1	1	2	3	4	5	6	7	8	9	10
1	648	800	864	900	922	937	948	957	963	969
2	38.5	39.0	39.2	39.20	39.3	39.3	19.4	19.4	19.4	19.4
3	17.4	16.0	15.4	15.10	14.9	14.7	14.6	14.5	14.5	14.4
4	12.2	10.6	9.98	9.60	9.36	9.2	9.07	8.98	8.9	8.84
5	10.0	8.43	7.76	7.39	7.15	6.98	6.85	6.76	6.68	6.62
6	8.81	7.26	6.60	6.23	5.99	5.82	5.70	5.60	5.52	5.46
7	8.07	6.54	5.89	5.52	5.29	5.12	4.99	4.90	4.82	4.76
8	7.57	6.06	5.42	5.05	4.82	4.65	4.53	4.43	4.36	4.30
9	7.21	5.71	5.08	4.72	4.48	4.32	4.20	4.10	4.03	3.96
10	6.94	5.46	4.83	4.47	4.24	4.07	3.95	3.85	3.78	3.72
11	6.72	5.26	4.63	4.28	4.04	3.88	3.76	3.66	3.59	3.53
12	6.55	5.10	4.47	4.12	3.89	3.73	3.61	3.51	3.44	3.37
13	6.41	4.97	4.35	4.00	3.77	3.60	3.48	3.39	3.31	3.25
14	6.30	4.86	4.24	3.89	3.66	3.50	3.38	3.29	3.21	3.15
15	6.20	4.76	4.15	3.80	3.58	3.41	3.29	3.20	3.12	3.06
16	6.12	4.69	4.08	3.73	3.50	3.34	3.22	3.12	3.05	2.99
17	6.04	4.62	4.01	3.66	3.44	3.28	3.16	3.06	2.98	2.92
18	5.98	4.56	3.95	3.61	3.38	3.22	3.10	3.01	2.93	2.87
19	5.92	4.51	3.90	3.56	3.33	3.17	3.05	2.96	2.88	2.82
20	5.87	4.46	3.86	3.51	3.29	3.13	3.01	2.91	2.84	2.77
21	5.83	4.42	3.82	3.48	3.25	3.09	2.97	2.87	2.80	2.73
22	5.79	4.38	3.78	3.44	3.22	3.05	2.93	2.84	2.76	2.70
23	5.75	4.35	3.75	3.41	3.18	3.02	2.90	2.81	2.73	2.67
24	5.72	4.32	3.72	3.38	3.15	2.99	2.87	2.78	2.70	2.64
25	5.69	4.29	3.69	3.35	3.13	2.97	2.85	2.75	2.68	2.61
26	5.66	4.27	3.67	3.33	3.10	2.94	2.82	2.73	2.65	2.59
27	5.63	4.24	3.65	3.31	3.08	2.92	2.80	2.71	2.63	2.57
28	5.61	4.22	3.63	3.29	3.06	2.90	2.78	2.69	2.61	2.55
29	5.59	4.20	3.61	3.27	3.04	2.88	2.76	2.67	2.59	2.53
30	5.57	4.18	3.59	3.25	3.03	2.87	2.75	2.65	2.57	2.51
40	5.42	4.05	3.46	3.13	2.90	2.74	2.62	2.53	2.45	2.39
60	5.29	3.93	3.34	3.01	2.79	2.63	2.51	2.41	2.33	2.27
120	5.15	3.80	3.23	2.89	2.67	2.52	2.39	2.30	2.22	2.16
∞	5.02	3.69	3.12	2.79	2.57	2.41	2.29	2.19	2.11	2.05

F 분포표(0.975표의 2/2)

$v_1, v_2, q = 0.975 \Rightarrow F$

분자 · 분모의 자유도가 $v_1 \cdot v_2$이고, 하측확률이 0.975인 $F_{0.975}(v_1, v_2)$의 값을 구하는 표

v_2 \ v_1	12	15	20	24	30	40	60	120	∞
1	977	985	993	997	1 001	1 006	1 010	1 014	1 018
2	39.4	39.4	39.4	39.5	39.5	39.5	39.5	39.5	39.5
3	14.3	14.3	14.2	14.1	14.1	14.0	14.0	13.9	13.9
4	8.75	8.66	8.56	8.51	8.46	8.41	8.36	8.31	8.26
5	6.52	6.43	6.33	6.28	6.23	6.18	6.12	6.07	6.02
6	5.37	5.27	5.17	5.12	5.07	5.01	4.96	4.90	4.85
7	4.67	4.57	4.47	4.42	4.36	4.31	4.25	4.20	4.14
8	4.20	4.10	4.00	3.95	3.89	3.84	3.78	3.73	3.67
9	3.87	3.77	3.67	3.61	3.56	3.51	3.45	3.39	3.33
10	3.62	3.52	3.42	3.37	3.31	3.26	3.20	3.14	3.08
11	3.43	3.33	3.23	3.17	3.12	3.06	3.00	2.94	2.88
12	3.28	3.18	3.07	3.02	2.96	2.91	2.85	2.79	2.72
13	3.15	3.05	2.95	2.89	2.84	2.78	2.72	2.66	2.60
14	3.05	2.95	2.84	2.79	2.73	2.67	2.61	2.55	2.49
15	2.96	2.86	2.76	2.70	2.64	2.58	2.52	2.46	2.40
16	2.89	2.79	2.68	2.63	2.57	2.51	2.45	2.38	2.32
17	2.82	2.72	2.62	2.56	2.50	2.44	2.38	2.32	2.25
18	2.77	2.67	2.56	2.50	2.44	2.38	2.32	2.26	2.19
19	2.72	2.62	2.51	2.45	2.39	2.33	2.27	2.20	2.13
20	2.68	2.57	2.46	2.41	2.35	2.29	2.22	2.16	2.09
21	2.64	2.53	2.42	2.37	2.31	2.25	2.18	2.11	2.04
22	2.60	2.50	2.39	2.33	2.27	2.21	2.14	2.08	2.00
23	2.57	2.47	2.36	2.30	2.24	2.18	2.11	2.04	1.97
24	2.54	2.44	2.33	2.27	2.21	2.15	2.08	2.01	1.94
25	2.51	2.41	2.30	2.24	2.18	2.12	2.05	1.98	1.91
26	2.49	2.39	2.28	2.22	2.16	2.09	2.03	1.95	1.88
27	2.47	2.36	2.25	2.19	2.13	2.07	2.00	1.93	1.85
28	2.45	2.34	2.23	2.17	2.11	2.05	1.98	1.91	1.83
29	2.43	2.32	2.21	2.15	2.09	2.03	1.96	1.89	1.81
30	2.41	2.31	2.20	2.14	2.07	2.01	1.94	1.87	1.79
40	2.29	2.18	2.07	2.01	1.94	1.88	1.80	1.72	1.64
60	2.17	2.06	1.94	1.88	1.82	1.74	1.67	1.58	1.48
120	2.05	1.94	1.82	1.76	1.69	1.61	1.53	1.43	1.31
∞	1.94	1.83	1.71	1.64	1.57	1.48	1.39	1.27	1.00

F 분포표(0.995표의 1/2)

$v_1, v_2, q = 0.995 \Rightarrow F$

분자 · 분모의 자유도가 $v_1 \cdot v_2$이고, 하측확률이 0.995인 $F_{0.995}(v_1, v_2)$의 값을 구하는 표

v_2 \ v_1	1	2	3	4	5	6	7	8	9	10
1	16 211	20 000	21 615	22 500	23 056	23 437	23 715	23 925	24 091	24 224
2	198	199	199	199	199	199	199	199	199	199
3	55.6	49.8	47.5	46.2	45.4	44.8	44.4	44.1	43.9	43.7
4	31.3	26.3	24.3	23.2	22.5	22.0	21.6	21.4	21.1	21.0
5	22.8	18.3	16.5	15.6	14.9	14.5	14.2	14.0	13.8	13.6
6	18.6	14.5	12.9	12.0	11.5	11.1	10.8	10.6	10.4	10.2
7	16.2	12.4	10.9	10.0	9.52	9.16	8.89	8.68	8.51	8.38
8	14.7	11.0	9.6	8.81	8.30	7.95	7.69	7.50	7.34	7.21
9	13.6	10.1	8.72	7.96	7.47	7.13	6.88	6.69	6.54	6.42
10	12.8	9.43	8.08	7.34	6.87	6.54	6.30	6.12	5.97	5.85
11	12.2	8.91	7.60	6.88	6.42	6.10	5.86	5.68	5.54	5.42
12	11.8	8.51	7.23	6.52	6.07	5.76	5.52	5.35	5.20	5.09
13	11.4	8.19	6.93	6.23	5.79	5.48	5.25	5.08	4.94	4.82
14	11.1	7.92	6.68	6.00	5.56	5.26	5.03	4.86	4.72	4.60
15	10.8	7.70	6.48	5.80	5.37	5.07	4.85	4.67	4.54	4.42
16	10.6	7.51	6.30	5.64	5.21	4.91	4.69	4.52	4.38	4.27
17	10.4	7.35	6.16	5.50	5.07	4.78	4.56	4.39	4.25	4.14
18	10.2	7.21	6.03	5.37	4.96	4.66	4.44	4.28	4.14	4.03
19	10.1	7.09	5.92	5.27	4.85	4.56	4.34	4.18	4.04	3.93
20	9.94	6.99	5.82	5.17	4.76	4.47	4.26	4.09	3.96	3.85
21	9.83	6.89	5.73	5.09	4.68	4.39	4.18	4.01	3.88	3.77
22	9.73	6.81	5.65	5.02	4.61	4.32	4.11	3.94	3.81	3.70
23	9.63	6.73	5.58	4.95	4.54	4.26	4.05	3.88	3.75	3.64
24	9.55	6.66	5.52	4.89	4.49	4.20	3.99	3.83	3.69	3.59
25	9.48	6.60	5.46	4.84	4.43	4.15	3.94	3.78	3.64	3.54
26	9.41	6.54	5.41	4.79	4.38	4.10	3.89	3.73	3.60	3.49
27	9.34	6.49	5.36	4.74	4.34	4.06	3.85	3.69	3.56	3.45
28	9.28	6.44	5.32	4.70	4.30	4.02	3.81	3.65	3.52	3.41
29	9.23	6.40	5.28	4.66	4.26	3.98	3.77	3.61	3.48	3.38
30	9.18	6.35	5.24	4.62	4.23	3.95	3.74	3.58	3.45	3.34
40	8.83	6.07	4.98	4.37	3.99	3.71	3.51	3.35	3.22	3.12
60	8.49	5.80	4.73	4.14	3.76	3.49	3.29	3.13	3.01	2.90
120	8.18	5.54	4.50	3.92	3.55	3.28	3.09	2.93	2.81	2.71
∞	7.88	5.30	4.28	3.72	3.35	3.09	2.90	2.74	2.62	2.52

$v_1, v_2, q = 0.995 \Rightarrow F$

분자 · 분모의 자유도가 $v_1 \cdot v_2$이고, 하측확률이 0.995인 $F_{0.995}(v_1, v_2)$의 값을 구하는 표

v_2 \ v_1	12	15	20	24	30	40	60	120	∞
1	24 426	24 630	24 836	24 940	25 044	25 148	25 253	25 359	25 465
2	199	199	199	199	199	199	199	199	200
3	43.4	43.1	42.8	42.6	42.5	42.3	42.1	42.0	41.8
4	20.7	20.4	20.2	20.0	19.9	19.8	19.6	19.5	19.3
5	13.4	13.1	12.9	12.8	12.7	12.5	12.4	12.3	12.1
6	10.0	9.81	9.59	9.47	9.36	9.24	9.12	9.0	8.88
7	8.18	7.97	7.75	7.64	7.53	7.42	7.31	7.19	7.08
8	7.01	6.81	6.61	6.50	6.40	6.29	6.18	6.06	5.95
9	6.23	6.03	5.83	5.73	5.62	5.52	5.41	5.30	5.19
10	5.66	5.47	5.27	5.17	5.07	4.97	4.86	4.75	4.64
11	5.24	5.05	4.86	4.76	4.65	4.55	4.44	4.34	4.23
12	4.91	4.72	4.53	4.43	4.33	4.23	4.12	4.01	3.90
13	4.64	4.46	4.27	4.17	4.07	3.97	3.87	3.76	3.65
14	4.43	4.25	4.06	3.96	3.86	3.76	3.66	3.55	3.44
15	4.25	4.07	3.88	3.79	3.69	3.58	3.48	3.37	3.26
16	4.10	3.92	3.73	3.64	3.54	3.44	3.33	3.22	3.11
17	3.97	3.79	3.61	3.51	3.41	3.31	3.21	3.10	2.98
18	3.86	3.68	3.50	3.40	3.30	3.20	3.10	2.99	2.87
19	3.76	3.59	3.40	3.31	3.21	3.11	3.00	2.89	2.78
20	3.68	3.50	3.32	3.22	3.12	3.02	2.92	2.81	2.69
21	3.60	3.43	3.24	3.15	3.05	2.95	2.84	2.73	2.61
22	3.54	3.36	3.18	3.08	2.98	2.88	2.77	2.66	2.55
23	3.47	3.30	3.12	3.02	2.92	2.82	2.71	2.60	2.48
24	3.42	3.25	3.06	2.97	2.87	2.77	2.66	2.55	2.43
25	3.37	3.20	3.01	2.92	2.82	2.72	2.61	2.50	2.38
26	3.33	3.15	2.97	2.87	2.77	2.67	2.56	2.45	2.33
27	3.28	3.11	2.93	2.83	2.73	2.63	2.52	2.41	2.29
28	3.25	3.07	2.89	2.79	2.69	2.59	2.48	2.37	2.25
29	3.21	3.04	2.86	2.76	2.66	2.56	2.45	2.33	2.21
30	3.18	3.01	2.82	2.73	2.63	2.52	2.42	2.30	2.18
40	2.95	2.78	2.60	2.50	2.40	2.30	2.18	2.06	1.93
60	2.74	2.57	2.39	2.29	2.19	2.08	1.96	1.83	1.69
120	2.54	2.37	2.19	2.09	1.98	1.87	1.75	1.61	1.43
∞	2.36	2.19	2.00	1.90	1.79	1.67	1.53	1.36	1.00

최대분산비 F_{max} 표($^{0.95}_{0.99}$표)

k, v, $\alpha = {}^{0.05}_{0.01} \Rightarrow F_{max}$

조의 수가 k, 자유도가 $v=n-1$, 위험률이 $^{0.05}_{0.01}$인 $F_{max\,^{0.95}_{0.99}}(k,\ v)$의 값을 구하는 표

v \ k	2	3	4	5	6	7	8	9	10	11	12
2	39.0 199.0	87.5 448.0	142 729	202 1 036	266 1 362	333 1 705	403 2 063	475 2 432	550 2 813	626 3 204	704 3 605
3	15.4 47.5	27.8 85.0	39.2 120	50.7 151	62.0 184	72.9 216	83.5 249	93.9 281	104 310	114 337	124 361
4	9.6 23.2	15.5 37.0	20.6 49	25.2 59	29.5 69	33.6 79	37.5 89	41.1 97	44.6 106	48.0 113	51.4 120
5	7.15 14.9	10.8 22.0	13.7 28	16.3 33	18.7 38	20.8 42	22.9 46	24.7 50	26.5 54	28.2 57	29.9 60
6	5.82 11.1	8.38 15.5	10.4 19.1	12.1 22	13.7 25	15.0 27	16.3 30	17.5 32	18.6 34	19.7 36	20.7 37
7	4.99 8.89	6.94 12.1	8.44 14.5	9.7 16.5	10.8 18.4	11.8 20	12.7 22	13.5 23	14.3 24	15.1 26	15.8 27
8	4.43 7.50	6.0 9.9	7.18 11.7	8.12 13.2	9.03 14.5	9.78 15.8	10.5 16.9	11.1 17.9	11.7 18.9	12.2 19.8	12.7 21
9	4.03 6.54	5.34 8.5	6.31 9.9	7.11 11.1	7.8 12.1	8.41 13.1	8.95 13.9	9.45 14.7	9.91 15.3	10.3 16.0	10.7 16.6
10	3.72 5.85	4.85 7.4	5.67 8.6	6.34 9.6	6.92 10.4	7.42 11.1	7.87 11.8	8.28 12.4	8.66 12.9	9.01 13.4	9.34 13.9
12	3.28 4.91	4.16 6.1	4.79 6.9	5.30 7.6	5.72 8.2	6.09 8.7	6.42 9.1	6.72 9.5	7.00 9.9	7.25 10.2	7.48 10.6
15	2.86 4.07	3.54 4.9	4.01 5.5	4.37 6.0	4.68 6.4	4.95 6.7	5.19 7.1	5.40 7.3	5.59 7.5	5.77 7.8	5.93 8.0
20	2.46 3.32	2.95 3.8	3.29 4.3	3.54 4.6	3.76 4.9	3.94 5.1	4.10 5.3	4.24 5.5	4.37 5.6	4.49 5.8	4.59 5.9
30	2.07 2.63	2.4 3.0	2.61 3.3	2.78 3.4	2.91 3.6	3.02 3.7	3.12 3.8	3.21 3.9	3.29 4.0	3.36 4.1	3.39 4.2
60	1.67 1.96	1.85 2.2	1.96 2.3	2.04 2.4	2.11 2.4	2.17 2.5	2.22 2.5	2.26 2.6	2.30 2.6	2.33 2.7	2.36 2.7
∞	1.00 1.0	1.00 1.0	1.00 1.0	1.00 1.0	1.00 1.0	1.00 1.0	1.00 1.0	1.00 1.0	1.00 1.0	1.00 1.0	1.00 1.0

H_0 : $\sigma_1^2 = \sigma_2^2 = \cdots = \sigma_k^2$

H_0 : *Not all equal.*

찾아보기

Z

ㄱ

ㅅ

ㅇ

ㅈ

ㅊ

ㅋ

ㅌ

ㅍ

ㅎ

저자소개

유춘번 KAIST 산업공학과 공학석사, KAIST 경영과학과 공학박사
한국품질경영학회 회장 역임, 한국경영과학회 부회장 역임
국가기술표준원 품질경영기술심의회 회장, 기계기본기술심의회 회장,
ISO/TC 176, 통계적방법, 적합성평가 전문위원회 위원장 등
(현) 경기대학교 산업경영공학과 명예교수

정수일 서울대학교 화학공학과 졸업
미네소타대학교 산업공학석사, 홍익대학교 경영학과 경영학박사
QM, 설비관리, 산업경영시스템 학회 등의 부회장 역임
국가기술표준원 ISO/TC 12, 69, 176, KOLAS 전문위원회 위원장 역임
(현) 인하대학교 산업공학 명예교수

이명주 경기대학교 산업공학 공학박사
품질관리기술사 심의위원 역임, 서울대학교 통계연구소 책임연구원 역임
경기대학교 건설산업대학원 초빙교수 역임
(현) 서울대학교 SE Lab. 총괄기술고문

전영호 서울대학교 산업공학과 공학박사
한국품질경영학회 부회장 역임
국가품질상, 국가생산성대상 심사위원 역임
(현) 홍익대학교 산업공학과 명예교수

김태규 중앙대학교 통계학과 경제학박사
한국품질경영학회 회장 역임
국가기술표준원 표준기술연구위원 역임
(현) 한남대학교 비즈니스통계학과 명예교수

나명환 서울대학교 통계학과 이학박사
품질관리기술사
한국신뢰성학회 이사 역임, 한국품질경영학회 부회장
(현) 전남대학교 통계학과 교수

성시일 KAIST 산업및정보시스템공학과 공학박사
한국품질경영학회, 한국신뢰성학회, 한국PHM학회 이사
국방기술품질원 선임연구원 역임
(현) 경기대학교 산업경영공학과 조교수

김성준 한양대학교 산업공학과 공학박사
대한산업공학회, 한국품질경영학회, 한국산업경영시스템학회 등 이사
두산중공업 Data 분석팀 과장 역임
(현) 조선대학교 산업공학과 조교수

개정판
최신 ISO·KS 기반

통계적 품질관리

Statistical Quality Control

펴낸날 | 2015년 3월 1일 초판
2021년 8월 25일 개정판
지은이 | 유춘번 외 7인
펴낸이 | 김동현
펴낸곳 | 민영사
주 소 | 서울시 성동구 독서당로 39길 43 1층
전 화 | (02) 711-1224~5
팩 스 | (02) 711-1226
등 록 | 2014년 1월 1일 제2014-000001호
Home | http://www.minyoungsa.com
E-mail | myspub@hanmail.net

ISBN | 979-11-86378-40-3 93410

정 가 | 36,000원